ODD PAIRS
& FALSE FRIENDS

DIZIONARIO DI FALSE ANALOGIE E AMBIGUE AFFINITÀ FRA INGLESE E ITALIANO

di Virginia Browne

con la collaborazione di Elena Mendes e Gabriele Natali

ZANICHELLI

Sommario

II	Collaboratori
III-IV	Prefazione
1-255	Dizionario
257-267	Indice delle parole italiane

Traduzioni: Elena Mendes

Redazione: Rosella Fiorentini Rocca

Sovraccoperta: Anna Zamboni

Fotocomposizione e impaginazione automatica: Editografica, Rastignano (Bologna)

Coordinamento della composizione, stampa, confezione: Edgardo Garaffoni, Guido Marchesini, Mauro Stanghellini.

© 1987 Nicola Zanichelli S.p.A., Bologna

I diritti di traduzione, di memorizzazione elettronica, di riproduzione o di adattamento totale o parziale, con qualsiasi mezzo (compresi i microfilm e le copie fotostatiche), sono riservati per tutti i paesi.

Questo dizionario accoglie anche parole che sono — o si pretende che siano — marchi registrati, senza che ciò implichi alcuna valutazione del loro reale stato giuridico.

Prima edizione: maggio 1987

Ristampa:

6 5 4   1988 1989 1990 1991 1992

Stampato a Bologna
dalla Tipostampa Bolognese, Via Collamarini 5/A
per conto della Nicola Zanichelli Editore S.p.A.
via Irnerio 34 - 40126 Bologna

For

the truest friends
anyone could hope to have

Giuliana and Paolo Papp

ABBREVIAZIONI

aeron.	aeronautico		*iron.*	ironico
agg.	aggettivo		*ital.*	italiano
agr.	agricoltura			
anat.	anatomia		*lett.*	letterario
arc.	arcaico		*ling.*	linguistica
arch.	architettura			
archeol.	archeologia		*mar.*	marina
assic.	assicurazione		*mat.*	matematica
astron.	astronomia		*mecc.*	meccanica
avv.	avverbio		*med.*	medicina
			medioev.	medioevo
biol.	biologia		*meteor.*	meteorologia
bot.	botanica		*mil.*	militare
bur.	burocratico		*mus.*	musica
cartog.	cartografia		*naut.*	nautica
cfr.	confronta			
chim.	chimica		*part. pass.*	participio passato
colloq.	colloquiale		*plur.*	plurale
comm.	commercio		*poet.*	poetico
cong.	congiuntivo		*pol.*	politica
contr.	contrario		*pres.*	presente
			pron.	pronome, pronominale
dial.	dialettale		*psicol.*	psicologia
dir.	diritto			
			q.v.	quod vide
ecc.	eccetera			
eccl.	ecclesiastico		*rag.*	ragioneria
econ.	economia		*rec.*	reciproco
edil.	edilizia		*relig.*	religione
edit.	editoria		*ret.*	retorico
elab.	elaborazione elettronica dei dati		*rifl.*	riflessivo
elettr.	elettrotecnica			
es.	esempio		*s.*	sostantivo
est.	per estensione		*scherz.*	scherzoso
etc.	eccetera		*scient.*	scientifico
			scol.	scolastico
fam.	familiare		*sim.*	simile, simili
femm.	femminile		*sing.*	singolare
ferr.	ferrovia		*spec.*	specialmente
fig.	figurato		*spreg.*	spregiativo
filos.	filosofia		*sth.*	something
fin.	finanza		*stor.*	storia
fis.	fisica			
fot.	fotografia		*teatr.*	teatro, teatrale
			tecn.	tecnico, tecnologia
G.B.	Gran Bretagna		*ted.*	tedesco
geogr.	geografia		*teol.*	teologia
geol.	geologia		*tipogr.*	tipografia
geom.	geometria		*tr.*	transitivo
gramm.	grammatica		*TV*	televisione
idiom.	idiomatico		*USA*	Stati Uniti d'America
ind.	industria			
inform.	informatica		*vb.*	verbo
ingl.	inglese			
intr.	intransitivo		*zool.*	zoologia

◐ questo simbolo indica gli «amici» solo parzialmente «falsi».

Prefazione

Appena sceso dall'aereo a Pisa, un turista inglese al primo viaggio in Italia andò a visitare i monumenti di quella città. Lo splendore e la ricchezza di ciò che lo circondava lo indussero a servirsi di quelle macchinette che offrono un commento registrato; ma rimase perplesso nell'udire che molte opere erano *characteristic* («Of what?» si chiese) mentre altre erano *suggestive* («Really? I must have missed those») e che *when he eventually went to Padua* («But how does the commentator know I'm going there?») avrebbe potuto ammirare tanti altri tesori. Giustizia volle che questo stesso signore inglese incontrasse di lì a poco un amico italiano e, fra una chiacchiera e l'altra, gli dicesse con entusiasmo: «Sai, a Londra sono stato a un concerto di tua figlia e devo dire che era semplicemente tremenda» e, vedendolo stupito di tanta franchezza, si affrettasse ad aggiungere: «E poi ho avuto il piacere di conoscere tua moglie. Oh, che donna meravigliosa! Com'è simpatica, intelligente, brillante! Sa parlare con garbo e arguzia anche degli argomenti più triviali!» Cose che capitano. Questo signore, insomma, fu in poco tempo vittima e colpevole di equivoci dovuti a false analogie fra l'inglese e l'italiano. Anche a coloro che conoscono bene entrambe le lingue spesso sembra ovvio che parole che appaiono scritte in modo quasi identico e ricorrono in contesti simili abbiano lo stesso significato, quando in realtà non è così; e sebbene l'esistenza dei «falsi amici» sia cosa ben nota, spesso ci troviamo in difficoltà quando dobbiamo tradurli.

Non è questa la prima volta che viene proposto uno studio di falsi amici italo-inglesi, ma la presente raccolta è la prima di queste dimensioni (più di mille coppie, e ce ne sarebbero altre ancora). Nel redigere quest'opera ho seguito un metodo arbitrario: mi sono occupata di termini che ho ritenuto degni di nota e utili, e di essi ho trattato solo gli aspetti cui meritava dar spazio in un libro di questo genere. Da una parte mi rincresce aver raccolto un così gran numero di coppie: molti termini che si erano rivelati inaspettatamente interessanti si sono come smarriti nella massa di quelli più incolori che d'altra parte, per motivi di utilità, valeva la pena di includere: per esempio (e per fermarsi alle prime lettere dell'alfabeto) *articulate*, *attitude*, *basic*, *beast*, *casual*, *catholic*, *committed* (e *non-committal*). Alcuni dei falsi amici più interessanti, all'inizio sembrava differissero solo per uno o due significati, ma a conclusione del loro studio sono emersi elementi tali da far ritenere che avessero in comune ben poco se non, addirittura, nulla (*ideally*, *decorum*, e *emotion*, per esempio); talvolta le divergenze tra i due termini hanno rivelato in modo estremamente chiaro la profonda differenza di mentalità tra i due popoli: è il caso, fra gli altri, di *actually*, *culture* e *cultured*.

Naturalmente questo libro offre di rado tanti equivalenti quanti ne presentano i migliori dizionari di inglese/italiano. Come contropartita esso è però in grado di offrire ciò su cui tali dizionari, per ragioni di spazio, non hanno la possibilità di soffermarsi: la segnalazione delle più sottili sfumature di significato di certi termini, la spiegazione del perché una parola si rivela appropriata in una certa situazione più che in un'altra, oltre a esempi abbastanza lunghi da poter dare un'idea piuttosto chiara del contesto in cui un termine è usato. È stato ogni tanto possibile indicare anche le ragioni che hanno dato origine alla confusione tra alcuni falsi amici: tra *eventual* e *eventuale* o tra *ultimately* e *ultimamente*, per esempio.

È stato inevitabilmente piuttosto difficile tracciare una linea di demarcazione tra le coppie di amici parzialmente falsi che valeva la pena di includere e quelle che avrebbero semplicemente reso il libro troppo lungo. La coppia *agile*/*agile* avrebbe dovuto essere inclusa? In qualsiasi modo si decida di tradurre una frase come «l'orchestra può strutturarsi in agili formazioni cameristiche», non si farebbe mai uso del termine *agile*; ma questo significa solo che l'aggettivo inglese non è impiegato in senso figurato nello stesso tipo di frasi in cui in italiano si usa *agile* e sarebbe impossibile fissare una regola.

Qualche volta non ho proposto alcun equivalente al lemma inglese ma ho invece cercato di offrire una spiegazione abbastanza chiara del significato del termine e del tipo di contesto in cui esso può essere usato, al fine di dare al lettore la possibilità di scegliere la soluzione più adeguata al problema che si trova ad affrontare. Nel decidere quale sia l'equivalente più appropriato bisogna comunque ricordare sempre che l'inglese non è una traduzione dell'italiano ma l'espressione di una mentalità e di una cultura profondamente diversa.

È stato spesso difficile decidere se l'uso di un termine o di un'espressione è diventato arcaico (per esempio *colpo giusto*) o se è un accettato anglicismo (per esempio *rilevante* nel senso di *relevant*). Ho escluso in genere tutte le espressioni che la maggioranza delle persone con cui abbiamo parlato di questi problemi ha ritenuto troppo arcaiche o ormai assimilate dalla lingua italiana.

Dico «noi» perché gran parte di ciò che spero molti troveranno piacevole e utile in questo libro (anche se non le sue omissioni ed eccentricità) è dovuto ai miei due collaboratori, da cui ho imparato molto e con cui è stato invariabilmente un piacere lavorare. Molti amici, parenti e colleghi hanno dato il loro contributo in vari campi del sapere, dalla giurisprudenza al giardinaggio, e spero si sentiranno soddisfatti del risultato delle loro fatiche, e capiranno quanto sia loro riconoscente, malgrado non li menzioni uno per uno. Lo spazio mi concede solo di esprimere un grazie particolare agli autori delle seguenti opere: *Il Nuovo Zingarelli, Vocabolario della Lingua Italiana* di N. Zingarelli, undicesima edizione, Zanichelli, Bologna, 1983; *Dizionario della Lingua Italiana* di G. Devoto e G.C. Oli, Le Monnier, Firenze, 1971; *Dizionario Garzanti della Lingua Italiana*, seconda edizione, Garzanti, Milano, 1965; *Dizionario dei Sinonimi e dei Contrari* di A. Gabrielli, Centro Italiano Divulgazione Editoriale, Milano, 1981; *Il Nuovo Ragazzini, Dizionario Inglese-Italiano, Italiano-Inglese* di G. Ragazzini, Zanichelli, Bologna, seconda edizione, 1984; *Dizionario Inglese-Italiano, Italiano-Inglese*: adattamento e ristrutturazione dell'originale «Advanced Learner's Dictionary of Current English» della Oxford University Press, Società Editrice Internazionale, Torino, seconda edizione, 1978; *Oxford Advanced Learner's Dictionary of Current English* di A.S. Hornby, third edition, Oxford University Press, 1974; *The Concise Oxford Dictionary*, seventh edition, Oxford University Press, 1982; *The Oxford Paperback Dictionary* di J.M. Hawkins, Oxford University Press, 1979; *Chambers Twentieth Century English Dictionary* di E.M. Kirkpatrick, Chambers, Edinburgh, 1983; *British/American Language Dictionary* di N. Moss, Passport Books, Illinois, USA, 1984; *Falsi Amici Inglesi* di A. D'Eugenio, Atlantica Editrice, Foggia, 1984; *Gli Sgambetti dell'Inglese* di L. Hofmann Cortesi, Milano, 1985. E infine vorrei riconoscere il valido aiuto che ho tratto da *Parole* (Mondadori, Milano, 1981) e *Come si dice: uso e abuso della lingua italiana* (Sansoni, Firenze, 1977) di L. Satta e dall'opera classica *Modern English Usage* (second edition, Clarendon Press, Oxford, 1965) del suo «opposite number», H.W. Fowler.

Virginia Browne

Firenze, maggio 1987

AVVERTENZE PER LA CONSULTAZIONE

Questo dizionario è diviso in due sezioni: nella prima — la sezione inglese — sono elencate le coppie di *falsi amici* ordinate alfabeticamente rispetto al lemma inglese che è scritto in carattere nero tondo (per es. **abuse**); il corrispondente lemma italiano segue la voce inglese ed è scritto in carattere nero corsivo (per es. ***abuso***).
Talora la coppia di falsi amici è trattata in un unico paragrafo: per es. **accessory/*accessorio***. I casi in cui gli *amici* sono solo parzialmente *falsi* sono preceduti dal segno ◐ (cfr. **abuse**).
La seconda sezione, infine, contiene un elenco delle voci italiane trattate nella prima parte del dizionario con un rinvio alla corrispondente voce inglese.

A

abuse s. [əbˈjuːs] ① insulti, ingiurie: **Jane asked the other driver quite politely why he had not signalled, and received a storm of abuse in reply**. ② abuso: **drug abuse, alcohol abuse, abuse of power**. • *Si noti che* (1) *in queste espressioni viene spesso usato il sinonimo* **misuse**; (2) *per estensione, il maltrattamento violento dei bambini viene detto* **child abuse** (*termine colloquiale*: **baby battering** *o* **child battering**). *Il verbo* [əbˈjuːz] *ha le stesse accezioni del sostantivo*: **the other driver abused her roundly; if he continues to abuse the privileges of his position he will be removed from office**.

abuso s. abuse, misuse; over-indulgence (*uso smodato*): **abuso del cibo**, over-indulgence in food. • **Abuso di confidenza**: breach of confidence. **abusare**, to abuse, to misuse; to over-indulge in something.

abusive agg. offensivo, ingiurioso: **they had a right to criticize, but not to use such abusive language; they were terribly abusive**.

abusivo agg. illegal: **porto d'armi abusivo**, illegal possession of firearms; unlicensed: **un tassista abusivo**, an unlicensed taxi driver. *In molti casi è impossibile rendere questo aggettivo in inglese con un unico termine*: **una terrazza abusiva**, ... built without planning permission. • NB: (1) **inquilini abusivi**, squatters; (2) *per il sostantivo* **un abusivo** *si dovrà ricorrere in inglese a* unlicensed + *l'indicazione della professione, del lavoro esercitato illegalmente*: an unlicensed street trader.

accessory/*accessorio* agg. e s. Non ci sono differenze rilevanti per quanto riguarda l'agg. Per il s., invece, ferma restando la parte in comune, il sostantivo inglese ha in più il significato generico di complice, e più in particolare di istigatore (**accessory before the fact**) e di favoreggiatore (**accessory after the fact**). • NB: Esiste anche in inglese il termine **an accomplice**, che è però colui che prende parte attiva all'azione criminale.

accident s. ① incidente: **he was injured in a car accident**. ② *Il senso non negativo è meno comune ma si trova in esempi quali* **by a happy accident**, per un caso fortunato; **by accident**, per caso; **he owed his success to an accident of birth**.

accidente s. ① chance event: **gli accidenti della vita**. ② stroke (*nel senso medico-corrente*); awful shock (*nel senso iperbolico-figurato*): **m'è venuto un accidente quando mi sono accorto di aver dimenticato il passaporto**, I had an awful shock when I realized ... ③ (*logica*) accident. ④ (*mus.*) an accidental. • *Si notino tre usi idiomatici*: (1) not ... anything at all *per non capire, valere, sapere, etc.* **un accidente**: **it wasn't worth anything at all**. (2) blessed [ˈblesid], a blessed nuisance: «**Quell'accidente di bambino non sta zitto un minuto!**», «**That blessed child won't stop chattering for a single minute**» *o* «**That child's a blessed nuisance! He won't stop etc.**». (3) phenomenal (*questo, invece, in senso positivo*): «**Quell'accidente di donna non si lascia sfuggire un particolare che sia uno!**», «**That phenomenal woman never misses the smallest detail!**».

accommodate vb. A tr. ① alloggiare: **the hotel can accommodate only half the members of the conference; speakers invited to the conference will be accommodated in a first-class hotel**. ② *seguito dalla preposizione* with (*poco usato*), eufemismo per prestare (*del denaro*): **he soon got tired of accommodating his father-in-law with small sums**. B rifl. adattarsi: **you will have to accommodate yourself to changed conditions**.

accomodare vb. A tr. ① (*riparare*) to mend, to repair: **devo portare le mie scarpe, la macchina ad accomodare**, I must take my shoes to be mended, my car to be repaired. ② (*disporre ordinatamente*) to arrange, to tidy. • **Ora lo accomodo io!**, I'll soon fix him! B rifl. ① to come in, to sit down, e sim.: **si accomodi**, do come in!; would you like to sit down?; will you come this way? ② (*giungere ad un accordo*) to come to an agreement.

accurate/*accurato* *agg.* Malgrado siano usati in contesti che li rendono facilmente intercambiabili, il concetto base di questi due aggettivi non è lo stesso: l'inglese insiste infatti sulla 'corrispondenza alla verità', mentre l'italiano sulla 'cura, diligenza'. Per cui, anche se il risultato è probabilmente lo stesso, **an accurate translation** è una traduzione fedele al significato dell'originale, *mentre* **una traduzione accurata** è una traduzione fatta con attenzione e diligenza. Quindi **accurate** si riferisce di solito a fatti («Yes, that's an accurate description of the man I saw» *o* **an accurate summary must be made of all that is said at the meeting**) *equalche volta a* oggetti (**an accurate clock**, un orologio preciso). Un senso più vicino a quello italiano si trova in esempi quali **an accurate mind**, *ma va comunque detto che non è quasi mai riferito a persone in quanto* **he's an accurate person** *costituirebbe un insolito modo di dire* le informazioni che dà sono sempre corrispondenti alla verità, *e non farebbe riferimento alla sua precisione. Passando quindi all'italiano* accurato *lo renderemo con* precise, diligent *o anche* thorough (**un lavoro accurato**, a thorough piece of work). *Per le persone potremmo usare* careful, dependable; *sarebbe possibile anche* precise, *ricordando però che si avvicinerebbe molto al senso di pignolo*.

actual *agg.* ① reale; effettivo: **the salary looks good on paper, but once taxes** *etc.* **have been deducted the actual value of it doesn't amount to much.** ② vero e proprio, stesso *(posposto al sostantivo)*: **the reformers' plans were revolutionary, but the actual reforms were inadequate; I know the road she lives in, but I don't know the actual house.** • **In actual fact**, invece: **he said he meant to spend the summer in France but in actual fact he went to Spain.**

attuale *agg.* ① present: **le mie attuali disponibilità finanziarie**, my present means; existing: **lo stato attuale delle ricerche**, the existing state of research; current: **le attuali tendenze del cinema**, current trends in the cinema. ② topical: **il disarmo nucleare è un tema molto attuale**, nuclear disarmament is a very topical subject. ③ relevant: **i suoi libri, scritti più di un secolo fa, sono ancor oggi attuali**, his books, written more than a century ago, are still relevant today.

actuality *s.* ① *(solo al plurale)* fatti, condizioni reali: **it was an amusing play, but it gave a very odd idea of the actualities of life in suburban London today.** ② *(piuttosto raro)* realtà.

attualità *s.* Non è quasi mai possibile tradurlo con un semplice sostantivo, ma di volta in volta si dirà a very topical subject *per* **un tema di grande attualità**, *o* ... has come back into fashion, has become topical again, ... è **tornato d'attualità**, *o ancora* this essay is still as relevant as it was when it was published thirty years ago *per dire* **l'attualità di questo saggio è intatta a trent'anni dalla sua pubblicazione.** • NB: *(di titoli di programmi)* **Attualità sportive**, Sport Today, What's new in sport, *e simili*.

actually/*attualmente* *avv.* La parola inglese è molto più usata (anzi si dovrebbe dire abusata) nella lingua parlata che in quella scritta. Influenza l'intera espressione, significando una certa esitazione ad esprimere il proprio pensiero, per paura o di offendere o di dar l'impressione di vantarsi. «I think XYZ is one of the greatest living poets, don't you?» – «Well, actually I don't think much of him». Qui si manifesta una riluttanza ad esprimere troppo bruscamente una divergenza di opinioni, ricorrendo quindi ad **actually** per introdurre un'attenuazione preliminare. Mentre in una situazione quale «What mark did you get in the exam?» – «Well, 95% actually!» emergono forse caratteristiche nazionali differenti, per cui un inglese troverebbe eccessivamente vanitosa una risposta che non fosse per così dire smorzata, quasi a scusarsi del brillante risultato ottenuto. In altri casi il significato è invece abbastanza vicino all'italiano proprio, esattamente, anche qui con un senso correttivo, mitigante. È il caso di frasi come **the article has been planned in detail, but not actually written as yet**, *o anche nel seguente*: «When the Bishop says all his clergy are lazy ...» – «But he didn't actually say that: he said some of them gave less time to their work than he would expect». È facile avvertire qui un senso di velato rimprovero. È anche possibile qualche volta trovarlo usato in un significato (meglio espresso in inglese con **even** *o* **believe it or not**) che potrebbe essere reso in italiano con un addirittura, sottolineandone così la funzione di rafforzativo. Si vedano esempi quali **some nurses actually choose to work with the mentally and physically handicapped** *e* **he takes his holiday in October and works all through the heat of July and August – he actually likes it**. Va ancora segnalato il significato di effettivamente, realmente *in* **the person actually responsible** *o in* **the party actually in power**, *anche perché è forse qui* che la tentazione di tradurre attualmente è più insidiosa, in quanto perfettamente plausibile e spesso non contraddittoria (il partito al potere può esserlo sia effettivamente sia attualmente, ma le due idee non sono certo identiche).

attualmente avv. Non ci sono qui né sfumature né particolari problemi di resa in quanto at the moment, now vanno bene per **abbiamo attualmente un governo di coalizione** e nowadays, these days, today sono del tutto adeguati per **attualmente non è facile per i neolaureati trovare lavoro**.

○**adjourn/aggiornare** I due verbi si corrispondono quando si parli di sedute, riunioni, discussioni etc. o in senso legale, anche se per **the court/committee was adjourned** l'italiano preferisce aggiornò/sospese i suoi lavori. Tuttavia il verbo inglese può anche essere usato familiarmente o scherzosamente nel senso di passare (in un'altra stanza) o di andare (altrove) come in **when the pubs closed the friends adjourned to Tom's flat**. Mentre il verbo italiano sarà **to bring up to date, update** in i recenti mutamenti della situazione politica nell'Africa settentrionale rendono necessario aggiornare questo testo di geografia; oppure **to keep up to date, bring oneself up to date** nella forma riflessiva: un insegnante deve aggiornarsi se non vuole rischiare di essere lasciato indietro dai tempi.

advertisement s. ⓵ (su un giornale) annuncio, inserzione. ⓶ poster, manifesto.
avvertimento s. ⓵ warning: **il direttore dell'istituto dette un ultimo avvertimento agli studenti: se avessero di nuovo infranto quel regolamento sarebbero stati multati**, the Principal of the college gave the students warning (o warned the students) that if they broke the same rule again they would be fined. ⓶ notice: **il proprietario dell'immobile sfrattò gli inquilini senza avvertimento**, the landlord turned his tenants out of the house without notice (o warning).

affluence s. Comune solo nel senso di ricchezza, opulenza, abbondanza: **people accustomed to live in affluence are incapable of imagining what life is like for the poor**.
affluenza s. ⓵ (di liquidi) flow: **l'affluenza del sangue al cervello**. ⓶ inflow: **l'affluenza dei capitali sul mercato azionario**. ⓷ Quando significa concorso di gente avremo più genericamente the crowd o the number of people who went to ... (per concerti, spettacoli, etc.) o più specificamente turn-out per **l'affluenza alle urne**, se si tratta del risultato dell'azione; ma per il senso dinamico di convergenza in un punto useremo influx (di tifosi allo stadio, dimostranti ad una manifestazione, etc.).

affluent agg. e s. L'uso più corrente è quello dell'aggettivo nel senso di ricco, opulento (diffuso specialmente dopo la pubblicazione nel 1958 del famoso libro di J. K. Galbraith, The Affluent Society). L'uso del sostantivo, **the affluent**, è raro e di solito ristretto all'accezione di i ricchi; raramente significa affluente.
affluente s. tributary; (raro) affluent.

○**agenda/agenda** s. Sinonimi nel senso di lista di argomenti da discutere ad una riunione (anche se l'italiano preferisce ordine del giorno). L'altro significato del termine italiano (vedo sulla mia agenda che sono impegnato tutte le sere la settimana prossima) si rende in inglese con **diary** o **engagement book**.

agonizing agg. Estremamente doloroso (spesso usato, come **agony**, con consapevole esagerazione) detto di sofferenza sia fisica (**an agonizing pain in my back**) sia mentale (**making an agonizing decision**).
agonizzante agg. (di persone) dying; (in declino, fig.) moribund: **un'istituzione, civiltà agonizzante**.

agony s. Estrema sofferenza fisica o mentale (sovente volutamente iperbolico) sia in senso letterale sia in senso figurato. Per spiegare il primo significato possiamo citare le famose parole che lo storico Macaulay pronunciò, a quattro anni di età, quando rimase ustionato per aver urtato una brocca di cioccolato bollente: **Thank you, madam, the agony is abated** (il dolore è diminuito). Il seguente esempio mostra più precisamente il grado di sofferenza in questione: **the patient's pain increased all night and by morning he was in agony. At last the appropriate pain-killing drug was identified and by evening he was no longer in pain.** (Si noti qui che può trattarsi anche semplicemente di una fase del dolore che non prelude necessariamente alla morte). In senso figurato si notino frasi quali **that bed is agony to sleep on; talking to my mother-in-law for an entire evening is absolute agony**.
agonia s. Non si può dire che ci sia una parola corrispondente a questa in inglese perché death

agony (*mai* agony *da solo comunque, ma sempre preceduto da* death) *è innanzitutto assai raro, e in ogni caso si riferisce proprio agli attimi che preludono alla morte. Quindi per frasi quali* essere, entrare in agonia *si dirà semplicemente* to be dying, *e per* la sua agonia si protrasse per ore, he took hours to die. *Quanto al senso figurato-iperbolico,* agony *si potrà usare per esempi quali* aspettare l'esito degli esami per tre settimane è stata una vera agonia (was absolute agony; *ma dicendo così un inglese intenderebbe* supplizio).

● alien/alieno *I due termini, usati sia in funzione di aggettivo che di sostantivo, sono sinonimi per quanto concerne l'accezione, in uso nel linguaggio fantascientifico, di* extraterrestre. *Un altro punto di contatto è costituito dal fatto che frasi inglesi quali* compromise was (*o* half-measures were) alien to his character (*o* nature, temperament) *traducono le locuzioni italiane* essere alieno dai compromessi, dalle mezze misure. *Si noti però come il termine inglese non possa riferirsi a persone (non si può infatti dire* he was alien to compromise). *Se volessimo mantenere le costruzioni usate in italiano potremmo dire correntemente* to dislike compromises, half-measures, *o un po' pomposamente* to be averse to ... *Per passare ai significati esclusivamente inglesi di* alien, *renderemo in italiano con* straniero *sia l'aggettivo —* an alien country, an immigrant's difficulty in adjusting himself to alien customs (*qui anche ... che gli sono estranei*) — *sia il nome: durante la seconda guerra mondiale i tedeschi e gli italiani che vivevano in Inghilterra venivano ufficialmente denominati* enemy aliens; *il termine* 'enemy foreigners' *sarebbe sembrato assurdo.* ● NB: Alien *è assai meno usato di* foreigner *sia perché è più burocratico sia perché suona alquanto ostile (cfr. l'esempio appena dato). Quanto al nostro* non essere alieno dal credere, sospettare, *etc. si può esprimere con l'elaborato* to be rather inclined to think, suspect, *o col pretenzioso, pesantemente ironico e critico* to be not averse to ... (*usato però in esempi quali* he is not averse to being flattered).

alumnus/a *s. Ex studente di una particolare scuola o università:* an alumnus of Harvard. *Molto usato negli USA, raro in G.B.*

alunno *s.* (*vedi* **scolaro**) pupil. ● NB: Pupil *è usato in due casi:* [1] *come termine piuttosto burocratico:* a school of 600 pupils. [2] *per indicare uno studente che viene particolarmente seguito da uno dei suoi insegnanti, come nel caso, spesso, di una scuola privata o di una università inglese* (Roger Pearson was C. S. Lewis's pupil at Oxford), *o di lezioni private* (I teach at school Monday to Friday and take private pupils on Saturday).

amateur *s. e agg.* dilettante (*nel senso di non professionista*). *Si noti che non è solitamente spregiativo, mentre lo è l'agg.* amateurish (*dilettantesco, da dilettanti*): the Olympic Games used to be confined to amateur athletes, but now almost all those who take part are professionals; amateur acting is very popular in England; I can't understand the success of X's novel – why is such amateurish writing praised so highly?

amatore *s.* [1] (*nel senso di appassionato*) *possiamo avere* music-lover, opera-lover, art-lover, *oppure perifrasi quali* someone who loves/is keen on/fond of music, opera, ballet, sport, *etc.* [2] (*intenditore*) connoisseur.

ambient *agg.* circostante (*ma solo poetico*).
ambience *s.* condizioni ambientali; dintorni (*pure assai raro e comunque letterario*).
ambiente *s.* [1] environment: la tutela dell'ambiente, the defence (*o* preservation) of the environment; un ambiente adatto all'allevamento delle api, an environment suitable for bee-keeping; surroundings: vive in un ambiente stupendo a diretto contatto con la natura, she lives in wonderful surroundings, in the depths of unspoilt country. [2] background: viene da un ambiente molto colto, ma tradizionalista e conservatore, he comes from a very cultivated, if conservative, background. [3] set: l'ambiente delle corse dei cavalli, the racing set; il jet-set; sphere: si trovava fuori dal proprio ambiente, he was outside his own (*o* proper) sphere; (*più ufficiale*) circles: ambienti ben informati, diplomatici, finanziari, well-informed, diplomatic, financial, *etc.*, circles. [4] atmosphere: mi piace frequentare quel club, perché l'ambiente è simpatico, ... because there is a nice atmosphere. [5] (*più concretamente*) company, people, *etc.*: frequentare un ambiente non proprio raccomandabile, to keep doubtful company, to go around with rather undesirable people. [6] room: gli ambienti sono molto spaziosi in quella nuova costruzione, the rooms in that new building are very spacious; temperatura ambiente, room temperature. ● NB: sentirsi nel proprio ambiente, to feel at home; ... fuori dal proprio

ambiente, ... a fish out of water, *o* out of one's element.

analogous/analogo *agg*. Il significato è lo stesso, ma l'aggettivo inglese è letterario e formale; quindi per frasi come mi trovo in una situazione analoga alla tua si direbbe più semplicemente **in a situation similar to** (*o* **like**) **yours**.

ancient *A agg*. [1] molto antico: **this is a very old house, dating back to the 14th century and built on the foundations of an ancient, pre-5th century settlement**. [2] **ancient history** (*che finisce nel 476 d.C.*). *B s*. [1] **the ancients**, gli antichi. [2] **the Ancient of Days** (*poet.*), Dio.

anziano *A agg*. [1] **elderly** (*di solito fra i 60 e i 75 anni*), **old** (*oltre i 75 anni, è usato con cautela perché considerato un po' troppo franco*). [2] **senior** (*per membri di comitati, personale, etc.*): **i membri anziani del comitato si schierarono tutti contro la proposta del neopresidente**, **the senior members of the committee were all opposed to the new chairman's proposals**. *B s*. [1] **elderly/old people**. [2] **elder** (*nella Chiesa Riformata, o in tribù indigene*). [3] (*lett.*) **city elders/fathers** (*magistratura del comune popolare*).

anguish *s*. È un termine assai raro perché esprime estrema sofferenza (è quindi usato solo in casi realmente tragici) e perché è un po' letterario: **the anguish of the mother who watches her child suffer great pain**.

angoscia *s*. [1] **extreme anxiety, great distress, desperation, anguish** (*ma vedi* **anguish**). [2] Non esiste in inglese un sostantivo con cui sia possibile rendere l'uso colloquiale ed iperbolico che talvolta viene fatto del termine: **che angoscia dover rifare la fila dopo aver aspettato un'ora! How ghastly to have to queue again...!**

anguished *agg*. sofferente (*solo in casi estremi, poco usato*).

angosciato *agg*. **desperate, terribly upset; anguished** (*ma vedi sopra*).

angular *agg*. che presenta molti angoli *o* dalle forme spigolose, talvolta angoloso: **Paul Klee's angular drawings; Reg Butler's angular figures**; *di un uomo o una donna alti e magri si può dire che hanno* **an angular figure**; *ma* **an angular girl** corrisponde a una ragazza **goffa**.

angolare *agg*. **corner** (*in funzione aggettivale*); (*arch.*) **pietra angolare, cornerstone**.

annoy *vb. tr*. Simile a **annoiare** nel senso però di irritare, dare **fastidio**, e in questa accezione è usato più spesso di quanto lo sia il suo corrispondente in italiano. Quindi **annoying** significa che dà fastidio, irritante, **seccante**, etc. e **annoyed** seccato.

annoiare *vb. tr*. **to bore**: **mi annoia con le sue continue lamentele**, **he bores me with his endless complaints**.

annoiarsi *vb. rifl*. **to get bored, to be bored**: **per tutto il tempo che sono stato all'ospedale mi sono annoiato tremendamente perché non avevo niente da leggere**, **all the time I was in hospital I was terribly bored because I had nothing to read**; **all'inizio il libro gli piaceva, ma dopo i primi capitoli cominciò ad annoiarsi**, **he enjoyed the book at first but after the first few chapters he began to get bored**.

annul *vb. tr*. annullare (*riferito soltanto a matrimoni e trattati*).

annullare *vb. tr*. [1] (*di un accordo, contratto, esame, etc.*) **to declare null and void, to nullify**. [2] **to undo**; (*meno usato*) **to nullify**: **l'inatteso avvenimento annullò i risultati del lavoro compiuto**, **the unexpected event undid** (*o* **nullified**) **all the work that had been done**. [3] **to wipe out**: **la commozione annullò ogni risentimento**, **emotion wiped out all resentment**. [4] **to cancel** (*di voli, partenze, ordinazioni, appuntamenti*). [5] **to frank** (*un francobollo*). **annullarsi** *vb. rifl*. (*mistico-ascetico*) [1] **to humble oneself; to die to self**. [2] (*matematica*) **to cancel out**.

anticipate *vb. tr. e intr*. Va subito detto che si tratta di un verbo d'uso non troppo comune né colloquiale. [1] spendere (denaro) prima (di riceverlo): **the committee has anticipated a large part of next year's budget** (qui ... **spent in advance** ... sarebbe più corrente). [2] pregustare: **we anticipate much pleasure/interest from our trip to Greece**. In frasi di questo genere il verbo è quasi sempre seguito da sostantivi come **pleasure**. [3] aspettarsi: **we don't anticipate any difficulties**. I puristi preferirebbero **expect** in quest'ultimo tipo d'esempi. [4] formulare prima: **Wallace anticipated Darwin's theory of natural selection**.

anticipare *vb. tr. e intr*. [1] **to put/bring forward**: **anticipare la data del matrimonio**, **to put** (*o* **bring**) **forward the date of the wedding**. [2] **to pay in advance**: **potrebbe anticiparmi un quarto dello stipendio?**, **could you pay me a quarter of my salary in advance?** [3] **to notify, tell**, etc. in advance, *ma deve essere specificato il momento rispetto al quale la cosa viene detta, annunciata, etc.* in anticipo, *come in* the result of the competition will be published on July 22 but prizewinners will be notified in advance (**ma ai vincitori verrà anticipato il risultato**). ⓷ to come early: **il freddo ha anticipato quest'anno**, the cold weather has come early this year. *Per altri usi interessanti di* **anticipare** *si dovrà ricorrere a circonlocuzioni, come ad esempio per* **stavo per telefonargli per raccontargli l'accaduto, quando lui mi ha anticipato** (but he got in first). *Qui l'uso di* anticipate *non sarebbe errato, ma tutt'altro che colloquiale.* • **Anticipare i tempi** *sarà* to speed things up *o per casi più specifici* to speed up (the work, *etc.*).

●**antique** *agg. e s. L'aggettivo è simile all'italiano quando si riferisce a mobili, argenteria, etc., ma il nome significa* pezzo d'antiquariato *ed è comune in espressioni come* **antique dealer**, *antiquario, o* **antique furniture**, *mobili d'antiquariato.*

antico *agg.* ⓵ ancient (*storia, famiglie, etc.*). ⓶ long-cherished (*passioni, speranze, ambizioni*). ⓷ long-standing (*amicizie, inimicizie, abitudini*). • **All'antica**, old-fashioned *o* in an old-fashioned way; **Antico Testamento**, Old Testament; **gli Antichi**, the Ancients.

●**anxious/ansioso** *I due aggettivi sono sinonimi nel senso di* proprio dell'ansia, pieno d'ansia, *per cui entrambi andranno bene riferiti ai termini* stato, carattere, occhiata, domanda, *etc. Ma anche in questa accezione l'inglese ha due usi che devono essere resi diversamente in italiano:* (**a**) (*molto diffuso e riferito a persone*) **she is anxious about her son who is very ill**, *dove si ricorrerà a* molto preoccupato, inquieto, *etc., e* (**b**) (*più ristretto e riferito a* time/period/year *etc. o a* business/affair) *come in* **a month passed before he had any news of her; it was an anxious time for him** *e* **deciding whether or not to join the Everest expedition was an anxious business for him**, *dove è necessario ricorrere a* agitato, pieno d'affanni, *etc., o, meglio, a costruzioni di tipo diverso. Quanto poi al significato di* desideroso, impaziente *i due aggettivi sono solo apparentemente sinonimi, in quanto mentre l'italiano pone l'accento sul* non vedere l'ora che ..., *l'inglese dà più spazio alla* preoccupazione *o perlomeno al* prendere la cosa molto sul serio. *Quindi se diciamo* sono ansioso di incontrare la tua fidanzata *sarebbe meglio tradurre* **I am eager to meet** ... *o più correntemente* **I am keen to meet** ..., *perché se traducessimo* **I am anxious to** ... *significherebbe che si prende la cosa molto seriamente, che forse ci si aspetta l'approvazione o meno della persona in questione, o qualcosa di simile. E ancora* **I am anxious to read the newspaper before the lesson begins** *implicherebbe che sarei molto dispiaciuto, o almeno seccato se non potessi farlo (ma non è tanto sottolineata l'impazienza come nella parallela frase italiana).*

●**apology** *s.* ⓵ *Corrisponde all'italiano nei significati* (**a**) *di* discorso a difesa di una dottrina religiosa o politica, *e* (**b**) autodifesa (**Socrates' Apology**, l'Apologia di Socrate). • NB: *L'inglese* **apology** [æpəˈlɔudʒə] *è anche possibile, anzi più comune in entrambi i sensi sopraindicati.* ⓶ scuse: **she accepted his apology/apologies for his late arrival**. ⓷ (*idiom.*) misero ripiego: **the hotel offered us an apology for a bedroom, the merest box with scarcely room to move**.

apologia s. apology, apologia. • *Nell'espressione* **apologia di reato** *il termine non ha nessun equivalente in inglese. Chiunque venga processato per questa trasgressione verrebbe accusato di* conspiracy, *che però è un termine vago e può riferirsi a reati di diverso tipo contro l'ordine pubblico.*

●**apparent/apparente** *I due aggettivi hanno in comune il significato di* illusorio, non rispondente a verità, *per cui* **apparent calm** *è* calma apparente. *Altrettanto frequente in inglese è l'impiego di questo aggettivo (in questo caso usato quasi sempre in funzione di predicato), nell'accezione di* visibile, chiaro, evidente, *assai rara in italiano*: **the poor man was cowed** (messo in soggezione) **by his father-in-law, whose wealth and power were everywhere apparent**.

●**apparently/apparentemente** *Benché sinonimi in* **an apparently interesting man**, un uomo apparentemente interessante, *l'uso più comune dell'avverbio inglese è un conciso modo per dire* a quanto pare..., pare che..., si dice che..., *come in* **apparently they intend to appoint a younger man as Prison Governor this time; Mr Phillips has resigned, apparently because he had a serious disagreement with the Manager**.

●**application** *s.* ⓵ domanda di lavoro: **applications for this post must reach the head office by March 31st; the application form should be returned to this office by March 31st**. ⓶ applicazione: **she seems to be keen to study the subject but she lacks application; the application of this theory to our working methods has produced promising results.** • **Apply** *vb. intr. e tr. è associato ad entrambe le accezioni del sostantivo;* **applicant** *s.* chi fa domanda di lavoro.

applicazione *s.* [1] (*atto dell'applicare*) application: **l'applicazione di un nuovo metodo,** application of a new method. [2] (*concentrazione mentale*) application, concentration: **lavorare con applicazione,** working with application (*o* concentration). [3] (*dir.*) enforcement (*di una legge o di un regolamento*). [4] (*sartoria*) appliqué, overlay.

⬤**appreciate/*apprezzare*** *vb. tr. Si può dire che il verbo inglese racchiuda tutti i significati più importanti di quello italiano con la rilevante eccezione che non può essere usato riferito ad una persona: in questo caso è necessario ricorrere ad espressioni come* **to value someone, to think a lot of someone,** *mentre si può dire* **he appreciated her qualities, her talents,** *etc. Sono inoltre assai comuni e tipicamente inglesi i seguenti significati:* [1] capire; rendersi conto (*con l'aria di apparire comprensivi*): **while I appreciate your motives in trying to help Mr Harris, I don't think you ought to have interfered in this matter** (*c'è sempre sottintesa l'idea capisco, ma ...*). [2] riconoscere, *in maniera cortese ma piuttosto formale, i favori, le premure etc. di cui si è fatti oggetto*: **Mr Doyle appreciated the Managing Director's kindness very much** (*quindi vicino all'italiano* gradire, apprezzare, *ma più distaccato*). [3] (*formula della corrispondenza commerciale*) **an early reply would be appreciated,** gradiremmo una risposta sollecita. [4] (*di valute, proprietà, ma piuttosto tecnico-finanziario*) salire, aumentare di prezzo: **the dollar has appreciated by 10% over the past 3 weeks.**

⬤**arbiter** *s.* arbitro. *Usato solo in espressioni del tipo* **an arbiter of taste, manners, fashion.**

arbitro *s.* [1] (*dir.*) arbitrator: **he is acting as arbitrator in the steelworkers' dispute.** [2] arbiter (*vedi sopra*). [3] (*calcio, golf, pugilato*) referee [refəˈriː]; (*tennis, cricket, hockey, baseball*) umpire [ˈʌmpaɪə].

⬤**argument/*argomento*** *s. Usati allo stesso modo in senso filosofico e logico, nonché nell'accezione più corrente di* ragionamento *come in* addurre, sostenere, confutare un argomento. *Sinonimi anche in frasi del tipo* **non è un buon** argomento per non continuare a prestargli denaro (*ma in entrambe le lingue* motivo/ragione, **motive/reason** *sarebbero più comuni*). *Quanto alle divergenze*:

argument discussione: **he thought he could simply tell his colleagues what he had decided to do and they would accept it; but when he stopped speaking there was an argument over his right to make such decisions.** • NB: **discussion** *ha un carattere calmo e distaccato, mentre* **argument** *ha toni più accesi, rasentando il litigio.*

argomento [1] subject: *l'argomento della tesi, di un libro, etc.;* topic: **di che argomento discuteremo stasera?,** what topic shall we be discussing this evening? [2] point: **questo è fuori argomento** (off/beside the point). • **Entrare in argomento,** to get down to the subject.

arrange *vb. tr.* [1] disporre, sistemare; ordinare: **arrange the chairs in a semi-circle; the books were arranged according to subject-matter.** [2] fissare, combinare: **I've arranged an appointment with** (*o* **I've arranged to meet**) **him next Thursday.** [3] fare in modo: **he was supposed to be in Honduras from April to October, but he arranged to return to London for the August conference;** *e anche* provvedere: **I will arrange for you to be met at the airport.** • NB: *Nel senso di* appianare, comporre *si trova solo nell'espressione* **to arrange one's differences.**

arrangiare *vb. tr.* [1] to fix, to fix up; to patch: **ho arrangiato la seggiola/il vestito come meglio ho potuto, ma ...,** I've fixed (up) the chair (*o* patched the dress) as well as I can, but ... • *Si noti l'espressione idiomatica* **I'll soon fix you!** *per* **adesso ti arrangio io!** [2] put together, knock up: **vediamo di arrangiare un pranzetto con quello che c'è,** we'll put together (*o* knock up) some sort of supper with whatever there is.

arrangiarsi *vb. rifl.* [1] to come to some agreement/arrangement: **sarebbe meglio arrangiarci fra di noi, prima di adire le vie legali,** it would be better to come to some agreement (*o* arrangement) than go to law. [2] to manage; to manage somehow; to do the best one can; to get by: **all'inizio non ero brava ad insegnare ma facevo del mio meglio e in qualche modo mi arrangiavo,** I was not at all good at teaching at first, but I did my best and I managed/managed somehow/ got by; (*togliersi d'impiccio con espedienti escogitati lì per lì*) to rub along: **non so di cosa vivano, ma sembra che in qualche modo si arrangino,** I can't imagine what they live on, but they seem to rub along somehow. • *Per*

«Arrangiati!» *non c'è un vero equivalente in inglese; talvolta* «Do what you think best then» *potrebbe fare al caso.*

articulate *agg.* [1] (*di parole*) espresso chiaramente, distinto: **he was so angry that he was incapable of articulate speech**, era così arrabbiato che non riusciva ad esprimersi in modo chiaro. [2] (*di persone*) capace di esprimersi bene, che ha facilità di parola: **Jones came off best in the debate because, though his arguments were weaker than Wilson's, he is more articulate.**

articolato *agg.* [1] (*di membra, arti, autocarri, meccanismi, etc.*) articulated. [2] complex: **la proposta non è così semplice, è ben più articolata.** [3] (*di un discorso, tema, etc. ben svolto*) **ben articolato**, well-argued; well-constructed. [4] (*frastagliato, di coste*) indented.

aspersion *s.* denigrazione, *usato sempre nell'espressione* **to cast aspersions on someone** *o* **on someone's character, behaviour,** *etc.*, denigrare.

aspersione *s.* sprinkling with holy water; (*rarissimo*) aspersion.

assassin *s.* chi commette un omicidio (*di un personaggio politico*) per mandato altrui; sicario (*vedi* **killer**).

assassino A *s.* [1] murderer: **l'assassino fu tradito dalle impronte digitali sull'arma del delitto.** [2] (*fig.*) madman; cretin: **quell'automobilista guida come un assassino** (like a madman); **quell'arredatore è un assassino** (cretin) – **mi ha completamente sfigurato il salotto.** B *agg.* [1] (*malvagio, criminale*) wicked; villainous; murderous: **impulsi assassini**, murderous impulses. [2] (*chi conquista, seduce*) seductive, inviting: **gli lanciò un'occhiata assassina.** [3] (*nocivo alla salute, faticosissimo, e mal pagato*) dreadful, exhausting, wretched: **un lavoro assassino**, an exhausting job. • NB: a deadly job, **un lavoro intollerabilmente noioso**; a deadly climate, **un clima assassino.**

●**assault/assalto** *s. Si corrispondono nel senso militare* (anche se **assault craft** *sono* mezzi da sbarco *e per* truppe d'assalto *è più comune dire* **storm troops**).

assault [1] aggressione: **the accused was charged with assault** (*in quest'accezione molto usata la formula legale* **assault and battery**). [2] (*ma sempre accompagnato dall'aggettivo* **sexual**) violenza carnale.

assalto (*di treni, banche*) hold-up (*sia sostantivo che verbo*); *per casi meno violenti:* **all'inizio delle svendite il negozio fu preso d'assalto**, the shop was besieged. • *L'espressione* **prendere d'assalto** (*problemi, difficoltà, etc.*) *si rende con il verbo* to attack.

●**assign/assegnare** *vb. tr. Si corrispondono nelle accezioni dei seguenti esempi:* (**a**) gli assegnarono la stanza migliore per un riguardo alla sua salute; (**b**) il nuovo impiegato/ufficiale fu assegnato all'ufficio personale; (**c**) le hanno assegnato un compito di grande fiducia; (**d**) assegnò tre quarti dell'eredità alla figlia. *Per il resto:*

assign [1] incaricare: **a police patrol was assigned to follow the suspect.** [2] fissare: **we must assign a date/day for the centenary celebrations.** [3] attribuire: **so far the architect can assign no cause for the building's collapse** (*si noti qui la diversità di costruzione: in italiano ... attribuire il crollo a*). [4] (*dir.*) cedere, trasferire (*un diritto, una proprietà*). • NB: **an assign** è una persona a cui è stato ceduto un diritto, una proprietà: **and by this deed the property passes to XYZ, his heirs and assigns.**

assegnare [1] to give: **agli studenti furono assegnate 5 ore per lo svolgimento del tema**, the students were given ... (*ma si potrebbe dire* the students were assigned an essay to be written in 5 hours; *da cui si può osservare che un'espressione di tempo non può seguire il verbo* to assign *in funzione di complemento oggetto*); **Dio assegnò agli uomini il dono della parola**, God gave Man the gift of speech. [2] to award (*per borse di studio, premi, etc.*). [3] to make over: **il Comune fece requisire appartamenti da assegnare agli sfrattati**: the Council requisitioned flats to be made over to evicted tenants.

●**assist/assistere** *vb. tr. e intr. Sono sinonimi nel senso di* aiutare, coadiuvare, *ma il termine inglese suona più formale ed è perciò meno usato del corrispondente italiano. Mentre il verbo inglese non presenta altre accezioni di rilievo, per quelle del verbo italiano avremo* [1] (*essere presente*) to attend (*per spettacoli, conferenze, etc.*); to be present at, to witness (*fatti, incidenti, etc.*). [2] (*curare*) to treat (*da medici*), to nurse (*da infermiere; un po' meno comune riferito a non professionisti*), to look after, to take care of (*da parenti, amici, etc.*). [3] **to look after the interests of** *per è dovere dell'avvocato assistere i* propri clienti. [4] *per le espressioni* che il cielo ti assista! *avremo* **God help you!** *o* **Heaven help you!** (*che però sono quasi ironici, data la forte dose di pessimismo che c'è dietro*) *e per* se la buona sorte ci assiste … **if luck is on our side** …

◉**assume/*assumere*** *vb. tr. Il verbo inglese corrisponde esattamente a quello italiano per quanto concerne le espressioni* assumere un atteggiamento, un'aria, un nome, *etc., anche nei casi in cui il verbo italiano sia alla forma riflessiva*: assumersi una responsabilità, **to assume responsibility for**. *Nel caso di impegni però l'inglese usa* to undertake *e per cariche* to take on.

assume supporre; immaginare: **as you are applying for the job of chauffeur, I assume you have a current driving licence.** • NB: *L'espressione* **to assume too much/a lot** *significa* immaginare *che qualcosa sia vero, mentre* (**a**) *non lo è, e* (**b**) *non c'è ragione di immaginarlo. Si usa di rimando in casi quali* «**When we've sold that picture we'll be able to buy a house**» – «**You're assuming a lot! What makes you think it's worth so much?**».

assumere [1] to take on, appoint: **la direzione assumerà due nuovi contabili e alcune segretarie**, the management is taking on (*o* appointing) two new accountants and several secretaries. [2] to collect (*testimonianze, informazioni*). [3] to take, *sia per casi quali* **assumiamo questo come termine di riferimento** *sia parlando di farmaci, sostanze stupefacenti, etc.* • **Assumersi il merito di**, to take the credit for.

attempt *s.* [1] tentativo: **he failed the entrance exam at the first attempt but passed it at the second; she made no attempt to hide her boredom.** [2] attentato, *solo nell'espressione* **attempt on the life of**, *e usato sempre per indicare un attentato fallito.*

attentato *s. Se usato in contesti legali questo termine trova il suo corrispettivo nell'espressione* criminal assault; *tuttavia nel riportare la notizia di un* **attentato** *i giornali inglesi usano sempre espressioni più specifiche*: bomb outrage, terrorist attack, *etc.* • **Attentato all'onore di qualcuno**, attack on someone's honour.

attic/*attico* *s. Indicano entrambi l'ultimo piano di un edificio, ma* **attic** *si traduce con* soffitta, mansarda (*raramente usato come luogo d'abitazione, quasi sempre come ripostiglio*), *mentre* attico *si renderà con* **penthouse** *nella versione lussuosa, altrimenti con un neutro* **top-floor flat**.

◉**attitude/*attitudine*** *s. Il significato originario di* **attitude** *è quello di* posizione del corpo, *corrispondente in italiano ad* atteggiamento (*più raramente* attitudine): **her very attitude, as she sat with her face in her hands, betrayed her despair.** *In seguito è stato esteso al significato negativo di* posa: **don't pay any attention to the menacing speech he made at the meeting – he was simply striking a heroic attitude calculated to impress his supporters.** *Ma l'accezione di gran lunga oggi più usata è quella di* opinione: **what's your attitude to state pensions, euthanasia, etc.?** (*meglio reso in italiano forse con un* come la pensi su …? *o simili*) *oppure quello di* comportamento, atteggiamento, modo di fare *che deriva da certe idee, opinioni, mentalità*: **it was impossible to find fault with his work, but his superiors disliked his general attitude, manifest in his off-hand manners and his refusal ever to leave the office a moment after the official closing time.**

attitudine *s.* aptitude: **ha una spiccata attitudine per lo sport.** *Si ricordi però che questa parola è un po' formale ed è spesso sostituita, nella lingua parlata, da* bent. Attitude *tradurrebbe solo il significato ormai un po' desueto di* **posizione fisica** *come in* **attitudine di sfida**.

◉**audience/*udienza*** *s. Sono uguali quando si riferiscono al* permesso di essere ricevuti (*dal Papa, dalla Regina, etc.*), *ma il significato più corrente di* **audience** *è quello di* pubblico (*teatrale, televisivo, radiofonico, etc.*). *A questo proposito è interessante notare come si stia diffondendo anche nella lingua italiana sia la parola inglese sia la parola italiana* **udienza** *usata nel senso appena indicato. Quanto all'uso legale di* **udienza** *avremo in inglese* **hearing** *e* **sitting**. • NB: *L'espressione scherzosa* dare udienza a *non ha un equivalente in inglese, in quanto* **to give somebody a hearing** *viene usato in tutta serietà nel senso di* dare a qualcuno la possibilità di dire quello che ha da dire.

◉**author/*autore*** *s. Il solo significato che le due lingue hanno veramente in comune è quello di* scrittore, *per cui sarà possibile parlare di* **the author of a best-seller** (*vale però la pena di osservare che in inglese sarà possibile dire* «**He's an author**» *per* «**Fa lo scrittore**»). *Non pare qui fuori luogo notare come* **writer** *viceversa non abbia la stessa formale specificità d'uso del termine italiano* scrittore, *in quanto può riferirsi a qualsiasi persona a cui si debba anche una* *semplice lettera, articolo, etc.* (**the writer of this letter, article** ...). *Dovendo descrivere* **autori** *in altri campi dell'attività artistica, si renderà quindi necessario ricorrere al termine specifico del caso*: l'autore di una tela *sarà un* **painter**, *quello di una sinfonia un* **composer**, *quello di una commedia un* **playwright** *e così via. Quanto invece all'*autore di una teoria scientifica, politica, filosofica, *etc.,* **the originator of** ... *farà al caso. Se poi passiamo a più sinistri* autori (*di crimini, azioni illegali*) *avremo* **the person responsible for** ... (*non è che* **the author/perpetrator of the crime** *sia d'uso impossibile: si avverte però che esso ha un forte sapore letterario e perciò spesso un po' ironico*). *E così pure parlando dell'*autore di un'iniziativa, progetto, proposta, *sarebbe possibile leggere su un giornale inglese* **the author of the enterprise** ...; *ciononostante la lingua più comunemente usata vorrebbe un semplice* **the man who started it all** (*trattandosi qui di uno di quei casi in cui l'inglese rivela la sua praticità empirica di contro alla maggiore formalità un po' accademica dell'italiano*).

◉**avarice/***avarizia s. Nessuna differenza di significato, ma il termine inglese è letterario e le parole d'uso più corrente sono* **meanness** *e* **stinginess**.

◉**avaricious** *agg.* avaro.
  avaro A *agg.* ① **miserly, close-fisted**: è così avaro che morirebbe all'addiaccio per non spendere i soldi in una camera d'albergo, he's so miserly (*o* close-fisted) he'd sleep rough and die of it rather than go to the expense of staying in a hotel. ② (*verso gli altri*) **mean, stingy** [ˈstɪndʒɪ]: è così avaro che non darebbe cento lire al suo nipotino, he's so mean (*o* stingy) he wouldn't give his grandson fourpence. ③ **avaricious** (*letterario e non molto usato*). • NB: *In altri casi si rendono necessarie espressioni quali* he is grudging with his praise *o* he grudges praise (**è avaro di lodi**); a person of few words (**una persona avara di parole**); a tree that bears little fruit (**un albero avaro di frutti**); life has not been generous to her *o* has not treated her generously (**la vita è stata avara con lei**). B *s.* **miser** [ˈmaɪzə].

◉**avid** *agg.* avido.
  avido *agg.* **greedy, avid**. *Come nel caso di* **avaricious/***avaro non c'è differenza di significato fra l'inglese e l'italiano, ma* **greedy for** *è più usato di* **avid for** (*o* **of**). (*Si noti che* **greedy** *ha due significati*: avido *e* goloso.) *Per rese più correnti di* avido: **avido di piaceri**, greedy/eager for pleasure; **avido di gloria**, eager for glory; **avido di guadagno**, avid for gain (*molto letterario; nella conversazione si direbbe* he's a money-grubber *o* it shows a money-grubbing attitude); **avido di vedere cose nuove**, eager for wider horizons; **avido di conoscere**, eager for knowledge; **avido di sapere la verità**, keen/eager to know the truth. *In certe espressioni comuni* avido *corrisponde sempre a* avid: **avido di preda, sangue, vendetta** (for prey, blood, revenge. *In alcune circostanze queste tre espressioni potrebbero rendersi con la semplice parola* bloodthirsty, *che però di solito descrive più una caratteristica permanente che non un momentaneo impulso*); **un avido lettore di gialli**, an avid reader of whodunnits; **guardare con occhi avidi**, to look (at something) with avid eyes (*o* avidly); **l'avida curiosità del pubblico**, the avid curiosity of the public.

B

● **balcony** s. mentre può essere tradotto con balcone, spesso è il termine più appropriato per terrazza poiché in inglese **a terrace** non sporge mai da un piano superiore (vedi **terrace**). Inoltre **balcony** è il termine usato per galleria nella maggior parte dei cinema inglesi e per seconda galleria in alcuni teatri benché nella maggior parte di questi si prediliga il termine **upper circle** (vedi **gallery**).
 balcone s. Sempre balcony.

● **ballerina/ballerina** s. Il termine è usato in inglese solo per indicare una ballerina di danza classica. (Per inciso, il termine ballerino non è adoperato.) Il suo impiego è meno frequente di quanto lo fosse cinquant'anni fa (eccetto che nell'espressione prima ballerina) essendo preferito il termine **dancer**. Dancer può riferirsi in generale ad un uomo o ad una donna che danzano, compresi coloro che prendono parte a un ballo o danzano in una discoteca. Tuttavia, nell'antiquato gergo delle sale da ballo ballerina o ballerino, ossia dama o cavaliere, hanno il loro equivalente in **partner**.

● **banal** [bəˈnaːl] agg. banale. Non è mai usato riferito a persone, e può essere usato parlando di cose solo nel caso in cui si voglia esprimere assenza di originalità, come attributo quindi di un libro, di un film o di una conversazione.
 banale agg. ① (di conversazioni, opinioni, film, etc.) banal, commonplace, trivial, trite. ② (cose) ordinary; (meno usato) common, mere: **pensavo che fosse qualcosa di più grave, ma poi si è rivelato un banale mal di gola** (an ordinary sore throat); **un banale incidente**, a common accident. ③ (di persone) commonplace; si noti tuttavia che gli inglesi quando si tratta di screditarsi l'un l'altro raramente sono così avari di termini da limitarsi ad un solo e così blando epiteto.

 bar s. ① bar per la vendita di alcolici, come se ne trovano nei pub o negli alberghi. Nella maggior parte dei **bars** è possibile acquistare una limitata varietà di bevande analcoliche, alcuni possono su richiesta fornire una tazza di caffè e molti pub distribuiscono sandwich e altri spuntini all'ora di pranzo; ma un bar la cui attività principale consista nella vendita di caffè, sandwich, etc., si chiama **coffee bar** o **snack bar** e, a parte eccezioni molto rare, non vende alcolici; questo perché la legge inglese proibisce ai minori di 17 anni l'accesso ad un locale autorizzato alla vendita di alcolici. ② mobile in cui vengono tenuti i liquori e le bevande in genere. In una casa privata è raro trovarne uno abbastanza grande da poter essere chiamato **bar** per cui è più consueto l'uso del termine **cocktail cabinet** o **drinks cupboard**. ③ sbarra: **iron bars covered the prison windows**. ④ striscia: **waking in the dark he saw a bar of light appear as the door opened**. ⑤ **the Bar** la professione forense; **to be called to the Bar** essere ammesso all'Ordine degli Avvocati. ⑥ ostacolo, barriera: **his stammer did not prove to be a bar to success as an actor; the social progress of blacks in South Africa is rendered almost impossible by the colour bar**. ⑦ (mus.) battuta.
 bar s. ① bar. ② coffee bar. ③ cocktail cabinet, drinks cupboard (vedi sopra).

 barbarism s. ① parola o azione in disaccordo con le comuni norme di comportamento. ② mancanza di cultura: **in the civilized world of the university I soon forgot the barbarism of my school**. ③ ignoranza e scortesia o una loro manifestazione: **what makes Roger Pearson impossible to deal with is his sheer barbarism; did you hear what he said to my wife? After such barbarism I shall take care to see that he never comes here again**. ● NB: In tutte e tre queste accezioni è però usato più spesso il termine **barbarity**.
 barbarismo s. Quando questo termine viene usato nel senso di «parola, forma, locuzione introdotta in una lingua, per lo più senza gusto né giustificato motivo, da un idioma straniero» (Devoto) non ha nessun equivalente in inglese.

barrack(s) *s.* caserma. *Di solito scritto con una s finale anche quando si riferisce ad un unico edificio; il verbo può essere alla forma singolare o plurale*: **the barracks is/are situated to the north of the railway station**. • *Si notino le seguenti espressioni idiomatiche*: (1) **barrack-room lawyer**, persona che detta legge ai propri colleghi; (2) **to barrack**, battere le mani con ritmo lento e cadenzato per esprimere insoddisfazione o disapprovazione, *riferito soprattutto agli spettatori di una partita di cricket*: **during the tedious second innings of the match the crowd began barracking**.

baracca *s.* ⓵ (*fornita dalle autorità*) shed, hut, shelter. ⓶ (*improvvisata da chi vive in miseria*) shack, hovel. • **(Stentare a) mandare avanti la baracca**, to keep things / the show going, to keep the ship afloat, to struggle to make ends meet (*quest'ultima espressione usata solo con riferimento a difficoltà di carattere economico*); **piantare baracca e burattini**, to give up everything and clear out.

barrister *s.* avvocato. *Il termine generico per un legale è* **lawyer**. *Esistono due tipi di* **lawyer**: *il* **solicitor** *e il* **barrister**. *Un* **solicitor** *esercita pressoché lo stesso tipo di attività di un notaio italiano e può perorare una causa nei tribunali inferiori mentre un* **barrister** *può farlo sia nei tribunali inferiori che superiori ed è in contatto con i suoi clienti solo per mezzo di un* **solicitor**. *I giudici vengono scelti fra le file dei* **barrister**.

barista A *s. m.* barman, bar tender. B *s. f.* barmaid. *Queste espressioni non sono usate per indicare le persone che lavorano in* coffee bars (*vedi* **bar**). *In questo caso si ricorrerebbe al termine* assistant.

◉**basic** *agg.* ⓵ fondamentale; essenziale. ⓶ (*chim.*) basico. *Una volta afferrato il significato del termine in frasi del tipo* **the basic difference between this theory and that is not one of conclusions but of approach**, *è facile comprendere il* **basic meaning** *dell'avverbio molto usato (anzi, abusato)* **basically**. **Why do you want to give up your job? – well, basically it doesn't stretch me**. *Questo implica chiaramente che ci sono altri motivi, ma che sono sussidiari. Tuttavia nell'inglese corrente questo termine (come* **Well** *...) è più spesso usato da chi parla per concedersi un attimo in cui poter riflettere o per far sembrare ciò che sta per essere detto più importante di quello che è. Nello scambio di battute* «**What are you doing this evening?**» – «**Well, basically washing my hair**», *soltanto le ultime tre parole della risposta significano qualcosa. Utilizzato in questo modo praticamente privo di senso il termine può avere una sfumatura piuttosto arguta esprimendo una mitigata impertinenza, ma priva di ogni offesa*: «**What about that train you were going to catch?**» – «**Well, basically I missed it**»; «**What went wrong with this pudding?**» – «**Well, basically I made a mess of it, didn't I?**».

basico *agg.* (*chim.*) basic.

◉**bastard** *agg. e s. Usato solo per le persone, mai per gli animali. Pronunciato* [ˈbæstəd] *il termine significa* illegittimo *e nell'inglese moderno* «**he is illegitimate**» *ha sostituito* «**he is a bastard**». *Pronunciato* [ˈbaːstəd] *è un epiteto insultante. Talvolta con la pronuncia* [ˈbæstəd] *è usato in forma attributiva per descrivere una cosa composta di due o tre elementi*: **this is a bastard tallboy** (cassettone alto); **the top was made about fifty years earlier than the bottom**. *Per gli animali e per le piante si usano i sostantivi* **a cross** *e* **a hybrid**, *e gli aggettivi* **crossbred** *e* **hybrid**.

bastardo A *s.* bastard (*ma vedi* **bastard**). B *agg.* **figlio bastardo**, illegitimate son, daughter, child; (*arc.*) natural (*solo in locuzioni del tipo*: he is the natural son of ...); **cane bastardo**, mongrel; (*est.*) the British are a mongrel race.

◉**battery** *s.* batteria (*di cannoni, di allevamento, di luci, di test psicologici; elettrica*). • **Assault and battery** (*dir.*), minacce e vie di fatto.

batteria *s.* ⓵ (*di orchestra*) timpany [ˈtɪmpəni]. ⓶ (*di complesso di musica rock, etc.*) drums. ⓷ (*sport*) heat: **ha vinto la sua batteria e andrà in semifinale**, he has won his heat and will be in the semi-finals.

◉**beast** *s.* ⓵ quadrupede, bestia. *Come in italiano il termine non è più usato così correntemente come lo era fino a circa il 1850 e di solito viene sostituito da* **animal**; *inoltre, come in italiano,* **beast** *è usato per stigmatizzare un uomo crudele, nelle favole, e in espressioni quali* **wild beasts**, **beast of burden**, **beast of prey**, **man and beast**, *che completano il quadro dei significati comuni alle due lingue.* ⓶ **beast** (*di solito al plur.*) *è usato, ma solo dai contadini, per gli animali da fattoria (soprattutto bovini).* ⓷ **the beast in me/you/a man**, istinti animali. ⓸ *una cosa spiacevole o un compito difficile*: **this is a beast of a bottle to open; the second question in the exam was a beast**. ⓹ persona antipatica, *di solito così* usato dai ragazzi: **our new maths teacher's a beast**. *In questa accezione* **beast** *rientra tra i numerosi termini che vengono sempre usati, per così dire, fra virgolette: chi ricorre ad essi vuole cioè far capire che è il primo lui a riderne, trattandosi di parole che appartengono al gergo studentesco o infantile, o sono proprie di un modo di esprimersi antiquato; per la maggior parte aggettivi (tra i più frequenti* **beastly, nasty, horrid, foul, ghastly, divine, super** *e* **decent**) *esse recano anche una leggera sfumatura di snobismo. Gli avverbi* **absolutely** *e* **simply** *servono per avvertire che uno di questi termini infantili o* **schooly**, *sta per essere pronunciato, come in* **absolutely disgusting weather**, *o* **simply divine food**. *Considerata la loro complessa derivazione, sarebbe meglio che queste parole — che potrebbero essere definite* **schoolsick words**, *cioè parole che la gente usa con una inconscia nostalgia della scuola — non venissero usate da chi non è di madrelingua inglese. È interessante infatti notare come in nessun'altra lingua esista una simile classe di vocaboli; forse ciò è spiegabile dal fatto che nessun altro paese isola in collegi tanti bambini dell'età di dodici, dieci o perfino otto anni, tenendoli insieme, lontani da casa e dal mondo del lavoro, per due terzi dell'anno, fino a che non hanno diciassette o diciott'anni.*

bestia *s.* ⚀ (*in contrapposizione all'uomo*) animal(s) *in generale, oppure reso col nome di uno specifico animale soprattutto in certe espressioni quali* **mangiare, dormire, vivere come le bestie**: to eat like an ox *vuol dire* **mangiare molto**, to sleep like a dog *significa* **dormire molto profondamente in seguito a spossatezza**; to live a dog's life *è un modo (di solito scherzoso) di lamentarsi per il troppo lavoro da svolgere, ma* they live like animals *è detto, seriamente e con compassione, di persone che vivono in miseria.* **Lavorare come una bestia**, to work like a dog, to slave; **chi non vuol bene alle bestie non vuol bene neanche agli uomini**, if you don't love animals you don't love people either (*ma questo non è un proverbio*). *Fra tutte le espressioni idiomatiche di questo tipo,* **bestia** *viene tradotto con* beast *solo nella locuzione spregiativa* he is no better than a beast (*di persona rozza o crudele*). ⚁ (*animale*) animal *nell'inglese moderno escluse certe espressioni* (*vedi* **beast**). Beast *non è mai usato per gli animali di piccole dimensioni o per gli animali domestici*: **bestie per la casa non ne voglio**, I don't like animals (*o* pets) in the house; **mi ha punto una bestia**, I've been stung by a wasp/bee/ant, *etc.* ⚂ (*fig.*) **mandare qualcuno in bestia**, to make someone furious; **andare in bestia**, to lose one's temper, to fly into a rage, to fly off the handle; **diventare una bestia**, to go off the deep end, to get wild; (*una persona ignorante e stupida*) a fool, a blockhead, a dolt; thick (*agg.*); **brutta bestia**, awful thing; **bestia nera**, bugbear, bête noire (*francese*); **bestia rara**, odd fish, queer fish, rare bird (*le prime due espressioni indicano eccentricità, la terza è detta con rispetto*).

⬤**benediction**/*benedizione s. Il termine italiano può essere tradotto con* **benediction** *o* **blessing**. *Di queste due parole* **benediction** *ha sempre un significato religioso mentre* **blessing** *può avere entrambe le accezioni del termine italiano.*
• **A blessing in disguise**, *un evento che in un primo momento appariva come una disgrazia ma si è poi rivelato una benedizione.*

⬤**bestial** *agg.* (*di azioni umane*) degno di una bestia e non di un uomo.
bestiale *agg.* ⚀ (*di azioni umane*) bestial. ⚁ (*rafforzativo*) damn'; terrific(ally), awful(ly): **una fatica bestiale**, a damn' tiring job, a terribly demanding job; **una forza bestiale**, terrific strength. • NB: *Tra questi modi di tradurre il termine in inglese soltanto* damn' *è colloquiale come* **bestiale**; *in altre parole, questo uso di* **bestiale** *non ha nessun altro vero equivalente in inglese.*

⬤**bigot** *s.* Persona ardentemente fedele a certe credenze *religiose, filosofiche o politiche e decisamente avversa all'idea che in altre possa esserci del vero.* • NB: *l'aggettivo è* **bigotted**: it's no use arguing with someone who holds such bigotted views; a bigotted Tory.
bigotto s. bigot; a terribly religious *o* very churchy person.

⬤**bizarre** *agg.* eccentrico, grottesco. *Il termine è spesso adoperato piuttosto ricercatamente, come sinonimo di* **strange**, **odd**. *Usato in maniera corretta questo vocabolo dovrebbe essere un vero amico del suo corrispondente in italiano poiché dovrebbe racchiudere l'idea di esibizionismo, implicita nel termine italiano, ma che però non è presente in una frase del tipo* It was such a bizarre experience!
bizzarro agg. bizarre; odd.

bland *agg.* ⚀ (*di parole*) che lascia inespressa la

blitz

parte provocatoria della verità *al fine di evitare un contrasto*; (*di maniere*) mellifluo, *volto a misconoscere la natura provocatoria della situazione, sempre con lo stesso fine. In entrambi i casi nel termine è implicito un certo grado di disonestà.* ② (*di dieta, specialmente del tipo consigliato da un medico*) che non contiene sostanze piccanti o fibrose.

blando *agg.* ① mild, gentle: **maniere blande**, mild manners (*ma con una leggera sfumatura di falsità, vedi sopra*), gentle manners; **rimprovero, sedativo blando**, gentle *o* mild rebuke, gentle sedative. ② (*della luce*) gentle, soft.

blitz *s. e vb. tr.* Quando Hitler disse che il bombardamento aereo sulle principali città della Gran Bretagna sarebbe stato un Blitzkrieg che avrebbe in qualche settimana posto fine alla seconda guerra mondiale, il popolo britannico, tipicamente, fraintese il termine, lo accorciò e lo trasformò in una parola scherzosa. Per loro **a blitz** era un attacco spietato che sarebbe potuto durare per mesi e poteva essere riferito a qualsiasi cosa, dal rispondere a della corrispondenza arretrata al ripulire una soffitta da cima a fondo: **I'm going to make a blitz on the attic this afternoon; someone's blitzed the trees in our road, have you seen how awful they look?**
blitz *s.* (*di militari o polizia*) raid.

●**blond** *agg. e s.* ① (*di capelli*) molto biondi. *La locuzione* **ash blond** *equivale a* biondo cenere, *ma in ogni caso* **blond hair**, *sebbene non così biondi come* **ash blond**, *sono più biondi di* **fair hair**. *Inoltre, il termine è usato più spesso per le donne che per gli uomini:* **a blond woman** *ma* **a man with very fair hair**. *La parola* **a blond** (*talvolta scritta* **blonde**) *si riferisce sempre a una donna*. ② *Come in italiano è possibile, anche se inconsueto, usare questo termine come attributo di altre cose oltre che dei capelli:* **blond fields of stubble** *o* **of ripe corn**; **blond sands** (*in cui* **sands** *significa* **beach**).

biondo *agg.* fair; **biondo ramato**, auburn; **biondo rossiccio**, tawny; **biondo platino**, platinum blond.

●**boa** [ˈbəʊə] *s.* ① (*serpente*) boa. ② (*lunga striscia di piuma*) boa.
boa *s.* (*galleggiante*) buoy [bɔi]. • **Giro di boa**, turning point.

●**border** *s.* ① frontiera, confine. ② orlo: **a tablecloth with a scalloped border** (*smerlatura*). ③ (*giardinaggio*) bordura. • **The Border**, la frontiera fra l'Inghilterra e la Scozia; **Border ballads**, le ballate tradizionali della Border.

bordo *s.* ① (*orlo*) border; edge. ② (*di stoffa increspata*) frill. ③ (*di marciapiede*) kerb. ④ (*di bicchiere, tazza, etc.*) rim. ⑤ (*di strada*) edge, (*erboso*) verge, (*di autostrada*) hard shoulder. • **A bordo**, aboard; **fuoribordo**, outboard; **giornale di bordo**, log; **virare di bordo**, to alter course.

●**bourgeois** *agg. Pur essendo stato preso in prestito dal francese questo aggettivo viene usato così spesso in inglese da essere ormai considerato proprio di questa lingua. Viene adoperato in senso spregiativo per indicare* i ceti medi, *i loro valori, le loro consuetudini*.

borghese *agg.* middle-class. *s.* ① a middle-class person. ② (*civile, contrapposto a militare*) civilian. • **Vestirsi in borghese**, to wear civilian dress/civvies/mufti; **poliziotto in borghese**, policeman in plain clothes, (*più comune*) plainclothes detective, plainclothes man.

bravado *s. significa* bravata, *secondo i dizionari Inglese-Inglese e anche Inglese-Italiano; ma il termine è usato in modo tale da definire in realtà lo stato d'animo che ispira l'azione e non l'azione in sé*: **many courageous actions are performed in battle more out of bravado than out of any desire to make an advance**. *Una frase su* **the young man's bravado in tackling his new job** *di nuovo esprimerebbe lo stato d'animo che determina il comportamento del soggetto piuttosto che il suo comportamento in sé*.
bravata *s.* act of bravado.

brave *agg.* coraggioso.
bravo *agg.* ① clever, bright: «**Va bene John nel tuo corso?**» – «**Oh, sì, è bravo**», «**Is John doing well in your class?**» – «**Oh yes, he's a bright boy**». ② good at: **Luigi è bravo in matematica**, is good at maths. ③ splendid: **è una brava ragazza**, she's a splendid girl. ④ good: **da bravo, aiuta la mamma**, help Mummy, like a good boy. • «**Bravo!**» (*al teatro*), Bravo! (*in tutti gli altri casi*) Well done!; **è un brav'uomo, è una brava persona**, he's a splendid (*o* good) chap (*si noti però che questa espressione è poco usata oggi*); **fumò la sua brava pipa**: *per questo uso del termine non esiste alcun esatto equivalente in inglese; tuttavia è possibile ricorrere alla frase* he smoked his pipe as usual.

●**bravura/bravura** *s. L'inglese, nel prendere il*

termine in prestito dall'italiano, ne ha conservato il significato ma ne ha limitato l'uso. Questa parola viene infatti adoperata soltanto se riferita ad esecuzioni di musica, e a musiche che richiedono un'eccezionale maestria tecnica per poter essere eseguite: **the young pianist was at his best in the bravura passages, being stronger in technique than in musicality.**

brigadier [brigəˑdiːə] (*o* **brigadier-general**) *s.* generale di brigata (*di grado superiore a colonnello e inferiore a generale*).
brigadiere *s.* sergeant [ˈsaːdʒənt].

●**brilliant** A *agg. Generalmente parlando il termine rende in forma attributiva l'idea contenuta nei verbi italiani* brillare *e* splendere *e poiché la parola* **bright** *ha la stessa funzione, occorre innanzitutto precisare che* **brilliant** *è un termine più forte di* **bright** *sia che venga usato in senso concreto, sia figurato*: **brilliant colours** *sono più vivaci di* **bright colours**; **bright** *è un agg. con cui potrebbe essere definito il 25% dei ragazzi di una classe, mentre solo di uno fra tutti gli allievi della maggior parte delle scuole si potrebbe dire* **he is a brilliant boy** *e questo potrebbe capitare anche soltanto una volta ogni cinque o sei anni* (*da ciò risulta evidente che in questo senso* **brilliant** *è più forte di* brillante). *Riferito a persone, libri, idee etc., e rappresentazioni artistiche* **brilliant** (*come* brillante) *sembra a prima vista avere il significato di* eccezionalmente valido *ma, riflettendoci bene, esso racchiude in realtà tre ingredienti essenziali, oltre al grande talento e alla maestria tecnica, che non sempre sono presenti in una persona o in una rappresentazione, etc. eccezionalmente valida*: *la vivacità, l'attrattiva, l'imprevedibilità.* **A brilliant public speaker, scientist, officer, flautist, book, recital**, *si sostituisca*: **distinguished** *o* **first-class** *a* **brilliant** *e si esprimerà un diverso tipo di eccezionalità. B s.* piccolo diamante di scarso valore.
brillante A *agg.* [1] (*di luce viva e mobile*) bright, brilliant, vivid, sparkling, glittering. *Brilliant è più forte di* bright; *sparkling e glittering corrispondono, in senso stretto, a* scintillante; *alcuni di questi aggettivi sono di solito usati più frequentemente con alcuni sostantivi piuttosto che con altri. Ecco sei esempi*: light *può essere* bright *o* brilliant; jewels *possono essere* bright, brilliant *o* sparkling; marble (*sempre sing.*) *può essere* shining; crystal (*sempre sing.*) *può essere* shining *o* sparkling; colours *possono essere* bright, brilliant *o* vivid; eyes *possono essere* bright (*di natura*) *o* shining (*di gioia*). [2] (*di cose, es. risultato di esame, carriera, futuro, rappresentazione artistica*) brilliant. [3] (*di persone*) brilliant (*vedi le osservazioni sotto* **brilliant**). [4] (*mondanamente raffinato ed elegante*) sophisticated: **una donna brillante**, a sophisticated woman (*brillante in società*), **arguzia, conversazione, dialogo brillante**, sophisticated wit, conversation, dialogue (*in una commedia brillante*); **vita brillante** *può essere tradotto con* worldly life *ma questa espressione conserva una sfumatura ormai superata di riprovazione moralistica e non esiste alcun equivalente nella lingua attuale se si eccettua* **a very sociable life** *che potrebbe riferirsi a qualsiasi tipo di ambiente sociale.* [5] **commedia brillante**, comedy. [6] **acqua brillante**, tonic water. *B s.* diamond. *Il termine* diamond *indica sia il diamante già lavorato, sia il diamante ancora allo stato grezzo e mentre in quest'ultimo caso può essere usata l'espressione* uncut diamond, *è meno comune dire* a cut diamond.

brine *s.* [1] acqua salata. [2] *Liquido in cui si conservano verdura, pesce o carne, composto di acqua, sale e spezie*, salamoia. [3] (*poet.*) mare; lacrime.
brina *s.* hoar frost.

●**brusque** [brusk] *agg.* (*scortese*) brusco (*vedi* **brusco**).
brusco *agg.* [1] *Riferendosi ad un modo di comportarsi o di parlare, in inglese sono possibili quattro termini*: brusque, curt, abrupt, *e* sudden. *Brusque e curt* (*sinonimi*) *implicano una voluta scortesia o come minimo la determinazione di interrompere una conversazione senza alcun riguardo per la sensibilità e i desideri delle altre persone. Questi due termini sono adoperati non solo riferiti a parole o modi di comportarsi ma anche a persone. Abrupt può avere lo stesso significato di* brusque *e* curt *ma più spesso indica un atteggiamento caratterizzato dall'imbarazzo e dalla mancanza di tatto. Sudden indica azioni o parole che, dal punto di vista dell'interlocutore, sono inaspettate ma non influenzate dal pensiero che le renderebbe* brusque *e* abrupt. [2] (*di avvenimenti*) sudden, abrupt: **una fine brusca**, a sudden (*o* abrupt) end. [3] (*di vino, etc.*) sharp. ● **Tra il lusco e il brusco**, (in) half-light, twilight (*locuzione usata letteralmente e talvolta figuratamente ma mai riferita all'espressione del viso*); **con le brusche**: *sebbene non esista in inglese nessuna espressione equivalente*

brute

è tuttavia possibile rendere il senso della locuzione italiana con la frase by being rather brisk (*o* sharp).

●**brute** *agg. e s.* Uguale al suo corrispondente in italiano ad eccezione che in espressioni del tipo «He is a brute» in cui il termine, usato in funzione di sostantivo, assume una gamma di significati varianti dall'opinione che «**È maleducato e tratta male sua moglie**» all'idea che «**È troppo severo con i suoi allievi**». Da tutto ciò risulta evidente la somiglianza di questo termine alla parola **beast** (*q.v.*) il cui uso però è molto più consueto.

bruto *agg. e s.* brute. ● *Si notino le espressioni*: **materia bruta**, raw material, **forza bruta**, brute force.

●**bulb** *s.* [1] bulbo (*di pianta, di termometro, etc.*). [2] lampadina elettrica.

bulbo *s.* bulb ● **Bulbo oculare**, eyeball; **cupola a bulbo**, onion dome.

●**bungalow** *s. Il termine deriva dalla parola Gujurati (indiana) bangalo e originariamente indicava una casa ad un solo piano costruita in India e successivamente in altri paesi tropicali per gli ufficiali dell'esercito britannico e per gli amministratori coloniali. Nel secolo corrente esso è passato a significare qualsiasi casa ad un solo piano costruita in Inghilterra o in qualsiasi altro luogo, non necessariamente fornita di verande, anzi di solito priva di esse. Nella maggior parte dei casi, i bungalow sono piccoli; ne sono stati costruiti molti nei sobborghi delle città inglesi e talvolta anche in campagna quali moderni equivalenti dell'antico cottage.*

bungalow *s. A differenza di quello inglese il termine italiano indica una casa con verande e conserva reminiscenze tropicali.*

C

○cabin s. ① cabina (*scompartimento per passeggeri in una nave o in un aereo*). ② capanna (*piccola abitazione o rifugio specialmente di legno*); *sinonimo di* **hut** *ma non sempre usato nello stesso tipo di contesto*: **the charcoal burners lived in a cabin** (*o* **a hut**) **in the woods** *ma* **African tribesmen live in huts** (*non in* **cabins**).
cabina s. ① (*di nave*) cabin; (*di aereo, ma solo per i passeggeri*) cabin; (*di aereo, cabina di pilotaggio*) cockpit; (*di camion, autotreno, etc., posto di guida*) cab. ② **cabina telefonica**, telephone box/booth/kiosk. ③ **cabina elettorale**, voting/polling booth. ④ (*sulla spiaggia*) beach hut, bathing hut.

callous agg. insensibile alle sofferenze altrui. **A callous** *è un callo ma occorre notare che esistono due aggettivi: uno* (*vedi* **calloso**) *usato in senso letterale, l'altro* (**callous**) *in senso figurato.* • *L'avv.* **callously** *e il s.* **callousness** *sono associati all'uso figurato dell'aggettivo.*
calloso agg. callused (*o* calloused). • **Callosità**, (*raro*) callosity, (*più comune*) callused condition: **la callosità delle sue mani**, the callused condition of her hands.

camera s. macchina fotografica; telecamera; cinepresa. • **In camera**, assenti la stampa e ogni altro spettatore, a porte chiuse.
camera s. ① room: bedroom, dining room, *etc.*; **camera blindata**, strong room; **camera oscura** (*per lo sviluppo di pellicole*) dark room. ② chamber: **camera di decompressione**, decompression chamber; **camera di commercio**, Chamber of Commerce; **musica da camera**, chamber music. ③ council, board: **camera del lavoro**, Trades Union Council; **camera arbitrale**, arbitration board. ④ cell: **camera di punizione** (*per militari o in carcere*) punishment cell; **camera di sicurezza** (*polizia*), police cell. ⑤ tube: **camera d'aria** (*di pneumatico*) inner tube; **pneumatico senza camera d'aria**, tubeless tyre.
• (1) *Si noti che la Camera dei Deputati e il Senato in Inghilterra hanno i loro equivalenti rispettivamente nella* House of Commons *e nella* House of Lords. *Espressioni del tipo* speaking in the House *o* addressing the House, *si riferiscono alla* House of Commons *a meno che nel contesto non sia indicata la* House of Lords. (2) **camera ardente**: *i riti funebri inglesi sono del tutto diversi da quelli italiani per cui non esiste alcun modo di tradurre questa espressione.* (3) **una camera in noce**, a walnut bedroom suite.

candid agg. franco, schietto: **give me your candid opinion on this; a child's candid eyes.** • (*lett.*) **candid brow** (fronte): *questa espressione è a volte usata come semplice definizione della pelle bianca della fronte, oppure può indicare assenza di preoccupazioni e di malizia da un volto giovane e bello; di solito questi due significati risultano fusi insieme.*
candido agg. ① pure white, snow white, spotless. ② (*lett.*) clear, limpid. ③ frank, candid. ④ innocent; ingenuous, naïve.

canteen s. ① mensa (*per studenti o in grandi fabbriche, uffici, etc.*). ② cassetta delle posate; *spesso le* posate *stesse*. ③ gavetta.
cantina s. ① cellar. ② (*osteria*) wine shop, wine bar; (*lett. e arc.*) tavern.

○capacity s. *Il termine inglese e quello italiano hanno in comune le seguenti accezioni*: ① capienza (**the theatre was full to capacity**). ② abilità (**a woman of great ability/capacity; this textbook would be within/beyond the capacity of twelve-year-olds**). *Nell'uso più corretto della lingua inglese, tuttavia, viene fatta una distinzione tra abilità acquisita e capacità innata di acquisire una certa abilità o di comprendere*: **this student has considerable ability as a Latinist but his limited capacity for abstract thought debars him from excelling in the study of ancient philosophy.** *In una frase come* **in wartime, munition factories worked at full capacity** *il termine inglese trova invece il suo equivalente in italiano nella parola* ritmo. *Si noti infine la locuzione* **in one's capacity as** *corrispondente in italiano all'espressione* in qualità di: **in his capacity as head of the**

firm he was obliged to dismiss his daughter for incompetence, while in his capacity as father he realised that the girl's education was to blame for her failure.
capacità *s.* capacity; ability.

○care *s.* ⓵ attenzione notevole, diligenza, cura: **this work is perfect because it has been done with sufficient care.** ⓶ *come avvertimento contro un pericolo o un danno*, cura, attenzione: (*in un'etichetta su un pacco*) **fragile – handle with care**; (*in un avviso al cancello di un parco in cui gli animali — quasi sempre pony selvatici e cervi ma, in certi parchi privati aperti al pubblico, anche leoni — vivono allo stato brado*) **wild animals – drive slowly and with care.** ⓷ protezione, sorveglianza: **children should not be left in the care of inexperienced people even for a short time.** ⓸ preoccupazione, ansia: **a face worn by care.** • **Take care!** attenzione!; **take care you're not late!**, bada di non far tardi!; **care of** (*scritto c/o negli indirizzi*) presso: **Miss Mary Smith, c/o Mrs Taylor, 16 Milton Rd**; **children in care**: *sono così chiamati i bambini che, non avendo genitori o parenti capaci o adatti ad allevarli, vengono ospitati presso istituzioni dello Stato.*

cura *s.* *Vengono qui elencate, insieme ai loro equivalenti in inglese, sei delle otto accezioni che lo Zingarelli dà del termine:* ⓵ *interessamento sollecito e costante per qualcuno o qualcosa*, care; responsibility for: **cura della famiglia**, care of the family; responsibility for the children's health. ⓶ *oggetto di costante interesse*, the thing one cares about: **l'automobile è la mia unica cura**, the only thing I care about is my car. ⓷ (*lett.*) *preoccupazione, affanno, dolore*, care, cares: «**What is this life if, full of care, / We have no time to stand and stare?**» (W.H. Davies). ⓸ *grande impegno o attenzione nel fare qualcosa*, care: **lavoro eseguito con cura**, work done with care; **a cura di** (*specialmente in frontespizi di libri*), edited by. ⓹ *direzione, amministrazione, gestione, governo*: **la cura della casa**, the running of the house, **la cura della biblioteca**, the running of the library; *il termine* running *è usato per tutti i generi di negozi, uffici, aziende, per qualsiasi attività, insomma, che richieda una direzione.* ⓺ *insieme di medicamenti e rimedi per il trattamento di una malattia*, treatment; cure (*molto meno usato*): **non ho tratto alcun giovamento dalle medicine che ho preso e il dottore ha deciso di provare con una cura diversa**, the medicine I have been taking has done me no good and the doctor has decided to try a different treatment; **si sta sottoponendo a delle cure per la sua gamba gonfia**, she is having treatment for her swollen leg; you go to a «health farm» for a «health cure» (*che è di solito una cura dimagrante*); **sono così stanco che avrei bisogno di fare la cura del sonno**, I'm so tired I think I need a rest cure; **cura di bellezza**, beauty treatment; **casa di cura**, nursing home.

○care *vb. tr. e intr.* ⓵ (*spesso* + **about**) importare (*vb. impers.*) *o* interessarsi di: «**The trouble is you don't care what happens to those poor people!**» – «**On the contrary, I care very much**»; **one doesn't really care fundamentally about other people's troubles, or about their wishes and interests either**; «**Teach us to care and not to care**» (*T.S. Eliot*). ⓶ (+ **for**) piacere, andare (*di solito alla forma negativa*): **I don't care for fried fish/holidays abroad/novels**, non mi piace/non mi va il pesce fritto, *etc.* ⓷ (+ **for**) essere affezionato a *o* amare: **I'm sorry his old mother has died – I've always cared very much for her**; **their engagement surprised her – she hadn't realised they cared for each other.** ⓸ **would you care to …?** sinonimo di **would you like to …?**: **would you care to come with us?** ⓹ (+ **for**) *e* **to take care of**, occuparsi di, *sinonimo di* **to look after**: **she's caring for Mary's children while Mary's in hospital.**

curare *vb. A tr. Alle varie accezioni del termine fornite dallo Zingarelli, corrispondono in inglese verbi nella maggior parte diversi da* to care: ⓵ *sottoporre un malato o un ferito ai trattamenti necessari per guarirlo*, to treat; to take care of: **il malato fu curato in ospedale** (*o* **in casa**), the sick man was treated in hospital (*o* taken care of at home); **un medico curava i feriti mentre la polizia interrogava i testimoni dell'incidente**, a doctor treated the injured while the police questioned witnesses of the accident. ⓶ *avere cura, fare oggetto di cura*: to care for, to take care of, to look after; **curare la propria cultura/istruzione**, to improve oneself; **curare la traduzione di un libro**, to edit/supervise the translation of a book; **curare gli interessi di qualcuno**, to take care of someone's interests; **curare le anime**, to minister to souls; **curare i propri difetti** (*emendarsi*), to cure (*o* try to cure) oneself of faults, to correct one's faults. ⓷ *fare in modo, procurare, adoperarsi*, to take care (*o* make an effort) to do something: **tu cura che non se ne accorga**, take care to see (*o* take care) he doesn't realize what you've done (what's happened, *etc.*). ▨4 (*raro*) *avere a cuore*, to have somebody's welfare at heart. **B rifl.** ▨1 *prenderesi cura della propria salute*, to take care of oneself; *farsi assistere da un medico*, to get an injury, *o* symptom looked at/attended to/seen to: **faresti meglio a farti curare quella ferita o potrebbe diventare infetta**, you'd better get that cut attended to or it might go septic. ▨2 *badare a qualcuno o a qualcosa*, to pay attention (*o* heed): **non curarti delle voci maligne**, don't pay any attention (*o* heed) to malicious rumours. ▨3 *interessarsi di, avere a cuore*, to care: **si cura molto dei problemi degli handicappati**, he cares a lot about the problems of the handicapped.

⊙**casual** *agg. Originariamente il significato del termine inglese era dovuto al caso, un esatto parallelo quindi del significato del corrispondente aggettivo italiano* casuale*. Ancor oggi tale accezione è mantenuta quando si parli di* **casual meeting/encounter with someone**, *per cui si possono avere esempi quali* **they saw nothing of each other for some years, apart from a casual encounter now and then**, *o* **a casual remark aroused his interest.** *Va però sottolineato che in questi casi sarebbe da preferire l'uso aggettivale di* **chance** (**chance meeting**). *Ma gli usi più interessanti dell'aggettivo inglese coprono una gamma di significati che si allontanano gradualmente da quello appena illustrato, non trovando così più riscontro nell'omologo termine italiano. Innanzitutto il significato di* non formale (*che a ben vedere mantiene ancora una qualche traccia dell'accezione originaria*) *come in* **casual clothes, casual conversation** *o in senso più esteso* **the arrangements for the conference seem to have been vague and casual in the extreme**: *è evidente come si voglia qui sottolineare un atteggiamento di rilassata informalità in situazioni od occasioni che potrebbero invece essere caratterizzate dalla più compita formalità. Da qui si passa ad un eccesso di informalità, che diventa disinvoltura quasi* (*o senza il 'quasi': entrano qui in gioco gli standard di buona educazione*) maleducata *come in* **middle-aged people often complain of the casual manners of the young, who drop in without warning and seldom write letters of thanks.** *Si arriva quindi ad un uso che pone l'accento sulla mancanza di coinvolgimento, di partecipazione personale, al limite dell'indifferenza, quale si ha in esempi del tipo* **a casual glance at a passing stranger or at an uninteresting picture** *o* **exchanging a few casual sentences with someone on an occasion that does not call for serious conversation.** *Si noti però che in questi ultimi due esempi non c'è segno di giudizio critico, trattandosi piuttosto di un'osservazione neutra.* **Casual** *si può invece trovare usato anche in casi in cui si voglia deplorare l'assenza di una reazione intellettuale o emotiva, che parrebbe scontata date le circostanze, come in* **the distinguished critic's casual «What an attractive exhibition!» as he left the preview was a mortal blow to the young painter's pride** (*qui l'indifferenza è chiaramente biasimata e ritenuta quasi offensiva*), *oppure in* **Amanda made a surprisingly casual comment on my broken leg: «So sorry to hear about your beastly accident, darling» was all she said** (*qui* **casual** *significa* freddo, senza cuore). • *Si noti come sia frequente l'uso dell'avverbio* **casually** *in tutti i significati precedentemente illustrati, sia nel senso per così dire 'italiano' di* **he leafed through the book, casually spotting an illustration here and there that might be worth a second look**, *sia nelle accezioni esclusivamente inglesi*: **we were simply chatting casually; he apologized casually for his late arrival.**

casuale *agg.* chance; fortuitous (*molto meno usato*). • **Ogni riferimento a persone esistenti, in questo libro/film, è puramente casuale**, any resemblance between characters in this book/film and living persons is purely coincidental.

⊙**cathedral** *s.* duomo, cattedrale.
cattedrale *s.* ▨1 cathedral: **la cupola della cattedrale di Firenze fu disegnata dal Brunelleschi**, the dome of the cathedral in Florence (*o* of Florence cathedral) was designed by Brunelleschi. ▨2 (*fig.*) centre of learning: **sotto i Medici Firenze assurse a cattedrale del sapere**, Florence became a great centre of learning under the Medicis; research centre: **ci sono due cattedrali della ricerca da cui tutti si aspettano miracoli** (Corriere della Sera, *Agosto 1985*), there are two great research centres to which everyone is looking for miracles.

⊙**catholic** ['kæθəlik] *agg. e s. Questo termine non indica soltanto persone o cose connesse alla Chiesa Cattolica ma (come agg.) è usato assai comunemente nella sua originaria accezione di* non esclusivo, alla portata di tutti, *riferito a opinioni e soprattutto a gusti. L'espressione* **a music-lover of catholic taste** *indica non una persona che ha una particolare preferenza per la musica sacra ma al contrario una persona a cui*

piacciono musiche di molti generi, stili e periodi differenti.
cattolico *agg. e s. L'equivalente inglese di questo termine viene generalmente identificato nella parola* Catholic, *ma la maggior parte dei membri della Chiesa Anglicana lo farebbero invece corrispondere alla locuzione* Roman Catholic *poiché* the holy catholic church *nel* Creed *dell'English Prayer Book significa* the universal Church of Jesus Christ.

○caution *s.* [1] *cautela.* [2] (*dir.*) *ammonimento:* **as it was a first offence, the magistrate let the boy off with a caution.** • *Espressione idiomatica del nord:* **he's a caution** (*o* **a proper caution**)!, è un tipo strano (*commento iperbolico*); (*in un avviso*) attenzione: **caution – low bridge ahead; caution – keep in a cool place and away from children.**
cauzione *s.* [1] (*denaro depositato presso la corte per ottenere la libertà provvisoria*) bail: **l'imputato fu rilasciato dietro cauzione**, the accused was released on bail. [2] (*deposito di garanzia*) caution money: **gli studenti che si iscrivono alla biblioteca devono depositare una cauzione di dieci sterline**, students enrolling in the University library are required to deposit ten pounds' caution money.

○cavalier *A s.* [1] *Membro del partito monarchico durante la guerra civile degli anni 1642-51. I membri del partito parlamentare all'opposizione venivano soprannominati* Roundheads. [2] (*scherz., raro e ormai superato*) *uomo che accompagna una donna* (*per esempio*) *ad un ballo,* cavaliere. *B agg.* (*da non confondersi con* **chivalrous** *corrispondente in italiano a* cavalleresco) *indica un'azione* (*di solito l'annullare o il trascurare un appuntamento o un altro impegno*) *che viene compiuta senza presentare delle scuse e senza tener conto del disagio che potrebbe scaturirne per altre persone; in senso più lato esso può definire un comportamento tipico in generale:* **she found him charming but disliked his cavalier manners; I refused to do business with him any longer after his cavalier treatment of our agreements and appointments had cost me some weeks of inconvenience.** • **Cavalierly**, *avv.*
cavaliere *s.* [1] (*stor. romana, membro dell'ordine equestre*) equestrian; equestrian soldier. [2] (*stor. medioev.*) knight: **i Cavalieri della Tavola Rotonda**, the Knights of the Round Table; (*più raro*) cavalier. [3] (*stor. moderna*) cavalryman. [4] (*sport*) rider, horseman. • **Amazzone**, rider, horsewoman. **Cavaliere del Lavoro**: *non esiste alcun modo di tradurre in inglese questa espressione poiché sono tante le onorificenze che vengono elargite in Inghilterra alle persone la cui opera a servizio della collettività viene riconosciuta dalla regina* (Sir, Lord, O.B.E., etc.). **Cavaliere dell'ordine di Malta**, Knight of Malta.

cave *A s.* caverna; grotta. *B vb. intr.* (+ **in**) cedere: **as fire raged through the building, first the roof and then the walls caved in.**
cava *s.* quarry (*di pietra e di marmo*); pit (*di ghiaia e di gesso*).
cavare *vb. tr.* (*estrarre*) to take out; to extract: **devo farmi cavare due denti**, I've got to have two teeth taken out (*o* extracted). • **Cavar sangue da una rapa**, to get blood from a stone; **non riesce a cavare un ragno da un buco**, he's hopeless; **non sono riuscito a cavargli una parola di bocca**, I couldn't get a word out of him; **cavarsela**, to manage, to cope; **cavarsi gli occhi**, to argue passionately.

○celebrate *vb. tr. e intr.* [1] festeggiare: **Tom has just passed his final exams – we must celebrate** (*o* **this calls for a celebration**)!; **we must celebrate his success.** [2] celebrare (*con solennità*): **mass is celebrated daily; the tenth anniversary of the end of the war was celebrated with processions and church services.**
celebrare *vb. tr. e intr.* [1] (*festeggiare*) celebrate. [2] (*compiere un atto o svolgere un procedimento secondo le regole di rito, Zingarelli*) to celebrate a marriage, the eucharist; to hold a trial; to sign a contract.

○certify *vb. tr.* dichiarare per iscritto: **I hearby certify that the attached document is an authentic letter written by me to ...** *Si noti l'uso del verbo per un'attestazione di morte* (**death was certified an hour after the body was discovered**) *e di infermità mentale* (**he cannot be detained in hospital against his will unless he has been certified**).
certificare *vb. tr.* to certify.

○champion *A s.* campione (*nel senso di difensore di un'altra persona, di una causa, di un ideale, etc., oppure di vincitore o detentore di un record*). *B agg.* (*dial. del nord*) ottimo: **he's a champion gardener. She makes champion bread. «You're coming too? Oh, that's champion!»**
campione *s.* [1] champion. [2] model (of): **è un**

campione di onestà, a model of honesty, *ma* model *ricorre più spesso nelle espressioni* a model of good manners *o* industry. ③ sample: **un rappresentante di solito viaggia con una valigia di campioni**, a sales representative usually travels with a case of samples.

⦿**character** *s. Simile per significato al termine italiano nelle seguenti tre accezioni:* ① *l'insieme delle qualità che rendono una persona o una cosa diversa dalle altre.* ② *l'indole morale di una persona* (**he is a man of vacillating/honourable/combative character**). ③ *forza morale* (**he is a man of character**). *In relazione al primo significato sono da notare le espressioni* **in character** *e* **out of character** (**his action was completely in/strangely out of character**, *conforme/non conforme al suo carattere*). *Esistono altri cinque significati di* **character** *e diverse espressioni idiomatiche che vale la pena notare.* ① *una persona che attira l'attenzione:* (a) **a public character** (*più spesso* **a public person, someone in the public eye**); (b) *una persona di carattere eccentrico o molto inconsueto, un tipo originale;* (c) **a bad character**, *un cattivo soggetto.* ② *personaggio di romanzo, opera teatrale o film. Uno scrittore può essere elogiato o altro per la sua* **character-drawing**, *caratterizzazione dei personaggi;* **a character actor** *è specializzato nell'interpretazione di personaggi di spiccata personalità.* ③ *fama:* **she has the character of a dangerous gossip** (*ma nell'inglese moderno si usa più comunemente* **reputation**). *Da qui, i domestici e gli altri dipendenti una volta richiedevano ai loro datori di lavoro un* **character** (*attestato di servizio*) *quando andavano in cerca di un nuovo impiego; il termine attuale è* (**character**) **reference** (*referenze*). *In tribunale, un testimone che attesta l'onestà dell'imputato o di un altro testimone è un* **character witness** *e il parlare o lo scrivere di qualcuno in termini diffamatori viene talvolta detto* **character-assassination**. ④ *qualità:* **he gave her unwelcome advice in his character as a lawyer though as her brother he would rather have said what she wanted to hear**. ⑤ *lettera dell'alfabeto scritta o stampata. Ma questo uso del termine è antiquato; in sua vece, nell'inglese moderno vengono adoperati* **letter(s)** *e* **type** *o* **typeface** (*vedi* **carattere**). • *Espressioni da notare:* **character-sketch**, *descrizione* (*di solito scritta*) *del carattere di una persona;* **characterless** *agg.*, *scialbo, insipido, incolore:* **a characterless person**, **style of writing**.

carattere *s.* ① (*indole, temperamento, etc.*) character, nature, disposition: **avere un buon/cattivo carattere**, to be good-natured, ill-natured. ② (*forza di carattere*) backbone: **mancare di carattere**, to be spineless. ③ (*caratteristica, spec. di piante, animali e cose*) characteristic. ④ (*lettera*) letter: **carattere minuscolo**, small letter; **carattere maiuscolo**, capital letter; **caratteri a stampatello**, block letters, capitals; **scrivere a caratteri ben chiari**, to write clearly, to write a clear hand, to have clear handwriting. ⑤ (*tipografia*) *sing.* type, *plur.* type, typeface. • **Di carattere geologico, letterario**, *etc.*, of a geological *etc.* character, kind; **essere in carattere con**, to go with, to suit: **i mobili in questa stanza non sono in carattere con la tappezzeria**, the upholstery and curtains in this room don't go with (*o* suit) the furniture.

⦿**characteristic** *s. e agg. Il sostantivo inglese ha lo stesso significato del termine* caratteristica *mentre l'aggettivo è simile a quello italiano solo fino a un certo punto. L'aggettivo inglese* (**a characteristic gesture**) *è utilizzato più spesso di quanto lo sia il suo equivalente italiano ma viene assai di frequente sostituito (erroneamente) da* **typical**. *Nell'inglese più corretto* **typical** *significa* caratteristico *di un particolare tipo di persona o cosa e non viene quindi usato per indicare qualcosa che è propria del carattere di un individuo o ne sia fortemente evocatrice. Dire* **he spoke of his misfortunes with characteristic humour** *è corretto; dire* **he spoke of his misfortunes with typical humour** *è più comune ma scorretto poiché è assurdo pensare che esista anche un solo genere di persone che si contraddistinguano per un atteggiamento umoristico verso le disgrazie.*

caratteristico *agg.* characteristic. *L'uso particolare di questo termine in espressioni del tipo* **un angolo caratteristico della vecchia città** *presenta le stesse difficoltà di traduzione di* **suggestivo** (*q.v.*). *Per esso è necessario ricorrere in inglese ad aggettivi vaghi come* picturesque *e* (*ancora più vago*) quaint. Characteristic *può essere usato solo riferito a persone, non a cose.*

⦿**citation** *s.* citazione (*vedi accezione 3*).
citazione *s.* ① quotation: the old lady said, «But *Hamlet*'s not at all original – it's full of quotations.» ② (*dir., mandato di comparizione*) summons (*sing.*). ③ (*mil., menzione all'ordine del giorno, encomio*) citation.

⦿**cite** *vb. tr.* citare (*sia esempi nello svolgimento di* un discorso in sostegno di una opinione sia precedenti nella discussione di una causa legale) • **Cited as co-respondent in a divorce case,** citato come coimputato in una causa di divorzio per adulterio; *il termine è usato meno frequentemente in cause di diverso genere.*

citare *vb. tr.* (*statistiche, etc. e più in generale*) to quote: *il ministro ha citato i dati sull'esportazione relativi ai mesi di giugno e luglio a sostegno della sua argomentazione,* the minister quoted the export figures for June and July in support of his argument; *i romanzieri che sono anche docenti universitari di letteratura hanno il difetto di citare troppo spesso i grandi scrittori del passato lasciando così che siano questi a svolgere quell'opera di analisi e di sintesi che spetterebbe invece a loro compiere,* the trouble with novelists who are also university teachers of literature is that they always quote far too often, allowing the great writers of the past to do the work of analysis and summary for them.

civilized *agg. Originariamente aveva solo il significato del termine italiano* civilizzato (*che ha comunque mantenuto*), *ma nel corso di questo secolo ha sostituito* civil, *che è attualmente piuttosto raro e assai formale. A questo proposito è interessante notare che l'aggettivo italiano* civile *traduce esattamente* **civilized** *in esempi quali* **we must try and behave like civilized people over this**. *Ma se un inglese usasse* **civil** *nello stesso tipo di frasi, il tono che ne risulterebbe sarebbe assai diverso:* «**How did your meeting with your ex-boss go?**» – «**Oh, we were very civil to each other**»; *a questo punto chi parla, con un sorriso rivelatore, assumerebbe un tono piuttosto ironico, alludendo alla ipocrita cortesia cui è stato improntato l'imbarazzante colloquio.* **Civil** *talvolta rivela l'altezzosità più che l'ironia di un giudizio espresso su una persona, come in* **the managing director was not free to see me but I spoke to a very civil secretary and left a message with her**. *Lo stesso parere potrebbe essere espresso un po' meno pomposamente dicendo* **a very nice** (*o* **polite**) **secretary**. *In ogni caso questo aggettivo, usato sia in tono ironico che altezzoso, non è frequente. Molto spesso* **civilized** *viene usato per esprimere la propria meraviglia nello scoprire che i modi, i gusti, il grado di istruzione di qualcuno sono di un livello superiore a quello che sarebbe sembrato logico aspettarsi:* **a self-made man, but with remarkably civilized taste**. *Non può sfuggire anche qui un atteggiamento di condiscendenza. Altrettanto frequente è l'uso che esprime la gradita sorpresa suscitata dal comportamento di qualcuno da cui ci si aspettava aggressività, ostilità, o rabbia e che invece si è mostrato assai cortese, gentile, civile appunto;* **after that awful row I had with him I expected to find him hostile and touchy, but on the contrary his behaviour to me was perfectly civilized** (*o* **we had a perfectly civilized discussion,** *o* **he was perfectly civilized**); **a civilized relationship between divorced people**.

civilizzato *agg.* civilized.

◉**clamorous** *agg. Come in alcune accezioni del corrispondente termine italiano, questo aggettivo significa* rumoroso e tumultuoso, *sebbene di solito non venga riferito a rivendicazioni e proteste. Non è adoperato spesso.*

clamoroso *agg. Per rendere in inglese le altre accezioni di questa parola è necessario ricorrere ad una varietà di altri termini:* **un successo clamoroso**, an outstanding success; **uno scandalo clamoroso**, a tremendous, terrible scandal; **una sconfitta clamorosa**, a crushing defeat. *In questi tre casi, e in gran parte di altri, l'aggettivo* resounding, *che ha un significato sia positivo che negativo, potrebbe costituire un valido equivalente del termine italiano.*

◉**client** *s.* cliente.

cliente *s. È detto* client *chi si avvale della consulenza di un professionista (ma chi si rivolge ad un medico diventa invece un suo* patient) *mentre coloro che si servono presso un negozio, una fabbrica, etc. vengono chiamati* customers. *Dal dopoguerra i parrucchieri e i proprietari di 'beauty parlours'* (*espressione con cui vengono denominati sia i saloni di bellezza che le toilette per cani*) *e anche altri negozianti hanno cominciato a chiamare i loro* customers *'clients'; una tendenza questa che ha dell'assurdo e del pretenzioso ma che tuttavia non sembra destinata ad arrestarsi.* **Cliente** *usato in senso figurato (e spregiativo) non ha nessun equivalente in inglese mentre il termine* **clientelismo** *si avvicina molto ad espressioni come* 'wire-pulling', 'pulling strings' *e perfino (qualche volta)* 'knowing the ropes', *benché non coincida perfettamente con esse. La locuzione* 'the old-boy net' *indica una forma di clientelismo ma, nuovamente, non può essere riferita a tutti i tipi di rapporti e di situazioni a cui il termine italiano allude.*

◉**climate**/**clima** *s. I due termini hanno lo stesso significato sia che vengano usati in senso letterale* *che figurato. Occorre tuttavia osservare che mentre il lemma italiano può anche significare condizioni meteorologiche in senso generale* (clima autunnale, primaverile, etc.) — *accezione che in inglese corrisponderebbe alla parola* **weather** — *il termine* **climate** *può soltanto riferirsi alle caratteristiche ambientali di una determinata area geografica* (**tropical, subtropical, temperate climate; the English climate is wet and mild**).

code *s. Questo termine viene qui abbinato con* **coda** *semplicemente perché gli studenti italiani spesso pensano che le due parole siano affini; tuttavia il termine italiano a cui* **code** *in realtà corrisponde è naturalmente* codice. *L'origine latina del termine inglese viene conservata nell'equivalente di* codice, *inteso come antico libro manoscritto*: **codex**. *La corrispondenza tra* **code** *e* codice *è chiara nell'uso di* **code** *come sinonimo di* **cipher/cypher** (cifrario) *e in espressioni quali* **code of laws** *e* **penal code**. *In frasi come* **the schoolboy code doesn't allow a boy to say who really committed the 'crime' of which he is falsely accused** *e* **no, her code wouldn't allow her to do that**, *il termine* **code** *è abbreviazione di espressioni come* **code of honour, of behaviour** *o* **of manners** (*corrispondenti alle locuzioni italiane* codice d'onore *etc.*) *il cui impiego è però più formale e limitato a situazioni di una certa solennità. In questo uso particolare il termine* **code** *non ha nessun equivalente in italiano*.

coda *s.* [1] (*di animali e di cometa*) tail, *ad eccezione della coda della volpe che è chiamata* brush: (*di capelli*) pony-tail; (*treccia*) pigtail; (*di abiti*) train. [2] (*fila*) queue [kju:]. [3] **coda dell'occhio**, corner of one's eye. [4] (*mus.*) coda.

cognate *s.* parola che ha la stessa origine di un'altra: **cognate** and cognato **are cognates, since they are both derived from the Latin** cum **and** gnatus.

cognato/a *s.* brother-in-law, sister-in-law.

○**coherence** *s.* [1] connessione logica fra le idee espresse in un discorso: **the lack of coherence in his argument made it unconvincing**. [2] (*riferito al suono delle parole*) qualità dell'essere comprensibile (*vedi l'accezione 3 di* **coherent**). • *Si noti che in queste due prime accezioni l'aggettivo è molto più usato del sostantivo*. [3] (*con riferimento agli elementi di una sostanza o di un materiale*) coesione.

coerenza *s.* [1] (*con riferimento agli elementi di una sostanza o di un materiale, coesione*) coherence. [2] (*fig.*) consistency.

○**coherent** *agg.* [1] (*di una sostanza o di un materiale*) che si mantiene unito in una massa compatta. [2] (*di un discorso o di un'argomentazione*) connesso in maniera logica: **to intelligent people a coherent piece of reasoning is more persuasive than a rambling speech however ardent**. [3] (*di parole*) comprensibile: **the child was crying so much that her words were not coherent** (*o* **were incoherent**, *o* **she was incoherent** *o* **not coherent**) • *Si noti che la terza accezione è usata molto più spesso delle altre*.

coerente *agg.* [1] (*di una sostanza o di un materiale*) coherent, cohering. [2] (*fig.*) consistent.

○**collaborator** *s.* [1] persona che lavora insieme ad una o più altre persone per la creazione di una particolare opera, collaboratore: **H. W. Fowler's collaborator in his famous book** *Modern English Usage* **was his younger brother**. [2] collaborazionista.

collaboratore *s.* (*di un giornale o alla radio*) contributor. • **Collaboratrice familiare** *o* **colf**, daily help, domestic help *o semplicemente* help.

○**collapse** [kəˈlapse] *A s.* [1] crollo: **the collapse of the outer walls of the fortress was followed by the storming of the citadel**; (*fig.*) **the collapse of one's plans, hopes, expectations**, *etc.* [2] (*med.*) collasso: **so much continuous overwork is bound to lead to a collapse** (*o* **he is bound to collapse if he goes on working like this**). [3] caduta: **the collapse of the present government is imminent; the collapse of our foreign markets has led to further unemployment**. *B vb. intr.* [1] crollare: **the roof will collapse if it isn't repaired soon**; (*fig.*) **the government collapsed a week later**. [2] cedere (*sotto un peso e sim.*) **the chair collapsed under the huge man's weight**. [3] perdere forza improvvisamente, venir meno: **the Agricultural Party's opposition to the proposed measures collapsed when their leader publicly disclaimed all interest in the matter**. [4] (*meno usato*) essere pieghevole: **this type of cot collapses** (*o* **this is a collapsible cot**). *C vb. tr.* (*med.*) **to collapse a lung**, fare pneumotorace terapeutico, collassare il polmone.

collasso *s.* (*di persona*) faintness; collapse.

college *s. Originariamente questo termine indicava un istituto dedito alla ricerca e all'insegna-*

mento. Tali furono i **colleges** che sorsero durante il Medioevo nelle città di Oxford e di Cambridge; pur mantenendo la propria autonomia nella maggior parte delle questioni, essi formavano nel loro complesso e tuttora formano un'unità più vasta, l'università (si tenga presente però che le altre università britanniche non sono composte di **colleges**). Altri **colleges** (alcuni ma non tutti a carattere di convitto) vennero fondati durante il Medioevo e più tardi per l'istruzione dei ragazzi (e meno frequentemente delle ragazze) dai dodici ai diciott'anni circa. Il termine **college** non era veramente appropriato poiché di rado questi istituti erano connessi ad una università o ad un qualsiasi tipo di ricerca. Nel XIX e XX secolo altre **institutions of higher learning** (per chi cioè ha terminato gli studi scolastici preliminari) sono sorte con lo scopo di insegnare materie non comprese nei piani di studio delle università. Esiste ormai una grande varietà di istituzioni di questo tipo e quando dei ragazzi o delle ragazze inglesi dicono **«I'm going to college next autumn»** possono alludere ad una università, ad un politecnico (simile ad una università ma inferiore ad essa come livello di studi anche se in grado di offrire una più cospicua molteplicità di indirizzi di studio), ad una scuola di tirocinio per insegnanti di scuole inferiori, ad una scuola d'arte o di musica, ad una scuola per cuochi o a qualcun altro dei vari istituti di istruzione superiore. Esistono anche **colleges** (di solito chiamati **The Royal College of** ...) che sono associazioni dei membri più altamente qualificati di certe professioni. Ad essi si accede tramite un esame ma non sono finalizzati all'insegnamento o alla promozione della ricerca. I più famosi sono il **Royal College of Physicians** e il **Royal College of Surgeons**.

collegio s. **1** (*convitto*) boarding school. **2** **collegio elettorale**, constituency. **3** **collegio degli avvocati**, the Bar. **4** **collegio dei giudici**, the Bench. **5** **collegio di artigiani**, guild.

collocate *vb. tr.* (*quasi sempre riferito a parole*) giustapporre: **to collocate 'the way' with** in, on, by, **or** out of **is to create four expressions of totally different meaning**.

collocare *vb. tr.* **1** to place (*o talvolta* to arrange) something in a given place: **dopo la clamorosa rapina dispositivi di allarme furono collocati** (placed) **in tutte le banche della città; i volumi dell'enciclopedia erano stati collocati** (arranged) **in scrupoloso ordine nella libreria del salotto**. **2** to find a job for someone: **si mostrò sempre riconoscente verso l'amico che lo aveva collocato** (who had found him a job) **presso una delle maggiori industrie della zona**. **3** (*comm.*) to find a market for: **potremmo fabbricare apparecchi di questo tipo a basso costo ma sarebbe difficile collocarli**, we could produce machines of this type cheaply, but it would be difficult to find a market for them; to invest: **ora che ha venduto la casa non riesce a decidersi se collocare il ricavato di nuovo in un immobile o se affidarlo a un agente di cambio**, having sold his house he can't decide whether to invest the proceeds in more bricks and mortar or hand them over to a stockbroker. **4** (*in una biblioteca*) to put in a certain section *o* on a certain shelf *o* under (*o* with) certain books: **The Good Food Atlas è stato collocato nel settore gastronomia**, The Good Food Atlas has been put in the gastronomy section (*o* in shelf 247g *o* under 'cookery books').

collocation *s*. Ha lo stesso significato del verbo e, come questo, si riferisce quasi sempre alle *parole*: **the collocation** in time **means** in tempo, **while** on time **means** in orario.

collocazione s. **1** placing, putting: **la collocazione di impianti d'allarme in tutte le banche della città sarà la prossima misura di sicurezza che verrà attuata**, placing (*o* putting) alarm devices in all the banks in the city will be the next security measure; arranging, arrangement: **la collocazione dei cento volumi dell'enciclopedia sugli scaffali le costò tempo e fatica**, arranging (*o* the arrangement of) a hundred volumes of the encyclopaedia took forever. **2** **collocazione di quadri in una mostra**, hanging: **la collocazione dei quadri fu affidata a due giovani conservatori**, the hanging of the pictures was left to two young assistant-curators; **la collocazione dei quadri era proprio** (*o* **non era affatto**) **indovinata**, the exhibition was well (*o* badly) hung. **3** (*in un archivio o in una biblioteca*) press mark *o* catalogue number and shelf mark (*o* number).

●**combination**/*combinazione* *s*. Hanno gli stessi significati dei verbi a cui corrispondono. Quando il termine italiano significa **caso (per combinazione**, *etc.*) il suo equivalente in inglese è chance *o* coincidence.

●**combine** *vb. tr. e intr.* combinare, *nel senso di* mettere insieme due o più cose. È questo l'unico significato che i due verbi hanno in comune.

combinare vb. tr. e intr. ① (*organizzare e portare a compimento*) to arrange: **i miei amici vogliono vedere quanto più è possibile dell'Italia durante la loro prima vacanza qui, così ho combinato per loro visite in una decina di bei posti**, my friends want to see as much as possible of Italy on their first holiday here, so I've arranged visits to half a dozen beautiful places. ② (*accordarsi con*) to fit: **l'orario del suo ufficio combinava con quello di scuola della figlia, così, uscendo dal lavoro, passava a prenderla**, his office hours fitted with his daughter's school times, so he fetched her from school on his way home from work; to go together: **non ha il senso dell'eleganza, non riesce a combinare con gusto i colori dei suoi abiti**, she has no sense of style, the colours she wears never go together. ③ (*corrispondere a*) to correspond, to agree: **i disegni che l'architetto ha fatto per la mia casa non combinano molto con gli schizzi che gli ho dato**, the architect's plans for my house don't correspond very closely to the sketches I gave him; **le sue opinioni non combinano con le mie**, his ideas don't agree with mine. • **Non combinare nulla**, to achieve nothing; **combinare un pasticcio**, to make a mess of things; **«Che cosa stai combinando?»**, «What are you up to?»; **combinarne di cotte e di crude**, to do all sorts of frightful things, to create merry hell.

○**comedy** s. ① opera (*teatrale, radiofonica o televisiva*) brillante e divertente. • *Si noti che una* comedy *è per definizione divertente anche se il finale è triste.* ② episodi divertenti o anche farseschi della vita: **some time I must tell you about the comedy of my great-aunt's visit to Spain, accompanied by her parrot and four dogs**. ③ lato umoristico: **when your Prime Minister got stuck in the lift on his visit to our Embassy, I don't think he appreciated the comedy of the situation**.

commedia s. (*opera di prosa in genere*) play (*anche alla radio o alla TV*); **commedia brillante**, comedy; **commedia a tesi**, problem play *o* (*più colloq.*) a play with a message. • **Fare la commedia**, to sham, to sham sth., to put sth. on: **quando l'impresa del suo principale avversario fallì, Pearson fece la commedia mostrandosi sorpreso e profondamente dispiaciuto**, when his chief competitor's business failed, Pearson shammed amazement and distress (*o* put on an air of amazement and distress).

○**comfort** A s. ① comodità: **the chairs in her drawing room are more notable for elegance than comfort** (are more elegant than comfortable). ② agiatezza: **in those days you could live in comfort for a year on the money you would barely survive on for a week nowadays**. ③ conforto, consolazione. • *L'espressione idiomatica* «**What a comfort!**» *significa* «Che piacere deve farti saperlo!»: «**I haven't got to go to hospital after all.**» – «**What a comfort!**». *Un'altra espressione idiomatica, resa famosa dal titolo del romanzo* Cold Comfort Farm, *è usata in frasi come* **when your car breaks down it's cold comfort to know you're saving money on petrol**. B vb. tr. confortare, consolare: **he was trying to comfort a crying child**. • **Comforting** agg. ① confortante, consolante: **his comforting words raised her spirits**. ② (*meno usato*) che reca sollievo, riscalda, *etc.*: **a mug of hot soup can be very comforting** (rifocillante) **on a cold night**.

conforto s. ① comfort. ② **a conforto di**, in support of. • **Essere di conforto a qualcuno**, to give someone support (*o* moral support).

confortare vb. tr. ① to comfort, to console. ② (*incoraggiare*) to encourage. ③ (*sostenere*) to support.

○**comfortable** ['kʌmftəbl] agg. ① a proprio agio (*fisicamente*), comodo: **are you sure you're comfortable in that deck-chair?** ② comodo, confortevole: **this is a comfortable armchair, bed, room**, *etc.* ③ (*di persone*) che ispira sicurezza e tranquillità, di indole mite e bonaria: **she's a comfortable sort of person, very easy to work with**. ④ (*fam.*) grassoccio: **she's not fat, exactly, but she's comfortable**. ⑤ (*fam.*) benestante: **they're not rich, exactly, but they're comfortable** (*o* **comfortably off**). ⑥ (*meno usato*) tranquillo, in pace con la propria coscienza: **she has swindled her mother but she evidently feels quite comfortable** (si sente la coscienza a posto) **about it**; compiaciuto di sé: **a journalist's job is to comfort the afflicted and afflict the comfortable** (*detto citato da Alistair Cooke in* The Americans). • *Nelle accezioni 1 e 2 il termine viene spesso abbreviato in* **comfy** ['kʌmfi].

confortevole agg. ① (*consolante*) comforting. ② (*comodo*) comfortable.

○**command** s. *Simile al corrispondente termine italiano in tutte le accezioni connesse all'idea di autorità e obbedienza, differisce da esso solo in espressioni del tipo* **his perfect command of French**, **his command of the language was un-**

French, his command of the language was uncertain (padronanza), he had unlimited supplies of money at his command (a disposizione) *e* in a moment of stress he lost his self-command (controllo).

comando *s*. Le principali accezioni di questo termine che in inglese non possono essere rese con la parola command sono le seguenti: [1] (*mecc.*) control; **comando a distanza**, remote control. [2] (*sport*) lead. [3] *provvedimenti con cui gli organi competenti dispongono lo spostamento temporaneo di un impiegato o di un funzionario a un ufficio diverso da quello del suo ruolo o della sua sede* (Zingarelli), secondment (*vb.* to second [si·kɔnd]), attachment.

○**commentary/*commentario*** *s*. **comment on/*commentare*** *vb. tr.* Oltre a significare 'commento dotto ed erudito a opera letteraria' (Zingarelli) *il termine inglese indica spesso* un commento improvvisato *ad un incontro sportivo o ad un altro evento pubblico (per esempio l'incoronazione), e in questa accezione è talvolta anche detto* a running commentary. *La persona che fa questo tipo di commento è un* commentator. *In alternativa a* to give a running commentary on sth. *ha fatto la sua apparizione l'antiestetico verbo* to commentate on sth. To comment on *corrisponde agli altri principali significati di* commentare, *eccetto che* commentare un testo *in inglese si dice* **to edit, annotate** (*o* **supply the critical apparatus or notes of**) **a text**.

commissar *s*. importante funzionario politico in Russia e in altri paesi comunisti.

commissario *s*. Sia nell'accezione di [1] «*funzionario cui è affidato un incarico straordinario, generalmente di un certo rilievo*» (Devoto), *che in quella di* [2] **commissario di Pubblica Sicurezza**, *non è possibile trovare in inglese un esatto corrispondente del termine: nel primo caso occorrerebbe infatti definire con più precisione di quale incarico si tratti; nel secondo, data la diversità di organizzazione della polizia italiana da quella inglese, è impossibile stabilire un'esatta corrispondenza tra le qualifiche dei loro rispettivi funzionari*. [3] (*membro di commissione*) member of a board, committee *o* commission. [4] (*mil.*) paymaster. [5] **commissario di bordo**, purser.

○**commissariat** *s*. [1] (*mil.*) commissariato; intendenza. [2] (*scherz.*) vivande *per un picnic o una festa, usato in frasi del tipo*: **who's in charge of the commissariat?** *e* **what can I contribute to the commissariat?**

commissariato *s*. [1] (*mil.*) commissariat. [2] (*ufficio del commissario di Pubblica Sicurezza*) police station.

○**commission** *s. Benché simile al suo corrispondente in italiano nella maggior parte delle accezioni, si differenzia da esso nelle seguenti espressioni*: **an officer's commission** (brevetto), **an agent's commission** (provvigioni), **a ship out of commission** (in disarmo), **a car out of commission** (guasta).

commissione *s*. Una commissione interna *è in inglese* a shop (*o* factory) committee, e **una commissione d'esame** an examining board (*o* board of examiners). *In una frase come* «**Devo andare a fare delle commissioni in città**» *l'equivalente inglese del termine è* errands. • **Su commissione**: **comprare o vendere qualcosa su commissione**, to buy *o* to sell sth. on commission; **fare qualcosa su commissione**, to make sth. to order.

commissionaire *s*. portiere in livrea (*di un cinema o di un albergo*).

commissionario *s*. [1] commission agent. [2] (*di borsa*) broker.

○**commit** *vb. A tr. Usato principalmente in casi in cui l'azione commessa sia un crimine o un peccato, non può essere adoperato per esprimere il compimento di un furto o di un errore. Si notino inoltre i seguenti usi del verbo*: [1] dare qualcuno in custodia *perché venga sorvegliato* (**to commit an accused person for trial**, mandare in carcere un imputato in attesa che venga processato, rinviare a giudizio) *o perché venga curato* (**commit someone to a psychiatric hospital**). [2] seppellire un defunto (**to commit a body to the earth**). [3] **commit to memory**, imparare a memoria. *B rifl.* **to commit oneself**: impegnarsi a fare qualcosa *o* a sostenere qualcuno in una discussione, in uno schieramento politico, *etc.*, manifestare un'opinione e assumersene la responsabilità. *Il verbo è usato soprattutto nel senso di* pronunciarsi: **the man from the museum who came to identify and value this portrait, thought it might be an early Romney, but he would not commit himself**. • *Da questo verbo derivano due aggettivi*. **Committed** *significa* impegnato in una considerazione più o meno politica della propria epoca *ed è usato maggiormente, sebbene non esclusivamente, riferito a* *scrittori*: **George Orwell is the only committed writer of the 1930s whose work is still widely read; Mary's boring schooldays were redeemed by one really committed teacher from whom she learnt to love knowledge for its own sake.** **Non-committal** *definisce una persona (o più spesso un'osservazione o un commento) che rifiuta di manifestare un'opinione, prendere posizione o fare una promessa*: **I don't like doing business with Wetherby, he's always so non-committal; when the children asked if she would take them to the sea on Saturday, she replied with a non-committal «We'll see»**. *Si noti infine l'avverbio* **non-committally**.

commettere *vb. tr.* ▢1 to commit (*un crimine o un peccato*). ▢2 **commettere un furto**, to steal. ▢3 **commettere un errore**, to commit an error (*ma si tratta di un'espressione insolita; è molto più comune dire* to make a mistake *o* an error); (*lett.*) to err (*usato sia riferito a errori che a peccati*). ▢4 (*congiungere due o più cose, incastrarle insieme, Zingarelli*), to join.

commodity *s.* merce: **the village shop sells bread, butter, and so on, frozen and tinned food, shoe laces, exercise books and a hundred other assorted commodities.**

comodità *s.* ▢1 convenience: **la comodità di vivere in centro è controbilanciata dal disagio di non trovare mai posto per parcheggiare**, **the convenience of living right in the centre of the city is outweighed by the inconvenience of having nowhere to park the car.** ▢2 comfort: **dovendo scegliere le sedie e i letti per la mia casa non esiterei ad anteporre la comodità all'estetica**, **in choosing chairs and beds for my house I wouldn't hesitate to put comfort before beauty.**
• **Le comodità moderne** (*servizi*), mod. cons. (*cioè*, modern conveniences).

common *agg.* ▢1 concernente l'intera comunità o proprio di questa, comune: **it was common knowledge that the Secret Service was not very good at keeping secrets; it is not in the common interest to make all information available to everyone.** ▢2 appartenente a due o più persone o da esse condiviso, comune: **common ground** (idee, gusti, *etc.* in comune); **Mary was judged by common consent to be the most suitable girl in the village to be the Queen on May Day; the Book of Common Prayer** (*il libro della liturgia anglicana*). ▢3 che si verifica di frequente, comune: **common accidents in the home include serious scalds, burns and falls; gales are common in winter on the east coast.** ▢4 che non si distingue in modo particolare, comune: **common honesty requires one to admit that there was some truth in his allegations;** *l'espressione idiomatica* **common or garden** *significa* comune, *ed è usata in frasi del tipo*: **no, it's not rare – it's just a common or garden mass-produced cup made about forty years ago.** ▢5 non raffinato nel modo di comportarsi: **the common people accepted the domination of the nobles unquestioningly in the middle ages.** *Nell'inglese moderno questa accezione di* **common** *è usata per esprimere uno snobistico disprezzo*: **don't use such common expressions; she's got a common accent; they're so dreadfully common**, *etc.* *Fortunatamente questo uso di* **common** *sta scomparendo poiché a iniziare dal periodo della guerra si è venuto sempre più diffondendo un sentimento di avversione per l'atteggiamento che esso denota.*
• *Si osservino i seguenti usi particolari del termine*: **the House of Commons** (*che originariamente significava gente comune in contrapposizione alla nobiltà*), *spesso detto semplicemente* '**the House**' *o* '**the Commons**'; **common law**, *legge non scritta, basata sulla consuetudine e su precedenti decisioni della corte*; **common room**, *sala dei professori* (*in molte scuole, in altre si chiama* **staff room**); *a Oxford, a Cambridge, e in altre università britanniche* **the Senior Common Room** *significa non solo la sala in sé ma anche il corpo insegnante; analogamente* **the Junior Common Room** *significa non solo la sala di ritrovo degli studenti, ma anche tutti gli studenti nel loro complesso*: **they've got a very nice SCR at that college, but the JCR don't seem to appreciate them; common time** (*mus.*), due o quattro battiti (specialmente quattro semiminime) in una battuta; *per i significati dell'avverbio* **commonly** *si rimanda alle accezioni 2 e 3 dell'aggettivo mentre il sostantivo* **commonness** *è associato all'accezione 5 dell'aggettivo stesso.*

comune *agg.* common (*in quasi tutte le accezioni*). *Si notino comunque le seguenti espressioni*: **un amico comune**, a mutual friend (*a rigor di termini questo è un uso scorretto di* mutual — *che significa* **reciproco** — *ma la maggior parte delle persone ricorre ad esso invece che alla locuzione, più appropriata*, a friend in common); **uso comune**, general practice; **un negozio comune**, an ordinary shop: **«Did you buy it at Harrods?» – «No, I bought it in a perfectly ordinary shop»; intelligenza comune/non comune**, average/outstanding intelligence; **luogo comune**, commonplace; **far vita comune**, to live

common

together; **far causa comune con**, to make common cause with; **mal comune mezzo gaudio**, a trouble shared is a trouble halved. • **Comunemente**, *avv.* generally, usually; commonly (*meno usato*).

common *s.* Prato di proprietà di tutti gli abitanti di un paese *e costituente il centro attorno al quale il paese stesso sorge. È ancora possibile vedere prati di questo genere in centinaia di villaggi di origine medievale. Tra i villaggi vicino a Londra che possedevano vasti* **common** *c'erano Ealing, Wimbledon, e Clapham e sebbene da molto tempo essi siano diventati sobborghi di Londra, i loro* **common** *sono rimasti intatti*.
comune A *s. m.* ⟦1⟧ (*città, paese*) town, village. ⟦2⟧ (*ente amministrativo*) council (*con il prefisso* town, city, borough, county, urban district *o* rural district, *a seconda del tipo di giurisdizione*). ⟦3⟧ (*sede dell'amministrazione comunale*) Town Hall, City Hall *o* County Hall. B *s. f.* (*comunità*) commune: a hippy commune. • **Avere qualcosa in comune con qualcuno o qualcosa**, to have something in common with someone or something; **fuori del comune**, outstanding, exceptional, out of the ordinary.

commotion *s.* confusione, *quasi* tumulto (*di solito usato in senso leggermente scherzoso*): «What's all that commotion in the street?» – «A bus seems to have got stuck between two parked cars»; when the head master announced that the following day's public holiday would be treated as a normal school day, his words produced instant commotion.
commozione *s.* emotion (*q.v.*): **quando le fu consegnato il premio da tempo agognato, fu sopraffatta dalla commozione**, when she was presented with the longed-for prize she was overcome by emotion; *ma nella lingua parlata viene più spesso usata l'espressione* to be moved: she was obviously very moved; **la sua morte suscitò grande commozione**, everyone was deeply moved by his death. • **Commozione cerebrale**, concussion.

◉**comparative** *agg.* ⟦1⟧ relativo: **their elder son has had such a brilliant career that the comparative failure of the younger one seems to them worse than it is**. ⟦2⟧ comparato: **comparative literature**. ⟦3⟧ comparativo: **the comparative study of literature**. • **Comparatively**, *avv.* **the younger son is comparatively unsuccessful**.
comparativo *agg.* comparative.

◉**compartment** *s.* scompartimento (*all'interno di una struttura di qualsiasi tipo, quindi anche di una carrozza ferroviaria*).
compartimento *s.* ⟦1⟧ (*scompartimento*) compartment. ⟦2⟧ (*divisione territoriale a scopi amministrativi*) area; district.

◉**compass** *s.* ⟦1⟧ bussola. ⟦2⟧ (*al plur.*) compasso. ⟦3⟧ (*fig.*) ambito, estensione: **a novelist should always write within the compass of his own experience; the type of social investigation you propose could only be carried out in a small compass – on a national scale it would require too complex an organisation**.
compasso *s.* ⟦1⟧ compasses, a pair of compasses. ⟦2⟧ (*per interni o spessori*) calipers. ⟦3⟧ **compasso a punte fisse**, dividers.

◉**competent** *agg.* ⟦1⟧ efficiente (*usato per le persone*). *È questa l'accezione più consueta del termine, in questo caso preceduto, di solito, da* very: **I'm lucky enough to have a very competent secretary**. ⟦2⟧ adeguato ma non molto approfondito (*solo riferito a cose*): **he has a competent (*o* working) knowledge of three or four languages**. ⟦3⟧ competente (*esperto*). *In questa accezione si trova quasi sempre nelle espressioni* **competent to speak on the matter, competent to judge**, *che significano entrambe* competente in materia; *in questo caso, tuttavia,* **qualified** *viene usato più spesso di* **competent**.
competente *agg.* ⟦1⟧ (*esperto*) competent, qualified. ⟦2⟧ (*dir.*) **essere competente**, to have jurisdiction.

complacent *agg.* L'accezione più corrente del termine si può far equivalere ad un troppo soddisfatto, compiaciuto di sé *in circostanze quali* «This is a delicious soufflé,» said the guest politely. – «Yes, people always say my soufflés are marvellous,» replied the hostess, with a complacent smile *oppure* the Managing Director's complacent manner seemed to suggest that the losses detailed in his annual report somehow reflected great credit on him. *Va da sé che a nessuno farebbe piacere sentire che i propri modi o i propri discorsi vengano definiti come* **complacent**. *E questo vale soprattutto per gli inglesi, che hanno nutrito sempre una certa diffidenza verso quanti manifestino un'eccessiva sicurezza di sé, o peggio, un eccessivo compiacimento per quello che si è o per quanto si è fatto. Fu per esempio di gran moda definire* **complacent** *la mentalità vittoriana quando (tra il 1910 e* *il 1950) storici e critici letterari procedettero alla demolizione dei valori dell'età vittoriana. Alla base di un atteggiamento* **complacent** *c'è più o meno conscia l'idea di potersi adagiare sulle posizioni raggiunte, senza fare neppure lo sforzo mentale di chiedersi se per caso non sia tutto così perfetto, per paura di scoprire che è invece necessario cambiare qualcosa, o almeno guardarsi intorno alla ricerca di possibili miglioramenti.* • *Da segnalare l'esistenza dell'aggettivo* **complaisant** *che molti pronunciano esattamente come* **complacent** *ma che l'Oxford English Dictionary raccomanda di distinguere pronunciando* [eizənt] *invece di* [eisənt]. *Esso ha il significato dell'italiano* compiacente *ma l'uso è quasi esclusivamente limitato all'espressione* **a complaisant husband,** *per descrivere, come in italiano, un marito che "finge di non vedere".*

compiacente *agg. Si va facendo sempre più raro in italiano l'uso del termine in senso positivo (riferito cioè a chi si mostra disposto di buon grado a cedere, accondiscendere, ad essere insomma accomodante), che in inglese sarebbe possibile rendere con* obliging, compliant, yielding, pliant. *Non del tutto tramontato, anche se venato di un carattere eufemistico un po' superato, è invece l'uso di quest'aggettivo in senso negativo, di resa piuttosto problematica in inglese. Parlando di* **una donna compiacente,** *l'inglese direbbe con maggior franchezza* a woman of easy virtue; *e riferendosi ad un* **funzionario** *o a un* **ispettore compiacenti** *si dovrebbe ricorrere a perifrasi, fra le quali la più moderata sarebbe* quite easily persuaded to turn a blind eye (*a chiudere un occhio*). *Non ci sembra sia qui il caso di dilungarci su quali potrebbero essere alcune fra le più brutali.*

complexion *s.* [1] carnagione: **Scottish women often have a very clear and delicate complexion.** [2] (*fig.*) aspetto, carattere, *di solito nell'espressione* **to put a different complexion on things, the matter, the question,** *etc.*: **what you've just told me puts a different complexion on things – now I think I understand what happened.**

complessione *s.* constitution.

compliment *s.* [1] complimento: **although she was very beautiful, it always embarrassed her to receive compliments on her looks; he was a kind brother – he always paid his sister some sort of compliment when she appeared in a new dress or cooked something particularly good** (*si noti la costruzione* **to pay a compliment to someone** *corrispondente a* fare un complimento a qualcuno); **whenever they showered her with compliments on this and that, she knew they wanted her to do something for them.** [2] *Questo termine viene talvolta usato per esprimere in maniera molto concisa le cause determinanti un'azione che è o insolita o tale da poter essere fraintesa*: **he came again? What a compliment! He usually refuses all invitations.** *In questo caso chi parla usa* **compliment** *per esprimere la propria meraviglia di fronte al verificarsi di un fatto inconsueto, alludendo al contempo ai motivi che possono averlo determinato (la persona in questione può aver accettato un nuovo invito perché la volta precedente aveva gradito l'accoglienza riservatale, o aveva particolarmente apprezzato il pranzo offertole, etc.).* **The review was in some respects harsh, but this was because the reviewer paid the author the compliment of judging his book by the highest criteria**: *in quest'altro esempio* **compliment** *è usato per evitare malintesi su quanto affermato nella frase* **the review was in some respects harsh**: *si vuole infatti far capire che anche se la recensione è stata severa, il fatto che l'opera sia stata giudicata* **by the highest criteria** *costituisce un elemento a favore, e non già a sfavore, dell'autore. In entrambi i casi si può dire che non esista in italiano alcun termine equivalente a* **compliment,** *sebbene talvolta sia possibile ricorrere, ma con la necessaria precauzione, alla parola* onore. [3] *Esiste un'altra accezione di* **compliment** *che non trova alcun preciso riscontro in italiano: il direttore di un teatro di prosa (o il sovrintendente di un teatro di lirica) a volte invia biglietti gratis a delle persone o come gesto di amicizia o (se si tratta di un critico) con la richiesta di una recensione. Questi biglietti sono noti come* **complimentary tickets** *e sono sempre accompagnati da un cartoncino su cui sono stampate le parole* **with the compliments of the XYZ theatre.** *Analogamente, quando viene pubblicato un libro,* **complimentary copies** *di esso vengono distribuite con un biglietto recante una simile dicitura. In questo uso molto formale e ristretto il termine* **compliments** *può al limite essere paragonato a* ossequi *o* omaggi. [4] auguri: **the compliments of the season,** *espressione piuttosto antiquata per augurare* Buon Natale! *o* Buon Capodanno!; *di solito non usata nella lingua parlata, si trova spesso stampata sui biglietti di auguri.*

complimento *s.* **fare un complimento,** to pay a compliment. • **Complimenti!** Well done!; Congratulations! – what a good cook (*etc.*) you are!;

complimenti per la casa! What a lovely house/flat! *L'espressione* **non faccia complimenti!** *è spesso fatta equivalere alla frase* don't stand on ceremony *che tuttavia è molto antiquata e raramente usata oggigiorno. In alternativa ad essa vengono invece impiegate varie espressioni, a seconda delle circostanze*: «**Posso usare il tuo telefono?**» – «**Ma certo, non far complimenti!**», «May I use your telephone?» – «Of course – go ahead (*o* help yourself)!»; **venga pure a qualsiasi ora, non faccia complimenti**, «Do drop in at any time – don't wait for an invitation»; **sei sicuro che io non possa aiutarti? Non fare complimenti**, «Are you sure I can't help you? It would be no bother (to do the shopping for you, etc.)». *Anche in una frase come* **Jack è un bel bambino ma non sopporta che gli si facciano troppi complimenti** *il termine italiano non ha nessun equivalente in inglese per cui è necessario ricorrere a costruzioni diverse tra cui* but he can't bear to be made a fuss of *o* he can't bear people to make a fuss of him *risulterebbero tra le più adatte al contesto.*

comprehensive *agg.* esauriente: **a comprehensive bibliography**. • **Comprehensive school**, scuola superiore unificata.

comprensivo agg. ① understanding; sympathetic: **un insegnante molto comprensivo verso gli alunni meno capaci**, an understanding teacher. ② (*riferito a prezzi, costi, etc.*) inclusive.

compunction *s.* leggero scrupolo *o* lieve senso di colpa (*usato di solito in frasi negative*): **he felt no compunction about lying to his wife; he lied to his wife without compunction**.

compunzione s. (*relig.*) contrition. *Intesa come ostentazione di finta umiltà o pentimento insincero, non ha in inglese alcun equivalente se si eccettua l'uso, in certe situazioni, del termine* demureness: **il professore notò che lo studente accettava le sue osservazioni con sospetta compunzione**, the professor noticed that the student accepted his criticism with suspicious demureness. *Analogamente al suo corrispondente in italiano* (**compunto**), *l'aggettivo* demure *viene adoperato più spesso del sostantivo*: her demure acceptance of his criticism was suspicious.

◉**concern** *vb. tr. Mentre alla forma attiva il verbo inglese ha lo stesso significato di quello italiano, esistono due accezioni della forma passiva, di uso molto comune, che non possono essere rese con* concernere: ① essere preoccupato: **we are very concerned about his health**. ② prendere parte a, avere un ruolo in: **he was concerned in the formation of the anti-nuclear movement**. *Esiste anche una forma riflessiva del verbo*, **to concern oneself in/with: I don't concern myself with my husband's business affairs** (non mi occupo/interesso degli affari di lavoro di mio marito). • *(a) Si notino le espressioni idiomatiche*: **the person concerned**, l'interessato; **to whom it may concern**, a chi di dovere. *(b) L'accezione 1 ha dato origine all'aggettivo* **unconcerned** (noncurante): **he listened to her complaints with an unconcerned air** (*o* **with an air of unconcern**); **she told him she was in desperate difficulties but he appeared unconcerned**. *Esiste anche l'avverbio* **unconcernedly** *ma è usato raramente, soprattutto a causa del suo sgradevole suono*: [ʌnkən'sə:nidli].

concernere vb. tr. to concern.

conciliate *vb. tr. Di solito* placare *ma talvolta* cercare di cattivarsi il favore di qualcuno: **Frank did everything possible to conciliate his boss** *di solito significherebbe che, avendo fatto arrabbiare il direttore, Frank fece tutto il possibile per placarlo; in via eccezionale però, potrebbe anche significare che egli cercò di conquistarsi il suo favore senza peraltro implicare che questo fosse stato precedentemente compromesso.*

conciliare vb. tr. ① to reconcile: **non serve tentare di conciliare la politica della riduzione del costo del lavoro con quella della creazione di nuovi posti di lavoro**, it's no good trying to reconcile the policy of reducing labour costs with that of increasing employment. ② (*favorire*) to induce, encourage, be conducive to: **la quiete della campagna concilia il riposo della mente**, the quiet of the country induces (*o* encourages *o* is conducive to) peace of mind. ③ **conciliare una contravvenzione**. *In inglese questa espressione non trova nessun equivalente in quanto le multe in Inghilterra non vengono mai pagate direttamente al vigile o al poliziotto; negli USA, invece, dove è adottato un sistema simile a quello italiano esiste l'espressione* to pay a spot (*sul posto*) fine.

◉**concrete** *s. e agg. Come agg. il termine inglese ha lo stesso significato di quello italiano, ma come sostantivo vuol dire non solo* concreto (**in the concrete**, in concreto, in realtà), *ma anche* cemento, calcestruzzo.

concreto s. e agg. concrete. • **Fatti concreti**, hard facts.

concurrence *s.* ⟦1⟧ coincidenza di eventi simultanei: **the concurrence of the film festival in Florence and the music festival in Bath made it impossible to go to both.** *L'agg. e l'avv.* **concurrent(ly)** *sono usati molto più spesso.* ⟦2⟧ consenso: **an unexpected concurrence of opinion among the members of the committee; with the concurrence of the buyer of the house the vendor will remain in residence till September.**

concorrenza *s.* competition: **la sua piccola azienda fu rovinata dalla concorrenza di ditte più grosse,** his small business was ruined by competition from bigger firms. • **Fare concorrenza a,** to compete with. *Si noti però che contrariamente a quanto avviene in italiano, questa espressione non può essere usata in inglese in senso scherzoso per cui in una situazione del tipo* **ho vinto molte gare gastronomiche ma devo ammettere che questo arrosto è veramente delizioso; vuoi forse farmi concorrenza?** *l'ultima frase potrebbe essere resa al limite con* I can see I've got a competitor!

concussion *s.* trauma cranico, commozione cerebrale, stato commotivo (*usato sempre e soltanto nel linguaggio medico*).

concussione *s.* (*colloq.*) graft (*è un termine piuttosto vago, indicante corruzione in genere*); extortion (*termine più esatto ma di uso meno comune*).

o**conductor** *s. Il termine inglese e quello italiano si equivalgono soltanto nella loro accezione tecnica: in fisica* **a conductor** *è un conduttore. Negli USA i due termini hanno in comune un ulteriore significato: il conduttore di un treno è chiamato infatti* **conductor***, mentre in Inghilterra è detto* **ticket collector***. Per il resto* **conductor** *viene usato nelle accezioni di:* ⟦1⟧ biglittaio (*su un autobus*) (NB: controllore, **inspector**). ⟦2⟧ direttore d'orchestra; maestro del coro. ⟦3⟧ **lightning conductor**, parafulmine.

conduttore *s.* ⟦1⟧ (*conducente*) driver. ⟦2⟧ (*di un treno, vedi sopra*) ticket collector. • *agg.* **Motivo conduttore,** theme.

conference *s.* ⟦1⟧ convegno. ⟦2⟧ colloquio *fra poche persone, anche soltanto due*: **you can't see the Managing Director at the moment – he's in conference with the head of the publicity department** *o* **he's at a conference of heads of department** *o* **he's in conference** (*si notino le tre costruzioni possibili quando il termine abbia questo significato*).

conferenza *s.* (*discorso, lezione*) lecture. • **Conferenza stampa,** press conference.

confetti *s.* coriandoli (*usati solo in occasione di matrimoni*).

confetti *s.* sugared almonds (*che però non hanno niente a che vedere né con i matrimoni né con le comunioni*).

o**confidence** *s.* ⟦1⟧ fiducia: **I have perfect confidence in my legal advisors.** ⟦2⟧ fiducia in se stesso: **at this point in an important tennis match it is the player's confidence that counts, rather than his technical mastery of the game.** ⟦3⟧ confidenza. *Il termine inglese viene spesso usato in senso analogo, anche se non identico, a quello italiano*: **I will tell you in confidence that the new head of the department had already been chosen before the job was advertised** *e* **after all the confidences she has poured into my ears over the past five or six years, it's ridiculous that she now treats me like a stranger.** *Si noti che l'espressione* **to take someone into one's confidence** *non significa* dare confidenza a qualcuno *o* voler intrecciare un più intimo rapporto con una persona. *Si tratta piuttosto di un'azione legata ad una situazione specifica, per lo più richiesta da una necessità contingente; si consideri il seguente esempio: supponendo che Mr e Mrs Jones stessero cercando una casa e, dopo averne esaminata una, Mrs Jones annunciasse entusiasta che questa sembra fare proprio al caso loro, Mr Jones potrebbe più tardi* **take the agent into his confidence** *per dirgli che non devono affatto comprare una casa così grande poiché Mrs Jones non sarebbe certo in grado di tener pulite tutte quelle stanze. È evidente che qui Mr Jones non intende affatto diventare amico dell'agente immobiliare. Egli vuole semplicemente dirgli qualcosa in confidenza, non potendo per ovvie ragioni parlare apertamente.* • *Un particolare uso aggettivale di* **confidence***, nell'inglese parlato, deriva dal suo principale significato di* fiducia. *Ne è un esempio l'espressione* **a confidence trick, a confidence trickster** (*spesso abbreviati in* **a con, a con-man***, e tradotti rispettivamente con* raggiro, imbroglio, *etc., e* imbroglione, truffatore, *etc.*) *dove l'uso di* **confidence** *è giustificato dal fatto che è la fiducia nel prossimo da parte delle vittime ad essere chiamata in causa e ad essere abilmente sfruttata, come si può vedere da quanto segue.* **A confidence trickster** *è sempre ben vestito e ha un aspetto così perbene che quando vi dice che deve correre in ospedale* perché sua moglie sta morendo ma gli hanno appena rubato il portafoglio e vi chiede, porgendovi il suo biglietto da visita con tanto di numero telefonico, se siete così gentile da prestargli dei soldi, subito assicurandovi che, se gli darete il vostro nome e indirizzo, appena arrivato a casa vi manderà un assegno, voi gli credete. Di stretta derivazione da quanto appena detto è l'uso, un po' slang, (fattosi abbastanza frequente in questi ultimi anni) del verbo **to con**, tradotto quindi con buggerare, abbindolare, imbrogliare *o simili in esempi del tipo* «**You mean to say you paid a thousand pounds for that old wreck of a car? You were conned!**»

confidenza *s*. familiarity, intimacy. *Di questi due termini,* familiarity *quasi sempre indica una confidenza eccessiva di modi, più che di veri e propri rapporti personali, mentre* intimacy, *come del resto l'equivalente termine italiano, allude a rapporti molto stretti. Si consiglia perciò di ricorrere a perifrasi dove gli aggettivi* familiar, intimate *e* close *trovino una giusta collocazione*: **siamo in rapporti di grande confidenza ormai**, we are on very familiar terms by now; **non ho abbastanza confidenza con lei da chiederle un simile favore**, I'm not on sufficiently close terms with her to ask her such a favour (*o* I don't know her well enough to ...). • *Dall'esame di alcune comunissime espressioni, si noterà come in inglese non si possa far altro che ricorrere a circonlocuzioni dalle quali spesso traspare il diverso modo di intendere la* privacy *o la riservatezza nei due paesi*. **Prendersi delle confidenze** *si può ben tradurre con* to take liberties, *ma mentre l'espressione italiana fa quasi sempre pensare ad un gesto concreto, la resa inglese può altrettanto frequentemente alludere a parole che violino l'intimità dei sentimenti o anche dei pensieri di una persona. Sarà perciò necessario di volta in volta chiarire, traducendo dall'italiano, di che tipo di violazione si tratti. Volendo quindi dire* **ha cominciato a prendersi delle confidenze subito dopo il primo colloquio** *si potrà tradurre* after our very first conversation he started taking liberties, *ma si dovrà aggiungere o* pawing me *per esempio, o* talking in an over-familiar way. Nel caso di **dare confidenza** *avremo:* he's a person who keeps his distance *per* è **uno che non dà molta confidenza**, *e al contrario*, that lieutenant doesn't keep a proper distance between himself and his NCOs *per* **quel tenente dà troppa confidenza ai sottufficiali**. Il caso di **trattare con confidenza** *può essere adeguatamente espresso da* to treat somebody without ceremony *o, a seconda dei casi, da* as one of the family *o espressioni analoghe*. Nel caso di **prendere confidenza** *avremo*: **(a)** to be, to get on easy terms with somebody, *nel caso di persone* (**solo dopo due mesi ho cominciato a prendere confidenza col mio nuovo capoufficio**), **(b)** to get the hang of how to use something, *quando si tratti di cose* (**dopo gli inconvenienti iniziali ora posso dire di aver preso confidenza con la mia nuova macchina da scrivere elettrica**).

confident *agg*. *Il principale significato di questo termine è* fiducioso, *nel senso di* [1] fiducioso in se stesso, *cioè nei propri mezzi, nelle proprie capacità, quindi* sicuro di sé (**John expected to be very nervous the first time he played in an international match, but he found that as soon as it began he felt completely confident**). [2] fiducioso nei riguardi di altre persone (**he felt confident of/about his publisher's good judgement and fair dealing**. [3] fiducioso che qualcosa si realizzerà nel futuro (**a door-to-door salesman has to show he is entirely confident that the housewife will be pleased with whatever he persuades her to buy**). • NB: *Non si deve pensare che sia necessario far seguire il termine da un complemento o da una proposizione, come negli esempi sopra elencati; esso può anche essere usato come semplice aggettivo in posizione attributiva*: **the guide's confident voice and manner made the tourists listen to him with attention**. *Da notare infine l'uso molto frequente dell'avverbio* **confidently**, *corrispondente in significato alle varie accezioni dell'aggettivo precedentemente elencate, tra le quali la* 2 *viene tuttavia usata raramente*.

confidente *s*. (*di amici intimi*) confidant (*poco usato*); (*della polizia*) informer.

confront *vb. tr*. [1] affrontare; far fronte a: **finally she confronted her problems and found they were not insoluble after all**. [2] trovarsi di fronte a: **at that moment the firm was confronting** (*o, più comunemente* **was confronted by**) **very difficult market conditions**. [3] mettere a confronto: **when he confronted her with the evidence she admitted her guilt**.

confrontare *vb. A tr*. [1] to compare: **se confronti i dati sull'esportazione dell'anno scorso con quelli di quest'anno noterai un notevole miglioramento**, if you compare last year's export figures with this year's you will see a vast improvement. [2] to collate: **il compito iniziale del curatore consisteva nel confrontare i mano-**

scritti, the editor's initial task was to collate the manuscripts. ***B rifl.*** (*discutere, contendere dialetticamente con, Zingarelli*) *equivale al verbo* to confront each other *che però, come nella sua forma transitiva* (*vedi* **confront**, *accezione 1*), *esprime anche l'intenzione di non cedere all'avversario.*

confusion *s.* confusione (*di idee, informazioni, etc.*). • *Da notare l'espressione idiomatica* **to be covered with confusion**, essere molto imbarazzato.

confusione *s.* [1] (*confusione di idee, etc.*) confusion; (*più usato*) muddle. [2] (*disordine*) mess, muddle: **c'è una gran confusione in quella stanza**, the room's in a mess; **ha fatto una gran confusione in quel lavoro, come al solito**, he's made a mess of the job, as usual; **nel consultare gli orari dei treni George ha fatto confusione e così arriverà quattro ore più tardi di quello che aveva detto**, there's been some muddle (*o* George has made a muddle) over the trains and he's arriving four hours later than he said. [3] (*baccano*) uproar, shindy, hubbub. [4] (*vergogna*) embarrassment. [5] (*med.*) (*mentale*) confusion.

conjure *vb. tr. e intr.* evocare (*uno spirito*). *Da questo significato originario, adesso raramente impiegato, ne sono derivati tre di uso comune.* [1] fare giochi di prestigio, *specialmente con le mani*; far apparire: **a conjuror can conjure coloured handkerchiefs out of the air and a rabbit out of a hat, and perform innumerable other conjuring tricks**. [2] (+ **up**) ricavare qualcosa quasi dal niente: **getting home to an apparently empty kitchen after weeks away, she managed to conjure up a meal in half an hour**. [3] (+ **up**) richiamare alla mente delle immagini, evocare: **Prokoviev's Romeo and Juliet music always conjures up memories of Kenneth Macmillan's ballet**. • **A name to conjure with** *è un'espressione idiomatica usata per indicare una persona che gode di grande prestigio in un certo campo di attività*: **John Lennon was a name to conjure with among pop music fans**.

congiurare *vb. intr.* to plot, (*meno usato*) to conspire. • (*fig.*) To conspire: **tutte le circostanze congiuravano contro di noi**, all the circumstances (*o* everything) conspired against us.

conquest/***conquista*** *s. I due termini hanno in comune sia il significato di* presa di possesso *che quello di* territorio assoggettato: *tutte le accezioni belliche, dunque. Anche per descrivere le imprese degli aspiranti o impenitenti Casanova, le due lingue concordano. Non si deve tuttavia ignorare che, mentre la frase inglese* **I can see you've made a conquest there!** *è sempre scherzosa, il corrispondente uso italiano di* conquista *può essere talvolta venato di invidia o di ammirazione. Per* le conquiste sindacali (scientifiche, politiche, *etc.*) dell'ultimo decennio sono assai rilevanti *avremo però* **the achievements in the fields of trade unionism (science, politics,** *etc.***) in the past decade have been very considerable.** *Ecco dunque una possibile traduzione di quella parola inglese* (**achievement**, *appunto*) *che spesso presenta notevoli difficoltà di resa, anche perché gli italiani sembrano nutrire scarso interesse per i mezzi grazie ai quali un determinato scopo viene conseguito: quello che importa è il* risultato (*da qui forse la tradizionalmente limitata fortuna che hanno sempre avuto in Italia biografie e autobiografie, anche se recentemente pare di notare un'inversione di tendenza*). *Anche per l'uso abbastanza colloquiale di* conquista *come in* pensa che conquista sarebbe finire questo dannato lavoro prima di sabato! *o* è stata una vera conquista per lui riuscire ad arrivare in fondo malgrado le disavventure iniziali, **achievement** *risulta la traduzione più adeguata.*

conscience *s. Ha solo il significato di* coscienza morale, *intesa come* consapevolezza delle proprie scelte *e quindi come* capacità di valutare se la propria condotta sia giusta o meno. • *Si notino le espressioni idiomatiche*: **I am conscience-stricken**, mi rimorde la coscienza; **my conscience is clear**, ho la coscienza pulita.

coscienza *s.* [1] (*coscienza morale*) conscience (*vedi sopra*). [2] (*impegno, senso di responsabilità, serietà*) conscientiousness: **le manca la fantasia ma almeno lavora sempre con coscienza**, she's unimaginative but at least she always works with conscientiousness (*o* conscientiously). [3] (*consapevolezza*) consciousness, awareness: **la coscienza della natura delicata del problema la rese cauta nel prendere una decisione**, her consciousness of the critical nature of the problem made her slow in reaching a decision; **sembra che non abbia affatto coscienza dei sentimenti altrui**, he seems to have no awareness of other people's feelings. [4] (*conoscenza*) consciousness: **il paziente perse/riacquistò coscienza**, the patient lost/regained consciousness.

conscious *agg.* [1] (*predicativo*) conscio: **he was**

conscious of his limitations, era conscio dei propri limiti; cosciente: **the victim of the accident, though seriously hurt, was still conscious**; consapevole: **she was conscious of having said something very silly** (*o* **that she had said something very silly**), capì di aver detto qualcosa di molto stupido. 2 (*detto di qualità o azioni*) studiato, affettato (*contrapposto a spontaneo*): **she spoke with conscious kindness, charm**, *etc.* (*uso attualmente un po' letterario e inconsueto*); (*di un'azione o di un'opinione, unito a* **barely**) quasi inconsapevole: **while he spoke he tapped his desk, in a barely conscious gesture of irritation; her anxiety was barely conscious.** 3 (*suffisso*) *in espressioni quali* **class-conscious, clothes-conscious**, *etc.*: **the English are notoriously class-conscious**, gli inglesi sono famosi per l'importanza che attribuiscono alle differenze di classe; **fashion magazines are continually exhorting the young to be 'more clothes-conscious'**, le riviste di moda esortano continuamente i giovani a curare di più il proprio modo di vestire; **it would have been a good lecture if the young lecturer had not been so miserably self-conscious**, sarebbe stata una buona conferenza se il giovane oratore non fosse stato così impacciato. • NB: *Fra tutte le espressioni illustrate nella accezione 3*, **self-conscious** *è quella di gran lunga più usata ed anche la più difficile da rendere in italiano. Oltre al significato mostrato nell'esempio, essa può equivalere, a seconda dei casi, agli aggettivi*: imbarazzato, non disinvolto, timido, vergognoso.

conscio agg. conscious.

◐**consent** *vb. intr.* consentire, acconsentire: **we asked his permission to go to the ruined castle and he consented; he consented to our going, but he made us promise not to climb the ruins.** • NB: **He agreed that we should go** *o* **he consented** (*o* **agreed**) **to our going.**

consentire vb. A *intr.* to consent. B *tr. Per tradurre in inglese* **consentire** *nel senso di* **rendere possibile** *bisogna ricorrere a verbi diversi da* to consent: **il nuovo sistema consente che il lavoro venga svolto più velocemente**, the new system allows the work to be done faster (*o* makes it possible for the work to be done faster); **il nuovo sistema consente un lavoro più veloce**, the new system makes for faster work (*o* makes faster work possible). • **Se mi consente**, if I may say so *o* if you'll allow me to say so.

considerate agg. Questa parola non ha quasi alcun preciso corrispettivo in italiano, in quanto è espressione di uno dei principi fondamentali di quella che è sempre stata la concezione inglese delle buone maniere: il principio di pensare più ai bisogni degli altri che ai propri, di essere capaci di mettersi nei panni degli altri per evitare di recare qualsiasi tipo di disagio o disturbo. Parrebbe dunque che il miglior modo di esprimere tutto ciò in italiano sia usare locuzioni del tipo pieno di attenzioni, riguardi, premure. *È chiaro che l'opposto, l'essere* **inconsiderate**, *è un grave difetto*: **we couldn't possibly turn up at lunch time without warning them – it would be terribly inconsiderate** *è un'asserzione che non ammette repliche e pochi oserebbero ribattere* **I don't see why we shouldn't.**

considerato part. pass. 1 **tutto considerato**, all things considered; **considerato che**, considering that. 2 (*stimato*) looked up to, highly thought of: **è molto considerato negli ambienti della storia dell'arte.** 3 (*ascoltato*) listened to: **in view of his long experience of politics he is always listened to in matters of this kind.**

consign vb. tr. (*formale e poco usato*) 1 consegnare o affidare *qualcuno alle cure o all'autorità di terzi*: **after his capture, the brigand was consigned to prison to await trial; she was consigned to a mental hospital; typhoid consigned him to an early grave** (*lett.*). 2 affidare *qualcosa a qualcuno* (*usato più spesso alla forma passiva che attiva*): **after his unexpected death his property was consigned** (*o* **handed over**) **to trustees until his daughter attained her majority; the money was consigned to** (*o* **paid into**) **the bank.** • *Si noti che i verbi* to hand over *o* to pay (in)to *sono usati più spesso di* to consign; *il sostantivo* **consignee** *è invece un termine usato comunemente nel linguaggio burocratico per indicare chi riceve del denaro, un documento, un pacco, etc.* (*corrispondente quindi in italiano a* destinatario); **consignee** *è anzi usato più spesso del verbo come pure lo è la parola* **consignment**, *termine commerciale indicante una partita di merce.*

consegnare vb. tr. 1 (*dare, affidare*) to consign (*limitatamente ai contesti sopra illustrati*); to deliver: **il letto che ha ordinato stamani, signora, le verrà consegnato prima della fine della settimana**, the bed you ordered this morning, madam, will be delivered before the end of the week; **la posta qui viene di solito consegnata verso le dieci**, letters are usually delivered here at about ten o'clock; to give: **Bob prenderà il** mio appartamento in prestito la prossima settimana, devo ricordarmi di consegnargli le chiavi, Bob's borrowing my flat next week, and I must remember to give him the keys; to hand over: **il nuovo inquilino si trasferirà nell'appartamento venerdì e io dovrò essere lì per controllare l'inventario e consegnare le chiavi**, the new tenant moves in on Friday, and I must be there to check the inventory and hand over the keys; **il ladro fu consegnato alla polizia**, the burglar was handed over to the police. ② (*mil.*) **essere consegnato** (*per punizione*) to be confined to barracks; (*in attesa di un attacco*) to stand by, to be on stand-by.

consistency *s.* ① coerenza: **consistency is an overrated virtue**, la coerenza è una virtù sopravvalutata; **a foolish consistency is the hobgoblin of little minds, adored by little statesmen and philosophers and divines. With consistency a great soul has simply nothing to do** (Dr Johnson). ② consistenza, densità (*specialmente di un liquido o di un composto fluido*): **this jam ought to be boiled for a few more minutes – it has not reached the right consistency yet.** • NB: *In questa accezione il termine è sinonimo di* **consistence**.

consistenza *s.* ① (*densità*) consistence, consistency (*vedi accezione 2 sopra*). ② (*solidità, resistenza*) toughness: **feel the toughness of this stuff – it will make good chair covers.** *Ma si noti che* **mancanza di consistenza** *si traduce con* flimsiness: **stoffa di poca consistenza**, flimsy stuff. ③ (*materialità corporea*) substance: **appearance, shadows without substance.** ④ (*fig., validità*) substance, soundness: **his research was praised as work of real substance** *o* **was condemned for its lack of substance** (*o* **its flimsiness**); **fears, dreams, theories, rumours without substance.**

consistent *agg.* ① conforme (*a*) ad uno schema o ad uno stile consueti: **this machine doesn't give a consistent performance – sometimes it runs smoothly, sometimes not; in his latest collection the great designer's style shows a consistent nostalgia for the 1930s**; (*b*) ad una logica o ad un modo di comportarsi, coerente: **his behaviour is not consistent – he is aggressive one day and conciliatory the next; the arguments he put forward for a change of policy were not consistent** (*o* **were inconsistent**); **the government's foreign policy is not consistent** (*o* **is inconsistent**); **he has been consistent from the beginning of this dispute, always asserting that the original agreement had been misinterpreted.** *In quest'ultimo esempio si vede come* **consistent** *possa essere riferito anche alle persone stesse oltre che alle loro idee e al loro comportamento*. ② (+ **with**) non in contraddizione, coerente (con): **his practice is consistent with his theory.** • *Si noti l'avverbio usato in entrambe le accezioni dell'aggettivo, ma molto più spesso nella prima che nella seconda*: **he argued consistently**.

consistente *agg.* ① (*resistente*) tough, substantial: **this is tough, substantial stuff.** ② (*denso*) thick, dense (*meno usato*). ③ (*di dimensioni considerevoli*) sizable, substantial. ④ (*fig., valido*) sound: **sound research; a sound argument for a change of policy.**

conspicuous *agg.* ① cospicuo: **he received the Victoria Cross for conspicuous bravery; Mrs Pearson was prouder of her son's conspicuous success as an actor than of her daughter's less noticeable, but more surprising success as a teacher of handicapped children.** ② (*in funzione di predicato*). *In questa accezione l'aggettivo inglese non ha alcun equivalente in italiano per cui per tradurlo è necessario ricorrere ad espressioni di diverso tipo, come illustrato dai seguenti esempi*: **my mother-in-law was conspicuous by her absence at my party**, si sentiva che mancava mia suocera alla festa; **amongst the crowd of bewildered refugees the little group of self-appointed leaders were conspicuous** (si distinguevano) **for their air of purpose and determination.** ③ ben in vista. *In questa accezione* **conspicuous** *conserva la sua origine latina dalla quale invece si allontana l'uso corrente del termine italiano che, nel significato appunto di* visibile, *è ormai confinato al linguaggio letterario*: **the crash occurred because the red lamps positioned round the hole in the road at night were not sufficiently conspicuous.** • **To make oneself conspicuous**, richiamare l'attenzione su di sé (*di solito facendo qualcosa di sbagliato o con spirito di esibizionismo*).

cospicuo *agg.* considerable, remarkable: **durante la sua tournée in Europa la compagnia di recitazione ha ottenuto un cospicuo** (considerable *o* remarkable) **successo; la mostra ha suscitato un cospicuo** (considerable) **interesse tra gli appassionati d'arte.**

constitute oneself *vb. rifl.* Poiché uno dei significati del verbo **to constitute** è assegnare a qualcuno un incarico che conferisce una certa autorità (**Mr Smith was constituted supervisor of the reorganization of the office**), è facile intuire quale sia il corrispondente significato del verbo riflessivo (*usato quasi sempre in senso ironico*): **Mr Smith constituted himself supervisor of the reorganization of the office** *sarebbe un modo per dire che Mr Smith era un tipo* **bossy** (arrogante e presuntuoso).

costituirsi *vb. rifl.* [1] **costituirsi parte civile** (*dir.*), to join in a criminal prosecution. [2] (*ai carabinieri o alla polizia*), to give oneself up to the police. [3] (*formarsi*) to grow up; to spring up: **si sono venute a costituire delle barriere tra gli immigrati e la popolazione del luogo**, barriers grew up between the immigrants and the native population; **un po' ovunque si sono costituiti gruppi di attivisti per la difesa dell'ambiente**, groups of activists have sprung up everywhere in defence of the environment.

content(ed) *agg. Il termine* **content** *esprime quasi sempre uno stato d'animo di intensità minore a quella propria dell'aggettivo* contento. *Sono due i modi in cui esso viene principalmente usato*: (1) **content with** + *complemento* (**a craftsman is often content with a low income because of the artistic satisfaction his work gives him**) *che si renderebbe in italiano con* soddisfatto, pago; *e* (2) **content** + *infinito* (**John likes money as much as most people do, but he is content to work for less than he knows he is worth because** ...) *equivalente in italiano ad* accontentarsi di, essere disposto a, accettare (*sia pure senza entusiasmo*) *di fare qualcosa. La forza espressiva dell'aggettivo si avvicina a quella del termine italiano quando un avverbio, quasi sempre* **utterly** *o* **perfectly**, *ne intensifica il significato* (**after the long, tiring journey the children lay silent in their beds, utterly content** *oppure* **don't imagine I envy you your well-paid job – so long as I can go on making furniture on my own designs I'm perfectly content**). *Ma anche a proposito di questi due esempi si osservi come nel termine italiano sia presente una nota, per così dire, 'dinamica', di estroverso entusiasmo che si contrappone al carattere 'statico', di placida soddisfazione, proprio dell'aggettivo inglese*. **Contented**, *in confronto a* **content**, *racchiude un'enfasi maggiore: si paragoni uno degli esempi di cui sopra* (**a craftsman is often content with a low income** ...) *con quanto segue*: **his wife was blessed with one of those natures that are contented in any circumstances; I never saw her sad or cross or dissatisfied**. **Contented** *è dunque simile ad* **utterly/perfectly content** *come intensità espressiva ma è usato con maggior frequenza in quanto dotato di minori connotazioni letterarie*.

contento *agg.* happy: **sono contenti nella loro nuova casa**, they are happy in their new house; pleased with: **sono molto contento del mio nuovo lavoro**, I'm very pleased with my new job; glad to + infinito: **eravamo contenti di essere ritornati a casa dopo un'assenza tanto prolungata**, we were very glad to be at home again after having been away so long.

◉**control** *s.* [1] controllo, (*fig.*) freno: **it is necessary to exercise control over public enthusiasm**, *etc.* **and over one's own emotions**, *etc.*; **the earthquake created chaos, but by now the authorities have got the situation under control**. *Il termine è spesso usato come forma abbreviata dell'espressione* **self-control**: **his tendency to fly into a rage has had such an effect on his working relationships that one could say his career had been ruined by his lack of control**. [2] autorità effettiva, potere o capacità di imporre dei limiti agli altri, controllo: **a good teacher has complete control in the classroom** (*o* **over his students**); **classroom control is essential to good teaching**. [3] controllo, verifica: **before you collect your luggage you have to go through passport control**; **control-point**, posto di controllo. • NB: *Quest'ultimo uso del termine è molto raro in inglese ed è stato adottato negli aeroporti, nei porti, etc. probabilmente per conformarsi alla terminologia internazionale*. [4] (*di solito al plurale*) comandi: **before beginning the first lesson the driving instructor explains the controls**; **remote control**, telecomando.

controllo *s. Come risulta da quanto sopra illustrato, il termine italiano coincide in molti casi con quello inglese* (*vedi* **control** *1, 2, 3*). *Solo nelle seguenti accezioni esso deve essere reso con un sostantivo diverso da* control. [1] check: **prima di venir via di casa ho fatto un ultimo controllo per assicurarmi che le porte e le finestre fossero chiuse**, I made a final check of the doors and windows before leaving the house. [2] (*visita medica*) medical examination, check-up. [3] (*ispezione*) inspection. [4] (*prova*) test. [5] (*di un conto*) audit. [6] (*dominio*) control.

◉**control** *vb. tr.* [1] controllare, dominare: **the police could no longer control the crowd**; tenere a freno: **that child can't control his pony – he's a danger to the other riders**. [2] contenere: **expenditure on health services will have to be** severely controlled in the coming year. [3] frenare: **the progress of the disease could not be controlled** (*o* **checked** *o* **held back**) **by any treatment then known**.

controllare *vb. tr.* [1] (*dominare*) to control. [2] (*sorvegliare*) to superintend: **il capufficio controllò il trasferimento del materiale dell'ufficio nel nuovo palazzo**, the principal secretary superintended the removal of the contents of the office to the new building; to watch, to keep under surveillance, to keep a watch on: **la polizia aveva controllato il sospetto per diverse settimane prima che venisse arrestato**, the police had been watching the suspect (*o* the suspect had been under police surveillance) for several weeks before he was arrested. [3] (*verificare*) to check. *Per specifiche varianti di questo significato si veda* **controllo**.

controllarsi *vb. rifl.* to control oneself, to exercise self-control.

convenience *s.* comodità (*vedi* **comfort**) • **A marriage of convenience**, un matrimonio di convenienza (d'interesse); **convenience foods**, cibi surgelati, in scatola, *etc.*

convenienza *s.* [1] (*vantaggio*) profit (*un termine piuttosto formale e letterario*). [2] (*di prezzo*) cheapness. [3] (*decoro*) politeness; **le convenienze**, good manners, the proprieties (*meno usato*), common decency. • **Non c'è convenienza**, it's not worthwhile.

convenient *agg.* comodo; a portata di mano: **a convenient shop, very handy**, un negozio sotto casa, comodissimo; **this house is convenient for the station**: *qui* **convenient** *può significare sia che la casa è vicina alla stazione, sia che da essa la stazione è facilmente raggiungibile*; **I'd like to come at ten if that's convenient (for you)**, se per te va bene. • NB: **Convenient** *non si usa mai nel senso di* 'economicamente vantaggioso'.

conveniente *agg. Il significato di* **economicamente vantaggioso** *deve essere reso con espressioni quali* **good value, to pay**: **questo abbonamento mi sembra molto conveniente**, this season ticket seems to me to be very good value (for money); **ti sembra conveniente vendere la casa in campagna per comprare un appartamento in città?**, do you think it would really pay you to sell your house in the country and buy a flat in town?

◐convention *s.* [1] (*sing. e plur.*) convenzioni: **he did everything possible to flout convention** (per andare contro alle convenzioni); **she was an atheist but her family intends to observe the conventions** (rispettare le convenzioni) **and give her a church funeral**. [2] convenzione *concernente questioni di carattere artistico*: **the soliloquy was an accepted dramatic convention until quite late in the XIX century but no dramatist could use it today**, fino al tardo Ottocento nella stesura di un'opera teatrale si ricorreva comunemente ai monologhi, ma nessun commediografo potrebbe oggi adottare tale pratica. [3] (*poco usato*) accordo formale, *soprattutto tra due o più paesi*, convenzione. [4] convegno: **the next national convention of retail traders will be held in Brighton**. • *In quest'ultima accezione il termine è sinonimo di* **conference** *e* **congress** *ed è più spesso usato per indicare riunioni di uomini d'affari che di studiosi o scienziati*.

convenzione *s.* [1] (*accordo, nel diritto interno*) agreement, contract; (*raro*) convention. [2] (*accordo, nel diritto internazionale*) convention: **le convenzioni di Ginevra**, the Geneva Convention (*sing.*). [3] (*regole tradizionali, nel campo del comportamento sociale*) convention, the conventions: **essere schiavo delle convenzioni**, to be a slave to convention. [4] (*regole tradizionali, nel campo della produzione culturale e sim.*) convention: **per convenzione si usa il segno π per indicare il valore 3,14159**, π stands by convention for 3.14159.

◐convince *vb. tr.* persuadere, convincere: **it is almost impossible to convince a prejudiced and irrational person that his opinions do not tally with the facts; it is impossible to convince him of the truth of my statement**. • NB: *Non esiste la costruzione* 'to convince someone to do something'; *si dice invece* **to persuade someone to do something**; **to convince** *si può usare solo nella costruzione* **to convince someone of a fact** *o* **that a fact is what it is**.

convincere *vb. tr.* [1] to convince: **ho cercato di fargli capire che stava facendo un gravissimo sbaglio, ma non sono riuscito a convincerlo**, I tried to point out that he was making a terrible mistake but I couldn't convince him. (NB: *Quando* **convincere** *è seguito da un'intera proposizione è meglio usare la costruzione* **to get someone to see that ...**: I couldn't get him to see that he was making a terrible mistake, **non sono riuscito a convincerlo che stava facendo uno sbaglio tremendo**. [2] to persuade: **non mi è riuscito di convincerlo a cambiare la sua linea di condotta**, I couldn't persuade him to change his

convinced

course of action. • *Occorre sottolineare che* **convincere qualcuno a fare qualcosa** *deve sempre essere reso con* to persuade someone to do something; to convince *si riferisce alla sfera del pensiero, non dell'azione.*

⦿**convinced** *agg.* ⓵convinto: **I am convinced you are wrong.** ⓶persuaso: **we explained to her very carefully exactly why she would do well to invest a large sum of money in our enterprise, but she did not look very convinced.**
  convinto *agg.* convinced. • *Persuaded è un termine arcaico e letterario*: for I am persuaded that neither death nor life ... nor height nor depth, nor any other creature, shall be able to separate us from the love of God (*Epistle to the Romans*, «Authorized Version» 1611).

⦿**convoy** *A s.* ['kɔnvɔi] ⓵convoglio (*di solito di navi o mezzi militari*). ⓶navi di scorta. *B vb. tr.* ['kɔnvɔi] (*raro*) accompagnare sotto scorta armata, scortare.
  convoglio *s.* ⓵ (*di navi o mezzi militari*) convoy; (*di soli mezzi militari*) column. ⓶ (*treno*) train. ⓷ **convoglio fu, funeral procession; cortège** (*francese*).
  convogliare *vb. tr.* ⓵ (*raccogliere e far convergere verso un'unica direzione*) Non essendo possibile rendere in inglese questa accezione del verbo con un singolo termine, è necessario ricorrere alla combinazione di due verbi diversi: to gather *e* to direct. ⓶ (*di acque*) anche in questo caso il termine non trova alcun equivalente in inglese sebbene, a seconda dei contesti, sia talvolta possibile usare verbi come to channel *e* to carry: **il fiume conveglia sassi e terra dalle montagne verso il mare,** the river carries rocks and earth from the mountains down to the sea. ⓷ (*raro, scortare*) to convoy.

⦿**costume** *s.* ⓵foggia di vestire caratteristica di un determinato luogo (**Tyrolean costume,** *ma* **dress** *è usato più spesso*), gruppo (**Quaker costume,** *di nuovo* **dress** *è più comune*) *o* periodo (**eighteenth-century costume**). *Essendo questo richiamo ad epoche passate molto forte, l'espressione* **costume play** *viene usata per indicare uno spettacolo teatrale in cui gli attori indossano costumi d'epoca*. ⓶**bathing** *o* **swimming costume,** *di solito abbreviato in* **costume,** costume da bagno. ⓷tailleur, *detto altrimenti* **a coat and skirt** *o* **a suit.**
  costume *s.* ⓵ (*indumento*) costume; **ballo in costume,** fancy-dress ball; **prova in costume** (*teatrale*) dress rehearsal (*ma questa espressione significa spesso* **prova generale**). ⓶ (*usanza collettiva*) custom: **i costumi delle tribù africane sembrano strani a un europeo,** the customs of an African tribe seem strange to a European; **il sindaco accese la prima candela all'annuale Festival of Candles, com'è costume,** the Mayor lit the first candle at the annual Festival of Candles, according to custom; usage (*usato molto meno spesso*); (*riferito ad un singolo individuo*) habit, way, custom: **non è mio costume criticare quello che fanno gli altri,** it's not my habit to criticize other people's actions; **non ti aspettare che si mostri tanto interessato al tuo nuovo lavoro, non è suo costume,** don't expect him to show much interest in your work – it's not his way; **è costume del direttore trascorrere un'ora in ufficio prima che il negozio apra,** it is the manager's custom to spend an hour in the office before the shop opens. ⓷ (*al plur., condotta*) morals; behaviour; character: **persone di buoni costumi,** people of good character. • **La squadra del buon costume,** the Vice Squad.

⦿**creature** *s. Il termine inglese e quello italiano sono sinonimi per quanto concerne il loro primo significato di* essere vivente *e, in particolare, di* animale. *È nell'uso colloquiale, quando cioè i due termini riflettono un atteggiamento, dettato da una emozione o da un'altra, verso una persona o un animale, che le due lingue discordano.* «**Poor creature!**» *esclamerebbe un inglese impietosito alla vista di un animale che soffre; ma riferita ad una persona questa stessa locuzione può esprimere sì pietà ma, in certi casi, anche disprezzo:* **Joanna's ill again, poor creature** (*o* **poor thing**), *ma Joanna andrebbe su tutte le furie e si offenderebbe se venisse a sapere che qualcuno ha detto* **Joanna's a poor creature** (*con l'accento su* **poor**), *espressione (comunque poco usata) seguita in genere da una silenziosa allusione o altrimenti da un esplicito riferimento al fatto che essa non è in grado di far fronte ai problemi della vita — che è un'inetta, incapace di difendersi, probabilmente.* **Creature** *può essere unito ad altri aggettivi per esprimere sorpresa, perplessità, o disprezzo:* **what an extraordinary/puzzling/funny** (incomprehensible)/**unpredictable,** *etc.* **creature he is!** *e* **what a horrible/disgusting/contemptible creature!** *L'uso di aggettivi che esprimono approvazione o ammirazione è assai meno comune e un po' affettato:* **she's a delightful/fascinating/charming,** *etc.* **creature!;** **what an amusing creature he is!**

creatura *s.* creature: **tutte le creature di Dio**, all God's creatures; being: **creature umane**, human beings. **Creatura** *usato in tono affettuoso e compassionevole per indicare un bambino, non può essere tradotto con* **creature** *per cui è necessario ricorrere ad espressioni di diverso tipo*: **che bella creatura!**, what a lovely baby!; **povera creatura!**, poor little thing! *L'accezione di «persona protetta o favorita da qualcuno» (soprattutto in senso politico) trova il suo equivalente in* creature *sebbene in inglese questo significato del termine, comune nel XVIII e XIX secolo, sia oggi assai raro.*

⦿***critical*** *agg. Ha gli stessi significati dell'aggettivo italiano* critico *con in più quello di* pronto a criticare, *che può essere usato per definire una persona o il suo modo di comportarsi; in questo caso* critical *indica una qualità negativa, la tendenza a cercare difetti negli altri e a fare commenti scoraggianti, piuttosto che la capacità di formulare un giudizio distaccato*: **I learnt more at school from Miss A than Miss B because, though she was neither better informed nor clearer in her presentation of literature, she wasn't constantly critical, as Miss B was, but encouraged our attempts to write and to think; people are afraid of him because his attitude to everyone and everything is so critical**. *In italiano, in casi di questo genere, si ricorrerebbe al verbo* criticare *ottenendo espressioni tipo* è sempre pronto a criticare, non fa altro che criticare *o ancora* ha sempre da criticare. • *Questa accezione di* **critical** *e tutte quelle in comune con il termine italiano, hanno la loro equivalente forma avverbiale in* **critically**: **she always talks critically about her colleagues – I'm glad I don't work with her!**, parla sempre in modo critico dei suoi colleghi; **he is critically ill at the moment**, al momento attuale è gravemente ammalato; **his argument for a change of policy will have to be examined critically before it is acted upon**, la sua argomentazione a sostegno di un cambiamento di politica dovrà essere sottoposta a un attento esame prima della sua approvazione.

critico *agg.* critical.

⦿***crocodile*** [ˈkrɔkədail] *s.* ① coccodrillo. ② colonna di bambini in fila per due.

coccodrillo *s.* crocodile.

cultivated *agg.* ① (*di terre*) coltivato. ② (*di persone*) colto, raffinato. • *Quanto detto per* **cultured**, *è implicito sì, anche in questa accezione di* **cultivated**, *ma in forma più attenuata, in conseguenza forse della minor frequenza del termine, il cui uso costituisce, per così dire, una sorta di 'avvertimento': si sta parlando di un animale un po' raro.*

coltivato *agg. e part. pass.* cultivated, tilled: **terra che viene coltivata da generazioni**, land (*o* soil) that has been tilled (*o* cultivated) for generations.

culture *s.* ① (*in senso antropologico*) cultura: **culture is [...] the totality of behaviour patterns** (l'insieme dei moduli di comportamento) **of a social group of men or animals that are passed from generation to generation by learning** (G. G. Campbell, *Human Evolution, 1967*). ② (*l'esercizio della scienza, della filosofia, delle arti; tutto ciò che innalza la vita umana al di sopra della condizione di semplice sopravvivenza*) cultura: **French culture influenced the whole of European culture towards the end of the seventeenth century.** ③ (*istruzione, in particolare conoscenza delle belle arti*) cultura: **the great aim of culture [is] the aim of setting ourselves to ascertain what perfection is and to make it prevail** (Matthew Arnold, *Culture and Anarchy, 1869*); **Mrs Ballinger is one of the ladies who pursue Culture in bands, as though it were dangerous to meet it alone** (Edith Wharton, c. 1900). *Occorre però sottolineare che, per i motivi accennati sotto* **cultured**, *la maggior parte degli inglesi sono riluttanti all'uso del termine in questa accezione; in alternativa ad esso viene soprattutto usato* education, *ma, per tradurre correttamente la parola* cultura *in inglese è talvolta necessario ricorrere a perifrasi.* ④ (*scient.*) **culture in vitro**, coltura in vitro.

cultura *s. Tra le accezioni già menzionate sotto* **culture** *l'unica che richieda un ulteriore approfondimento è la 3*: **è un uomo di grande cultura**, he is a highly educated man (*o, più raramente*, a very cultured man), he knows a lot about ... (music, architecture, *etc.*); **ha una vasta cultura letteraria, scientifica**, he knows a lot about literature, science, he is very well read in English/Italian, *etc.* literature; **le pagine centrali del quotidiano** *La Repubblica* **sono dedicate alla cultura** (to books and the arts). *Oltre a queste accezioni è necessario ricordare anche la seguente*: **cultura** *intesa come antonimo di* **natura**: nurture: **Fra natura e cultura** (*titolo di un seminario*), Nature and Nurture (*titolo di un libro di Galton, cugino di Darwin*). *È interessante nota-*

re che il termine nurture *fu coniato da Shakespeare nell'*Amleto. • *Un uso molto elastico di* **cultura** *appare sempre più spesso sui giornali e sulle riviste italiani, tipo* **la cultura della mafia, del pentitismo,** *perfino* **dei tossicodipendenti.** *È difficile per un inglese capire questa accezione del termine, nonché trovare un equivalente*; the mafia mentality, the drug addict's way of life *potrebbero comunque fare al caso.*

coltura *s.* 1 (*di vegetali, grano, etc.*) cultivation, growing: **la coltura del riso in Cina** *o* **del grano nelle praterie canadesi,** the cultivation (*o* growing) of rice in the paddy-fields of China *o* of corn on the Canadian prairies. 2 (*allevamento*) -keeping, -breeding, -farming: **coltura delle api, del baco da seta, delle ostriche, dei batteri,** bee-keeping; silkworm-breeding; oyster-farming; culture of bacteria.

cultured *agg.* colto. *Bisogna però aggiungere che questa parola non è usata molto spesso perché un buon numero di inglesi trova imbarazzante l'idea di essere* **cultured**. *Questo modo di pensare è dovuto a una lunga tradizione di predominio (sia dal punto di vista politico sia da quello delle convenzioni sociali) da parte di persone più interessate allo sport e alla caccia che a questioni intellettuali. Solo a partire dalla prima guerra mondiale gli inglesi hanno cominciato a pensare che dopo tutto non c'è niente di affettato o di effeminato nel fatto di essere appassionati di letteratura, musica, pittura, etc. Ci sono naturalmente sempre state delle eccezioni a questa regola, ma resta il fatto che ancora oggi* **cultured** *è una parola che nessuno usa senza una sia pur brevissima esitazione.*

colto *agg.* educated; well-educated: **è un'espressione che le persone colte non userebbero**, that's an expression that educated people wouldn't use; **questo non è un comune lavoro da segretaria, la candidata che assumeremo dovrà avere spirito di iniziativa, dovrà essere in grado di prendere decisioni, assumersi responsabilità e così via, per questo abbiamo bisogno di una persona veramente colta, anche se non necessariamente in possesso di una laurea,** this is not just an ordinary secretarial job – whoever we appoint will have to be capable of using her initiative, making decisions, taking responsibility, and so on, so we need a really well-educated person, though not necessarily a graduate.

●**cure** *vb. tr. e s. Prima di procedere alla trattazione dettagliata del verbo e del sostantivo, è necessario fare un'importante osservazione generale: il termine inglese, contrariamente a quello italiano* (curare/cura), *è di solito associato all'idea di* guarigione *piuttosto che di* terapia. *Esistono tuttavia delle eccezioni a questa regola, come è possibile constatare da quanto segue. Per quanto concerne il verbo:* 1 guarire *una persona*: **Dr Martin treated her for years but was unable to cure her.** 2 guarire *una malattia*: **Dr Martin treated her eczema for years but was unable to cure it.** 3 conservare *pelli, tabacco, e vari tipi di cibo*: **this leather has gone mouldy because it was not properly cured.** *Le accezioni del sostantivo sono legate ai primi due significati del verbo*: 1 guarigione *di una persona*: **in time she will find that the symptoms will be less troublesome, but she cannot hope for a complete cure.** 2 sostanza usata per curare una malattia: **the simple country herbalist's cure for many heart conditions was for centuries the juice of the wild flower foxglove (digitalis);** farmaco: **the label on this bottle of pills claims that they are 'a proven cure for headaches, boils, measles and flat feet'.** 3 terapia, trattamento: **he goes to Baden-Baden or some other watering-place every year for the cure.**

cura *s. e* **curare** *vb. Vedi* **care**, **cura** *e* **care**, **curare**.

●**curiosity** *s.* 1 (*desiderio di conoscere di più*) curiosità. *Le rimanenti accezioni sono meno comuni.* 2 (*oggetto*) curiosità: **he returned from his travels in the Far East with a large quantity of curiosities (*o* curios), most of them valueless but all in some degree interesting**; curiosità letterarie: **Vathek and the poems of Ossian are literary curiosities.** 3 fatto strano, curioso (*solo nel seguente tipo di costruzione*): **it is a curiosity of our century that while education has become far more widespread most English newspapers are clearly written to be read by people who don't want to think; the platypus (ornitorinco) is a curiosity of nature.** 4 persona strana: **she is a curiosity – she lives like a miser but every now and then does something very generous to help someone.** • *Si noti che, contrariamente a quanto accade in italiano, in inglese per le accezioni 3 e 4 è possibile ricorrere sia al sostantivo che all'aggettivo* (**curious**).

curiosità *s.* 1 (*desiderio di conoscere di più*) curiosity. 2 (*desiderio di saperne di più sui fatti degli altri*) curiosity, inquisitiveness. *Si noti che* inquisitiveness *ha solo questo significato*: **tiene**

sempre le tende tirate perché detesta la curiosità dei vicini, she keeps her curtains drawn all the time because she hates the inquisitiveness of her neighbours. Curiosity, *oltre ad essere sinonimo di* inquisitiveness (she keeps her curtains drawn all the time because she hates the curiosity of her neighbours), *può anche essere usato per indicare un interesse più impersonale*: disinterested curiosity is the lifeblood of civilization (Moberley). 3 (*oggetto*) curiosity, curio. • **Per curiosità, quanto costa?**, as a matter of interest, how much is it?

⦿**custom** *s.* 1 costume; usanza; abitudine; **he was studying the ancient legends and customs of the Celtic peoples; it takes a long time to adjust yourself to the customs of another country; it has always been our custom to invite one or two people outside the family circle to spend Christmas with us; it's not my custom to buy books – I prefer to borrow them from the public library.** 2 (*comm.*) clientela; l'essere cliente abituale di un negozio: **the grocer's shop next door to my house gets much more custom than the one opposite; he didn't dare to insist on being paid by his richest customers for fear of losing their custom** (per paura che non si servissero più da lui). 3 (*plur.*) dogana; diritti doganali: **after collecting our luggage we'll have to go through Customs; did you have to pay Customs (*o* Customs duty) on that?** • **Custom-built, custom-made**, fatto su ordinazione. *Si noti che queste espressioni possono essere riferite soltanto ad autoveicoli, mobili, etc. mentre per i capi di vestiario si usa la locuzione* **made to measure**.

costume *s.* *vedi* **costume**, *costume*.

D

dame *s.* ☐1 (*arc. o scherz.*) donna (*di solito vecchia*): **the village shop is kept by an old dame who has been running it for sixty years**; (*USA slang*) giovane donna: **«What's Diana like?» – «She's quite a dame!»** che equivale a dire **«She's very attractive and she likes men»**. ☐2 *È usato come titolo onorifico, equivalente a* **Sir**, *conferito dalla regina in riconoscimento di servizi resi alla comunità o alle arti; di esso può essere insignita, per esempio, una illustre preside di college universitario (Dame Janet Vaughan) o un'attrice (Dame Peggy Ashcroft).* ☐3 *Personaggio tradizionale della pantomima (spettacolo natalizio destinato soprattutto ai ragazzi) interpretato sempre da un attore, non da un'attrice.*

dama *s.* ☐1 **dama e cavaliere**, lady and gentleman; a lady and her partner. ☐2 (*gioco*) draughts. ☐3 **dama di compagnia**, companion; (*di una regina o di una principessa*) lady-in-waiting.

data [ˈdeɪtə] *s.* dati.
data *s.* date.

●**decadence** *s.* [ˈdekədəns] decadenza (*solo però nel senso di declino, involuzione*).
decadenza *s.* ☐1 (*declino, involuzione*) decadence. ☐2 (*dir.*) lapse, loss, forfeiture *o* extinction *di un diritto o di un titolo.*

decant [diˈkant] *vb. tr.* travasare (*di vini*).
decantare *vb. tr.* to praise to the skies; (*slang*) to go overboard about (*o* for): **appena il ragazzo mostrò segni di miglioramento, l'insegnante ne decantò le capacità**, as soon as the boy's work began to show signs of improvement his teacher praised it (*o* him) to the skies; **tutti i critici decantarono l'interpretazione dell'attore protagonista**, all the critics went overboard about (*o* for) the leading actor's performance; (*lett.*) to laud, extol, belaud (*di solito alla forma passiva*): **non c'è molto da stupirsi che un commentatore così decisamente conservatore decanti la politica dell'attuale governo**, it is hardly surprising that such an undeviatingly conservative commentator should laud the present government's policies; **mia nonna decantava sempre le virtù medicinali del passato di spinaci**, my grandmother always extolled the medicinal virtues of spinach soup; **dopo essere stato decantato come eroe nazionale per mezzo secolo, fu ridimensionato da uno scettico biografo**, after being belauded as a national hero for half a century he was cut down to size by a sceptical biographer; (*lett., anche meno usato*) to descant on: **decantarono la bellezza del castello che non avevamo visitato**, they descanted on the beauties of the castle we had failed to visit.

●**decent/decente** *agg. Il termine inglese comprende tutte le accezioni proprie di quello italiano, ma si distingue da questo per il suo caratteristico uso colloquiale*: **he's a very decent chap** *significa* è un tipo abbastanza simpatico. *In questa accezione* **decent** *è usato sia dagli adulti che dai ragazzi, ma più da questi, essendo uno* **schoolsick word** (*cfr.* **beast**): *un ragazzo esprimerebbe approvazione per le doti umane di un insegnante dicendo* **he's very strict but pretty decent really**. *Per estensione questo termine può essere usato per indicare un atteggiamento inaspettatamente comprensivo* (**I expected him to be furious about what I'd done, but he was very decent about it**) *ed è quindi, nel gergo studentesco, sinonimo di* **civilized** (*q.v.*).

décor *s.* [ˈdeɪkɔː] ☐1 le scene e i costumi di uno spettacolo: **the décor for the new production of Hamlet was designed by XYZ**. ☐2 (*meno usato*) arredamento.

decorum *s.* ☐1 decenza, correttezza: **when at last his disagreeable wife died he behaved with decorum at her funeral**. *Si osservi che contrariamente a* decoro, *il termine inglese serve a definire un atteggiamento, un aspetto esteriore, più che una qualità morale. Esso inoltre reca quasi sempre una sfumatura di ironia: dicendo* **John behaved with decorum at his wife's funeral** *si implica che l'atteggiamento di John al funerale è stato puramente convenzionale e che la perdita* dell'insopportabile moglie è stata in verità accolta da lui con grande sollievo; dire al contrario **John behaved with great dignity at his wife's funeral** significherebbe prendere atto del suo sincero dolore. [2] rispetto delle formalità, delle convenienze: **if the opening of the festival is to be conducted with due decorum every detail must be carefully planned; he came to the wedding in a tee-shirt – he has no sense of decorum.**

decoro *s.* [1] (*dignità*) dignity, personal dignity: **in quella tragica occasione si comportò con molto decoro**, on that tragic occasion she behaved with great (personal) dignity. [2] (*onore, prestigio*) good name, honour: **tenendo al decoro dell'azienda fece di tutto perché la stampa rimanesse all'oscuro della vicenda**, he did everything he could to keep the press out of the affair, in his concern for the good name of the firm; **il decoro della nazione**, *o* **della famiglia**, the honour of one's country (*o* family). [3] (*motivo ornamentale*) motif (*francese*). • **Decoro a mano**, hand-decoration.

○**decorate** *vb. tr.* Oltre a tutte le accezioni proprie del verbo italiano **to decorate** ha anche il significato di imbiancare: **we're going to decorate (the rooms of) our new house ourselves, before we move in.** • NB: (1) **to redecorate** *vb. tr.*: **after we had been in the house for three years we redecorated the kitchen.** (2) **decoration** *s.*, **redecoration** *s.* (3) **decorator** *s.* imbianchino, **interior decorator**, arredatore.

decorare *vb. tr.* to decorate.

○**dedicate** *vb. tr.* [1] dedicare: **Beethoven's Eroica Symphony was originally dedicated to Napoleon.** [2] consacrare, dedicare: **the church is dedicated to St James; her life was dedicated to the relief of suffering; we dedicated (*o* devoted) every afternoon to sightseeing.** [3] devolvere: **the students dedicated (*o* devoted) the proceeds of the concerts they gave to the foundation of a new scholarship.** • *Il participio passato* **dedicated** *può essere usato in funzione di attributo con il significato di* appassionato: **she's a dedicated gardener, musician, student of medieval history,** *etc.*

dedicare *vb. tr.* [1] (*consacrare*) to dedicate. [2] (*destinare*) to devote, to dedicate: **dopo essere andato in pensione dedicò la maggior parte del suo tempo al giardinaggio**, he devoted (*o* dedicated) most of his time to gardening after he retired. [3] (*dedicare un'opera a qualcuno*) to dedicate: **dedicò il suo nuovo libro alla memoria dei genitori**, she dedicated her new book to the memory of her parents.

○**dedication** *s.* *Ha gli stessi significati del verbo* **to dedicate**: [1] dedica, *nel senso di* iscrizione apposta su un'opera propria in segno di omaggio a qualcuno (*nel caso si tratti di un libro, stampata quindi su ogni sua copia*): **the dedication of her book gave her parents great pleasure; Beethoven changed the dedication of his Eroica Symphony.** *È interessante notare che, nel caso invece in cui* dedica *abbia il significato di* frase manoscritta apposta su un'opera propria o altrui offerta in dono a qualcuno, *il corrispondente termine inglese non è* **dedication**, *ma* **inscription** (*q.v.*): **the inscription she wrote in the copy she sent me read: «To the most perceptive of readers from the author».** [2] dedicazione, consacrazione: **the dedication of the new church was to take place in June.** [3] dedizione: **the old lady had lived a life of dedication (to prayer / to the relief of suffering / *etc.*).**

dedicazione *s.* dedication.

defect *vb. intr.* defezionare, disertare (*usato sempre in senso politico*): **another leading Russian writer has defected to the West and now lives in Vienna.**

difettare *vb. intr.* [1] (*mancare o scarseggiare di qualcosa, Zingarelli*) to be lacking in, to lack: **difettare d'ingegno**: to be lacking in (*o* to lack) ingenuity. [2] (*essere difettoso, Zingarelli*) to be deficient; to be defective: **è una bella casa ma difetta nei particolari**, it's a lovely house as a whole but deficient (*o* defective) in many of its details. • NB: *In inglese viene fatta una distinzione fra* **defective** *e* **deficient**: *un tavolo che zoppica perché una delle gambe è più corta delle altre tre è* defective; *una dieta che sia priva di vitamine e di proteine è una* deficient diet.

○**defend** *vb. tr. e rifl.* difender(si).

difender(si) *vb. tr. e rifl.* [1] to defend (oneself), to protect (oneself). **To defend** *è usato nel caso in cui il pericolo da affrontare è costituito da una persona e dal suo operato, o da un animale*: **difese il bambino (*o* si difese) dal padre / dalle severe osservazioni del padre / dall'assalto del lupo**, he defended the child (*o* himself) against his father / his father's bitter criticism / the wolf's attack; **difesero la città fino all'alba**, they defended the city till dawn; **nel dibattito difese bene le sue idee**, she defended her opinions well in the debate. *Quando invece il pericolo è costi-*

tuito da una malattia, da condizioni meteorologiche avverse o da fattori comunque non determinati dal comportamento di una persona o di un animale (per esempio gli effetti dell'inflazione, etc.) occorre usare to protect: **penetrarono nella grotta per difendersi dal freddo**, they crept into the cave to protect themselves from the cold; **prendi delle vitamine per difenderti dalle malattie e dagli effetti della stanchezza**, take vitamins to protect yourself against disease and the effects of fatigue; **dobbiamo difendere i nostri prodotti dalla concorrenza straniera**, we must protect our products against foreign competition. 2 to stand (colloq. stick) up for someone (o oneself): **difese il suo collega / le sue idee / i suoi principi / o se stesso**, he stood up for his colleague / ideas / principles (o for himself); **quando Maria era a scuola piangeva in continuazione, non sapeva difendersi dai suoi compagni**, she couldn't stick up for herself.

defendant s. imputato: **in the case of Jones v. Smith the plaintiff was represented by Mr Cecil Brown Q.C. and the defendant by Mr Robert Thompson**.

difensore s. 1 defender (in questa accezione, tuttavia, in inglese come in italiano, si predilige l'uso del verbo — to stand up for, difendere — a quello del sostantivo): **non ebbe nessun difensore quando il direttore sostenne che era stato a causa della sua incompetenza che l'azienda aveva perso le commesse**, she had no defender (o no one to stand up for her) when her boss asserted that the company had lost business through her incompetence. 2 (sostenitore) upholder, advocate: **è sempre stato un agguerrito difensore di metodi educativi / regole di commercio / norme di comportamento**, etc., **all'antica**, he has always been a staunch upholder of old-fashioned educational methods / business principles / rules of behaviour, etc. 3 **difensore di fiducia**, counsel for the defence, defending counsel; **difensore d'ufficio**, counsel for the defence appointed by the court. 4 (sport) full back, half-back.

O**defensive** agg. 1 difensivo. 2 troppo incline a ritenere di esser criticato dagli altri, portato ad assumere un atteggiamento di difesa nei rapporti con gli altri; può riferirsi sia ad uno stato d'animo momentaneo, sia ad un consueto modo di fare: **you can't talk to Colin about his thesis – he's so defensive about it that impartial discussion is impossible; they're always very defensive; she's a defensive person**.
difensivo agg. defensive.

O**definite** agg. Corrisponde in tutti i suoi significati a definito. Sia l'aggettivo che l'avverbio (**definitely**) si differenziano però dai loro corrispettivi in italiano per il diverso uso (o meglio abuso) che ne viene fatto nella lingua parlata: nella frase **I'm definitely not going to do what George suggested**, definitely funge semplicemente da rafforzativo ma, data la frequenza con cui ricorre nel linguaggio corrente, esso ha perso molta della sua forza originaria al punto che la frase **her second book is a definite improvement on her first**, per esempio, equivale semplicemente a **her second book is better than her first**. L'esclamazione «**Definitely!**» è simile a «Infatti!» quando questa signifìchi «Sono d'accordo!» e può essere usata anche per rispondere in maniera affermativa: «**Are you coming to my party on Saturday?**» – «**Definitely!**».
definito, definitivamente agg., avv. definite, definitely; part. pass., defined.

O**deliberate** vb. intr. (talvolta tr.) riflettere o discutere attentamente prima di pervenire ad una decisione: **her parents deliberated for several months before agreeing to let her leave school at 17; the House of Commons sometimes deliberates** (più comune sits) **all night; the woman that deliberates is lost** (Addison).
deliberare vb. tr. e intr. 1 (decidere dopo aver discusso) In questa accezione il verbo italiano non ha nessun equivalente in inglese per cui è necessario ricorrere a verbi che si avvicinino il più possibile al suo significato quali to decide o to announce: **il consiglio comunale deliberò che in futuro nella città non si tenessero più festival di musica pop**, the city council decided (o announced) that all pop festivals were to be banned in future. 2 (aggiudicare, in una vendita all'asta) to knock down: **la collana fu deliberata ad un commerciante sconosciuto**, the necklace was knocked down to an unknown dealer; **deliberare al miglior offerente**, to knock down to the highest bidder. (A questo proposito è interessante osservare come al modo di dire «**Un milione e uno ... un milione e due ... un milione e tre ... aggiudicato!**» corrisponda in inglese «**Going at a million ... going ... going ... gone!**»). 3 (riflettere, dibattere) to deliberate.

O**deliberate(ly)** agg. e avv. 1 fatto di proposito, intenzionale: **he behaved with deliberate dis-**

courtesy to his hosts; «She can't have known what dangers were involved when she took that job» – «Oh yes she did: it was a deliberate choice»; his tone was deliberately cheerful when he told me the bad news – he didn't want me to think he was alarmed. [2] lento, cauto, flemmatico: the procession moved up the nave of the cathedral with deliberate steps; the Minister's deliberate style of speaking is all very well at political meetings but intolerably tedious at a dinner party; the procession moved deliberately up the nave; the Minister spoke deliberately.
deliberato *part. pass.* [1] decided, announced. [2] knocked down (*vedi* **deliberare**).

deliberation *s.* [1] considerazione o discussione approfondita: **after much deliberation her parents allowed her to leave school at 17**. [2] cautela (*vedi* **deliberate(ly)** *accezione 2*): **the deliberation with which he spoke made everyone aware that the position was graver than they had supposed.** [3] (*plur.*) dibattito: **the committee's deliberations came to an end after six months and the resulting decisions were published**.
deliberazione/delibera *s.* (*decisione*) resolution; (*provvedimento governativo*) measure. ● *Si noti che mentre il verbo ed il sostantivo italiano nella loro accezione principale indicano una decisione presa al termine di una discussione, il verbo e il sostantivo inglesi si riferiscono al dibattito che precede la decisione.*

○**delicious** *agg.* delizioso, *riferito soprattutto ai cibi e al vino, e ai sensi del gusto e dell'olfatto*: **a delicious meal; delicious wine; what have you got in that saucepan? – it smells delicious**; *ma* **this rose smells exquisite** (*o* **lovely**). *Non si può negare che vi sia chi parli di* **a delicious tune, place, person, sense of humour** *e altro, ma si tratta di un uso un po' affettato di* **delicious**.
delizioso *agg.* delightful, lovely: **siamo stati a un ricevimento delizioso ieri sera, il mangiare, gli invitati, tutto era delizioso**, we went to a delightful dinner party last night – the food, the company, everything was lovely; delicious: **un sapore delizioso**, a delicious flavour (*o* taste).

○**delinquent/*delinquente*** *agg. e s.* *Il termine inglese e quello italiano sono simili come significato ma differiscono talvolta per il modo in cui vengono adoperati. In inglese un* delinquente *adulto è un* **criminal**, *mentre un* delinquente *di diciassette anni o meno è un* **juvenile delinquent** *o* **young offender**.

delude *vb. tr.* ingannare (*di solito alla forma passiva*): **having made a promising beginning, she was deluded by false expectations of a brilliant career.** ● NB: *Non è mai un equivalente di* deludere.
deludere *vb. tr.* to disappoint: **dato il suo promettente esordio, nutriva grandi speranze per il futuro, ma rimase delusa dai risultati che conseguì**, having made a promising beginning she had high hopes of the future, but was disappointed by the outcome (*o* but the outcome disappointed her).

delusion *s.* [1] illusione, *nel senso di uno stato mentale definito da H. W. Fowler in* Modern English Usage *come segue*: «*una convinzione che, sebbene falsa, è stata pienamente accettata come vera dalla mente — che ad essa ha soggiaciuto — per cui è prevedibile che possa influenzare il comportamento*». *Si noti che* **delusion** *è ben diverso da* **illusion** *che significa (sempre secondo Fowler)* «*un'impressione che, sebbene falsa, viene momentaneamente presa in considerazione sotto lo stimolo dei sensi e dell'immaginazione, ma attende di essere pienamente accettata, per cui è prevedibile che possa non influenzare il comportamento*: **that the sun moves round the earth was once a delusion, and is still an illusion**». [2] non una semplice convinzione ma qualcosa di concreto che ha provocato false aspettative o che inganna. *Questo significato si trova nell'espressione idiomatica* «**X is a snare** (inganno) **and delusion**», *dove X può essere una casa che sembra bellissima ma è invece umida o scomoda o anche un regime politico che sembra democratico, ma è invece dittatoriale.* [3] **delusions** (*plur.*) indica le idee deliranti provocate da uno stato di follia: **he had delusions of being a tiger and had to be admitted to a psychiatric hospital**.
delusione *s.* disappointment: **ci era stato detto che il concerto di A.B. di martedì sarebbe stato molto bello, ma la pianista si è rivelata alquanto mediocre e questo è stato per noi una grande delusione**, we had been told that A.B.'s concert on Tuesday would be very good, but she turned out to be a mediocre pianist, which was a great disappointment to us. *Si confronti il precedente esempio con quanto segue*: **A.B. aveva sempre creduto di possedere il talento di una grande pianista ma si rese conto che era solo un'illusione quando un professionista di alto livello le disse che non sarebbe mai diventata niente più che un'eccellente dilettante**, A.B. had always

believed herself to have great talent as a pianist, but she realised that it was a delusion when a first-class professional told her that she would never be more than a very good amateur.

demand *s.* [1] richiesta avanzata come se venisse reclamato un diritto, pretesa: **a demand for bacon and eggs at midnight makes me furious; the employers refuse to listen to the union's demands.** [2] domanda *o* richiesta di merci *o* di personale: **no, we don't sell embroidered garters** (giarrettiere) **any more – there isn't much demand for them; in spite of unemployment and inflation there's always a demand for hairdressers.** [3] *Nelle frasi (a)* **he sees very little of the children – there are too many demands on his time** *e (b)* **he's looking very tired – people make too many demands on him**, demand *non può essere tradotto in italiano con un singolo termine; è necessario ricorrere a delle perifrasi approssimative: (a)* vede molto poco i bambini, troppi impegni assorbono il suo tempo; *(b)* ha l'aria molto stanca, sono in troppi a rivolgersi a lui. • **Demand note** (*comm.*), ultimo sollecito di pagamento; **in demand**, molto richiesto: **he plays the guitar so well, he is much in demand at parties; greengrocers say that lemons are much more in demand in hot weather than at other times; the law of supply and demand**, la legge della domanda e dell'offerta.

domanda *s.* [1] question: **posso farle un'altra domanda?**, may I ask one more question?; (*in una prova d'esame scritta*) **i candidati devono rispondere a tre domande**, candidates should answer three questions. [2] (*domanda di lavoro*) application: **ci sono state 150 domande per quel posto**, there were 150 applications for that job. [3] (*richiesta scritta*) (written) request: **chi vuole ottenere questo permesso deve presentare una domanda in carta bollata**, all requests for this permit must be made in writing (*la carta bollata non esiste in Inghilterra*); **il direttore risponde solo a domande presentate per iscritto**, the Director will only reply to written requests.

demand *vb. tr.* [1] chiedere con prepotenza, pretendere: **he comes home late nearly every night and demands a meal; I refuse to pay for such bad service – I demand to see the manager.** [2] esigere, ma non in maniera scortese: **he's a fair-minded and kindly head of department but he demands the highest standards of** (*o* **from**) **everyone who works under him.** [3] richiedere: **this type of work demands great powers of concentration.** • **Demanding** *agg. associato alle accezioni 1 e 3 del verbo*: **a demanding child** (un bambino che pretende sempre di essere al centro dell'attenzione); **demanding work.**

domandare *vb.* **A** *tr.* [1] to ask: **se vuoi sapere l'ora domandala a un poliziotto**, if you want to know the time, ask a policeman; **domandagli come si chiama e perché è seduto nel tuo giardino**, ask him his name and why he's sitting in your garden. [2] (*chiedere per ottenere*) to ask for: **dicono che i turisti inglesi domandino patatine fritte come contorno per qualsiasi piatto**, they say English tourists ask for chips with everything; **perché non domandi un consiglio a qualcuno?**, why don't you ask someone for advice?; (*più raro*) to ask: **faresti meglio a domandare** (*a qualcuno*) **il permesso, perdono, un consiglio**, you had better ask permission, pardon, advice (of someone); **le ha dato tutto e non le ha domandato niente in cambio**, he gave her everything and asked nothing in return. **B** *rifl.* [1] to wonder: **mi domando se quella bambina è davvero contenta in collegio**, I wonder if that little girl is really happy at boarding school. [2] to ask oneself (*ma è un verbo più raro di* to wonder *ed esprime una perplessità assai maggiore*): **quando vedo quanto è triste quella bambina in collegio mi domando se sia veramente sensato mandare bambini così piccoli lontani da casa**, when I see how unhappy that little girl is at boarding school I ask myself if it is really wise to send children away from home so young.

○denomination *s.* [1] nome, appellativo (*specialmente di un gruppo di cose o di persone*): **Barbarians, Philistines and Populace were the denominations bestowed by Matthew Arnold on the 19th-century English aristocracy, middle class and working class respectively**; unità di misura (**reduce to the same denomination**, *per esempio da libbre a chili*); taglio di banconote (**banknotes of small denomination**). [2] confessione: **representatives of the Roman Catholic Church, the Church of England and the four principal nonconformist denominations took part in an interdenominational** (*si noti questa forma aggettivale del termine, corrispondente in italiano a* interconfessionale) **service at St Paul's Cathedral.**

denominazione *s.* [1] (*atto, effetto del denominare, Zingarelli*) naming, denominating, denomination: **il primo compito di Adamo in Paradiso fu la denominazione di tutti gli esseri viventi**, Adam's first task in Paradise was the naming of all living creatures. [2] name: **ignoro la denominazione botanica di questo fiore** (*Zingarelli*), I don't know the botanical name of this flower. • **Denominazione d'origine** (*di vini*), appellation contrôlée (*francese*).

◐**dense** *agg.* [1] denso: **a dense liquid; the dense population of the Japanese islands**; fitto: **dense wood**; folto: **the dense foliage of beech trees in July**; spesso: **dense** (*o* **thick**) **fog**; compatto: **a dense crowd**, una folla compatta. [2] stupido, ottuso: **it's difficult to teach anyone as dense as that; why did he do that? – it was dense of him not to guess what the consequences would be**.

denso *agg.* [1] thick: **una salsa densa**, a thick sauce; **una densa oscurità**, thick darkness; dense: **nuvole dense**, dense cloud (*sing.*) *o* heavy clouds (*plur.*). [2] (*fig.*) full of, packed with, charged with something: **una vita densa di affanni**, a life full of care; **un articolo denso di informazioni utili**, an article packed with useful information; **parole dense di significato**, words charged with meaning.

department *s.* una delle unità, ciascuna con una particolare funzione, in cui un'attività, un negozio, o un'organizzazione è suddivisa. • (1) **department store**, grande magazzino. (2) *A partire dal 1970 circa alcuni ministeri del governo hanno assunto il nome di* **departments**. (3) *Le facoltà delle università inglesi (tranne Oxford e Cambridge) sono suddivise in* **departments**: *per esempio i* **Departments of English, Italian and Philosophy** *fanno parte della* **Faculty of Arts**, *mentre i* **Departments of Physics, Chemistry and Zoology** *appartengono alla* **Faculty of Science**.

dipartimento *s.* [1] (*circoscrizione amministrativa*) district, area (*in G.B.*); department (*in Francia*). [2] university department.

◐**depend on** *vb. intr.* [1] dipendere da, essere determinato da: **Tom doesn't know if he'll be able to come with us on Monday – it depends what he's got to do in the office; whether Tom can come with us or not depends on what he's got to do**; *in una frase come* **Tom may or may not come with us, it depends (on) how much work he's got to do** *l'espressione* **it depends (on)** *può essere sostituita dall'avverbio* **depending** (*molto frequente nella lingua parlata*) *ottenendo* **Tom may or may not come with us, depending on how much work he's got to do**; *si noti ancora il seguente esempio*: **we may go, but we may not, depending on the weather**. [2] non poter fare senza, dipendere da *qualcuno*: **the old lady depends on her daughter for everything – Mary even has to help her dress; I don't know what I'll do when my secretary goes on holiday – getting all this work done depends on her**. [3] fidarsi di, essere certo di *o* che: **you can depend on the ABC Wool Company to supply tweed of the highest quality; you can depend on Jenkins to do what he says he'll do; you can depend on Jenkins**. • NB: *(a)* **to depend** *deve essere sempre costruito con la preposizione* **on** (*che in molti casi può comunque essere omessa*), *mai con* **from**; *(b)* **it (all) depends**, dipende, *come nel seguente scambio di battute*: «**Are you leaving tomorrow?**» – «**It depends** (*o* **it all depends**).»

dipendere *vb. intr.* [1] (*procedere da*) to come from, to result from, to be the result of: **la sua incertezza dipende da mancanza di sicurezza di sé**, his uncertainty comes from (*o* results from *o* is the result of) his lack of self-confidence. [2] (*essere sottoposto all'autorità di*) to be subject to the authority of, to be under: **avendo solo 16 anni dipende ancora dai genitori**, as he is only 16 he is still subject to the authority of his parents; **il reparto di Tom dipende dall'ufficio vendite**, Tom's unit is under the sales department; **Tom dipende dall'ufficio vendite**, Tom is (*o* works) under the head of the sales department; **la XYZ Adoption Society dipende dal DHSS**, the XYZ Adoption Society is under the DHSS (*Department of Health and Social Security*). [3] (*gramm.*) to depend on.

dependant *s.* persona a carico del capofamiglia (*si riferisce principalmente ai membri della famiglia ma può anche indicare, per esempio, persone di servizio ormai in pensione*): (*su un modulo*) **state number and age of dependants**.

dipendente *s.* employee. • **Dipendenti statali**, civil servants; **tossicodipendente**, drug addict; **videodipendente**, TV addict.

◐**dependence** *s.* dipendenza. È associato a tutti e tre i significati del verbo (**to depend on**) sebbene ricorra molto raramente nell'accezione 1. È anche usato nel senso di dipendenza di carattere economico (*in connessione con l'accezione* (**a**) *dell'aggettivo* **dependent**) *o*, più comunemente, di carattere psicologico (*in connessione con l'accezione* (**b**) *dello stesso aggettivo*): **Robert's children want to put an end to their dependence on him as soon as possible; that boy's dependence on his mother is a great handicap to him**.

dipendenza s. ① dependence: **la dipendenza della vecchia signora dalla figlia è totale**, the old lady's dependence on her daughter is total; **quando un ragazzo di venti anni non trova lavoro si sente a disagio per la sua condizione di dipendenza dai genitori**, when a boy of twenty fails to find work his continuing dependence on his parents makes him feel uncomfortable. ② subordinate position: **Tom detesta la sua condizione di dipendenza ed è impaziente di diventare capufficio**, Tom dislikes his (o being in a) subordinate position and can hardly wait to become head of the department; dependence: **la dipendenza dell'Australia dalla Gran Bretagna ebbe fine quando essa cessò di essere una colonia e divenne un 'dominion'**, the dependence of Australia on Britain came to an end when she ceased to be a colony and became a Dominion. ③ (*edificio minore annesso, dépendance*) annexe: **l'edificio principale dell'ospedale fu costruito nel XVIII secolo ed è bello ma io lavoro nell'antiestetica dipendenza costruita nel 1950**, the main building of the hospital was built in the 18th century, and is beautiful, but I work in the ugly annexe built in 1950. • **Essere alle dipendenze di qualcuno**, to be employed by someone; **in dipendenza di ciò**, as a result (of this); **tossicodipendenza**, drug addiction.

dependent agg. *È associato alle accezioni 1 e 2 del verbo* **to depend on** *ma è usato più nella 2 che nella 1*: **a school-leaver's admission to the university is dependent on** (dipende da) **his or her A-levels** (*esame corrispondente approssimativamente all'esame di maturità*); **Mary's old mother is totally dependent on** (dipende totalmente da) **her**. **Dependent** *ha inoltre i seguenti due significati*: (**a**) a carico di (**Robert's son and daughter are still dependent on him; Robert still has two dependent children**), (**b**) soggetto psicologicamente a (**that boy is so dependent on his mother that he can't bear to be away from her for more than a few hours**). *L'aggettivo* **dependable** (*sinonimo di* **reliable**) *è associato al terzo significato del verbo*: **the ABC is a dependable company; Jenkins is dependable** (degno di fiducia).
dipendente agg. dependent • (*gramm.*) dependent, subordinate.

●**deposit/deposito** s. *Nella maggior parte delle accezioni (legale, commerciale, bancaria e geologica) i due termini si corrispondono. Tuttavia, mentre esistono due soli significati di* **deposit** *che in italiano trovano i loro equivalenti più appropriati in termini diversi da* deposito (*e cioè* ① *in* acconto, caparra, *e* ② *in* incrostatura *o* incrostazione: **the plumber says the trouble is caused by the deposit the water leaves in the pipes**), *numerosi sono al contrario i casi in cui il termine italiano deve essere reso in inglese con parole diverse da* deposit: ① (*deposito cauzionale*) (*comm.*) security; (*dir.*) bail: **the accused was released on bail**. ② (*oggetto depositato*) deposited jewels, *etc. o* the jewels *etc.* deposited with the hotel manager, the bank, *etc.* ③ (*luogo adibito alla raccolta e alla conservazione di oggetti, merci, e simili, Zingarelli*) **deposito merci**, warehouse; (*meno usato*) depot ['depəu]; **deposito franco**, bond house; **deposito di mobili**, depository; **deposito bagagli**, left luggage office; **deposito materiali**, stockyard; **deposito di carbone**, coal yard; **di legname**, timber yard; (*naut.*) **deposito provviste di bordo**, chandler's store; **deposito di locomotive**, engine shed; **di autobus**, bus depot, bus garage. ④ (*mil.*) depot. ⑤ **deposito della firma**, attestation of a signature. ⑥ (*atto del depositare*) depositing: **the depositing of refuse** (*rifiuti*) **in this yard is strictly prohibited**. *In altri contesti verrebbe usato un verbo* (to deposit, to store, *e simili*) *non il sostantivo* deposit: **ha effettuato il deposito del suo testamento presso il suo legale**, he deposited his will with his solicitor; **subito dopo aver venduto la casa, dovettero provvedere al deposito del mobilio in un magazzino**, they had to arrange for the furniture to be stored. ⑦ (*atto del depositare in un magazzino*) storing, storage: **storing furniture** (*o* **furniture storage**) **is very expensive**. • **Deposito di vino** *o* **di caffè**, dregs.

●**deposit** vb. tr. ① lasciare in custodia, depositare: **the hotel cannot take responsibility for jewels or other valuables unless they are deposited with the manager for safe keeping; she deposited her jewels in** (*o* **at**) **the bank (for safe keeping)**. ② (*banca*) versare su un deposito vincolato: **she deposited £2000** (*o* **put £2000 on deposit**). ③ versare un acconto, una caparra: **he has deposited £10000 on the house**. ④ lasciare uno strato di materiale sedimentoso, depositare: **when the Nile floods it deposits fertile mud on the floor of the valley**. ⑤ (*scherz.*) appoggiare: **she deposited the shopping on the kitchen table**.
depositare vb. A tr. ① (*lasciare qualcosa in custodia presso una banca, presso il direttore di un albergo, etc.*) to deposit (with the bank, hotel manager, *etc.*), to leave something (with a

person). ⟦2⟧ (*in banca*) to deposit. ⟦3⟧ (*in magazzino*) to store. ⟦4⟧ (*appoggiare*) to put something down; (*scherz.*) to deposit. ⟦5⟧ (*di liquidi, corsi d'acqua, etc.*) to leave, to deposit. ⟦6⟧ **depositare un marchio**, to register a trademark. ⟦7⟧ **depositare la firma**, to have one's signature attested. ⟦8⟧ **depositare documenti presso un legale**, to deposit documents (*o* papers) with a solicitor. *B intr.* (*di liquidi*) to make a sediment: **il vino deposita**, wine makes a sediment. *C intr. pron.* to collect at the bottom of something: **lo zucchero si deposita in fondo alla tazzina**, sugar collects at the bottom of a coffee cup.

●**derelict** *A agg.* abbandonato, disabitato, lasciato cadere in rovina (*riferito a case e ad altri edifici, a navi, ma non a persone*). *B s.* (*poco usato*) persona emarginata per la sua condizione di miseria, diseredato.
  derelitto *A agg.* ⟦1⟧ (*disabitato e squallido*) derelict, *essendo usato (come detto sopra) riferito ad edifici, navi e (in misura minore) terreni abbandonati dai proprietari e lasciati andare in malora, si presenta come il più appropriato equivalente di* **derelitto** *in tutti gli esempi che lo Zingarelli dà di questa accezione del termine*. ⟦2⟧ *Che è lasciato in totale abbandono materiale e morale*: **infanzia derelitta** (*Zingarelli*). *In questa accezione* **derelitto** *non ha nessun equivalente in inglese se si eccettua* neglected, *ma a* neglected childhood *non è un'espressione abbastanza forte per rendere pienamente il significato di* **un'infanzia derelitta**. *In questo caso, più che ad un aggettivo si ricorrerebbe in inglese a perifrasi di vario tipo*: he was abandoned by his parents in childhood; his parents died when he was a child and he grew up alone in a state of total neglect. *B s.* down-and-out; derelict (*poco usato*). • **Ospizio per i derelitti**, doss house (*gestito da privati, a scopo di lucro*), hostel for down-and-outs.

●**dereliction** *s.* ⟦1⟧ **dereliction of duty**, inadempimento del proprio dovere, *usato per indicare il venir meno a dei doveri pubblici o militari, o anche in senso scherzoso* (*per esempio, un marito che di solito aiuti la moglie a rigovernare, può definire* **dereliction of duty** *il suo venir meno, per una volta, a tale incombenza*). ⟦2⟧ stato di abbandono e di rovina: **the village, once prosperous, was now a scene of dereliction** (*per essere stato abbandonato o distrutto durante la guerra*).
  derelizione *s.* ⟦1⟧ (*rinunzia al diritto di proprietà*) renunciation (of a right). ⟦2⟧ (*filos.*) dereliction, abandonment.

●**desert** [di·zə:t] *vb. A intr.* disertare. *B tr.* abbandonare: **she deserted her husband; in a moment of crisis his wits** (intelligenza) **deserted him and he did the very thing he should not have done; he deserted the Conservative party after its crushing defeat at the polls**.
  disertare *vb. A intr.* to desert: **dopo solo sei mesi che era nell'esercito disertò**, after only six months in the army he deserted; **to desert from** (*usato solo nel caso in cui si renda necessario specificare a quale corpo dell'esercito appartiene chi compie la diserzione*): he deserted from the navy. *B tr.* **disertare un'assemblea**, to walk out of a meeting; **disertare la scuola**, to stay away from school, to drop out (of school); **l'imputato ha disertato l'aula**, the defendant was absent from the hearing; **disertare la chiesa**, to give up going to church; **disertare l'amicizia, la compagnia di qualcuno** (*Zingarelli*), to give someone the cold shoulder; **disertare un partito politico**, to leave, (*più drammatico*) to abandon, to desert a political party.

●**design** *vb. tr.* tracciare degli schizzi *o* un progetto per un qualcosa che deve essere realizzato, disegnare: **the great dress designer has designed a remarkable autumn collection; XYZ is designing the sets and costumes** (le scene e i costumi) **for the new production of** *Hamlet*; **the church of S. Spirito in Florence was designed by Brunelleschi**.
  disegnare *vb. tr.* ⟦1⟧ (*rappresentare per mezzo di segni, linee e simili, Zingarelli*) to draw: **Paul ha disegnato Mary con un carboncino**, Paul drew (*o* made a drawing of) Mary in charcoal; **disegnare dal vero**, to draw from life, to make a life drawing; **disegnare in scala**, to draw to scale. ⟦2⟧ (*progettare nella mente un lavoro prima di eseguirlo, Zingarelli*) to design; **i costumi per questo allestimento dell'***Amleto* **sono stati disegnati da XYZ**, the costumes in this production of *Hamlet* were designed by XYZ; **disegna mobili**, she designs furniture.

  design *s.* ⟦1⟧ disegno che mostra in che modo qualcosa deve essere fatto; schizzo, progetto, bozzetto: **the dress designs of a great couturier; here are some designs for tables and chairs to be made in our own workshops; he showed me a design** (*o* the architectural drawings) **for a new theatre**. ⟦2⟧ linea, modello: **«Do you like this dress?» — «I like the stuff but not the design»; the classic design of this tweed suit will never be out-of-date**. ⟦3⟧ l'arte del fare disegni del genere descritto all'accezione 1, design: **since about 1950 Italy has been considered by other countries to be first in the field of design.** ④ progetto, impostazione di un'opera (*in questa accezione* **lay-out** *è spesso sinonimo di* **design**): **I like the design** (*o* **lay-out**) **of this book, even if the content is superficial; while discussing the design of the new theatre we talked to actors, stage managers and producers about functional requirements.** ⑤ combinazione di linee o motivi formanti una decorazione: **the wedding dress was embroidered with a design of leaves and flowers.** ⑥ progetto *o* proposito (*ormai poco usato*): **when he bought his first vintage car it was his design to start a great collection, but he bought only three others.** • **To have designs on something**, avere delle mire su qualcosa, progettare di appropriarsi di qualcosa: **I believe that the speculative builder who put up those ugly houses in our village last year has designs on the field next to my house.**

disegno *s.* ① (*rappresentazione con linee e segni di figure immaginate o di oggetti reali, Zingarelli*) drawing: **un disegno a matita, a pastelli**, a pencil drawing, a pastel drawing; **un disegno fatto con un carboncino ritraente una ragazza che legge**, a charcoal drawing of a girl reading. ② (*traccia schematica di un'opera letteraria o artistica in genere, Zingarelli*): **il disegno iniziale di un romanzo**, the first sketch/outline/plan of a novel. ③ (*motivo decorativo*) pattern: **mi piacciono i piatti con un disegno attorno al bordo piuttosto che nel centro**, I like plates to have a pattern round the edge rather than in the centre. ④ (*disegno preliminare per un arazzo, un affresco*) cartoon. ⑤ (*ordine e forma di una composizione musicale, Zingarelli*) form. ⑥ (*fig.*) (*intenzione*) design (*poco usato*); intention, plan. ⑦ (*dir.*) **disegno di legge**, a (Parliamentary) Bill.

❍desire *s.* ① desiderio sessuale: **what is it men in women do require? / the lineaments of gratified desire** (*Blake*). ② ciò che si prova al pensiero che l'ottenere, il possedere, o il fare qualcosa possa procurare piacere o soddisfazione; desiderio, aspirazione, voglia. **Desire è un termine piuttosto letterario** (*il suo equivalente di uso più comune è* **wish**) *ed è impiegato in frasi un po' retoriche, spesso negative, o unito agli aggettivi* **strong, overwhelming,** *etc.*: **I have no desire for power; he felt a strong desire to put his hand over her mouth to stop her talking.** ③ desiderio espresso, richiesta (*raro e formale*): (**a**) usato senza aggettivi, parlando di un monarca: **at Her Majesty's desire**; (**b**) *con l'aggettivo* **express**, *è usato per indicare una scelta inaspettata*: **the mayor's large staff has been greatly reduced at his express desire** (*o* **wish**) (per suo espresso desiderio). ④ oggetto di desiderio, *nell'espressione piuttosto letteraria* **one's heart's desire: her heart's desire was to become an actress; she spoke of the house she had found as if it were her heart's desire.**

desiderio *s.* ① wish; (*più raro*) desire. ② (*desiderio fervido, quasi disperato*) longing: **sentiva il desiderio di rivedere la sua famiglia**, he felt a longing to see his family again.

❍desire *vb. tr.* ① desiderare (*dal punto di vista sessuale*). ② (*poco usato*) bramare: **it is a miserable state of mind to have few things to desire and many things to fear** (*Bacon*). ③ (*arc.*) chiedere *a qualcuno di fare qualcosa*: **she desired Mr Smith to wait in the drawing room**; (*usato tuttora ma molto formale*) **Her Majesty desires me to reply to your letter.**

desiderare *vb. tr.* ① to like (*al condizionale*): **desidero parlare con Mrs Thompson**, I would like to speak to Mrs Thompson; I would like a few words with her. ② to want: **desidero fare una doccia prima di cena**, I want to have a shower before supper; he wants a shower. ③ to wish to (*formale*): I wish to speak to Mrs Thompson; **desidero che sia tu a parlarle**, I wish you to speak to her yourself. ④ to wish for (*molto formale*): **ha detto che desiderava parlare con Mrs Thompson, signore?**, did you say you wished for a few words with Mrs Thompson, sir? ⑤ (*bramare*) to want very much: **desidera vederti**, she wants to see you very much; **desidera una nuova lavapiatti**, she wants a new dishwasher very much; (*più forte*) to long: **desiderano vivere in campagna**, they long to live in the country; **desiderano avere una casa in campagna**, they long for a house in the country. ⑥ (*concupire*) covet: **thou shalt not covet thy neighbour's house** (*Bibbia*); (*scherz.*) **da anni desidero la tua bella casa**, I've coveted your lovely house for years. ⑦ (*colloq.*) to hanker for (*o* after, *meno usato*): **quel bambino desidera avere una bicicletta da quando ne hanno regalata una a suo fratello**, that child has been hankering for a bicycle ever since his brother was given one. • **La desiderano al telefono**, there's someone on the telephone for you; (*in un negozio*) **desidera?**, can I help you?; **farsi desiderare**, to keep people (*o* someone) waiting; (*fare il prezioso*) to play hard to get; **lascia a desiderare**, it leaves much to be desired; it does not come up to (*o* it falls short of) expectation (*o* my *etc.* expectations).

desperate *agg.* ⓵ che non lascia adito ad alcuna speranza, disperato: **men in such a desperate situation have nothing to lose by breaking the law.** ⓶ reso imprudente dalla disperazione o dall'urgenza, disperato: **desperate people were jumping from the windows of the burning building; we saw the last bus at the stop and made a desperate sprint through the traffic.** ⓷ fatto *o* utilizzato in una situazione quasi senza speranza, disperato: **I heard a desperate cry; diseases desperate grown / By desperate appliances are relieved / Or not at all** (*Hamlet*); **beware of desperate steps** (Cowper). • *Si noti l'espressione idiomatica* **desperate to do something** *rispondente all'accezione 2 del termine*: **he was desperate to leave the office in time to catch the early train home**, era ansioso di lasciare l'ufficio in tempo per poter prendere il primo treno diretto verso casa.

disperato *agg. e part. pass.* ⓵ desperate, hopeless: **il dottore scrollò il capo e disse che era un caso disperato**, the doctor shook his head and said it was a desperate (*o* hopeless) case; **solo e in esilio provò un disperato desiderio di ritornare a casa**, sick and in exile, he felt a desperate (*o* hopeless) longing for home. ⓶ (*che sente o esprime disperazione, SEI*) despairing, desperate: **mi lanciò uno sguardo disperato**, she threw me a despairing (*o* desperate) look; in despair: **tutti i telefoni erano guasti, ero disperata**, all the public telephones were out of order and I was in despair (*o* desperate). ⓷ (*miserabile*) wretched, miserable, poverty-stricken, penniless; (*anche senza tetto*) destitute. • **Disperato** *s. Come sostantivo il termine non ha nessun equivalente in inglese; per tradurlo è necessario ricorrere a termini più specifici o, se il caso lo richiede* (*vedi l'esempio che segue*), *anche ad espressioni idiomatiche*: **lavora come un disperato**, he works like a dog.

desperation *s.* ⓵ (*significato principale*) comportamento spericolato dettato dalla disperazione (*preceduto di solito dalla preposizione* **in**): **people threw themselves in desperation from the windows of the burning house.** ⓶ (*talvolta*) mancanza di ogni speranza, disperazione: **the mass of men lead lives of quiet desperation** (*Thoreau*).

disperazione *s. Prima di prendere in esame le singole accezioni del termine, è necessario fare una premessa: il termine italiano può essere tradotto in inglese con due parole diverse*: despair *e* desperation; *si deve usare solo* despair *nel caso in cui* **disperazione** *significhi perdita di ogni speranza e denoti quindi uno stato d'animo provocato da un improvviso dispiacere, delusione, etc.*: **quando seppe che il suo appello contro la sentenza di morte era stato respinto, piombò nella disperazione**, when he heard that his appeal against the death sentence had been refused he was plunged into despair. *È invece possibile usare sia* despair *che* desperation (*sebbene si preferisca il primo al secondo*) *nel caso in cui il termine* **disperazione** *indichi una condizione permanente*: **sul volto degli schiavi ravvisò i segni di un'antica disperazione**, he saw age-old despair (*o* desperation) in the faces of the slaves. *Si raffrontino i seguenti esempi*: **per venti anni visse nella disperazione**, for twenty years he lived in despair (*o* desperation) *e* **la disgrazia di perdere il lavoro può gettare un uomo di 55 anni nella disperazione**, the news that he has lost his job can throw a man of 55 into despair. *Tenendo conto di quanto detto si giunge così a distinguere le seguenti tre accezioni del termine*: ⓵ (*perdita di ogni speranza*) despair. ⓶ (*mancanza di ogni speranza*) despair, *talvolta* desperation. ⓷ (*persona o cosa che fa disperare*) despair: **era la disperazione dei suoi genitori**, he was the despair of his parents.

despite *prep.* nonostante, a dispetto di: **despite the bad weather we enjoyed our holiday.** *Ma è più comune l'uso dell'espressione* **in spite of**.

dispetto *s.* ⓵ spite (*quasi sempre nell'espressione* in spite of); **fare un dispetto**, to do something spiteful; **non mi ha telefonato per dispetto** (*o* **per farmi dispetto**), she didn't ring me up on purpose (*o* just to make things awkward for me); **l'aereo decollò a dispetto delle cattive condizioni atmosferiche**, the plane took off in spite of (*o* despite) the bad weather conditions; **a dispetto di mare e di vento**, come hell or high water; **stare in paradiso a dispetto dei santi**, not to know when you're not wanted *o* to outstay your welcome. • **È un bambino timido e i compagni gli fanno sempre i dispetti**, he's a shy child and the other children are always teasing him: *il verbo* to tease *è usato quasi sempre riferito a bambini e possiede una vasta gamma di significati: può voler dire semplicemente* fare degli scherzi a qualcuno con il solo scopo di provocare delle risa, *come pure può significare* tormentare, assillare qualcuno. ⟨2⟩ (*irritazione suscitata da un sentimento di stizza o di invidia*) Non esiste in inglese un termine che corrisponda a questa accezione di **dispetto**, *ma, in alcuni casi, è possibile ricorrere all'espressione* to be (*o* to feel) narked (*fam.*): **dalle sue parole si capiva benissimo che provava dispetto per i brillanti risultati conseguiti dal collega**, it was clear from what he said that he felt narked by his colleague's brilliant achievement.

⦿**destination** *s.* destinazione (*solo nel significato illustrato all'accezione 1 di* **destinazione**).

destinazione *s.* ⟨1⟩ (*mèta di viaggio o località verso cui è indirizzata della merce o della corrispondenza*) destination: **il facchino chiese quale fosse la loro destinazione**, the porter asked them what their destination was. ⟨2⟩ (*scopo a cui viene destinata una somma di denaro, etc.*) allocation: **i membri del consiglio non sono riusciti a giungere a un'intesa riguardo la destinazione del denaro ai corsi serali**, the committee could not agree on the allocation of money to the evening courses. ⟨3⟩ (*atto del destinare*) dispatch: **questo ufficio cura la destinazione delle merci all'estero**, this office deals with the dispatch of goods abroad. ⟨4⟩ (*residenza assegnata ad un ufficiale*) posting: **la prossima destinazione del capitano sarà Catterick**, the captain's next posting will be Catterick.

⦿**destine** *vb. tr.* ⟨1⟩ indirizzare qualcuno verso una particolare professione (*raro alla forma attiva*): **his father destined him for the Church** (*o* **the army** *o* **the family business**, *etc.*); **he was destined for the Church** *etc.* **from an early age**. *Riferito a cose, nel senso di assegnare ad un uso particolare, non è molto usato*: **the jar was destined for jam but Tommy took it for his minnows** (pesciolini). ⟨2⟩ (*alla forma passiva*) essere destinato a (*con allusione ad un destino grande o nobile*): **she was destined to become one of the greatest pianists of her generation**.

destinare *vb. tr.* ⟨1⟩ (*alla forma passiva, essere predestinato a, in senso solenne*) to be destined to: **era destinato a guidare il suo paese**, he was destined to lead his country; (*in senso tragico*) to be fated to: **era destinato a non rivedere più la sua casa**, he was fated never to see his home again; (*con significato ancor più negativo*) to be doomed: **era destinata a morire di una morte orribile**, she was doomed to die a terrible death; (*andare incontro ad una sorte certa e ineluttabile, identificata quasi sempre in un successo, in un fallimento, e simili*) to be bound to, sure to: **è destinato ad avere successo** (*o* **a fallire**), he is bound (*o* sure) to succeed (*o* fail); **le nostre speranze sono destinate a essere esaudite** (*o* **deluse**), our hopes are bound (*o* sure) to be fulfilled (*o* disappointed). ⟨2⟩ (*assegnare qualcuno ad una carica o ad un ufficio, Zingarelli*) to send (*o* assign): **avendo dedicato molti anni allo studio delle lingue, fu felice di essere stata destinata all'ufficio estero**, she was delighted to be sent (*o* assigned) to the export office. ⟨3⟩ (*assegnare denaro, etc. a qualcosa*) to devote, to set aside, to assign (*vedi* **devolvere** *accezione 2*); (*meno usato*) to allot [əˈlɒt]: **allo stesso fondo fu destinato più denaro**, more money was allotted to the same fund. ⟨4⟩ (*assegnare denaro, dedicare tempo etc. a qualcosa con l'intenzione di ottenere un determinato scopo*) to set aside, to intend, to mean, to design for something *o* to do something: **la mattina è destinata alle sedute della conferenza mentre il pomeriggio è destinato alle visite turistiche**, the mornings are set aside for the conference sessions, while the afternoons are intended (*o* meant) for sightseeing; **i concerti del sabato sono destinati a offrire a giovani interpreti l'opportunità di presentarsi al pubblico**, the Saturday concerts are designed to give young performers a hearing. ⟨5⟩ (*indirizzare*) to address: **una lettera destinata a te**, a letter addressed to you. • (1) **destinatario** *s.* addressee; (*di merce*) consignee. *Ma si tratta di termini burocratici ai quali, nella lingua di tutti i giorni, si preferirebbero le espressioni* the person the letter/parcel is addressed to. (2) **rinviare un incontro sportivo, una riunione**, *etc.* **a data da destinarsi**, to postpone a match, a meeting, *etc.* to a date to be agreed.

⦿**destiny** *s.* destino.

destino *s.* ⟨1⟩ (*in genere*) destiny, fate: **non credo al destino**, I don't believe in destiny (*o* fate); **il destino governa la nostra vita e fa apparire ridicole le nostre decisioni personali**, destiny (*o* fate) rules our lives and makes our individual decisions ridiculous; «character», says Novalis, in one of his questionable aphorisms, «character is destiny» (George Eliot). ⟨2⟩ (*il destino del singolo, di solito favorevole o nobile*) destiny: **lo attendeva un destino glorioso**, a glorious destiny awaited him; whoe'er she be / That not impossible she / That shall command my heart and me; / Where'er she lie, / Lock'd up from mortal eye, / In shady leaves of destiny (Crashaw);

seguire il proprio destino, to follow one's (own) destiny; essere artefice del proprio destino, to work out one's own destiny. ③ fate (*quasi sempre cupo*): vide che non c'era più speranza e si rassegnò al suo destino, she saw there was no hope and resigned herself to her fate; dopo un ulteriore sforzo per salvarlo dall'alcolismo, lo abbandonò al suo destino, after one more effort to save him from alcoholism she abandoned him to his fate; non serve prendersela con il destino, it's no use quarrelling with fate; il destino ha voluto che, era destino che, fate decreed that: sembrava impossibile che il risultato di tanto impegno e coraggio fosse un fallimento, ma il destino volle così, failure seemed an impossible outcome of so much effort and courage but fate decreed that it should be so; essere perseguitato dal destino, to be hounded by fate, to be doomed; subire il proprio destino, to meet one's fate; sfidare il destino, to defy fate. ④ (*eventi futuri*) the future; one's fortune; leggere, predire il destino a qualcuno, to predict the future, to read someone's fortune in his palm (*o* in the stars), to tell someone's fortune. ⑤ (*destino tragico*) doom, *soprattutto nelle espressioni* the voice of doom, i segni di un nefasto destino, *e* to go to one's doom, andare incontro al proprio nefasto destino: Alas, regardless of their doom, the little victims play (Gray, *Ode on a Distant Prospect of Eton College*) • (1) Doom-laden *agg.*, pregno di cattivi presagi: mi rende furioso quando parla con quel tono di voce apocalittico, she infuriates me when she speaks in that doom-laden voice. (2) Doomsday *s.* il giorno del giudizio universale; Doomsday Book, *il Libro del Catasto del regno* (*compilato verso la fine dell'XI secolo*). (3) (*comm.*) inoltro a destino, dispatch; la merce non è giunta a destino, the goods have not arrived.

destitution *s.* indigenza, *usato di solito per indicare la condizione di coloro che non hanno assolutamente niente, neppure un posto in cui vivere.* • *Si noti anche l'aggettivo* **destitute** *che significa di solito che vive in condizioni di assoluta povertà* (i senzatetto *sono* **people left destitute by an earthquake, flood,** *etc.*).
destituzione *s.* dismissal (*da un incarico*); (*mil.*) demotion (*ad un grado inferiore*), discharge (*dall'arma*).

⬤**detain** *vb. tr.* ① far fare tardi a qualcuno, trattenere qualcuno: **Jenkins arrived late for his appointment, as he was detained by business in his office; business detained him**; fare aspettare qualcuno: **I'm sorry to detain you but the Minister will not be free to see you until midday**. *È un termine formale; nel primo caso sarebbe più consueto dire* **he was delayed** *e* **business delayed him**, *e nel secondo* **I'm sorry to keep you waiting**. ② (*termine burocratico*) tenere agli arresti: **after the explosion the police detained two men for questioning**.
detenere *vb. tr.* ① (*detenere un primato*) to hold a record. ② (*possedere*) to possess. ③ (*trattenere in carcere*) to detain, to hold in custody, to keep in prison. • **Detenzione abusiva di armi**, illegal possession of arms; **detenuto** *s.* prisoner, (*meno usato*) convict.

determinate *agg.* (*raro*) limitato, ben definito, *contrapposto a* **unlimited, vague,** *o* **indeterminate** (*quest'ultimo è usato molto più spesso di* **determinate**): **this situation offers a determinate number of possible choices; his vague fears now took a determinate shape**.
determinato *agg.* ① limited: **verrà preso in esame un determinato numero di casi**, a limited number of cases will be considered. ② (*specifico*) certain: **in certain cases**; **in determinate circostanze il governo deve assumere poteri speciali per evitare disordini**, in certain circumstances the government will have to assume emergency powers to avert public disorder; specific, specified: **certi tunnel non possono essere percorsi da automezzi che superino una determinata altezza**, certain tunnels cannot be used by vehicles of more than a specified height. ③ (*deciso, risoluto*) determined: **era determinata a superare tutte le difficoltà e a raggiungere il successo**, she was determined to overcome all difficulties and achieve success; resolute: **aveva un carattere determinato**, he had a resolute character. ④ (*stabilito*) agreed: **si incontrarono ad un'ora determinata**, they met at an agreed time.

⬤**determination** *s.* ① risolutezza, determinazione: **it seemed an impossible job, but he tackled it with determination and in the end overcame its difficulties**. ② (*meno usato*) definizione, determinazione: **determination of the author's meaning must be the commentator's first concern**. *Ma in questa accezione è più comune l'uso del verbo*: **to determine the author's meaning must be the commentator's first concern**.
determinazione *s.* ① (*risolutezza*) determina-

tion; resolution (*meno usato*). ⟨2⟩ (*definizione*) determination (*vedi sopra accezione 2*), *ma più spesso di questo termine ne vengono usati altri, più appropriati ai singoli contesti*: **determinazione dei prezzi**, fixing of prices, price fixing; (*di eventi futuri*) calculation, reckoning: **prima di decidere il da farsi dobbiamo giungere alla determinazione più precisa possibile di quelle che saranno nel prossimo futuro le spese di gestione dell'azienda**, before we can decide what to do we must make as precise a calculation (*o* reckoning) of future business expenses as possible; **determinazione di un concetto**, definition of a concept. ⟨3⟩ decision: **fino a che non seppe cosa voleva la moglie non poté arrivare a una determinazione**, until he knew what his wife wanted he could not make a decision; **finalmente arrivò ad una determinazione**, at last he made up his mind (*o* arrived at a decision).

●**devastating** *agg.* ⟨1⟩ devastante, disastroso: **the last government's policy had a devastating effect on the country's economy; a devastating storm**. ⟨2⟩ atroce, sconvolgente: **devastating sorrow** (*o* **suffering**) una sofferenza atroce; **a devastating experience**, un'esperienza sconvolgente. • *Usato spesso in senso iperbolico, come espressione slang, semplicemente col significato di* capace di provocare una forte reazione emotiva, *di solito una reazione di ammirazione*: «**They say he's very good-looking**» – «**Oh, he's devastating!**», «Oh, è un vero schianto!»; **devastating wit**, un acume eccezionale; **devastating charm**, un fascino travolgente, *etc. L'avverbio è usato altrettanto spesso, nel modo seguente*: **devastatingly funny, devastatingly pretty**, *etc.*
devastante *part. pres.* devastating.

deviate *vb. intr.* allontanarsi *dalla verità, da una determinata linea di condotta, da un principio, etc.*: **his account of what happened deviated from the truth at many points; throughout the years of hardship she never deviated from her decision to be a singer**. • *Il verbo inglese è usato molto raramente in senso concreto: dire* **the path deviated** *è possibile, anche se raro, ma sarebbe ricercato dire* **we deviated from the path, towards the lake, to the north**, *etc.*
deviare *vb.* A *intr.* ⟨1⟩ to turn aside; to leave the road, path, route; to make a detour, to turn off: **deviammo appena prima di Cambridge per visitare un grazioso, antico paesino**, we turned off (*o* we made a detour) just before Cambridge to see a lovely old village. ⟨2⟩ (*fig.*) **deviare dalla retta via**, to go astray, to go off the rails, to leave the straight and narrow (path). • **Non deviare!** Stick to the point! B *tr.* to turn someone aside; (*riferito al traffico o a un fiume*) to divert; **deviare il verso di una discussione**, to deflect the course of an argument; **deviare il discorso**, to change (*o* to switch) the conversation. • NB: (**1**) *Quest'ultima accezione del verbo può essere espressa sia in forma transitiva che intransitiva*: she changed the conversation to a subject of more general interest; he was very hard to follow because he kept switching from subject to subject without warning. (**2**) *In una frase del tipo* **la testimonianza di quell'individuo non è servita ad altro che a deviare le indagini** *l'espressione* **deviare le indagini** *può essere tradotta con* draw a red herring across the trail *sia che il testimone abbia di proposito messo gli investigatori su una pista sbagliata, sia che egli abbia involontariamente, per un caso fortuito, depistato le indagini;* con put the police (*o* the court, the committee, *etc.*) off the scent, *solo se il testimone ha deliberatamente fuorviato gli investigatori*.

devolve *vb. intr.* essere demandato: **when his father died the responsibility of providing for the younger children devolved upon those already grown up; in the company secretary's absence his work devolves on his chief assistant**. • NB: (**1**) *Si riferisce soltanto a impegni, responsabilità, diritti e doveri, mai a cose concrete.* (**2**) *Non è mai usato in forma transitiva.* (**3**) *È sempre seguito dalla preposizione* (up)on.
devolvere *vb. tr.* ⟨1⟩ (*trasferire*) to make over: **pochi anni prima di morire il grande proprietario terriero devolvette tutte le sue proprietà al figlio maggiore al fine di evitare di pagare le tasse di successione**, a few years before he died the great landowner made over all his property to his eldest son in order to avoid death duties. ⟨2⟩ (*destinare*) to devote, to set aside (for): **il ricavato del concerto di beneficenza sarà devoluto a favore delle popolazioni colpite dalla carestia**, the money raised at the charity concert will be devoted to famine relief; **parte del denaro verrà devoluto al fondo per lo sviluppo dell'agricoltura nelle regioni devastate dalla carestia**, a proportion of the money will be set aside (*o* set apart) for agricultural training in areas devastated by famine; (*meno usato*) to dedicate.

●**devoted** *agg.* ⟨1⟩ devoto: **devoted to a saint**. ⟨2⟩ attaccato, zelante: **she was devoted to her old** parents; he was devoted to duty. ③ dedito: **he was devoted to scholarship, to the collection of old manuscripts, to gardening.** • Devotion *s.* devozione, attaccamento: **devotion to duty**, attaccamento al dovere.

devoto *agg.* ① (*osservante, in generale*) devout: **è molto devota, va in chiesa tutte le mattine**, she is very devout, she goes to church every morning. ② (*osservante di un culto particolare*) devoted: **è devota alla Madonna di Lourdes**, she is devoted to our Lady of Lourdes. ③ (*ligio*) devoted: **devoto alla tradizione, alla patria**, devoted to tradition, to one's country. • **Devozione** *s.* devoutness; devotion.

⊙**difficult** *agg.* difficile: **a difficult job, exam,** *etc.*; **the mountaineers chose the most difficult ascent, as the easier ones had all been done; these are difficult times; she's a difficult person and has never got on well with any of her colleagues; it's a difficult street to find**; difficoltoso: **it's a difficult (*o* tricky) problem**; arduo: **he was given a difficult (*o* hard) task to perform**.

difficile *agg.* difficult, hard. • NB: (**1**) **Difficile da accontentare**, hard (*meno usato*, difficult) to please. (**2**) *La costruzione* **è difficile che** ... *può essere tradotta in diversi modi, nessuno dei quali comprende però il termine* difficult: **è difficile che vada in chiesa**, he seldom goes to church (*o* he doesn't often go to church); **è difficile che abbia la possibilità di andare all'estero**, she hardly ever gets a chance to go abroad; **è difficile che parta domani**, he isn't likely to leave tomorrow.

diffidence *s.* sfiducia in se stesso: **he knows a great deal about the subject we were discussing, but his diffidence makes it difficult to get an opinion out of him**.

diffidenza *s.* distrust, suspicion: **non posso trattare con un uomo che ascolta tutto quello che dico con una diffidenza così evidente**, I can't do business with a man who listens to everything I say with such obvious distrust (*o* suspicion); mistrust (*un po' meno forte*): **era la prima volta che si trovava all'estero ed entrava in ogni albergo in cui abbiamo alloggiato con aria di diffidenza, evidentemente aspettandosi un letto umido e cibo immangiabile**, it was the first time she had ever been abroad and she entered each hotel we stayed at with an air of mistrust, evidently expecting a damp bed and uneatable food.

diffident *agg.* che manca di fiducia in se stesso: «**Which of those young men was her nephew?**» – «**The diffident one who tried to make polite conversation and hardly managed to say a word**» (*vedi anche* **timid**).

diffidente *agg.* distrustful, suspicious; mistrustful.

⊙**diffuse** *agg.* [di·fju:s] ① prolisso: **a diffuse explanation; a diffuse writer.** ② (*meno usato*) diffuso (*di luce; med., di infiammazione, etc.*) **a faint, diffuse (*o* diffused) light in the dawn sky; a diffuse inflammation and purplishness where the leg had been bruised.** ③ diffuso (*di piante*). *In questa accezione il termine è usato soltanto dai botanici e dagli orticoltori e non viene mai impiegato nel linguaggio di tutti i giorni:* **a diffuse** (*contrapposto a* **compact**) **plant, a diffuse habit** (tipo di crescita, forma).

diffuso *agg.* ① (*di luce, etc. vedi sopra accezione 2*) diffused (*spesso in funzione di predicato*): **a faint light was diffused through (*o* suffused) the dawn sky;** (*arredamento*) **luce diffusa**, diffuse (*o* indirect) light; (*fig.*) **una leggera ironia era diffusa in tutto il paragrafo**, a light irony was diffused through (*o* suffused) the whole paragraph. ② (*di notizie, voci, tradizioni, etc.*) widespread; (*di merci*) widely available, widely distributed, available everywhere: **è un prodotto molto diffuso**, it's available (*o* you can get it) everywhere; (*di giornali, etc.*) widely circulated, with a wide (*o* big) circulation: **purtroppo i giornali più diffusi sono i peggiori**, unfortunately the papers with the biggest circulation are the worst. ③ (*bot.*) *vedi sopra accezione 3*. ④ (*di stile*) diffuse, wordy, verbose.

⊙**digital** *agg.* digitale. *Usato solo nel linguaggio della matematica, della cibernetica e della medicina.*

digitale *agg.* ① finger (*attrib.*), of the finger(s): **finger bones, bones of the finger.** ② (*numerico*) digital: **digital computer, digital watch.** • **Impronte digitali**, fingerprints.

⊙**diploma** *s.* diploma.
diploma *s.* diploma; certificate. *Un diploma in Inghilterra viene rilasciato soltanto da alcuni istituti di istruzione superiore; la* Royal Academy of Music, *per esempio, rilascia un* Diploma of Music *che per un insegnante rappresenta una qualifica valida ma di livello inferiore ad una laurea universitaria. I diplomi comunemente rilasciati dalla scuola sono chiamati* certifi-

cates: *tra essi i più importanti sono* the General Certificate of Education, Ordinary Level (*che viene di solito conseguito all'età di quindici o sedici anni ed è chiamato «O-levels»*) *e* Advanced Level («A-levels», *conseguito in genere all'età di diciassette o diciotto anni*).

direct *A agg.* [1] immediato, diretto: **Professor Carter doesn't like lecturing on TV or radio – he likes to be in direct contact with his audience; direct taxes**, imposte dirette; (*gramm.*) **direct speech**, discorso diretto; **direct object**, complemento oggetto. [2] diretto, senza deviazioni: **the troops moved in a direct line from A to B; we took the direct route from London to Cambridge.** [3] esatto: **she thought I was saying she ought to stop doing that type of work, which was the direct opposite of what I meant; a direct hit**, un tiro diretto. [4] sincero: **I like her – I like that kind of open and direct person**; schietto, franco; **they were startled at receiving such a direct answer to their complaint.** [5] esplicito: **she sometimes offends people by her direct way of speaking.** *B avv.* direttamente: **you can travel to London direct, or go by** (*o* **via**) **Oxford if you prefer.** • *Si noti che qui* **direct** *è la forma abbreviata di* **by a direct route** *e per estensione può anche essere usato con il verbo* **to speak: if you don't believe me, why don't you speak to him direct?** *È da osservare inoltre che l'impiego di* **direct** *con i verbi* **to travel, to go** (*e simili*) *e* **to speak** *è così diffuso che l'avverbio* **directly** (*che pure può significare* direttamente) *usato con gli stessi verbi assume per contrasto un significato diverso: in frasi tipo* **you can travel/speak to him directly, directly** *vuol dire* subito.

diretto *agg.* [1] (*immediato*) direct. [2] (*senza deviazioni*) direct. [3] **diretto a** (*di una nave*) bound for: **una nave diretta a Singapore**, a ship bound for Singapore; **bound** *può anche essere riferito a persone, ma si tratta di un uso piuttosto letterario*: **Cenerentola era diretta al ballo**, Cinderella was bound for the ball; (*di un treno, del traffico stradale, e soprattutto dei treni della metropolitana*) -bound: **diretto a nord**, northbound, *etc.*; **prenda un treno diretto a nord sulla linea Bakerloo e cambi a Oxford Circus**, take a northbound Bakerloo train and change at Oxford Circus; **il traffico diretto a sud sull'autostrada M1 è molto intenso dalle 8 alle 10 di mattina**, the southbound traffic on the M1 is very heavy between 8 and 10 a.m. • NB: -bound *è sempre usato solo in posizione attributiva, e* bound for *in posizione predicativa*.

direct *vb. tr.* [1] dirigere (*vedi* **dirigere** *accezione 1 per gli esempi*). [2] indirizzare: **letters** (*o* **enquiries**) **should be directed** (*meglio* **addressed**) **to The Manager, 54 Fleet St., London EC 4.** [3] indicare la strada a *qualcuno*: **can you direct me** (*meglio* **tell me the way**) **to the post office?** [4] rivolgere: **the tour organizer said that his criticisms applied to the hotel staff in general, but it was obvious that they were really directed** (*meglio* **aimed**) **at the reception clerk** (erano rivolte *o* dirette all'impiegato della reception) **rather than anyone else.** [5] dare istruzioni, disposizioni; ordinare: **the foreman directed** (*meglio* **told**) **the removal men to take the heaviest pieces of furniture into the house first.** • NB: (**1**) *Si noti che nella maggior parte dei casi l'uso di* **to direct** *risulta al giorno d'oggi un po' antiquato e formale.* (**2**) *Il verbo non ha forma riflessiva.*

dirigere *vb. tr.* [1] to direct. *Si noti che* to direct *è l'unico possibile equivalente del verbo italiano nelle prime sei situazioni illustrate nella serie di esempi che segue, mentre nelle restanti tre situazioni viene di solito impiegato un verbo di uso più corrente*: **dirigere il traffico**, to direct (the) traffic; **dirigere le operazioni militari**, to direct (military) operations; **dirigere i propri sforzi verso: l'industria dell'acciaio dovrebbe dirigere i suoi sforzi principalmente verso l'acquisizione di un più vasto mercato**, the steel industry should direct its efforts primarily to reaching a wider market; **dirigere un film**, to direct a film (*ed è sempre più usato anche in campo teatrale*); **dirigere l'attenzione su**, to direct one's attention (*o* people's attention *o* attention) to; **dirigere i passi, il cammino verso**, to direct one's steps to, towards (*lett.*); **dirigere un colpo su**, to aim a blow at; **dirigere dei lavori**, to direct the work, workmen (*meglio* supervise the work, tell the workmen what to do); **dirigere lo sguardo verso**, to direct one's glance (*meglio* to glance, to look) at. [2] **dirigere** *una ditta o qualsiasi altra organizzazione*, to run: **l'attuale preside dirige la scuola con molto successo già da 15 anni**, the present Head has been running the school very successfully for the past 15 years; **prima di diventare il principale della XYZ aveva diretto un'azienda di tipo simile in Scozia**, before becoming manager of XYZ he ran a similar business in Scotland. *Parlando del dirigente di un organo molto importante non si userebbe il verbo* to run *che, sebbene risulti corretto nella maggior parte dei casi, è un termine informale; si direbbe invece* he/she is the head/Chairman/President/ *etc.* of the Bank of England, I.C.I.

(Imperial Chemical Industries), *etc.*

dirigersi *vb. rifl.* ⟦1⟧ to make for: **appena la giornata di lavoro fu terminata si diresse verso casa**, as soon as the day's work was over he made for home. ⟦2⟧ (*di navi*) to steer, to steam, to sail: **il transatlantico si diresse a sud verso la Groenlandia**, the liner steered (*o* steamed) south, towards Greenland; **la barca a vela si diresse a est verso l'isola**, the (sailing) boat sailed east, towards the island.

● **direction** *s.* ⟦1⟧ direzione, senso: **he saves time by going in the wrong direction along one-way streets**. *In diversi tipi di locuzioni questo significato del termine può essere espresso in italiano in vari modi differenti, come mostrano i seguenti esempi*: **the boat was last seen moving fast under full sail in an easterly direction**, verso est; **he had no precise route in mind but started out in the direction of Bristol** (*o* **in the Bristol direction**), verso, in direzione di, alla volta di Bristol; **when we parted company he set off in one direction** (da una parte) **and I in another; the children scattered in all directions** (da tutte le parti) **to look for the hidden Easter eggs; when the new manager took over he found that the organization needed overhauling** (ristrutturazione) **in countless directions** (in numerosi settori). ⟦2⟧ orientamento: **I always get lost in a strange city** (in una città che non conosco) **because I have no sense of direction**. ⟦3⟧ **directions** *plur.*, istruzioni: **«These Do-It-Yourself tiles don't work properly»** – **«That's because you didn't follow the directions** (*o* **instructions**) **properly»**; (*med.*) posologia: **directions: two to be taken twice a day after meals**. ⟦4⟧ direzione, guida, controllo: **for years she did her research under Professor Twemloe's direction; university students usually need much more direction** (*o* **guidance**) **in their first year than later**. ⟦5⟧ (*cinema*) regia. ● **Direction-board**, indicatore stradale; **direction finder**, radiogoniometro.

direzione *s.* ⟦1⟧ direction: **ha preso la direzione sbagliata**, he's going in the wrong direction; **in direzione nord, sud, est, ovest**, northwards, southwards, eastwards, westwards (*quando queste espressioni sono usate in funzione di avverbio; quando invece vengono usate in funzione di attributo, perdono la s finale: si confronti* **the army marched northwards** *con* **the northward march took four hours**); **cambiare direzione bruscamente**, to veer: **la nave/macchina cambiò bruscamente direzione per evitare una collisione**, the ship/car veered to avoid a collision. ⟦2⟧ (*riferito alla corrente di un fiume*) course: **gli esploratori seguirono la direzione del fiume**, the explorers followed the course of the river. ⟦3⟧ (*riferito alla corrente di un fiume di vaste proporzioni, o del mare*) drift: **guarda le alghe a fior d'acqua sulle onde e potrai capire la direzione della corrente**, look at the seaweed on the surface of the waves, and you can see the drift of the current. ⟦4⟧ (*topografia*) bearing: **angolo di direzione**, angle of bearing. ⟦5⟧ (*attività di gestione*) management, organization: **chi è responsabile della direzione del Festival?**, who is responsible for the management (*o* organization) of the Festival?; (*personale*) management, management personnel/staff; the manager (and his staff); (*ufficio/i*) the manager's office: the management offices; the administrative offices; the Headmaster's (*o* Headmistress's *o* Principal's) office.

● **directly** A *avv.* ⟦1⟧ subito: **I seem to have lost the key, but don't worry, I'll find it directly**. ⟦2⟧ direttamente: **he is directly responsible**. ⟦3⟧ francamente: **her boss dislikes her because she intimidates him by being so efficient and answering his questions so directly – he would prefer someone who flattered him and had a few faults**. *L'uso di* **directly** *in questa accezione viene di solito evitato in quanto può facilmente essere interpretato nel senso illustrato all'accezione 1*. B *cong.* (*sinonimo di* **as soon as**) appena: **directly he saw us, he turned and walked away**.

direttamente *avv.* ⟦1⟧ straight: **appena arrivammo a casa andammo direttamente a letto**, as soon as we got home we went straight to bed. ⟦2⟧ directly: **non mi interessano i fatti politici che non mi riguardano direttamente**, I'm not interested in political events that don't affect me directly. ⟦3⟧ direct (*vedi* **direct** *avv.*): **si trattava di una questione importante ed ho preferito parlare direttamente con il direttore**, it was an important question and I preferred to speak to the manager direct.

● **director** *s.* ⟦1⟧ direttore (*di un ente*). *Questo termine è in genere usato esclusivamente per indicare il direttore di un museo, di una galleria d'arte o di un istituto culturale o scientifico*: **the Director of the Tate Gallery, the National Institute for Medical Research, the Mammalian Development Unit of the Medical Research Council, the Director-General of the BBC**. *Il direttore di un istituto la cui funzione principale consiste nell'insegnamento è di solito chiamato* **Princi-**

discomfort

pal, *ma si possono usare anche altri termini, ad esclusione di* **Director**. ⟦2⟧ membro del consiglio di amministrazione (**board of directors**) di un'impresa commerciale: **he is a director of several companies** (*o* **he holds several directorships**); **she is on the board of directors**. ⟦3⟧ **managing director** (*USA*, **President, Executive Vice-President**, *o* **Chief Executive Officer**), amministratore delegato. ⟦4⟧ (*cinema, teatro, TV*) regista.

direttore *s.* ⟦1⟧ (*di un negozio, una fabbrica, una banca, di un'azienda di servizio pubblico, etc.*) manager; **direttore generale**, general manager; **direttore di fabbrica**, works manager. ⟦2⟧ (*teatro*) **direttore di scena**, stage manager; **direttore di un teatro**, theatre manager; **direttore artistico**, artistic director. ⟦3⟧ (*cinema*) **direttore di produzione**, producer. ⟦4⟧ (*mus.*) **direttore d'orchestra**, conductor. ⟦5⟧ **direttore di un giornale, di una rivista**, *etc.*, editor. ⟦6⟧ (*di scuola*) headmaster, headmistress, head, principal. ⟦7⟧ (*di college universitario*) Principal, Head, Master, Warden, President. ⟦8⟧ (*di un istituto culturale o scientifico*) Director, Head. ⟦9⟧ (*di carcere*) Governor. ⟦10⟧ (*sportivo*) team-manager. ⟦11⟧ (*di aeroporto*) controller. ⟦12⟧ (*di una rete televisiva o di una stazione radio*) controller. ⟦13⟧ (*naut., di macchina*) chief engineer.

discomfort *s.* ⟦1⟧ scomodità: **after spending an hour on the beach she complained of the discomfort of sitting in a deck chair** (sedia a sdraio). ⟦2⟧ fastidio (*fisico*): **«Do you still feel pain in your leg?» – «No, not pain, but a certain amount of discomfort.»**

sconforto *s.* ⟦1⟧ discouragement: **dopo che le andò male l'esame si fece prendere dallo sconforto e decise di abbandonare gli studi**, when she failed the exam she felt such discouragement (*o* so discouraged) that she gave up her studies. ⟦2⟧ distress: **quando seppe della morte del figlio, in preda allo sconforto, inghiottì una forte dose di sonniferi**, overcome by distress at the news of her son's death, she took an overdose of sleeping pills. • **Che sconforto sapere che non tornerai più in Italia!** How dreadful it is to think that you'll never come back to Italy! *L'esclamazione* **che sconforto!** *spesso viene meglio tradotta con un semplice* it is dreadful to think, to see, *etc.*

discontent *s.* ⟦1⟧ scontentezza: **her unvarying tone of discontent makes her a depressing person to live with**. ⟦2⟧ scontento: **the segregation of coloured minorities in ghettoes leads to discontent and unrest**. *Quando è usato in questo senso* **discontent** *viene di solito unito a* **unrest** *ed è quasi un eufemismo, un modo di definire dei pericolosi sentimenti di rabbia senza apparire allarmisti o tragici.* **Discontent** *è inoltre un termine che viene di solito usato riferito ai sentimenti di altre persone, e di rado viene impiegato per descrivere un proprio personale stato d'animo.*

scontento *s.* extreme dissatisfaction: **dopo essere rimasti senza acqua per più di una settimana gli abitanti del quartiere espressero il loro scontento in una lettera inviata al sindaco**, after being without water for more than a week, the inhabitants of the area wrote to the mayor expressing their extreme dissatisfaction; discontent. • NB: *Nell'esempio precedentemente illustrato l'uso di* **discontent** *sarebbe risultato scorretto in quanto questo termine appartiene essenzialmente al gergo degli studiosi di storia e dei commentatori di eventi politici* (*vedi inoltre* **discontent** *accezione* 2).

discourse *s.* (*arcaico, poco usato*) discorso ben articolato svolto attorno ad un dato argomento (*di solito pronunciato, raramente scritto*): **he's too old to take an active part in the conference but he has prepared some sort of discourse on the subject of conferences to open the proceedings**.

discorso *s.* ⟦1⟧ (*colloquio*) talk: **vorrei avere l'opportunità di fare un discorso con loro prima che partano**, I'd like a chance of some talk with (*o* to talk to) them before they go; **sembrò meno afflitto per quel problema dopo che il padre ebbe fatto un lungo discorso con lui**, he seemed less unhappy about the problem after his father had had a talk with him; **attaccare discorso con qualcuno**, to strike up a conversation with someone; to speak to someone. ⟦2⟧ **discorso elettorale, politico**, *etc.*, speech; (*arcaico, poco usato*) discourse: **a uno sposalizio inglese lo sposo deve sempre fare un discorso**, at an English wedding the bridegroom always has to make a speech; **discorso inaugurale**, opening (*o* inaugural) speech; **discorso! discorso!**, speech! speech! ⟦3⟧ (*ling.*) speech: direct, indirect speech; parts of speech *ma* sentence analysis *o* grammatical analysis (**analisi del discorso**). • (*argomento*) Matter: **è un altro discorso**, that's another matter; subject: **cambiare discorso**, to change the subject; (*linea di condotta*) **portare avanti un certo tipo di discorso**, to continue to pursue (*o* follow) a certain course of action: **se quelle sono le tue uniche obiezioni non vedo**

perché non si debba portare avanti questo tipo di discorso, if those are your only objections we shall continue to pursue this course of action; (*ragionamento*) che discorso è questo?, I don't see how you make that out (*colloq.*); questo discorso non mi torna affatto, I don't follow you; (*asserzione*) il problema dell'inquinamento si fa sempre più grave nelle grandi metropoli ma il discorso non cambia se ci si sposta in città di dimensioni minori ma sorte a ridosso di insediamenti industriali, the problem of pollution is getting more and more serious in the great conurbations but the same holds good far (*o* is true of) cities that are smaller but have sprung up close to big factories; avviare un discorso su una questione, to raise the subject of.

◦discreet *agg.* riservato, discreto: **you can tell her about your problem – she's a very discreet person and won't talk about it; some official gave us a discreet answer which of course told us nothing**.

discrete *agg.* (*filos., mat., etc.*) separato, distinto, discreto: **discrete particles**, particelle discrete.

discreto *agg.* **1** (*riservato*) discreet. **2** quite (*o* pretty) good: **«Dicono che è un film straordinario» – «Oh no, ma è discreto»**, «They say it's a marvellous film» – «Oh no, but it's quite good» (*o, per esprimere maggiore entusiasmo*, pretty good). **3** (*filos., mat., etc.*) discrete.

◦discuss *vb. tr.* **1** parlare di: **Jane discussed the rent with her landlord and he was very fair about it**. *Ci sono due importanti osservazioni da fare sull'uso di questo verbo:* (a) to discuss *è un verbo transitivo ed è quindi sempre seguito da un complemento oggetto* (*è impossibile dire* **they discussed about the rent** *o semplicemente* **they discussed**) *e* (b) *indica un distaccato scambio di vedute; se ci fosse stato un contrasto tra Jane e il suo padrone di casa, la frase avrebbe contenuto un verbo diverso*: **Jane argued about the rent with her landlord**. **2** trattare: **in this lecture I propose to discuss a new hypothesis**. **3** dibattere: **the committee discussed the treasurer's proposal for more than two hours before voting on it**.

discutere *vb. tr. e intr.* **1** (*dibattere*) to discuss: **la commissione discusse a lungo la proposta**, the committee discussed the proposal for a long time. **2** (*esaminare una questione attentamente tramite uno scambio di opinioni con altre persone*) to talk something over: **quando a Jane e a Emma fu offerto un nuovo appartamento, ne discussero a fondo prima di accettare**, when Jane and Emma were offered a new flat they talked it over thoroughly before accepting. **3** (*dir.*) to argue; **discutere una causa**, to plead a case. **4** **discutere una tesi**, to examine a thesis. **5** (*parlare, discorrere di*) to talk: **gli piace molto discutere di politica**, he loves talking politics. • To talk *non è seguito dalla preposizione* about (*o, più rara*, of) *solo nel caso in cui l'argomento di cui si discute è la politica oppure un hobby o la professione di chi parla*. **6** (*mettere in dubbio*) **discutere l'onestà di una persona**, to call someone's honesty in question, to throw doubt on someone's honesty. **7** (*litigare*) to argue: **ho sentito i vicini discutere per ore la scorsa notte, non so di cosa si trattasse ma sembravano molto arrabbiati**, I heard the neighbours arguing for hours last night – I don't know what it was about but they sounded very angry; **discutere sul prezzo**, to haggle, to bargain. **8** (*dibattere*) (*molto meno usato*) to debate: **la riunione del consiglio doveva terminare alle sei ma hanno continuato a discutere quasi fino alle sette**, the committee meeting was supposed to end at six but they continued to debate until nearly seven. (*Di solito* to debate *come* to discuss *è seguito da un complemento oggetto*).

◦discussion *s.* **1** pacato scambio di opinioni tra due o più persone: **Jane and her landlord had a long and interesting discussion about the problems of university students in search of digs** (alloggio) (*cfr.* **argument**). **2** trattazione: **the lecturer's discussion** (*o* **treatment**) **of the hypothesis was inconclusive**. **3** dibattito: **after (a) long discussion the committee put the matter to the vote**.

discussione *s.* **1** (*dibattito*) discussion; (*in Parlamento*) debate *ma* **discussione di un progetto di legge**, hearing: **la discussione del progetto di legge sull'illuminazione stradale avrà luogo domani**, the second hearing of the street lighting bill will begin tomorrow; (*dibattimento, dir.*) hearing: **la discussione della causa, in cui era coinvolto un minorenne, si svolse a porte chiuse**, the case, which involved a minor, was given a private hearing. • **Intavolare una discussione**, to raise a subject; **discussione di una tesi**, examination of a thesis; **essere in discussione**, to be under discussion; **mettere qualcosa in discussione**, to criticise something. **2** (*diverbio*) argument: **Peggy ha avuto una discussione con il suo padrone di casa e il Rent Tribunal ha ricono-**

sciuto legittimo il suo rifiuto di pagare quanto lui le aveva chiesto, Peggy had an argument with her landlord over the rent and the Rent Tribunal upheld her refusal to pay what he demanded; dispute: **una recente discussione riguardo ai turni di lavoro ha ancora una volta bloccato l'attività della fabbrica**, a fresh dispute over shift work has brought the factory to a standstill once again. • **Non c'è discussione, è fuori discussione**, it's beyond dispute (*o* indisputable).

disgrace *s.* vergogna, onta: **his parents never forgave him for having brought disgrace on the family; the new old age pension is a disgrace – not enough to pay the rent, let alone anything more**. • **Disgraceful** *agg.* vergognoso.

disgrazia *s.* 1 (*calamità*) terrible misfortune, (*colloq.*) terrible thing: **ventimila persone hanno perso la vita a causa di un terremoto, che disgrazia!**, twenty thousand lives lost in an earthquake! – what a terrible thing! 2 (*sciagura determinata dal caso*) misfortune: **è stata una disgrazia, non è stata colpa di nessuno**, it was pure misfortune – it was nobody's fault. 3 (*sorte avversa*) misfortune: **la disgrazia lo perseguitava**, misfortune dogged him. • **Essere, cadere in disgrazia di qualcuno**, to be in someone's bad books, to fall foul of someone.

disgraced *part. pass.* 1 disonorato: **the whole country is disgraced by the behaviour of these hooligans**. 2 (*mil.*) destituito: **disgraced for conduct unbecoming to an officer**.

disgraziato A *agg.* wretched ['retʃid] (*piuttosto lett.*): **è difficile poter immaginare una famiglia più disgraziata della sua**, a more wretched family than hers it would be hard to imagine; *nella lingua parlata non c'è un vero corrispondente*; **una famiglia disgraziata**, a terribly unlucky family; **un anno disgraziato**, a terribly unlucky year; **un matrimonio disgraziato**, a disastrous marriage; **un libro disgraziato, una commedia disgraziata**, a flop. B *s.* wretch: **ha sposato una ragazza terribile, povero disgraziato**, he's married a perfectly awful girl, poor wretch; **disgraziato! Ti sei dimenticato di annaffiare le mie azalee e sono morte tutte!**, you wretch! you forgot to water my azaleas and they've all died.

○dislocation *s.* 1 slogatura; lussazione. 2 intralcio: **heavy snow has caused extensive dislocation of (*o* to) road and rail traffic throughout the south of England**.

dislocamento *s.* 1 (*mil., di truppe, etc.*) positioning 2 (*naut.*) displacement.

dislocazione *s.* 1 (*atto, effetto del dislocare: dislocazione dei centri di rifornimento, dei semafori, delle biblioteche*, Zingarelli) positioning, placing. 2 (*geol.*) dislocation. 3 (*psicol.*) displacement; transference.

○disorder *s.* 1 (*piuttosto formale*) disordine: **after the party the whole house was in a state of disorder** (*più comune*, **was in chaos, was terribly untidy**). 2 (*solo al singolare*) disordini, tumulto: **the demonstration ended in disorder** (*o* **in a riot**). 3 disturbo (*fisico o psichico*): **he is reported to be suffering from some sort of physical** (*o* **mental**) **disorder, but it is not known exactly what**. • NB: (1) **disorderly** *agg.*: **a desk covered with disorderly papers; a disorderly way of conducting business; a disorderly crowd**. (2) **disorderliness** *s.*, l'essere disordinato nel proprio modo di vivere e di agire: **at school she was perpetually in trouble for her unpunctuality and disorderliness**. *Né l'aggettivo né il sostantivo sono associati all'accezione 3 di* **disorder**.

disordine *s.* 1 (*scompiglio*) untidiness: **si scusò con i suoi ospiti per il disordine che c'era nella stanza**, she apologized to her guests for the untidiness of the room. 2 **in disordine**, untidy, in a mess, in a muddle, (*meno usato*) in disorder: **aveva i capelli in disordine**, her hair was untidy (*o* in a mess); **le carte sulla mia scrivania sono sempre in disordine**, the papers on my desk are always in a mess (*o* muddle *o* in disorder *o* always untidy). 3 (*di idee*) muddle, confusion: **il disordine che regna in questo paragrafo è tale che occorrerà un redattore davvero bravo per porvi rimedio**, a good editor is needed to sort out the muddle (*o* confusion) in this paragraph. 4 (*situazione confusa e dissestata nell'ambito amministrativo o economico, spec. di società e sim.*, Zingarelli) disorder, confusion, muddle. 5 (*sregolatezza*) excess.

○dispersed *part. pass.* disperso: **after his death his magnificent library was dispersed**.

disperso *part. pass. e agg.* 1 (*disseminato*) scattered; (*solo in funzione di predicato*) dispersed. 2 (*smarrito*) lost. 3 (*dopo una battaglia, un'alluvione, un terremoto, etc.*) missing. • **I dispersi**, *s.* the missing.

displease *vb. tr.* (*termine ormai superato*) suscitare la rabbia o il biasimo di qualcuno.

dispiacere *vb. tr. e intr.* 1 (*rincrescere*) to be sorry, to regret (*costruzione personale*): **mi di-**

spiace di essere in ritardo, I'm sorry I'm late; **mi dispiace dovervi informare che...**, I'm sorry to have to inform you that...; I regret to tell you that...; **le dispiacerebbe non andarci**, she would be sorry not to go. • **Vi dispiacerebbe chiudere la porta?**, would you mind closing the door?; **vi dispiace se chiudo la porta?**, would you mind if I closed the door? (*o, meno usato*, my closing the door?). ② (*essere motivo di dolore*) to distress: **non dirle che partirà, le dispiacerebbe**, don't tell her he's leaving – it would distress her. ③ **non dispiacere** (*riuscire abbastanza piacevole*), to be all right (*o* not bad): **questo spettacolo non mi dispiace**, this show's all right (*o* not bad).

displeasure *s.* ira. *Non è un termine usato molto al giorno d'oggi; costituisce di solito un dignitoso sinonimo di parole come* **anger** *o* **disapproval** (**her face showed her displeasure; they were afraid of provoking their father's displeasure**) *ma talvolta può significare qualcosa come* scontentezza: **when the hotel servant took them to their room they made no comment but she could feel their displeasure.**

dispiacere *s.* ① (*rincrescimento*) *Gli unici sostantivi inglesi che più si avvicinano a questa accezione di* **dispiacere** *sono* **sadness** *e* (*meno usato*) **sorrow**, *ma si tratta di termini troppo forti (equivalgono più che altro a* **dolore** *e* **afflizione**) *per cui è preferibile in genere rendere la parola italiana con la locuzione* **to be upset**: **la decisione del figlio di non continuare gli studi fu per lei un grande dispiacere**, she was very upset when her son decided not to continue his studies. ② (*rammarico*) regret: **con mio grande dispiacere**, much to my regret. ③ (*guaio*) trouble. ④ (*motivo di preoccupazione e di sofferenza*) distress, anxiety: **il figlio maggiore le ha dato molti dispiaceri**, her elder son has given her many moments of distress (*o* anxiety). ⑤ (*delusione*) disappointment.

dispose of *vb. intr.* ① disfarsi di: **could you dispose of these old newspapers?** ② (*comm.*) vendere: **buy your new car from us and we will dispose of your old one.** ③ sbrigare: **I'll dispose of** (*o* **cope with** *o* **deal with**) **this job if you'll do that one.** ④ lasciare per testamento. *In questa accezione* **to dispose of** *è usato in senso generale, non riferito a dei beni particolari*: **on his death his daughter found that he had disposed of his property in such a way that she had no share in it**, *ma* **he bequeathed his house to his elder son and his investments to the younger.** • **Disposable** *agg.* (1) da gettare dopo l'uso: **I'll buy some disposable cups and plates for the picnic.** (2) netto: **his disposable income is just over £9000.**

disporre di *vb. intr.* ① to have: **dispone di notevoli rendite**, he has a large income; **dispone di due auto**, she has two cars; **la ditta dispone di un proprio servizio postale**, the firm has its own postal service. ② to have at one's disposal (*di solito solo momentaneamente*): **fu in grado di saldare subito il debito poiché disponeva di una consistente somma di denaro**, he was able to settle the debt at once, as he had a large sum of money at his disposal; **quel pomeriggio poté disporre di una delle due auto della ditta**, she had one of the firm's cars at her disposal that afternoon (*meglio* one of the firm's cars was put at her disposal). ③ **disporre di qualcuno**. *In questa accezione il verbo italiano non trova in inglese alcun equivalente; se usato in senso negativo può tuttavia essere reso con l'espressione* **to be at someone's beck and call**: **non puoi disporre continuamente di me, anch'io ho i miei impegni!**, I can't be always at your beck and call – I've got things to do, too!

●**disposed to** *agg.* disposto a. *È di solito usato insieme al verbo* **to feel** *in frasi negative e interrogative quali* **he doesn't feel disposed to support the proposal** *e* **do you feel disposed to come with me?** *È un termine un po' pomposo e lo diventa ancora di più se impiegato in frasi affermative (ma si tratta di un uso più raro), unito di solito al verbo* **to think**: **I'm disposed** (*più comune* **inclined**) **to think the proposal might be a good one.** • **To be well disposed towards someone**, essere ben disposto nei confronti di qualcuno.

disposto a *agg.* ① (*in frasi affermative*) willing, prepared, ready: **sono disposto a fare quello che chiedono**, I'm willing (*o* prepared, *o* ready) to do what they ask. ② (*in frasi negative e interrogative*) prepared, inclined, disposed: **non sono disposto a fare quello che chiedono**, I'm not prepared (*o* I don't feel inclined, disposed) to do what they ask. • **Essere mal disposto verso qualcuno**, to be prejudiced against someone, (*meno usato*) to be ill disposed towards someone.

●**disposition** *s.* ① l'insieme delle qualità naturali che determinano il carattere di una persona, indole: **he has a cheerful/gloomy/friendly/unfriendly disposition.** ② momentanea inclinazione a fare qualcosa (*di solito unito al verbo* **to show**): **she shows a disposition to do more work** than before. *Per indicare un'inclinazione di genere negativo viene usato il termine* **tendency**: **she shows a tendency to do less work than before**: *sempre con* **tendency** (*di solito unito al verbo* **to have**) *può essere indicata un'inclinazione di carattere permanente, solo però in frasi di senso negativo*: **she has a tendency to undertake too much work**. ③ (*mil.*) disposizione .

disposizione *s*. ① (*collocazione di oggetti o persone secondo un determinato criterio*) (*mil.*) disposition: **la disposizione di truppe in posizioni chiave**, *etc.*, **the disposition of troops in key positions**, *etc.*; arrangement: **la disposizione dei posti a tavola**, **the arrangement of places at table**. ② (*stato d'animo*) mood: **non è nella disposizione adatta per stare ad ascoltare pazientemente le tue lamentele**, **he's not in the mood for listening** (*o* **to listen**) **to complaints patiently**. ③ (*attitudine*) bent, aptitude: **ha disposizione per la matematica**, **she has a natural bent** (*o* **aptitude**) **for maths**. ④ (*med.*) tendency (*seguito da un infinito*): **ha disposizione ad ammalarsi di bronchite, a soffrire di mal di testa**, **he has a tendency to get bronchitis, to suffer from headaches**, *etc.* ⑤ (*disponibilità*) disposal: **posso essere a tua disposizione tutto il giorno**, **I can be at your disposal all day**; **la ditta può mettere una macchina a sua disposizione per tutta la durata della sua permanenza**, **the firm can put a car at your disposal for the duration of your visit**; **avere qualcosa a disposizione**, **to have something at one's disposal**, *ma riferendosi a persone occorre usare una diversa costruzione*: **il nuovo vicedirettore ha una delle macchine della ditta a sua disposizione**, **the new assistant manager has one of the firm's cars at his disposal**, *ma*, **ha due segretarie a sua disposizione**, **he has two secretaries**. ⑥ (*ordine*): **su disposizione del magistrato**, **under a court order**; **per disposizione di legge**, **as the law requires**. • (*dir.*) **Disposizione testamentaria**, **testamentary disposition(s)** (*di solito al plurale*).

⊙**dispute** *s*. [dis'pju:t] ① controversia, disputa, polemica. *Questo termine viene di solito usato parlando di politica o comunque di vita pubblica in generale, ma può anche indicare una contesa privata venendo in tal caso ad assumere un significato più forte di* **argument**, *rasentando quasi* **quarrel**: **the dispute between Peggy and her noisy neighbours has been going on for weeks**. ② discussione: **the chairman of the committee can say nothing about the new regulations while they are still in dispute**; **it is beyond dispute** (*o* **indisputable**) **that the best cooks are men**; **but of course – what you say is beyond dispute**.

disputa *s*. ① (*diverbio*) (*in ordine di intensità crescente*) difference of opinion, argument, dispute (*fam.* squabble), quarrel. ② (*filos.*, *teol.*) (*raro*) disputation; **disputa letteraria**, controversy. ③ (*sport*) clash (*ma si noti che solo i giornalisti usano questo termine esageratamente aggressivo*).

⊙**dispute** *vb*. A *tr*. ① contestare, mettere in dubbio: **his neighbours are disputing his claim to the copse** (boschetto) **between their garden and his**; **two of the union's members disputed the result of the ballot** (votazione segreta). ② (*raro*) opporsi a: **a patrol disputed the violation of the frontier by foreign troops**. ③ (*poco usato*) **to dispute victory, possession, ground**, *etc.*, (*mil. o fig.*) lottare per la vittoria, *etc.* B *intr.* (*raro*) contrastare; litigare.

disputare *vb*. A *intr*. ① (*discutere*) to argue (about something); (*litigare*) to quarrel, (*fam.*, to wrangle over *o* about something). ② (*gareggiare*) to compete. B *tr.* ① (*esaminare, discutere*) to discuss. ② (*contendere*) to dispute, to contest. ③ (*sport*) **disputare un incontro**, **to play** (*o* **contest**) **a match**. C *rifl.* **disputarsi la vittoria** *etc.*, **to fight for victory**, *etc.*

⊙**distinct** *agg*. ① tale da poter essere chiaramente percepito dai sensi, nitido, chiaro, ben distinto: **a distinct photographic image**; **I heard a distinct sound of mice behind the wall**; **a distinct** (netto) **improvement in the quality of reception** (ricezione radiofonica). *Si noti che può essere definito* **distinct** *anche ciò che viene percepito dagli altri sensi* (*non solo dalla vista e dall'udito*): **there's a distinct smell of burning in here**; **there's a distinct taste of soap in this soup**. ② tale da poter essere chiaramente percepito dalla mente, chiaro, evidente: **a distinct change in their taxation policy since they came to power**. ③ distinto, diverso: **his official opinions are distinct from his private views**; **she put forward two distinct – indeed mutually exclusive – arguments in support of her decision**. ④ separato: **he keeps his official opinions distinct from his private views**. • (a) (*colloq.*) **Distinctly** *avv.*, rafforzativo, quasi sinonimo di **very**: **I feel distinctly cross with George**. (b) **distinctness** *s.* Sia l'avverbio che il sostantivo sono associati alle accezioni 1 e 2 dell'aggettivo.

distinguished *agg*. ① (*di persona, di aspetto,*

maniere, etc.) distinto. ⟨2⟩ (*molto più usato*) eminente, insigne, valente: **a distinguished musician, scholar,** *etc.*, un eminente musicista, studioso, *etc.*; **a distinguished career, a distinguished piece of writing.**

distinto *agg.* ⟨1⟩ distinct: **due distinte argomentazioni**, two distinct arguments (*vedi sopra accezione 3*). ⟨2⟩ distinct: **un'immagine distinta, un suono distinto**, a distinct image, sound (*vedi sopra accezione 1*). ⟨3⟩ (*elegante*) distinguished: **un uomo dall'aspetto distinto**, a man with a distinguished air; a man of a distinguished appearance; **un distinto modo di fare**, distinguished manners. ⟨4⟩ (*degno di grande stima e rispetto, Zingarelli*) dear: **distinto signore**, Dear Sir, ... ⟨5⟩ (*che manifesta stima, considerazione, rispetto, Zingarelli*) *Non è possibile tradurre questa accezione del termine con un aggettivo; l'espressione* **ricevere una distinta accoglienza** (*Zingarelli*) *potrebbe essere resa in un inglese un po' antiquato con* to be received with every mark of distinction; *nell'inglese moderno essa verrebbe espressa (se mai dovesse esserlo) in maniera scherzosa, con l'espressione* to get the red carpet treatment. • **Distinti saluti** (*al termine di una lettera*) Yours faithfully, Yours truly.

⦿**distinctive** *agg.* tale da conferire a qualcosa o a qualcuno un carattere peculiare: **he has a very distinctive voice – most unusual.**

distintivo *agg.* distinguishing: **la caratteristica distintiva del pettirosso maschio è il petto rosso**, the distinguishing mark of the male robin is its red breast; distinctive (*vedi sopra*). • NB: *Si usa* distinguishing *per denotare ciò che rende riconoscibile un qualcosa o una persona*: the distinguishing feature of this house (*l'elemento che contraddistingue questa casa dalle altre*) is its large roof-garden; *si usa invece* distinctive *per indicare ciò che conferisce ad una cosa o ad una persona un carattere di eccezionalità*: a distinctive feature of this house (*un elemento che rende questa casa particolarmente eccezionale*) is its large roof-garden.

distract *vb. tr.* distrarre; distogliere l'attenzione di *qualcuno*: **the children were distracted by shouts from the nearby tennis courts and couldn't concentrate on the lesson.** • NB: *Nell'inglese moderno non esiste una forma riflessiva del verbo.*

distrarre *vb. A tr.* ⟨1⟩ to distract (*vedi sopra*). ⟨2⟩ (*svagare*) to amuse, (*meno usato*) to entertain: **come posso distrarre una bambina costretta a stare a letto con una gamba ingessata?**, how can you amuse (*o* entertain) a bored seven-year-old with a broken ankle?; to take someone's mind off something: **dice che trascorre tutte le sere a guardare la TV solo perché lo distrae dalle preoccupazioni**, he says he only spends every evening watching TV because it takes his mind off his worries. ⟨3⟩ (*sottrarre e utilizzare per scopi diversi dal previsto*) to misappropriate: **il responsabile dell'amministrazione del fondo a favore dei terremotati ha distratto una consistente somma di denaro e l'ha utilizzata per la costruzione di un nuovo ponte**, the treasurer of the earthquake victims' rehousing fund misappropriated a large sum of money and applied it to the construction of a new bridge. ⟨4⟩ (*med.*) to strain. *B rifl.* ⟨1⟩ to let one's thoughts wander: **non distrarti mentre guidi**, don't let your thoughts wander while you drive. ⟨2⟩ to amuse oneself: **ho dovuto aspettare la coincidenza due ore e per distrarmi mi sono messa a disegnare le altre persone presenti nella sala d'aspetto**, I had to wait two hours for my connection so I amused myself (by) drawing the other people in the waiting room.

distracted *agg.* molto agitato: **she was distracted with anxiety while she waited for the telephone call**; sconvolto: **distracted by grief at the death of her husband.** • **To drive someone distracted**, fare impazzire qualcuno.

distraught [dis'trɔːt] *agg.* (*in precedenza part. pass. irregolare di* **to distract**) *È quasi sinonimo di* **distracted** *ma in confronto ad esso è un po' più forte.*

distratto *agg.* ⟨1⟩ (*momentaneamente*) preoccupied, absent-minded: **aveva l'aria distratta mentre parlavo, sapevo che non mi stava realmente ascoltando**, he looked preoccupied while I talked and I knew he wasn't really listening; **ero distratto e ho fatto andare fuori il latte**, I was absent-minded this morning and let the milk boil over. ⟨2⟩ (*abitualmente*) absent-minded: **non si può chiedere a George di cronometrare niente, è così distratto**, it's no good asking George to time anything – he's so absent-minded. ⟨3⟩ (*disattento*) inattentive (*riferito quasi esclusivamente a studenti*).

⦿**distraction** *s.* ⟨1⟩ mancanza di attenzione, distrazione: **in a moment of distraction (*o* absent-mindedness) I let the milk boil over.** ⟨2⟩ motivo di distrazione: **that fan is a terrible distraction (*o* terribly distracting) – can't we have it off?** ⟨3⟩

svago (*poco usato*): **we went to the seaside for the day in search of distraction**. [4] (*di solito al plurale*) divertimento: **we're going to have a week in London to enjoy the distractions of a great city**. • **She'll drive him to distraction**, lo farà impazzire.

distrazione *s.* [1] preoccupation (*vedi* **distratto** *accezione 1*). [2] absent-mindedness (*vedi* **distratto** *accezione 2*). [3] amusement, entertainment, distraction (*vedi* **distrarre** *accezione 2*). [4] misappropriation (*vedi* **distrarre** *accezione 3*). [5] (*med.*) strain (*vedi* **distrarre** *accezione 4*).

○**district** *s.* [1] circoscrizione amministrativa. [2] (*talvolta*) zona (*sia di città che di campagna*): **there are very few churches in this district**. *Ma in questa accezione è più frequente l'uso del termine* area.

distretto *s.* [1] (*circoscrizione amministrativa*) district. [2] (*mil.*) recruiting centre.

○**disturb** *vb. tr.* [1] interrompere il riposo, turbare la tranquillità *di qualcuno*, disturbare: **you'd better not turn on the radio – Frances is trying to concentrate on her homework and it might disturb her**. [2] dissestare, scompigliare: **the vibration of heavy traffic has disturbed the foundations of the old church; when she came back into the room she saw that someone had disturbed the cards she had laid out on the card table**. [3] turbare: **the news he gave her evidently disturbed her – she said nothing but she looked very worried**. • **Disturbed** *agg.* [1] affetto da disturbi di carattere emotivo *o* psichico: **it's not good for the other children to have such a severely disturbed child in the class**. [2] **disturbance** *s.* disturbo, incomodo: **I won't come until the rehearsal is over – I don't want to cause any disturbance; political disturbances**, disordini politici; (*dir.*) **to cause a disturbance**, turbare la quiete pubblica.

disturbare *vb.* A *tr.* [1] (*impedire a qualcuno di continuare a riposare, a concentrarsi in un'attività, etc.*) to disturb: **il nonno dorme, non lo disturbare**, Grandfather's asleep – don't disturb him. [2] (*recare disturbo*) to bother: **non ti ho telefonato in ufficio per paura di disturbare**, I didn't ring you up in your office for fear of bothering you. • *Si noti però che la forma di cortesia* **disturbo?** *non può essere resa con il solo verbo* to bother; *per esprimere quanto è implicito in tale domanda un inglese userebbe infatti una frase intera, che può variare a seconda delle circostanze e di cui la seguente può essere un esempio*: **I hope I'm not bothering you**. [3] (*riferito alla ricezione di trasmissioni radiofoniche, comunicazioni telefoniche, etc.*). *In questa accezione il verbo italiano non trova alcun equivalente in inglese; per tradurlo è necessario ricorrere ad espressioni alternative, del genere illustrato nei seguenti esempi*: **non riesco a prendere bene il World Service, la ricezione è disturbata**, I can't get the World Service – there's too much interference from other stations; **fino a che l'ordine non fu ristabilito nella città la ricezione dei messaggi radio da Nairobi era disturbata**, radio messages from Nairobi were jammed until order was restored in the city; **non riesco a sentirti, la linea è disturbata**, I can't hear what you're saying – the line is very bad. *B rifl.* (*prendersi l'incomodo*) to bother: **non si disturbi, verrò io da lei a discutere della questione**, don't bother, I'll come to your house to talk it over; **è un bellissimo regalo, ma non doveva disturbarsi**, it's a wonderful present, but you oughtn't to have bothered.

divert *vb. tr.* [1] deviare (*q.v.*) [2] (*superato*) divertire, distrarre, distogliere (*i pensieri da qualcosa di triste*). *In questa accezione il verbo veniva comunemente usato nel XVIII e XIX secolo ma nell'inglese moderno l'espressione* **to take someone's mind off something** *è venuta a sostituirsi ad esso*. • *L'aggettivo* **diverting**, divertente *è caduto in disuso insieme al verbo e la stessa sorte hanno subìto l'aggettivo* **diverted** *nel senso di* divertito *e il sostantivo* **diversion** *nel senso di* divertimento. *Tutti questi termini oggigiorno hanno del faceto*. **Diverted** *e* **diversion** *tuttavia continuano ad essere usati col significato però di* deviato *e* deviazione (*di strade, traffico, corsi d'acqua*): (*come segnale stradale*) **traffic diversion; diverted traffic should follow the yellow signs**.

divertire *vb. tr.* to amuse, to entertain. • **Divertente** *agg.* amusing; (*meno usato*) entertaining; (*che fa ridere*) funny.

divertirsi *vb. rifl.* [1] to have a good time, to enjoy oneself, to have fun (*usato più dai bambini e dai ragazzi che dalle persone adulte*): «**Vi è piaciuta la festa che hanno dato gli Wilkinson?**» – «**Oh sì, ci siamo divertiti molto!**», «Did you enjoy the Wilkinsons' party?» – «Oh, yes, we had a very good time (*o* we enjoyed ourselves very much)». • **Divertitevi, buon divertimento**, have a good time (*o* enjoy yourselves *o* have fun)! [2] to be amused (*spesso all'insaputa, e* *talvolta a spese, di qualcuno)*: **mi sono divertito a vedere come si è affrettata a uscire di casa appena sono arrivato**, I was amused to see how quickly she got out of the house as soon as I arrived; **no, non era una bella commedia ma ci siamo divertiti abbastanza**, no, it wasn't a very good play, but we were quite amused by it (*o* we found it quite amusing *o* entertaining).

◉**doctor** *s.* medico, dottore in medicina: **who's your doctor?; an apple a day keeps the doctor away**, una mela al giorno toglie il medico di torno. • *Si noti bene che* (**1**) *il titolo* **Dr** *da solo si può usare soltanto se si parla ad un medico mentre in tutti gli altri casi deve essere sempre seguito da un cognome*: **how is my son today, Doctor?** *ma (parlando ad uno studioso di storia)* **I've enjoyed your new book very much, Dr Phillips**. *Inoltre, parlando di una persona che ha conseguito un dottorato, non si direbbe* **he's a doctor** *bensì* **he is a Ph. D.** *oppure* **he has a Ph. D. in chemistry, philosophy, history**, *etc.*; (**2**) *la prima laurea conseguita presso una università inglese* (**Bachelor of Arts** *o* **of Science**) *non conferisce la qualifica di* **doctor**; *per ottenerla sono necessari due o più anni di ricerca post-laurea e la stesura di una tesi della mole di un libro su un argomento inedito*; (**3**) *il titolo* **Dr** *è usato da alcuni dottori in medicina e da persone impegnate in professioni per le quali sia importante aver conseguito un dottorato (per esempio dai docenti universitari); è necessario tuttavia notare che i chirurghi e i dentisti non gradiscono il titolo* **Dr** *ma preferiscono essere chiamati* **Mr**.

dottore *s.* ① (*medico*) doctor. ② (*laureato*) graduate: **è dottore in chimica**, he's a graduate in chemistry (*o* he's a chemistry graduate).

◉**dome** *s.* ① cupola. ② struttura a forma di cupola: **the exhibition pavilions were inflatable domes**.

duomo *s.* ① cathedral. ② (*in varie tecnologie, la parte a forma di cupola di una caldaia [...], destinata ad accogliere il vapore saturo secco*, Zingarelli) steam dome.

don *s.* docente universitario (*termine usato soltanto a Oxford e a Cambridge*): **he's a don; he's a don at Pembroke** (*uno dei* college *di Oxford*); **a Pembroke don has swum the Channel!**

don *s.* ① (*relig.*) *I preti della Chiesa Cattolica in Inghilterra sono chiamati* Father (Father Smith told me so; good morning, Father) *e anche alcuni preti della Chiesa Anglicana gradiscono tale appellativo sebbene la maggioranza preferisca il tradizionale* Mr (our vicar is called Mr Brown; good morning, Mr Brown; good morning, Vicar). ② *Usato in senso laico il termine non trova alcun corrispondente in inglese e viene quindi mantenuto immutato.*

◉**drama** *s.* ① opera teatrale destinata alla rappresentazione in teatro, alla radio, o alla televisione. *Il sinonimo* **play** *è comunque molto più usato.* ② l'insieme delle opere teatrali intese come genere letterario con riferimento anche alla loro composizione e rappresentazione; arte drammatica: **the students in the Drama Department of this university study the history of drama and the dramatic literature of at least one modern language; the BBC Drama Department; a drama school**, una scuola di arte drammatica; *può essere definito* **a drama student** *sia uno studente che frequenta una* **drama school** *per diventare un attore, sia uno studente universitario che si specializza in storia dello spettacolo.* ③ susseguirsi di eventi drammatici, dramma, tragedia. *In questa accezione il termine è usato quasi esclusivamente dai giornalisti* (**drama of South African uprising**) *o in senso scherzoso* (**one of her usual dramas about missing the bus or losing her boyfriend**). ④ drammaticità: **the drama of the situation was not lost on them**. • *Si noti che* **drama** *indica una qualità attinente ad una situazione reale, mentre per indicare una qualità di carattere letterario si usa l'espressione* **dramatic force** (*o* **quality** *o* **tension**).

dramma *s.* ① play; (*meno usato*) drama: **Shakespeare ha scritto nove drammi storici sui Plantageneti e sui Tudor**, Shakespeare wrote nine history plays (*o* historical dramas) about the Plantagenets and Tudors. ② (*vicenda dolorosa*) tragedy: **c'è stato un dramma tremendo in quella famiglia**, there's been a terrible tragedy in that family; **il dramma del paese del Trentino spazzato via da una valanga di fango**, the tragedy of the Trentino village that was swept away by an avalanche of mud. ③ (*tensione drammatica, drammaticità*) dramatic force (*o* quality *o* tension): **un'opera interessante ma priva di dramma** (Zingarelli), an interesting work but lacking in dramatic force (*o* quality *o* tension).

◉**dramatic** *agg. Oltre che in tutte le accezioni proprie del sostantivo,* **dramatic** *viene usato anche nel senso di* impressionante, emozionante, drammatico: **the situation was static for** several weeks and then there was a dramatic change. • **Dramatics** *s. plur.* (**1**) rappresentazione di opere teatrali eseguita da dilettanti: **he loves nothing so much as taking part in amateur dramatics**; (*per estensione*) comportamento esibizionistico: **what's she crying about now? – I'm sick of her dramatics** (*o* **dramas**), sono stufo delle sue scene.

drammatico *agg.* [1] (*attinente al dramma*) dramatic. [2] acute, urgent: **ormai il problema della sicurezza negli stadi è drammatico e non più rimandabile** (*La Repubblica, 17.8.85*), by now the problem of safety in football stadiums has become acute (*o* urgent) and cannot go on being shelved. [3] (*impressionante*) *In questa accezione il termine equivale talvolta a* dramatic, *ma se è riferito ad un avvenimento di carattere pubblico più che privato, salvo che nel gergo giornalistico,* dramatic *si usa quasi esclusivamente insieme al termine* situation. *Un titolo di giornale potrebbe dire* dramatic rise in cost of living, *ma in una conversazione si parlerebbe di* the steep rise in the cost of living. *Usare il termine* dramatic *significa quindi o scimmiottare il gergo giornalistico o accusare la persona a cui tale aggettivo viene riferito di drammatizzare la situazione: in una frase come* the Prime Minister made a dramatic appeal for national unity (*a meno che non risulti scritta su un giornale*) *è implicito il commento* what a ridiculous way to behave! *In questo suo impiego* dramatic *si avvicina molto al verbo* to dramatize, **drammatizzare**.

●**drug** *s.* [1] medicina: **she's being treated with a new drug which is said to do marvels for people with that condition; the drugs are doing him more harm than the disease, in my opinion.** [2] (*di solito al plurale*) droga: **his life has been ruined by drugs.** • **Drug addict**, tossicodipendente; **truth drug**, siero della verità; **a drug on the market**, una merce invendibile.

droga *s.* [1] drug: **l'eroina è una droga**, heroin is a drug; *ma il termine è di solito usato al plurale in frasi del tipo* he's hooked on drugs. [2] (*spezia*) spice. • **Droghe leggere**, soft drugs; **droghe pesanti**, hard drugs; **il traffico della droga**, the drug traffic; **spacciatore di droga**, drug pusher.

E

○eclipse *s.* ① (*astron.*) eclissi. ② (*fig.*) perdita del potere e della fama: **Winston Churchill's eclipse in the thirties is seldom remembered now; the eclipse of the prima ballerina by a younger dancer was gradual but in the end total.**
eclissi *s.* eclipse.

○eclipse *vb. tr.* eclissare.
eclissare *vb.* **A** *tr.* ① (*astron.*) to eclipse. ② (*fig.*) to put in the shade, to outshine, to eclipse: **come poeta lirico Marvell eclissò Milton**, as a lyric poet Marvell put Milton in the shade (*o* outshone *o* eclipsed Milton); **la giovane ballerina eclissò gradualmente la sua rivale**, the younger dancer gradually eclipsed her rival. ● *Si noti che* **to eclipse** *è usato più spesso riferito ad un successo conseguito nella vita pubblica, o alla fama, che alla rivalità tra studenti, o colleghi di lavoro, ecc.; analogamente gli altri due verbi spesso non si mostrano adatti a contesti di vita pubblica.* **B** *intr. pron. Le espressioni inglesi che più si avvicinano a questo termine potrebbero essere* **to disappear from view** *o* (*fam.*) **to sink without trace**: **dopo l'insuccesso del suo secondo libro si eclissò**, after the failure of his second book he disappeared from view.

○economic *e* **economical** *agg. Di questi due aggettivi soltanto* **economic** *può essere reso in italiano col termine* economico, *e solo nella prima delle sue due seguenti accezioni*: ① attinente all'economia: **a conference on the political and economic problems of South Africa.** ② *che rende un utile proporzionato alla consistenza di un investimento; in questa seconda accezione il termine potrebbe essere usato, per esempio, dal direttore di una scuola di lingue che dica «***It would not be economic to run a course for only four students because their fees would only cover the teacher's salary and make a small contribution to our overheads** (spese generali); **we would break even at five students and start making a profit at six, so really six per course is the lowest economic figure».** *Così la scuola potrebbe dire di* **charging an economic fee for the course** *in cui* **economic fee** *non equivale ad una tassa economica ma ad una tassa adeguata ai costi del corso. Analogamente* **an economic rent** *non è un affitto economico, ma un affitto che consenta un adeguato profitto al proprietario dell'immobile.* **Economical,** *al contrario, significa parsimonioso nell'amministrazione del denaro, del tempo, delle proprie forze, etc.* (economo). *Si dice* **she's very economical** *di una massaia, per esempio. In questa accezione il termine può essere usato anche in senso figurato nell'espressione* **an economical style**, *uno stile conciso, sintetico. Né* **economic** *né* **economical** *vengono usati per indicare le disponibilità finanziarie di un singolo o di una comunità o con il significato di* a buon mercato (*eccetto che nel gergo commerciale in cui sono ammesse espressioni quali* **an economical price** *o* **purchase**); *nel primo caso si userebbe infatti il termine* **financial** *mentre nel secondo è possibile impiegare sia* **inexpensive** *che* **cheap**. *Occorre però osservare che* **cheap**, *poiché può assumere una connotazione peggiorativa, viene di solito evitato da chi abbia qualcosa da vendere; da qui le espressioni* **an inexpensive hotel, a moderately-priced trip, a paperback edition, a budget shop** (*reparto di un grande magazzino in cui si possono acquistare vestiti meno costosi di quelli in vendita in altri reparti*). *In questa serie di eufemismi commerciali bisogna includere anche l'espressione* **economy size**, *formato* (*o confezione*) *economico* (*o famiglia*).

economico *agg.* ① (*attinente all'economia*) economic: **crisi, teoria economica**, economic crisis, theory. ② (*poco costoso*) cheap; inexpensive: **mezzo di trasporto economico, profumo economico**, cheap transport, inexpensive perfume.

economo **A** *agg.* economical. **B** *s.* (*di collegio, etc.*) bursar; (*di un'associazione volontaria*) treasurer.

○economics *e* **economy** *s. Queste due parole riflettono differenti aspetti del corrispondente termine italiano:* **economics** (*che può essere se-*

guito da un verbo sia alla forma singolare che plurale) *significa* scienze economiche (**when she goes to university next year she wants to do economics**), *ma può anche indicare gli aspetti finanziari di certe attività, per esempio dell'editoria*: **the economics of publishing do not allow any publisher to bring out books that are unlikely to interest more than a handful of readers**. **Economy** *corrisponde a tutte le rimanenti accezioni di* economia: [1] *il saper amministrare il denaro, il tempo, etc. in maniera oculata evitando qualsiasi spreco*: **we spent too much in December – we must practise economy in January; with rather more economy in the disposal of her time she should be able to do my work as well as her own while I'm on holiday; I like the economy of words** (*concisione*) **in his article**; *l'idea contenuta in quest'ultimo esempio verrebbe più spesso espressa con* **I like the economy of his style** *in cui risulta evidente come* **economy**, *in questa prima accezione, si avvicini più al termine* parsimonia *che a* economia. [2] (*di solito al plurale*) *risparmio*: **the economies we made in January included switching off the central heating at night and eating meat only once a week**. [3] *sistema adottato da una comunità nell'utilizzazione delle proprie risorse ai fini della produzione, della distribuzione e del consumo delle ricchezze*: **all African countries have an entirely or preponderantly agricultural economy**. [4] *le condizioni economiche di un paese*: **what can be done about our declining economy?** [5] *ordine che regola la disposizione delle parti di un'opera spec. letteraria* (*Zingarelli*): **what critics are inclined to call «comic relief» in Shakespeare's tragedies is provided by characters who are essential to the economy of the tragic action**.

economia s. [1] economy. [2] (*scienze economiche*) economics. • **Investire le proprie economie**, to invest one's savings; **economia domestica**, domestic economy; **economia di mercato**, market economy; **economia sommersa**, hidden economy; **economia politica**, political economy.

edifice s. edificio di notevoli dimensioni. • **Edifice** *viene di solito fatto precedere da aggettivi come* **imposing, grand, noble** (*o, quando è usato in tono scherzoso,* **extraordinary, hideous, fantastic**), *quasi a giustificazione dell'uso di un termine così pomposo*.

edificio s. [1] building: **gira a sinistra all'edificio in mattoni rossi vicino al commissariato**, turn left at the red brick building next to the police station; **lavoro nello stesso edificio in cui lavora Sam, ma non per la stessa ditta**, I work in the same building as Sam, but not for the same firm; edifice: **il secondo duca trasformò l'incantevole edificio eretto dal padre in una mostruosa ed enorme costruzione di stile gotico**, the second duke trasformed his father's charming house into a monstrous Gothic edifice. [2] (*struttura organizzata*) structure, fabric, framework: **è più probabile che sia la venerazione del denaro piuttosto che il terrorismo a minare l'edificio della nostra società**, veneration for money is more likely than terrorism to undermine the structure (*o* destroy the framework *o* fabric) of our society. [3] (*complesso di ragionamenti*) case: **l'edificio dell'accusa risultò inverosimile** (*Zingarelli*), the case for the prosecution appeared to be rather insubstantial. [4] (*struttura di un'opera d'arte*) structure: **l'edificio sonoro di questa sonata è molto complesso**, the structure of this sonata is very complex.

editor s. [1] (*di giornali e riviste*) direttore; **editor-in-chief**, redattore-capo. [2] (*di libri*) curatore; compilatore; redattore. • *In quest'ultimo caso* **editor** *corrisponde a* redattore *solo in modo approssimato poiché all'interno di una casa editrice inglese un* **editor** *esplica funzioni di maggior responsabilità*.

editore s. publisher.

educate vb. tr. *L'uso del termine inglese è confinato al significato di* istruire *e quindi la sua sfera di applicazione è più limitata di quella del termine italiano*: [1] istruire, dare un'istruzione (a scuola, all'università, *etc.* o mediante insegnanti privati): **he was educated at a liceo classico and at the University of Florence; until the late XIXth century well-to-do people did not send their daughters to school but educated them at home, engaging a governess and visiting masters**. [2] (*riferito ad un istituto*) istruire: **that school gives the children a good life but it does not really educate them**. [3] coltivare, raffinare, educare: **brought up on classical music, he took a long time to educate his ear to the point where he could genuinely enjoy modern music**.

educare vb. tr. [1] (*i figli*) to bring up: **educare i figli** (bringing up children) **è sempre più difficile in una società in rapido sviluppo**. [2] **educare il popolo**, to educate the people: **quando un paese è vissuto per un quarto di secolo sotto un regime colonialistico o totalitario, occorre lo stesso tempo per educare nuovamente il popolo a far uso dei propri diritti e ad adempiere i propri doveri** democratici, when a country has lived under a colonial or totalitarian regime for a quarter of a century it takes as long again to educate the people to use their democratic rights and fulfil their democratic duties; **i popoli si educano più con** (learn more from) **l'esempio dei governanti che con le leggi; educare il corpo,** to train the body; **educare i sensi, la mente,** to educate, to train, to develop one's senses, mind: **le visite a musei e gallerie d'arte sono fondamentali per educare il proprio senso artistico,** visits to museums and art galleries are essential for educating (*o* training *o* developing) one's artistic sense.

educated *agg.* 1 (*significato principale*) colto: **the curatorship of our little local history museum doesn't need anyone highly qualified in art history — any educated person could do the job** (*vedi* **cultured**); **it is surprising how many educated people accept childish and imprecise innovations in the language, such as «bye-bye» for** *goodbye* **and «disinterested» for** *uninterested*. 2 (*meno usato*) istruito: **before the educational reforms of 1871 few factory workers in Britain could read or write, but a number of Mechanics' Institutes were founded by philanthropists to provide evening lectures for the educated few.** • (1) *Il termine è spesso usato per sostituire l'uso aggettivale dell'espressione* **upper class** (le classi superiori) *che nell'inglese moderno ha un che di snob*: **educated people don't usually read the gutter press** (i giornali più volgari); (2) **well-educated** *si riferisce sempre al livello di cultura di una persona*: **a well-educated boy like John should have no difficulty in finding an interesting job.**

educato *agg.* 1 (*di ragazzi*) good-mannered, polite, (*meno usato*) well-mannered: **sono ragazzi educati,** they are good-mannered (*o* polite *o* well-mannered) children; (*più generale, riferito non solo alle maniere*) well brought-up: **un bambino più educato non avrebbe fatto quella domanda,** a better brought-up child wouldn't have asked that question. 2 (*di adulti*) polite; (*meno usato*) courteous [kəːtjəs]: **il funzionario che si è occupato del nostro problema era educato,** the official who dealt with our enquiry was polite (*o* courteous); **era un uomo educato,** he was a polite (*o* courteous) man; **si è occupato del nostro problema in maniera educata,** he dealt with our enquiry in a polite (*o* courteous) way (*o* politely, courteously). • **Poco educato,** not very polite; **maleducato** (*di ragazzi*) rude, bad-mannered, (*meno usato*) ill-mannered; badly brought-up; (*di adulti*) rude, bad mannered; (*meno usato*) ill-mannered, discourteous; (*poco usato*) impolite.

education *s. Corrisponde alle accezioni 1 e 2 del verbo*: **he had a conventional education at...; the education of girls at home; the school does not give them a very good education** (*ma il sostantivo corrispondente all'accezione 3 del verbo è invece* **educating**: **educating his ear to the point where he could genuinely enjoy modern music took a long time**).

educazione s. 1 (*di ragazzi*) (good) manners; politeness; (good) upbringing: **l'istruzione di un bambino è affidata in massima parte agli insegnanti mentre della sua salute e della sua educazione sono responsabili i genitori,** education is for the most part left to teachers, while parents take responsibility for a child's health and manners; **i bambini erano stanchi ma si comportavano con molta educazione,** the children were tired but behaved with perfect good manners (*o* politeness); **sua sorella e lei parlano sempre dell'educazione dei figli,** she and her sister are always discussing the upbringing of their children. 2 (*di adulti*) good manners: **lasciò l'ultimo sandwich nel piatto per educazione,** he left the last sandwich on the plate out of (*o* for the sake of) good manners; politeness, (*meno usato*) courtesy [ˈkəːtəsi]: **l'educazione del funzionario a cui ci siamo rivolti era esemplare,** the politeness (*o* courtesy) of the official who dealt with us was exemplary. • *Sebbene* politeness *ricorra più spesso di* courtesy, discourtesy *è usato più comunemente di* impoliteness. *Questi ultimi due termini sono usati riferiti al comportamento di funzionari, del personale di un albergo, e sim.; in altri contesti risulta invece appropriata l'espressione* bad manners: **Richard ha molto fascino ma non sopporto la sua maleducazione,** Richard has lots of charm but I can't bear his bad manners; **è maleducazione non rispondere agli inviti,** it is bad manners not to answer invitations. Rudeness, *infine, è un termine che si addice a tutte le situazioni sopra illustrate.*

●**effect** [iˈfekt] *s.* 1 cambiamento prodotto da un'azione o da una causa, effetto: **putting the flowers in water had (*o* produced) an immediate effect.** 2 impressione suscitata in chi assiste ad uno spettacolo *etc.*, o in chi ascolta, effetto: **while the boy rambled on, adding excuse to excuse, he watched his mother's face to see what**

effect

effect he was having; she always stammers slightly when she announces an encore – she does it for effect. ③ (*sempre al plurale*) averi, effetti: **after his death his house and effects were sold at auction; personal effects**, effetti personali: **prisoners' personal effects are restored to them when they leave prison**. • **To take** (*o* **to come into** *o* **to be in**) **effect**, entrare *o* essere in vigore: **the new regulations took** (*o* **came into**) **effect last year; in effect, to all effects**, in effetti, in realtà; **to that effect**, di simile significato: **the new chairman said he didn't feel very optimistic about the company's future, or words to that effect** (o cose del genere); **with effect from**, con decorrenza dal, a partire dal.

effetto *s*. ① effect: **causa e effetto**, cause and effect; **mandare un progetto, un'idea ad effetto**, to put a plan or idea into effect; **lavorò a lungo per cercar di risolvere il problema ma i rimedi che escogitò non ebbero alcun effetto**, she worked for a long time on the problem but without effect (*o* to no effect); **se continuerai a fare questi esercizi fisici essi alla fine sortiranno il loro effetto**, if you keep doing these exercises they will have (*o* produce) an effect in the end; **se continuerai a prendere questa medicina essa alla fine sortirà il suo effetto**, if you keep taking this medicine it will take effect in the end. ② impression: **il suo discorso ha fatto molto effetto a tutti coloro che lo hanno sentito**, his speech made a deep impression on all who heard it. ③ (*comm.*) bill. ④ (*in certi giochi e sport*) spin, break. • **Fare l'effetto di: mi fa l'effetto di conoscerlo già da molto tempo**, I feel as if I'd known him for a long time; **fare effetto: mi ha fatto (un certo) effetto**, I was struck by it, him, her; **avere un effetto disastroso** (*etc.*) **su qualcuno** *o* **qualcosa**, to affect somebody *o* something disastrously (*etc.*; *ma si noti che* to affect, *in questo tipo di costruzione, è usato soprattutto con avverbi di senso negativo*); **a tutti gli effetti**, in the eyes of the law; **effetto ottico**, optical illusion; **effetti speciali, effetti di luce, effetti sonori** (*cinema, radio, etc.*) special effects, lighting (*o* visual) effects, sound effects; **battute, frasi d'effetto**: things said for effect; *ma il termine appropriato per indicare frasi d'effetto usate nel parlare della propria personale filosofia o di religione o di politica, è* cant *o* claptrap; **scena d'effetto**, coup de théâtre (*francese*); **un quadro, un abbigliamento d'effetto, di grande effetto**, a striking picture *o* get-up.

●**effect** [i·fekt] *vb. tr. Sebbene* **to effect** *e* effettuare *si equivalgano nella loro principale accezione, talvolta* **to effect** *è usato in espressioni in cui in italiano si ricorrerebbe a verbi diversi da* effettuare, *e viceversa*: **to effect an introduction**, presentare qualcuno a qualcun'altro, fare le presentazioni; **to effect a cure**, ottenere una guarigione; **to effect one's purpose**, conseguire il proprio scopo; **to effect an insurance policy**, fare una polizza di assicurazione.

effettuare *vb. A tr.* to carry out: **ha effettuato tutti gli ordini che gli hanno impartito** (*o* **tutti i suoi progetti**), he has carried out all the orders he was given (*o* all his plans); to bring about: **chi mi succederà potrà, spero, effettuare quei cambiamenti che ho sempre desiderato**, the man who follows me will, I hope, be able to bring about the changes I have always longed to see; to put into effect: **io ho preparato questi piani ma starà ad un'altra persona effettuarli**, I have made these plans, but it will be for someone else to put them into effect; to make: **i treni locali effettuano molte fermate**, local trains make a lot of stops. *B intr. pron.* to take place: **il dibattito che era stato annunciato non si è effettuato**, the advertised debate did not take place.

●**effective** *agg.* ① che produce l'effetto desiderato, efficace: **no effective solution to this problem has yet been tried**. ② che colpisce, impressiona: **Cleopatra made an effective entrance in Act I**. ③ operante: **the new regulations will be effective from next year**. ④ effettivo: **though there are a hundred men on the pay-roll the effective work force is less than eighty**.

effettivo *A agg.* ① effective (*vedi sopra accezione 4*). ② (*che ricopre di diritto e in modo permanente una carica o un ufficio, Zingarelli*) *Non esiste alcun equivalente in inglese per questa accezione del termine; per distinguere, per esempio, un* **docente effettivo** *dalla persona che può aver temporaneamente ricoperto tale carica, si direbbe* the person who normally does the job *o* the usual person. • **Tempo effettivo**, played time. *B s.* permanent member; **gli effettivi** (*mil.*) effectives, the effective strength; (*sport*) regular player; **l'effettivo del patrimonio**, the real value of the estate.

egoism *s*. egocentrismo: **the boring thing about Margaret is her egoism – whatever you say she always answers, «Oh, I never do that, I've never been there, that happened to me too, etc.»** • *Sinonimo*: egotism; **egoistic, egotistic, egotistical, egocentric** *agg.*, egocentrico.

egoismo *s.* selfishness: **il suo egoismo è stata la rovina del suo matrimonio: non faceva niente di quello che la moglie desiderava a meno che non si trattasse di qualcosa che era lui a voler fare**, his selfishness ruined his marriage – he never did anything his wife wanted unless he wanted to do it himself. • **Egoista** *agg.* selfish.

egregious *agg.* madornale, perfetto (*iron.*), *riferito di solito a persone o cose stupide*: **he's an egregious ass; he made an egregious blunder; the egregious folly of this government will bring the country to ruin**. *È un termine pomposo, non molto usato.*

egregio *agg.* 1 exceptional, exceptionally good, outstanding: **il suo ultimo libro è egregio**, his latest book is exceptional (*o* exceptionally good, *o* outstanding). 2 (*all'inizio di una lettera*) dear: Dear Dr Smith, Dear Sir, etc. • (*negli indirizzi*) **Egregio dott.**, etc. *In questo caso* egregio *non ha nessun equivalente in inglese.*

eligible ['elidʒəbl] *agg.* che possiede i requisiti necessari per essere scelto per un incarico o per godere di un privilegio, idoneo: **he will not be eligible for promotion** (non potrà aspirare alla promozione) **until he has worked here for three years; at 65 he will be eligible for a pension**. 2 considerato adatto o desiderabile, *specialmente per un matrimonio*: **as soon as Fanny left school her mother started inviting eligible young men to dinner**.

eleggibile *agg.* eligible for election. *Ma per evitare di usare una espressione così ripetitiva si ricorre in genere alla locuzione* to stand for election: as he is a peer, with a seat in the House of Lords, he cannot stand (*o* cannot be a candidate) for election to the House of Commons.

embarkation *s.* imbarco.

imbarcazione *s.* craft (*plur.* craft): **il porto era pieno di piccole imbarcazioni**, the harbour was full of small craft. • **Imbarcazione di salvataggio**, life boat.

◐**emend** *vb. tr.* emendare *un testo*.

emendare *vb.* A *tr.* 1 (*correggere gli errori e i difetti*) to correct: **la gioventù è un difetto che il tempo immancabilmente emenda**, youth is a shortcoming that time is sure to correct. 2 (*correggere un testo, di solito quello di un altro scrittore*) to emend: Dover Wilson emends *this too too solid flesh* to *this too too sullied flesh*. 3 (*migliorare un proprio scritto*) to polish: **ho steso tre bozze di questo articolo ma ho ancora bisogno di qualche giorno per emendarlo**, I have written three drafts of this article but I still need a few days to polish it. 4 (*correggere i difetti di una legge, etc.*) to amend: **le prime leggi contro la discriminazione razziale vennero più tardi emendate per proteggere, oltre alle minoranze etniche, anche le donne**, the first anti-discrimination laws were later amended to protect women as well as racial minorities. B *rifl.* to improve, to do better; (*fam.*) to pull one's socks up; (*scherz.*) to mend one's ways.

◐**emit** [i·mit] *vb. tr.* 1 emettere, emanare (*luce, suoni, etc.*): **the volcano had been emitting lava for several hours; the witches' cauldron emitted** (*o* gave off) **a sinister odour**. 2 (*lett.*) emettere (*attraverso la bocca*): **she emitted** (*o* uttered) **a hoarse cry, a deep sigh**, etc. • To emit *è l'unico verbo che può essere usato riferito a* **lava, sound waves** *e* **light waves**; *in altri contesti esso assume invece una connotazione molto letteraria per cui, ogni qualvolta sia possibile, viene sostituito da altri verbi* (**to give off, to give out, to utter, to express, to send out**).

emettere *vb. tr.* 1 to emit: **la ciminiera della fabbrica emetteva fumo**, the factory chimney emitted (*o* belched) smoke; **emise un grido**, she emitted (*o* uttered) a cry; to give off: **lo strano oggetto emetteva scintille**, the unidentifiable object gave off sparks; to give out: **la stufa non emetteva calore e la lampada a petrolio emetteva ancora meno luce**, the stove didn't give out much heat and the lamp gave out even less light. 2 (*mettere in circolazione*) to issue: **è stata appena emessa una banconota da dieci sterline**, a new ten-pound note has just been issued; (*dir.*) to utter: **l'imputato aveva emesso un assegno falso**, the accused uttered a forged cheque. 3 (*esprimere*) to express, to utter: **le opinioni che ha emesso sono molto discutibili**, the opinions he expressed (*o* uttered) are highly debatable. 4 (*pronunciare in modo ufficiale e solenne*) (*dir.*) to pronounce: **il giudice ha emesso la sentenza**, the judge pronounced sentence (on the accused); (*dir.*) to pass, to hand down: **il giudice ha emesso il suo giudizio (sul caso)**, the judge passed (*o* handed down) judgement (on the case); to issue: **è stato emesso un importante decreto**, an important decree was issued; to promulgate: **la segreteria del partito ha emesso nuove norme per il controllo delle commissioni**, the party's central office has promulgated (*o* issued) new regulations governing committees; to announce: **la giuria (del concorso) emetterà il suo giudizio stasera più tardi**, the jury (*di concorso*) will announce their decision later this evening; (*dir.*) to return: **la giuria emise un verdetto di assoluzione**, the jury returned a verdict of Not Guilty.

○emotion *s.* Emotion *possiede una gamma di significati assai vari e non sempre corrispondenti alle varie accezioni del termine italiano*: **emotion**, *infatti, può indicare non solo un particolare stato emotivo (gioia, paura, etc.) ma anche, più genericamente, la condizione stessa dell'animo che ha subito o subisce una forte impressione. È inoltre necessario notare che in* **emotion** *è del tutto assente quella componente di natura fisica che invece spesso caratterizza il termine italiano (sentimento accompagnato da attività motorie e ghiandolari è la definizione che lo Zingarelli dà del termine, mentre per il Devoto* emozione *è un vistoso turbamento provocato da commozione o apprensione). Tutto questo significa che* **emotion** *può essere reso in italiano con una serie di sostantivi diversi, molto spesso alla forma plurale, dal momento che in molti casi il termine inglese ha valore collettivo.* ⓵ sentimento, sentimenti: **his music seems to express the full range of emotion(s) from the wildest joy to the deepest sorrow; his actions are more often governed by emotion than by reason; ostensibly the article propounded a rational argument but it was really appealing to the reader's emotions.** ⓶ commozione: **his speech aroused strong emotion in all who heard it; as he spoke he was almost overcome with (*o* by) emotion.** ⓷ emozione, emozioni: **she heard her husband's suicide note read out without betraying any emotion.** *Si considerino infine i seguenti due brani in ciascuno dei quali il termine* **emotion** *appare più di una volta e sempre con diverse sfumature di significato*: **(1) it has often been observed that people with a slight mental handicap, or with very little education, express emotion of every kind, when they are unprepared for it, by laughter. At a play or film, or listening to a story, they will laugh when something tragic happens, when an action of courage or nobility is performed, or when the characters they are watching express sudden joy; they often react in the same way to such words as** *death, courage, delight, despair, rage*. **The fact that they react to all these things with laughter does not mean that all powerful emotion seems to them ridiculous, or cannot be differentiated but, perhaps, that it stimulates a physical reaction. (2) Few good writers write in a state of strong emotion. The sentences that convey love, sorrow, regret, joy, fear and anger vividly are almost always written with cool detachment. This is not to say that writers are unfeeling creatures: in order to write well of an emotion it is usually necessary to have experienced it. As Wordsworth said, poetry is emotion recollected in tranquillity.** • **Emotional** *agg.* ⓵ *che esprime e/o suscita sentimenti intensi*: **the highly intellectual twentieth-century music they played bored her but she liked the more emotional nineteenth-century music that followed it.** ⓶ *che contiene un'eccessiva carica emotiva, retorico, spesso patetico*: **everyone was irritated by the Mayor's emotional speech which was inappropriate on such a formal occasion.** ⓷ *che cerca di far leva sui sentimenti altrui, (talvolta) patetico*: **he had few concrete policies to put forward and confined himself to making an emotional appeal to the electors.** ⓸ *che tende a lasciarsi dominare dai sentimenti, non sapendo controllarli o nasconderli in modo adeguato*: **she's a very emotional person, incapable of forming a detached judgement of anything; don't get so emotional about it** (*non te la prendere così*)!; **he intended to discuss the matter calmly with his business partners but being an emotional** (*facilmente eccitabile*) **person, he got carried away by rage and they had a fearful row.** ⓹ *emotivo, affettivo*: **the emotional development of children.** • **Emotionally** *avv.* Ha tutti i significati dell'aggettivo.

emozione *s. In base a quanto sopra detto risulta evidente che solo in un limitato numero di situazioni* emotion *ha il suo equivalente in* **emozione**; *così se talvolta è possibile tradurre* **emozione** *con* emotion, *nella maggior parte dei casi il termine italiano deve essere reso con parole diverse, come è possibile osservare dai seguenti esempi*: **sopraffatto dall'emozione non riuscì a rispondere alle domande postegli dalla commissione d'esame**, overcome by nerves (*o* nervousness) he was unable to answer the examiners' questions; **quando fu dimesso dall'ospedale i medici raccomandarono ai parenti di risparmiargli la benché minima emozione**, when he was discharged from hospital his family were told by doctors that he should be spared the smallest excitement; **la maestria degli interpreti, la sublimità della partitura e la suggestività dello scenario hanno suscitato autentiche emozioni in chi ha assistito allo spettacolo**: the perfection of the singing, the superb score and the imaginative staging of the opera evoked a strong response from the audience; **Gli addii devono restare addii. Le emozioni devono ancora scuotere il nostro cuore** (*Corriere della sera, Agosto 1985*), Farewells must continue to be farewells. Emotion (*o* gusts of emotion) must continue to shake us; **la notizia dell'incidente ha suscitato molta emozione**, has aroused great distress; **tanti ragazzi, non avendo niente di speciale da fare, vanno in cerca di emozioni e spesso finiscono per commettere atti distruttivi**, lots of boys with nothing better to do go round looking for excitement (*o* kicks, *slang*) and end up committing acts of vandalism; «Why do they wreck public telephones?» – «They do it for kicks.» • **Emozionato** *agg. e part. pass.* (*di chi guarda un film o un incontro sportivo ricco di suspense, o riferito a un bambino che sta per aprire un regalo, e sim.*) excited; (*se prevalgono sentimenti di compassione, tenerezza, affetto*) moved *o* touched; (*riferito ad un attore prima dell'entrata in scena o ad uno studente durante una prova d'esame*) nervous.

emotive *agg.* (*riferito solo a parole*) [1] che desta impressione: *ugly* **is a descriptive word which does not try to rouse an emotional reaction, while** *hideous* **is its emotive equivalent.** [2] che è espressione di un pregiudizio: *quackery* **is an emotive word for which a neutral equivalent,** *alternative medicine*, **has recently been invented.**

emotivo *agg.* [1] (*che concerne la sfera delle emozioni*) emotional: **reazione emotiva**, emotional reaction; **carica emotiva**, (strong) emotional content; psychological: **fattore emotivo**, psychological factor. [2] (*riferito a persone*) highly strung: **è un ragazzo molto emotivo, per questo i risultati degli esami che ha sostenuto non sono brillanti**, he is a very highly strung boy, and for this reason didn't do very well in his exams. • **Emotività** *s.* excitability.

◉**emphasis** *s.* [1] enfasi: **they repeated their refusal with (great) emphasis** (*o* emphatically). [2] rilievo: **in arranging these tours of Greece we lay** (*o* put) **more emphasis** (*o* stress) **on intellectual interest than on comfortable conditions.** [3] accento: **very often you can change the meaning of an English sentence by putting the emphasis** (*o* stress) **on a different word** (*o* by changing the emphasis, stress). • **To emphasize** *vb. tr.* (*sinonimo di* **to stress**) [1] porre l'accento su. [2] porre in rilievo.

enfasi *s.* emphasis.

◉**encounter** *s. La cosa più importante da notare è che sia il sostantivo che il verbo* (**to encounter**) *inglesi sono usati meno spesso dei corrispondenti termini italiani e hanno una connotazione più letteraria.* [1] incontro casuale: **but for a chance encounter in the street they would probably never have met again.** [2] incontro voluto, avente il carattere di una sfida, confronto: **it is hoped that in their forthcoming encounter the two foreign ministers will reach agreement on some major issues; everyone is looking forward to tomorrow's encounter between the two famous debaters.** [3] combattimento, scontro: **further encounters between Israeli and Palestinian forces were reported last night.** [4] (*fig.*) incontro sportivo: **Liverpool were victorious in their encounter with Everton.** • NB: **Encounter** *non è la traduzione letterale di* incontro sportivo *ma è usato in senso figurato dai giornalisti.*

incontro *s.* [1] meeting, encounter: **fissò con una vecchia compagna di scuola di andare a pranzo insieme e fu per entrambe un incontro molto piacevole**, she arranged to have lunch with an old schoolfriend and it turned out to be a very pleasant meeting (*o* encounter); **è stato fissato un incontro tra i due ministri degli esteri**, a meeting has been arranged between the two foreign ministers (*qui* encounter *non verrebbe usato perché potrebbe suggerire l'idea di uno scontro*). [2] (*sport*) match, game (*negli USA quest'ultimo termine ricorre più spesso di* match, *mentre in Inghilterra* game *è di solito usato per indicare un incontro amichevole tra giocatori dilettanti*); **incontro di pugilato**, fight.

◉**encounter** *vb. tr.* [1] imbattersi in (*qualcuno*): **I had encountered** (*o* met *o* come across) **him only once before, when we happened to be staying at the same hotel.** [2] imbattersi in (*qualche difficoltà*): **she worked on a new series of experiments for several weeks before encountering any serious problems.** [3] (*retor.*) affrontare *delle difficoltà, un pericolo, o la morte*: **in war it is always the country's finest young men who are the first to encounter the enemy.**

incontrare *vb.* A *tr.* [1] to meet (*per caso o in seguito ad un accordo*): **l'ho incontrato a Londra la scorsa settimana**, I met him in London last week; to run into (*per caso*): **ho incontrato George la settimana scorsa, proprio l'ultima persona che mi aspettavo di vedere**, I ran into George last week — the last person I expected to see! ☐2☐ **incontrare difficoltà, problemi, pericoli**, *etc.* to run into, to come up against, to encounter, difficulties, problems, dangers, *etc.*; **incontrare un'espressione, un vocabolo**, *etc.* (*in un testo o in un libro*) to come across a word, *etc.*: **ho incontrato un'espressione molto strana sul giornale di oggi**, I came across a very odd expression in today's paper. ☐3☐ **incontrare il successo, la felicità**, to find: **ha incontrato il successo nel lavoro e la felicità nel matrimonio**, he found success in his work and happiness in his marriage; (*lett.*) to meet with: **la sua prima mostra incontrò il successo**, his first exhibition met with success; **incontrare il favore di qualcuno**, (*piuttosto formale*) to meet with someone's approval, (*lett.*) to find favour with someone; (*fam.*) to go down well with someone; **incontrare la morte**, to die. ☐4☐ **assoluto** (*confarsi ai gusti di qualcuno*) to be successful, to have success: **questo stile di arredamento non incontra molto in questa zona**, has not had much success in this area. ☐5☐ (*sport*) to play, (*meno usato*) to meet: **la Juventus ha incontrato la Fiorentina sabato scorso a Firenze**, Juventus played (*o* met) Fiorentina last Saturday in Florence. *B rifl.* to meet (*per caso o in seguito ad un accordo*): **ci siamo incontrate a Londra la settimana scorsa**, we met in London last week. *C intr. pron.* ☐1☐ (*trovarsi d'accordo*) to get on well with: **si è incontrata bene con i suoi collaboratori**, she gets on well with the rest of the team; to see eye to eye with someone: **dovette lasciare il posto perché non si incontrava con i suoi collaboratori nella scelta delle direttive da seguire**, he had to leave his job because he didn't see eye to eye with his colleagues about the course of action to be taken; (*coincidere*) to share opinions, tastes, *etc.*: **le nostre opinioni si incontrano**, we share the same opinions. ☐2☐ (*confluire*) to meet: **i due fiumi** (*o* **le due strade**) **si incontrano cinque miglia a sud della città**, the two rivers (*o* roads) meet five miles south of the city.

energetic *agg.* ☐1☐ (*di persone*) energico, attivo, dinamico: **she's a very energetic woman**. ☐2☐ (*di esercizio*) che richiede una notevole energia: **I detest swimming – it's too energetic for a lazy person like me; we've just spent an energetic week walking in the Dolomites**.
energetico *A agg.* energy (*sostantivo in funzione aggettivale*): **ci sono molti problemi energetici da risolvere**, there are many energy problems to be solved; **crisi energetica**, an energy crisis. *B s.* tonic: **chiedi al dottore di darti un energetico**, ask your doctor to give you a tonic.

●**engage** *vb. tr.* ☐1☐ assumere (*di solito portieri, dattilografi, domestici, etc.; per mestieri di maggiore responsabilità è invece usato il verbo* to appoint; to take on *è usato per qualsiasi tipo di lavoro*). ☐2☐ prenotare: **engage** (*o* book) **a hotel room**. ☐3☐ **to be engaged**, essere impegnato: **he asked me to have dinner with him on Tuesday but I was otherwise engaged**. ☐4☐ (*piuttosto formale*) distrarre, sviare l'attenzione di qualcuno: **she engaged them in conversation while they waited; while one thief engaged the shopkeeper's attention the other helped himself to goods on display**. ☐5☐ (*seguito dalla preposizione* in) occuparsi di: **he engages** (*o* is engaged) **in business of some kind**; *usato soprattutto nell'espressione* **to engage in politics**. ☐6☐ ingranare: **switch on the engine, engage first gear, release the hand brake and press the accelerator gently**. ☐7☐ ingaggiare battaglia con: **a frontier patrol engaged enemy troops at dawn**. ● (1) **To get engaged**, fidanzarsi. (2) **engaging** *agg.* accattivante: **an engaging smile**; simpatico: **an engaging child**; affabile: **engaging manners**. (3) **line engaged**, linea occupata: **the lines to London are all engaged; I rang her but her number was engaged**.
ingaggiare *vb. tr.* ☐1☐ to take on: **la nave ingaggiò un nuovo equipaggio**, the ship took on a new crew; (*sport*): **la squadra ha ingaggiato un nuovo portiere**, the team has taken on a new goalkeeper. ☐2☐ **ingaggiare battaglia con**, to engage (in battle) (*vedi sopra accezione 7*).

●**engineer** *s.* Questo termine può indicare non solo una persona che ha conseguito una laurea in ingegneria civile, aeronautica, mineraria o elettronica, ma anche una persona che manovra macchinari di vario tipo come locomotive, materiale rotabile, oppure motori di navi, o apparecchiature radiotelevisive: **he's a railway engineer** può significare fa il macchinista ferroviario; **a radio engineer** può essere semplicemente un tecnico radiofonico. *Occasionalmente* **engineer** *è usato anche per indicare una persona che è in grado di escogitare un metodo ingegnoso per ottenere qualcosa che non potrebbe altrimenti essere conseguita con metodi ovvi o per vie strettamente legali. Tuttavia, in questa accezione, è molto più comune l'uso del verbo* **to engineer**: *non è molto consueto dire* **who was the engineer of that scheme?** *mentre si direbbe più spesso* **who engineered that?** *e* **he engineered a clever scheme**. ● **The Engineers**, i Genieri; the

Engineer Corps [kɔː], l'Arma del Genio.

ingegnere s. engineer. • NB: *Il termine inglese non può essere usato come titolo rivolgendosi ad un ingegnere o anche parlando di una persona che eserciti tale professione; si usa invece* **Mr**, *sebbene sia* **Dr** *il titolo più appropriato per rivolgersi ad un ingegnere che insegni in una università* (*vedi* **doctor**).

engrossed *part. pass e agg.* [inˈgrəust] assorto: **we were so engrossed (o adsorbed) in a TV programme that we didn't hear the burglars open the window.** • (*meno usato*) **engrossing** *agg.* avvincente: **it was an engrossing (o absorbing) programme.**

ingrossato *part. pass. Non esiste in inglese un termine di senso generico che possa adattarsi a tutti i diversi contesti in cui questo participio passato è usato in italiano: occorre prendere in considerazione ogni singolo caso e trovare un equivalente adatto a ciascuna particolare situazione*: **il fiume, ingrossato dalla piena, ruppe gli argini durante la notte**, the river, in full spate, burst its banks during the night; **il mare ingrossato dal vento**, the waves whipped by the wind; **fegato ingrossato**, swollen liver; **una porta ingrossata per l'umidità**, a door swollen by damp.

◉**enormity** s. ① estrema malvagità: **the enormity of Hitler's treatment of the Jewish race is something one can hardly take in.** ② grave crimine: **life imprisonment is the only fit punishment for the enormities perpetrated by these terrorists.** • NB: *È possibile trovare questo termine usato nel senso di* immensità, *ma si tratta di un uso scorretto.*

enormità s. ① (*l'essere enorme*) size, extent (*l'aggettivo* enormous *è sottinteso*): **non tutti riescono a rendersi conto dell'enormità dei problemi economici del paese**, the size (*o* extent) of the country's economic problems is difficult to realize. ② (*errore madornale*) howler: **questo libro dice che l'Arno è il fiume più lungo d'Italia, ed è pieno di enormità come queste**, this book says that the Arno is the longest river in Italy — it's full of howlers like that. ③ (*azione irragionevole o malvagia*) enormity.

◉**enter**/**entrare** *vb. intr. e tr. Riguardo questi due verbi è necessario innanzitutto fare un'osservazione di carattere generale: come molte altre parole di origine latina*, **enter** *ha un che di formale agli orecchi degli inglesi e viene quindi di solito sostituito da un sinonimo di uso più comune*; entrare in una stanza, in un negozio *equivale di solito a* **to go** (*o* **to come**) **into a room, a shop**, *mentre l'uso di* **to enter** *è di norma limitato* (**a**) *alle didascalie sui testi teatrali* (**MARY enters from the passage** *o* **Enter MARY from the passage**) *e* (**b**) *ad espressioni particolari, in genere di tipo formale e tecnico, come per esempio*: **to enter into an agreement** (stipulare un accordo) *e* **to enter a plea of guilty**, (*dir.*, dichiararsi colpevole). • *Si noti che il verbo inglese* (**1**) *nella sua accezione più comune non è seguito da alcuna preposizione* (**she didn't look up when he entered the room**); (**2**) *può reggere un vero e proprio complemento oggetto in espressioni quali* **to enter a figure** *etc.* **in an account book, register**, *etc.* (registrare), *e* **to enter (someone** *o* **something) for a competition** (iscrivere, iscriversi a una gara): **the school has entered four boys for the international under-15 athletics meeting; old Mr Nichols has entered six roses for the rose competition at our local flower show.**

◉**entertain** *vb. tr.* ① intrattenere: **will you entertain the children while I talk to their parents?**; divertire: **she entertained (o amused) us all with a witty account of her disastrous TV interview.** ② dare ricevimenti, ricevere: **we're entertaining (o having) several people to dinner this evening**; (*talvolta usato senza complemento oggetto*): **they don't entertain very much because she's an invalid.** ③ prendere in considerazione: **emigrate? – I couldn't entertain such an idea (o possibility) for a moment!** ④ nutrire (*dubbi, speranze, etc.*): **we have entertained doubts about the wisdom of this policy for some time; I believe she secretly entertains hopes of winning an international competition.**

intrattenere *vb. A tr.* to entertain (*meno usato*, to amuse): **quando si ospitano in casa delle persone per più di un paio di giorni è difficile sapere come intrattenerle**, when people come to stay for more than a couple of days it's difficult to know how to entertain (*o* amuse) them. *B intr. pron.* ① **ci siamo intrattenuti da lui fino a tarda sera**: *in frasi di questo tipo il verbo* **intrattenere** *non può essere reso in inglese con un singolo termine; è necessario aggiungere altri elementi ottenendo così* **we stayed on till late in the evening talking**, *o* **playing cards**, *etc.* ② (*soffermarsi su un argomento*) *Anche in questa accezione* **intrattenere** *non trova in inglese alcun diretto equivalente; sono tuttavia possibili costruzioni alternative, come si può osservare nei* *seguenti esempi*: **la moda è l'argomento su cui le piace maggiormente intrattenersi**, fashion is the subject she is most given to talking about; **ho incontrato Tom per la strada e ci siamo intrattenuti a parlare per un po' prima di separarci**, I met Tom in the street and we stood talking for some time before parting company.

enthrone *vb. tr.* insediare (sul trono), intronizzare (*riferito solo a sovrani o a vescovi*): **the new Bishop of Lichfield was consecrated in St Paul's Cathedral on September 1st and enthroned in Lichfield Cathedral a week later**; **enthroned**, in trono: **Christ enthroned between two saints**.

intronare *vb. tr.* to deafen; (*intontire*) to stupefy.

enthronement *s.* insediamento (sul trono), intronizzazione (*riferito solo a sovrani o a vescovi*): **the enthronement of the sovereign precedes the crowning in the coronation ceremony**.

intronamento *s.* deafening; stupefaction.

◐**entitle** *vb. tr.* [1] dare diritto a: **a season ticket entitles you to a seat in the theatre for one performance of each of the plays in the season; no one is entitled to vote more than once in the election**. [2] intitolare: **I have entitled this book** *Odd Pairs & False Friends*.

intitolare *vb. A tr.* [1] to call, to entitle, to give a title to: **her novel, called** (*o* entitled) *Three Blind Mice* **in England, was given a new title when it was later published in America**. [2] (*una chiesa, etc.*) to dedicate: **la chiesa è intitolata a St. James**, the church is dedicated to St James; (*una piazza etc.*) to call (*o* name) after: **la piazza principale è intitolata a uno dei capi della Resistenza**, the main square is called (*o* named) after one of the leaders of the Resistance. *B intr. pron.* intitolarsi, to be called, to be entitled: **in America il suo romanzo si intitolava** *A Sighted Cat*, in America her novel was called (*o* entitled) *A Sighted Cat*.

entity *s.* [1] cosa che sussiste come unità indipendente, separata: **after completing his anthology he devoted too much time to writing an introduction and suddenly realised one day that it had become a separate entity**. [2] (*filos.*) entità.

entità *s.* [1] extent: **i costi di produzione sono aumentati in maniera evidente dalla scorsa stagione ma l'entità dell'aumento non è ancora stata valutata**, the cost of production has clearly increased since last season but the extent of the increase has not yet been assessed; value: **gli uomini che rapinarono la banca centrale fuggirono con un bottino di notevole entità**, the men who robbed the central bank got away with a haul of considerable value; importance, seriousness: **la bufera causò danni di lieve entità**, the storm did damage of little importance (*o* seriousness) (*o* the storm did little damage). [2] (*filos.*) entity.

◐**entrance** *s.* [1] entrata: **there is one entrance for the customers and another for the staff; there is a splendid pair of wrought iron gates at the entrance to Ambleton House; Ambleton House is open to visitors 2.30 to 6 Monday to Saturday, entrance** (*o* admission) £2. [2] ammissione: **entrance to the university is by competitive examination; the entrance exam is difficult**. [3] entrata (in scena): **Cleopatra's entrance in Act II was magnificent; Alice always arrives at a party late because she likes to make an entrance**.

entrata *s.* [1] entrance (*meno usato*, entry): **all'entrata di Ambleton House i visitatori notino il cancello in ferro battuto del XVII secolo**, at the entrance (*o* entry) to Ambleton House visitors should note the seventeenth-century wrought iron gates; gateways: **l'entrata in pietra è notevolmente più antica del cancello**, the stone gateway is considerably older than the gates; (entrance) hall: **al di là della porta principale si apre una vasta entrata**, inside the front door there is a large (entrance) hall; lobby: **ti aspetterò all'entrata**, I'll wait for you in the (hotel) lobby; **entrata di servizio**, tradesmen's entrance: **l'entrata di servizio è sul retro della casa**, the tradesmen's entrance is at the back of the house; **entrata di teatro**, *per gli attori*, stage door. [2] (*l'entrare*) entrance, arrival: **l'entrata del nemico in città fu ostacolata dalla resistenza opposta dall'intera popolazione**, the arrival of the enemy in the city was held up by the resistance of the whole population; **entrata in scena**, entrance; admission: **entrata libera**, admission free. [3] (*fig., inizio*) entry: **entrata in carica**, entry into office; **entrata in vigore**, coming into effect (*o* force); **entrata in possesso**, taking possession; **entrata in guerra**, entry into the war; **entrata in funzione**, coming into use; *in tutti questi casi, tuttavia, in inglese si preferisce usare un verbo piuttosto che un sostantivo*: things began to look more hopeful after the new regulations came into effect, America entered the war, the new aqueduct came into use, *etc.* [4] (*mus.*) lead: **l'inizio dell'Agnus Dei fu rovina-**

to dall'entrata tardiva del tenore, the beginning of the Agnus Dei was spoilt by the tenor lead which was late. [5] (*calcio*) tackle. [6] (*al plurale*) entrate (*reddito da investimento o proprietà terriere*): return (on), revenue (from); (*reddito di qualsiasi tipo*) income: **entrate e uscite**, income and expenditure; (*comm., incasso*) receipts, takings: **le entrate dell'albergo sono state maggiori quest'anno dell'anno scorso**, the hotel's receipts (*o* takings) have been higher this year than last.

●**epoch** ['i:pɔk] *s. Sebbene venga più comunemente impiegato nel senso di* epoca (*accezione 3*), *l'unico corretto uso di* epoch, *in senso stretto, è quello illustrato all'accezione 1.* [1] data di un evento che segna l'inizio di una nuova era nella storia, nella scienza, o nella vita: **1789 was an epoch in European history, ushering in the age of revolution**. *Per estensione il termine viene usato più spesso nei seguenti due significati:* [2] evento che segna l'inizio di una nuova era nella storia, nella scienza, o nella vita: **the French Revolution was an epoch in European history; Mary's departure for America was an epoch in her life**. [3] (*è questo il significato più comune del termine*) periodo della storia o della vita contraddistinto da determinati fatti o caratteristiche, epoca: **Mary's departure for America marked an epoch** (*o* **opened a new epoch**) **in her life; according to Orwell the early years of the twentieth century were an epoch of unparalleled vulgarity among the rich in England**. ● (1) *Si noti che spesso è indifferente usare* **epoch** (*accezione 3*) *o* **era**; **era** *di solito si riferisce a periodi molto più lunghi* (**the Christian era**, l'era cristiana) *ma, talvolta, quando si fa riferimento ad un regime politico, può anche essere usato per indicare un periodo di due o tre decenni* (**the fascist era** *o* **period**). (2) **Epoch-making** *agg*. che dà inizio ad una nuova epoca (*corrisponde all'accezione 3 del sostantivo*): **Mary's departure for America was epoch-making**.

epoca s. [1] (*lungo periodo di tempo caratterizzato da particolari eventi storici, culturali, etc.*) era: **epoca classica**, classical era; **epoca napoleonica**, Napoleonic era; epoch (*vedi sopra accezione 3*): **l'epoca delle trine e dei merletti**, the epoch of lace and crochetwork; **l'epoca di Dante e del Petrarca**, the epoch (*o* period) of Dante and Petrarca. [2] (*geol.*) epoch; era. [3] (*tempo, periodo*) time, days: **è da anni un nostro grande amico ma a quell'epoca non lo conoscevamo**, he has been a great friend of ours for years, but at that (*o* the) time (*o* in those days) we didn't know him; times: **che brutta epoca stiamo vivendo!**, what terrible times we live in! *Spesso occorre adottare una costruzione diversa*: **all'epoca del servizio militare conobbe mio zio**, while he was doing his military service he got to know my uncle. ● (1) **le epoche della vita umana**, the seven ages of man (babyhood, childhood, schooldays, youth, maturity, middle age, old age). (2) **d'epoca**, period (*in posizione attributiva*): **lo spettacolo fu rappresentato in costumi d'epoca**, the play was performed in period costume; **auto d'epoca**, vintage car.

●**equal** *A agg*. [1] uguale (*in misura, quantità, valore, etc.*): **there's about 4 kilos of potatoes in that bag and an equal quantity of apples in this one**. [2] che gode degli stessi diritti e della stessa condizione, uguale: **everyone is equal before the law**. ● **To be equal to**, essere all'altezza di: **it was a difficult task but he was equal to it**. *B s.* chi o ciò che è uguale ad un'altra persona o cosa, uguale: **as far as talent is concerned, X is the equal of Y, though Y is much more successful; they are equals in talent if in nothing else**. *C vb. tr*. [1] (*mat.*) fare: **two plus two equals four** (2+2=4). [2] uguagliare: **no one has ever equalled Capability Brown as a landscape gardener**.

uguale A agg. [1] similar: **è naturale che tutti i cassetti di questo cassettone debbano avere maniglie uguali**, obviously all the drawers in this chest of drawers ought to have similar handles; the same, alike, identical: **queste due maniglie non sono uguali**, these two handles are not the same (*o* alike, identical); like, (*meno usato*, similar to): **voglio comprare un'altra maniglia uguale a questa**, I want to buy another handle like (*o* similar to) this one; **tutti uguali gli uomini!**, men are all alike!; equal: **uguali diritti e uguali doveri**, equal rights and equal duties; **uguale di**, like in: **David e Jonathan sono uguali di carattere**, David is like Jonathan in character; alike in: David and Jonathan are alike in character. [2] (*senza discriminazione*) the same: **la legge è uguale per tutti**, the law is the same for everyone; equal: **tutti sono uguali davanti alla legge**, everyone is equal before the law; **il sistema scolastico statale mira a offrire a tutti i ragazzi opportunità uguali**, the state educational sustem aims to give all children equal opportinities; all the same: «**Andiamo sabato o domenica?**» – «**È uguale!**», «It's all the same to me (*o* I don't mind)!». [3] (*piano, liscio*) flat: **una**

pianura uguale, a flat plain; (*fig.*) **parlare con voce uguale** (*o perché chi parla è annoiato o perché vuole nascondere la sua paura o il suo interesse*), to speak in a flat voice; even: **una superficie uguale**, an even surface; (*fig.*) **parlare con voce uguale** (*perché l'interlocutore è arrabbiato o agitato*) to speak in an even voice; unbroken: the sky is an unbroken grey. • **Uno stile uguale** (*coerente*), a consistent style. 4 (*in funzione di avverbio*) just as, equally: **se tu sei preoccupato, io sono preoccupato uguale**, if you are worried I'm just as (*o* equally) worried. *B s.* equal: **si mostra condiscendente con i suoi inferiori, lusinga i suoi superiori e si trova a disagio con i suoi uguali**, he condescends to his inferiors, flatters his superiors, and seems ill at ease with his equals.

equanimity *s.* serenità, equilibrio (*psichico*): **her equanimity never seems to be disturbed by the things that make most people cross or alarmed.**
equanimità *s.* impartiality: **bisogna trovare un arbitro che giudichi la questione con equanimità**, an arbitrator must be found who will judge the matter with impartiality; fairmindedness: **i ragazzi a cui insegna confidano nella sua equanimità**, the boys he teaches trust his fairmindedness.

○**equity** *s.* (*formale*) 1 giustizia morale di cui le leggi sono un'espressione imperfetta (*Chambers*): **Before Irish Home Rule is conceded [...] England [...] will have to be convinced of its justice and equity** (*Lord Rosebery, 1894*): **There is but one law for all, namely, that law which governs all law, the law of our Creator, the law of humanity, justice, equity – the law of nature, and of nations** (*Burke, 1794*). 2 lo spirito di giustizia che permette di interpretare le leggi in modo corretto (*Chambers*), equità (*q.v.* accezione 1): **he was a good governor who ruled the colony with equity and mercy.** 3 (*dir.*) corpo di norme basate sul principio dell'equità (*Ragazzini*).
equità *s.* 1 (*virtù che consente l'attribuzione o il riconoscimento di ciò che spetta al singolo in base ad un'interpretazione umana e non letterale della giustizia, Devoto*) fairmindedness, fairness: **il direttore non era un uomo simpatico ma sia i ragazzi che il corpo insegnante lo rispettavano per la sua equità**, the headmaster was not a likeable man but both boys and staff respected him for his fairmindedness (*o* fairness). 2 (*dir., applicazione della norma giuridica secondo giustizia, cioè tenendo conto delle concrete circostanze non previste dalla legge, Zingarelli*) equity.

equivocate *vb. intr.* usare parole ambigue allo scopo di nascondere la verità: **«My solicitor asked her if she would be able to finish paying for the house by the end of this month and she answered that I would certainly receive the money very soon.» – «She mustn't be allowed to equivocate. He must insist on a straight yes or no.»**
equivocare *vb. intr.* to misunderstand: **ha equivocato su quello che le hanno riferito**, she misunderstood what she had been told; to get hold of the wrong end of the stick (*fam.*): **le cose non stanno così, lei ha certamente equivocato**, that's not how it is – you've got hold of the wrong end of the stick.

equivocation *s.* frase ambigua *pronunciata allo scopo di ingannare o forviare qualcuno*: **my solicitor will no longer accept the buyer's equivocations**.
equivoco *s.* 1 (*malinteso*) misunderstanding: **non è il caso di litigare, è stato un semplice equivoco**, it was just a misunderstanding. 2 (*errore generato da un malinteso*) muddle, mistake: **devono avermi detto di venire alle cinque ma, non so come, ho capito che l'appuntamento era alle sette; mi dispiace, è stato un equivoco**, they must have told me to come at five, but I somehow understood that the appointment was for seven – I'm sorry, I made a mistake (*o* muddle) *o* I'm sorry, there was a muddle. • *Gli aggettivi* **equivocal** *e* **equivoco** *hanno lo stesso significato.*

○**erratic** *agg. Pur avendo in comune con il termine italiano due delle sue accezioni tecniche, si differenzia da* erratico *in quello che è il suo significato principale*: **erratic** *vuol dire infatti* irregolare, discontinuo, incostante: **it was clear from the erratic movements** (movimenti inconsulti) **of her hands that the disease had considerably diminished her muscular control: attendance at this year's evening courses has been erratic; he is such an erratic player that no one seriously expects him to do well at Wimbledon.** • **Erratically**, *avv.*
erratico *agg.* 1 (*che si sposta continuamente*) **fauna erratica**, fauna erratica (*latino*). 2 (*bot.*) **piante erratiche**, creeping (*o* rambling) plants.

3 (*geol.*) erratic: **masso erratico**, erratic block. 4 (*med.*) erratic: **febbri erratiche**, erratic fevers. 5 (*econ.*) inconsistent, uneven, erratic: **l'andamento erratico di continue salite a spirale e di brusche discese dei titoli in Borsa**, the inconsistent (*o* uneven *o* erratic) succession of ascending spirals and headlong plunges on the stock exchange.

◉**establish** *vb. tr.* 1 impiantare, instaurare: **his grandfather established (*o* set up *o* founded) the business in 1912; the revolutionaries have established a republican government.** 2 instaurare, stabilire (*spesso alla forma passiva*): **he established a custom (*o* a custom was established) of discussing the firm's annual accounts with the workers on April 1st; a few years ago he established a precedent by inviting the workers' wives to attend the annual meeting (*o* the precedent of inviting the workers' wives to attend the annual meeting was established).** 3 sistemare: **they are going to establish (*o* set up) their son in a flat of his own when he goes to university.** 4 accertare: **before agreeing to buy her jewels he had to establish (the fact) that they really were hers to sell; I am only checking these facts with other people in order to establish the truth of what you say.** 5 far riconoscere: **we have established our right to graze a cow on the common** (*q.v.*); **the impostor attempted to establish a claim to the Duke's title and property.** • **Established** *part. pass.*: **the Established Church**, la Chiesa Anglicana; **an established civil servant** è un impiegato statale che ha ottenuto un contratto permanente *dopo almeno tre anni di prova*; **an established writer** è uno scrittore affermato; **the last few months have been very restless for me but I am now established** (mi sono ambientato) **in my new house** (*o* office *o* job).
stabilire *vb. tr.* 1 (*fissare*) to establish, to set up: **hanno stabilito la loro dimora in campagna**, they established their home (*più comune*, set up house) in the country. 2 (*instaurare, costituire*) to establish, to set up (*un governo, etc.*) 3 (*statuire*) to establish, to fix (*i termini di un accordo, un prezzo, etc.*); to fix, to settle, to agree on, to agree (*un prezzo o una data*) 4 (*decidere*) **stabilire di fare qualcosa**, to arrange to do something.
stabilirsi *vb. rifl.* to settle; (*meno usato*) to establish oneself, to set up house (*riferito di solito a persone appena sposate*): **per alcuni anni sono vissuti in vari posti del sud e ora si sono stabiliti nel nord**, they lived in various places in the south for some years and now they have settled (*o* established themselves) in the north.

◉**estimate, estimation, esteem/*stima*** *s.* Estimate *equivale a* stima *nel senso di* valutazione, *mentre* esteem *e* estimation *equivalgono a* stima *nel senso di* buona opinione.
estimate ['estimit] *s.* 1 stima, preventivo: **the builder has sent in an estimate for repairing the roof**; valutazione: **when we have received an estimate of the damage we can ask the builder for an estimate for repairs.** 2 giudizio: **in my estimate, that was a foolish decision; it's too early to form an estimate of the boy's abilities.** • (1) **The estimates**, bilancio preventivo *dello Stato o della commissione che si occupa dell'amministrazione di un'università, per esempio, o di una scuola.* (2) **at a rough estimate**, grosso modo, all'incirca: **at a rough estimate I'd say Leeds was 150 miles from here.**
estimation [esti'meiʃən] *e* **esteem** [i'sti:m] *s.* stima (*nel senso di buona opinione*).
stima *s.* 1 (*valutazione*) estimate; **stima di un bene**, valuation; **fare la stima di qualcosa**, to make an estimate of something, to estimate something; **valore di stima**, estimated value. 2 (*mar.*) dead reckoning. 3 (*buona opinione*) esteem: **godere la stima di tutti**, to be held in high esteem (*o* regard) by everyone, to enjoy general esteem (*o* regard); **non avere nessuna stima di qualcuno**, to have little esteem (*o* respect) for (*o* no opinion of) someone; **perdere la stima di qualcuno**, to lose someone's esteem (*o* good opinion), to go down in someone's estimation; **crescere nella stima di qualcuno**, to go up in someone's estimation.

◉**estimate** ['estimeit] *e* **esteem** [i'sti:m] *vb. tr.* 1 stimare: **he is highly estimated (*o* esteemed) by his colleagues.** • NB: *In questa accezione è più comune l'uso di* **to esteem** *che di* **to estimate**. 2 *solo* **to estimate** (*non* to esteem), valutare, calcolare *un costo, un prezzo, il tempo, un danno, etc.*: **the damage caused by the earthquake is estimated at (*o* to be) about a billion dollars; the architect estimates that the garage will take about a month to build.** 3 *solo* **to esteem** (*non* to estimate) (*formale*) ritenere: **the committee esteemed the proposal worthy of consideration; he said he would esteem it an honour to be invited to address the students' Philosophical Society.** • **To overestimate, to underestimate oneself** (*o* one's talents, *etc.*) sopravvalutarsi, sottovalutarsi.

stimare *vb. A tr.* ☐1 (*valutare*) to value: **Sotheby's manderà qualcuno a stimare i mobili,** Sotheby's are sending someone to value the furniture. ☐2 (*reputare*) to think, to consider: **lo stimavamo onesto,** we thought (*o* considered) him (*o* that he was) honest. ☐3 (*avere una buona opinione di qualcuno*) to esteem; to estimate. *B rifl.* to think, to consider, (*meno usato*) to esteem oneself: **si stima fortunato per il fatto di essere ancora vivo,** he thinks (*o* considers *o* esteems) himself lucky to be alive.

⦿**etiquette** ['etiket] *s.* etichetta, protocollo: **a breach of etiquette.** • **Professional etiquette,** (1) segreto professionale: **professional etiquette prevented the doctor from discussing the patient's case fully with her parents;** (2) *il complesso delle norme che disciplinano l'attività di alcuni professionisti; i medici, gli psicologi e gli avvocati che partecipano, per esempio, a trasmissioni radiotelevisive, lo fanno sempre in forma anonima perché qualsiasi forma di pubblicità è vietata dalla* **professional etiquette.**
etichetta *s.* ☐1 label (*su valige, schedari, etc.*); **apporre un'etichetta su qualcosa,** to label something; (*fig.*) **sono diversi gli scrittori annoverati sotto l'etichetta del decadentismo,** several writers come under the label (*o* into the category) of «the decadents»; **dalla volta che indossò quello stravagante vestito le hanno attribuito l'etichetta di esibizionista,** she has been labelled (*o* pigeon-holed) as an exhibitionist. ☐2 (*indicante un prezzo*) ticket, price tag. ☐3 (*il complesso delle norme consuetudinarie di comportamento in società e in particolari cerimonie, Zingarelli*) etiquette: **tiene molto all'etichetta,** she attaches great importance to etiquette.

⦿**evade** *vb. tr.* ☐1 sfuggire a, evitare, aggirare (*un attacco, un inseguimento, un nemico, etc.*): **the escaping prisoner evaded capture by moving only at night.** ☐2 eludere (*una legge, etc.*): **in periods of wage restraint many firms evade** (*o* circumvent) **the law by offering their employees more and more fringe benefits;** sottrarsi a, eludere (*un obbligo, qualcosa di sgradito*): **she evaded his questions by pretending to misunderstand them; he managed to evade invitations from his over-friendly neighbours by being out most of the time.** ☐3 evadere (*le tasse*): **she has been charged with evading income tax.**
evadere *vb. A intr.* ☐1 to escape from: **la polizia sta cercando due detenuti evasi la scorsa notte dal carcere,** the police are looking for two prisoners who escaped from Dartmoor Prison last night. ☐2 (*fig.*) to escape (from): **era pronta a fare qualsiasi cosa pur di evadere dal grigiore della sua vita,** she was ready to do anything to escape (from) the drab emptiness of her life; to get (*o* run) away from: **molte persone evadono dalle loro preoccupazioni leggendo gialli e libri di avventure,** many people get (*o* run) away from their worries by reading thrillers and stories of adventure; (*colloq.*) to opt out, to get away from it all: **ogni tanto si sente il desiderio di evadere,** every now and then you feel the need to opt out (*o* to get away from it all). ☐3 (*non adempiere i propri obblighi di contribuente*) to get out of paying taxes. *B tr.* ☐1 (*sbrigare*) to deal with: **evade la corrispondenza appena arriva in ufficio,** he deals with his mail (*o* the day's correspondence) as soon as he gets to the office; **evadere un ordine,** to fill an order. ☐2 **evadere le tasse,** to evade taxes.

⦿**evasion** *s.* Oltre ad avere tutti i significati propri del verbo, questo termine può anche indicare una risposta evasiva *quale, ad una domanda tipo* «**Did you see John at the wedding?**», *potrebbe essere* «**There must have been at least four hundred people there!**». *Ricorre spesso nell'espressione* **lies and evasions.**
evasione *s.* ☐1 (*di detenuti*) escape; (*fam.*) break-out, jail break. ☐2 (*abbandono di un opprimente o monotono sistema di vita, ambiente, etc.*) escape: **cercava evasione dal grigiore della sua vita,** he was looking for (an) escape from the drab emptiness of his life; **letteratura d'evasione,** escapist literature. ☐3 (*comm., di ordini, di corrispondenza*) dealing with (*o* dispatch of) orders, letters, *ma sono usati più spesso i verbi* to deal with *e* to dispatch. ☐4 (*di tasse*) tax evasion.

⦿**event** *s.* ☐1 evento: **the first chapter summarizes the principal events of the period;** fatto: **the day's events,** i fatti del giorno; **an ordinary event,** un fatto di tutti i giorni; **the police believe they know who was there and why but there is still some uncertainty about the order of events** (l'ordine cronologico dei fatti); avvenimento: **the enrolment of the first black student at an American university was a historic event; my sister's wedding was the event of the year for us.** ☐2 eventualità: **in the event of fire,** nell'eventualità di un incendio. ☐3 (*sport*) gara (*nel calendario di una manifestazione sportiva*), partita (*nel calendario di un campionato*): **Robertson was** not playing in last Saturday's event (*o* match); at today's open air athletics meeting the only events that were not rained off (le uniche gare che non sono state rimandate a causa della pioggia) were the high jump and long jump. • At all events, in any event, in ogni caso; in the event, di fatto: ambulances were standing by for the forced landing, but in the event nobody was hurt.

evento *s.* event, (*poco usato*) happening: **il matrimonio di mia sorella è stato un evento gioioso** (*o* **disastroso**), my sister's wedding was a most joyful (*o* disastrous *o* absolutely ludicrous) event; **un evento memorabile**, a memorable event; (*evento futuro*) event; development: **nessuno può dire se è stata una decisione giusta o meno, dobbiamo attendere gli eventi**, no one can say if the decision was a good one or not – we must await events (*o* developments); **gli eventi dimostreranno se avevamo ragione o no**, events will show whether we were right or not. • **(1) in ogni evento**, however things turn out; **(2) lieto evento**, happy event.

eventual(ly)/*eventual(mente)*: *Prima di prendere in considerazione i due termini separatamente, è necessario porre in evidenza l'aspetto per il quale essi fondamentalmente differiscono l'uno dall'altro: mentre il termine italiano indica la possibilità o meno che un qualcosa si verifichi,* **eventual** *esprime la certezza che un qualcosa prima o poi succederà (o è già successo nel passato come momento conclusivo di tentativi, sforzi, attese, etc.). Per la traduzione di* **eventual** *è necessario ricorrere all'uso di espressioni avverbiali o di perifrasi in quanto un singolo aggettivo o avverbio sarebbe inadeguato. Quindi una frase del tipo* **he is a very intelligent boy and his eventual success will delight everyone who knows him** *può essere resa con* **è un ragazzo molto intelligente e il suo successo, che certo non mancherà,** (*o* **che prima o poi arriverà,** *o simili*) **farà piacere a tutti coloro che lo conoscono**. *Si consideri ora una frase al passato*: **Professor Watson's research had been held up by lack of funds for many years and its eventual publication took place after his death**; *anche qui si dovrà ricorrere a traduzioni del tipo* **gli studi del Professor Watson rimasero in sospeso per molti anni, per mancanza di fondi, e finirono per essere pubblicati** (*o* **e andò a finire che furono pubblicati,** *o ancora,* **alla fine furono pubblicati**) **dopo la sua morte**. *Quanto detto per l'aggettivo vale anche per l'avverbio: in una frase come* **he has failed his final medical exams three times so far, but I'm very much afraid the authorities will eventually pass him**, *l'espressione* **will eventually pass him** *può essere resa con* **finiranno per promuoverlo** *o* **prima o poi lo promuoveranno**. **Eventually** *può essere tradotto anche con* **alla fine, finalmente** *o* **infine** *in una frase come* **when he eventually passed he was forty**. *Come ad* **eventual** *non è possibile far corrispondere un singolo termine in italiano, così* **eventuale** *deve essere tradotto in inglese ricorrendo a perifrasi o riadattamenti di frase di cui i seguenti esempi possono essere un'illustrazione*: **ricorda comunque che ogni tua eventuale decisione avrà grosse conseguenze, remember, however, that whatever decision you make...**; **un eventuale esito positivo lo spronerà a continuare, if things turn out well, it will encourage him to continue**; **correggere gli eventuali errori, correct any mistakes you (may) find**; **un'eventuale scelta politica potrebbe essere quella di ritirarsi dal Mercato Comune, one possible decision would be...**, **dovremo informare gli eventuali studenti che il corso durerà meno del previsto, any student who may enrol in the course should note that it will be shorter than was planned**. *Anche per la traduzione dell'avverbio* **eventualmente** *occorre tener presente quanto osservato a proposito dell'aggettivo; si considerino i seguenti esempi*: **possiamo eventualmente andare a Roma, se non vai a Milano, we may go to Rome if you don't go to Milan**, *o* **we may go to Rome, unless you go to Milan**; **per il momento mi sembra che questo basti, eventualmente (if necessary) ne compreremo dell'altro a ritorno**; **infermiera, non penso che il paziente avrà bisogno di me; eventualmente (supposing he does) mi chiami a questo numero**; **non prendere la macchina; eventualmente puoi chiedere loro un passaggio, you could ask them for a lift**.

◉exact *agg.* ①esatto, preciso: **I can't tell you the exact weight but it's about two kilos; where it says «weight» on the form you must be exact** (*o* **precise**); **he told her the exact opposite** (*o* **exactly the opposite**) **of what she expected; the exact sciences,** le scienze esatte. ②rigoroso: **he is a stimulating writer but not a very exact scholar**; accurato: **we need an exact description of the missing suitcase and its contents**. • **Exactly!** Appunto! (*e spesso*) Infatti!

esatto *agg.* ① (*fatto in maniera accurata*) accurate, precise, exact: **non posso fornirti un resoconto esatto ma ti riferirò a grandi linee quanto**

exaggerate

è accaduto, I can't give you an accurate (*o* precise, *o* exact) account of what happened but I'll tell you in outline; (*privo di errori*) right, correct: **nessuna di queste addizioni è esatta**, none of these sums are right (*o* correct); (*puntuale*) punctual: **era sempre esatto nel pagare i suoi conti**, he was always punctual in paying his bills. ② (*rispondente a verità*) true, accurate, right, correct: **disse che entro cinque anni ci sarebbe stata la guerra e le sue previsioni si sono rivelate esatte**, he said there would be war within five years and his prediction has turned out to be true (*o* right, *o* correct *o* accurate). ③ (*riferito a misure*) exact, precise: **due chili è il peso esatto o approssimato?**, is two kilos the exact (*o* precise) weight, or is that approximate? (*riferito alle ore*) sharp: **per favore, cerca di essere qui alle sei esatte**, please be here at six o'clock sharp; (*fam.*) on the dot: **arrivò alle sei esatte**, he arrived on the dot (of six); **ma sa l'ora esatta?**, have you got the right (*o* correct) time? ④ (*che fa le cose con diligenza e precisione, Zingarelli*) conscientious: **John è una persona molto esatta ed è quindi un collega impagabile**, John is a very conscientious person (*o* always does very conscientious work) and is therefore an invaluable colleague. • **Esatto!** Correct!, Right!

◐**exaggerate** *vb. tr.* far sembrare una cosa più grande o migliore, oppure più piccola o peggiore di quanto lo sia in realtà, esagerare (*sempre riferito a discorsi, asserzioni, parole*): «My neighbour offered to do the shopping for me when I broke my leg. I was literally speechless with gratitude!» – «Don't exaggerate!».
esagerare *vb. tr.* ① (*riferito a discorsi, asserzioni, parole*) to exaggerate; to lay it on (thick) (*fam.*): «Mi sono offerta di fare la sua spesa mentre facevo la mia e mi ha detto che ero estremamente gentile» – «Non credi che abbia esagerato?», «I offered to do her shopping while I was doing mine and she said I was incredibly kind» – «That was laying it on rather (thick), wasn't it?» ② (*riferito ad azioni*) to go too far: **fa piacere vedere quanto è gentile con i suoi inquilini ma mi sembra che esageri a farli venire da lei tutte le sere a vedere la televisione**, it's nice the way she's so kind to her tenants, but letting them watch TV with her every evening is going too far, it seems to me. • **Non esagerare!** steady on! (*riferito sia a parole che ad azioni*).

◐**exaggerated** *agg.* ① esagerato (*vedi sopra* exaggerate) ② (*di sentimenti*) smoderato, esagerato, *soprattutto nell'espressione* an exaggerated sense of: **an exaggerated sense of guilt, duty, one's own importance**. ③ (*di maniere*) eccessivo, esagerato: **his exaggerated courtesy embarrassed the children**. ④ (*di forme, usato non molto spesso*) sproporzionato: **the exaggerated height of the Gothic arches**.
esagerato *agg.* ① (*riferito a discorsi, asserzioni, parole*) exaggerated. ② (*smoderato*) immoderate (*o* excessive): **immoderate (*o* excessive) haste, laughter, longing, happiness; at excessive cost**. ③ (*di cifre, prezzi, etc.*) exorbitant: **an exorbitant bill, fee, charge, fare, price**. • **Esagerato!** come off it! *Questa espressione è usata rivolgendosi a qualcuno che ha detto qualcosa di improbabile o che pretende un prezzo troppo alto; quando invece si vuole alludere a qualcosa che è stata fatta in maniera smoderata si usano le locuzioni* too much *e* too many: «Sono andato a comprare del caffè, come mi avevi chiesto; eccone quattro libbre!» – «Esagerato!», «I went and bought some coffee, as you asked: here are four pounds!» – «That's far too much!».

◐**exasperation** *s.* È un termine meno forte di esasperazione *in quanto normalmente è usato per denotare* perdita della pazienza; *indica più precisamente* un'estrema impazienza *causata da qualcuno o qualcosa molto irritante*, (*talvolta*) esasperazione: «For God's sake stop banging that door!» she shouted in exasperation (gridò spazientita). *Può essere usato nel senso di* peggioramento *ma in questa accezione ricorrono più spesso i termini* aggravation, worsening, heightening *e* sharpening: **the hot weather brought an exasperation** (*meglio* aggravation *o* worsening) **of his symptoms** (*o* pain); **this endless analysis of his state of mind is sure to produce an exasperation** (*meglio* worsening *o* aggravation) **of the ill-feeling between them; heightening of tension; sharpening of bitterness** *o* resentment.
esasperazione *s.* ① (*estrema irritazione e risentimento*). *In questa accezione il termine italiano trova il suo equivalente più che nel sostantivo*, exasperation, *nel verbo* to exasperate *e nella sua forma passiva* to be exasperated: **giungere all'esasperazione**, to be exasperated; **il suo comportamento la portò all'esasperazione**, his behaviour exasperated her. ② (*esacerbazione*) aggravation *etc.* (*vedi sopra* **exasperation**); (*raro*) exasperation.

◦**exceed** *vb. tr. È usato per esprimere idee sia di carattere positivo che negativo*; superare, eccedere: **the results of the experiment exceeded the most optimistic expectations; she was fined for exceeding the speed limit.** • **(1) To exceed (one's) instructions**, andare oltre le istruzioni ricevute. **(2) exceedingly** *avv.* assai, estremamente: **that's exceedingly kind of you; she's an exceedingly nice** (*o* **nasty**) **person**.

eccedere *vb. tr.* ⓘ (*oltrepassare*) to exceed, to pass, to go beyond: **il loro comportamento talvolta eccede i limiti della tolleranza**, their behaviour sometimes exceeds (*o* passes *o* goes beyond) the limits of endurance. ② (*in senso assoluto*) **eccedere nel mangiare**, to overeat; **nel bere**, to drink too much; **nello scherzo**, to take a joke too far; (*in qualsiasi altro contesto*) to go too far: **il direttore incoraggia i ragazzi a dirgli quello che vogliono ma Mike spesso eccede**, the headmaster encourages the boys to say what they like to him but Mike often goes too far.

◦**exception** *s.* ⓘ eccezione. ② **to take exception to something**, offendersi per qualcosa: **she took exception to his peremptory tone.** • **(1) Exceptionable** *agg.* offensivo: **she found his tone exceptionable.** *Il contrario di* **exceptionable** *è* **unexceptionable**, ineccepibile: **his assistant's manners were unexceptionable** (*o* **perfect**). **(2) Exceptional** *agg.* eccezionale, *nel senso però di* fuori della norma: **this is an exceptional use of the word; he has an exceptional talent for drawing**.

eccezione *s.* ⓘ exception: **poche persone diventano primo ministro a un'età inferiore ai cinquanta anni, Pitt the Younger fu una mirabile eccezione avendo ricoperto tale carica la prima volta quando era appena ventiquattrenne**, few people become prime minister before the age of fifty – Pitt the Younger was a notable exception, taking office for the first time at 24. ② (*dir.*) objection: **fare** (**sollevare**) **un'eccezione**, to object, to raise an objection. • **(1) A eccezione di**, with the exception of, except; **senza eccezione**, without exception; **in via d'eccezione**, as an exception; exceptionally; **salvo eccezioni**, barring exceptions; **un artista d'eccezione**, an exceptional artist; **fare eccezione** (*essere fuori della norma*) to be an exception; **l'eccezione conferma la regola**, the exception proves the rule; **fare un'eccezione per qualcuno**, to make an exception for somebody. **(2) Eccezionale** *agg. nel senso di insolitamente buono, bello o bravo*, **eccezionale** *non ha il suo equivalente in* exceptional, *bensì in* very good, wonderful, remarkable: **è una donna eccezionale**, she's a remarkable woman; **è un film eccezionale**, it's a very good (*o* wonderful) film.

◦**excite** *vb. tr.* ⓘ entusiasmare, elettrizzare, infervorare: **the news that her husband was to change his job both alarmed and excited her**; eccitare, agitare: **the dog was excited by the sudden appearance of a cat; don't get excited**, non ti agitare. ② provocare, suscitare (*un sentimento, una reazione, etc.*): **most party political broadcasts excite** (*o* **provoke**) **ridicule in the majority of listeners and viewers; the catastrophe excited** (*o* **aroused**) **widespread sympathy** (*o* **horror**, *etc.*). ③ (*med.*) eccitare.

eccitare *vb. A tr.* ⓘ (*mettere in uno stato di agitazione*) to excite, to stimulate (*riferito ai sensi*); (*assoluto*) **il caffè eccita**, coffee is a stimulant; (*stimolare*) **eccitare la fantasia**, to stir (*o* to stimulate, to rouse, to excite) the imagination; (*istigare*) **eccitare il popolo alla rivolta**, to rouse the people to rebellion; (*irritare*) **non eccitarlo! don't upset him!** ② (*suscitare, provocare*) **eccitare l'interesse**, to arouse (*o* to stimulate, to provoke, to excite) interest; **eccitare la curiosità, il riso, la rabbia**, to arouse (*o* to excite, to provoke) curiosity, laughter, anger. ③ (*med.*) to excite. ④ (*elettr.*) to stimulate (a current). *B intr. pron.* to get excited, (*fam.* to get worked up): **si eccita facilmente**, he gets excited (*o* worked up) very easily; to get excited *è quasi sempre usato per indicare entusiasmo, o interesse*; to get worked up *denota di solito preoccupazione o rabbia*.

◦**excited** *agg.* emozionato, eccitato: **the excited spectators held their breath as the Wimbledon champion prepared to serve for a match point; the children are always so excited on Christmas Eve that they can't get to sleep; we are so excited at the idea of seeing you again after all these years.**

eccitato *agg. Non esiste in inglese un termine che corrisponda in assoluto ad* **eccitato**: *nessun aggettivo inglese, per quanto vicino al significato del termine italiano, possiede infatti lo stesso carattere di genericità. Occorrerà quindi chiarire sempre il significato di* **eccitato** *e renderlo con* excited *se con esso si vuole esprimere entusiasmo o suspense, ma con* worked up *se si vuole invece esprimere preoccupazione o rabbia. In una frase del tipo* **quando l'ho incontrata era tutta eccitata**, *sarebbe difficile trovare il giusto*

excitement

equivalente del termine italiano senza immaginare che tipo di sentimenti stiano all'origine di una tale eccitazione: she was all (*o* terribly) excited *significherebbe* **immaginai che fosse l'attesa del verificarsi di un evento piacevole a causare la sua eccitazione**, *mentre sostituendo* excited *con* worked up *la frase* she was all (*o* terribly) worked up *significherebbe* **immaginai che fosse arrabbiata o preoccupata per l'imminenza di un pericolo** *etc. Prendendo ora in esame il caso di un'insegnante che dicesse* **ho avuto una mattinata tremenda, i ragazzi erano molto eccitati**, *si userebbe* excitable *se così dicendo l'insegnante intendesse che i ragazzi erano inquieti*, restless *o* fidgety *se non stavano fermi un momento*, rowdy *se facevano molta confusione. Si consideri infine il seguente esempio*: **mancavano ancora due ore all'inizio dell'esame ed era già tutta eccitata**, and she was terribly worked up already (*o* she was already in a state of nerves, *oppure ancora* she was nervy already).

◉**excitement** *s*. ① stato di grande agitazione causata soprattutto dall'attesa di un evento piacevole o da suspense, eccitazione: **the children's excitement on Christmas Eve always keeps them awake; his excitement in the last few minutes of the film was almost unbearable**. ② suspense: **I'd rather have too much excitement in a film than sentimentality**. ③ eccitazione, emozione: **nervous excitement; while the patient is still so weak he must be spared excitement of every kind**.

eccitazione s. Se causata dall'attesa di un evento piacevole o da suspense, excitement; *se causata da qualcosa spiacevole,* anxiety (*meno usato*), agitation).

◉**exciting** *agg*. appassionante, entusiasmante, eccitante: **now that she has taken a very good degree and won an important research scholarship she feels that the future is full of exciting possibilities**; *Treasure Island* **is an exciting story for children, all about pirates and buried treasure**.

eccitante A part. pres. e agg. exciting, stimulating. *B s.* stimulant.

◉**exclusive** *agg*. ① (*di club, etc.*) che permette solo a persone scrupolosamente selezionate di entrare a far parte del numero dei propri soci, *etc.*, esclusivo: **he belongs to an exclusive club; they move in very exclusive circles**, frequentano circoli molto chiusi. ② (*di negozi o di merci*) di alta qualità e caro, costoso, *talvolta* esclusivo: **our exclusive range of furs will appeal to the most fastidious taste; our products are found only in the most exclusive shops**. ③ (*nella terminologia usata negli alberghi, etc.*) esclusa la prima colazione, *o* gli altri pasti *o* I.V.A.: **double room with private bathroom £40 a night exclusive**. ④ (*di un servizio giornalistico o di merci in un negozio*) in esclusiva: **exclusive report on pop star's divorce; exclusive to Harrods**. ⑤ esclusivo: **we hold the exclusive (*o* sole) rights to the distribution of this film; writing is now his exclusive (*o* sole) occupation; these two policies are mutually exclusive** (non possono essere adottate contemporaneamente).

esclusivo agg. ① exclusive (*vedi* **exclusive** *accezione 5*). ② (*esclusivista*) opinionated. ③ (*comm.*) exclusive, sole. ● *Esclusiva s. Non essendo possibile tradurre questo termine in inglese con un singolo sostantivo, è necessario ricorrere ad espressioni di vario tipo*: (*comm., di vendita*) sole selling right; (*di rappresentanza commerciale*) sole agency; (*brevetto*) patent; (*licenza di fabbricazione*) exclusive licence; **intervista in esclusiva**, exclusive interview; **notizia in esclusiva**, exclusive report, (*fam.*) scoop; **avere l'esclusiva** (*di un prodotto*), to be the sole agent (for something); (*di fabbricazione*) to own a patent (on something).

◉**exercise** *s*. ① il valersi di facoltà intellettuali, di qualità o di un diritto, esercizio: **this situation calls for the exercise of much patience; prisoners lack opportunities for mental exercise; the exercise of his right to see the prison governor was denied him**. *Il corrispondente verbo* to exercise *è comunque usato più spesso* (**prisoners lack opportunities to exercise their minds; he was not allowed to exercise his right**). ② moto, esercizio: **people in sedentary jobs don't often take enough exercise** (*sempre senza articolo*). ③ esercizio: **grammatical exercises, gymnastic exercises** ● **Military exercises**, esercitazioni militari; **religious** (*o* **spiritual**) **exercises**, esercizi spirituali; **exercise book**, quaderno.

esercizio s. Oltre ai significati sopra illustrati, si considerino le seguenti accezioni del termine: ① (*pratica*) practice: **è diligente nell'esercizio della sua professione**, he is diligent in the practice of his profession. ② (*allenamento*) practice: **nel trimestre estivo i ragazzi fanno esercizio di tennis tutti i giorni**, in the summer term the children have tennis practice every day; **oggi ha giocato male a tennis perché è fuori esercizio**, he played tennis badly today because he is out of practice; **un pianista di professione deve fare esercizio almeno sei ore tutti i giorni**, a professional pianist needs at least six hours' practice every day. ③ (*gestione di un'impresa*) running: **chi è responsabile dell'esercizio di questo ristorante, negozio, bar**, *etc.?*, who is responsible for running (*o* the running of) this restaurant, shop, coffee, bar, *etc.?* ④ (*azienda*) *Non esiste in inglese alcun termine di senso generale che possa corrispondere a questa accezione di* **esercizio**; *è pertanto necessario specificare di che genere di azienda si tratti e rendere quindi il termine italiano con* restaurant, shop, bar, *etc.* ⑤ (*comm., periodo di gestione di un'azienda*) *L'unica espressione inglese che più si avvicina a questo significato del termine è* the financial year: accounts for the financial year April 1986 to April 1987.

○**exercise** *vb. tr.* ① usare, esercitare (*facoltà intellettuali, qualità naturali, diritti, etc.*): **she exercised all her skill and patience in the matter**. ② esercitare: **these students need to be exercised in the use of the subjunctive** (*antiquato, è più consueto dire* **need to do exercises on**); far fare del moto: **you must exercise horses every day; I'll have to exercise the dog in spite of the rain**. ● (*alla forma passiva, antiquato*) **to be exercised** (**about something**), essere preoccupato: **I am exercised** (*o* **worried**) **about that child's health**.

esercitare *vb. tr.* ① (*mantenere in forma*) to exercise (the muscles, the body, the memory, *etc.*). ② (*addestrare*) to train (the muscles, the body, the memory, *etc.*); to drill (*mil.*): **gli uomini vengono esercitati tutti i giorni nel cortile della caserma**, the men are drilled every day on the barrack square. ③ (*praticare*) to practise (a profession): **ha esercitato per vent'anni la professione di medico, dentista, architetto, avvocato, prima di diventare scrittore**, he practised medicine, dentistry, architecture, law (*o* he was a doctor, a dentist, an architect, a lawyer) for twenty years before becoming a writer. ④ (*servirsi di, valersi di*) to exercise (*o, più forte,* to exert) (one's rights, authority, power, *etc.*).

esercitarsi *vb. rifl.* ① (*fare pratica*) to practise: **prima di iniziare una partita di tennis ci esercitiamo sempre venti minuti**, before beginning a game of tennis we always practise for twenty minutes; **al mio tavolo al ristorante era seduta una signora francese e così mi sono esercitata a parlare in francese con lei**, a Frenchwoman sat at my table in the restaurant and I practised my French on her. ② (*fare del moto*): to take exercise (*riferito solo a persone*); to exercise (*meno usato*): **tutte le mattine prima di colazione mi esercito nel parco**, I take exercise (*o* I exercise) every morning in the park before breakfast; **abbiamo visto dei cavalli da corsa che si esercitavano**, we saw some race horses exercising.

exhibition *s.* ① mostra: **a retrospective exhibition of his work will be held in the autumn**. ② dimostrazione, *specialmente nelle espressioni* **an exhibition of bad taste** *o* **bad manners**. ③ borsa di studio, *di importo inferiore a quello di una* **scholarship**. ● (**1**) **exhibitioner**, borsista. (**2**) **to make an exhibition of oneself**, rendersi ridicolo.

esibizione *s.* ① (*presentazione di un documento*) (*burocratico*) presentation, production: **biglietti gratis per la mostra saranno rilasciati ai soci dietro esibizione della tessera**, tickets to the exhibition will be issued free to members on presentation (*o* production) of a membership card. ② (*atto dell'esibirsi*) (*spettacolo*) performance: **l'esibizione dei due grandi ballerini è stata spesso interrotta dagli applausi del pubblico entusiasta**, the performance of the two great dancers was frequently interrupted by enthusiastic applause. ③ (*sport*) exhibition match. ④ (*offerta, spec. dei propri servigi, Zingarelli*) offer: an offer of help.

exhilarate [igˑzilǝreit] *vb. tr.* entusiasmare, stimolare, elettrizzare; *la differenza sostanziale tra il verbo inglese e quello italiano consiste nel fatto che in* **to exhilarate** *prevale l'elemento dello stimolo più che dell'allegria. Anche i termini* **exhilarating** *e* **exhilaration** *differiscono come significato da* esilarante *e* esilaramento, *oltre ad essere usati più spesso di quanto questi lo siano in italiano. Si può definire* **exhilarating** *l'aria fresca del mattino, la prima esperienza di viaggio in aereo, o la vista di barche a vela che gareggiano con un forte vento. Raccontando di questo tipo di esperienze è anche possibile dire* **I felt exhilarated** *o descrivere* **the exhilaration of watching the yachts** *o* **of ski-ing**. *È talvolta possibile sentir parlare di* **exhilarating music** *o* **poetry** *come pure, al termine di una trasmissione o di una conferenza noiosa, sarebbe possibile sentire pronunciare il commento sarcastico* **well, that was exhilarating, wasn't it?**

esilarare *vb. tr.* to amuse, to make laugh (*o* roar): **basta una sua battuta ad esilarare il pubblico**, one witty crack from him is enough to make the audience roar.

◐**exigency** (*o* **exigence**, *meno comune*) *s.* [1] (*di solito al plurale*) *È un termine molto vago usato in genere nel gergo politico o giornalistico; indica uno stato di grave necessità*: **the exigencies of the situation compelled him to seek help**, l'eccezionale gravità della situazione lo costrinse a cercare aiuto. [2] esigenza, pretese: **his boss's exigency is almost impossible to satisfy.** • **Exigent** *agg.* [1] esigente: **her boss is very exigent**; urgente: **an exigent need**; grave: **an exigent situation**; (*poco usato*) impegnativo: **exigent work like hers is very tiring**. [2] *sia il sostantivo che l'aggettivo ricorrono assai meno spesso di* esigenza *o* esigente; *al loro posto vengono più comunemente usati i termini* **demanding(ness)** *e* **exacting(ness)**.

esigenza *s.* [1] (*l'essere esigente*) exactingness; (*meno usato*) demandingness, exigency: **lavorare per lei è difficile a causa della sua esigenza**, her exactingness (*o* demandingness *o* exigency) makes her difficult to work for. [2] (*bisogno*) exigency, demand (*spesso al plurale*): **dovettero agire rapidamente per far fronte alle esigenze del momento**, they had to react quickly to the exigencies (*o* demands) of the moment. • **Avere molte esigenze**, to be very demanding (*o* exacting); (*riferendosi ai gusti di una persona*) to be fastidious.

◐**expect/aspettare** *Sono tre i punti fondamentali da tener presente riguardo questi due verbi*: (**a**) *le accezioni 3 e 4 di* **to expect**; (**b**) *la differenza tra* **to expect** *e* **to wait**; (**c**) *l'idea di speranza o timore insita in* aspettarsi *non sempre è presente in* **to expect**.
expect *vb. tr.* [1] pensare *o* credere *che qualcosa accadrà*: **I expect it will snow before long.** [2] pensare *o* credere *che qualcuno o qualcosa arriverà*, attendere, aspettare: **snow is expected within the next few hours; he refused our invitation to the theatre because he was expecting some friends.** [3] aspettarsi: **when I pay as much as that, I expect first-class service**; esigere, pretendere (*quando un lavoro, per esempio, è stato fatto male,* **to expect** *è usato con indignazione*): **I expect good craftmanship at that price, not shoddy work like that; my landlady expects me to be in by 11 p.m., as if I were a schoolgirl!** [4] supporre: **I expect even the most interesting work feels like drudgery sometimes.** • **To expect a baby**, aspettare un bambino: **she's expecting a baby** (*o* **child**); (*fam.*) **she's expecting.**
aspettare *vb. A intr.* to wait: **si misero in coda alla fermata dell'autobus ma dopo mezz'ora si stancarono di aspettare e se ne andarono**, they joined the queue at the bus stop but after half an hour got tired of waiting and went away. *B tr.* to wait for: **stavano aspettando l'autobus**, they were waiting for a bus; to expect: «**Quanti fiori hai messo dappertutto!**» – «**Aspetto gente a cena**», «What a lot of flowers you've got everywhere!» – «I'm expecting people to dinner.» • (**1**) *In* **to wait** *è implicita l'idea che deve passare del tempo prima che qualcosa accada, mentre* **to expect** *esprime la probabilità o la certezza che qualcosa avverrà, e non allude in alcun modo al trascorrere del tempo*: **I'm expecting a telephone call** *significa che ho ragione di credere che una determinata persona telefonerà ad una data ora nell'immediato futuro, per un preciso motivo, mentre* **I'm waiting for a telephone call** *significa che deve passare del tempo prima che tale telefonata arrivi*. (**2**) **farsi aspettare**, to be late, to keep someone waiting: **intendevamo partire alle cinque in punto ma Mildred ci ha fatto aspettare**, we intended to leave on the dot of five but Mildred kept us waiting (*o* was late). *C medio tr.* to expect: **si aspettava che fosse felice di vederlo**, he expected that she would be pleased to see him; **si aspettava di vederlo a Londra**, she expected to see him in London; to hope: **non mi aspetto niente di buono**, I can't hope for (*o* expect) anything good (out of this); **mi aspettavo una risposta affermativa**, I was hoping they would say yes; to fear: **in un'atmosfera così tesa c'è da aspettarsi di tutto**, in such a tense situation one is inclined to fear the worst (*o* anything could happen).

◐**expedient** *s.* [1] mezzo per ottenere qualcosa, espediente, (ultima) risorsa: **alone and ill, the only expedient left to her was to ask strangers for help.** [2] mezzo ingiusto o disonesto usato per raggiungere i propri scopi, espediente: **this unscrupulous government has even resorted to the wretched expedient of taxing old people's savings.** • **Expedient** *agg.* (**1**) *corrisponde all'accezione 2 del sostantivo ma è molto meno usato*; (**2**) opportuno, (*talvolta*) essenziale: **it is expedient to recall the Ambassador; it is expedient that the Ambassador should return to report on the affair in person.**
espediente *s.* device, expedient: **in Inghilterra la tassa di circolazione sulle auto e sui camion fu originariamente concepita come espediente per garantire che gli automobilisti pagassero più degli altri per la manutenzione delle strade**, the road tax payable on cars and lorries was origi-

nally intended as a device for ensuring that drivers paid more than other people for the upkeep of the roads; **way out of...**: *questa espressione corrisponde in italiano a* **un espediente per non...**: employing a member of the family in one's business is often a way out of paying the market rate for work; (*inganno*) dodge, trick: **quello che ha fatto è stato solo un espediente per far andare via gli inquilini dal suo appartamento**, what he did was simply a dodge (*o* trick) for getting his tenants out of the flat. • **Vivere di espedienti**, to live on one's wits.

◦**expedition** *s*. ① spedizione: **Captain Scott led an unsuccessful expedition to the South Pole.** ② prontezza, rapidità: **every order he gave was carried out with expedition.**
spedizione s. ① (*di un pacco, etc.*) dispatch, posting; **spese di spedizione**, post and packing (*di pacchi piccoli*); freight, forwarding charges (*di pacchi grossi*); **fare una spedizione**, to send a consignment; (*solo comm.*) forwarding: **agenzia di spedizione**, forwarding (*o* shipping) agent. ② (*viaggio a scopo scientifico, etc.*) expedition: **partecipare ad una spedizione**, to go on an expedition. ③ (*mil.*) mission; **corpo di spedizione**, expeditionary force.

◦**explode/*esplodere* *vb. intr. e tr.* Hanno lo stesso significato (sia letterale che figurato) quando vengono usati in forma intransitiva. Il verbo inglese, tuttavia, può essere usato transitivamente ① *nel senso di* fare esplodere (**the demolition squad exploded the bomb**) *e* ② *in senso figurato, col significato di* demolire, screditare (*un'ipotesi, una teoria, una dottrina, etc.*): **Prof. Marchant's new book explodes the theory maintained for so many years by Prof. Twemloe and his followers; Prof. Twemloe's theory has been exploded once and for all.** • Esplodere un colpo di rivoltella, **to fire a (revolver) shot.**

exponent/*esponente* *s.* Sia il termine inglese che quello italiano possiedono alcune accezioni tecniche concernenti campi talmente ristretti che sarebbe fuori luogo discuterne in questa sede; ciò che è importante notare è che i due termini differiscono in quello che è il loro principale significato: il termine inglese indica una persona che spiega o commenta una realtà, delle opinioni, una linea di condotta, *etc.*: **the better an actor is at acting, the less likely he is to be a lucid exponent of his art, *che equivale a dire* **the less likely he is to expound (*o* explain) the nature of his work lucidly.** *L'accezione più comune di* esponente *trova forse la sua migliore traduzione in* **leading member**: **he is a leading member of the Liberal party**; al vertice ha preso parte anche l'esponente del Politburo Scerbitsky, **a leading member of the Politburo, Sherbitsky, was also present at the summit conference; Harriet Monroe was a leading member of the imagist movement in American poetry.**

◦**expose** *vb. tr.* ① rivelare, denunziare all'opinione pubblica (*qualcosa che qualcuno ha cercato di tenere nascosto*), smascherare: **the Watergate scandal was exposed by two Washington Post journalists; recent events have exposed the weaknesses of the government's economic policy.** *Si noti che anche le seguenti costruzioni sono usate comunemente*: **XYZ, the embezzler** (frodatore), **was exposed by one of his clerks; XYZ was exposed as an embezzler.** ② esporre (*alle intemperie, ad un pericolo, etc.*) ③ (*fot.*) impressionare una pellicola *o* esporla inavvertitamente alla luce.
esporre vb. tr. ① (*alle intemperie, etc.*) to expose: **gli spartani esponevano i bambini indesiderati alle intemperie**, the Spartans exposed unwanted babies to the elements; **la casa in cima alla scogliera era esposta alle violente tempeste dell'Atlantico**, the cliff-top house was exposed to the fierce Atlantic gales; **la sua condotta espose troppe persone al rischio**, *etc.*, his conduct exposed too many people to risk, *etc.* ② (*spiegare*) to expound: **il professore fu invitato a esporre un passo oscuro del testo**, the professor was called upon to expound an obscure passage in the text; **Gesù espose le sacre scritture nella sinagoga di Nazareth**, Jesus expounded the scriptures in the synagogue at Nazareth. ③ (*mettere a repentaglio*) to risk: **esporre la propria vita**, to risk one's life: **espose la sua vita per salvarli dalle fiamme**, she risked her life to save them from the fire; **un buon ufficiale non avrebbe esposto tanti uomini**, a good officer would not have risked so many men. ④ (*narrare*) to retail, to detail, to recount: **espose alla moglie tutti i fatti che gli erano capitati**, he retailed (*o* recounted) all that he had been through to his wife. ⑤ (*mettere in vista, in mostra*) to display: **i modelli che andranno di moda nella prossima stagione saranno esposti in questa vetrina la prossima settimana**, examples of the new season's fashions will be displayed in this window next week; to show:

expose oneself

questo promettente artista esporrà presto alcuni dei suoi ultimi dipinti a Londra, this promising artist is to show some of his recent paintings in London soon.

◐**expose oneself** *vb. rifl.* ① to expose oneself *to danger, etc.*; *(fig.) to ridicule, etc.* esporsi. ② *(non seguito da un complemento) (dir.)* esibire gli organi sessuali.

esporsi *vb. rifl.* ① **esporsi a dei rischi**, *etc.*, to expose oneself to risks, *etc.*, *(fig.)* **esporsi alle critiche**, *etc.* to lay oneself open (*o* to expose oneself) to criticism, *etc.* ② *(compromettersi)* to put oneself in a compromising situation, to compromise oneself. ③ *(indebitarsi)* to incur debt(s), *(colloq.)* to run up debts: **la ditta X si è esposta per circa un miliardo** *(Zingarelli)*, the X Company has incurred debts of (*o* has run up debts to the tune of) about a thousand million.

◐**exquisite** *agg.* ① di particolare bellezza: **an exquisite rose, complexion, impromptu**, *etc.*; *usato meno spesso riferito a cibi e vini, e ancora meno spesso a modi di comportarsi o ad uno stile letterario.* ② che rivela eccezionali doti di discernimento, fine, squisito: **an exquisite palate, exquisite taste; she has exquisite taste; she has exquisite taste in dress** (*o* **clothes**). ③ acuto, intenso: **exquisite pain, joy**. • *Si noti che questo termine* (**1**) *non è usato riferito a persone*: un artista, scrittore squisito, **a beautiful** (*o* **wonderful**) **artist, writer**; (**2**) *a differenza del corrispondente termine italiano può in molti contesti apparire esagerato.*

squisito *agg.* ① *(di cibi)* exquisite; *(meno iperbolico)* delicious, beautiful, excellent. ② *(di gentilezza, cortesia, etc., raffinato)* exquisite; *(meno iperbolico)* delightful *o* beautiful, *al limite, ma è più consueto dire* he treated us with great kindness *o* he was very courteous (*o* polite). ③ *(di gusto)* exquisite; *(meno iperbolico)* excellent, very discriminating.

extend *vb. A tr.* ① prolungare *(sia nello spazio che nel tempo)*, protrarre: **the garden was extended to take in the river; the captain's leave was extended because his wife had to have an operation; they decided to extend the news programme by five minutes to allow fuller coverage of the Olympic Games.** ② estendere: **Parliament decided to extend the committee of enquiry's terms of reference** (compiti). ③ *(di un lavoro o di un compito)* offrire a qualcuno la possibilità di mettere a frutto le proprie capacità: **his present job doesn't extend** (*o* **stretch**) **him**. ④ stendere, allungare *(una mano, un piede, un arto, etc.)*: **«How do you do?» she said coldly, extending a reluctant hand to her famous rival; the tree extends its shade over the verandah.** ⑤ offrire *(nell'espressione formale* **to extend a welcome**): **it is my pleasure to extend a warm welcome to our overseas visitors on behalf of the city.** *B intr.* estendersi: **a fertile plain extends (from the mountains) to the sea;** *(fig. di fama, influenza, etc.)*: **a pop star's influence extends over a greater number of people than the most charismatic bishop's**. • *Il participio passato* **extended** *è usato spesso in funzione di aggettivo e corrisponde alle accezioni 1 e 2 del verbo*: **the captain was granted extended leave; the extended garden now covers nearly three acres;** *(mus.)* **an extended coda, cadence**, *etc.*; **the committee's extended terms of reference**.

estendere *vb. A tr.* ① *(ampliare)* to extend: **fu una guerra di conquista, intesa a estendere i confini della Germania**, it was a war of conquest, intended to extend Germany's frontiers; to enlarge, to broaden: **andò all'estero per alcuni anni per estendere le sue esperienze**, she went abroad for a few years to enlarge (*o* broaden) her experience; *(di un provvedimento, un diritto, etc.)* to extend: **in Inghilterra il diritto di voto fu esteso alle donne nel 1918**, the right to vote was extended to women in 1918. ② *(mus.)* to extend. *B rifl.* ① *(espandersi)* to grow, to grow (*o* get) bigger (*o* more extensive); *(diffondersi)* to spread: **la corruzione, il malcontento, la malattia**, *etc.* **si sta estendendo rapidamente**, corruption, discontent, disease, *etc.*, is spreading rapidly; **estendersi a macchia d'olio** (*vedi* **olio**). ② *(distendersi)* to extend over, to cover: **la zona di alta pressione si estende su tutto il Mediterraneo occidentale**, the high pressure zone extends over (*o* covers) the whole of the western Mediterranean.

stendere *vb. A tr.* ① *(allungare)* to put out, to stretch out, to stick out *(fam.)*, to extend *(poco usato)*: **stendere le braccia, le gambe**, to stretch one's arms, legs *per rilassare i muscoli; per qualsiasi altro scopo* to stretch (*o* stick) out one's arms, legs; **stendere la propria mano**: *(a) (per stringere quella di un'altra persona)* to put out (*o* extend) one's hand (to shake someone else's); *(b) (per dare o prendere qualcosa o per chieder l'elemosina)* to put (*o* stretch) out one's hand. ② *(appendere per fare asciugare)* to hang out. ③ *(spandere)* **stendere la vernice**, to put paint on something; *(spalmare)* **stendere il bur-**

ro sul pane, to spread (*o* put) butter on bread; (*spianare*) stendere la pasta col matterello, to roll out pastry with a rolling pin; stendere un metallo, to beat (out) metal. 4 (*mettere a giacere*) to lay: lo stesero sul letto, they laid him (*o* it) on the bed; (*spiegare*) ha steso la tovaglia sulla tavola, she has laid (*o* spread) the (table)cloth on the table; (*scaraventare per terra*) to knock down: con una spinta lo stese a terra, he knocked him down. 5 (*redigere*) stendere un verbale: (*di polizia*) to draw up a statement; (*di un'assemblèa*) (*durante l'assemblea*) to take down minutes, (*dopo l'assemblea*) to write up minutes; stendere un memoriale, to write one's memoirs (*di solito un memoriale politico o di guerra*); stendere una lettera, to write a letter; stendere un reclamo, to write a letter of complaint, to make a complaint. • Sta stendendo l'ultimo capitolo del libro, he is writing the last chapter of the book, *ma in* he is drafting the last chapter of the book *è sottinteso che si tratta di un primo abbozzo che subirà certamente numerose revisioni*. B *rifl*. (*mettersi a giacere*) to lie down: si è stesa sul letto perché non si sentiva bene, she lay down because she didn't feel well. C *intr. pron*. (*estendersi nello spazio*) to cover, to extend over: la zona devastata dall'incendio si stendeva per centinaia di acri, the area devastated by the fire covered (*o* extended over) hundreds of acres; (*da un punto ad un altro*) to stretch, to extend: la zona devastata dall'incendio si stendeva dal paese fino al lago, the area devastated by the fire stretched from the village to the lake.

◉**extension** *s*. *Equivale ad* estensione *in tutti i seguenti casi*: **Parliament confirmed the extension of the committee's terms of reference** (compiti); **«without rain» is an extension of the meaning of the word fine in speaking of the weather; the extension of the arms in this gymnastic exercise** (*ma le espressioni* **stretching out** *e* **extending** *sono usate più comunemente*); *anche nella sua accezione filosofica* (*l'insieme degli oggetti a cui si applica correttamente il significato di un termine, Zingarelli*) *questo termine trova il suo corrispettivo in* estensione. Extension *ha inoltre i seguenti significati*: 1 aggiunta *o* prolungamento, sezione che si dirama da una unità principale: **an extension of the south wing was built last year**; (*di un cavo*) prolunga. 2 proroga, prolungamento: **the University granted him an extension of his study leave so that he could finish his book**. 3 derivazione telefonica, numero interno: **there is a telephone in the hall, with an extension to** (*o* **in**) **the kitchen; my office number is 4468, extension 257**. • **Extension courses**, insegnamento impartito all'esterno di una università: **most British universities provide extension** (*o* **extra-mural**) **courses in the evening for people who are in full-time work and do not intend to take a degree**.

extent *s*. 1 vasta estensione (*nel senso però di dimensione*): **she marvelled at the extent** (*o, più raro*, **extensiveness**) **of the gardens**. 2 ambito, sfera (*di solito notevole*): **she marvelled at the extent** (*o, più raro*, **extensiveness**) **of his powers, their knowledge, authority**, etc. • **To some extent**, fino ad un certo punto; **to a great extent**, in larga misura; **to a limited extent**, in misura limitata.

estensione *s*. *Equivale a* extension *in tutte le sue accezioni tranne che nelle seguenti*: 1 (*mus. sistema di tutti i suoni emessi dalla voce umana o da uno strumento, Zingarelli*) compass. 2 (*dimensioni di una superficie, di un territorio, etc.*) extent: **nessuno conosceva l'esatta estensione della zona devastata dalla bomba**, nobody knew the precise extent of the area devastated by the bomb.

◉**extensive** *agg*. vasto, ampio: **a large country house with extensive gardens; Let observation with extensive view, / Survey mankind, from China to Peru** (Dr Johnson, *The Vanity of Human Wishes*); (*in senso figurato*): **the investigators have been given extensive powers; he has an extensive knowledge of the subject; we have made extensive enquiries for the book you ordered**. • **Extensively** *avv*. **he has read extensively in this field**, è molto preparato in questo campo; **Let observation, with extensive observation, observe Mankind extensively** (*parodia di Johnson attribuita a Coleridge*); **extensiveness** *s*. (*poco usato*); **extent** (*q.v.*).

esteso agg. 1 vast: **una zona estesa**, a vast area; extensive: **in questo campo sono state fatte estese ricerche**, extensive research has been done in this field. 2 full: **ha scritto un esteso resoconto del viaggio**, he wrote a full account of the journey. • **Significato esteso**, extended meaning: *place or equipment for doing something* is an extended meaning of *facility* (*ease*); **per esteso**, in detail: **l'itinerario Francia – Italia – Grecia – è descritto per esteso a pag. 4 del nostro depliant**, France – Italy – Greece – the route is given in detail on page 4 of our brochure; in full: **indicare il nome di battesimo per esteso**, give Christian name(s) in full.

extenuate *vb. tr.* far sembrare (*la colpevolezza di una persona, un crimine o un'offesa*) meno grave fornendo una parziale giustificazione, attenuare, giustificare in parte: **the fact that she was coping with so many problems at the time does not extenuate her guilt in the matter** (*o* **the crime she has committed** *o* **the offence to her benefactors** *o* **her behaviour**). • **Extenuating circumstances**, circostanze attenuanti.

estenuar(si) *vb. tr. e rifl.* to tire (oneself) out, to wear (oneself) out, to exhaust (oneself).

◉**extirpate** *vb. tr.* sradicare *o* distruggere completamente (*termine piuttosto retorico, usato di solito in senso figurato*): **until violence is extirpated from football stadiums football will not return to being a game.**

estirpare *vb. tr.* ①(*di erbacce, etc.*) to root out. ②(*med. di tumori, etc.*) to extirpate. ③(*fig.*) to eradicate: **the acceptance of uncontrolled self-interest must be eradicated from our political philosophy.**

◉**extract** *vb. tr.* Si riferisce molto raramente all'estrazione di minerali, mentre è usato assai spesso riferito: ① *a denti e a qualsiasi altra cosa fissata saldamente*, estrarre (**it will be difficult to extract this tooth, the nails in these floor boards,** etc.); ② *a denaro, informazioni, etc.*, ricavare, trarre (**if you can extract accurate information from the enquiry office you're a genius**); ③ *al succo della frutta, all'olio*, spremere, estrarre (**the juice of 15000 oranges a day is extracted and canned in this factory**); ④ (*meno usato*) *a brani di libri*, estrarre (*ma è più comune dire* **to make extracts: after making extracts from the book she returned it to the library**); ⑤ *al termine* **pleasure**, trarre (**it was a boring evening but they managed to extract pleasure from the mere fact of being away from the hospital**).

estrarre *vb. tr.* ①(*di minerali*) to mine. ②(*tirare a sorte*) to draw, to call: **estrarre i numeri ad una lotteria**, to draw numbers in a lottery, to call numbers in a game of tombola (*o* bingo). ③(*in tutti gli altri casi*) to extract.

◉**extraction** *s.* ① atto dell'estrarre *o* del trarre, *talvolta* estrazione: **extraction of teeth, of nails,** etc., **of oil** (*intendendo per oil olio di oliva, di semi, etc.*), **of money from a miser, of juice from fruit, of pleasure from unlikely sources**; *non è invece usato parlando di libri* (*in questo caso si direbbe infatti* **the making of extracts from books**). ② origine: **she is an English citizen of Danish extraction.**

estrazione *s.* ①(*di un dente, di un chiodo, etc.*) extraction (*vedi anche* **extraction** *accezione 1*). ②(*di minerali*) mining: **l'economia nazionale poggia prevalentemente sull'estrazione del carbone**, the country's economy depends heavily on coal mining; **estrazione del petrolio**, drilling for (*o* pumping of) oil (*o* petroleum). ③(*origine sociale*) **di povera, nobile,** *etc.* **estrazione**, from a poor, aristocratic, *etc.* background (*meno usato*, of humble, aristocratic, *etc.* origin). ④(*sorteggio*) draw.

extravagant *agg.* ①(*di persone*) che spende molto più del necessario: **she's got a good income but she's so extravagant over food and clothes** (spende così tanto nel mangiare e nei vestiti) **that she can't ever afford a holiday abroad**; (*per estensione, di cose*) che costa molto più del ragionevole: **we decided to have a really extravagant holiday for the first time in our lives.** ②(*di lodi, principalmente, ma anche di idee e modi di comportarsi*) che va oltre il ragionevole, smodato, eccessivo: **our son's first school report contained such extravagant praise of his work that we wondered if he was a genius or if his teachers were all eccentrics; the new party's manifesto is made up chiefly of extravagant promises about ending unemployment and revitalizing the social services; their host tried to make up for the evident fact that he had forgotten they were coming by exercising extravagant charm.**

stravagante **A** *agg.* odd, eccentric: an odd (*o* eccentric) person. • *Fino a circa il 1960 il termine* queer *aveva questo significato ma da allora esso è divenuto sinonimo di* homosexual *ed è usato raramente nel suo originale e più utile significato. Un altro termine che ha subìto la stessa triste sorte è* gay (*q.v.*). **B** *s.* an odd (*o* strange *o* funny) person; a character.

◉**extreme** *s.* ① grado massimo, atto estremo *o* condizione estrema, estremo (*spesso al plurale*); **he is a selfish man in general but when we were in trouble he was kind in the extreme** (estremamente gentile); **first she cleaned the new flat obsessively and then she went to the opposite extreme; to go to extremes**, arrivare agli estremi. ②(*al plurale*) cose lontanissime *o* del tutto diverse l'una dall'altra, estremi: **extremes meet**, gli estremi si toccano.

estremo s. ☐1 (*culmine, colmo*) height(s): **giunse agli estremi della potenza**, he reached the height(s) of power; **giunse agli estremi della gioia**, she knew the height(s) of joy; depth(s): **erano giunti agli estremi dell'infelicità (della disperazione, della miseria)**, they were in the depth(s) of unhappiness (*o* despair *o* poverty); extremity: **si rese conto che era all'estremo della sofferenza (*o* della gioia)**, he saw the extremity of her anguish (*o* joy). ☐2 (*momento estremo*) end: **erano esausti ma continuarono a lottare fino all'estremo**, they were exhausted but they struggled on to the end. • **Passare da un estremo all'altro**, to go from one extreme to the other; **l'estremo, gli estremi della vita**, the end, the last, (*scherz.*) the last gasp; **essere all'estremo della pazienza *o* delle proprie forze**, to be at the end of one's tether. ☐3 (*al plurale*) **gli estremi** (*di un documento*), particulars, (*meno usato*) essentials: the particulars contained in a document; (*di un reato*) the particulars of a crime. ☐4 (*sport*) full back. ☐5 (*filos.*) extreme. ☐6 (*mat.*) extreme.

F

fabric *s.* ① tessuto: **her dress was made of a soft woollen fabric**. ② struttura: **the fabric of the church has been allowed to deteriorate**; (*fig.*) **the fabric of society, the social fabric**.

fabbrica *s.* ① (*attività*) construction, building: **Brunelleschi diresse la fabbrica del Duomo di Firenze** (*Zingarelli*), Brunelleschi directed the construction (*o* building) of Florence cathedral. ② (*industria*) factory; (*se vi lavorano non più di 30/40 operai*) workshop; *se vi si producono cotone, lana, tessuti, mattoni, acciaio, o automobili il termine italiano dovrà essere reso rispettivamente con* cotton *o* wool mill, brickworks, steel works, motor works. • NB: (**a**) he manages a steel works *etc.*, *ma* the steel works *etc.* are closed. (**b**) *Il plurale di* work *è usato solo in questo senso e nel senso di opere d'arte* (the works of Dante, *etc.*); *altrimenti* work (lavoro) *al plurale diventa* jobs (lavori). (**c**) (*fig.*) **quel ritrovo è una fabbrica di pettegolezzi** (*Zingarelli*), that place is a hotbed of gossip. (**d**) **a prezzo di fabbrica**, at cost price; **nuovo di fabbrica**, brand new; **marchio di fabbrica**, trademark.

◦**fabricate** *vb. tr.* inventare, fabbricare (*una menzogna, un alibi, etc.*): **she fabricated some story or other to explain her absence**.

fabbricare *vb. tr.* ① to build. ② to produce, to manufacture. ③ (*inventare*) to fabricate; **fabbricare una falsa accusa**, to trump up a charge: **he was arrested on a trumped up charge**. • (**1**) **fabbricare un vocabolo nuovo**, to coin a word; *quando usano un'espressione trita gli inglesi dicono* to coin a phrase: «But it's impossible to do that sort of thing *in this day and age*, to coin a phrase!». (**2**) **fabbricare castelli in aria**, to build castles in the air.

◦**face** *A s.* ① faccia, viso, volto: **she has a beautiful face**. ② espressione del viso, faccia: **it was obvious from his gloomy face that he had bad news to tell**; smorfia: **he tasted the soup and made a face – evidently it was far from good; the children were trying to make each other laugh by making (*o* pulling) faces**. ③ lato significativo di un qualcosa: **the face (*o* dial) (quadrante) of a clock; the (playing) cards were spread face down (capovolte *o* coperte) on the table**. ④ versante di una montagna: **they are going to climb the south face**. • (*di una persona*) **two-faced**, falso; **face-powder**, cipria; **coal-face**, superficie rocciosa di una miniera da cui viene estratto il carbone, fronte; **rock face**, parete rocciosa: **a climber was clinging to the rock face**; **face (*o* nominal) value**, valore nominale; **to take a thing at face value**, credere alle apparenze; **on the face of it**, apparentemente: **on the face of it the idea is brilliant but I don't believe it would be practicable**; **to keep a straight face**, trattenersi dal ridere; **in the face of**, a dispetto di: **in the face of every discouragement she went on**; **to say something to someone's face**, dire qualcosa in faccia a qualcuno: **would you dare say that about him to his face?**; **to have the face to do something**, avere la faccia di fare qualcosa; **to put a good face on something**, far buon viso a: **her business has failed but she puts a good face on it and says it's time she retired anyway**; **to lose face**, perdere la faccia; **to save one's face**, salvare la faccia; **to save someone's face**, salvare il prestigio di qualcuno: **I told the customer the mistake was mine, to save the manager's face**. *B vb. tr.* ① (*di persone*) voltarsi verso, rivolgersi a: **when the leader of the jury delivers the verdict the accused has to stand and face him**; (*di cose*) essere rivolto (*o* esposto) a, affacciarsi su: **the house faces north**. ② essere situato dirimpetto (*o* di fronte) a: **the bank faces (*o* is opposite) the post office; see map facing page 8**, a fronte di pag. 8. ③ affrontare: **he would rather bury his head in the sand than face (*o* face up to) his problems; we must face the fact that mass unemployment is likely to get worse**; **to face it out**, persistere, tener duro: **most people would have admitted defeat at that point and gone bankrupt (*o* left the company, *etc.*) but he decided to face it out**. ④ affrontare (*un avversario*) in una gara: **the present champion faces the ex-champion at Wimbledon today**. ⑤ presentarsi: **the situation** (*o* **problem**) **that faced them was very grave.** ⑥ ricoprire una superficie con un materiale differente, rivestire: **the house is to be built in brick and faced with stone; we will have to face the neck of this muslin blouse with silk.** • **To face the music**, giungere alla resa dei conti: **he has managed to live with unpaid debts for years, but one day he'll have to face the music.**

faccia *s.* ① face: **lavarsi la faccia**, to wash one's face; **ridere in faccia a qualcuno**, to laugh in someone's face. ② (*espressione*) face: **quando apprese la notizia cambiò faccia**, when he heard the news his face changed. ③ (*lato anteriore, superficie esterna*) face: **la faccia di una moneta**, the face of a coin; **è il più accanito giocatore d'azzardo che sia mai esistito sulla faccia della terra**, on the face of the earth; side: **le due facce di una moneta, di una pagina, di una questione**, the two sides of a coin, of a page, of a question. • **Faccia a faccia**: face to face; **che faccia tosta!** *o* **che faccia di bronzo!**, what a nerve! what cheek!, (*meno usato*) what effrontery!

facile *agg.* ① (*spreg.*) ottenuto senza alcun impegno, senza curare la qualità: **a popular writer with a facile style**; superficiale, semplicistico: **a facile solution to a complex problem.** ② (*di persona*) capace di fare qualcosa (*di solito* di parlare) con facilità, abile: **he often has to address public meetings impromptu, but as he's a facile speaker** (*fam.*, **as he's got the gift of the gab**) **that doesn't worry him.**

facile *agg.* ① easy: **andare in bicicletta appare impossibile fino a che non si impara a stare in equilibrio, poi è facile**, riding a bicycle seems impossible till you get the knack of keeping your balance, and easy afterwards; **un guadagno facile**, money for old rope, money for jam. ② (*facilmente comprensibile*) easy: **una lezione facile**, an easy lesson; **stile facile** (*Zingarelli*) (*scorrevole*) an easy style; (*come contrario di oscuro*) a clear style; simple: **scritto in un inglese facile**, written in simple English. ③ (*trattabile*) easy-going: **non farà tanto chiasso per i tuoi errori, è un uomo di facile carattere**, he won't make a fuss about your mistakes – he's an easy-going man. ④ (*incline*) inclined to: **facile al bere**, inclined to drink; **facile alla collera**, quick-tempered; **è facile alle promesse**, he's too quick to make promises (*o* he makes promises too easily); **donna di facili costumi**, woman of easy virtue, loose woman, *ma entrambe queste espressioni sono arcaiche e nell'inglese d'oggi non esiste alcun equivalente di questa accezione del termine.* • NB: Easy *non può essere usato per tradurre l'espressione* **è facile che**; *è necessario ricorrere ad una diversa costruzione*: **è facile che vengano**, they are likely to come *o* they may come.

○**facility** *s. A sing.* ① facilità (*il riuscire a fare qualcosa facilmente*): **he is able to get information about this with greater facility** (*più comunemente*, **more easily**) **than I can.** ② facilitazione, agevolazione, attrezzatura: **every facility will be given to research students working in this library; in this office we have no photocopying facility; so far this hospital lacks an X-ray facility;** *ma si tratta in questi ultimi due esempi di gergo burocratico che andrebbe sostituito da un più accettabile* **no photocopier, no X-ray department.** *B pl. Nella sua forma plurale il termine indica tutto ciò che serve a rendere la vita più facile; normalmente* **facilities** *è accompagnato da termini che ne rivelano senza ombra di dubbio il campo d'azione. Se, per esempio, un supermercato o un hotel reclamizzano le loro* **Parking Facilities**, *significa che i clienti possono disporre di una zona di parcheggio; come pure un negozio che offra* **Credit Facilities** *consentirà ai suoi clienti di aprire un conto mensile o di comprare articoli piuttosto costosi a rate mensili. Il significato di* **facilities** *non accompagnato da nessun altro termine va invece dedotto dal contesto. Per fare un esempio, studenti britannici che si lamentino perché i loro ostelli o le loro case dello studente non hanno abbastanza* **facilities**, *con tutta probabilità si riferirebbero al fatto che non ci sono abbastanza telefoni pubblici, ferri da stiro, stanze in cui fare il bucato o prepararsi uno spuntino; potrebbero anche semplicemente lamentarsi per la mancanza di una* **common room** (*vedi* **common**) *adeguata. Il senso originario di* **facilities** *era quello di fornire servizi non essenziali: si trattava sempre di sussidi supplementari al fine di migliorare l'organizzazione in comodità ed efficienza.* **Sports facilities** (*attrezzature, impianti sportivi*) *per esempio, includono campi da gioco, piste da corsa, palestre etc. che sono essenziali per praticare gli sport. Ma originariamente erano intese come un di più dal punto di vista delle scuole, fabbriche o comuni che le offrivano: questi ultimi infatti assolvevano i loro compiti precipui (istruzione, produzione, amministrazione) anche senza di esse. Ora invece la parola ha finito per includere anche i servizi essenziali, e si può quindi parlare di* **medical facilities** *per indicare praticamente tutto quanto è* necessario a prestare l'assistenza medica, dallo stesso ambulatorio, alle più sofisticate attrezzature d'analisi e di cura. È per questa ragione che si è diffuso l'uso della parola **amenities** per indicare quanto può essere considerato una «comodità» non proprio essenziale (*per esempio, per restare in campo ospedaliero, la fornitura di libri e riviste e l'uso di un soggiorno per i malati sarebbero indicati come* **library and day-room amenities**, *o più generalmente* **hospital amenities**). *Un recente sviluppo della parola è costituito dal suo uso in senso eufemistico. Parlando per esempio dell'assistenza sanitaria nazionale per gli anziani, si può usare l'espressione* **residential facilities** *per indicare gli ospizi; nel caso analogo di bambini, la stessa espressione significherà orfanotrofi, e così via a seconda dei diversi contesti. A tale uso eufemistico si è arrivati perché termini quali* **children's home** (*già di per sé un eufemismo sostitutivo di* **orphanages**), **old people's homes, homes for the subnormal**, *etc. da una parte hanno quel sapore triste e sgradevole che mette spesso a disagio chi ne parla, dall'altra sembrano rispecchiare un modo di intendere i servizi sociali non più al passo con i tempi. Tutto ciò vale anche per l'uso del termine alla forma singolare: negli USA è perfino possibile leggere* **detention facility** *per* **prison** (*The Listener, 19.9.85*).

facilità *s.* ⓘ (*qualità di ciò che è facile*) facility, easiness, *ma nessuno dei due termini è usato molto spesso*. ② (*predisposizione*) faculty, facility. • **Con facilità** (*con leggerezza*), (too) easily; **facilità di parola**, fluency, (*fam.*) the gift of the gab.

factory *s.* fabbrica.

fattoria *s.* ⓘ farm. ② (*se comprende diversi poderi*) estate. ③ (*insieme di fabbricati*) farm buildings. ④ (*casa del fattore*) bailiff's (*o* land agent's) house.

●**facts** *s. plur.* fatti, realtà: **all the most important facts about the textile industry can be found in the encyclopedia**; conoscenza dei fatti: **you can't trust his conclusions when he seems so uncertain of his facts** (di quello che sa sulla questione). • (1) **the facts of life** (*fam.*) conoscenza delle funzioni sessuali umane. (2) *vedi* **in fact**.

fatti *s. plur.* ⓘ facts: **i fatti parlano chiaro**, the facts speak for themselves. ② fact: **bisogna distinguere i fatti dalle fantasie**, one must distinguish fact from fiction; **questa voce non trova alcun riscontro nei fatti, a quanto mi risulta**, this rumour has no basis in fact, as far as I can see. ③ actions, deeds (*lett.*): **basta con la retorica! Abbiamo bisogno di fatti, non di parole**, enough of rhetoric! – we need deeds (*o* actions), not words; **i fatti contano più delle parole**, facts (*o* deeds *o* actions) speak louder than words. ④ (*riportati su un giornale o nel corso di una conversazione*) facts, events, news, things: **il servizio in prima pagina riferisce soltanto i fatti, a pag. 4 c'è invece un articolo di fondo che commenta l'incidente**, the report on the front page simply gives the facts (*o* the news itself *o* ancora a factual account) while on page 4 there's a leading article commenting on the incident; **i terribili fatti che si sono verificati durante la manifestazione di ieri sono riportati per intero a pag. 7**, the terrible events that took place during yesterday's demonstration are reported in full on page 7; **ci ha riferito tutti i fatti di cui non eravamo al corrente**, she told us all the things we hadn't heard about. • **Bada ai fatti tuoi**, mind your own business, it's none of your business.

●**faculty** *s.* ⓘ qualsiasi capacità sia di ordine fisico che intellettivo, facoltà: **the faculty of hearing, of understanding**; *spesso al plurale*: **at the age of 98 he was still in possession of his faculties**. ② **faculty** (*o* **bent**) **for**, facilità: **he has a faculty** (*o* **bent**) **for learning languages**. ③ facoltà universitaria. ④ (*specialmente negli USA, ma anche in alcune università inglesi*) corpo insegnante di una università: **he was a research student last year but now he's on the faculty**.

facoltà *s.* Corrisponde a faculty *in tutte le sue accezioni escluse le seguenti*: ⓘ (*autorità*) power, right, authority: **non ha la facoltà di vietarci di partire**, he has no power (*o* right *o* authority) to forbid our leaving. ② (*proprietà*) property: **questa vernice ha la facoltà di impedire la formazione della ruggine**, this paint has the property of preventing rust. ③ (*al plurale, beni, averi*) resources.

faggot *s.* ⓘ fascina. ② polpetta di fegato tritato e aromatizzato da cuocere al forno (*piatto tipico dell'Inghilterra centrale*). ③ (*slang*) donna sgradevole: **she told me to mind my own business, the old faggot!** ④ (*slang*) uomo omosessuale (*di solito abbreviato in* **fag**).

fagotto *s.* ⓘ bundle: **quando i giovani sgomberano sembra sempre che abbiano più fagotti che valigie**, when students move house they always

familiar

seem to have more bundles than suitcases; **devo portare in lavanderia questo fagotto di panni da lavare**, I've got to take this bundle of washing to the laundry. [2] (*mus.*) bassoon. • (1) **far fagotto**, to pack up and leave, (*più drammatico*) to clear out, bag and baggage. (2) **è vestita come un fagotto**, she looks like a rag-bag (*di solito di una donna giovane*); she's a frump (*di una donna di mezza età*).

●**fail** *vb. intr.* [1] non ottenere lo scopo prefisso, non riuscire: **she tried to open the box and failed**, ha cercato di aprire la scatola e non ci è riuscita (*o* non ce l'ha fatta). [2] essere insufficiente, scarseggiare (*di raccolti*): **the wheat harvest failed this year; the wheat failed this year**. [3] indebolirsi, perdere efficacia, cessare di funzionare: **we had to abandon the car halfway up a hill when the engine unaccountably failed** (si è guastato); **the patient's heart failed** (cessò di battere) **a few hours after the operation**. [4] trascurare, dimenticare *o* essere incapace di fare qualcosa: **she promised to meet us outside the theatre but failed to turn up**. [5] deludere le aspettative di *qualcuno*: **my parents are counting on my winning a scholarship to university and I mustn't fail them**. [6] fallire, far fallimento. [7] bocciare (*agli esami*); *usato anche in forma transitiva*: **the examiners have failed 20% of the diploma candidates this year**. • (1) **failure** *s*. Ha tutti i significati del verbo escluso il 5. (2) **failed** *agg.* fallito (*di solito di un artista*): **a failed actor, playwright, author** (scrittore). (3) **without fail**, succeda quel che succeda, cascasse il mondo (*fam.*): **you must be there by 8.30, without fail**. (4) **fail safe**: (*a*) *vb. intr.* (*di apparecchiature meccaniche, elettriche, etc.*) ristabilire una condizione di non pericolosità in caso di guasti o incidenti. (*b*) (*più usato*) *agg.*, che possiede tale facoltà, di sicurezza: **there is a fail-safe device** (dispositivo di sicurezza) **in this machine**.

fallire *vb. A intr.* [1] to fail: **i negoziati fallirono**, the negotiations failed. [2] (*far fallimento*) to become bankrupt; (*meno usato*) to fail. *B tr.* (*non colpire, mancare*) to miss: **ha tirato un sasso al gatto ma ha fallito il bersaglio** (*o* il colpo), he threw a stone at the cat but missed (it); (*calcio*) **fallire la porta**, to miss the goal, to shoot wide (of the goal).

●**false** [fɔːls] *agg.* [1] menzognero, falso: **a false smile; his explanation presented things in a false light**. [2] scorretto, errato, falso: **a false deduction**; (*mus.*) **a false note**; (*sport e fig.*) **a false start**. [3] non naturale, falso: **false teeth**; (*di mobilio e fig.*) **a false front**, pannello che nasconde i cassetti; **the gang used an employment agency as a false front** (facciata). [4] (*lett.*) infedele: **her lover was false to her; a false friend; his heart was false** (*o* he was false-hearted) il suo affetto era insincero. • **False pretences**, pretesto, scusa: **she came to stay with me on false pretences** (con un pretesto) **and only later did I know her true intentions; to strike a false note**, stonare (*fig.*), apparire insincero. • *s*. **falseness**; (*meno usato*) **falsity** (*quest'ultimo solo nel senso di inganno*); **falsehood**, bugia, falso: **a mixture of truth and falsehood**.

falso *A agg.* [1] false: **falsa modestia**, false modesty; **falso allarme**, false alarm; **falsa pista**, a false lead, a dead end; a false step; **una falsa supposizione**, a false supposition; wrong, mistaken: **una falsa strada**, a wrong (*o* mistaken) course of action. [2] (*falsificato*) forged: **una banconota, una firma**, *etc.* **falsa**, a forged banknote, signature, *etc.*; (*di quadri*) fake: **questo è un falso Picasso**, this is a fake Picasso; (*di gioielli*) false, imitation: **perle**, *etc.* **false**, false (*o* imitation) pearls, *etc.* [3] (*traditore*) false, treacherous ['tretʃərəs]: **è falso**, he is treacherous; **un sorriso falso**, a treacherous smile; **falsa profferta di amicizia**, treacherous overtures of friendship; lying: **un'affermazione** (*o* un'accusa) **falsa**, a lying (*o* false) statement (*o* accusation). [4] (*infondato*) false, unfounded: **una falsa diceria**, false (*o* unfounded) rumour (*o* report). • **Toccare un tasto falso**, to tread on someone's corns (*poco usato*). *B s.* [1] imitation, fake; forgery: **questo Picasso è un falso**, this Picasso is an imitation (*o* fake *o* forgery). [2] (*dir.*) forgery: **questa firma** (*o* **questo documento**) **è un falso**, this signature (*o* document) is a forgery; **testimoniare il falso**, to bear false witness; **giurare il falso**, to commit perjury.

●**familiar** *agg.* [1] (*di qualcosa o qualcuno con cui si ha dimestichezza*) familiare: **it's good to see a familiar face when you're far from home; as he began his speech he felt a familiar sense of impending failure**. [2] che possiede una buona conoscenza di un qualcosa, pratico: **you needn't explain the situation to him – he's already familiar with it**. [3] privo di formalità, amichevole, *solo nell'espressione* (*lett.*) **to address someone in familiar terms**; (*molto più spesso*) troppo confidenziale *o* disinvolto: **the new young assistant put her boss's back up by her familiar way**

fantasy

of speaking to him.

familiare A *agg. Le uniche accezioni di* **familiare** *che non possono essere rese con* familiar *sono le seguenti*: ① (*della famiglia*) family (*in posizione attributiva*): a family business, a family problem, family customs, *etc.* ② (*semplice, alla buona*) friendly: **nel parlare al giovane della sua opera, il famoso scrittore usò un tono (***o* **linguaggio) familiare**, the famous writer spoke to the young man about his work in a friendly, easy way. • **Familiarmente** *avv.*: **ci ha accolti familiarmente**, she treated us like members of the family. B *s.* relative; (*bur.*) **familiari a carico**, dependants (*q.v.*).

◦**fantasy** *s.* ① opera di fantasia, *di solito un libro o un film*; **Lewis Carol's** *Alice* **books, Tolkien's** *Lord of the Rings* **and Richard Adams'** *Watership Down* **are fantasies**. *In tutte queste opere esseri non umani intrecciano rapporti, hanno intenti e modi di comportarsi simili a quelli che si riscontrano nella società umana: in questo senso il termine è talvolta usato in tono spregiativo per indicare idee del tutto prive di realismo* (*vedi* **fantasia** A *accezione 1*) ② (*molto meno usato*) la facoltà di concepire tali opere, estro, fantasia. *In questa accezione è più comune il sinonimo* **fancy**, *ma anche questo è usato raramente. Coleridge, in un famoso brano della* Biographia Literaria, *fece una chiara distinzione fra* **fancy** *e* **imagination**, *ma ciò può interessare solo gli studenti di letteratura: la maggior parte delle persone usano* **imagination** *per indicare sia fantasia che immaginazione*. ③ (*poco usato*) disegno astratto, fantasia astratta: **this dress material has a floral pattern while this other one is fantasy; a dress in fantasy silk**.

fantasia A *s.* ① (*estro*) imagination; (*talvolta, arc.*) fancy (*usato ancora nell'espressione* flights of fancy, **voli della fantasia**). • **Frutto della fantasia**, fantasy; **parti della fantasia**, figments of imagination; **non ha fantasia**, he has no imagination; **lavorare di fantasia**, (*parlando di cose piacevoli o spiacevoli*) to let oneself be carried away by one's imagination; (*parlando di cose piacevoli*) to count one's chickens before they hatch; **sono tutte fantasie!** it's all fantasy!; **dar libero corso alla fantasia**, to give free rein to one's imagination. ② (*invenzione artistica, specialmente musicale*) fantasia [fænˈteizjə]. ③ (*capriccio*) fancy: **le è venuta la fantasia di fare un viaggio ai Caraibi**, she's taken a fancy for going to the Caribbean; *ma in casi di questo genere si ricorrerebbe più spesso all'espressione* she's taken it into her head to go to the Caribbean; whim: «**Dice che si comprerà una macchina**» – «**Lo so ma è solo una fantasia, non lo farà davvero**», «He says he's going to buy a car» – «I know but it's only a whim, he won't really do it». B (*in funzione aggettivale*) ① (*di tessuto*) patterned (*in contrapposizione a* in tinta unita, plain) stuff, cotton, silk, etc. ② (*tipog.*) fancy: **carattere fantasia**, fancy lettering (*non si tratta, comunque, di un termine tecnico*).

◦**fastidious** *agg.* difficile da accontentare, pignolo: **she's so fastidious she's sure to dislike anything I give her**; sottilmente selettivo; raffinato: **this wine will appeal to the most fastidious palate**.

fastidioso *agg.* irritating; tiresome; a bore; a nuisance: **è un bambino fastidioso**, that child's a bore (*o* a nuisance *o* he's an irritating, tiresome child); annoying: **un rumore fastidioso**, an annoying (*o* tiresome) sound; *ma nel tradurre* **una luce fastidiosa** *è necessario ricorrere ad un termine più specifico*: a glaring light.

◦**fatal** *agg.* ① mortale: **a fatal accident, illness**. ② che causa disastro, fatale: **a fatal mistake**; (*est.*) **a fatal remark**: *questa espressione è usata per indicare un'osservazione tale da suscitare (sebbene involontariamente) dispiacere in una determinata persona, come poche altre potrebbero farlo*: (*a qualcuno che detesta l'attore XYZ*) «**Do come with us to the theatre – XYZ is playing the lead**»; **it was a fatal remark**, era l'unica cosa che non avrebbe dovuto dire. *In questo senso* **fatal** *può essere usato anche in contesti di altro tipo, unito a termini diversi da* **remark** (a fatal thing to do *o* to say). ③ che determina il destino di una persona: **at last the fatal day arrived, bringing the exam** (*o* decision, *etc.*) **that was to make her happy or miserable for ever**.

fatale *agg.* ① (*prescritto dal destino*) inevitable, ordained by fate (*lett.*), destined (*lett.*): **era fatale che ciò avvenisse**, it was inevitable that it happened, it was ordained by fate, it was destined to happen. ② (*che causa disastri*) fatal, disastrous: **la decisione che prese fu fatale**, the decision he made was fatal (*o* disastrous; *o* he made a fatal, *o* disastrous decision). ③ (*che causa morte*) fatal: **soffriva di cuore e lo spavento gli è stato fatale**, he had a heart condition and the shock proved fatal. ④ (*risolutivo*) decisive: **l'anno fatale del Risorgimento italiano** (*Devoto*), the decisive year of the Risorgimento. • **Donna fatale**, femme fatale (*francese*).

fatality *s.* morte causata da una sciagura che coinvolge un certo numero di persone; morto potrebbe essere il più vicino equivalente del termine: **in last night's hotel fire ten people were injured but there were no fatalities.**

fatalità *s.* [1] (*inevitabilità*) inevitability. [2] (*destino*) fate. [3] (*disgrazia*) misfortune: **è stata una fatalità**, it was pure misfortune – it was nobody's fault. • **La fatalità volle che nevicasse quello stesso giorno**, as fate would have it, it snowed that very day.

○**fatigue** *s.* [1] stanchezza *causata da un lavoro intenso o da un duro esercizio; è comunque più usato il sinonimo* tiredness. [2] qualsiasi incombenza di carattere non militare che i soldati sono tenuti ad assolvere (*per esempio le pulizie*): **after an hour's drill on the barrack square the men did a couple of hours' fatigues.** • **Metal fatigue**, usura del metallo.

fatica *s.* [1] effort: **si fece forza per affrontare la fatica di un'altra notte di lavoro**, he pulled himself together to face the effort of another night's work; **potresti risparmiare fatica scrivendo la stessa lettera a tutte e due le persone**, you could save yourself effort (*o* work) by writing the same letter to both people; **senza fatica**, without effort, effortlessly. [2] (*difficoltà*) difficulty; **durar fatica a fare qualcosa**, to have difficulty in doing something: **ho durato molta fatica a seguire la sua argomentazione**, I had considerable difficulty in following his argument; **a fatica**, with difficulty: **il paziente respirava a fatica**, the patient was breathing with difficulty. [3] (*stanchezza, esaurimento*) tiredness, exhaustion, weariness, fatigue: **al termine della lunga marcia i soldati barcollavano dalla fatica**, at the end of the long march the troops were stumbling with exhaustion (*o* weariness *o* fatigue); (*agr.*) exhaustion of the soil. [4] (*opera*) work: **l'ultima fatica di Eduardo De Filippo è stata la traduzione in napoletano della Tempesta di Shakespeare**, Eduardo De Filippo's last work was the translation of Shakespeare's The Tempest into Neapolitan. [5] bother, trouble: **non vale la pena fare tanta fatica!**, it's not worth the bother (*o* trouble). • **È un ragazzo svogliato e viziato, quando gli si chiede di fare qualcosa risponde sempre «Mi fa fatica!»**, he is a lazy, spoilt boy; when you ask him to do anything he always says «I can't be bothered»; **tutta fatica sprecata!**, (all) wasted effort! • **Scansafatiche** *s.*, skrimshanker, (*chi lascia fare agli altri ciò che spetterebbe a lui di fare*) shirker.

○**favour** *s. In confronto al verbo il sostantivo è usato più spesso.* [1] favore: **to be in (*o* out) of favour with someone**, godere (*o meno*) del favore di una persona: **you ask him – I seem to be out of favour with him at the moment**; **in favour of**, favorevole a, a favore di: **she said she was in favour of going to Madrid**; **ten members of the committee voted in favour of the motion and four against**; *specialmente se si tratta del cambio di una moneta*: **the exchange rate was in their favour and they got a cheap holiday**; (*di assegni*) intestato a: **the cheque was made out in favour of (*o* made out to) my wife.** • **Do me a favour (*o* look here)!**, ma mi faccia il favore! [2] coccarda. [3] fiore portato all'occhiello in occasione di un matrimonio. • *Nell'Ottocento un* **favour** *era una decorazione fatta di nastri che le ragazze preparavano con le proprie mani per poi donarla al ragazzo con cui desideravano danzare in un ballo chiamato* cotillion.

favore *s.* Favore *ha il suo equivalente in* favour *tranne che nelle seguenti espressioni*: **fammi il favore di smetterla**, look here, d'you mind stopping it?; **per favore**, please; **incontrare il favore di qualcuno**, (*vedi* ***incontrare*** *accezione 3*); **prezzo di favore**, special price, **biglietto di favore**, complimentary ticket, **testimoni a favore** (*dell'imputato*), defence witnesses; **col favore delle tenebre**, under cover of darkness; **vento a favore**, favourable wind.

favour *vb. tr.* [1] propendere per, essere a favore di: **of the two I favour Madrid – we went to Paris last year.** [2] (*di eventi, circostanze*) favorire: **a fresh wind favoured our project of sailing across the lake**; **fine weather favoured the wedding** (*ma in questo caso l'uso di* to favour *ha del letterario e sarebbe assai più consueto dire* **the weather was fine for the wedding**). [3] considerare *o* trattare con particolare favore, favorire: **fortune favours the fair** (*proverbio*); **the other children disliked Jack because they said their teacher favoured him** (*ma è più attuale l'espressione* to make a favourite of: **their teacher made a favourite of him**; *e ancora più attuale sarebbe il verbo* to favouritize, *fam.*: **their teacher favouritized him**). [4] somigliare (*ad un genitore o ad un altro parente*): **she favours her father.** • NB: *In tutte queste accezioni, e particolarmente nell'ultima, questo verbo è usato raramente oggigiorno e conserva un sapore ottocentesco.*

favorire *vb. tr.* [1] (*promuovere*) to promote, to support: **il governo favorì lo sviluppo della coltura del caffè nella regione**, the government promoted (*o* supported, *o* encouraged) the development of coffee-growing in the region; (*appoggiare*) to support (*un partito o sim.*): **naturalmente la maggior parte degli agricoltori favorivano l'Agricultural party**, naturally, most of the farmers supported the Agricultural party. 2 (*dare*) (*molto formale e antiquato*): **vuol favorirmi la saliera?**, might I trouble you for the salt? 3 (*incoraggiare, aiutare*) to encourage. • **Vuol favorire?** won't you join us? *Ma in Inghilterra l'esigenza di pronunziare tale frase è sentita meno che in Italia, salvo nel caso in cui chi parla conosca bene la persona a cui si rivolge*; **favorisca recarsi con la massima urgenza al più vicino commissariato**, please report to the nearest police station as soon as possible.

●**favourite** *A agg.* preferito, prediletto: **when you come and stay with us in the country we'll take you on all our favourite walks; he is my favourite poet; it's obvious that Selina is her favourite child**. *B s.* 1 preferito, prediletto: **the third symphony has always been my favourite.** 2 beniamino, pupillo: **Selina is obviously her mother's favourite.** 3 (*sport*) favorito (*di un cavallo, etc.*): **to back the favourite**, scommettere sul favorito. 4 favorito: **the Duke of Buckingham was Charles II's favourite; the Duchess of Portsmouth was Charles II's favourite** (*o* mistress).

favorito A part. pass. favoured, encouraged, supported (*vedi* **favorire**). *B s.* 1 (*di persona*) favourite. 2 (*al plur., fedine*) whiskers.

●**feast** *s.* 1 banchetto; *ma nell'inglese moderno si usa il termine* **banquet**: feast *è usato solo per certe celebrazioni tenute dai college di Cambridge e, in senso scherzoso, per indicare un pasto abbondante ed elaborato*: **what a feast!** 2 festa religiosa (*arc.*): **the feast of Corpus Christi; Easter, Christmas, Ascension and Pentecost are the major feasts** (*o* **festivals**) **of the ecclesiastical year.** • **To feast one's eyes on something**, provar diletto nel guardare qualcosa: **the monochrome engravings didn't interest him, but he feasted his eyes** (si è rifatto gli occhi) **on the rich colours of the oil paintings.**

festa s. 1 (*giorno di festa come Natale, Capodanno, il 25 Aprile*) public holiday; (*domenica*) Sunday; **giorni feriali e giorni di festa** (*o* **festivi**), working days and non-working days (*o* holidays *o* Sundays); (*relig.*) **festa religiosa**, feast, festival; (*compleanno*) birthday; (*onomastico*) name-day (*ma in Inghilterra il giorno dell'onomastico non viene festeggiato per cui tale termine ricorre solo nelle traduzioni*). 2 (*ricevimento*) party; (*di lunga durata e articolato in diverse manifestazioni*) festivities (*plur.*): **la festa per la celebrazione del centenario della fondazione della scuola durò diversi giorni**, the festivities that marked the school's centenary went on for several days. 3 (*motivo di allegria*) *Per rendere in inglese questa accezione del termine è necessario ricorrere ad una diversa costruzione*: **l'inaugurazione del nuovo stadio fu una festa per tutto il paese**, the opening of the new stadium delighted the whole town. 4 (*giorno di riposo*) day off: **non vado al lavoro domani, abbiamo un giorno di festa**, I'm not going to work tomorrow – we've got a day off; **ieri ha fatto festa**, she took the day off yesterday. • **Le campane suonavano a festa**, the bells were rung in celebration of (*o* to celebrate) the end of the war, *etc.*; **far festa a qualcuno**, to welcome someone very warmly, (*fam.* to make a fuss of someone): **quando torno a casa il cane mi fa sempre le feste**, the dog always makes a fuss of me; **far la festa a qualcuno**, to kill someone; **fare la festa a qualcosa**, to gobble something up; **conciare qualcuno per le feste**, (*picchiarlo*) to give someone a thrashing, (*verbalmente*) to have someone on the carpet; **sono stanco, facciamo festa**, let's stop work (*o* knock off); ... **e festa finita!**, ... and that's that!; **buone feste!** merry Christmas and happy New Year! happy Easter! • **Guastafeste** *s.*, spoilsport.

●**festival** *s. Oltre ad essere usato nello stesso senso in cui ricorre in italiano, questo termine in inglese ha anche il significato di* festa religiosa. • *I* **Flower Festivals**, *inventati nel 1950 circa, sono diventati molto popolari in Inghilterra; sono stati creati sulla scia dei festival musicali o teatrali e sono del tutto diversi dai* **flower shows** (*mostre di fiori*): *lo scopo di tali festival (allestiti di solito in chiese) è quello di fare apprezzare al visitatore non solo la bellezza dei fiori, ma anche il modo in cui essi sono stati disposti (non si dimentichi che il* **flower arrangement** *è un'arte molto diffusa in Inghilterra*).

festival s. festival.

●**festive** *agg. Si riferisce a tutto ciò che concerne una festa, oppure denota lo stato d'animo di chi prende parte ad una festa*, festoso, gioioso: **it was his birthday and a public holiday and he was in (a) festive mood; I asked them why their house was looking so festive – flowers in every** room, flags hanging out of the windows – and they said their son was returning from the war. *Si tratta comunque di un termine piuttosto letterario.*

festivo *agg.* [1] holiday (*in funzione attributiva*): **orario festivo**, holiday hours. [2] (*lieto*) happy, cheerful; (*piuttosto letterario*) festive.

feud *s.* faida.

feudo *s.* [1] (*proprietà terriera*) estate. [2] (*stor.*, *territorio dominato da un feudatario*) feudal domain, (*arc.*) fief. • **Feudale** *agg.*, feudal.

●**fever** *s.* [1] malattia caratterizzata da un'elevata temperatura corporea, febbre. [2] (*med.*) elevata temperatura corporea, febbre: **symptoms: headache, fever, rash** (*Medical Dictionary*). [3] (*fig.*) stato di eccitazione, concitazione, *nelle espressioni* **a fever of anxiety** *o* **a fever of excitement**; febbre: **fever of love, fever of desire**. • **Fever pitch**, culmine (*dell'eccitazione*): **the night before we flew to Greece the children's excitement rose to fever pitch**.

febbre *s.* [1] (*aumento della temperatura corporea*) temperature: **gli hai misurato la febbre?**, have you taken his temperature?; **ha la febbre alta** (*o* **ha una febbre leggera**), he's got a high (*o* slight) temperature; (*usato molto meno e generalmente solo dai medici*) fever. [2] (*malattia*) fever. [3] (*fig.*) fever, *ma* **la febbre dell'oro**, the Gold Rush; **la febbre del sapere**, the thirst for knowledge. • **Febbre da cavallo**, a very high temperature.

●**fiction** *s.* [1] (*senza articolo*) frutto della fantasia, invenzione: **truth is stranger than fiction** (*detto tratto da alcuni versi del* Don Juan *di* Byron): **he told you I was going to Japan? – pure fiction! Fiction** *è spesso posto in contrasto con* **fact** (realtà) *in frasi del tipo* **he can't tell** (distinguere) **fact from fiction; this book is a mixture of fact and fiction**. [2] storia inventata (*soprattutto nell'espressione* **a polite fiction**): **her old father is said to rent the flat at the top of her house but the rent is a polite fiction** (*in realtà la figlia ha ceduto l'appartamento al padre senza condizioni di sorta*). *A parte questa espressione (e quella piuttosto simile,* **a legal fiction***, finzione legale, giuridica)* *il termine* **fiction** *con l'articolo indeterminativo o al plurale è usato soltanto nel linguaggio della critica letteraria*: **fictions are lies which tell the truth** (*The Listener*, June 27, 1985); **if this were played upon a stage now, I could condemn it as an improbable fiction** (*Twelfth Night*). [3] genere letterario costituito da opere in prosa contenenti storie inventate, narrativa: **I must say to the Muse of fiction [...] 'Go spin, you jade, go spin!'** (*Scott*, Journal); **the good end happily, and the bad unhappily – that is what Fiction means** (*The Importance of Being Earnest*); **in any public library the fiction** (*romanzi o/e racconti*) **and non-fiction** (*biografie, storia volgarizzata e saggi*) **sections are the biggest; this book is not a biography of Michelangelo – it is fiction** (*o* **a work of fiction**). • (1) *Quest'ultimo esempio può essere un'illustrazione altrettanto efficace dell'accezione 1 del termine.* (2) **science fiction**, fantascienza.

finzione *s.* [1] (*simulazione*) falsity, pretence: **parlare senza finzione** (*Zingarelli*), to speak without falsity (*o* pretence). [2] (*cosa simulata*) (a) fiction, (a) pretence: **le loro parole sono tutta una finzione**, what they say is pure (*o* sheer) fiction (*o* pretence); **si comportava come se fosse un'amica fedele ma era tutta una finzione, come scoprimmo più tardi**, she behaved as if she were a devoted friend, but it was all (a) pretence, as we discovered later. • **Finzione giuridica** *o* **legale**, a legal fiction.

●**fictitious** *agg.* [1] fittizio: **when they asked who he was he gave a fictitious name; I suspect that her enthusiasm for seeing Greek tragedies performed in the original is fictitious**. [2] della letteratura (*soprattutto* della narrativa) *quasi sempre nell'espressione* **a fictitious character**, personaggio immaginario: **David Copperfield is a fictitious character** (*o* **a character in fiction**); **Falstaff is a fictitious character**.

fittizio *agg.* fictitious.

●**figure/figura** *s.* Le accezioni di questi due sostantivi sono qui suddivise in tre gruppi: il primo (a) *comprende quelle comuni ai due termini, il secondo (b) quelle condivise solo in parte, il terzo (c) infine quelle in cui i due termini differiscono completamente*: (a) [1] (*persona così come si presenta alla vista o all'attenzione altrui*): **looking up he saw a tall figure outlined in the doorway; Voltaire and Rousseau, the most important figures of** (*o* **in**) **the** (**Age of**) **Enlightenment**. [2] (*forma del corpo umano*): **una figura tozza, a stumpy figure; she has a lovely figure**. [3] (*geom.*): **a triangle is a two-dimensional figure with three sides**. [4] (*pattinaggio*): **figure skating**, pattinaggio artistico; **compulsory figures**, figure obbligatorie; **free figures**, figure libere. [5] (*rappresentazione di un essere umano* *o, raramente, di un animale in un disegno, dipinto o scultura*): **the figure of a man, woman or child; a landscape with figures**. **(b)** [1] (*schema in un libro, in un articolo di giornale, etc.*): **figure 4 on page 8 shows the construction of an artesian well**; *ma le* figure *di un libro che non siano schemi in inglese sono chiamate* **illustrations** *o* **pictures**: **the text of this book is boring but the illustrations (*o* pictures) are beautiful**. [2] (*simbolo*): **the Good Shepherd is a Christ-figure** (*o* **representation of Christ**); **her uncle was a father-figure to her; allegorical figures**. [3] (*apparenza*): **to cut a poor** (*meno usato*, **fine**) **figure**, fare una brutta (*o* bella) figura; **to be a figure of fun**, fare la figura dello sciocco. *Ma nelle espressioni* fare la figura del babbeo, del disonesto, del gran signore *il termine italiano non trova nessun equivalente in inglese*. **Far figura**, **to be pretty**: questa collana non è d'oro ma fa figura, **but it's pretty**. **(c) figure** cifra: **nine and nineteen written in figures are 9 and 19; a number in double figures**, un numero di due cifre; cifra, prezzo: **they paid a very high figure for their house**. *figura* [1] (*forma*) **shape**. [2] (*nel gioco delle carte*) **court card**; (*negli scacchi*) **piece**. [3] (*mus.*) **note**: «**Qual è la prima figura nell'ultima battuta?**» – «**È una minima**», «**What's the first note in the last bar?**» – «**It's a minim.**» [4] (*cinema*) **controfigura**, **stunt man** *o* **stand-in**. • **(1) to be good/bad at figures**, saper fare bene/male i conti. **(2) figurehead**: **(a)** polena, **(b)** persona posta a capo di un'organizzazione *etc.* ma che non ha alcun potere effettivo. **(3) figure of speech**, figura retorica. **(4) to keep one's figure (in trim)**, mantenere la linea. **(5) in figura umana**, **in human form**. **(6)** ritratto a figura intera, **full-length portrait**.

filibuster *A s.* persona che cerca di ritardare o di impedire l'approvazione di un disegno di legge facendo lunghi discorsi. *B vb. intr.* ritardare l'approvazione di un disegno di legge, una decisione in questioni di lavoro, *etc.*, facendo lunghi discorsi. • *Il termine è usato prevalentemente negli USA (dove assunse per la prima volta questo significato) e ricorre talvolta anche in Gran Bretagna, più spesso come verbo che come sostantivo.*

filibustiere *s.* [1] (*pirata*) **buccaneer** (*stor.*); **filibuster** (*obsoleto*). [2] (*fig., persona priva di scrupoli*) **rogue**. *Ma è più comune l'uso di un aggettivo* (**unscrupulous, dishonest**) *o di un'espressione aggettivale* (**not to be trusted**).

●**finally** *avv.* [1] alla fine, infine: **we discussed the project for weeks and finally decided to abandon it; he bought wood, tools, paint and paintbrushes and finally set to work**. [2] *Meno comunemente è usato per esprimere sollievo o irritazione*, finalmente, infine: **I waited for him all evening and he finally turned up at midnight**.

finalmente avv. **at last**: ecco l'autobus finalmente!, **here comes the bus at last**; (*più enfatico e usato meno spesso*) **at long last**: pensavamo che quell'autobus non sarebbe mai arrivato, ma finalmente arrivò, **we thought that bus would never come but at long last it did**.

●**fine** *agg. Il concetto di sottigliezza e quello di raffinatezza (intese in senso concreto come in senso astratto) caratterizzano sia l'aggettivo inglese che quello italiano e variano in proporzione a seconda dell'uso che viene fatto dei due termini; nell'aggettivo inglese è spesso presente anche un terzo elemento: l'idea di bellezza, una bellezza quasi sempre appariscente, vistosa*. [1] di ottima qualità: **fine gold**, oro fino; **a fine performance of the Jupiter symphony**. [2] sottile, fine: **fine cord, fine hair, a fine powder**; (*fig.*) **a fine mind, fine perceptions; to make fine distinctions that are difficult to perceive**. [3] che richiede grande abilità nell'eseguire lavori di minuteria, fine: **she used to do petit-point but now her sight's failing she can't do such fine work**. [4] eccellente, valente: **a fine scholar** (studioso); (*sarcastico*) **a fine scholar he is!**, **a fine job you've made of it!**, hai fatto proprio un bel lavoro! [5] in buona salute: «**How are you?**» – «**Fine, thanks.**» (*espressione che di solito corrisponde a non più che* «non c'è male»; *lo stesso vale per le due accezioni seguenti*); comodo: «**Do have this chair – it's much more comfortable**» – «**No, I'm fine where I am, thanks**»; non sconveniente *o* irritante: «**I'm afraid I shall have to arrive late**» – «**Never mind! That's fine (by me)**»; *in questa stessa accezione* **fine** *viene usato anche in forma avverbiale*: «**That'll suit me fine**»; «**I'm afraid George made a horrible job of painting your front door**» – «**No, no, he did fine!**». [6] (*delle condizioni meteorologiche*) privo di pioggia, neve, nebbia, *etc.*: *espressioni come* **a fine day** *e* **fine weather** *significano non più di questo mentre l'equivalente di* una bella giornata *è* **a very fine** *o* **lovely day**. • **One fine day**, un giorno prima o poi (*detto spesso in maniera piuttosto minacciosa*): **one fine day you'll wish you'd heeded my warnings; to cut it fine**, arrivare (*o* terminare di fare qualcosa) appena in tempo; **the fine arts**, le belle arti; **not to put too fine a point on it**, in parole povere; **a fine-drawn argument**, argomentazione molto (*o* troppo) sottile; **fine feelings**, sentimenti falsamente nobili *o* raffinati; **fine writing**, modo di scrivere ricercato e retorico; **a fine gentleman** (*o* **lady**) persona che si dà delle arie; **a fine man** (*o* **woman**) persona di coraggio e integrità morale; **a fine figure of a man**, uomo alto e bello.

fine agg. 1 (*sottile*) fine: **un filo, filo di ferro, ago fine**, a fine thread, wire, needle; **sabbia fine**, fine sand; thin: **una lama fine**, a thin blade; *una donna ha* a slim *o* slight figure *mentre un uomo ha* a thin, lean *o* slight figure. 2 (*eseguito con finezza*) fine: **un fine merletto**, a fine piece of crochet work; **una fine trina**, fine lace. 3 (*raffinato*) fine: **un fine intenditore di vino, scultura**, *etc.*, a fine judge of wine, sculpture, *etc.* 4 (*acuto, sottile*) subtle, delicate, keen, sharp: **una fine ironia**, subtle (*o* delicate) irony; **un orecchio, occhio fine**, a keen (*o* sharp) ear *o* eye. 5 *Nel senso di signorile il termine non trova in inglese nessun equivalente.*

fine s. multa. • **To fine** vb. tr. multare.
fine s. A f. 1 end: **la fine del mondo**, the end of the world; (*meno usato*) close: **alla fine della partita**, at close of play; **porre fine a qualcosa**, to put an end to something. 2 (*morte*) death, end: **che fine terribile!**, what a terrible death (*o* end)!; (*destino*) **fare una brutta fine**, to come to a bad end; *si osservi però che questa espressione è usata solo in tono di disprezzo, non esprime mai commiserazione.* • **Senza fine**, endless(ly); **essere in fin di vita**, to be dying; (*fam.*) to be at death's door; (*scherz.*) to be at one's last gasp; **che fine ha fatto?**, what has become of him?; **buona fine e miglior principio!**, (a) happy new year!; **essere la fine del mondo**: *non esiste in inglese un'espressione idiomatica che renda il senso di questa locuzione: per* **questo dolce è la fine del mondo** *è tuttavia possibile dire* this is the cake to end all cakes!; **alla fine**, in the end, finally; **alla fine di**, at the end of; **alla fin fine, in fin dei conti**, when all is said and done; **fine!** (*quando, per esempio, si è terminato un lavoro*) there we are!, (*quando il tempo è scaduto*) time's up! B m. 1 (*scopo*) aim, purpose: **a che fine lo hai fatto?**, what was your aim (*o* purpose) in doing that?; (*meno usato*) end: **aveva in mente un fine diverso**, he had a different end in view; **il fine giustifica i mezzi**, the end justifies the means; **non devi arrabbiarti, te lo ha detto a fin di bene**, she meant well *o* she said it with the best intentions; **secondo fine**: ulterior motive, hidden purpose (*o* aim); **fine a se stesso**, an end in itself; **a che fine?**, to what end? 2 (*esito, effetto*) outcome; *per tradurre l'espressione* **condurre un affare a buon fine** *è necessario ricorrere a frasi del tipo* the business was concluded successfully *o* we achieved a sale, *sebbene talvolta anche l'uso del termine* outcome *possa risultare appropriato*: the negotiations for the sale of our products to X had a satisfactory outcome; **un dramma a lieto fine**, with a happy ending.

firm s. ditta, associazione, società, *soprattutto nel commercio e nell'industria, ma si parla anche di* **firms of solicitors, engineers**; équipe (*di medici*): **Tom is now on Dr Richardson's firm**.

firma s. 1 signature: **apporre la propria firma**, to sign one's name (on *o* to something); **firma per esteso**, full signature (*ma firmare con una sigla*, to initial); **firma falsa**, forged signature; **raccogliere firme**, to collect signatures; **registro delle firme**, visitors' book. 2 (*atto del firmare*) signing: **sono stato presente alla firma del trattato di pace**, I was present at the signing of the peace treaty; signature: **quando avremo stipulato l'accordo lo presenteremo al nostro cliente perché vi apponga la firma**, when we have drawn up the agreement we will submit it to our client for signature. • **È una grande firma**, he's a big name; **firma depositata** (*banca*), specimen signature.

○*flask* s. 1 fiasco. 2 (*talvolta*) thermos. • **Hip flask**, piccola borraccia *contenente quasi sempre whisky o brandy*.
fiasco s. 1 flask. 2 (*fig.*) failure, flop, fiasco [fiːˈæskəu]: **far fiasco**, to be a failure, to flop.

○*folly* s. 1 azione *o* idea folle, follia: **it is folly to spend so much money on training social workers when cuts in public spending are rapidly reducing the number of jobs available to them; where ignorance is bliss 'tis folly to be wise** (Gray). 2 edificio bizzarro costruito a scopo ornamentale nel giardino *o* nel parco di una villa di campagna.
follia s. madness, insanity, lunacy; (*azione folle*): **ha fatto una follia**, he did something very silly (*o* stupid *o* mad); **sarebbe una follia!**, it would be madness (*o* mad *o* folly)!

fool s. 1 sciocco, scemo, stupido, imbecille; **to live in a fool's paradise**, essere un illuso: **she's** convinced that all nuclear weapons will soon be banned and destroyed – she lives in a fool's paradise!, è una povera illusa!; **April Fool**, pesce d'aprile. ☐2 buffone; *in questa accezione il termine ricorre soprattutto in Shakespeare ma nella lingua corrente è più comune l'uso di jester*. ☐3 dolce cremoso fatto di un amalgama di frutta e panna (o crema).

folle *A s.* madman, lunatic. *B agg.* (*pazzo*) mad, insane; (*fam.*) crazy; (*sciocco*) foolish, silly. • **Essere in folle** (*di automobile*), to be in neutral; (*mecc.*) **essere, girare in folle**, to idle.

●**force** *s.* ☐1 forza: **the force of gravity; molecular force; centrifugal force; the force of the wind; there was a force-eight gale along the east coast last night**; (*fig.*) **the argument loses its force if it is applied to different circumstances**. ☐2 gruppo di soldati *o* poliziotti: **the main body of our troops was concentrated in the eastern sector of the front, while a small force was sent to the west**; (*usato più spesso al plurale*) **our forces were overwhelmed; the forces** (*USA* **the armed services**), le forze armate; (*per estensione*) **labour force**, manodopera: **the modernized steel industry uses a greatly reduced labour force**. ☐3 forza (*costrizione*): **you could perhaps make the people leave the city by force, but certainly not by persuasion**. • (1) **the new regulation comes into force next month**, il nuovo regolamento entra in vigore il prossimo mese. (2) **what exactly is the force** (accezione) **of the word great here?**

forza *s.* ☐1 force: **forza di gravità**, force of gravity; **forza dell'abitudine**, force of habit; **forza bruta**, brute force; **la forza del destino**, the force of destiny. ☐2 strength: **forza muscolare**, muscular strength; **forza morale**, moral strength; **forza di carattere**, strength of mind; **forza di volontà**, strength of will; **non ha forza nelle gambe dopo tutte queste settimane trascorse a letto**, he has no strength in his legs after all these weeks in bed; **dopo tanto lavoro non ho più forza**, after all that work I've no strength (*o* energy) left (*o* I'm exhausted). ☐3 power: **forza di persuasione**, the power of persuasion; **l'esempio ha più forza del precetto**, example has more power than precept. ☐4 might (*arc. e ret.*): **dobbiamo resistere con tutta la nostra forza**, we must resist with all our might (*o* with might and main). • **L'unione fa la forza**, strength lies in unity; **a forza di**, through, by: **a forza di urlare ha perso la voce**, he lost his voice through yelling, *ma se il risultato è positivo bisogna usare l'espressione* by dint of: **a forza di studiare per** un paio d'ore tutte le sere dopo il lavoro, è riuscito a ottenere tutte le qualifiche che gli occorrevano, by dint of reading for a couple of hours every night after work he succeeded in gaining the qualifications he needed; **in forza del contratto**, as per contract; **per forza maggiore**, by force majeure (*francese*); **per cause di forza maggiore**, for reasons beyond our (*o* the management's *etc.*) control; **forza maggiore** (*assic.*) Act of God; **far forza a qualcuno**, to encourage someone; **farsi forza**, (*fam.*) to brace up, to pull oneself together; (*lett.*) to take courage; **per forza, per forza di cose**, necessarily: **se ha informato la stampa, deve per forza avere intenzione di sabotare il progetto**, if he told the press about it he must necessarily be (*o* he's obviously) intent on sabotaging the project; obviously, of course: **dopo quello che le hai detto, per forza non vuole più vederti!**, she obviously (*o* of course she) doesn't want to see you again!; **bella forza!**, how very clever!; **forze politiche, sindacali**, *etc.*: *in espressioni di questo tipo il termine italiano non trova nessun equivalente in inglese; l'unica alternativa è ricorrere ad una frase esplicita*: people who carry weight in politics *o* the unions, *etc.*; **camicia di forza**, straitjacket; (*mar.*) **a tutta forza**, full speed ahead.

●**forge** *vb. tr.* ☐1 forgiare, fucinare. *Può essere usato in senso figurato riferito a legami o relazioni*: **the bonds that unite our two countries were forged in war**, i legami che uniscono i nostri due paesi furono stretti durante la guerra. ☐2 falsificare (*una firma, dei documenti, il denaro, etc.*). • NB: (1) **to forge** *viene talvolta usato nel senso di* falsificare *un'opera d'arte, ma in questa accezione è più comune il verbo* **to fake**. (2) **to forge ahead** *vb. intr.* andare avanti a fatica ma con sicurezza: **he led the way, forging ahead through the crowded streets with the rest of the party straggling behind; once the long struggle of writing the first chapter was behind her she was able to forge ahead**.

forgiare *vb. tr.* to forge.

●**form** *s.* ☐1 forma: **in the beginning God created the heaven and the earth, and the earth was without form and void** (*Genesis*); **the republican form of government; the educational system of this country may not continue for long in its present form; the first English novel was written in the form of letters** (*o* **in epistolary form**); **Jove appeared to Leda in the form of a swan; the past** form of the verb *to go* **clearly has a different origin from the present**. ② (*di solito con aggettivi quali* **dark** *e* **huge**; *altrimenti si preferisce usare il termine* **shape**) sagoma: **the dark form of a ship loomed up against the night sky**. ③ tipo, forma: **postage stamps are a form of taxation**. ④ formula: **form of service** (*o* **worship**), formula liturgica. ⑤ modulo: **this is the form you have to fill in when you apply for a passport**. ⑥ modo consueto di fare qualcosa: **the ceremony was conducted in due form** (nella debita forma); **it is common form** (consuetudine) **in Sweden to take off your shoes when you enter someone's house**; **good** (*o* **bad**) **form**, comportamento corretto (*o* scorretto), *o* educato (*o* maleducato): **hats are seldom worn nowadays but many people consider it good form to wear one at weddings and funerals**; **it's bad form** (*o* **incorrect**) (non sta bene) **to put Yours sincerely at the end of a letter beginning Dear Sir**. ⑦ (*di un atleta o di un cavallo da corsa*) condizioni di salute *o* di allenamento, forma: **he is in** (*o* **off**, *o* **out of**) **form**; **he is in good form**: *questa espressione equivale a* è di buon umore *ma spesso indica una persona nota per la sua arguzia nella quale tale dote si manifesta al momento più accentuata del solito*. ⑧ il bilancio delle vittorie e delle sconfitte di un atleta *o* di un cavallo da corsa: **if I had known that horse's form I wouldn't have bet on him**; (*slang*) fedina penale sporca: **has he (the suspect) got form?** ⑨ panca senza spalliera (*di solito in una scuola*): **all the ten-years-olds sat together on a form**. ⑩ classe: **I didn't know her very well at school though she was in my form**; **the highest form in an English** *scuola superiore* **is nearly always called the sixth form, even if this entails calling the lowest the third or fourth form**. ⑪ tana di lepre.

forma *s.* ① (*aspetto esteriore*) shape, form; *è impossibile stabilire con una regola fissa quando sia necessario usare* shape *e quando* form; *di solito, comunque,* shape *è usato in senso concreto,* form *in senso astratto*: **la forma di un vaso, di una mano, di un cespuglio**, the shape of a vase, hand, bush; **la forma di un brano di musica**, the form of a piece of music; **prendere forma** (*anche fig.*), to take shape; **a forma di**, in the form (*o* shape) of. *Per i vari modi in cui* **forma** *e* form *vengono usati in questa accezione vedi* **form** *accezione 1.* ② (*convenzioni sociali*) convention, the conventions, decorum (*q.v.*): **rispettare le forme**, to conform to convention (*contrapposto a* to defy, *o* flout, convention); to observe the conventions, to behave with due decorum; (*esteriorità*) convention *nelle espressioni* to observe (*o* keep up) a convention. ③ (*al plur., di figura umana*) figure; (*arc. e lett.*) form: **forme snelle**, slender figure. ④ (*di stile*) form: **in forma chiara e corretta**, in a clear and correct form. ⑤ (*di malattia*) form: **una forma infettiva**, an infectious form. ⑥ (*stampo*) mould [mɔuld]; (*per calzature*) last. • **Forma di pane**, loaf (of bread); **forma di formaggio**, a cheese; **in forma privata** (*o* **ufficiale**, *etc.*), in (his, my, *etc.*) private (*o* official, *etc.*) capacity; **pro forma** *agg.*: **controllo pro forma**, purely formal check; (*comm.*) **fattura pro forma**, pro-forma invoice.

◐**formation** *s.* ① processo di formazione, formazione. ② (*spec. geol.*) formazione: **a curious rock formation**. ③ forma (*riferito a cose naturali*): **the beautiful formation of the hills round the lake**. ④ (*mil.*) formazione.

formazione *s.* ① (*di cose fisiche*) formation: **la formazione della roccia pleistocenica ebbe luogo ...**, the formation of pleistocene rock took place between 10 and 2½ million years ago; **si dice che la formazione del ghiaccio sul lago quest'inverno si sia verificata prima del solito**, the formation of ice on the lake was reported earlier than usual this winter. ② (*di condizione spirituale, intellettuale, etc.*) *Per tradurre le espressioni* **formazione del carattere** *o* **della mentalità di una persona è possibile usare il termine** formation (formation of character *o* of outlook) *ma, più che a questo sostantivo, si preferisce di solito ricorrere all'aggettivo* formative: **gli anni trascorsi a Parigi furono fondamentali per la sua formazione artistica**, her most important formative years (as an artist) were spent in Paris (*o* the years she spent in Paris laid the foundations of her technique, style, *etc.*); **l'ambiente familiare è uno dei fattori che più influiscono sulla formazione del carattere di un individuo**, family background is one of the strongest formative influences on (the) character (of an individual). ③ (*mil.*) formation: **un'unità di fanteria fiancheggiata da due formazioni di cavalleria**, a body of infantry flanked by two formations of cavalry; **una formazione di aerei caccia**, a formation of fighters; unit: **una formazione di artiglieria**, an artillery unit; **formazione sanitaria**, a unit of the Army Medical Corps, a medical unit; (*sport*) side: **abbiamo una formazione molto forte questa stagione**, we have a very strong side this season; (*mus.*) group, *se si tratta di un complesso di musica pop mentre per altri generi di musica occorre usare termini più speci-*

fici quali duo, trio, quartet, *etc.*

formidable *agg.* ① difficile da superare, da vincere: **a formidable enemy.** ② difficile a compiersi: **a formidable task.** ③ che ispira grande rispetto misto a timore: **formidable achievements, intelligence, skill.** • *In questa terza accezione* formidable *è usato anche riferito a persone*: **while his friends found him easy-going and in some matters almost ingenuous, he was considered formidable by the people he worked with.**

formidabile *agg.* ① (*straordinario*) extraordinary, exceptional, impressive. ② (*spaventoso*) terrifying: **una tempesta formidabile**, a terrifying storm.

●**fortunate** *agg.* fortunato: **he is a fortunate (*o* lucky) man – he has a happy marriage and delightful children**; propizio: **she chose a fortunate (*o* the right) moment to enter a profession which has since become overcrowded**; felice: **she made a fortunate (*o* the right) choice of profession.**

fortunato *agg.* ① lucky, (*meno usato*) fortunate: **è stato fortunato a sopravvivere all'incidente**, he was lucky (*o* fortunate) to escape from the accident alive. ② successful: **si è avuto un fortunato allestimento di** *Amleto* **quest'anno a Stratford**, this year's Stratford production of *Hamlet* has been very successful. ③ popular: **il mito di Prometeo fu tra i più fortunati nell'epoca romantica**, the myth of Prometheus was among the most popular (*o* best-loved) myths of the Romantic era.

●**fortune** *s.* fortuna: **he had the good fortune (*o* the luck) to meet the very person who was able to help him; no matter how much skill and careful calculation you bring to an enterprise, fortune (*o* chance) is bound to play a large part in determining your success or otherwise; a gypsy told my fortune; there once was a miller who had three sons and he sent them out into the world to seek their fortune; he was a poor man until his uncle died and left him a fortune (*o* until he came into a fortune); to spend (*o* cost) a (small) fortune,** spendere (*o* costare) una fortuna. • **Fortune-teller** *s.* indovino; **fortune-hunter** *s.* cacciatore di dote; **to be worth a fortune,** (*di cose*) valere moltissimo, (*di persone*) essere ricchissimo.

fortuna *s.* ① (*sorte*) luck: **ha lavorato sodo ma non ha avuto la fortuna dalla sua e l'impresa è fallita**, he worked hard but luck was against him (*o* his luck was out) and the enterprise failed; (*più lett.*) fortune: **la fortuna gli arrise e l'impresa riuscì**, fortune smiled on him and the enterprise prospered; chance: **nella vita la fortuna conta più del darsi da fare e dell'astuzia**, chance (*o* fortune) plays a greater part in our lives than effort and calculation. ② (*sorte favorevole*) luck, good luck, fortune, good fortune; **portare fortuna**, to bring (good) luck: **crede che portare questo amuleto le porterà fortuna**, she believes that wearing this charm will bring her (good) luck (*o, meno usato,* good fortune); **avere fortuna**, to be lucky, (*meno usato*) to be fortunate: **investì i suoi risparmi in maniera imprudente ma ebbe fortuna e fece un sacco di soldi**, he invested his savings unwisely but he was lucky (*o* fortunate) and made a lot of money; **ha sempre fortuna a carte**, he is always lucky at cards; to be successful: **il suo primo libro ha avuto grande fortuna**, her first book was very successful; **avere la fortuna di**, to be lucky enough to: **l'estate scorsa abbiamo avuto la fortuna di stare in Inghilterra proprio in quei pochi giorni in cui non è piovuto**, we were lucky enough to be in England for the few days that it didn't rain last summer; **fare fortuna**, to make a fortune (*slang*, to make a pile); **per fortuna**, luckily; *si noti però che il termine inglese è più forte di quello italiano e di conseguenza è usato meno spesso* (*lo stesso vale per l'avverbio* invece *che, traducendo dall'italiano in inglese, è in genere preferibile omettere*); *il fatto che determinate circostanze si rivelino fortunate più che essere espresso in maniera esplicita, viene infatti sovente sottinteso*: «**Temo che dovrai farti una bella camminata per arrivare a casa**» – «**Oh no, per fortuna c'è una fermata dell'autobus proprio dietro l'angolo!**», «I'm afraid you've got a long walk home now» – «No, there's a bus stop just round the corner!»; **colpo di fortuna**, stroke of luck; **portafortuna**, charm, mascot; **un ciondolo portafortuna**, a lucky charm. ③ (*la maggiore o minore importanza attribuita ad un autore dalla cultura in una determinata epoca, Devoto*) standing: **la fortuna di Young come poeta raggiunse il suo culmine nel 1742, anno in cui i suoi** *Night Thoughts* **conobbero un grande successo, ma nei secoli successivi è andata del tutto scomparendo**, Young's standing as a poet has greatly diminished since 1742 when his *Night Thoughts* enjoyed the success of a best-seller. • **Mezzi di fortuna**, improvised means, *ma in inglese si è in genere più precisi: avvalendosi* *degli aggettivi* improvised *e* makeshift *una frase del tipo* **l'incidente avvenne in mezzo alla giungla e il medico soccorse i feriti con mezzi di fortuna**, *verrebbe resa con* the accident happened in the middle of the jungle and the doctor rigged up an improvised operating theatre and set broken bones with improvised splints, while other people prepared makeshift bandages and beds for the injured; **atterraggio di fortuna**, forced landing.

○**fount** *s.* [1] serbatoio del petrolio in una lampada o dell'inchiostro in una penna stilografica. [2] (*poet.*) fonte, fontana. [3] (*tipog.*) serie di caratteri dello stesso corpo e stile.

fonte *s.* [1] spring: **l'acqua fresca di una fonte**, cool water from a spring; (*fig.*) corrupt influence which is itself the perennial spring of all prodigality (*Burke*). [2] source: (*fig.*) **l'indigenza è fonte di tensione nelle società multirazziali**, economic deprivation is a source of racial tension in multi-racial societies; (*fig. spesso al plurale*) source(s) (of information): **da fonti ufficiali si è avuta la conferma che il vertice avrà luogo entro la prossima settimana**, official sources confirm that the summit will take place before the end of next week; **l'autore di questa biografia non sempre offre precisi rimandi alle sue fonti**, the author of this biography does not always give precise references to his sources. [3] (*fig., ret.*) fount: **una fonte di saggezza**, a fount of wisdom. ● **Fonte battesimale**, font.

○**fraud** *s.* [1] frode. [2] truffa: **our package holiday in Spain was a fraud – there was an extra charge for practically everything and it was very badly organized**; *lo stesso termine può essere usato anche in contesti assai meno seri, per definire, per esempio, un oggetto che non funziona come dovrebbe*: **this thing is a fraud – it wouldn't open a paper bag!** *potrebbe esclamare un inglese alle prese con un apriscatole poco funzionale.* [3] persona che non è quello che pretende di essere, impostore, truffatore: **the man they sent to repair the boiler was an absolute fraud – he knew less about it than I do**. ● **Pious fraud**, persona che pretende di essere molto moralista e religiosa ma in realtà non lo è; *può anche essere riferito a cose*: **the Young People's Meditation Movement is a pious fraud – someone is making millions out of it**.

frode *s.* fraud. ● **Frode fiscale**, tax evasion.

○**fresh** *agg.* [1] appena fatto, prodotto, raccolto, *etc.*, non stantio, fresco: **fresh bread, fresh raspberries; I'll make you some fresh tea – this was made half an hour ago**. [2] non conservato, fresco: **fresh fish** (*contrapposto a* **salt** *o* **frozen fish**, pesce salato *o* congelato). [3] (*dell'aria o del vento*) puro e corroborante: **after a day at the office a walk in the fresh air will do you good; a fresh wind cooled our faces**; *ma* **a fresh wind** *nel gergo marinaresco significa* un vento piuttosto forte. [4] (*di persona*) non stanco, sveglio e pieno di energia: **I had half an hour's sleep when I got home from work and then felt as fresh as a daisy** (fresco come una rosa). [5] (*di solito della carnagione di una persona*) sano e colorito, fresco: **the fresh cheeks of healthy children; a fresh-complexioned girl**. [6] ulteriore; altro, nuovo: **is there any fresh news from the hospital?; he started a fresh chapter** (*in senso letterale o figurato*) **on returning from his holidays; he took a fresh page and began writing the second draft** (stesura); **we must make a fresh attempt to solve this problem**. [7] (*USA slang*) sfacciato, impertinente (*usato come rimprovero, specialmente dalle ragazze nei confronti degli uomini*). ● **Fresh water**, acqua dolce; **freshwater fish**, pesce di acqua dolce; **a freshman** (*o* **fresher**) matricola universitaria (*sia maschio che femmina*); **fresco** *s.* affresco: gli affreschi, **the frescoes** ['freskəuz] (*italiano anglicizzato*).

fresco A *agg.* [1] (*moderatamente freddo*) cool: **staremo più freschi se mangiamo in giardino**, we shall be cooler if we eat in the garden; **acqua fresca**, cool water. [2] (*contrapposto a stantio*) fresh: **burro fresco, frutta fresca**, *etc.*, fresh butter, fruit, *etc.*; (*fig.*) **truppe fresche, cavalli freschi**, fresh troops, fresh horses. ● **Vernice fresca**, wet paint; **notizie fresche**, recent news; **essere fresco di studi**: *per tradurre questa espressione è necessario specificare di quale tipo di studi si tratti*: **he has just taken his degree, diploma**, *etc.*; **mente fresca**, a fresh mind (*poco usato*); **se ti azzardi un'altra volta a giocare a pallone in casa** (*o* **a telefonarmi alle due di notte per tali sciocchezze**), **stai fresco!**, you know what's coming to you (*o* you'll wish you hadn't). B *s.* cool, coolness: **godersi il fresco della sera**, to enjoy the coolness (*o più lett.* the cool) of the evening; **partire per il fresco**, to leave when (*o* while) it's cool; **tenere qualcosa in fresco**, to keep something cool; **trovarsi al fresco** (*in carcere*), to be in the cooler.

furore *s.* (*di solito* [fjuːˈrɔː], *talvolta* [fjuːˈrɔːri]) [1] tumulto di folla infuriata: **his execution was**

considered by most people to be judicial murder and it was weeks before the furore died down. ② clamore di folla entusiasta: **the pop star's appearance in the stadium produced the expected furore.**

furore s. ① fury: **la composta indifferenza del prigioniero di fronte alle minacce provocò il furore dell'interrogante,** the prisoner's cool indifference to threats provoked fury in his interrogator; **in preda al furore,** seized with fury. ② (*lett.*) frenzy: **furore poetico,** poetic frenzy. ③ (*ammirazione*) **far furore**: *di una* pop star *si direbbe* he's a wild success (*o* he's a hit) *mentre per un artista di altro genere bisogna usare frasi del tipo* he arouses widespread admiration *o* he enjoys enormous success; far furore (*di cose*), to be all the rage. • **A furor di popolo,** by popular acclaim; *ma questa espressione è usata solo in situazioni di carattere positivo* (**fu invitato a rappresentare l'Italia a San Remo a furor di popolo,** he was invited to represent Italy at San Remo by popular acclaim) *mentre una frase come* **fu cacciato a furor di popolo** *equivarrebbe a* he was hounded (out of the city) by the mob.

◐**fury** s. furia (*nel senso di collera*). • **To be in a fury,** essere furibondo, avere una crisi di collera; **to work like fury,** lavorare intensamente.

furia s. ① fury: **quando vide che avevano rovinato il suo lavoro urlò dalla furia che aveva in corpo,** when he saw that they had ruined his work he bellowed with fury; **talvolta sento la mia vicina di casa che sgrida suo marito come una furia,** I sometimes hear the woman next door scolding her husband like a fury; **la furia del temporale faceva piegare gli alberi,** the trees bent in the fury of the storm. ② (*fretta*) hurry: **non c'è furia,** there's no hurry; **sarà difficile fare questo lavoro nei prossimi giorni, ha furia?,** is there (*o* are you in) any hurry (for it)? • **A furia di,** by dint of (*di solito, ma vedi* **forza**); **in fretta e furia,** in a tremendous hurry; **andare su tutte le furie,** to fly into a rage.

G

●**gallant** *A agg.* ⟦1⟧ nobile d'animo e valoroso: **hereabouts died a very gallant gentleman** (*epitaffio su una lapide a Captain Oates nell'Antartico, 1912*); **in a nation of gallant men, in a nation of men of honour, and of cavaliers** (Burke, *Parlando dei francesi, 1789*); **the honourable and gallant member** è *l'espressione usata nella House of Commons quando si parla di un membro del parlamento che ha militato nelle forze armate.* ⟦2⟧ galante: **feeling the necessity to say something gallant he complimented her on her dress.** ⟦3⟧ eccessivamente e falsamente complimentoso verso le donne (*dai primi del XIX secolo è usato solo raramente*) **fie, sir, you are gallant!** (Congreve, *The Way of the World*). *B s.* (*arc. e lett.*) uomo del bel mondo; corteggiatore.
   galante agg. (*verso le donne*) gallant: **è sempre galante con le vecchie signore**, he is always gallant in his behaviour to old ladies; **la vecchia signora era compiaciuta della sua osservazione galante**, the old lady was pleased by his gallant remark. ● **Galantuomo** *s.* gentleman; **stile galante** (*mus.*), style gallant (*francese*).

●**gallantry** *s.* ⟦1⟧ coraggio e nobiltà d'animo: **his gallantry will never be forgotten.** ⟦2⟧ galanteria: **the old gentleman's gallantry to his granddaughters embarrassed and touched them.**
   galanteria s. ⟦1⟧ (*comportamento galante*) gallantry. ⟦2⟧ (*atto, discorso galante*) a gallant gesture, a gallant remark.

●**gallery**/*galleria s.* Nella maggior parte delle sue accezioni il termine italiano trova il suo equivalente in **tunnel** o **gallery**. Si usa **gallery** per indicare le gallerie costruite all'interno di chiese (matronei) e le gallerie d'arte. **Tunnel** corrisponde invece a qualsiasi tipo di galleria (*scavata in una collina, in una montagna, sotto il mare, un fiume, una città, etc.*) e viene inoltre usato nell'espressione **wind tunnel** (galleria o tunnel aerodinamico). Nell'accezione militare e mineraria i due termini si equivalgono: **gallery**, galleria. Per indicare gallerie scavate da animali *in inglese si fa uso di termini specifici*: **an earth** è una galleria scavata da una volpe; **a sett**, da un tasso; **a mole-run**, da una talpa; **a burrow**, da un coniglio o da altre specie di animali. Al teatro **gallery** *indica solo il terzo dei tre ordini di posti* (loggione): **when I was a student I saw the whole of Shakespeare from the gallery** (*o* **the gods**); *altrimenti si usa il termine* **circle**: prima galleria, **dress circle**; *il termine usato per indicare la galleria di un cinema è però* **balcony** (*q.v.*). *Il termine inglese possiede anche i seguenti significati*: ⟦1⟧ ballatoio (*costruito in una grande fabbrica, per esempio, o in qualsiasi altro vasto edificio*). ⟦2⟧ strada *costruita sul versante di una collina o di una montagna* (strada a mezza costa). ⟦3⟧ **musician's gallery** (*ormai andate in gran parte distrutte*), cantoria *usata dal coro e anche dagli orchestrali* (erano infatti poche le chiese che prima del XIX secolo possedevano un organo); **minstrels' gallery**, cantoria nel salone di una villa di campagna. ⟦4⟧ lunga stanza o vasto corridoio in una grande villa di campagna, *costruito con il duplice scopo di esporvi dei quadri e di procurare alle signore un luogo in cui poter passeggiare durante le giornate piovose.* ⟦5⟧ il pubblico che assiste ad una partita di golf. ● **To play to the gallery**, recitare per il loggione; *questa espressione significa* mirare, nel parlare in pubblico, ad accattivarsi il favore di chi ascolta, sfruttandone la disposizione a ridere o ad indignarsi con facilità.

garb *s. Con questo sostantivo si indica in inglese l'uniforme caratteristica di una determinata professione; esso potrebbe quindi essere fatto equivalere a termini quali* uniforme, *appunto,* divisa, *o* tenuta, *se non venisse però usato quasi sempre in tono di scherno; una frase del tipo* **when I saw him he was on his way to court, dressed in barrister's garb, complete with wig,** *potrebbe al limite corrispondere a qualcosa come* quando lo vidi era diretto al tribunale con la sua bella toga da avvocato e con tanto di parrucca. ● **Suitably garbed**, vestito di tutto punto (*per una specifica occasione*); *ma si noti che anche questa espres-*

gay

sione è quasi sempre usata in tono ironico.

garbo s. ① (*riferendosi al comportamento di una persona nei confronti degli altri*) politeness (*superficiale*), courtesy (*più sentito*), kindness (*sincero*); *ammettere di aver sbagliato, rinunciare ad un diritto o cedere agli altri qualcosa a cui si tiene molto*, **con garbo** (*senza mostrare la benché minima riluttanza*) *equivale a* to do something with a good grace *o* to behave handsomely; graciously *è ammissibile ma è usato raramente al giorno d'oggi e appare piuttosto ridicolo e falso*. ② (*riferendosi al modo in cui una persona fa qualcosa, per esempio suonare uno strumento*) delicacy. • **Dare il garbo ad un vestito** *etc.*, to put the finishing touches to a dress *etc.*; **a garbo** (*nel senso di nel modo giusto e appropriato*), properly; (*nel senso di con cura e attenzione*) carefully.

○**gay** *agg*. *Il terzo dei seguenti significati si è sviluppato di recente ed ha tristemente reso impossibile l'uso di questa graziosa e utile parola nelle sue due più vecchie accezioni*: ① gaio: **he was in a gay mood, whistling as he worked**; festoso: **the house was gay with Christmas decorations**; vivace: **she hated wearing black and longed to start wearing gay colours again**. ② spensierato al punto di essere irresponsabile, *nell'espressione* **to live a gay life**. ③ omosessuale (*agg. e s.*).

gaio *agg*. (*di persone*) light-hearted; (*ormai superato*) gay; (*di colori*) gay, bright.

genial *agg*. ① (*In questa accezione, che è la più comune*, **genial** *può essere riferito tanto ad una persona, quanto alla sua espressione, al suo stato d'animo o al suo carattere*) gioviale, socievole: **a genial member of the club**; cordiale: **a genial face, expression**; affabile: **we found him in a genial mood**. ② (*poco usato, del tempo o del clima*) mite.

geniale *agg*. (*di scrittore o di altro artista*) inventive, original; (*di libri, etc.*) original, brilliant, clever; (*della mente o di idee*) ingenious: **ha una mente geniale**, he has an ingenious mind; **ha trovato una soluzione geniale a quel problema**, he has found an ingenious solution to the problem; **una trovata geniale**, a brilliant idea.

geniality *s*. *Corrisponde all'accezione 1 dell'aggettivo ed è quindi possibile renderlo con termini quali* socievolezza, cordialità, affabilità. *Può anche essere riferito al tempo o al clima* (mitezza, *vedi* **genial** *accezione 2*), *ma in questa accezione è usato ancor più raramente dell'aggettivo*.

genialità *s*. brilliance, originality, ingeniousness.

○**genius** *s*. ① genio: **Mozart was a genius**. ② genio, spirito: **the genius of Elizabethan England**. ③ spiccata attitudine: **he has a genius for handling horses**; *usato spesso in senso ironico*: **he has a genius for saying the wrong thing**. ④ (*lett.*) **the genius loci** (*latino*), l'atmosfera di un luogo.

genio *s*. ① genius. ② **Genio militare**, the Royal Engineers, the Engineer Corps [kɔ:], (*colloq.*) the Sappers; **Genio civile**: *in Inghilterra non esiste alcun organismo dipendente dallo Stato che soprintenda alla costruzione di strade, ponti, etc.; alla realizzazione di opere di questo genere, commissionate e finanziate dallo Stato, provvedono ingegneri civili autonomi*.

genteel *agg*. *Come* **gentle** *questo aggettivo deriva, attraverso il francese antico, dal latino* gentilis; *esso ebbe dapprima il significato di* appartenente alla stessa gens, *poi, causa l'irresistibile logica del ragionamento* chi appartiene alla mia gens è naturalmente **well-bred**, *divenne sinonimo, appunto, di* **well-bred** (*che significa sia di sangue blu* che *ben educato*). *Successivamente* **gentle** *e* **genteel** *si separarono ma continuarono entrambi a conservare il riferimento al* **breeding** (discendenza nobile *o comunque* rispettabile *e quindi* educazione raffinata); *se però* **gentle** *cominciò ad avvicinarsi sempre più al concetto di dolcezza, distaccandosi da ogni altra concezione delle buone maniere, e ad esprimere un sentimento sincero*, **genteel** *finì per indicare un esteriore rispetto delle convenienze*. **Genteel** *ha subìto un ulteriore mutamento all'inizio di questo secolo quando iniziò ad essere usato, come lo è attualmente, in senso spregiativo, per indicare persone o atteggiamenti* guidati da una concezione delle buone maniere eccessivamente raffinata, ostentatamente delicata ed obsoleta: **Mary's terribly genteel** (manierosa); **her manners are very genteel**; **she speaks with a genteel accent**. *Mary, che si ritiene una persona raffinata e molto educata, non direbbe tutto questo di sé, né le piacerebbe pensare che tali cose venissero dette sul suo conto*. • **Gentility** *s*.

gentile *agg*. *Vedi dopo*, **gentle** - **gentile**.

gentle *agg*. *Il concetto fondamentale espresso da questo aggettivo e presente come denominatore* *comune in tutte le sue accezioni è quello di moderata intensità. Basandosi su tale premessa si potrà procedere alla scelta del suo equivalente più adatto ad ogni specifico caso:* **a gentle breeze** *o* **slope** *verrà reso con* un leggero *o* dolce venticello *o* pendio; **a gentle warmth** *con* tepore; **a gentle wit** *o* **rebuke** (*in cui è sottolineata l'assenza di asprezza*) *con* uno spirito *o* un rimprovero bonario *o* benevolo; **a gentle irony** (*un'ironia che si cela spesso sotto le mentite spoglie di un brano apparentemente serio e distaccato*) *con* una sottile *o* fine ironia; *analogamente* **a gentle humour** *sarà tradotto con* un fine umorismo; **a gentle hint** (*un'allusione fatta con tanto delicato tatto da poter essere cortesemente ignorata dalla persona a cui è indirizzata*) *con* una sottile *o* delicata allusione. *Per il significato che* **gentle** *assume quando viene riferito a persone, può essere utile considerare il seguente esempio: si pensi a due infermiere, Anne e Belinda; sia l'una che l'altra si mostrano efficienti e coscienziose nell'adempimento del proprio dovere, ma mentre Anne è anche* **gentle**, *altrettanto non si può dire di Belinda: questo perché Belinda ha una voce stentorea e i movimenti delle sue mani sono troppo bruschi e rigidi per il sensibile e sofferente corpo dell'ammalato; Anne, al contrario, parla con tono pacato e ha una mano estremamente leggera. Indubbiamente* dolce *è il primo aggettivo che viene in mente, ma non si può tacere il fatto che è assente in inglese quel tanto di sentimentale e di zuccheroso che il termine italiano può avere. Inoltre, come si è avuto modo di notare,* **gentle** *descrive un modo di muoversi, di parlare, di esprimersi esente da qualsiasi brusco scatto e mai troppo appariscente o rumoroso o vistoso. Ecco perché anche* garbato, delicato, tenero, *con un tocco di grazia e armonia nei movimenti, danno la misura di una componente essenziale del senso di* **gentle**. *Si noti infine l'espressione* **the gentle art of**, *originariamente usata in frasi quali* **the gentle art of duelling** (*dove restava traccia del primitivo senso etimologico latino di* proprio dei nobili, raffinato, *vedi* **genteel**) *poi passata con velata ironia in altre del tipo* **the gentle art of extracting your friends' secrets from them in guileless chatter,** *per finire senza mezzi termini in* **the gentle art of making political alliances you have every intention of breaking if and when it suits you.** *L'arte in questione è chiaramente sottile e da usarsi con la massima cautela, delicatezza e attenzione. Di uso frequentissimo è l'avverbio* **gently** come in please, shut the door gently *o* do it gently (*quasi un ritornello nelle raccomandazioni ai bambini*) *dove è chiaro il senso di* vai *o* fai piano a, fai attenzione a. *E rimproverando a qualcuno un eccessivo impeto nei movimenti, troppa irruenza, si fa uso del proverbiale* **gently does it!** *equivalente in italiano a* chi va piano va sano e va lontano (*limitatamente però al modo di fare qualcosa,* piano, con calma e attenzione *appunto*). • **Gentleness** *s.*

gentile *agg. Corrisponde a* [1] kind *quando indica qualcosa di più di una semplice adesione esteriore ai canoni dell'etichetta.* [2] polite *quando esprime buona educazione più che gentilezza d'animo.* [3] delicate *o* graceful *quando significa* aggraziato *o* delicato: **lineamenti gentili**, delicate features (gentle features *insisterebbe più sulla dolcezza, la tenerezza d'espressione che non sulla grazia, la gradevolezza fisica sottolineata invece dall'aggettivo italiano*); the graceful lines of a building (*vedi* **grace**).

● **glorious** *agg.* [1] glorioso: **glorious victory**; *ma si noti che* **glorious** *può essere usato anche in frasi del tipo:* **every generation of young men thinks that war is glorious** (una esperienza esaltante ed edificante, *sia per l'individuo che per l'intera nazione*). [2] magnifico: **the kings entered in glorious array: what a glorious sunset!** [3] (*fam.*) bello, divertente: **the moonlight picnic was glorious fun!**

glorioso *agg.* [1] glorious: **una vittoria gloriosa**, a glorious victory; illustrious, celebrated: **oggi la nazione celebra il centenario della morte di uno dei suoi figli più gloriosi**, today the country celebrates the centenary of one of her most illustrious sons. [2] (*relig.*) glorified (in heaven).

● **grace** *s.* [1] qualità dell'essere attraente nel muoversi, grazia: **the grace of the dancer's movements, of the bird's flight.** [2] qualità dell'essere attraente nella forma, *ma solo quando questa dia l'impressione di possedere la fluidità del movimento*; grazia: **the grace of the curving staircase.** • *L'aggettivo* **graceful** (aggraziato) *è usato molto più spesso del sostantivo in entrambe le accezioni sopra illustrate, in particolar modo nella seconda.* [3] dilazione accordata in forma di favore: **he found that he could not pay the debt on the agreed date and asked for a month's grace.** [4] il favore di Dio e la forza spirituale concessa da Dio all'uomo, grazia. [5] breve preghiera di ringraziamento recitata a tavola: **when I was a child we always said grace before and after a meal.** [6] titolo usato nel parlare a (o di) un duca, una duchessa o un arcivescovo, Grazia: **your (his, her) Grace**.

grazia *s*. ☐ (*in senso estetico*) grace, beauty: **the grace of the child's movement** *ma* **the beauty of her face** (*vedi* **grace** *accezioni 1 e 2*); **non avere né garbo né grazia**, to be graceless; **di mala grazia**, grudgingly, with a bad grace. ☐ (*considerazione favorevole*) good graces (*plur.*): **sembra sia nelle grazie del capo adesso**, he seems to be in the boss's good graces at the moment (*non molto usato*). ☐ (*la grazia di Dio*) grace; **morire in grazia di Dio**, to die in a state of grace; (*miracolo*) miracle. ☐ (*favore*) kindness: **mi fareste la grazia di prestare immediata attenzione a questo problema?**, would you do me the kindness of giving (*o* to give) immediate attention to this problem?; (*in tono di duro e arrogante rimprovero*) goodness: **mi faccia la grazia d'ora in poi di tenere il suo cane lontano dal mio giardino**, have the goodness to keep your dog out of my garden in future. ☐ (*condono di una pena*) free pardon: **dopo dieci anni di reclusione gli fu concessa la grazia**, after ten years in gaol he was granted a free pardon. ☐ (*gratitudine*) **grazie**, thanks: **rendere grazie a Dio**, to give (*o* render) thanks to God. ☐ (*tipog.*) serif. • **Colpo di grazia**, coup de grâce (*francese*); **grazie a**, thanks to; **Ministero di Grazia e Giustizia**, the Lord Chancellor's Department *e* The Home Office; **per grazia ricevuta**, for favours granted.

graduate *s*. laureato: **she is a graduate of Warwick (University); she is a Warwick graduate; she is a history graduate** (*o* **she has a degree in history**). *Usato anche in funzione aggettivale*: **graduate students, graduate scholarships**, *etc*.

graduato *A s*. non-commissioned officer (*di solito chiamato* an NCO). *B agg*. ☐ (*disposto in ordine di difficoltà crescente*) graded: **graded exercises**. ☐ (*suddiviso in gradi*) calibrated: **provetta graduata**, calibrated tube. ☐ graduated: **lenti graduate**, graduated lenses.

● **graffiti** *s. plur.* (*ital.*) slogan, espressioni, parole, *etc*. spesso volgari, scritte sui muri in luoghi pubblici con vernice, inchiostro, matite, *etc*. oppure incise. *Ma la prima cosa che tale termine richiama alla mente di un inglese, più che un'incisione* (*o graffito*), *è una scritta tracciata con vernice, etc.*

graffiti *s. plur.* graffiti (*ma vedi sopra*).

● **grand** *agg*. *La cosa principale da tener presente è che il significato più comune di* **grand** *non è «che* supera la misura ordinaria per dimensioni o meriti»*: dal primo significato qui illustrato (che è il più comune) risulta anzi evidente come questo termine spesso non sia molto lontano dall'idea di presunzione*: ☐ dignitoso, solenne (*spesso in maniera pretenziosa*): **they talk in a grand way about planning to go round the world**. ☐ fastoso, grandioso: **at the end of the Festival there will be a grand procession and fireworks; the Grand Hotel**. ☐ (*fam.*) bravissimo: **he's a grand chap**; ottimo: **she's made a grand job of it**. ☐ del più alto rango (*nella nobiltà, ma non in quella inglese*): **the Grand Duke Ferdinand**. • **Grand total**, somma complessiva; **grand piano**, pianoforte a coda; (*slang*) **a grand**, mille sterline *o* dollari; **grand opera**, opera lirica; **grandly** *avv.*; **grandeur** [ˈgrændjə] *s. È usato nei significati 1 e 2 dell'aggettivo*.

grande *A agg*. ☐ (*riferito a cose*) big, large: **una casa grande**, a big (*o* large) house; tall: **un edificio grande**, a tall building; (*fam.*) great big (*molto grande*): **sono arrivati con una grandissima macchina carica di bagagli**, they arrived in a great big car piled with luggage. ☐ great: *è importante notare che, a parte pochissime eccezioni* (*come per esempio* greatcoat, **soprabito**; a great deal, **moltissimo**), great *è sempre usato riferito a qualità morali e intellettuali; esso esprime infatti rispetto e ammirazione e può in questo senso essere impiegato anche parlando di cose di imponenti dimensioni o di notevole interesse o valore*: **S. Francesco fu uno degli uomini più grandi che siano mai vissuti**, St Francis was one of the greatest men who ever lived; **a great poet, statesman**, *etc.*; **a great book, picture**, *etc.*; **a great river, mountain**, *etc*. ☐ (*adulto*) grown-up: **quando sarai grande potrai mangiare tavolette di cioccolata a volontà a colazione se lo vorrai ancora**, when you're grown-up you can have chocolate for breakfast if you still want to. ☐ (*rafforzativo*) very: **fa un gran freddo**, it's very cold. • **Il mio (tuo**, *etc.*) **grande giorno**, my (your, *etc.*) great (*o* big) day; **le grandi potenze**, the great powers; **a grandi linee**, gist: **mi illustri la situazione** (*o* **l'argomento**) **a grandi linee**, give me the gist of the situation (*o* matter); **in grande stile**, in style, in great style; **il grande pubblico**, the public (*ma vedi* **public**); **una gran bella donna**, a very beautiful woman; **a gran voce**, at the top of one's voice; **è un gran peccato**, it's a great pity; **in gran parte**, for the most part; **di gran lunga**, much, far, by far: **è di gran lunga il più attrezzato ospedale della zona**, it's much (*o* far, *o* by far) the best-equipped hospital in the area; **si è fatto un gran parlare di questo problema**, this problem has been much talked about (*o* has aroused a lot of interest); **ho una gran voglia di andare a teatro**, I'm longing to go to the theatre; **gran che**, up to much: «**Com'era il film?**» – «**Non era un gran che**», «What was the film like?» – «It wasn't up to much». *B s.* (*adulto*) grown-up; adult: **questo film è solo per i grandi**, this film is for grown-ups only (*se il discorso è rivolto ad un bambino*), is for adults only (*se il discorso è rivolto ad un adulto*); **da grande**, grown-up (*agg.*): **cosa farai da grande?**, what are you going to be when you're grown-up? • **Un grande della fisica**, an eminent (*o* great) physicist; **farsi grande** (*fig.*) to put on airs; **riprodurre in grande**, to enlarge; **fare le cose in grande**, to do things on a grand scale.

gratuitous *agg.* ingiustificato (*di un insulto o qualsiasi altra forma di scortesia*): **a gratuitous insult, piece of rudeness, gratuitous unkindness**. *Usando* **gratuitous** *si insiste più sulla iniquità di chi reca l'offesa che sulla condizione di chi la subisce; chi si comporta con* **gratuitous unkindness** *stupisce per il fare o il dire una cosa spiacevole che non appare appropriata all'occasione. Se la stessa offesa invece che* **gratuitous** *fosse definita* **undeserved**, *l'attenzione verrebbe incentrata più sulla condizione dell'offeso che dell'offensore.*

gratuito *agg.* [1] free: **l'ingresso al museo è gratuito**, admission to the museum is free; **lo studente che ha vinto è stato premiato con tre mesi di lezioni gratuite**, the student who won the prize was given three months' free lessons (*o* three months' lessons gratis); gratis: **ingresso gratuito**, admission to museum gratis. [2] (*privo di qualsiasi fondamento*) unfounded: **un'affermazione, un'accusa gratuita**, an unfounded assertion, accusation; groundless: **sospetti gratuiti**, groundless suspicions.

o**gregarious** *agg.* [1] (*di persone*) socievole: **she's such a gregarious person, I'm sure she would hate living alone in an isolated village**. [2] (*di animali e piante*) gregario. • *NB: Il termine non può essere usato come sostantivo.*

gregario *A agg.* gregarious. *B s.* [1] (*soldato semplice*) private (soldier). [2] (*sport, ciclismo*) back-up (cyclist). [3] (*membro di un partito o di altra organizzazione... privo di iniziativa autonoma, Zingarelli*) rank-and-file member.

gross *agg.* [1] grosso, corpulento e ripugnante: **the strange animal had a gross body, a wicked head, and horrible claws**. • *Si noti che questo termine, quando è usato in senso fisico, esprime sempre un'idea di ripugnanza.* [2] non raffinato, grossolano, volgare: **gross expressions, language, manners**; *raramente riferito a persone.* [3] oltraggioso, grave: **a gross insult; gross negligence**. [4] lordo: **the gross pay for this job is a hundred pounds a week, which means about seventy net** (*o, fam.*, **take-home pay about seventy**); **gross weight**, peso lordo; **gross national product**, prodotto nazionale lordo.

grosso A agg. [1] (*grande*) big, very big, enormous: **una grossa fabbrica**, an enormous factory. [2] (*di fiume, torrente, etc. gonfio per la pioggia*) swollen; **mare grosso**, high seas, stormy sea. [3] (*spesso*) thick: **spago, cartone, tessuto grosso**, thick string, cardboard, cloth; (*grezzo*) coarse: **tela grossa**, coarse canvas; (*di grana grossa*) **sale grosso**, coarse salt. [4] (*robusto*) heavily built: **un uomo grosso**, a heavily built man; (*grasso*) fat; stout (*più dignitoso*). [5] (*numeroso*) big, large: **una grossa famiglia, un grosso gruppo**, *etc.*, a big (*o* large) family, group, *etc.* [6] (*di grande rilievo*) important: **un grosso nome nel mondo del jazz moderno**, an important figure (*o* big name) in the world of modern jazz; **un pezzo grosso**, a big noise. [7] (*difficile da sopportarsi*) terrible, awful: **un grosso problema, errore**, *etc.*, terrible (*o* awful) trouble, mistake, *etc.*; (*grave*) major: **un grosso difetto, svantaggio, inconveniente**, major defect, disadvantage, inconvenience. • **Sangue grosso**, thick blood; **tempo grosso**, threatening sky, heavy weather (*ma questa seconda espressione è più spesso usata in senso figurato*: to make heavy weather of something, **fare di una mosca un elefante**); **caccia grossa**, big game; **fiato grosso**, panting; **avere il fiato grosso**, to pant; **fare la voce grossa**, to make someone feel the weight of one's authority; (*rimproverare*) to tick (*o* tell) someone off; **usare parole grosse**: *non esiste alcuna espressione idiomatica corrispondente; un inglese direbbe semplicemente*: he used offensively exaggerated language; **dirla grossa** e **farla grossa** *corrispondono entrambe a* to go too far; **questa è grossa!**, I don't believe it!; **ti sbagli di grosso**, you are quite wrong. *B s.* most (*di cose e persone*): **il grosso della folla**, most of the crowd; bulk (*solo di cose*): **il grosso del lavoro**, the bulk of the work.

o**guard** *s.* [1] guardia (*non necessariamente milita-*

guard

re): we found we could not enter the radio station, as a guard had been posted at every entrance; (*plur.*) **prison guards**, guardie carcerarie (*ma in un carcere civile è di solito usato il termine* warder); (*mil.*) guardia, (*plur.*) **the Guards**, le guardie reali. [2] capotreno. [3] parte di un macchinario che serve da protezione, protezione: **industrial accidents are frequently caused by machine operators removing the guards from their machines**; un qualcosa costruito a scopo di protezione: **fire-guard**, parafuoco. [4] stato di all'erta, guardia: **be on your guard!** stai attento (*o* in guardia)!; **he kept guard over his companions while they slept; they managed to catch him when he was lighting a cigarette and off his guard** (alla sprovvista). [5] (*sport*) posizione di guardia; **to be on guard**, stare in guardia. [6] sorveglianza: **the Crown Jewels are kept under guard**.

guardia *s.* [1] (*atto del vigilare*) guard: **stare (*o* essere) di guardia**, to keep (*o* be on) guard; **cane da guardia**, guard dog; **fare la guardia a un prigioniero**, to guard a prisoner; **mettere in guardia qualcuno contro qualcosa**, to put someone on their guard against something (*da notare in questa espressione l'uso dell'aggettivo possessivo*); (*mar.*) **essere di guardia**, to be on watch; (*turno*) watch: **a metà della seconda guardia l'ufficiale di turno svegliò il capitano**, in the middle of the second watch the duty officer (*o* officer of the watch) woke the captain. • *NB: In senso lato* **guard** *è il termine da usare quando viene considerato probabile il ricorso ad un'azione difensiva,* **watch** *quando l'azione di sorveglianza è limitata all'osservazione di quanto accade.* [2] (*corpo di soldati*) guard: **si piazzò una guardia al cancello**, a guard was posted at the gate; (*sentinella*) guard; (*poliziotto*) policeman on guard; (*di carcere*) warder; **guardia del corpo**, bodyguard; **montare la guardia**, to mount guard; **posto di guardia**, guard-post; **guardia d'onore**, guard of honour; **guardie svizzere**, Swiss guards; **guardia giurata**, security service guard (Securicor *è il nome del più noto security service*); **cambio della guardia** (*mil.*), the changing of the guard; *l'uso figurato di questa espressione non trova in inglese nessun equivalente, per cui va tradotto semplicemente con* change, substitution, X's replacement by Y, *e così via.* • **Livello di guardia** (*di un fiume*), safety level; **guardia medica**: *in Inghilterra non esiste alcun servizio di questo genere: durante la notte e nei giorni festivi l'assistenza è assicurata dallo stesso medico di famiglia o da suoi sostituti*; **medico di guardia** (*in un ospedale*), doctor on call (*di notte*), on duty (*di giorno*); **la vecchia guardia** (*fig.*) the old guard; **avanguardia**, vanguard: **all'avanguardia**, in the van (*o* vanguard); **retroguardia**, rearguard: **formare la retroguardia**, to bring up the rear; **salvaguardia**: protection, defence: **salvaguardia dei diritti umani** (*o* **dei propri diritti**), protection (*o* defence) of human (*o* one's *etc.*) rights; **guardie e ladri**, cops and robbers; **abbassare la guardia**, to lower one's guard, *ma questa espressione non viene molto usata in inglese.*

guard *vb. tr.* [1] sorvegliare: **troops were guarding the station**. [2] fare la guardia a: **we must get a dog to guard the house**. [3] proteggere: **the inner entrance to the castle is guarded by an outer wall**. • **To guard one's reputation** *o* **one's interests**, salvaguardare la propria reputazione *o* i propri interessi.

guardare *vb.* A *tr.* [1] (*volgere lo sguardo verso qualcosa o qualcuno*) *È importante osservare come, in generale, la scelta dell'equivalente inglese di questo verbo dipenda dal complemento oggetto: quando l'oggetto dello sguardo è immobile, il verbo da usare è* to look at: **guardare un libro, una statua**, to look at a book, a statue; *quando invece il complemento oggetto è costituito da una persona, un animale o un oggetto in movimento, il corretto corrispondente del verbo italiano è* to watch: **guardare la gente per la strada, la TV, una partita**, to watch people in the street, TV, a match. *Sempre con* to look, *ma seguito da preposizioni diverse da* at, *è possibile rendere altri usi più particolari di* **guardare**: **guardare da un'altra parte**, to look the other way; **guardare qualcuno dall'alto in basso**, to look down on someone; **guardare indietro**, to look back; **guardare una rivista, un articolo**, *etc.*, to look through a magazine, an article; **guardare una parola sul vocabolario**, to look a word up in the dictionary (*anche se* to study a word in the dictionary *sarebbe più preciso*); **stare a guardare**, to look on: **cinque teppisti armati di bastoni picchiavano tre uomini inermi mentre la polizia stava a guardare**, five bullies with sticks beat up three unarmed men in the street while the police simply looked on. *Si notino infine le seguenti espressioni:* **guardare fissamente**, to gaze at (*di solito in contemplazione*), to stare at (*sempre con sorpresa, talvolta in modo maleducato o con sgomento*); **guardare con ira**, to glare at; **guardare torvo**, to scowl; **guardare aguzzando gli occhi**, to peer at (*o* into); **guardare furtivamente**, to peep at; **guardare maliziosamente** *o* **sfrontatamente**, to leer (*lett.*). • **Guardare con la coda dell'occhio**, to look at (*o* watch) someone (*o* something) out of the corner of one's eye; **guardare di buon occhio**, to look on someone with favour (*lett.*), to take a favourable view of someone; **non guardare di buon occhio**, to take an unfavourable view of someone, to take a dim view of someone (*colloq.*); **guarda guarda!**, just look at this!; **guardare a vista**, to keep under continuous surveillance; **Dio me ne guardi!**, heaven forbid!; **guardare le spalle di qualcuno**, to cover someone: **un reggimento francese guardava le spalle degli inglesi in ritirata da Dunkirk**, a French regiment covered the retreat of the British from Dunkirk. 2 (*esaminare*) to examine: **il dottore guardò la ferita**, the doctor examined the cut; **guardare qualcosa da ogni parte**, to examine something thoroughly. 3 (*aver cura di*) to look after someone *o* something (*di solito per un lungo periodo*); to keep an eye on someone *o* something (*di solito per un breve periodo*). **B intr.** 1 (*affacciarsi su*) to overlook; (*essere orientato verso*) to face: **la casa guarda ad ovest** (*o* **verso il mare** *etc.*), the house faces west (*o* the sea, *etc.*). 2 **guardare di non fare qualcosa**, to be careful (*o* to mind) not to do something. 3 (*cercare di*) to try to, to make sure that: **guardate di arrivare puntuali**, you must try to arrive (*o* make sure you arrive) on time. • **Senza guardare a spese**, as if money were no object; **guarda, facciamo come ho detto io**, look, let's do what I said; **guarda che se se ne accorge va su tutte le furie**, look out! – If she realizes what's going on she'll be furious. **C rifl.** 1 to look at oneself. 2 **guardarsi da qualcuno** (*o da qualcosa*), to beware of someone (*o something*); **guardarsi** (*astenersi*) **dal fare qualcosa: guardati dal parlare di questo argomento in sua presenza**, take care (*o* be careful) not to talk about this in front of him; **guardarsi dal fare qualcosa di pericoloso: guardati dal frequentare persone di cui non puoi fidarti**, be careful not to make friends with people you can't trust (*ma più comunemente si direbbe* you shouldn't make friends with people you can't trust). 3 *rifl. rec.* to look at each other.

guardian *s.* 1 tutore: Paul's parents died when he was twelve and he was brought up by a guardian; while Nancy is at school in England and her parents are working in Africa I am acting as her guardian. 2 (*poco usato*) custode, protettore, guardiano: **guardian angel; the dragon was the princess's guardian**.

guardiano s. 1 (*di edifici*) caretaker (*con questo termine si indica anche il custode di una scuola*); (*notturno*) night-watchman. 2 (*di armenti*) herdsman (*poco usato; sono molto più comuni i termini specifici* cowman, shepherd *e* pigman).

gymnasium [dʒimˈŋeizjəm] *s.* (*di solito abbreviato in* **gym** [dʒim]) palestra.
ginnasio s. (*scuola media inferiore*) middle *o* junior school (*in una scuola statale*); lower school *o* prep school (*in una scuola privata*); (*quarta e quinta ginnasio, le due classi che preludono al ciclo di studi triennale del liceo classico*) first two years in a grammar school (*statale*), *o* in a public school (*privata*), *o* in a high school (*USA*).

H

●**homage** *s.* ⓵ profondo rispetto, omaggio. *La locuzione* **to pay homage to** *(rendere omaggio a) è usata soprattutto in discorsi pubblici, su giornali o riviste, per esprimere profondo rispetto verso qualcuno (di solito dopo la morte) per il suo talento o per i meriti acquisiti*: **everyone who wrote about his death paid homage to his achievements as a writer and his qualities as a friend.** ⓶ formale espressione di lealtà verso un sovrano, *etc.*, omaggio, riverenza: **at the coronation each of the peers in turn kneels in homage to the sovereign.**

omaggio *s.* ⓵ (*espressione di stima*) homage; **rendere omaggio a**, to pay homage to (*vedi* **homage** ⓵): *si osservi però che* (**1**) *questa espressione non può essere usata nel senso di recarsi a porgere l'estremo saluto ad un defunto, in quanto in Inghilterra questa usanza non esiste;* (**2**) homage *è un termine così solenne da essere usato raramente riferendosi ad una persona vivente; nel tradurre annunci del tipo* **nella Queen Elizabeth Hall la città di Londra rende omaggio al compositore e direttore d'orchestra Luciano Berio** (*La Nazione*, 12.12.85) *è tuttavia possibile ricorrere alla locuzione* to pay homage to. ● **Omaggio a...** (*come titolo di una mostra o di una serie di concerti*): *l'equivalente in inglese di questo uso di* **omaggio** *dipende dal tipo di manifestazione in questione*: **omaggio a Donatello 1986,** Donatello sexcentenary exhibition; **omaggio a Haendel,** a series of Handel concerts. ⓶ (*ossequio*) (*al plur.*) regards: **omaggi alla signora**, kindly give my regards to your wife. ⓷ (*regalo, offerta*) Non esiste in inglese un termine equivalente; *per tradurre* **omaggio** *in questa accezione è necessario ricorrere a parole di tipo più specifico, accompagnate in genere da espressioni che lascino intendere che si tratta di un qualcosa offerto in omaggio*: **il vinaio da cui mi servo mi manda sempre un omaggio per Natale**, my wine merchant always sends me a bottle of whisky at Christmas; **il dottore ricevette molti omaggi dai suoi pazienti per l'Anno Nuovo**, the doctor received many boxes of chocolates, bottles of wine and so forth from his patients at New Year; **al termine del concerto, alla cantante fu consegnato un omaggio floreale**, at the end of the concert the singer was presented with flowers); (*oggetto regalato a scopo di propaganda commerciale*) **confezione omaggio**, free gift; **buono omaggio**, coupon ['kuːpɔn]; **ricevere un libro in omaggio**, to receive a complimentary copy of a book; **omaggio per recensione**, review (*o* complimentary) copy; **oggi su Repubblica in omaggio ai lettori una rivista a colori** (*La Repubblica*, 29.11.85), free with every copy of today's *Repubblica*. ⓸ (*stor.*) homage.

●**honest** *agg. Il termine inglese ha un significato più ristretto di quello italiano, denotando soltanto incorruttibilità e sincerità*: ⓵ onesto, fidato: **I can leave my house in his care** (*o* believe what he tells me) **because I know he is honest**. ⓶ (*di sentimenti e pensieri*) sincero: **in my honest opinion she was wrong**, sinceramente penso che avesse torto. ⓷ (*di danaro*) guadagnato onestamente: **he earned an honest living** (si guadagnava da vivere onestamente) **before getting involved with the drug traffic; if you want to turn** (*o* earn) **an honest penny** (*espressione scherzosa*) **in your spare time you could learn upholstery**. ● **To be quite honest,** per dirla con tutta franchezza (*SEI*); **honestly,** *avv.*: **I don't honestly think so; honestly!** (*esclamazione di protesta*): **honestly! What an awful thing to say!; an honest day's work** *è un'espressione molto comune, usata per indicare* una prestazione rispondente alla paga retribuita: **what we need is workmen who do an honest day's work.**

onesto A *agg.* ⓵ (*probo*) honest: **il furto non è stato certo commesso da qualcuno del mio personale – sono sicurissimo che sono tutti onesti**, the theft was certainly not committed by any of my staff – I am quite sure they are all honest; fair: **un gioco onesto**, fair play (*SEI*). ⓶ (*conforme alla legge morale*) honest: **intenzioni oneste, lavoro onesto**, honest intentions, honest work. ⓷ (*di onesti principi*) good, (*meno usato*) honourable, upright, just: **dicono che la sua opera è motivata dal desiderio del potere, ma è un uomo**

onesto, people say his work is motivated by a desire for power, but he is a good (*o* honourable, *o* upright, *o* ancora just) man; (*casto, puro*) honest (*arc.*): **un donna onesta**, an honest woman. [4] (*giusto, adeguato*) fair: **prezzo onesto**, fair price; fair, honest, objective: **una critica, un'opinione onesta, un verdetto onesto**, a fair (*o* honest, *o* objective) criticism, opinion, verdict. [5] (*lecito*): *in questa accezione il termine italiano non trova nessun equivalente in inglese se si eccettua* decent, *che potrebbe però essere usato solo in un discorso altamente moralistico*: **poche persone al giorno d'oggi si appagano di divertimenti onesti – tutto deve essere eccitante e audace**, few people nowadays are content with decent entertainment – everything has to be sensational and «daring». *B s.* [1] (*persona onesta*) **gli onesti**, honest people. [2] (*ciò che è onesto*) what is honest. • **Nei limiti dell'onesto**: (*in riferimento alle accezioni 1, 2 e 3*) within the limits of honesty; (*nel senso illustrato alle accezioni 4 e 5*) within reasonable bounds.

◐**honour** ['ɔnə]/**onore** *s. Il sostantivo inglese ha in comune con quello italiano tutte le sue principali accezioni; solo in alcuni casi particolari i due termini non si equivalgono*: (*un'estensione del senso di* distinzione) lode: **to pass a diploma exam with honours**; onorificenza: **the Queen has conferred an honour on him; his name appears in the Queen's Birthday Honours list**; *l'espressione* **an honours degree** (*che non significa* una laurea conseguita con lode) *è usata in contrasto con* **a pass degree**, *una laurea ottenuta al termine di un più semplice corso di studi; sebbene oggi non vengano più rilasciate* **pass degrees**, *l'espressione* **honours degree** *è rimasta ancora in uso*; **in honour bound** (**to do something**), obbligato dalla propria coscienza (a fare qualcosa): **I feel (in) honour bound to tell her the truth**; farsi onore, **to do oneself credit**; a onor del vero, **to tell the truth**; tribuna d'onore, **saluting stand**; fare onore a un pranzo, **to do justice to a meal**.

◐**honour** ['ɔnə]/**onorare** *vb. tr. I due verbi vengono impiegati nello stesso tipo di contesti eccetto che in inglese* (**1**) *non sono più usate espressioni quali* **he has honoured me with his friendship**, *tranne che in occasioni formali* (*come per esempio un discorso commemorativo*), *e* (**2**) *espressioni del tipo* uomini ed opere che onorano la nazione (*Devoto*) *vengono rese con la locuzione* **to do someone** *o* **something honour** *o, in contesti meno solenni, con* **to do credit to**: **men and achievements that do honour to the country; his efforts to make good his mistakes do him credit.** • Mi onoro di essergli amico, **I am proud to say that he is a friend of mine.**

◐**human** *e* **humane** *agg. Il secondo di questi aggettivi significa* umano *nel senso di* pietoso, *che manifesta le qualità umane della compassione, della generosità e della giustizia*; **human** *corrisponde invece a tutte le altre accezioni dell'aggettivo italiano, esclusa quella illustrata al n. 4 qui sotto.* • **The human**, *s.* l'umano.
umano *A agg.* (*prendendo spunto dalle definizioni date dallo Zingarelli*) [1] (*proprio dell'uomo*) human: **anatomia umana**, human anatomy; **la condizione umana**, the human condition. [2] (*che è proprio della natura umana in quanto imperfetta, limitata, contraddittoria e sim.*) human: **errare è umano**, to err is human, not to, animal (Robert Frost); natural (*spesso* only natural): **è umano che favorisca il proprio figlio**, it is only natural that she should give preferential treatment to her own child. [3] (*pieno di umanità*) human: **il suo aspetto non invita alla confidenza, ma se qualcuno gli parla dei propri problemi scopre sempre che è molto umano**, he appears formidable (*q.v.*), but if anyone tells him their problems they always find that he's a (very) human sort of person (*o* that he's very human); humane: **carceriere severo ma umano**, a strict but humane warder; **prima del Settecento nessuno considerava importante il fatto che gli animali debbano essere trattati in maniera umana**, no one considered the humane treatment of animals important before the 18th century. [4] (*che sembra manifesti sentimenti umani*): *per rendere in inglese questa accezione di* umano *è necessario ricorrere a delle perifrasi*: **il cane mi guardava con uno sguardo umano e triste**, with an imploring look *o sim. B s.* (*ciò che è proprio dell'uomo*) the human: **l'umano e il divino in tutti noi**, the human and the divine in all of us.

hurt *vb. A tr.* [1] causare del dolore a, danneggiare, ferire: **the stones hurt his feet; she hurt her head** (si è fatta male alla testa) **when she fell; that clock has never been the same since we moved – it got hurt** (*o* damaged) **somehow.** [2] ferire (*fig.*): **he hurt his sister-in-law when he invited all of them to the party except her; his sister-in-law was hurt** (si urtò) **when she was left out of the party.** *B intr.* far male, dolere: **at the end of the marathon his feet hurt** (*o* were hurting) badly. • **(1)** (*fam.*) **it wouldn't hurt** (non sarebbe male) **if we did** (*o* **it wouldn't hurt doing**) **a bit of work** (*forma equivalente a* **we'd better do a bit of work now**); «**Shall we start planning next week's jobs?**» – «**It wouldn't hurt, I suppose**». *A seconda del tono in cui viene pronunciata, questa risposta può equivalere a* sì, sarebbe meglio, *come pure denotare un consenso privo di entusiasmo*. **(2)** *Il sostantivo* **hurt** *è usato quasi sempre nel significato illustrato all'accezione 2 del verbo transitivo; i sostantivi corrispondenti alle altre accezioni di* **to hurt** *sono* **injury, damage, harm: the injury she got from that fall; the damage** (*o* **harm**) **done to the clock**. *L'aggettivo* **hurtful** *è associato solo all'accezione 2 del verbo transitivo*.

urtare *vb. A tr. e intr.* **1** to knock into, (*colloq.*) to bump into: **uscendo dalla stanza non guardò dove andava e urtò contro una sedia**, she didn't look where she was going and knocked (*o* bumped) into a chair as she left the room; to crash into (*molto più forte*): **corse lungo il corridoio al buio e urtò in fondo contro una porta chiusa**, he ran down the dark corridor and crashed into a closed door at the end; **la barca urtò contro gli scogli sott'acqua**, the boat crashed into (*o* against *o* on) the hidden rocks. **2** (*fig.*) to irritate: **la sua boria mi urta**, he irritates me with his conceit (*o* his conceit irritates me). *B rifl. rec.* to disagree sharply (*o* strongly *o sim.*), to clash (*gergo giornalistico*): **alcuni esponenti dei due sindacati si sono urtati di nuovo**, leaders of the two unions have again disagreed sharply (*o* have clashed again); to quarrel, (*fam.*) to fall out: **i due fratelli si sono urtati a causa di qualche questione riguardante i beni della famiglia**, the two brothers quarrelled (*o* fell out) over some question of family money. *C intr. pron.* (*irritarsi*) to be hurt (*vedi* **hurt** *A* **2**): **si urtò per non essere stata invitata alla festa**, she was hurt at not being invited to the party. • **Urto** *s.*, crash: **ho sentito l'urto quando la sua macchina è andata a sbattere contro l'albero**, I heard the crash as his car hit the tree; (*meno forte*) bump: **l'orologio ha ricevuto un urto quando è stato levato dalla mensola**, the clock got a bump as it was taken off the shelf; clash: **il primo urto tra gli eserciti** (*o* **i partiti**) **si era verificato alcune settimane prima**, the first clash between the two armies (*o* parties) had occurred a few weeks before; **massa d'urto**, shock troops (*SEI*); **mettersi in urto con qualcuno**, to disagree with someone (*in questo caso un po' pomposo*), to fall out with someone (*fam.*).

○**hygiene** ['haidʒi:n] *s.* igiene.
igiene *s.* **1** (*branca della medicina*) hygiene, hygienics [hai'dʒeniks]: **nella guerra di Crimea molti soldati inglesi morirono più per il mancato rispetto dell'igiene che per le ferite inferte loro dal nemico**, in the Crimean War more deaths were caused among the British troops by ignorance of hygiene than by enemy action; **l'igiene e l'anatomia sono due delle materie più importanti nei corsi di specializzazione per infermiere**, hygienics and anatomy are two of the most important subjects studied by student nurses. **2** (*complesso di norme igieniche*) cleanliness ['klenlinis]: **igiene personale**, personal cleanliness (*o* hygiene): **l'igiene è importante in un ristorante, una scuola, una cucina** *etc.*, cleanliness (*o* hygiene) is important in a restaurant, a school, a kitchen, *etc.*; **la Clean Food Campaign era un movimento che mirava a una maggiore osservanza delle norme d'igiene nei negozi, nei magazzini e nei ristoranti**, the Clean Food Campaign was a movement for the promotion of higher standards of cleanliness in shops, warehouses and restaurants; cleanliness is next to godliness (*proverbio*); sanitation: **chi ha progettato questo edificio non ha tenuto affatto conto delle norme di igiene ambientale**, whoever designed this building obviously gave very little thought to sanitation (*o* hygiene); health: **si deve pulire il frigo regolarmente, per motivi d'igiene**, you must clean the fridge regularly, for health reasons (*o* for reasons of health *o* of hygiene); **è buona norma di igiene non coricarsi subito dopo aver cenato**, it's a good rule of health (*o semplicemente* a good idea) not to go to bed straight after supper; hygiene: **per motivi di igiene** (for reasons of hygiene) **è obbligatorio fare la doccia prima di tuffarsi in piscina**. • **Ufficio d'igiene**, sanitary inspector's office *o* public health office; **igiene alimentare**, food hygiene; **igiene mentale**, mental health. *È da osservare che se* hygiene *può di solito essere usato come equivalente di* igiene, *di uso assai più comune sono i termini* cleanliness (*l'essere pulito*), sanitation (*servizio di nettezza urbana, sistema di tubazioni e fognature*) *e* health (*sanità*). Hygiene *è infatti una parola di registro formale ed è utile soltanto quando si desidera esser sicuri di assumere un tono impersonale* (for reasons of hygiene customers are requested not to touch goods on display) *oppure in contesti medici o ufficiali. Analogamente gli aggettivi* clean, sanitary *e* health *o* healthy (*relativi rispettivamente ai sostantivi sopra elencati*) *sono usati più spesso*

di hygienic (*q.v.*).

●**hygienic** *agg.* igienico. *L'aggettivo inglese (come quello italiano ricorrente più spesso del sostantivo) è di solito usato in frasi negative o contenenti forme di comparativo*: **that's not a very hygienic way of disposing of rubbish; it would be more hygienic to put the new school kitchens and the lavatories on different sides of the building**. *In tutti gli altri casi sono usati più spesso gli aggettivi* **clean** *e* **healthy**.
igienico *agg.* ☐1 (*che concerne l'igiene*) of hygiene; health (*in funzione aggettivale*): **norme igieniche**, rules of hygiene, health rules. ☐2 (*conforme all'igiene*) hygienic: **la sistemazione degli impianti sanitari e della cucina nella nuova scuola è più igienica di quanto non lo fosse in quella vecchia**, the sanitary and kitchen arrangements are more hygienic in the new school building than they were in the old; (*salubre*) healthy: **non è igienico nuotare subito dopo aver mangiato**, it is not healthy to swim immediately after eating. ☐3 (*edil.*) **impianti igienici**, sanitary arrangements; (*con riferimento ai singoli elementi*) sanitary fixtures; **misure igieniche**, sanitation, sanitary measures; **servizi igienici**, sanitation.

I

ideally [aiˑdiːəlli] *avv.* perfettamente, in modo ideale: **it was an ideally situated house; he is ideally suited to the job.** Ideally *viene inoltre usato assai spesso come un conciso equivalente della frase* the best possible thing would be/is: **ideally you should get here two days before Christmas, in time to help me get everything ready; ideally, young dancers in training learn the piano or some other instrument** (*equivalente a* the best possible training for young dancers would include learning a musical instrument).

idealmente *avv.* [1] metaphorically, in idea, in thought, *e sim.*: **idealmente avvolto nell'Union Jack, Heseltine inizia una lotta senza esclusione di colpi contro quello che egli chiama la tirannia thatcheriana** (*La Repubblica*, 19.1.86), metaphorically swathed in the Union Jack, Heseltine has begun a fight with no holds barred against what he calls the Thatcher tyranny. *Nell'espressione* **essere idealmente presente**, *l'avverbio italiano non trova nessun corrispettivo in inglese, benché in certi casi i termini* metaphorically *e in* thought *possano risultare assai vicini al suo significato; se però dicendo* **è idealmente presente fra noi** *si alludesse ad una persona che è morta, non sarebbe possibile usare neppure tali espressioni*. [2] theoretically: **idealmente può essere considerato il grande difensore della pace, ma in realtà difende solo gli interessi del suo paese**, theoretically he may be considered to champion the cause of peace, but in fact he only pursues the interests of his own country.

idiosyncrasy *s. Con questo termine si denota un comportamento o un atteggiamento particolare, caratteristico di una determinata persona in certe circostanze*: **all that business of cold baths in the morning and cold water for breakfast – it's a maddening idiosyncrasy of hers, but she's a nice woman all the same; the idiosyncrasies of the XVIIth-century writer Sir Thomas Browne have endeared him to many readers, but to me they are irritating in the extreme.** (*In questo secondo esempio la parola potrebbe essere parafrasata in* peculiarities of style and way of looking at things.) *Il* Modern English Usage *del* Fowler *fa notare che ogni qualvolta sia possibile il termine* **idiosyncrasy** *dovrebbe essere sostituito dai sostantivi* **peculiarity, characteristic, fad, vagary,** *o* (*raramente*) **allergy**; *che* **idiosyncrasy** *dovrebbe essere usato solo nel suo significato originale* (*il modo in cui le caratteristiche di un individuo concorrono a formarne la personalità*) *e che i suoi sinonimi sono di conseguenza* **individuality, personality,** *e* **make-up**. *Tuttavia è da notare che si tratta di una regola valida più che altro per i puristi, in genere rispettata molto raramente, e che* **idiosyncrasy** *nell'inglese di oggi è usato quasi esclusivamente nel primo significato qui illustrato.* ● **Idiosyncratic** *agg.*: **she has a very idiosyncratic** (tutto particolare) **way of talking and people who don't know her often find her difficult to understand.**

idiosincrasia *s.* [1] (*med.*) allergy; hypersensitivity; (*raro*) idiosyncrasy. [2] (*ripugnanza*) dislike (of), (*meno usato*) aversion (to).

●**ignore** *vb. tr.* ignorare.

ignorare *vb. tr.* [1] (*non sapere*) not to know: **sa che cosa è successo ma ne ignora le cause**, he knows what happened but he doesn't know the causes; to be unaware of (*o* that): **ignoravo che si fossero sposati**, I wasn't aware (*o* didn't know) that they had got married; to be ignorant of: **ignora le nozioni più elementari del vivere civile**, he is ignorant of the basic decencies. [2] (*far finta di non accorgersi*) to ignore: **ignora la stanchezza e il male di cui soffre e continua a lavorare**, he ignores fatigue and illness and just goes on working; **mi ha completamente ignorato al party**, she completely ignored me at the party. [3] (*non dare retta a qualcuno*) to ignore: **hanno ignorato i suoi consigli**, they ignored his advice.

●**illuminate** *vb. tr.* [1] illuminare a festa: **the streets are going to be illuminated every night of the festival.** [2] (*poco usato*) illuminare: **in those days the streets were illuminated** (*più comune* lit) **by gas.** [3] (*fig., poco usato*) chiarire una questione, *etc.*: **I didn't know anything about the question until George illuminated it** (*più comune*, **threw some light on it**) **for me**. [4] miniare: **it used to be thought that St. Columba himself illuminated the Book of Kells**.

illuminare *vb.* A *tr.* [1] to light: **la piazza era illuminata da sei lampioni**, the square was lit by six street lamps. [2] to light up: **improvvisamente la piazza è stata illuminata da un razzo**, the square was suddenly lit up by a flare; (*fig.*) **la gioia le illuminò il volto**, joy lit up her face. [3] to illuminate: **illumineranno la cattedrale la notte di Natale**, they are going to illuminate the cathedral on Christmas night. [4] (*fig.*) to enlighten (*formale*): **ignoravo di che cosa si stesse parlando finché George non mi illuminò**, I didn't know what they were talking about till George enlightened me. B *rifl.* to be lit up: **le strade si illuminarono subito dopo il tramonto**, the streets were lit up as soon as the sun set (*più comune*, the lights came on); (*fig.*) to light up: **il suo volto si illuminò di gioia**, her face lit up (*o* her face was alight) with joy. • **Illuminante** *agg.* (*fig.*) illuminating: **un saggio illuminante**, an illuminating essay.

illumination(s) *s. Di solito la forma singolare è usata in senso figurato* (**the illumination** *ma, più comunemente*, **the light thrown on the subject by George enabled me to follow the conversation**), *mentre è raro dire* **the illumination of the street** *o* **room**. *La forma plurale è usata nelle seguenti accezioni*: [1] illuminazione a festa: **let's go out and look at the illuminations**. [2] miniatura di libri.

illuminazione *s.* [1] lighting: **illuminazione a gas, elettrica, stradale**, gas, artificial, street lighting; **illuminazione con riflettori**, flood-lighting. [2] (*fig.*) inspiration: **un'illuminazione improvvisa lo indusse a iniziare la sua più rivoluzionaria serie di esperimenti**, a sudden inspiration led him to begin his most revolutionary series of experiments.

◐**imagination/immaginazione** *s. I due termini sono identici nella misura in cui indicano una facoltà mentale, una «facoltà di pensare senza regole fisse e di associare liberamente i dati dell'esperienza sensibile» (Zingarelli); ma il termine inglese non può essere usato nel senso di atto dell'immaginare o di cosa immaginata; esso è caratterizzato da due aspetti: quello creativo, in senso artistico, e quello pratico*: [1] la capacità di creare nella propria mente scene, persone, fatti, basandosi sulla osservazione e sui ricordi; immaginazione; fantasia. [2] il saper sfruttare tale capacità per risolvere problemi di ordine pratico, immaginazione, fantasia: **imagination plays an important part in the formulation of scientific hypotheses**, l'immaginazione ha una parte importante nella formulazione delle ipotesi scientifiche; **that man is good at carrying out instructions efficiently and applying rules logically but he can't cope with the unexpected because he has no imagination**, quell'uomo esegue bene gli ordini che gli vengono impartiti, e si attiene con intelligenza ai regolamenti, ma non è in grado di affrontare l'imprevisto perché non ha fantasia.

immaginazione *s.* [1] (*atto dell'immaginare, Zingarelli*) using one's imagination, imagining: **l'immaginazione non è il suo forte**, using his imagination is not his strong point; **gli orrori riportati sul giornale di oggi vanno al di là di ogni immaginazione**, the horrors reported in today's paper are beyond imagining. [2] (*facoltà di cogliere il valore di una ipotesi o di una interpretazione a livello superiore, Devoto*) imagination. [3] (*la cosa immaginata, Zingarelli*) *per rendere questa accezione di* **immaginazione** *bisogna ricorrere al verbo* to imagine: **è una tua immaginazione**, you imagined it.

◐**immaterial** *agg.* [1] (*fig.*) di nessuna importanza, indifferente: «**I don't actually know who I am by birth. I was ... well, I was found in a hand-bag – in a somewhat large, black leather hand-bag with handles to it. In the cloakroom at Victoria Station. The Brighton line.**» – «**The line is immaterial, Mr Worthing. To be born, or at any rate bred, in a hand-bag, whether it had handles or not, seems to me to display a contempt for the ordinary decencies of family life that reminds one of the worst excesses of the French Revolution.**» (Oscar Wilde, *The Importance of Being Earnest*); non pertinente: «**How much would it cost to rebuild the National Gallery instead of extending it?**» – «**The question is immaterial now that the extension has been commissioned.**» [2] (*filos. e teolog.*) immateriale: **the Desert Fathers tried to live only in the immaterial world** (*o* **the world of the spirit**).

immateriale *agg.* [1] incorporeal (*dir.*): **beni immateriali**, incorporeal property (*per esempio i diritti di autore*). [2] incorporeal; abstract; (*filos.*) immaterial. [3] (*delicato*) ethereal: **le immateriali figure di donna** (the ethereal images of woman) **dello Stilnovo** (*Garzanti*).

●**immature** *agg.* immaturo. ● *Usato quasi sempre in senso figurato, riferito a persone o alle loro parole o opinioni*: **she's very immature for a woman of thirty; I think that's an immature way of looking at things**.
immaturo *agg.* [1] (*di persone*) young, adolescent; immature (*ma vedi* **immature**). [2] (*prematuro*) premature: **morte immatura**, premature death; **i tempi sono ancora immaturi perché questa idea possa essere accettata**, it is too early for this idea to be accepted. [3] (*di frutti*) unripe; (*raro*) immature.

impart *vb. tr.* (*formale*) comunicare, *quasi sempre riferito a conoscenze o informazioni*: **when Billy came home for lunch he was eager to impart all that he'd learnt at school to his parents; poor Miss Smith has all the qualities one could wish for in a teacher except the ability to impart knowledge**, ma dal punto di vista didattico è del tutto incapace.
impartire *vb. tr.* to give: **impartire una lezione**, to give a lesson; **impartire ordini, una benedizione**, to give orders, a blessing.

impassable *agg.* (*di una strada, un passo*) impraticabile.
impassibile *agg.* impassive.

●**impediment** *s.* impedimento. ● **To have a speech impediment**, avere un difetto di pronuncia o fonazione.
impedimento *s.* [1] hindrance: **il fatto di non conoscere le lingue sarà un impedimento per lui se vorrà lavorare in una agenzia viaggi**, his lack of languages will be a hindrance (to him) if he wants to work for a travel agent; obstacle: **superò ogni impedimento per realizzare le sue ambizioni**, he overcame all obstacles to achieve his ambitions; encumbrance: **non avrebbe dovuto sposarsi così giovane – una famiglia è un impedimento per un giovane all'inizio della carriera**, he shouldn't have married so young – a family is an encumbrance to a young man at the outset of his career; (*meno usato*) impediment: **è ambizioso e non permetterà a nessun impedimento di ostacolarlo**, he is ambitious and will let no impediment stand in his way. [2] (*minoranza fisica*) handicap.

●**imperfect** *agg.* [1] imperfetto: **an imperfect diamond**. [2] (*gramm.*) imperfetto.
imperfetto *agg.* [1] imperfect: **conoscenza imperfetta di una lingua, comprensione imperfetta di un'argomentazione**, imperfect knowledge of a language, imperfect understanding of an argument. [2] (*difettoso*) faulty, defective, (*meno usato*) imperfect: **meccanismo imperfetto**, faulty (*o* defective) mechanism; **ragionamento imperfetto, descrizione imperfetta**, faulty (*o* defective *o* imperfect) reasoning, description; **un oggetto di porcellana imperfetto**, an imperfect piece of porcelain. [3] (*gramm.*) imperfect.

●**imperious** [impiˈjɪərɪəs] *agg.* (*formale*) imperioso.
imperioso *agg.* [1] imperious: **an imperious man, manner**. [2] compelling: **bisogni imperiosi**, compelling needs.

●**impermeable** *agg.* (*formale*) che non lascia penetrare sostanze, soprattutto liquide, impermeabile; **this cloth is impermeable to water** (*più comune*, **is waterproof**).
impermeabile *agg.* impermeable (to), impervious (to), proof (against). *Ma più spesso sono usati i composti* waterproof, watertight (**impermeabile all'acqua**), gasproof (**impermeabile ai gas**). ● **Impermeabile** *s.* mackintosh, (*fam.*) mac; raincoat, waterproof; trenchcoat, showerproof (*o* waterproof) coat.

impersonate *vb. tr.* imitare, rifare il verso a qualcuno: **when he impersonated the Prime Minister at a Cabinet party everyone laughed till they cried, but it was the end of his political career**. ● **Impersonator** *s.* imitatore; **impersonation** *s.* imitazione.
impersonare *vb. A tr.* [1] (*dare concreta personalità a una qualità o ad un concetto, Zingarelli*) to personify: **l'Harpagon di Molière impersona l'avarizia**, Molière's Harpagon personifies avarice. [2] (*di attori*) to play: **è una delle più grandi attrici che abbiano mai impersonato Ofelia**, she's one of the greatest actresses ever to play Ophelia. *B intr. pron.* to be the personification of: **in lei si impersona l'avarizia** (*Zingarelli*), she is the personification of avarice.

impervious *agg.* [1] impermeabile: **impervious to water**. [2] (*fig., più usato*) indifferente, inaccessibile: **his work was widely condemned, but he was a very self-confident man and remained impervious to criticism**; imperturbabile: **she listened to his furious protests with impervious calm**.
impervio *agg. Questo aggettivo non trova in inglese un corrispettivo di carattere altrettanto*

generico; a seconda delle circostanze, **un sentiero impervio**, *per esempio, potrebbe essere definito* too steep, too rough, too dangerous *etc.* to use.

○**impetus** *s.* ①　impeto: **the impetus of the water drives the mill-wheel.** ②　spinta: **her encouragement gave him the impetus to try again; the latest trade figures show that foreign sales received a marked impetus from the fall in prices.**
impeto *s.* ①　impetus. ②　*Usato in senso figurato* impeto *trova in inglese diversi equivalenti, ciascuno dei quali adatto ad un particolare sentimento o situazione*: **impeto di gioia, di rabbia, dell'ispirazione**, a surge of joy, a gust (*o* fit) of anger, a fit of inspiration; **agire d'impeto**, to act on impulse; **nell'impeto del momento**, in the heat of the moment.

importune *vb. tr.* fare richieste insistenti. *È un termine raro nell'inglese moderno ma era di uso comune fino ai primi anni di questo secolo; in frasi del tipo* **she was importuned by everyone to favour the company with another song** *poteva anche assumere una connotazione lusinghiera. Al giorno d'oggi esso allude sempre a richieste fastidiose, seccanti* (**successful politicians in 18th-century England paid a heavy penalty for their success by being ceaselessly importuned for state sinecures**) *oppure è usato in campo giuridico, come sinonimo del verbo* **to solicit**, adescare (**the accused was charged with importuning**).
importunare *vb. tr.* to disturb: **non l'importuni mentre lavora**, don't disturb him while he's working; to bother, (*più forte*) to pester: **non riusciva a concentrarsi più di dieci minuti per volta, lo importunavano continuamente con domande e messaggi telefonici**, he couldn't concentrate for more than ten minutes at a time – people kept bothering (*o* pestering) him with questions and telephone messages; to nag: **sono giorni che i bambini mi importunano perché li porti al circo**, the children have been nagging (*o* pestering) me for days to take them to the circus; (*lett.*) to importune: he importuned her to give him the last waltz. ● *Si noti che questa costruzione* (*con l'infinito preceduto dal* to) *può essere usata solo con* importune, pester, *e* nag, *non con* disturb *o* bother.

○**impose** *vb. tr.* ①　imporre (*una tassa, etc.*) ②　(*unito al sostantivo* strain): **the war imposed an enormous strain on the country's resources, on her nerves**, *etc.*; *per tradurre questa accezione di* **to impose** *è possibile ricorrere all'espressione* mettere a dura prova, *apportando alla frase le necessarie modifiche di costruzione*: la guerra ha messo a dura prova le risorse del paese, i suoi nervi, *etc.* ③　imporre, fare accettare con la forza (*compresa la forza morale*): **the invaders imposed new laws on the people; being by far the strongest personality in the group he soon imposed his ideas on the rest.** ④　**to impose on somebody** (*o* **on their kindness** *o* **hospitality**) approfittarsi di: **I don't want to impose on you** (*o* **on your kindness** *o* **hospitality**) – **I can find a hotel.** ⑤　**to impose on somebody**, ingannare, imbrogliare qualcuno: **he made you pay an extra thousand for the curtains and carpets? – he imposed on you!**
imporre *vb.* A *tr.* ①　(*far rispettare*) to impose: **imporre delle condizioni, una tassa, la propria volontà** (**agli altri**), impose conditions, a tax, one's will on people. ②　(*comandare, intimare*) to command, to order: **impose loro di ubbidire al suo sostituto durante la sua assenza**, he commanded (*o* ordered) them to obey his deputy in his absence; (*costringere*) to compel: **il mio patrigno mi impose di accettare un lavoro in un'altra città**, my stepfather compelled me to take a job in another town. B *rifl.* ①　(*farsi valere*) to command respect: **questo giovane direttore ha cominciato a imporsi come interprete di Mozart**, this young conductor has begun to command respect as an interpreter of Mozart; (*più forte*) to assert oneself: **i suoi subordinati le disubbidiscono continuamente – non sa imporsi**, her subordinates disobey her all the time – she doesn't know how to assert herself. ②　(*affermarsi, aver successo*) to be (acknowledged as) successful (*o* established *o* a leader, *etc.*): **prima di scrivere la sua prima commedia si era già imposta da alcuni anni come romanziera**, she had been a successful (*o* established) novelist for several years before she wrote her first play; to dominate: **imporsi sul mercato**, to dominate the market. ③　(*imporsi all'attenzione delle autorità, al pubblico*, Devoto) not to escape the attention of, to make oneself felt by. ④　(*rendersi necessario*) to be (*o* become) necessary: **s'impongono dei provvedimenti più severi per affrontare l'inflazione**, stricter measures for dealing with inflation are necessary. ⑤　(*sport, vincere*) to win, to beat: **si sono imposti**, they won (*o* they beat their opponents). ⑥　(*prefiggersi*) to set oneself the task of doing something (*SEI*), to set oneself to do something: **si è imposta di imparare bene il latino**, she set her-

impracticable

self to master Latin.

impracticable *agg.* impossibile *o* eccessivamente difficile a farsi, inattuabile, irrealizzabile: **an impracticable plan, policy**.

impraticabile *agg.* (*che non si può praticare*) **il mare Oceano ... fino ab antico si credé essere impraticabile a navigare** (*Bartoli, Zingarelli*), impossible to navigate; **strada impraticabile**, impassable road; **il valico è impraticabile a causa della neve**, the pass is blocked by snow; **il campo da tennis era impraticabile**, the tennis court was unusable; (*fig.*) **persona impraticabile**, (*colloq.*) difficult, (*meno usato*) intractable person.

impress *vb. tr.* [1] colpire (*fig.*) in maniera molto positiva: **Giacomo's English impressed me very much**. [2] (*meno usato*) stampare nella mente *a qualcuno*: **her parents had always impressed on her the importance of punctuality; the need for accurate information was impressed on the investigators by their chief**. [3] (*molto meno usato*) imprimere: **the printer impresses the symbol on the paper with an inked or heated plate**; (*fig.*) lasciare un'impronta: **there are Powers/Which of themselves our minds impress** (*Wordsworth*). • **Impression** *s.* (*tipogr.*) tiratura, stampa, ristampa (*USA* **printing**).

impressionare *vb. tr.* to upset, to shock: **la vista dell'incidente la impressionò molto**, she was terribly upset by the accident; **la scena dell'assassinio era così verosimile che il pubblico ne rimase impressionato**, the murder scene was so lifelike that it shocked (*o* upset) the audience.

impressed *agg.* colpito favorevolmente *da qualcosa o qualcuno*: **they were impressed by the splendid new Parliament building; I was impressed by the young pianist at last night's concert**.

impressionato *agg.* [1] (deeply) shocked: **l'opinione pubblica è rimasta profondamente impressionata dalla notizia dell'attentato**, public opinion was (deeply) shocked by the news of the bomb outrage. [2] horrified: **rimasi impressionato dalle sue ferite**, I was horrified by his injuries. [3] frightened, scared: **rimasero impressionati dalla violenza del temporale**, they were frightened (*o* scared) by the violence of the storm.

impressive *agg.* che colpisce favorevolmente: **Giacomo's English is very impressive** (sorprendente), **considering that he only began learning six months ago; the young pianist's debut was impressive** (ha suscitato ammirazione); **when the colony gained its independence an impressive** (imponente) **new Parliament building was opened by the Prince of Wales; the chairman of the committee is an impressive woman** (che infonde stima e rispetto).

impressionante *agg.* [1] shocking: **anche dopo che le salme e le macerie erano state portate via e tutto era stato rimesso in ordine le tracce dei danni provocati dalla bomba erano impressionanti**, even after the bodies and wreckage had been removed and the place cleaned up, the remaining traces of bomb damage were shocking. [2] horrifying: **le sue ferite erano impressionanti**, his injuries were horrifying. [3] frightening: **la violenza del temporale era impressionante**, the violence of the storm was frightening.

⬥**imprint** *s.* [1] impronta: **the imprint of a sledge's runners on the snow**; (*fig.*) **the imprint of that experience on her memory**. [2] nome dell'editore, anno e luogo di pubblicazione di un libro (*di solito stampati sul frontespizio*): **it is astonishing to find a book of such abysmal scholarship issued under such a distinguished imprint**. [3] il nome della tipografia, *stampato sul retrofrontespizio o in fondo ad un libro*.

impronta *s.* imprint. *Questa parola può essere usata anche in casi in cui sarebbero tuttavia più comuni termini più specifici*: **le impronte delle sue dita sudate erano visibili sul muro bianco**, the imprint of his sweaty fingers (*o* his sweaty fingermarks) could be seen on the white wall (*ma* **la polizia stava cercando delle impronte**, the police were looking for fingerprints); **qualcuno che era corso via aveva lasciato le sue impronte sulla neve**, the imprint of running feet (*o* footprints) had been left in the snow; **ogni rigo di quest'opera mostra l'impronta del suo genio**, every line of this work shows the imprint (*o* mark) of genius. • **Cancellare ogni impronta**, to wipe out every trace; (*tipog.*) **impronta a secco**, embossing.

imputation *s.* [1] *Ha gli stessi significati del verbo*: **the imputation of dishonesty, malice, responsibility for the disaster is unjustified**. [2] (*contabilità*) imputazione.

imputazione *s.* [1] (*dir.*) charge: **fu processato sotto l'imputazione di omicidio colposo**, he was tried on a charge of murder; (*atto di imputazio-*

ne) indictment [in·daitmənt]; (*capo di imputazione*) count: **l'accusato è stato giudicato colpevole di quattro imputazioni**, the accused was found guilty on four counts. ② (*contabilità*) charging; imputation.

◉**impute** *vb. tr.* ① attribuire a qualcuno qualità negative o motivazioni ignobili in maniera meno diretta di un'accusa, e di solito in base a congetture più che a prove: **certainly he made a mistake but there is every reason to suppose that it was a genuine mistake and no reason at all for imputing dishonesty to him; it is the critic's business to explain precisely what the playwright said, not to impute malice to him**. ② (*meno usato*) ascrivere a qualcuno, alle sue colpe, o ai suoi errori, la responsabilità di un insuccesso o di un disastro, attribuire: **responsibility for the disaster was imputed to** (*più comune*, **attributed to** *o* **laid at the door of**) **the organizing secretary** (*o* **the organizing secretary's inefficiency**).

imputare *vb. tr.* ① (*dir.*) to charge (somebody with something): **imputare qualcuno di omicidio**, to charge somebody with murder. ② (*considerare responsabile*) **imputare qualcuno di qualcosa**, to blame somebody for something, to impute something to somebody: **imputarono il capo del fallimento della spedizione**, they blamed the leader of the expedition for its failure; they imputed the expedition's failure to the leader (*più comune* to the leader's lack of foresight, *etc.*); (*ascrivere*) **imputare qualcosa a qualcuno: imputarono la disgrazia al guidatore** (*Zingarelli*), they blamed the accident on the driver (*colloq.*); they imputed responsibility for the accident to the driver carelessness. *Non è quindi possibile dire* the accident was imputed to the driver, *mentre si può dire* responsibility for the accident was imputed to the driver's carelessness *ma la soluzione migliore sarebbe* carelessness was imputed to the driver, who was held responsible for the accident. ③ (*assegnare ad un determinato conto, Zingarelli*) to charge: **tutte le spese della mostra saranno imputate in conto spese di promozione**, all expenses of the exhibition will be charged to the advertising account. • **Imputato** *s.* defendant.

◉**inaccessible** [inæk·sesəbl] *agg.* ① non disponibile, impegnato: **the manager is inaccessible at the moment – he's in a meeting**. ② (*di luoghi*) inaccessibile. ③ inavvicinabile: **a lot of people – specially younger people – find her rather inaccessible** (*o* **unapproachable**).

inaccessibile *agg.* ① (*di luoghi*) inaccessibile: **il paese è rimasto isolato a causa dell'alluvione ed è inaccessibile dalla strada**, the village has been cut off by floods and is inaccessible from the road. ② (*di persone*) inaccessibile: **il Ministro è sempre inaccessibile per chiunque, esclusi i membri del suo staff**, the Minister is always inaccessible to anyone but his personal staff; **inaccessibile alle lusinghe**, *etc.*, impervious (*o* indifferent) to flattery, *etc.*

◉**inadmissible** *agg.* ① non tollerato dalla società, dall'opinione pubblica, o da un governo autoritario: **under a dictatorship the publication of inadmissible opinions like these would be punished with imprisonment**; intollerabile: **Tom's habit of throwing stones at the classroom windows was considered inadmissible not only by the headmaster but by most of the other boys**. ② (*dir.*) inammissibile.

inammissibile *agg.* ① (*inaccettabile*) unacceptable: **un progetto, una proposta inammissibile, condizioni inammissibili, livello di disoccupazione inammissibile**, *etc.*, unacceptable plan, proposal, conditions, level of unemployment, *etc.*; **è inammissibile che ...**, people really oughtn't to, it's intolerable that, you really mustn't ...; *l'aggettivo* unacceptable *è un termine formale e in questo tipo di costruzione apparirebbe un po' pomposo; lo stesso vale per* inadmissible, *un aggettivo, del resto, poco usato*. ② (*dir.*) **prova inammissibile**, inadmissible evidence; **appello inammissibile**, appeal refused.

inane [i·nein] *agg.* sciocco: **an inane remark, voice, young man**. • **Inanity** *s.*

inane *agg.* vain, useless, pointless. • **Inanità** *s.* vanity, uselessness, pointlessness.

◉**inanimate** *agg.* ① inanimato: **minerals are inanimate**. ② privo di vita animale: **trees are the most beautiful part of inanimate nature**. ③ del tutto privo di entusiasmo: **he tried asking her questions about her journey but was soon discouraged by her inanimate** (*o* **lifeless**) **replies**.

inanimato *agg.* ① inanimate: **cose inanimate come ramoscelli e sassi, forze inanimate come il vento e le maree**, inanimate things such as sticks and stones, inanimate forces such as the wind and tides; (*lett.*) insensate (*q.v.*). ② (*che non dà segni di vita*) lifeless.

◉**inarticulate** *agg.* ① (*di suoni*) inarticolato. ②

incapable

(*di un discorso*) sconnesso. ③ (*di persona*) incapace di esprimersi chiaramente. • *In queste due ultime accezioni è usato come contrario di* **articulate** (*q.v.*).
inarticolato *agg.* inarticulate.

◦**incapable** *agg.* incapace. *Il fatto che l'espressione* **drunk and incapable** *sia usata per indicare un reato* (*lo stato di ubriachezza*) *ha condizionato l'impiego di questo aggettivo e del suo corrispondente sostantivo* (**incapability**) *al punto da aver loro attribuito un significato particolare che tende ad affiorare alla mente ancor prima di quello più generale; per tale motivo questi due termini sono usati raramente, a meno che non siano inseriti in un contesto che ne illustri esplicitamente il significato, come in* **I saw that she was incapable of doing anything dishonest**, *mentre invece si dirà* **I saw that she was incompetent** (*non* **incapable**); *analogamente* **her incapability of doing anything dishonest must be obvious to everyone**, *ma* **her incompetence** (*meglio di* **her incapability**) **exasperated me**.
incapace *agg.* inadequate, incompetent, (*fam.*) hopeless: **è un'insegnante, un capo di partito, una segreteria,** *etc.*, **incapace**, she's an inadequate (*o* incompetent *o* hopeless) teacher, party leader, secretary, *etc.*; incapable: **è incapace di insegnare, guidare il partito, svolgere le mansioni di una segreteria,** *etc.*, she's incapable of teaching, leading the party, carrying out the duties of a secretary *etc.*; **è incapace di odiare,** she's incapable of hatred; unfit (*più assoluto e con una sfumatura di riprovazione morale*): she's unfit to teach, to lead the party, to be a secretary, *etc.*

◦**incapacity** *s.* incapacità. ① (*formale*): **long before my new secretary had completed her first week of work I knew I simply could not put up with her (general) incapacity**. ② (*con* for): **her incapacity for logical thought**; (*con* to) **her incapacity to think logically**.
incapacità *s.* incapacity; incapability (of *o* to); inability (to). • (*vedi* **incapable** *e* **unable**).

incense [ˈinˑsens] *vb. tr.* (*lett.*) rendere furibondo (*usato spesso alla forma passiva*): **the agents were incensed at the client's assertion that they had done almost nothing to earn their huge commission on the sale of his house**.
incensare *vb. tr.* ① (*fumigare con incenso*) to burn incense (in *un luogo o* before *un altare o un'immagine*). ② (*fig.*) to flatter, (*meno usato*) to adulate. • **Incenso** *s.* incense [ˈinsens].

◦**incident** *s.* ① episodio, *di solito non molto importante*: **on his return from France he told us of two or three incidents in which he had been glad of the phrase book we gave him**. ② (*mil. etc.*) incidente: **another frontier incident has been reported; her tactless behaviour led to a diplomatic incident**. ③ fatto spiacevole, incidente: **my father threw a plate at my mother last Tuesday, and of course the ensuing rumpus went on and on for hours, but no one has alluded to the incident since**. ④ disordini (*per esempio durante una manifestazione*) *o* sciagura (*per esempio il crollo di un edificio o un incidente stradale*). • NB: *Si deve però notare che* (**1**) *le espressioni* **a car incident, a road incident**, *etc. non esistono*; (**2**) **accident** *è un termine che suscita impressione in quanto evoca immagini di sangue, di morte, etc.; in* **incident** *invece è del tutto assente l'elemento drammatico*; (**3**) *un* **accident** *è relativamente più semplice, un* **incident** *è più complesso*; (**4**) **incident** *non verrebbe mai usato da una vittima né da un testimone oculare di un* **accident** *perché è una parola più adatta a chi può assumere un punto di vista distaccato*.
incidente *s.* ① (*fatto spiacevole*) event, incident, (*meno usato*) occurrence. ② (*sciagura*) accident: **hanno fatto tardi a causa di un incidente ferroviario**, they were delayed by a rail accident (*o* crash); **i suoi genitori rimasero uccisi in un incidente stradale**, his parents were killed in a road (*o* car) accident; **incidente aereo**, plane crash; **incidente sul lavoro**, industrial accident; **incidente mortale**, fatal (*q.v.*) accident; (*inconveniente*) **un incidente tecnico ritardò l'inizio della proiezione**, a technical hitch (*o* fault) held up the start of the film. • **L'incidente è chiuso**: *in inglese esiste l'espressione* **the incident is closed** *ma è una 'falsa amica' di quella italiana; essa verrebbe infatti pronunciata in tono molto serio* (*di solito in occasione di un* incident *del tipo illustrato all'accezione 3*) *e in genere esprime dispiacere per quanto è accaduto*.

◦**incidental** A *agg.* ① che si verifica o è probabile si verifichi in conseguenza di o in connessione con qualcosa: **incidental expenses**, spese accessorie; **incidental music**, musiche di scena; **the incidental perils of ski-ing**, i rischi connessi allo sci; **the incidental tedium of filming**, la monotonia che accompagna le fasi di ripresa di un film. ② casuale: **I don't know anything about him, but from an incidental remark he made I gath-**

ered that he knew India well. [3] secondario, incidentale: **this is an incidental problem and does not alter our decision to accept the contract**. *B s.* qualcosa che accade in conseguenza di o in connessione con qualcos'altro, tutto ciò che è connesso a qualcosa: **it's the incidentals of teaching, not teaching itself, that are time-consuming – preparation, marking, and so on**.
incidentale agg. (*accessorio, secondario*) incidental, secondary: **questa è una questione incidentale rispetto al problema in discussione** (*Zingarelli*), this is an incidental (*o* secondary) question; **proposizione incidentale**, parenthetic clause *o* phrase.

◐*incidentally* avv. [1] per inciso, fra parentesi, a proposito: **we're going to the Thompsons' party tomorrow, and incidentally (*o* by the way) they're expecting you – did you know?** [2] per caso, incidentalmente: **he dropped in to see us yesterday and incidentally saw his old enemy Joanna too, as she happened to be with us**.
incidentalmente avv. [1] incidentally, by the way. [2] (*per caso*) incidentally, by chance.

incisor [in'saizə] s. (*dente*) incisivo.
incisore s. engraver; (*di acqueforti*) etcher.

inclement agg. (*formale e poco usato*) piovoso, ventoso *o* tempestoso.
inclemente agg. [1] harsh: **critica inclemente**, harsh criticism. [2] (*di tempo*) terrible: **tempo inclemente**, terrible weather.

incoherent agg. [1] (*di discorsi*) incomprensibile *perché frammentario* (*per esempio, composto di parole sconnesse*) *o perché pronunciato in maniera molto confusa, o per entrambi i motivi*: **she bent down to catch the sick man's incoherent mutterings; the terrified boy looked up into the face of the angry man and stammered out an incoherent excuse; I got out of my car to apologise and found the other driver incoherent with rage** (così arrabbiato che non si riusciva a capire cosa dicesse). [2] (*raro*) confuso, incoerente (*vedi incoerente accezione 3*).
incoerente agg. [1] (*privo di compattezza*) loose: **terreno incoerente**, loose earth. [2] (*contraddittorio*) inconsistent: **ragionamento, comportamento incoerente**, inconsistent argument, behaviour; **persona incoerente**, inconsistent person. [3] (*di un ragionamento o discorso, privo di nessi logici*) confused, disorganized, illogical, (*raro*) incoherent.

incongruous agg. fuori luogo, inadatto. *Spesso è usato in senso più forte venendo così a trovare un suo possibile equivalente in* stridente, *di solito con una sfumatura di ridicolo; in questo caso una valida alternativa può essere costituita dall'uso di verbi quali* stonare *o* stridere *con l'aggiunta, magari, di un avverbio come* penosamente: *se una donna ha un aspetto ridicolo perché indossa un cappello molto elegante mentre il resto dei suoi abiti è tutto il contrario dell'eleganza, il suo cappello è* **incongruous**; *se il rettore di una università fa un dignitoso discorso pubblico in cui appaiono, qua e là, espressioni slang, i suoi tentativi di parlare come uno studente sono* **incongruous**.
incongruo agg. (*non adeguato*) inadequate: **compenso incongruo**, inadequate pay.

inconsiderate agg. È il contrario di **considerate** (*q.v.*).
inconsiderato agg. [1] (*che agisce senza riflettere*) thoughtless. [2] (*incauto, azzardato*) rash, (*meno usato*) incautious.

inconsistent agg. [1] incompatibile; non in armonia: **James's comments on this particular matter are inconsistent with his general principles; their latest decision seems to me inconsistent (with the firm's traditional policy)**; contraddittorio: **her excuses were so inconsistent that it was clear she was lying**. [2] incoerente: **James is inconsistent; his speech was inconsistent**. [3] incostante: **he's an inconsistent student, doing good work one week and bad the next; his work is inconsistent (*o* unequal); she's an inconsistent (*o* unequal) performer**.
inconsistente agg. [1] inconsiderable, (*meno usato*) trifling: **un'inconsistente somma (di denaro)**, an inconsiderable (*o* trifling) sum (of money). [2] (*di materiali*) flimsy, (*meno usato*) insubstantial; (*fig.*) flimsy, tenuous, insubstantial: **un ragionamento, una teoria inconsistente**, a flimsy (*o* tenuous, *o* insubstantial) argument, theory; **prove inconsistenti**, flimsy (*o* tenuous, *o* insubstantial) proof.

◐*inconstant* agg. (*formale*) incostante, volubile. *Usato solo riferito a persone o a temperature.* ● **Inconstancy** s. volubilità.
incostante agg. [1] (*del tempo, del vento*) changeable. [2] (*di persona*) changeable; (*formale*) inconstant; (*del rendimento di uno studente o di un artista*) uneven, unequal, inconsistent (*q.v.*).
● **Incostanza** s. changeability; inconstancy; un-

inconvenient *agg.* *È il contrario di* **convenient** (*q.v.*), scomodo: **living six miles from the nearest shop is very inconvenient.** • **Inconvenience** *s.* scomodità: **the peacefulness of living in the country makes up for the inconvenience of being so far from the shops.**

inconveniente A *agg.* (*raro*) unseemly. B *s.* (*svantaggio*) drawback; (*guasto, etc.*) mishap ['mishæp]: **gli inconvenienti tecnici e gli errori che hanno provocato il disastro della navicella spaziale devono ancora essere attentamente valutati,** the technical mishaps and errors that led to the space shuttle disaster have still to be analysed. • **Inconvenienza** *s.* unseemliness.

◦**incredulous** *agg.* Che prova o mostra incredulità mista a sorpresa, incredulo: **she looked at the man with incredulous joy – surely he couldn't be her son?; as she told them the astonishing story they looked incredulous, they exchanged incredulous glances.** • *NB: Né l'aggettivo né il sostantivo* (**incredulity**) *vengono usati con riferimento alla fede religiosa.*

incredulo *agg.* [1] disbelieving, incredulous. • **Incredulità** *s.* disbelief, incredulity. [2] (*che non ha fede religiosa*) non-believing, without faith. • **Incredulità** *s.* non-belief.

◦**increment** *s.* [1] regolare scatto di stipendio previsto dal contratto di lavoro: **a salary of £X with a biennal increment of £Y up to a limit of £Z.** [2] (*meno comune*) aumento del valore di qualcosa o di un profitto.

incremento *s.* increase; (*meno comune*) increment.

incriminate *vb. tr.* dimostrare che qualcuno è implicato in un crimine: **incriminating circumstances, evidence; if it can be proved that the threatening letter is in his handwriting it will incriminate him; the principal evidence against him was an incriminating letter.**

incriminare *vb. tr.* to charge (someone with something): **la polizia lo ha arrestato ieri e lo ha incriminato per omicidio,** the police arrested him yesterday and charged him with murder; (*USA*) to indict [in·dait]: **un Grand Jury lo ha incriminato per omicidio,** a Grand Jury has indicted him on a charge of murder. • (*considerare come un reato*): **l'espatrio clandestino è incriminato dalla legge di Pubblica Sicurezza** (*Devoto*), clandestine expatriation is an indictable [in·daitəbl] offence under the law of Public Safety.

incubus *s.* ['inkju:bəs] (*plur.* **incubuses**) persona o cosa che è fonte di preoccupazioni, fastidi; peso (*fig.*): **Norman and Jean have offered to have Jean's father to live with them, but it is painfully clear that they regard the poor old man as an incubus, so he's not likely to be very happy there; they are trying to make a new start in life but the incubus of debt is so oppressive that it's hard to keep up their spirits.**

incubo *s.* (*anche fig.*) nightmare: **si svegliò urlando per un incubo,** she woke up screaming from a nightmare; **queste ultime settimane sono state un incubo, tanto mi sono affaticata e preoccupata,** these past few weeks have been a nightmare of overwork and worry.

incumbent A *agg.* (*formale; usato sempre nella costruzione* **it is incumbent upon somebody to do something**) doveroso: **while I dislike interfering in matters that are not strictly my business I feel it incumbent upon me to tell you** (mi sento in dovere di dirvi) **that there is widespread dissatisfaction with the committee's published accounts.** B *s.* chi gode di un beneficio ecclesiastico (*SEI*): **previous Vicars of St Michael's took an active interest in the local schools but the present incumbent does not.** • *Come sostantivo* **incumbent** *è usato anche in senso leggermente scherzoso per indicare una persona che ricopre una carica*: **when the new incumbent takes office in the Ministry of Defence he will have to face many problems left unsolved by the outgoing Minister.**

incombente *agg.* impending: **chiudemmo le finestre per via del temporale incombente,** we shut the windows against the impending storm; imminent: **la guerra tra i due paesi appare incombente,** war between the two countries seems to be imminent; hanging over one's head: **con il rischio incombente di perdere il posto, non riesce a concentrarsi,** with the possibility of losing his job hanging over his head he finds it impossible to concentrate; looming: **ora che gli esami sono incombenti ha iniziato a studiare,** now that her final exams are looming (over her) she's beginning to work.

◦**indecent** *agg.* [1] osceno: **indecent photographs, jokes.** [2] indecente: **a bikini was considered indecent until quite recently.**

indecente *agg.* indecent; (*meno forte, di com-*

portamento inaccettabile o di prezzi eccessivi, etc.) disgraceful, monstrous.

indelicate *agg.* ☐1 (*di solito riferito a modi di esprimersi*) molto esplicito, *in genere con allusione alle funzioni dell'organismo*: **being a lady of excessive refinement she objected to what she called the «indelicate language» of the cookery demonstrator when he demonstrated how to prepare a chicken for the oven; an indelicate person**, una persona che indulge nell'uso di **indelicate expressions** e **indelicate allusions**. ☐2 (*molto meno comune*) privo di tatto, indelicato: **I was embarassed by the indelicate way in which the chairman of the Society asked the lecturer if he wanted the lecture fee or would like to donate it to the Society**. • **Indelicacy** *s*. indelicatezza.
indelicato *agg.* indiscreet, (*più forte*) tactless; (*raramente*) indelicate.

indication *s*. *I termini italiani che più si avvicinano a questo sostantivo sono* segno, cenno, indizio, segnale; *tuttavia, come sarà possibile osservare negli esempi seguenti, un unico sostantivo spesso non basta a rendere pienamente il senso di questo termine inglese; in molti casi è preferibile ricorrere a locuzioni di vario genere, apportando alla frase le necessarie modifiche. Si noti inoltre che nei primi due esempi* **indication** *può essere seguito solo da un verbo alla forma singolare; nei due successivi esso può essere soltanto alla forma plurale, mentre nell'ultimo sono ammesse sia la forma singolare che quella plurale*: **she supported everything her husband said, but with an impassive expression, giving no indication** (*o* **intimation**) **of** (non palesando affatto) **her true feelings; could you give us some indication of** (potrebbe dirci approssimativamente) **how long you expect this work to take?; there are indications in the Younger Pitt's letters to his friends** (le lettere di Pitt the Younger ai suoi amici lasciano intuire) **that he had more humour and capacity for affection than his public life suggests; the indications are** (ci sono segnali che lasciano presagire) **that relations between the two countries will continue to deteriorate in the foreseeable future; Tom's report said that there were not many indications** (*o* **signs** *o* **that there was little indication**) **so far of a brilliant future in any field of study** (la pagella di Tom non lasciava intravedere, almeno per il momento, un futuro brillante in nessun ramo degli studi).
indicazione *s*. ☐1 (*informazione, notizia, cenno*) information: **fornire** *o* **dare un'indicazione precisa** *o* **inesatta**, to give accurate *o* inaccurate information; lead: **seguire una indicazione falsa**, to follow up (*o* act on) a false lead; reference: **l'indicazione della pagina**, page reference. ☐2 (*med., prescrizione*) *In questa accezione* **indicazione** *non trova nessun equivalente in inglese; sulle confezioni di medicinali si trova scritto semplicemente* for colds, influenza, *etc.*

●**indifferent** *agg.* ☐1 (**to, towards**) che si mostra indifferente a cose per le quali la gente si appassiona o (più spesso) si angustia, o per le quali si ritiene comunemente normale appassionarsi o angustiarsi; insensibile, indifferente: **they were brought up in a slum and are indifferent to hardship; he seems to be indifferent to his mother's wishes; she is indifferent to flattery**. ☐2 di modesta qualità, passabile, accettabile: **I like all films – good, bad and indifferent; he's an indifferent pianist**. • *L'avverbio* **indifferently** *è usato più spesso nell'accezione 2 che nella 1*: **he plays the piano indifferently**, *ma* **she listened to his flattery with an air of indifference** *è più comune di* **she listened to his flattery indifferently**.
indifferente *agg.* ☐1 (*insensibile*) indifferent: **è indifferente alla bellezza di ciò che lo circonda**, he is indifferent to the beauty of his surroundings; (*che non mostra interesse*) cold: **la vista delle immagini di Urano trasmesse in diretta alla TV lo ha lasciato del tutto indifferente**, left him completely cold (*o* indifferent). • **Fare l'indifferente: vuol fare l'indifferente** (he pretends not to care – *o* to be indifferent, *meno usato*) **ma sappiamo tutti quanto gli stia a cuore questo problema**. ☐2 (*irrilevante*) non indifferente, appreciable: **le esportazioni hanno avuto quest'anno un incremento non indifferente**, an appreciable increase. ☐3 (*neutrale*) **un parere indifferente**, an outside opinion. • (1) (**per me**) **è indifferente**, it's all the same (to me); (*meno comune*) it's all one (to me). (2) **indifferentemente** *avv.* without distinction, equally, both ... and ...: **per i suoi modelli questo stilista usa stoffe inglesi e di altri paesi indifferentemente**, this designer chooses English and foreign materials for his dresses without distinction (*o* equally *o* chooses both English and foreign materials for his dresses).

indiscretion *s*. ☐1 mancanza di riservatezza *o* incapacità di mantenere un segreto: **he was a hard worker and very intelligent but his indis-**

cretion led him to say so many tactless things to customers, and to give away so many secrets to business rivals that he did not keep the job for long. [2] imprudenza, inavvedutezza: **she lent her house for a week to people she scarcely knew, and regretted her indiscretion when she saw the state they had left it in**. [3] gesto *o* discorso che rivela mancanza di riservatezza *o* imprudenza: **his most glaring indiscretions are often quoted by his ex-colleagues; that business of the house was a typical indiscretion of hers**. [4] (*eufemistico, ormai poco usato*) azione contravvenente al codice morale accettato dalla società, *di solito in materia di sesso*: **Byron has always been more famous in England for his indiscretions than for his poetry**.

indiscrezione *s*. [1] (*l'essere indiscreto, in generale*) inquisitiveness, (*fam.*) nosiness: **detesto l'indiscrezione di coloro che vogliono sapere tutto degli affari dei vicini**, I hate the inquisitiveness (*o* nosiness) of people who want to know all about their neighbours' affairs; (*in circostanze particolari*) prying: **Elizabeth ha continuato a chiedermi di te per tutta la durata della cena ed è stato sempre più difficile opporre resistenza alla sua indiscrezione**, Elizabeth asked me questions about you throughout dinner and it got more and more difficult to fend off her prying. [2] (*rivelazione di notizia riservata, fuga di notizie*) leak (of information): **le indiscrezioni che sono trapelate dal Consiglio dei Ministri e che hanno dato origine allo scandalo giornalistico della scorsa settimana saranno oggetto di un'apposita inchiesta**, the Cabinet leak which resulted in last week's press scandal is to be the subject of a special inquiry. *Si noti però che in una espressione quale* **secondo alcune indiscrezioni**, *il termine italiano non può essere reso con* **leak** *né con nessun altro singolo sostantivo: è necessario ricorrere a costruzioni di diverso tipo*: according to well-informed circles *o* sources close to the Minister suggest that...

◯**individual** *A agg*. [1] di *o* per una sola persona, individuale: **this is a matter for collective rather than individual action – I think we should strike; we give our students individual attention**, seguiamo i nostri studenti individualmente. [2] **the individual colour of each silk in this embroidery is lost in the total effect**: *in questo tipo di frase* **individual** *ha valore pleonastico ed è quindi da omettere traducendo in italiano*. [3] particolare, originale, individuale: **he has a highly individual** (*o* **idiosyncratic**) **way of interpreting the rôle**. *B* *s*. individuo: ogni specie animale comprende un numero enorme di individui (*Zingarelli*), **every animal species consists of an enormous number of individuals; this decision should be left to the individual not to society as a whole**; singolo: **applications for these travel concessions can be made by groups or individuals**; (*scherz. o spreg.*) tipo: **he's a funny/dreadful individual**.

individuale *agg*. [1] (*relativo all'individuo*) individual: **la decisione di partecipare o meno all'incontro con il Sudafrica deve essere lasciata alla scelta individuale dei membri della squadra**, the decision to play in the South Africa match or not must be left to the individual choice of team members. [2] (*particolare, originale*) individual (*talvolta*, idiosyncratic): **commento, interpretazione molto individuale** (*Zingarelli*), a very (*più usato*, highly) individual comment, interpretation.

◯**industrial** *agg*. industriale.

industriale *A agg*. industrial. *B s*. industrialist; businessman.

◯**industry/industria** *s*. *Si noti che il termine inglese non può essere usato come sinonimo di* **factory**: **most of the male population of this town work in local factories** *o* **in local industry** (*senza articolo*); **she works in a big factory**; *a parte ciò, i due sostantivi sono da considerarsi veri amici*.

◯**ineligible** *agg*. *È il contrario di* **eligible** (*q.v.*): **he is ineligible for the post as he has no degree; her parents complain that she's only interested in hopelessly ineligible young men**.

ineleggibile *agg*. disqualified from standing for election; ineligible.

inept *agg*. inopportuno e goffo: **an inept comment**. *In questo termine è di solito presente anche una sfumatura di* **ridiculous**. *È usato anche per indicare persone che si comportano in maniera impacciata o insensata e dicono* **inept things**: **she was a good secretary but she makes a bad PR** (*Public Relations*) **assistant – she's so inept**. *Come* **inetto**, **inept** *deriva dal latino* ineptus; *originariamente era il contrario di* **apt** (*dal latino* aptus), *ma in seguito è venuto ad assumere un significato più complesso*: **an apt remark** *è un'osservazione appropriata mentre* **an inept remark** *è un'osservazione non solo inappropriata ma anche goffa*.

inetto *agg*. (*Prendendo spunto dalle definizioni*

date dallo Zingarelli) (*di chi non ha attitudine per una certa attività*) unskilled (in): **essere inetto alle armi**, to be unskilled in the use of arms; unsuited to: **essere inetto al comando**, to be unsuited to command; (*est. incapace a svolgere adeguatamente il proprio lavoro*) unskilful: **operaio, medico inetto**, unskilful workman, doctor; (*spreg. che vale poco, manca assolutamente di capacità e di energia, anche s.*): *quanto è implicito in questa accezione del termine può essere reso in inglese solo tramite l'uso di frasi del tipo* he's unfit to cope with the exigencies of life, inefficient and incapable of standing up for himself; *l'esclamazione è* **un'inetta!** *può tuttavia trovare un equivalente in* she's a poor creature (*q.v.*) *o* she's a mess!

inexact *agg.* (*poco usato*) impreciso, inaccurato: **every page of this book is marred by inexact scholarship** (*o* **by inaccuracy**).

inesatto *agg.* [1] (*impreciso*) approximate, (*fam.*) rough and ready: **non so molto di quanto è successo perché il suo resoconto dei fatti era alquanto inesatto**, I don't know much about what happened because his account was very approximate (*o* rough and ready); inaccurate: **una citazione inesatta**, an inaccurate quotation; (*erroneo*) wrong, (*meno usato*) incorrect: **queste somme sono tutte inesatte**, these sums are all wrong; **le tue informazioni sono inesatte**, your information is incorrect; (*riferito a misure*) approximate: **il peso segnato su questo pacco è inesatto, quello preciso te lo diranno all'ufficio postale**, the weight marked on this parcel is approximate, but they'll tell you the exact weight at the post office. [2] (*non rispondente a verità*) inaccurate, wrong, untrue, (*meno usato*) incorrect: **le sue predizioni erano di solito inesatte**, his predictions of the future were usually inaccurate (*o* wrong, etc.).

●**in fact** *cong.* *Per illustrare alcuni significati, spesso anche contrapposti, di questa congiunzione, sarà illuminante mostrare come essi possano emergere nella descrizione di una singola situazione; gli esempi saranno preceduti dalle approssimazioni italiane che appariranno via via più fedeli*: anzi: «**At the beginning of the lesson I'd like to spend a few minutes, if you don't mind, on the problem we ended with last time.» – «Mind? No, in fact we were going to ask you if we could spend the whole lesson on it.»**; invece: **they started the lesson with the intention of unravelling the mysteries of the second type of conditional, but in fact spent their time on the third type**; infatti: **the teacher promised she would explain the third conditional fully, and in fact did so**; in breve, insomma: **half the class understood what she was talking about, but the other half didn't; they imagined she was still explaining the second type, so they got every exercise wrong and couldn't understand why. In fact both she and they got into a fine old muddle**. *Altre interessanti sfumature possono essere*: (**a**) *un senso che sta a mezzo tra* anzi *e* addirittura: **he did all that was asked of him, in fact he did more than anyone else thought he could; he assured me that when I saw them I would think the architect's plans good, and they were in fact splendid**; (**b**) *qualcosa di simile a* anzi *ma nel senso di* o meglio *o* o piuttosto: **I'll let you know when my mother arrives, in fact I'll bring her to see you**; (**c**) invece, *nel senso di* in verità, in realtà: **the publisher claimed that it was an important piece of original research, but in fact it was a scissors and paste job** (un lavoro di mera compilazione).

infatti *cong.* In fact *risulta perfettamente appropriato sia in esempi quali* **non l'ho trovato in casa: infatti era uscito da pochi minuti**, *sia in casi tipo* **sono corso all'impazzata temendo di perdere l'aereo; e infatti si alzava in volo proprio mentre mettevo piede all'aeroporto**. *Quando invece è usato come interiezione in stralci di dialogo come ad esempio* «...**le ho parlato per un'ora al telefono perché penso di doverla persuadere a restare...» – «Infatti!»; «Non mi sembra giusto che debba sobbarcarsi lei le spese...» – «Infatti!» – «...anche perché proprio adesso ha avuto tutte quelle noie con la caldaia...» – «Infatti!»**, *i più comuni equivalenti in inglese sarebbero* Quite!, Quite so!, Of course!, Exactly!

●**infamous** ['infəməs]/ *infame* *agg.* Questi due aggettivi hanno in comune la loro accezione principale, ma nella lingua parlata sono usati in maniera piuttosto diversa: il termine inglese è talvolta adoperato nel senso di vergognoso, *come in* **infamous behaviour** (*o* **conduct**), condotta vituperevole, *o* **that's an infamous suggestion** (insinuazione)!, *o di* scellerato: **he's an infamous man**. Infame, *nel senso di pessimo, trova i suoi equivalenti negli altrettanto iperbolici* **appalling** *e* **unspeakable**: **viaggio, tempo infame, an appalling journey, unspeakable weather**, *etc*.

●**infancy** *s.* ['infənsi] [1] infanzia. [2] (*dir.*) età minore (*sotto i diciott'anni*). [3] (*fig.*) fase iniziale, *nell'espressione* **in its infancy: photography was then in its infancy**, muoveva allora i suoi primi passi; **when the symbolist movement was still in its infancy**.

infanzia *s.* [1] (*prima infanzia, i primi due anni*) babyhood; (*molto meno comune*) infancy (*termine usato soprattutto dai pediatri e dagli psicologi*). [2] (*seconda infanzia*) childhood. • **Giardino d'infanzia**, nursery school, kindergarten (*tedesco*).

○**inferior, superior** *agg.* Questi due termini indicano sempre qualcosa o qualcuno che resta al di sotto, o va al di là, di un certo standard (**an inferior imitation, a superior intellect**), e, al contrario di inferiore e superiore, *non possono descrivere una posizione fisica, concreta*.

inferiore, superiore *agg.* [1] (*in senso morale*) inferior, superior. [2] (*in senso concreto*) lower, upper (*tra due*): **c'è un'iscrizione sulla parte superiore della pietra**, there is an inscription on the upper side of the stone; top, bottom: **in seguito all'alluvione la parte inferiore dell'affresco ha subìto gravi danni ma la parte superiore è fortunatamente rimasta illesa**, as a result of the flood the bottom (*o* lower) part of the fresco has sustained serious damage but fortunately the top (*o* upper) part is unharmed.

inferno [inˑfəːnou] *s.* (*italiano anglicizzato*) qualsiasi luogo insopportabilmente caldo: **in summer my office is an inferno**.

inferno *s.* hell: **il mio ufficio è sempre un inferno, in qualsiasi stagione**, my office is absolute hell at any time.

○**inflict** *vb. tr.* [1] infliggere (*di solito seguito da un complemento oggetto*: **punishment, a penalty, a blow** – *anche fig.* –, *o* **pain**): **that could only have been said by someone who enjoys inflicting pain; fate inflicted a series of heavy blows on her in the last years of her life**. [2] (*scherz.*) far ascoltare, far subire, *etc.*: **he inflicted his theories on us at enormous length; I intend to inflict my company** (*o* **myself**) **on you next Sunday**.

infliggere *vb. tr.* [1] (*dir.*) **il giudice gli ha inflitto un anno di reclusione**, the judge imposed a sentence of one year's imprisonment (*o* sentenced him to a year's imprisonment). [2] *infliggere* (*pene o punizioni*) *al di fuori di un contesto legale*, to inflict (penalties and punishments): **le nostre forze hanno inflitto dure perdite al nemico**, our forces inflicted heavy losses on the enemy.

○**influence/influenza** *s.* Si differenziano solo nell'accezione medica per la quale l'inglese ha preso in prestito il termine italiano e lo ha abbreviato in '**flu** [fluː], anglicizzando la pronuncia dell'intera parola [influːˈenzə] nelle rare volte in cui viene usata. • NB: **Influence** è di solito seguito da **on** (**he had a lot of influence on the firm's policy**) *ma* influenza presso *può corrispondere a* influence with *o* in: **he had a lot of influence in the firm** (*quando vi lavorava*); **he had a lot of influence with the firm** (*dall'esterno*); **he had a lot of influence with the Chairman of the firm** (*sia dall'esterno che dall'interno*).

○**influenced** *part. pass.* influenzato (*da idee, etc.*).

influenzato *part. pass.* [1] (*da idee, etc.*) influenced. [2] (*ammalato di influenza*): **è influenzato**, he's got 'flu.

influx [ˈinflʌks] *s.* affluenza, afflusso (*sia di persone che di cose*): **there were very few people in the hall at the beginning of the lecture, but halfway through there was a sudden influx of students; the influx of expensive, glittering and largely useless things in shops heralds the approach of Christmas; an influx of water, of cold air**.

influsso *s.* influence.

○**infringe** *vb. tr.* (*formale*) infrangere (*una legge, un regolamento*); violare (*i diritti di qualcuno*).

infrangere *vb.* A *tr.* [1] to shatter: **and her loud Wagnerian mother with a voice that shatters glass** (*My Fair Lady*); (*fig.*) to overcome: **infrangere la resistenza, l'ostilità, lo scetticismo**, to overcome opposition, hostility, scepticism; **un cuore infranto**, a broken heart. [2] (*dir.*) to break, (*meno usato*) to infringe (*una legge, un regolamento*). B *intr. pron.* to be shattered: **il vaso si è infranto**, the vase was shattered; to break: **le onde si infrangevano sugli scogli**, the waves broke on the rocks.

ingenious *agg.* [1] ingegnoso: **an ingenious person, an ingenious solution to a (relatively small) problem** (*vedi* **ingenuity**). [2] (*di cose*) ben congegnato (*SEI*): **an ingenious machine for taking stamps off letters and removing the postmark from them**.

ingenuo A *agg.* naive [nʌˈiːv], ingenuous. B *s.* innocent; (*lett.*) simpleton: **è un tale ingenuo che si è bevuto tutta la storia**, he's such an innocent (*o* simpleton) that he swallowed the whole story. • *Ma nessuno di questi due sostantivi è usato molto spesso; è molto più frequente l'impiego dell'aggettivo.*

ingenuity *s.* ingegnosità; abilità; la capacità di risolvere dei problemi in modo inatteso e perfettamente adeguato alla situazione. *I problemi in questione non sono mai molto importanti: non si direbbe mai* **the ingenuity with which the Chancellor of the Exchequer solved the problem of inflation** *né* **the Chancellor of the Exchequer's ingenuity** (*se non, ovviamente, con intento satirico*).
ingenuità *s.* ① (*candore d'animo*) naiveté [nʌˈiːvtei]. ② (*atto, parola, comportamento da persona ingenua*) naive (*o* ingenuous) thing: **ha detto delle ingenuità incredibili** (*Zingarelli*), he said incredibly naive things.

inhabited *agg.* abitato.
inabitato *agg.* uninhabited.

inherent *agg.* che sussiste come carattere o qualità permanente di una persona o di un qualcosa, che è proprio di, intrinseco, innato: **the dignity inherent in the office of President cannot be destroyed by the disgraceful behaviour of one incumbent** (*q.v.*) **of that office; certain dangers are inherent in this undertaking; his inherent sense of proportion will save him from exaggerating the importance of his own part in the work.**
inerente *agg.* connected with: **la documentazione inerente al caso**, the documents connected with the case.

◉**iniquity** *s.* **e inequity** *s. Questi due termini affini esprimono ciascuno aspetti diversi della parola* iniquità: *il primo è infatti connesso con l'idea di malvagità, il secondo con il concetto di ingiustizia.*
iniquity (*formale*) malvagità, iniquità: **charity [...] rejoiceth not in iniquity** (*1 Corinthians 13*). Iniquity *deriva dal linguaggio religioso arcaico ed è usato nell'inglese moderno per esprimere indignazione morale, di solito su questioni che meritano di essere descritte con termini retorici* (**the iniquity of spending thousands of millions on space toys when we can't afford to build schools or pay enough teachers**); *occasionalmente, tuttavia, è usato anche in contesti più banali.* • **Iniquitous** *agg.* molto riprovevole, ingiusto: **an iniquitous waste of public money.**
inequity *indica l'*assenza di equità (*vedi* **equity** *accezioni 1 e 2*), ingiustizia: **The inequity of oblivion blindly scattereth her poppy** (*simbolo del sonno e quindi della morte*), **and deals with the memory of men without distinction to merit of perpetuity** (Sir Thomas Browne, *Religio Medici, 1643*). • **Inequitable** *agg.* iniquo, ingiusto: **an inequitable division of privileges.**
iniquità *s.* ① injustice, inequity, unfairness: **l'iniquità di una legge, di una decisione**, the injustice (*o* inequity *o* unfairness) of a law, a decision. ② (*atto, parola iniqua*) iniquitous (*o* wicked) thing. ③ (*relig.*) iniquity, wickedness.

◉**initiate** *vb. tr.* (*formale*) ① dare inizio a qualcosa, avviare: **he initiated a new system of administration.** ② iniziare: **boys are initiated into adult membership of the tribe at puberty**; (*fig.*) **my mother initiated me into the mysteries of baking when I was about ten.** • *Due sostantivi sono associati a questa seconda accezione del verbo*: **initiate**, *iniziato, e* **the initiated** (*solo plurale e sempre preceduto dall'articolo determinativo*), *gli iniziati, gli addetti ai lavori* (*fig.*): **this machine looks complicated to operate but it presents no problems to the initiated**. *Il contrario di* **the initiated** *è* **the uninitiated**, *i profani, i non addetti ai lavori* (*fig.*): **the engineering problems involved in the construction of a Channel tunnel are a baffling mystery to the uninitiated.**
iniziare *vb. tr. e intr. pron.* ① (*cominciare*) to begin, to start: **inizierà il suo nuovo lavoro la prossima settimana**, she's going to begin (*o* start) her new job next week; **inizierà presto a scrivere il secondo capitolo**, she's going to begin (*o* start) to write the second chapter soon. ② (*avviare alle pratiche di un culto*) to initiate: **fu iniziato ai riti di una società segreta**, he was initiated into the rites of (*o* membership of) a secret society; (*fig.*) **an excellent teacher initiated him into the study of mathematics, painting**, *etc.* (*più raramente, in o into mathematics, etc.*). • *Si noti, per quanto concerne il sostantivo* **iniziato**, *che nel rendere in inglese una frase del tipo* **gli iniziati alla Carboneria usavano un linguaggio simbolico**, *si può dire* initiates of the Carboneria, *ma, ogni qualvolta sia possibile, è meglio evitare una simile costruzione e tradurre* the Carbonari habitually used a symbolic language which only initiates knew.

◉**initiative**/***iniziativa*** *s. Il significato di* capacità di tentare cose nuove *è comune ad entrambi i termini*: **a man full of initiative**, un uomo pieno di iniziativa *o* che ha spirito di iniziativa; **private initiative**, iniziativa privata; **to take the initiative**, prendere l'iniziativa; **I did it on my own initiative**, l'ho fatto di mia iniziativa. *L'uso e l'abuso che della parola si fa nel linguaggio politico-giornalistico italiano trova un corrispettivo in inglese, sia pur esso di abbastanza recente diffusione* (**Mr Reagan visited China in ... His initiative is regarded as an important indication of ...**). *Ma a questo proposito va sottolineato che il termine inglese resta confinato a questa sorta di gergo della politica e del giornalismo; non si può certo dire che esso si sia (ancora) esteso alla lingua e alla conversazione corrente con una ubiquità paragonabile a quella italiana. Sarà perciò consigliabile, al di fuori dei contesti sopra indicati, essere più concreti e specifici e valutare a seconda dei casi se traduzioni quali* **action** *o* **move** *o analoghi siano appropriate. Spesso è preferibile ricorrere a costruzioni diverse, utilizzando verbi quali* **to do, to start**, *o loro sinonimi e dire quindi più pragmaticamente* **what he has done (*o* started) in the field of ... opened up new possibilities for ...** *per le sue iniziative in campo ... hanno aperto nuovi orizzonti al ... Per tradurre espressioni quali* iniziative culturali, artistiche, *etc.* del Comune di ... *è necessario ricorrere a perifrasi del tipo* **the cultural, artistic**, *etc.* **activities promoted by the local authorities in ...** (*ma nel gergo giornalistico si sta sempre più diffondendo l'uso del termine* **initiative**). *In quest'ultima accezione sarebbe possibile usare i sostantivi* **undertaking, enterprise**, *o* **venture**, *ma si tratta di termini che denotano, da parte di chi li usa, un qualche giudizio o commento e non una semplice descrizione specifica e neutra.*

injure ['indʒə] *vb. tr.* ① ferire (*in incidenti, non in guerra*): **when the lorry overturned it injured a cyclist; several of the passengers were also injured; the injured included two children**. ② danneggiare: **his prison sentence injured (*o* damaged) his career; she said her behaviour injured (*o* harmed) no one; the injured party**, la parte lesa. ③ **to be, feel, look, sound injured**, essere, sentirsi, sembrare offeso: **I could see that she thought I was not paying enough attention to her – she looked (*o* sounded) injured; she answered my question in an injured tone**.

ingiuriare *vb. tr.* to insult: **i selvaggi provano piacere a ingiuriare il nemico sconfitto**, savages take pleasure in insulting their defeated enemies; to abuse: **l'altro conducente scese dalla macchina e mi ingiuriò definendo infame il mio modo di guidare**, the other driver got out of his car and abused me for what he called my disgraceful driving.

injury *s.* ['indʒəri] ① ferita: **his frequent headaches are due to a head injury he received in a road accident**. ② danno (*a persone o a cose*), di solito nell'espressione **without injury**: **no one escaped from the burning house without injury (*o* unharmed)** (illeso); **the panelling has been removed without injury (*o* without being damaged)**. ③ (*meno usato*) male arrecato ingiustamente ad una persona (*da parte di un'altra*): **they did him (an) irreparable injury by dismissing him from his job**; *ma in questo senso è usato più comunemente nell'espressione* **to have a sense of injury**, essere un vittimista. • (1) *Si noti l'espressione idiomatica* **to add insult to injury** *assai vicina a* come se non bastasse *o* per giunta: **my neighbour felled a tree in his garden, which knocked down my garden wall, and then, to add insult to injury, sent me a bill for plants that had been damaged by the falling bricks**. (2) **industrial injury**, infortunio sul lavoro.

ingiuria *s.* ① (*offesa*) insult; **lanciare ingiurie**, to hurl insults at someone. ② (*danno provocato da elementi imponderabili o inesorabili, Devoto*) **le ingiurie della sorte**, the blows of fate; **del tempo**, the violence of the weather. ③ (*torto, ingiustizia*) injustice: **mi si fa ingiuria credendo a queste voci** (*Zingarelli*), you do me an injustice if you believe these rumours.

⦿**innocent** *agg.* ① innocente: **in the end it was proved beyond doubt that the accused man was innocent**. ② privo di male, innocente: **innocent (*o* harmless) amusements**. ③ che non conosce il male, innocente: **as innocent as a new-born babe**. ④ ingenuo, innocente: **you shouldn't have believed her – you're too innocent**.

innocente A *agg.* ① (*non colpevole*) innocent; (*lett.*) guiltless; (*dir.*) not guilty (of the charge). ② (*che non conosce il male*) innocent: **un bambino innocente**, an innocent child. ③ (*ingenuo*) naive, innocent. • *In questa accezione l'avverbio è usato più spesso dell'aggettivo*: «**How big your teeth are, Grandmother,**» Red Riding Hood said **innocently**. B *s.* ① (*chi non è colpevole*) the innocent man, woman. ② (*bambino, lett.*) innocent: **la strage degli innocenti ordinata da Erode**, Herod's slaughter of the innocents; (*scherz.*) a precious little innocent (**un bambino dall'aria sospettosamente innocente**). ③ (*plur., orfanelli*) foundlings; waifs and strays; (*al sing.*)

orphan; (*raro*) foundling, waif.

inquest *s.* (*dir.*) inchiesta giudiziaria su una morte improvvisa, violenta, *o* inspiegabile.

inchiesta s. inquiry (into), investigation (of *o* into): **gli incidenti di matrice razziale verificatisi ieri a Brixton saranno oggetto di un'inchiesta della polizia**, yesterday's race riots in Brixton are to be the subject of a police inquiry (*o* investigation); **l'inchiesta sui motivi per i quali incidenti di matrice razziale si verificano più in un quartiere che in altri ha comprovato che ...**, the inquiry into (*o* investigation of) why race riots occur more frequently in some areas than others found evidence that ...; **istituire una commissione d'inchiesta**, to set up a committee of inquiry.

inquisitive *agg.* troppo curioso; **an inquisitive person**, un ficcanaso.

inquisitivo agg. **metodo inquisitivo**, Socratic method; (*dir.*) **l'opera inquisitiva** (investigative) **del giudice istruttore** (*Palazzi*).

◐**inscription** *s.* [1] scritto inciso, iscrizione. [2] dedica autografa.

iscrizione s. [1] (*ad un corso, ad un partito*) enrolment (in); (*all'università*) enrolment (at); (*ad un club*) membership (of). [2] (*dir.*) record; entry; registration. [3] (*scritto inciso su pietra o metallo*) inscription.

insensate *agg.* (*lett.*) [1] (*di cose*) inanimato, insensibile: **insensate earth, stone**. [2] insensibile: **insensate mother, deaf to her child's cries; insensate cruelty**, spietata crudeltà; privo di sensibilità: **the man who could paint such a travesty of nature must be an insensate creature**; sciocco: **insensate laughter**.

insensato agg. [1] (*privo di buon senso*) silly, foolish: **un giovane insensato**, a silly (*o* foolish) young man; **dire cose insensate**, to say silly (*o* foolish) things. [2] (*sconsiderato*) In questa accezione **insensato** corrisponde a rash *quando è usato nel senso di privo di prudenza*, a senseless *quando significa più che altro non sufficientemente ponderato*: **un progetto insensato, un'iniziativa, una decisione insensata**, a rash (*o* senseless) plan, undertaking, decision; crazy (*colloq.*).

◐**insidious** *agg.* **Insidious** *è un vero amico di* insidioso *solo nella sua accezione medica* (**an insidious disease**, una malattia insidiosa), *altrimenti non è mai usato riferito a cose concrete, e solo molto raramente è impiegato per definire una persona. Significa* che si diffonde (si sviluppa o agisce) nascostamente e pericolosamente, subdolo: **insidious rumours of corruption have undermined public confidence in the police; in the later stages of his research he was troubled by insidious doubts about some of his sources**.

insidioso agg. tricky: **una domanda insidiosa**, a tricky question; untrustworthy: **una persona insidiosa**, an untrustworthy (*o* tricky) person; treacherous, dangerous: **una strada, un'arma insidiosa**, a treacherous (*o* dangerous) road, weapon.

◐**insinuate** *vb. tr.* [1] inserire gradatamente e abilmente, insinuare: **he insinuated the blade of his penknife** (temperino) **under the lock of the briefcase**. [2] *La forma riflessiva è più comune ed è usata quasi sempre in senso figurato, in espressioni del tipo* **to insinuate oneself into someone's good graces** *o* **into someone's confidence**. [3] far capire in modo astuto *o* sgradevole, insinuare: **he smiled as he spoke, but he insinuated that she had done something wrong and foolish**. • NB: *È molto insolito l'uso di questo verbo in senso concreto ed è solo in questo tipo di impiego che esso non assume un significato spregiativo. L'aggettivo* **insinuating**, *nell'inglese moderno, è associato solo all'accezione 3 del verbo* (**insinuating remarks**); *nell'inglese del XIX secolo è spesso associato all'accezione 2* (**insinuating manners**).

insinuare vb. A tr. [1] (*introdurre a poco a poco*) to insert; (*raro*) to insinuate. [2] (*fig.*) to insinuate (*vedi sopra accezione 3*). *B intr. pron.* [1] (*penetrare a poco a poco, in profondità, Zingarelli*) to seep in *o* through: **l'umidità si insinua ovunque** (*Zingarelli*), the damp seeps in (*o* through) everywhere. [2] (*fig., riuscire a penetrare*) to insinuate oneself (*vedi sopra accezione 2*) *o*, (*in senso ancora più spregiativo*) to worm oneself (*o* one's way) into someone's good graces, *etc.*; (*di dubbi, sospetti*) to creep: **mentre parlava, un dubbio si insinuò nella sua mente**, as he spoke a suspicion crept into her mind.

◐**insist** *vb. A tr.* [1] insistere: **he insisted that I should sing; he insisted on my singing**; esigere: **the boss insists on punctuality**. [2] insistere (*nell'asserire qualcosa*): **he insisted that singing was healthy exercise and a public duty; «But singing is healthy exercise», he insisted, «and a public duty»**. *B intr.* ostinarsi in una richiesta *o* nell'affermare la propria volontà, insistere: **I said I didn't feel like singing, but he insisted**.

insistere *vb. intr.* (*perseverare nel fare o nel dire qualcosa*) to go (*o* keep) on and on doing *o* saying something: **insistette a suonare il campanello finché non vennero ad aprirgli**, he went on and on ringing the bell until they answered the door; **insistette a cantare anche dopo che il pubblico aveva iniziato a fischiare**, he went on and on singing even after the audience had started hissing and booing; (*insistere nel voler far qualcosa*) to insist on: **insisteva nel voler cantare e alla fine l'impresario l'accontentò**, he insisted on singing, and in the end the impresario let him; (*assoluto*) **non insista! Le ho già detto che non posso accettare queste condizioni**, don't go on asking – I have already said I can't accept these terms; (*rivolgendosi ad un bambino*) **non insistere!**, don't nag (*o* keep on)! • **Insistere su un argomento, un tema**, *etc.*, to talk a lot about something; (*dilungarsi su*) to harp on: **insistette troppo sullo stesso punto**, he harped on the same point for far too long.

◦**inspire** *vb. tr.* [1] ispirare: **Keats was inspired to write one of his finest odes by a Greek urn**. [2] riempire: **his heroic example inspired his troops with new hope**; infondere: **his heroic example inspired his troops with courage**; spronare, incitare: **his heroic example inspired his troops to try again**. [3] (*usato solo nel linguaggio medico*) inspirare.

inspirare *vb. tr.* to breathe in, to inhale; (*med.*) to inspire.

◦**instance** *s.* [1] un caso *o* un esempio di un qualcosa: **I could give many more instances of the same thing; for instance**, per esempio; **in your instance**, nel tuo caso. [2] (*formale*) istanza: **the matter was investigated at her instance** (dietro sua istanza). [3] (*dir.*) istanza. • **In the first instance**, in primo luogo.

istanza *s.* [1] (*richiesta*) request, (*formale*) entreaty, instance: **accogliere un'istanza**, to grant a request, to yield to entreaty; **ha definito la questione su istanza della madre**, he completed the business at his mother's request (*o* entreaty *o* instance); **far viva istanza a qualcuno**, to entreat someone earnestly; **con istanza**, urgently, earnestly. [2] (*bur.*) application: **fare istanza a, presso**, to make application (*o* to apply) to; **accogliere, respingere un'istanza**, to grant, reject an application; **deliberare in ultima istanza**, to give a final ruling. [3] (*dir.*) application, petition (to the court, a magistrate *o* a judge): **fare un'istanza**, to petition; instance: **in prima istanza**, in the first instance; **giudizio di seconda istanza**, judgement on appeal; **tribunale di prima, ultima istanza**, court of primary, final jurisdiction. [4] (*esigenza*) need: **le istanze delle classi meno abbienti** (*Zingarelli*), the needs of the underprivileged; (*aspirazione*) aspiration, hope: **istanza legittima**, legitimate aspiration (*o* hope); expectation: **istanze sociali**, social expectations.

◦**instigate** *vb. tr.* [1] istigare, incitare: **he instigated a strike; he instigated his fellow-workers to strike**. [2] avviare tramite persuasione: **the Opposition has succeeded in instigating an inquiry into the cabinet leak** (indiscrezione, *q.v.*). [3] promuovere, diffondere: **the Borough Council has instigated a number of interesting artistic enterprises** (iniziative, *q.v.*) **including the Musical Festival; Robert Jones instigated many new ideas among his subordinates**. • *L'uso di questo termine è corretto solo nell'accezione 1: nelle altre due accezioni* to instigate *ricorre comunque molto spesso nella lingua moderna.*

istigare *vb. tr.* to instigate.

◦**instigator** *s.* [1] istigatore. [2] (*est.*) ideatore, ispiratore, promotore: **the instigator of the new plan was none other than the Prime Minister herself; Robert Jones was the instigator of many new ideas in the firm, some of them his own and others those of younger colleagues whose originality he encouraged**.

istigatore A *agg. Come aggettivo questa parola non trova nessun equivalente in inglese; per tradurre un'espressione del tipo* **idea istigatrice di violenza** (*Zingarelli*) *si è costretti a fare uso di termini più generici, ottenendo*: an idea leading (*o* inspiring *o* calculated to end in) violence. B *s.* instigator.

◦**instruction** *s.* [1] (*al sing., poco usato*) insegnamento; *non è usato in riferimento a materie fondamentali quali la storia o la biologia, ma indica discipline che possono essere apprese in un tempo relativamente breve*: **his training as a spy included instruction in the use of firearms**. [2] (*al plur.*) istruzioni: **dosage instructions: mix the powder with a little water and stir well before drinking**; (*plur.*) disposizioni, istruzioni: **the work has not been done well because the men have not carried out their instructions properly**.

istruzione *s.* ☐1 education: **istruzione pubblica**, state education; **istruzione privata**, independent education. ☐2 (*il complesso delle cognizioni acquisite, cultura*) education: **lui e suo fratello hanno ricevuto rispettivamente un'istruzione letteraria e un'istruzione scientifica**, he and his brother had a classical and scientific education respectively; **è una donna intelligente ma la sua mancanza di istruzione non le ha permesso di fare molta strada nella vita**, she's an intelligent woman but lack of education has held her back in life. ☐3 (*al plur.*) instructions (*vedi* **instruction** *accezione 2*). ☐4 (*dir.*) preliminary investigation. ☐5 (*elab.*) instruction.

intangible *agg.* impercettibile al tatto, impalpabile, immateriale: **the intangible beauty of a place lies in its associations**; a cui non è possibile attribuire un valore concreto: **one of the intangible benefits of our new policy is the scope it gives to younger members of the firm**. • (*fin., rag.*) **Intangible assets**, attività immateriali (*o* invisibili) (*Ragazzini*).

intangibile *agg.* ☐1 (*di capitali, fondi, etc.*) untouchable; tied up. ☐2 (*di diritti*) inviolable. ☐3 *Nel senso di «protetto da una posizione privilegiata di autorità e rispetto»* (*Devoto*) *il termine non ha nessun corrispettivo in inglese.*

◐**integral** *agg.* ☐1 che è parte essenziale di un tutto, integrante: **Mozart's own cadenza is an integral part of this concerto**. ☐2 (*meno usato*) unitario: **in St Mary's the transepts were added in the 17th century to a 14th-century nave and chancel, whereas the nave, chancel and transepts of St Peter's are parts of an integral whole** (*o* **design**). (*Si noti, però, che sarebbe più consueto dire* **are integral parts of a design**, *usando il termine nell'accezione 1.*) ☐3 (*mat.*) integrale.

integrale *agg.* ☐1 (*totale*) complete: **rinnovamento integrale**, complete renewal; whole: **una serie integrale di canzoni**, a whole (*o* complete) song cycle; **questo pane è fatto di farina integrale**, this bread is made of wholemeal flour. • **Edizione integrale**, unabridged edition; **casco integrale**, full-face helmet. ☐2 (*mat.*) integral: **calcolo integrale**, integral calculus. ☐3 (*non comune, integrante*) integral.

◐**intemperance** *s.* (*formale*) ☐1 abuso di bevande alcoliche (*di solito abituale*): **he thought he was regarded as a great man, little knowing how universally he was despised for his indolence and intemperance**. ☐2 (*raro*) intemperanza: **the intemperance of his language, the intemperance of her criticisms**. • (1) *Non è mai usato al plurale.* (2) **intemperate** *agg.*, intemperante: **intemperate language, criticism, opinions**, *etc.*; **intemperate habits**, abitudine all'abuso di bevande alcoliche.

intemperanza *s.* ☐1 (*smodatezza*) lack of moderation, intemperance. ☐2 (*atto, linguaggio intemperante*) outlandish behaviour, exaggerated language: **le intemperanze di un politico**, the exaggerated language and outlandish behaviour of a politician.

◐**intend** *vb. tr.* ☐1 avere intenzione, intendere: **we intend to go to Berlin next month**. ☐2 volere: **he intends his son to go to university**. ☐3 destinare: **who is this note intended for?; I think his criticisms were intended for** (*o* **aimed at**) **me**. ☐4 (*poco usato*) voler dire: **by the word** *mystery* **the author intended one thing on this page and quite another on the next**.

intendere *vb. A tr.* ☐1 (*avere intenzione*) to intend. ☐2 (*comprendere*) to understand: **ha inteso quello che lui cercava di dire**, she understood what he was trying to say. ☐3 (*udire*) to hear: **abbiamo inteso dei passi**, we heard footsteps. ☐4 (*accettare, ascoltare*) to listen to: **non vuole intendere consigli**, she won't listen to any advice. ☐5 (*voler dire*) to mean, (*raro*) to intend (*vedi* **intend** *accezione 4*). *B rifl.* ☐1 to understand each other: **all'inizio sembrava impossibile che riuscissero a parlarsi poiché nessuno dei due era disposto a condividere il parere dell'altro, ma alla fine cominciarono a intendersi**, at first discussion seemed impossible, as neither was able to share the other's point of view, but at last they began to understand each other; to get on (well): **lavorare con lui per me è facile, ci intendiamo bene**, I find him easy to work with – we get on (well) (with each other). *C intr. pron.* (*avere conoscenza di qualcosa*) to know (a lot) about: **si intende di pittura**, he knows (a lot) about painting; **poiché non mi intendo di vino non posso darti alcun consiglio**, as I don't know anything about wine I can't advise you. • **S'intende che ...**, obviously, naturally ...; **s'intende!**, of course!; **intesi?**, understand?, see?: **devi restare in casa fino a che non hai finito i compiti, intesi?**, you're to stay indoors till your homework's finished, understand (*o* see)?; **intesi!**, right you are!, all right!; **intendiamoci bene**, let's be perfectly clear about this (*non molto usato*); **darla a intendere a qualcuno**, to have someone on, to make someone swallow a story;

intendersela (*con qualcuno*), to have an affair: **XYZ se la intende con la sua segretaria**, XYZ and his secretary are having an affair.

◉ **interest/*interessare*** *vb. tr. e intr. Alla forma transitiva i due verbi non sembrerebbero discostarsi né per significato né per costruzione*: **the play interested only a minority in the audience**, la commedia interessava solo una piccola parte degli spettatori. *La resa della forma riflessiva del verbo italiano comporta invece una differenza di costruzione abbastanza prevedibile*: si interessa molto di quanto succede nel mondo, **he takes a great interest** (*o* **he's greatly interested**) **in what's going on in the world**. *Ma anche in questi due casi, non si può dire che il parallelismo di significato sia assoluto; il verbo italiano infatti esprime normalmente una partecipazione, quasi un coinvolgimento dell'intera personalità, mentre quello inglese trova il suo punto focale in uno stimolo puramente intellettuale, che esclude ogni riferimento a emozioni, affetti o desideri. Questa divergenza di base è all'origine delle molteplici traduzioni cui è necessario ricorrere per la resa in inglese di* interessare: ⑴ *nel senso di riguardare, il verbo italiano trova i suoi equivalenti in* **to concern** *quando è riferito a persone e in* **to affect** *quando è invece riferito a cose*: questo annuncio interessa solo gli studenti dell'ultimo anno, **this notice concerns only students in their final year**; il gelo ha interessato vaste zone del nord, **the frost affected huge areas in the north of the country**. ⑵ *interessare nel senso di far prendere interesse potrebbe corrispondere in inglese a* **to make someone feel involved in** *o* **to try to involve someone in something**: sarebbe opportuno interessare i giovani ai problemi ecologici, **it would be a good thing to make young people feel involved in** (*o* **to try to involve young people in**) **ecological problems**. ⑶ *Il frequente uso di* non mi interessa, grazie *di fronte ad un'offerta di prodotti, omaggi, etc. non ha in inglese un naturale parallelo in quanto* **I am not interested** *avrebbe un tono sprezzante, altezzoso, raramente presente nel rifiuto italiano; una possibile via d'uscita potrebbe essere un* **not for me, thank you!** *o un* **thank you very much, but** ... ⑷ *Nel senso di fare intervenire efficacemente qualcuno a favore di altri,* interessare *può essere reso con le espressioni* **to bring something to someone's attention** *o* **to draw someone's attention to something**: un rappresentante della Society for the Support of Handicapped Children si è recato dal sindaco per interessarlo ai problemi dei bambini handicappati della città, **a representative of the Society for the Support of Handicapped Children has been to see the Mayor to draw his attention to the problems of handicapped children in this city**. ⑸ lascia perdere i danni, ora bisogna interessarsi dei feriti; *questa accezione abbastanza forte di* prendersi cura, occuparsi, *si esprimerebbe in inglese con* **to do something for** *o* **to take care of**: **never mind the damage, we must do something for** (*o* **take care of**) **the injured**. ⑹ *Quando* interessarsi *sia sinonimo di* impicciarsi *sarà naturalmente possibile usare* **to mind**: interessati degli affari tuoi, **mind your own business**. ● *Quanto al participio passato italiano, è da osservare che nel linguaggio burocratico esso non ha nessun corrispettivo in inglese; come mostra il seguente esempio, è spesso necessario ricorrere a delle perifrasi*: **the following courses are open only to first and second year students taking chemistry as a subsidiary subject, and any such students who wish to attend** (gli interessati) **should notify the Registrar at once**; il sindaco discuterà il progetto con gli interessati, **the Mayor will discuss the project with those concerned**. *In altri contesti risulterebbero invece appropriate le espressioni* **anyone interested** *o* **those wishing to take part**; *in molti casi può riuscire utile l'uso del sostantivo* **applicant**: **a permit will be issued to applicants on completion of form no. BZ 132**. *Quando* interessato *è riferito a cose, i termini da usare sono* **concerned** *o* **involved**: le zone interessate, **the areas concerned** (*o* **involved**). *Nel senso di mosso dal proprio tornaconto il participio passato italiano non trova nessun equivalente in inglese sebbene parlando di* comportamento interessato *sia possibile usare le espressioni* **sycophantic behaviour** *e* **being a yes-man**, *mentre per* preoccupazioni interessate *si potrebbe dire* **the worries of someone with a personal interest in the matter** (*o* **with an axe to grind**). *Un'attenzione a parte merita la parola* interessamento *che non ha praticamente equivalente in inglese, poiché se si traducesse* grazie per il suo interessamento *letteralmente con* **thank you for your interest** *si farebbe riferimento ad un interesse puramente intellettuale, quindi distaccato (come già osservato nella nota iniziale). Se quindi si vuole rendere tutta la partecipazione e il coinvolgimento espresso dalla frase italiana non si potrà fare a meno di un'intera perifrasi quale* **thank you for all you did to help me** (*analogamente* la mia pratica è stata sbrigata in pochi giorni, grazie al suo interessamento, **thanks to all he did to help** me). *Quando per* interessamento *si intenda la richiesta di informazioni circa le condizioni di salute di qualcuno, sarà possibile dire* **how kind of you to ask**.

interior *A agg.* [1] (*poco usato*) interno; **interior design** (*q.v.*), arredamento; **interior decorator**, arredatore; (*mat.*) **interior angle**, angolo interno. [2] dell'entroterra: **the country's interior communications are still very primitive.** [3] (*polit.*) interno: **Department of the Interior** (*USA*). *B s.* parte interna, interno: **the interior of a house, a church**, *etc.*

interiore *agg.* [1] (*dello spirito*) inner: **vita interiore**, inner life; **lotta interiore**, inner struggle. [2] (*interno*) inside; **la parte interiore**, the inside.
• *s. f.* **le interiora**, insides.

○**interrogate** *vb. tr.* interrogare. • NB: *Questo verbo è usato solo in riferimento alla polizia o ad una commissione di inchiesta e sim., ma può anche significare, più genericamente,* fare troppe domande e in modo troppo insistente (*o, in senso figurato e scherzoso,* fare a qualcuno l'interrogatorio di terzo grado): **he always dreaded going to see his grandmother who invariably interrogated him minutely on all he had done since his last visit.**

interrogare *vb. tr.* [1] (*riferito alla polizia o ad una commissione d'inchiesta, e sim.*) to interrogate. [2] (*in tribunale*) to examine (a witness); **interrogare un testimone della parte avversaria**, to cross-examine. [3] (*a scuola*) to give an oral test; to question: **il professore ha interrogato il ragazzo sul primo libro di** *Paradise Lost*, the teacher gave the boy an oral test (*o* questioned the boy) on Book I of *Paradise Lost*; **domani sarò interrogato**, I'm going to have an oral test tomorrow.

interrogation *s.* interrogatorio.
interrogazione *s.* [1] (*a scuola*) oral test. [2] **interrogazione parlamentare**, the asking of a question in the House; a parliamentary question. [3] **interrogazione retorica**, rhetorical question.

○**interrupt** *vb. tr.* interrompere: **you shouldn't interrupt people when they are talking; his work was interrupted by illness.** • **Interruption** *s.* interruzione.
interrompere *vb. A tr. Ogni accezione del verbo è fatta seguire dal termine con cui deve essere parallelamente reso il sostantivo* interruzione. [1] to interrupt (*di solito riferito ad un discorso, ad un concerto, ad un film, ad uno spettacolo, ad una conferenza, etc.*). • **Interruption** *s.*; **interrompere gli studi**, to break off (*o* interrupt) one's studies; **interrompere le trattative**, to break off negotiations; **interrompere il sonno di qualcuno**, to wake someone, to break into someone's sleep. [2] to break: **la pianura è interrotta da una serie di colline**, the plain is broken by a range of hills; **niente accadeva a interrompere la monotonia dei suoi giorni**, nothing happened to break the monotony of his days. • **Break** *s.* [3] to stop: **il traffico fu interrotto per lavori stradali**, the traffic was stopped by road works; **il lavoro nella fabbrica è stato interrotto quattro volte questo mese a causa di scioperi**, strikes stopped work in the factory four times last month. • **Stoppage** *s.*; **interruzione** (*segnalazione stradale*), Road up *o* Road works ahead *o* Closed to traffic; **strada interrotta**, road closed. [4] to cut off, to disconnect: **l'erogazione della corrente elettrica, dell'acqua, del gas è stata interrotta**, the electricity, water, gas, has been cut off (*o* disconnected); the telephone has been cut off (*o* disconnected); **la comunicazione (telefonica) è stata interrotta**, the call has (*o* we have) been cut off. • **Disconnection** *s.* [5] to suspend, to discontinue, to leave off, to give up: **hanno interrotto i lavori per il nuovo teatro perché sono rimasti senza soldi**, they have suspended (*o* discontinued *o* left off *o* given up) work on the new theatre because they have run out of money. • **Suspension, discontinuation** *s.* [6] to have (*o* take) a break: **all'ora di pranzo interruppero la seduta per permettere ai partecipanti di rifocillarsi**, at lunch time they had (*o* took) a break (*o* had an interval) so that conference members could get something to eat. • **Break, interval** *s. B intr. pron.* to break off: **aveva appena iniziato a parlare quando si interruppe alla vista di decine di persone che si riversavano nella sala**, he had hardly begun to speak when he broke off at the sight of dozens of people entering the hall.

○**intervene** *vb. intr.* [1] intercorrere: **more than twenty years intervened between the publication of his first novel and that of its sequel; in the intervening years** (negli anni che intercorsero) **he devoted himself to politics.** [2] sopravvenire (*di ostacoli, inconvenienti, etc.*): **the work would have been finished by the agreed date if a strike had not intervened.** [3] intervenire, frapporsi in una discussione o litigio allo scopo di porvi fine:

we were arguing about whether to go to the circus or not when she intervened to point out that it had been cancelled.

intervenire *vb. intr.* [1] (*frapporsi per sedare una lite, etc.*) to intervene: **intervenne la polizia**, the police intervened. [2] (*prendere parte a*) **intervenire ad un ricevimento**, to make a speech at a reception; **intervenire ad un dibattito, convegno**, *etc.*, to contribute: **si suppone che intervenga più tardi nel corso del dibattito**, she is expected to contribute to the later stages of the debate; to contribute (*o* read) a paper: **il Prof. Twemloe è intervenuto alla conferenza sull'ecologia leggendo una relazione sui topi di campagna**, Prof. Twemloe contributed a paper on fieldmice to (*o* read a paper on fieldmice at) the ecological conference; (*in una conversazione*) to put one's oar in: **Tom intervenne dicendo che ...**, Tom put his oar in, saying that ... (*o, più spesso*, Tom said that ...). *Il sostantivo* intervention *ricorre con sempre maggiore frequenza come sinonimo di* paper (**relazione**) *o di* comment (**commento**), *e anche il verbo* to intervene *comincia ad essere usato in questo senso da chi prende parte a delle conferenze; tuttavia, è il caso di osservare che la maggior parte degli inglesi pensano che* intervening in a discussion *signifchi* **interrompere una discussione allo scopo di porvi fine** *o* **di mutarne il corso**, *oppure* **di rendere la disputa meno acerba**.

○ **interview** *s.* [1] intervista: **our reporter managed to get an interview with the young star before she left the theatre**. [2] colloquio: **a short list of six will be selected from the written applications for the post, and the short-listed applicants will be asked to come to the firm's head office in London for an interview; Tom's father had a short and heated interview with the headmaster after reading the boy's report**.

intervista *s.* interview.

intimate *vb. tr.* [1] far capire, accennare: **we couldn't get a clear statement of her wishes out of her, but she intimated that she wanted very few people to attend the funeral; naturally no open threat was made, but the official intimated (*o* we gathered) that if we made a fuss he wouldn't give us back our passports**. [2] (*pomposo*) dichiarare, comunicare: **at the end of his speech the Mayor intimated that the exhibition was to remain open a week longer than advertised; the chairman of the organizing committee intimated** (ha pronunciato) **his thanks to all members of the committee for their help**. • **Intimation** *s. Ha gli stessi significati del verbo*: **he gave almost no intimation of his true feelings**, non ha lasciato intuire quasi per niente quali fossero i suoi veri sentimenti; **I have received an intimation of the secretary's thanks**.

intimare *vb. tr.* [1] (*ordinare in modo perentorio*) to order: **la donna intimò all'intruso di uscire immediatamente da casa sua prima che chiamasse la polizia**, she ordered the intruder to leave the house at once, before she called the police. [2] (*notificare alle autorità*) to order, to make an order: **il magistrato intimò il pagamento del debito**, the magistrate ordered payment of the debt; **il magistrato intimò lo sfratto all'inquilino**, the magistrate ordered the tenant's eviction (*o* made an eviction order). • **Intimare ai testimoni di presentarsi a deporre** (*Zingarelli*) to subpoena witnesses; **intimare la resa**, to call for (*o* on somebody to) surrender; **intimare una penitenza**, to give (*o* impose) a penance. • **Intimazione** *s.* order; (*ai testimoni, vedi sopra*) subpoena.

intone *vb. tr. e intr.* recitare (*preghiere, etc.*) facendo corrispondere ad ogni sillaba una nota musicale, *come avveniva nell'antica liturgia e, in particolare, nel Canto Gregoriano*: **we could hear a priest intoning the last words of the Lord's Prayer at the other end of the cathedral**.

intonare *vb. A tr. e intr.* [1] (*iniziare a cantare*) to start to sing; (*per dare l'avvio ad altri*) to give a lead, to lead; (*iniziare a suonare*) to start to play, (*di una banda*) to strike up. [2] (*dare il giusto tono ad uno strumento*) to tune. [3] (*cantare senza stonare*) to sing in tune. *B tr.* (*fig., armonizzare, accordare*) to match, to make X go with Y. *C intr. pron.* to harmonize: **queste tende non si intonano con il colore delle pareti**, these curtains don't harmonize (*o* go) with the colour of the walls.

intoxicate *vb. tr.* ubriacare. *Le forme più usate di questo verbo sono il participio presente e il participio passato.* **Intoxicated** *è un formale o scherzosamente pomposo sinonimo di* **drunk**, *mentre* **intoxicating** *lo è di* **alcoholic** (alcolico): **intoxicating liquors**. *Entrambi i participi sono usati prevalentemente in senso figurato*: **intoxicated** (ebbro) **with joy, the intoxicating** (inebriante) **delight of sledging**.

intossicare *vb. A tr.* to poison (*che significa anche avvelenare*). *B rifl.* to be poisoned (by something).

◐**intrigue** *vb. A intr.* complottare: **for nearly two centuries after the Reformation Englishmen were prone to believe that Catholics were intriguing** (*o* **plotting**) **against their Protestant sovereign**. *B tr.* suscitare la curiosità, avvincere, intrigare: **I was so intrigued by the opening sequences of the next programme that I didn't turn off the TV; I can't say I really think he is a very interesting person but the mixture of opposites in him intrigues me.** • **Intriguing** *agg.* che incuriosisce, avvincente, intrigante: **an intriguing title, book jacket, story**, *etc. L'espressione* **an intriguing remark** *non trova nessun equivalente in italiano; dire* **I find it an intriguing remark** *equivale a dire* ho trovato la sua osservazione interessante sebbene non l'abbia ben capita, mi piacerebbe proprio sapere che cosa intendesse dire.

intrigare vb. A intr. (brigare) *In questa accezione il verbo italiano non ha nessun corrispettivo in inglese se si eccettuano i piuttosto letterari* to scheme *o* to intrigue; *l'espressione colloquiale* to pull strings *non è abbastanza forte e i verbi* to wangle *e* to fiddle (*entrambi di registro familiare*) *si riferiscono più spesso alla compilazione di moduli o alla manipolazione di procedure organizzative che all'intrecciare rapporti con persone influenti. B rifl.* to interfere, to meddle. *C tr.* to intrigue. *Riguardo questo uso del verbo e i suoi rapporti con* to intrigue *è interessante quanto Luciano Satta osserva in uno dei suoi articoli su* La Nazione (*9.6.1986*): «[...] **intrigare** *nel senso di* **interessare** (*assai più del suo participio* **intrigante** *come aggettivo*) *ha qualche secolo di italica anzianità;* [...]. *Più recente è l'accezione particolare di* **incuriosire**, *proprio relativo alla curiosità di vedere, toccare, esaminare, insieme con quella di sapere; e qui ci sarà di mezzo lo straniero, ma come propagatore di una moda, non come esportatore primo, diretto ed esclusivo. Finché non ci assillerà l'abuso,* **intrigare** *è accettabile.*»

◐**intrigue** *s.* ⒈ (*di solito al plurale*) intrigo, macchinazione (*di politici, etc.*) ⒉ (*arc.*) tresca. ⒊ (*arc.*) complotto.

intrigo s. ⒈ (*macchinazione*) intrigue, (*più spesso*) intrigues: *la forma singolare ha valore collettivo e spesso corrisponde in italiano ad un plurale:* **la sua passione per gli intrighi è stata la sua rovina**, X's love of intrigue was his undoing; **con i suoi intrighi X è riuscito a ottenere il lavoro che voleva**, X's intrigues got him the job he wanted in the end. ⒉ (*situazione confusa*) a complicated (*o* tricky) situation; (*fam.*) mess.

◐**introduce** *vb. tr.* ⒈ introdurre: **until Riley introduced the subject of exports the discussion had centred entirely on production costs; the new legislation introduced last year to deal with race riots has proved inadequate;** (*con* **into**): **Japanese management techniques have been introduced into certain British industries; many Italian musical terms were introduced into English in the eighteenth century.** ⒉ far conoscere qualcosa o qualcuno ad una persona, presentare: **George introduced Tom to the poems of Cavafy; Tom introduced George to Helen at a party; Helen took the chair at George's lecture and introduced him (to the audience) as an authority on Cavafy.** ⒊ (*usato solo in testi di argomento medico o scientifico*) introdurre.

introdur(si) vb. A tr. ⒈ (*inserire*) to put in: **introdurre una moneta nel distributore automatico** (*Zingarelli*), to put a coin in a slot machine. ⒉ (*far entrare*) to bring, take *o* lead in (*o* into): **i cani non possono essere introdotti nel negozio**, dogs may not be brought into the shop (*o* dogs prohibited); **la guida introdusse il gruppo di turisti nel salone del castello e lasciò che lo visitassero da soli**, the guide led the group into the great hall of the castle and left them there to look round on their own; (*est., accompagnare presso*) **mi introdusse dal direttore**, he took me to see the manager. ⒊ (*mettere in uso*) to introduce (*nuovi termini, l'automazione, etc.*). ⒋ (*iniziare*) **introdurre qualcuno a qualcosa**, to initiate someone into something: **introdurre ai misteri della psicanalisi** (*Devoto*), to initiate someone into the mysteries of psycoanalysis; (*avviare*) to begin, to introduce: **introdusse il suo discorso presentando alcuni dati statistici**, he began (*o* introduced) his speech (*o* what he had to say) by giving some statistics. *B intr. pron.* to get into: **il ladro si introdusse nella casa attraverso la finestra della cucina**, the burglar got into the house by (*o* through) the kitchen window.

◐**intuit** *vb. tr. e intr.* (*poco usato*) cogliere per intuito, intuire: **someone called Virginia Woolf «the clairvoyant of literature» on account of her extraordinary capacity to intuit** (*o* **divine**) **the essential qualities of a wide diversity of writers; his habit is to intuit rather than reason.**

intuire vb. tr. ⒈ (*comprendere senza l'aiuto della ragione*) to sense, to perceive, know, see, *etc.* intuitively (*o* by intuition), to intuit. ⒉ (*ac-

corgersi) to realise, to see: **intuì che la situazione si era fatta pericolosa,** he realised (*o* saw) that the situation had become dangerous; (*in frasi negative*) to tell: **non riuscì a intuire dal suo modo di fare quello che pensava veramente,** she couldn't tell from his manner what he was really thinking.

●**intuition** *s*. ⚀ la capacità di sapere o capire qualcosa senza ricorrere all'aiuto della ragione o all'insegnamento degli altri, intuito, intuizione: **intuition guided him towards theories which he later demonstrated by experiment; she knew by intuition** (*o* **intuition told her**) **that the group of youngsters who stood motionless a few yards away were about to do something violent.** ⚁ Intuition *può indicare anche l'atto stesso di intuire e in questo caso può essere reso, meglio che con un sostantivo, con il verbo* intuire: **an intuition of her thoughts kept me silent,** intuendo i suoi pensieri tacevo; **countless intuitions of one another's moods** (l'essere riusciti innumerevoli volte ad intuire l'uno lo stato d'animo dell'altro) **had created a strong and subtle relationship between these two rather silent people.** ⚂ (*filos.*) intuizione.

intuizione *s*. ⚀ insight: **intuizione per i problemi giuridici** (*Zingarelli*), insight into judicial problems; **ha una conoscenza notevole dell'argomento ma scarsa intuizione, e quindi le sue conclusioni sono prive di interesse,** he has considerable knowledge of the subject but no insight, so his conclusions are uninteresting; (powers of) intuition: **non avendo intuizione ricava dal materiale che ha raccolto le conclusioni più ovvie,** having no powers of intuition he draws only the most obvious conclusions from his material. ● Insight *è usato un po' più spesso di* intuition *e indica, di solito, intuizione e ragionamento insieme.* ⚁ realisation: **l'intuizione che l'imputato fosse coinvolto in un altro reato** (the realisation that the accused man was involved in another crime), **lo portò ad orientare le indagini in altre direzioni.**

invalid *A agg*. ⚀ [in·vælid] legalmente non valido: **invalid contract, cheque,** *etc.*; (*più in generale*) illogico *o* infondato: **invalid argument, grounds for complaint, excuses,** *etc.* ● **Invalidity** *s*. mancanza di validità: **the invalidity of this contract, of your argument.** ⚁ ['invəli:d] adatto ad una persona malata. *B s*. ['invəli:d] malato: «**How are you, dear? – how is the invalid today?**»; *è usato spesso per indicare* una persona che soffre di una malattia cronica: **one never sees Professor Twemloe's wife – she's an invalid, I believe.** ● (**1**) **invalidish** *agg*. caratteristico della vita di un malato cronico *o* di una persona che crede di esserlo: **invalidish habits.** (**2**) **invalidism** *s*. condizione di chi è affetto da una malattia cronica *o* di chi crede di esserlo; *quindi da* **one always sees Professor Twemloe alone at lectures and concerts because of his wife's invalidism** *si può dedurre che la moglie del Professor Twemloe o soffre di una malattia cronica e non può uscire di casa, oppure si crede malata e si rifiuta di uscire.* (**3**) **invalid** ['invəli:d] *vb. tr.* **to invalid someone out of the army, navy** *o* **air force,** congedare qualcuno per invalidità. (**4**) **invalidate** [in·vælideit] *vb. tr.* invalidare, annullare. (**5**) **invalidity** [invə·liditi] *s*. (*dir.*) invalidità.

invalido *A agg*. ⚀ (*dir.*) invalid [in·vælid]; null; void. ⚁ disabled (*in conseguenza di un incidente o di ferite riportate in guerra*); infirm (*per vecchiaia e malattie da essa aggravate*). *B s*. disabled person; (*al plur.*) the disabled; the infirm. ● (**1**) *Le espressioni* **invalidi di guerra** *o* **del lavoro** *non trovano in inglese equivalenti più specifici di* the disabled. (**2**) **invalidità** *s*. disability, disablement.

●**invest** *vb. tr. e intr.* ⚀ investire (*capitali, etc.*): **she invested all her savings in her nephew's business.** ⚁ impiegare *del denaro, del tempo, o i propri sforzi in qualcosa che si rivelerà utile*: **she decided to invest in a washing machine; it will be worth our while to invest a lot of time and trouble in planning the route carefully, so as not to waste a day of our holiday.** ⚂ conferire un'onorificenza, investire: **the Queen invested him with the Order of Merit**; (*alla forma passiva*) acquisire dei poteri: **he was invested with his new powers as Governor of the colony on January 1st.** ⚃ attribuire delle qualità, *di solito in maniera errata*: **she was so captivated by his charm and originality that she invested him with all the wisdom and goodness she had ever hoped to find in a human being.**

investire *vb. A tr.* ⚀ (*conferire un titolo, dei poteri, etc.*) to invest (someone with something); **investire qualcuno dei pieni poteri** (*Zingarelli*), to invest someone with full powers. ⚁ (*dir.*) (*incaricare* [...] *un'autorità giudiziaria o amministrativa di provvedere su data questione, Zingarelli*) *Per tradurre questa accezione di* **investire** *è necessario usare un verbo e una costruzione diversi*: **una commissione parlamentare è**

stata investita delle indagini (*Zingarelli*), a parliamentary committee of enquiry (*o* a Royal Commission) has been set up to investigate the matter. ③ (*investire capitali, etc.*) to invest. ④ (*urtare violentemente*) to run over (*talvolta* down) (*una persona o un animale*), to run into (*una cosa*): **stamani ho investito un vecchio** (*o* **un gatto**) **nella strada principale del paese**, I ran over an old man (*o* a cat) in the village street this morning; **un camion ha investito una macchina ferma al semaforo**, a lorry ran into a car that was waiting at the traffic lights. ⑤ (*aggredire, anche fig.*) to attack, (*lett.*) to assail: **l'offensiva nemica ha investito le nostre posizioni**, the enemy offensive attacked our positions; **lo ha investito con una valanga di insulti**, she assailed him with insults; (*mil. arc.*) to invest: **la roccaforte del nemico fu investita da un vasto contingente di soldati**, the enemy stronghold was invested by a large body of troops. **B** *rifl.* (*appropriarsi di un titolo*) to usurp. **C** *intr.* (*mar.*) to run aground.

◉**investment** *s. Corrisponde alle accezioni 1, 2 e 4 del verbo.* • **Investiture** *s. Corrisponde all'accezione 3 del verbo*, investitura.

investimento *s.* ① (*incidente*) crash, collision, accident. ② (*di capitali*) investment. ③ (*mar.*) running aground. ④ (*mil.*) siege, blockade; (*arc.*) investment.

invidious *agg.* che può suscitare risentimento o un senso di ingiustizia: «**Do you want to sit next to me or Maggie?**» – «**What an invidious choice! I leave it to you**»; **if the Minister can permit himself to make these invidious distinctions between one sector of the state educational system and another there is little chance of his making an impartial distribution of the limited funds available.**

invidioso *agg.* envious.

◉**invite** *vb. tr.* ① invitare: **I suppose we ought to invite them to supper some time**. ② chiedere formalmente (*a qualcuno*) di fare qualcosa, invitare: **the Mayor and Corporation have invited Lord XYZ to open** (inaugurare) **the new Town Hall**. ③ chiedere (*a qualcuno un commento, un consiglio, e sim.*): **he showed his colleagues a draft of the conference programme and invited (their) comments and suggestions**. ④ agire in modo da causare, involontariamente, qualcosa di negativo: **if you go on a driving holiday abroad with no spare parts and no insurance against mechanical breakdown you're inviting disaster** (vai in cerca di guai); suscitare: **her outrageous behaviour invited unfavourable comment**. • *L'aggettivo* **inviting** *corrisponde a* invitante: **it looks as if it's a comfortable hotel – the residents' lounge and the dining room look inviting; an inviting smile, look**.

invitare *vb. tr.* ① to invite: **ci hanno invitato ad andare a sciare con loro il prossimo mese**, they've invited us to go ski-ing with them next month; **quante persone inviterai alla festa?**, how many people are you inviting to the party? ② (*indurre*) *Una frase del tipo* **questo bel mare calmo invita a fare una nuotata** *verrebbe resa in inglese con* sea as calm as this makes one want to swim. ③ (*chiedere con formale cortesia o in modo autoritario a qualcuno di fare qualcosa*) to request: **il pubblico è invitato a non fumare in questa parte del teatro**, patrons are kindly requested not to smoke in this area of the theatre; **il governo svizzero ha invitato quello cecoslovacco a richiamare in patria un proprio diplomatico ...** (*Corriere della Sera, 10.1.86*), has requested the Czech government to recall one of its diplomats ...; to urge: **gli abitanti del quartiere furono invitati ad abbandonare le loro case nell'imminenza del bombardamento**, the people who lived in that area were urged to leave their homes which might at any moment be under attack. • (1) **invito** *s. connesso a questa ultima accezione del verbo corrisponde a* demand (a demand for surrender) *o* call: **l'invito** (the call) **ad astenersi sul referendum** (*La Repubblica, 23.5.85*). (2) **invitato** *s.* guest.

◉**involuntarily** *avv.* senza volerlo, quasi istintivamente, involontariamente.

involontariamente *avv.* ① (*senza volerlo*) involuntarily: **sebbene si fosse imposta di fingere di non riconoscere Christopher qualora fosse apparso, Mary involontariamente trattenne il fiato quando vide quanto il suo volto fosse segnato dalla sofferenza**, although she had decided not to betray any sign of recognition if Christopher appeared, Mary involuntarily gasped when she saw how ill he looked. ② (*senza rendersene conto*) unwittingly: **apparendo così all'improvviso davanti a Mary, Christopher la mise involontariamente in imbarazzo**, by appearing so suddenly in her presence Christopher unwittingly caused Mary embarassment. • NB: *Nei due esempi precedenti né Mary né Christopher hanno agito sapendo ciò che facevano; la differenza tra le due situazioni sta nel fatto* che (1) *Mary si è subito resa conto di ciò che aveva fatto, Christopher no*; (2) *Christopher, comparendo improvvisamente, ha compiuto un'azione, mentre Mary, non riuscendo a celare il proprio stupore, ha semplicemente reagito.* ③ unintentionally: *questo termine risulta più appropriato di* involuntarily *o* unwittingly *quando nell'avverbio italiano sia del tutto assente la componente istintiva e quando non sia certo se la persona che ha agito si è resa conto di ciò che ha fatto; inoltre, come* unwittingly, *più che una reazione, denota un'azione.*

irrelevant *agg.* non pertinente: **we can discuss that later in the meeting but it's irrelevant to this point**.

irrilevante agg. insignificant: **il lettore tende a perdere il filo conduttore dell'argomentazione principale nella massa di irrilevanti particolari che lo scrittore fornisce per sostenerla**, the reader tends to lose track of the author's main argument in the mass of insignificant detail he has assembled to support it.

● **isolated** [ˈaisəleitid] *part. pass. e agg.* Di solito equivale a isolato *ma talvolta è usato anche nelle seguenti accezioni*: ① molto solo: **she felt isolated in her new job until she began to make friends**. ② unico, rarissimo, isolato: **you say he often says that, but you have only been able to quote one isolated example**.

isolato *A part. pass. e agg.* isolated (● Isolation *s.*) eccetto nelle seguenti accezioni: ① **isolato da un'alluvione, dal silenzio radio**, *etc.* cut off: **il paese era rimasto isolato a causa dell'alluvione**, the village was cut off (from the surrounding villages) by floods. ② (*termicamente, elettricamente, etc.*) insulated (● Insulation *s.*). ③ (*molto distante rispetto ad altri luoghi*) remote; (*meno usato*) isolated: **vivono in un paesino isolato sulle montagne**, they live in a tiny, remote village in the mountains. (● Remoteness *s.*) ④ (*di persona*) shunned (*privato delle amicizie, e sim.*); isolated (*perché affetto da una malattia contagiosa*). ● **Il telefono è isolato**, the telephone is dead. *B s.* block: **vive a tre isolati da qui**, he lives three blocks from here; **portiamo il cane a fare il giro dell'isolato**, let's take the dog for a walk round the block.

J

joke *s.* scherzo.

gioco *s.* ⒈ game: **i giochi che mi piacciono di più sono il calcio e il tennis**, the games I like best are football and tennis; my favourite indoor games are chess and draughts (**scacchi e dama**); the Olympic Games. ⒉ play, playing (*riferito ai bambini ma usato anche in certe espressioni*): **stanza dei giochi**, playroom, (*meno usato*) nursery; **i bambini spesso rivelano nel gioco la loro consapevolezza dei rapporti che intercorrono tra gli adulti**, children often reveal their awareness of adult relationships in (their) play; **il gioco è per il bambino ciò che il lavoro è per l'adulto**, playing is the chief business of a young child's life; **compagno di giochi**, playmate (*poco usato*); **un gioco da ragazzi**, child's play: **sì, mi riesce facile farlo, è un gioco da ragazzi**, yes, I can easily do that – it's child's play; **gioco di parole**, play on words, pun; **carte da gioco**, playing cards; **campo di gioco**, playing field; (*modo di giocare*) play: **gioco sporco**, foul play; **gioco pesante**, rough play; **gioco leale, sleale**, fair, foul play. ⒊ (*gioco d'azzardo*) gambling; **tavolo da gioco**, gambling table; **casa da gioco**, casino [kəˈsiːnou], gambling club; **fate il vostro gioco**, place your bets. ⒋ (*mecc.*) play; **far gioco**, to play, to have (free) play. • **Un gioco di scacchi in alabastro**, an alabaster chess set *o* set of alabaster chessmen; **essere in gioco**, to be at stake; **mettere in gioco**, to stake; **fare il gioco di qualcuno**, (*di proposito*) to play someone's game, (*senza rendersene conto*) to play into someone's hands; **fare il doppio gioco**, to play a double game; **prendersi gioco di qualcuno**, to make a fool of someone; **capire il gioco di qualcuno**, to see what someone is up to; **a che gioco giochiamo?**, look, what are you up to?; **stare al gioco**, to go along with someone (*o* with what someone is doing, wants, *etc.*); **giochi di luce**, son et lumière (*francese*); **giochi d'acqua**, jeux d'eau (*francese*).

jolly *agg.* gioviale. • NB: (1) *Questo termine in inglese non ha mai funzione di sostantivo.* (2) *è spesso impiegato come rafforzativo per alcuni aggettivi, sebbene non per tutti (per cui si raccomanda il lettore di evitare di usarlo in questo senso)*: **I was jolly tired by the time I had finished**, per esempio, equivale a **I was very tired by the time I had finished**; **jolly good** corrisponde a **good for you!** e **well done!** (bravo!).

jolly *s.* joker.

judge *s.* ⒈ giudice. ⒉ (*est.*) intenditore: **I'm no judge of painting but it seems to me this «abstract» here is a leg-pull**; **he's a good judge of things like this – you'd do well to take his advice**.

giudice *s.* ⒈ (*chi giudica*) judge: **non penso che sia il miglior giudice della situazione**, I don't think he's the best judge of the situation; **erigersi a giudice**, to set oneself up as a judge; **giudice di gara**, judge (of the rose competition, beauty contest, *etc.*). ⒉ (*togato*) magistrate *se esplica le funzioni di giudice conciliatore o di pretore*; judge *se presiede un tribunale o corti ad esso superiori. È necessario comunque osservare che il sistema giudiziario inglese è notevolmente diverso da quello italiano per cui non sempre i termini* judge *e* giudice *si corrispondono. Su tutto il territorio inglese ci sono soltanto circa cinquanta* magistrate *a tempo pieno che percepiscono uno stipendio e possiedono un'approfondita preparazione in materia legale. Essi si occupano dei casi di maggiore gravità mentre le corti in cui si discutono le cause di minore importanza sono presiedute dai* justice of the peace (*noti anche come* JP, justice *o* magistrate), *persone non retribuite che hanno cognizioni di diritto limitate al genere di casi di cui si interessano. In corte si avvalgono dei consigli di un* clerk to the court, *che è una persona più esperta in questioni legali. I* justice of the peace *sono uomini o donne di quasi tutti i ceti e di qualsiasi grado di istruzione che hanno abbastanza tempo libero e un senso del dovere civico abbastanza forte da dedicare a questa attività una media di quattro ore alla settimana. I* justice of the peace *furono istituiti nel 1361 e hanno sempre svolto un ruolo importante nella società inglese operando spesso* *anche in altri campi del servizio sociale. Nell'Enrico IV (parte I) Shakespeare traccia un ritratto molto divertente di due* JP *chiamati* Shallow *e* Silence, *nomi, del resto, che già lasciano arguire molto sulla loro figura. Oggi ci sono circa diciottomila* JP *in Inghilterra mentre i* Circuit Judge (*pressoché corrispondenti ai giudici delle corti di assise*) *sono solo duecentosessanta circa, i giudici della* High Court (*che non trova riscontro in nessun tipo di corte del sistema giudiziario italiano, ma che si può immaginare situata tra una corte di primo e una di secondo grado*) *sono circa settanta, venti i giudici della* Appeal Court (*corte d'appello*) *e undici i giudici della corte d'appello suprema* (*equivalente alla* Corte di Cassazione), *che è un organo della* House of Lords. *Se il sistema giudiziario riesce a funzionare con così pochi* judge *e* magistrate *a tempo pieno è perché della maggior parte dei casi minori si occupano, appunto, i* JP. ③ **giudice popolare**, juryman.

●**junta** ['dʒʌntə] *s.* giunta (*q.v. accezione 2*). *Molto raramente riferito ai politici inglesi, e quando lo è, rivela sempre un intento satirico.*
giunta *s.* ① *Nel senso di organo collegiale costituito elettivamente da consiglieri [...] preposti [...] a funzioni esecutive nell'ambito dell'amministrazione [...] di un comune, di una provincia o di una regione* (Zingarelli), *il termine non ha nessun corrispettivo in inglese essendo il governo locale strutturato in Inghilterra in modo diverso da come lo è in Italia.* ② (*organo collettivo di governo dittatoriale che si instaura solitamente dopo un golpe militare, spec. nei paesi dell'America Latina,* Zingarelli) junta. ③ (*aggiunta*) extra piece. ● **Per giunta**, what's more (*riferendosi di solito a fatti positivi*); to add insult to injury (*q.v.*) (*riferendosi a fatti negativi*).

●**just** A *agg.* ① che tiene debitamente conto dei diritti e delle aspettative altrui, giusto: **just decision, law, man, arbitrator**. ② meritato, giusto: **just reward, just punishment**. *B avv.* ① esattamente, proprio: **please put it just there, on that mark; she came in just as we were talking about her**. ② appena: **I just managed to get into the house before the storm began; she has just come in**. ③ solo, semplicemente: **people think he must be very intellectual but he's just an ordinary young man**. ④ davvero: **oh I do like that! – it's just lovely!** ● **Just about**, quasi: **that's just about right, that's just about finished; I was just about to go**, stavo per andare; **just in case**, nel caso che, casomai: **I'll take an umbrella just in case it rains; just now**, un momento fa; **just so** (*fam.*), disposto o eseguito in maniera precisa: **you must leave the kitchen perfectly tidy – she likes everything just so; just so!**, d'accordo, appunto; (**it's**) **just as well**, meno male; **just a moment!**, un momento!, un attimo solo!

giusto A *agg. L'intera gamma di significati in cui questo termine spazia si presenta alla mentalità inglese suddivisa in tre settori:* (1) *che è conforme alla verità o ad altri standard* (true, right, *e sim.*); (2) *che tiene debitamente conto dei diritti e delle aspettative altrui, valutati in base agli standard di comportamento comunemente accettati* (fair); (3) *che è conforme alla legge* (just, *usato tuttavia molto meno di* fair); *si noti però che anche qui, molto spesso, predomina il riferimento non tanto alla legge, quanto a quegli standard di comportamento che costituiscono il fondamento dei rapporti umani. Espressioni del tipo* just father, just superior officer, just criticism *vengono usate in contesti che richiedono l'uso di un termine forte, evocante la solennità della legge; quando al contrario l'istintivo senso di rispetto e di imparzialità prevale sulla esteriore conformità ad una legge o ad un regolamento,* **giusto** *trova il suo equivalente più appropriato in* fair. *Conformemente a quanto osservato, le varie accezioni di* **giusto** *risultano qui suddivise in tre gruppi fondamentali:* ① (*vero*) true: **quello che dici è giusto**, what you're saying is perfectly true; (*adeguato, appropriato, conveniente*) right: **età giusta per fare qualcosa**, the right age to do something; **arrivi al momento giusto**, you've come at the right moment; (*esatto, preciso*) right: **prezzo giusto, quantità giusta**, right price, quantity; correct: **peso, calcolo giusto**, correct weight, a correct sum; **questo calcolo non è giusto**, this sum is not right (*o* correct); accurate: **bilancia giusta**, accurate scales; good (*in pochissime espressioni tra cui la più usata è* good shot, **colpo giusto**). ② fair: **un arbitro, un combattimento giusto, una decisione, una critica, una punizione giusta, un esaminatore, un voto giusto**, fair arbitrator, referee, fight, decision, criticism, punishment, examiner, mark; (*di persona che cerca di agire nel rispetto di ciò che è giusto*) just, upright: **un uomo giusto**, a just (*o* upright) man. ③ (*usato molto meno spesso*) just: **giudice giusto**, just judge; **legge, sentenza, punizione, decisione, critica giusta**, just law, sentence, punishment, decision, criticism. *B s.* ① (*ciò che è giusto*) what is fair (*o* right). ② (*persona giusta*) a just (*o* upright) person. *C avv.* (*esattamente*) **Giusto!**, That's right!, (*come commento ad un'opinione*) You're right! *o* I agree!; (*proprio*) **ti stavo giusto telefonando**, I was just going to ring you, **ti stavo giust'appunto telefonando**, I was (just) on the point of ringing you; **siete arrivati giusto in tempo**, you've arrived just in time; (*circa*) **saranno state giusto le cinque**, it must have been about five.

●**justification** *s.* ☐1 giustificazione: **there is no justification for treating that old woman with such cruelty.** ☐2 (*tipog.*) giustificazione; giustezza.

giustificazione s. ☐1 justification. ☐2 excuse: **immaginano che saremo presenti alla cerimonia e sono certa che non potremo esimerci dall'andarci a meno di non avere una valida giustificazione**, they're expecting us to be there and I'm sure we can't fail to go unless we have a really good excuse; **portò una giustificazione a scuola per spiegare il motivo per cui era stato assente il giorno prima**, he took an excuse note to school to explain his absence the previous day. • Excuse *è usato più spesso di* justification *che è un termine solenne e moralistico.*

●**justify** *vb. A tr.* ☐1 dimostrare che qualcosa è giusto *o* ragionevole, giustificare: **how can you justify such a cruel action?** ☐2 essere un buon motivo per *o* perché: **your success in the first exam doesn't justify your doing so little work for the second.** ☐3 (*teol.*) giustificare. ☐4 (*tipog.*) giustificare. *B rifl.* giustificarsi, difendersi: **he can't take criticism – he always justifies himself** (*o* **defends himself**) **for every mistake.**

giustificare vb. A tr. ☐1 (*ritenere o rendere regolare, accettabile*) to give an explanation for: **giustificare la condotta di qualcuno**, to give an explanation for someone's conduct; justify: **il fine giustifica i mezzi**, the end justifies the means; (*discolpare*) justify (*di solito, però, riferito ad una azione più che ad una persona*): **la povera donna cercava di giustificare il figlio**, the poor woman tried to justify her son (*meglio* her son's action). ☐2 (*dimostrare la legittimità di un'azione*) to excuse: **giustificare un'assenza**, to excuse someone's absence. ☐3 (*documentare*) to account for: **giustificare le spese**, to account for expenditure; **come giustifichi le tue accuse?** (*Devoto*), how do you justify (*o* what justification have you for) your accusations? ☐4 (*confermare o richiedere in base ad un rapporto di proporzione e di opportunità, Devoto*) to justify, to warrant: **quanto è accaduto non era in realtà molto importante, non al punto, certamente, da giustificare gli allarmanti commenti dei giornali**, what happened was not really very important, certainly not important enough to justify (*o* warrant) the alarming reports in the newspapers. ☐5 (*teol.*) to justify. ☐6 (*tipogr.*) to justify. *B rifl.* ☐1 to apologise, to make one's excuses: **dopo la conclusione della conferenza si giustificò con il relatore per il suo ritardo**, after the lecture was over he apologised (*o* made his excuses) to the lecturer for his lateness. ☐2 to justify oneself: **Tom si giustificò del ritardo sostenendo che non aveva potuto evitare di rimanere imbottigliato nel traffico**, Tom justified himself for his lateness on the grounds that he couldn't help getting stuck in a traffic jam.

●**juvenile** [ˈdʒuːvənail] *agg.* ☐1 (*arc.*) giovanile; *in questo significato veniva usato di solito in espressioni quali* **the juvenile department**, *indicante, in un grande negozio di abbigliamento*, il reparto riservato ai giovani; *ma questo suo impiego è quasi scomparso nell'epoca del* **youth cult**. ☐2 minorile, dei minorenni; *in questa accezione l'uso del termine è limitato ad espressioni tecniche tra cui le più ricorrenti sono* **juvenile delinquent**, **juvenile delinquency** (delinquenza minorile) *e* **juvenile court** (tribunale dei minorenni); **a juvenile delinquent** *è un ragazzo o una ragazza che ancora non ha compiuto l'età alla quale una persona può essere ritenuta responsabile delle proprie azioni* (*nella maggior parte dei casi i diciott'anni*). ☐3 (*fam. e spreg.*) puerile. ☐4 (*raro*) giovanile, *detto dell'opera iniziale* (**juvenilia**) *di uno scrittore o di un altro artista*.

giovanile agg. young; youthful: **a 65 anni era ancora pieno di energie giovanili**, he was still full of youthful energy at the age of 65; **aspetto giovanile**, youthful looks; for young people: **è un club giovanile**, it's a club for young people; youth (*in posizione attributiva*): it's a youth club; juvenile: **opere giovanili**, juvenile works (*o* juvenilia). • **Contestazione giovanile**, student protest.

K

killer *s.* assassino; *ma è un termine inventato e usato solo dai giornalisti e da chi scrive sceneggiature di film.*

killer *s.* ⟦1⟧ assassin (*per motivi politici*). ⟦2⟧ hired (*o* paid) murderer.

L

lacerated *part. pass. e agg.* [1] (*med.*) lacerato. [2] (*fig.*) straziato: **he thought he would never forgive her for the terrible things she had said to him – the best he could do would be to hide his lacerated feelings** (lo strazio del suo animo). • NB: (1) *Quando è usato in senso figurato questo termine risulta molto forte, al punto da essere impiegato solo raramente; per esprimere lo stesso concetto normalmente si ricorre a* **hurt** *o* **wounded** (hurt *o* wounded feelings). *In senso fisico* **cut** *o* **torn** *sono molto più comuni di* **lacerated** *il cui uso, al di fuori di un contesto medico, è estremamente limitato.* (2) **lacerating** *agg.* (*usato quasi sempre in senso figurato*) atroce, straziante: **the lacerating things she had said to him; a lacerating memory.**

lacerato *part. pass. e agg.* [1] torn: **abiti lacerati**, torn clothes. [2] ripped, gashed: **la sua gamba era stata lacerata dalle schegge della bomba**, his leg had been ripped (*o* gashed) by bomb splinters. [3] (*med.*) lacerated. • **Lacerante** *agg.* [1] lacerating. [2] (*fig.*) shrill, piercing; rending (*lett.*): **grida laceranti**, shrill (*o* piercing) screams; rending cries.

large *agg.* [1] grande. • NB: *Pur non essendo certamente un termine raro o formale,* **large** *è usato meno di* **big**; **great** *è ancora meno comune ed esprime sempre un'idea di nobiltà, sebbene talvolta sia usato anche in senso ironico*: **a great symphony, man, moment in European history; a great river, mountain, lake; great beauty, sorrow, rejoicing.** [2] generoso, liberale: **a man of large ideas; a large heart; a large-hearted man.** • (1) **By and large** *avv.* complessivamente: **I think it has been a success, by and large, but we must do better next time.** (2) **Largely** *avv.* in gran parte: **his view of the matter is largely favourable.** (3) **At large** *agg.* in libertà: **there is a dangerous madman at large in the town**; in generale (*meno usato*): **people at large (*o* in general) don't agree with the decision.**

largo A *agg.* [1] wide: **una strada larga**, wide road; **la strada è larga**, the road is wide; **la strada è larga 5 metri**, the road is 5 metres wide; **a larghi intervalli**, at widely spaced intervals. [2] broad [brɔːd] (*è usato meno spesso di* wide *e i sostantivi a cui può appropriatamente riferirsi sono meno di quelli con cui risulta invece corretto l'uso di* wide): **una faccia larga, un nastro largo, una larga pianura**, a broad face, ribbon, plain; **un cappello con la tesa larga**, a hat with a broad (*o* wide) brim; a broad-brimmed hat; **un uomo dalle spalle larghe**, a broad-shouldered man; **essere di idee larghe**, to have a broad outlook (broad-minded *di solito significa tollerante in materia di sesso, ma in un contesto ben definito può significare* di idee larghe). [3] loose: **da quando comprai questo cappotto sono dimagrito ed ora mi sta largo**, I've got thinner since I bought this coat – it's too loose for me. • **In larga misura**, to a great extent; **star larghi**, to have plenty of room; **è largo con gli amici** (*Devoto*), he's open-handed with his friends; **un insegnante di manica larga**, an easy-going teacher; **un uomo di coscienza larga**, a not overscrupulous man; **avere larghe possibilità di mezzi**, to be well off; **stare alla larga da qualcuno** *o* **da qualcosa**, to give someone *o* something a wide berth; **prendere qualcosa alla larga: solo da pochi anni gli esperti hanno iniziato a interessarsi di questo problema ma prendendo le cose alla larga**, but without giving it special attention *o* but only as part of a wider field; **prenderla alla larga**, to approach something in a roundabout way; **giungere a larghe intese**, to reach majority agreement; **raccogliere un largo consenso**, to meet with the approval of the majority; **produrre su larga scala**, to produce on a large scale; **alla larga!**, clear off!; **fate largo!**, stand back!; **largo ai giovani!**, give young people a chance!. B *s.* [1] **in lungo e in largo**, high and low: **cercare qualcuno *o* qualcosa in lungo e in largo**, to look high and low for someone *o* something; **farsi largo**, to push one's way (through a crowd), (*a gomitate*) to elbow one's way. [2] (*mar.*) **al largo**, at sea; *l'espressione* **prendere il largo** *può essere resa con* to put to sea *ma quando è usata in senso figurato non trova nessun equivalente in inglese.* [3] (*piccola piazza all'incrocio di più* vie) *Non esiste in inglese un termine generico con cui sia possibile rendere questa accezione del sostantivo; tuttavia ci sono almeno due luoghi a Londra* (e uno a New York, a quanto dicono) *per i quali è usata la parola* broadway: Hammersmith Broadway, Ealing Broadway.

◊lasso [lə'su:] *s.* lasso.

lasso *s.* **1** (*di tempo*) while: **intraprese lo studio del tedesco ma dopo un certo lasso di tempo lo abbandonò perché lo trovava troppo difficile**, he embarked on learning German but after a while found it too difficult and gave it up. **2** (*laccio*) lasso.

◊latitude *s.* **1** latitudine. **2** (*spesso al plurale*) regione, *con particolare riferimento al clima che la caratterizza*; latitudine: **high latitudes**, regioni vicine al Polo Nord *o* al Polo Sud; **low latitudes**, regioni vicine all'equatore. **3** limitata libertà d'azione *o* di opinione: **the students have to do two main and two subsidiary subjects in their first year, but they are allowed considerable latitude of choice; the latitude of doctrinal belief in the Church of England is regarded as the Church's strength by some, its weakness by others.**

latitudine *s.* latitude.

◊launch [lɔ:ntʃ] *s.* **1** (*mar.*) lancia. **2** (*talvolta*) varo di una nave, lancio di un missile, presentazione di un libro; *ma in questo senso il termine più comunemente accettato è* **launching**.

lancia *s.* **1** spear, lance (*da cui deriva il termine* **free-lance**, **libero professionista**, *usato in espressioni quali* a free-lance journalist, photographer, TV director). • **Spezzare una lancia in favore di qualcuno**, to break a lance in someone's defence (*poco usato*), to champion someone; **mettere la lancia in resta**, to prepare to meet attack. **2** (*mar.*) launch.

lancio *s.* throw: **davvero un bel lancio!**, that was a good throw!; throwing: **lancio del giavellotto, del disco**, throwing the javelin, the discus; **lancio del peso**, putting the weight; launching: **il lancio di una navicella spaziale da Cape Canaveral**, the launching of a space capsule from Cape Canaveral; **la base di lancio di Cape Canaveral**, the launching pad at Cape Canaveral; **il lancio di un nuovo prodotto**, the launching of a new product; **trampolino di lancio**, springboard (*anche fig.*).

launch [lɔ:ntʃ] *vb.* **A** *tr.* inaugurare, intraprendere, varare, lanciare: **it is a great day when a ship, a business enterprise, a campaign** (*di qualsiasi genere*) **or a new book is launched; to launch a rocket, a ballistic missile, an attack**. **B** *intr.* lanciarsi: **to launch into space**; (*fig.*) **to launch into a description, explanation, discussion; to launch out**, iniziare a spendere molti soldi *o* intraprendere un'iniziativa ambiziosa: **now that he has made a lot of money** (*o* **been given an opportunity to start his own business) he has launched out.**

lanciare *vb.* **A** *tr.* **1** to throw (stones, dice, bombs, *cose di quasi tutti i generi*); *quando indica un'intenzione ostile il verbo è seguito dalla preposizione* at: **i crudeli ragazzini lanciavano sassi a un gatto**, the cruel little boys were throwing stones at a cat; *in tutti gli altri casi è invece costruito con* to: **gli chiesi di lanciarmi un cuscino**, I asked him to throw a cushion down to me; (*con maggiore forza*) to hurl, to fling, *entrambi costruiti solo con la preposizione* at. **2** to launch (a rocket, a missile, a new fashion, a new book, business, someone on a career). • **Lanciare una rete** *o* **una canna da pesca**, to cast a net *o* a line; **lanciare degli insulti**, to hurl insults; **lanciare un'occhiata**, to throw *o* dart a look (at somebody); **lanciare dei paracadutisti**, to drop parachutists; **lanciare un siluro**, to fire a torpedo; **lanciare un'automobile** *o* **un cavallo**, to put on a spurt. **B** *rifl.* to dash: **si lanciò nel tentativo di bloccare la fuga al suo nemico**, he dashed forward to stop his enemy escaping; to throw, hurl oneself: **si lanciò da una finestra dell'ultimo piano**, he threw (*o* hurled) himself from a top-storey window; to leap: **si lanciò giù nel fossato e scappò**, he leapt into the ditch and ran away; (*con il paracadute*) to drop: **si lanciò sul territorio nemico**, he dropped over enemy territory; to bale out: **quando il suo aereo prese fuoco si lanciò**, when his plane caught fire he baled out; (*fig.*) to launch into: **in risposta alla mia domanda si lanciò in un'invettiva contro il direttore**, in answer to my question he launched into a diatribe against his boss; to launch out on: **si è lanciato in una nuova impresa di notevole rischio**, he has launched out on a new enterprise which is very risky; to throw oneself into: **si è lanciato in quell'attività con molto entusiasmo**, he has thrown himself into the work with enthusiasm; (*assoluto*) to take the plunge, to plunge in: **non riuscivo a decidermi se parlare o no a quel grand'uomo, ma alla fine mi sono lanciato**, I couldn't make up my mind whether to speak to the great man or not, but finally I took the plunge (*o* plunged in).

laureate *s.* «The Laureate» è la forma abbreviata di «The Poet Laureate», *il poeta ufficialmente riconosciuto come poeta nazionale.* The Laureate *riceve uno stipendio annuale pari a £100 (quanto può bastare per l'acquisto di 20 bottiglie di un buon vino) ed è tenuto a scrivere versi per qualsiasi evento concernente la nazione o la famiglia reale. Tennyson, che fu* Laureate *dal 1850 fino alla sua morte, nel 1892, scrisse una delle sue più famose poesie,* «The Charge of the Light Brigade», *per commemorare un atto di estrema follia e coraggio da parte della cavalleria britannica nella guerra di Crimea, ma non si può certo affermare che le migliori opere dei* Laureate *nascano dall'esigenza di ottemperare a quello che è il loro compito. Il primo poeta ad essere nominato* Laureate *fu Dryden, verso la fine del XVII secolo; l'attuale* Laureate *è Ted Hughes.*

laureato *s.* graduate.

lecture *s.* [1] conferenza: **there will be a lecture on the evolution of the fieldmouse next Wednesday.** [2] relazione: **Professor Twemloe's lecture on the evolution of the fieldmouse was delivered before the Royal Society yesterday evening.** [3] lezione (*all'università*). • **(1) To read someone a lecture, to lecture someone**, fare la predica a qualcuno. (2) **to lecture** *vb. intr.* **to lecture on a subject**, fare una conferenza su un certo tema; **to lecture in a subject**, essere un docente universitario di una certa materia: **she lectures in zoology at Oxford**. (3) **lecturer** *s.* conferenziere; docente universitario.

lettura *s.* [1] reading: **sala di lettura**, reading room; **lettura delle bozze**, proof reading; **lettura di un termometro**, thermometer reading; **lettura** (*di un componimento poetico o teatrale*) reading. [2] (*interpretazione*) reading, interpretation. [3] **letture** (*plur.*), literature: **letture amene**, light literature; reading: **che tipo di letture ha fatto?**, what kind of reading have you done (*o* what kind of things have you read)?; **dare lettura di un documento**, to read out a document; **libro di lettura**, a reader; **lettura del pensiero**, thought reading. • **Chiave di lettura**, the way to read (*o* interpret): **la chiave di lettura che magistrati e servizi di sicurezza danno di questo nuovo agguato è proprio questa ...**, the way in which the magistrates and security services interpret this latest attack is precisely this.

levy *s.* [1] imposizione *o* riscossione (di una tassa). [2] importo di una tassa.

leva *s.* [1] lever: **leva del cambio**, gear lever; **le leve del comando**, controls, control levers. • **Avere in mano le leve del comando**, to have one's hand on everything; **far leva sui sentimenti di qualcuno**, to play on someone's emotions. [2] (*mil.*) conscription; **consiglio di leva**, call-up (*USA* draft) board. • **Le nuove leve**, the new generation.

levy [ˈlevi] *vb. tr.* imporre *o* riscuotere (*una tassa*): **many English houses built before the 19th century have one or more «blind» windows because a tax was levied on windows in the 18th century.**

levare *vb.* A *tr.* [1] (*alzare*) to lift, to raise; **levare l'ancora**, to weigh anchor. [2] (*togliere*) to take off (a lid, a tax, someone else's coat, *etc.*); to pull up (weeds, plants); to clear (*o* take) away (plates, cups, *etc.*); **levare di mezzo qualcosa**, to get something out of the way; **levare dal mondo**, to kill; **levare il saluto a qualcuno**, to cut someone (dead); **levare il disturbo**, to leave someone in peace (*poco usato*); **levare la parola** (*o* **le parole**) **di bocca a qualcuno**, to take the words out of someone's mouth; **levare le tende**, to strike camp (*non usato in senso figurato*); **levare il pane di bocca a qualcuno**, to take the bread out of someone's mouth, *ma non esiste alcuna espressione idiomatica che equivalga a* **levarsi il pan di bocca**; **levarsi il pensiero**, to take it off one's mind; **levarsi una voglia**, to satisfy one's longing for (*o* to do) something. B *rifl.* (*alzarsi dal letto*) to get up; **levarsi di mezzo** (*tirarsi da parte*) to get out of the way *ma* **levati di torno** (*o* **dai piedi**)! *corrisponde a* leave me alone! C *intr. pron.* (*del sole o della luna*) to rise; (*del vento*) to get up, to rise.

libel A *s.* [1] scritto diffamatorio: **the article about Johnson & Tucker in today's paper is a libel on the head of the firm.** [2] diffamazione: **Mr Jones is going to sue the paper for libel.** B *vb. tr.* diffamare; calunniare (per scritto).

libello *s. Nel XVII e XVIII secolo un* **libello** *corrispondeva ad un* pamphlet, *ma nell'inglese moderno questo termine non è più usato in questa accezione.*

library *s.* [1] biblioteca. [2] (*est.*) raccolta: **film library**, cineteca; **record library**, discoteca.

libreria *s.* [1] (*negozio*) bookshop, (*USA*) bookstore; bookseller's (shop); **libreria antiquaria**, antiquarian bookshop. [2] (*mobile per i libri*)

licence

bookcase. ③ (*edit.*, *collana*) library. • *L'equivalente inglese della* **Libreria dello Stato** *è* Her Majesty's Stationery Office, *nota di solito come* HMSO.

●**licence** *s.* (*USA*, **license**) ['laisəns] ① licenza: **it's just like having a licence to print your own money** (*Lord Thomson, sulle televisioni sovvenzionate dalla pubblicità*); **fishing licence**, licenza di pesca; **dog licence**, tassa sui cani; **driving licence**, patente. ② mancanza di autocontrollo, licenza: **there's difference between liberty and licence**. • **Poetic licence**, licenza poetica.

licenza *s.* ① (*permesso*) permission, leave: **licenza di parlare**, permission (*o* leave) to speak. ② (*autorizzazione o il documento che la comprova*) licence: **licenza di porto d'armi**, licence to carry arms; **licenza d'esercizio**, trading licence; permit: **licenza di costruzione**, building permit. ③ (*concessione di un brevetto*) licence, concession. ④ (*scol.*) school leaving certificate. ⑤ (*mil., e sim.*) leave, (*USA*) furlough ['fə:lou]. ⑥ (*eccessiva libertà*) licence.

license *vb. tr.* ① dare una licenza: **licensed premises**, negozi, ristoranti, bar o pub autorizzati alla vendita di bevande alcoliche. ② pagare la tassa di circolazione per un veicolo: **it costs a lot to license and insure a car**.

licenziare *vb. A tr.* ① to dismiss; (*fam.*) to sack, to give the sack to: **arrivava in ritardo al lavoro quasi tutti i giorni e alla fine è stato licenziato**, he arrived late for work nearly every day and in the end he was dismissed (*o* sacked *o* given the sack); **licenziare su due piedi** (*o* **in tronco**) to sack someone on the spot; (*est.*) **licenziare un inquilino**, to give a tenant notice to quit. ② (*scol., conferire la licenza*) to grant someone a certificate *o* diploma. ③ (*congedare*) to dismiss: **al termine del lungo colloquio ci ha licenziato con un sorriso e una stretta di mano**, at the end of a long talk he dismissed us with a smile and a handshake. *B rifl.* ① to leave, to give up one's job; (*formale*) to resign; (*fam.*) to throw up one's job: «**Tom lavora ancora alla ABC Computers?**» – «**No, si è licenziato**», «Is Tom still working for ABC Computers?» – «No, he's left (*o* left his job, given up his job, resigned, thrown it up)». ② (*congedarsi*) to take one's leave; to take leave of (someone). ③ (*scol., conseguire una licenza*) to take a certificate *o* diploma.

●**linguist** *s.* ① linguista. ② poliglotta, *usato in frasi del tipo* **I'm not much of a linguist** (conosco pochissimo le lingue straniere e non sono portato per impararle) *e* **he's a good linguist** (*che spesso può significare semplicemente che parla bene due lingue*).

linguista *s.* linguist.

●**liquidation** *s.* ① pagamento *di un debito*: **the liquidation** (*o* **settlement**) **of his debts was not completed until six months after his death**. ② liquidazione *di un'azienda fallita*: **the business has been doing so badly for the past five years that it will have to go into liquidation**. ③ (*gergo politico*) eliminazione *di dissidenti o di gruppi di dissidenti, di solito tramite uccisione*: **the political trials in Russia in the 1930s had as their sole aim the liquidation of Stalin's opponents**.

liquidazione *s.* ① (*di debiti*) settlement, settling, liquidation. ② (*di un'azienda*) closing down, winding up; (*quando l'azienda è fallita*) liquidation. ③ (*vendita a basso prezzo di merce residua allo scopo di esaurirla*) clearance sale; (*per cessazione dell'attività*) closing down sale. ④ (*al termine di un contratto di lavoro*) severance pay; (*fam.*) golden handshake (*se la somma è molto elevata*).

local *A s.* il pub del posto, il bar sotto casa: **you can find him any evening at the local; our local's not a very nice one – we always go to the next village**. *B agg.* Equivale quasi sempre a locale; *fanno eccezione alcune espressioni tra cui le più importanti sono* **local call**, chiamata urbana, **local butcher**, *etc.*, il macellaio, *etc.* del quartiere.

locale *A s.* ① room: **locale caldaie**, boiler room; premises (*sempre plurale*): **locali scolastici**, school premises; *quando un* **locale**, *per esempio quello di una farmacia, deve essere venduto all'asta, vengono affissi manifesti recanti la seguente dicitura*: THE MARKET PLACE CHEMIST'S – the above premises for sale by auction. ② room: **un appartamento con tre locali più servizi**, a flat with three rooms, kitchen and bathroom. ③ (*luogo di pubblico ritrovo*) *Non esistendo in inglese un termine generico corrispondente a questa accezione di* **locale**, *è necessario ricorrere a termini più specifici quali* shop, hotel, restaurant, night club, *etc.* *B agg.* local.

location *s.* ① il luogo in cui qualcosa è situato, posizione, ubicazione: **River Street is not a good location for a souvenir shop – it's too far from**

the centre. ② individuazione del luogo in cui qualcosa è situato, localizzazione: **the reconnaissance plane's mission was the location of enemy airfields; the location of the airfields was swiftly followed by their destruction**. ③ (*cinema e TV*) luogo, diverso da uno studio, adatto alla ripresa di determinate scene, esterno: **the director** (*q.v.*) **and his principal assistants spent most of last month in Scotland looking for locations for** *The Heart of Midlothian*; **on location**, in esterni: **almost all of** *The Heart of Midlothian* **was filmed on location**.

locazione s. ① (*di beni mobili*) contract of hire. ② (*di beni immobili*) lease: **hanno la casa in locazione per dodici anni**, they have got a twelve-year lease on their house.

●**loyal** *agg.* franco e fedele, leale: **she is a loyal person and would never allow anyone to say anything disparaging about any friend of hers; she is loyal to her friends; in the War of Independence Pepperrell was among those who remained loyal to the King and went into exile**.

leale agg. ① (*che rifugge dal tradimento*) loyal: **era leale verso gli amici, verso la famiglia e verso la nazione**, he was loyal to family, friends and country. ② (*che mantiene la parola data*) true, dependable: **è un amico leale, so che non si approfitterebbe mai di me**, he is a true friend – I know he would never do me down; **è leale, se ha promesso di farlo, lo farà sicuramente**, she is dependable – if she promised she would do that, she'll certainly do it. ③ (*schiettamente franco e sincero*) straightforward: **sono il genere di persone con cui è un piacere trattare, persone assolutamente leali**, they are the sort of people one likes to do business with – perfectly straightforward. ● **Non è leale!**, that's cheating!; **gioco leale**, fair play.

●**lucid** [ˈluːsid] *agg.* ① espresso in maniera chiara, facile da capire, chiaro, limpido: **a lucid argument** (*q.v.*); **he writes lucid prose**; (*est.*) **he's remarkably lucid** (spiega, scrive, *etc.* in maniera molto chiara); **he has a lucid** (*o* **clear**) **mind** (ragiona in maniera estremamente chiara, limpida). ② in grado di ragionare, cosciente dei propri atti: **the question is, was he lucid when he made his will?**; **lucid intervals**, intervalli (*o* momenti) di lucidità *nello stato confusionale della mente sia di un pazzo che di una persona che, in seguito ad uno shock, etc., ha perso conoscenza*.

lucido A agg. ① (*splendente*) gleaming (*di pavimenti, mobili, scarpe*); shining: **maniglie d'ottone, pentole lucide**, shining brass handles, saucepans; glossy (*di vernice, capelli, della pelliccia di un animale*); shiny (*di un tessuto o di una vernice*). ● NB: Shiny *spesso esprime vistosità in senso spregiativo*: **there she sat in her shiny new car**. ② (*che è stato lucidato*) polished, well polished (*di pavimenti, mobili, scarpe*); dicendo **polished brass** *e* **polished steel** *si allude ai procedimenti tecnici che hanno determinato la lucentezza del metallo*: **tutti i vassoi presentati nel nostro catalogo hanno manici in ottone lucido**, the trays illustrated in our catalogue all have polished brass handles. ③ (*fig., chiaro, perspicuo*) lucid: **una lucida esposizione dei fatti**, a lucid exposition of the facts. ● **Avere la mente lucida**, (*parlando di una persona molto anziana*) to have an active mind, to be mentally active; (*parlando di una persona che ha subito uno shock, uno stress, o è gravemente malata*) to be clear-headed, to be lucid. *B s.* **lucido da scarpe**, shoe polish. ● **Perdere il lucido**, to lose brightness.

●**lugubrious** *agg.* lugubre, da funerale: **the organist at our church has an unfortunate taste for lugubrious music; the bride's father wore a lugubrious expression**. ● NB: Lugubrious *è sempre usato in tono scherzoso; nel secondo degli esempi illustrati con l'impiego di* **lugubrious** *chi parla vuol fare intendere che quello non era certo il momento adatto per assumere un'espressione del genere e/o che il padre della sposa voleva attirare l'attenzione sulla sua tristezza, disapprovazione e ansia per il futuro della figlia*.

lugubre agg. ① melancholy, sad: **un'atmosfera lugubre**, a melancholy (*o* sad) atmosphere. ② lugubrious, dismal, mournful.

●**luminous** *agg.* (*lett.*) luminoso: **A light, a glory, a fair luminous cloud / Enveloping the Earth** (Coleridge: *Dejection*); **life is a luminous halo, a semi-transparent envelope surrounding us from the beginning of consciousness to the end** (Virginia Woolf: *The Modern Novel*). ● NB: *Salvo quando è usato in contesti di astronomia,* **luminous** *è sempre un termine di registro letterario*.

luminoso agg. ① (*che emana luce*) bright, shining: **la superficie luminosa dell'acqua**, the bright (*o* shining) surface of the water; (*astron.*) **corpo luminoso**, luminous body. ② (*pieno di luce*) light: **tutte le stanze di quest'appartamento sono luminose**, all the rooms in the flat are light. ③

lunatic

(*evidente, chiaro*) clear, undeniable: **prova luminosa**, clear (*o* undeniable) proof. • **Un sorriso luminoso**, a radiant smile; **un'idea luminosa**, a brilliant idea; **una sorgente luminosa**, a source of light.

lunatic ['luːnətik] *A agg.* pazzo; pazzesco; assurdo: **lunatic behaviour, lunatic proposals**. *B s.* (*più comune dell'aggettivo*) pazzo; folle. • *Si noti l'espressione idiomatica* **lunatic fringe** (*frangia*), *usata per indicare un gruppo di individui da non prendersi sul serio per la loro eccessiva stranezza o eccentricità*.

lunatico A agg. changeable; moody; bad-tempered. *B s.* a changeable person.

lurid *agg.* sensazionale; scandaloso; truculento: **the lurid details of the murder were reported in full in the gutter press** (stampa scandalistica). • *Originariamente* **lurid** *era usato per indicare un tipo di luce sinistra, come nell'espressione, ancora in uso,* **a lurid light**.

lurido agg. filthy, squalid (*sia fisicamente che moralmente*).

luxurious *agg.* lussuoso; sontuoso: **a luxurious hotel**; sfarzoso; fastoso: **a luxurious life**.

lussurioso agg. lascivious. • **I lussuriosi** (*Dante*), lechers, the lustful.

lyric *s.* [1] breve componimento poetico di carattere soggettivo, lirica: **Thomas Hardy is best known for his novels, but he also wrote over three hundred lyrics**. [2] parole di una canzone; (*al plur.*) parole di tutte le canzoni di un musical: **The Brass Hat, a musical: music by Jones, lyrics by Smith and book** (testi) **by Bloggs**.

lirica s. [1] lyric poetry. [2] a lyric. [3] (*mus.*) opera.

M

magazine s. ① rivista, rotocalco. ② deposito munizioni. ③ caricatore (*di un'arma*); spazio per la pellicola in una macchina fotografica (*SEI*).

magazzino s. ① store; (*di vaste dimensioni*) warehouse. ② (*emporio*) department store; (*USA*) store. ③ (*insieme di merci*) stock.

●**major** ['meidʒə] *A agg.* ① (*contrapposto a minor*) (*più*) importante; (*segnale stradale*) **major road ahead**, incrocio con strada con diritto di precedenza; **a major discovery, setback, victory, poet.** ② (*mus.*) maggiore. *B s.* (*mil.*) maggiore. *C vb. intr.* (*USA*) specializzarsi: **she is majoring in American literature**.

maggiore *A agg.* ① (*più grande*) (the) greater, greatest; (*meno spesso*) (the) larger, largest; most: **tra i due romanzieri Virginia Woolf e E.M. Forster quest'ultimo era forse il maggiore** (the greater); **Shakespeare è il maggiore drammaturgo inglese**, Shakespeare is the greatest English dramatist; **la parte maggiore dell'eredità spettò alla moglie e ai figli**, most of what he left went to his wife and children, *ma in una frase in cui* **la parte maggiore** *venga posta esplicitamente in contrasto con quella minore, si avrà* the larger part and the smaller (*vedi* **minore**) (*o* the greater and the lesser); **la spesa maggiore per il restauro dell'antica cappella fu sostenuta dagli abitanti del paese**, most of the cost of restoring the old chapel was borne by the townspeople; **la scossa di terremoto interessò tutta la zona ma fu la parte vecchia della città a riportare i danni maggiori**, the earth tremors affected the whole area but the worst damage occurred in the oldest part of the town. ② major: **gli astri maggiori**, the major stars; **poeti maggiori**, major poets; (*il più importante*) main: **la piazza maggiore**, the main square. ③ (*di età*) older, oldest: **la mia collega Mary è maggiore di me**, my colleague Mary is older than me; (*rispetto ad altri membri della stessa famiglia*) elder, eldest: **Fanny è la mia sorella maggiore**, Fanny is my elder sister; **Roger è il suo figlio maggiore**, Roger is her eldest son. ④ (*più alto*) higher, highest: **la torre, la montagna maggiore**, (the) higher, highest tower, mountain. ⑤ (*di grado superiore*) top, senior: **i maggiori dirigenti di una società** (*Zingarelli*), the top (*o* senior) management; (*mil.*) **sergente maggiore**, sergeant major. ⑥ (*filos.*) major: **premessa maggiore**, major premiss. ⑦ (*mus.*) major. ● **Stato Maggiore** (*mil.*), General Staff, (*di azienda*) staff; **forza** (*q.v.*) **maggiore**, force majeur (*francese*); **la maggior parte (di)**, most (of); **altare maggiore**, high altar; **il maggiore offerente**, the highest bidder; **raggiungere l'età maggiore**, to come of age, to attain one's majority; **andare per la maggiore**, to be very successful; (*astron.*) **Orsa Maggiore**, Great Bear. *B s.* ① (*persona più anziana in una famiglia*) the eldest, the elder (*di due fratelli o sorelle*). ② (*mil.*) major.

malice s. intenzione di nuocere agli interessi di qualcuno *o* di ferirne i sentimenti, malevolenza, malignità. **Malice** *è un termine più forte di* malizia, *a meno che non venga mitigato dall'aggettivo* **gentle**; **gentle malice** *è un cliché spesso riferito all'opera di Chaucer o di Jane Austen, ma se di un libro o dei discorsi di qualcuno si dicesse che sono* **full of malice**, *si intenderebbe qualcosa di molto spiacevole.* ● (*dir.*) **Malice aforethought**, premeditazione.

malizia s. (*prendendo spunto dalle definizioni date dallo Zingarelli*) ① (*inclinazione a commettere azioni disoneste, ingiuste, maligne*) evil intent (*lett.*): **agire con malizia**, to do something with evil intent. ② (*compiaciuta conoscenza del male, contr. di ingenuità*) mischief: **parlava in maniera seria, perfino solenne, e mi sorprese che un uomo così giovane avesse opinioni così reazionarie, finché scorsi la malizia nel suo sguardo**, he was talking seriously, even solemnly, and I was surprised that such a young man should hold such reactionary opinions until I saw the mischief in his eyes. ③ (*capacità di comprendere ciò che è audace e piccante, anche dissimulando tale conoscenza sotto atteggiamenti ingenui*) knowingness: **quello che disgustava del modo di cantare e di danzare di quella**

ragazzina era la malizia dei suoi sorrisi e dei suoi gesti, the repulsive thing about the little girl's song-and-dance performance was the knowingness of her smiles and gestures. ④ (*astuzia o accorgimento posti in essere per ingannare qualcuno o, comunque, per ottenere certi risultati*) cunning; **le malizie del mestiere**, the tricks of the trade.

malicious *agg.* maligno, malevolo. • (*dir.*) **Malicious damage**, danno arrecato deliberatamente, non per un incidente fortuito.

malizioso *agg.* mischievous [ˈmistʃivəs]: **un sorriso malizioso, una domanda maliziosa, uno sguardo malizioso**, a mischievous smile, question, glance.

malign [məˈlain] **A** *agg.* nocivo; *è usato raramente se si eccettua l'espressione* **a malign influence**. • NB: *Non è mai usato riferito a persone.* **B** *vb. tr.* diffamare.

maligno A *agg.* ① (*malevolo*) malicious, spiteful: **si è angustiata molto in questi ultimi tempi perché una vicina ha sparso voci maligne sul suo conto**, she has been very unhappy lately because one of her neighbours has been spreading malicious (*o* spiteful) gossip about her; **insinuazione maligna**, spiteful (*o* malicious) insinuation; (*più forte, meno usato*) malevolent: **occhiata maligna**, malevolent glance; (*ancora più forte e meno usato*) malignant: **si sentiva perseguitata da una sorte maligna**, she felt she was pursued by a malignant fate; **critico maligno**, destructive critic. ② (*perfido*) evil, wicked. ③ (*med.*) malignant. **B** *s.* a malicious person; an evil (*o* wicked) person.

◉**mandate** *s.* ① autorizzazione a svolgere un certo incarico *o* a procedere secondo una certa direttiva, mandato. ② comando impartito in modo autoritario. ③ autorizzazione ad amministrare un territorio concessa dalla Società delle Nazioni dopo la prima guerra mondiale, mandato.

mandato *s.* *Il termine italiano, a differenza di* mandate, *ricorre anche in numerose espressioni di carattere specifico venendo a trovare in inglese corrispettivi di vario genere*: **mandato di credito**, warrant to grant credit; **mandato di cattura**, warrant of arrest; **mandato di perquisizione**, search warrant; **mandato di comparizione**, summons.

◉**manifest A** *agg.* chiaro e inequivocabile, evidente: **his manifest anger made it difficult to believe in his impartiality**. **B** *s.* manifesto di carico.

manifesto *s.* (*plur.* **manifestos**) manifesto: **the Communist, Futurist**, *etc.* **manifesto**.

manifesto A *agg.* (*evidente, palese*) manifest. • *Per tradurre l'espressione* **rendere manifesto** *bisogna usare verbi che si adattino a ciascuna particolare situazione: nel caso di* **non ha reso manifeste le sue intenzioni** *si avrà* he has not revealed his intentions, *mentre una frase come* **alla fine della riunione la commissione ha reso manifeste le sue decisioni** *corrisponderà a* at the end of the meeting the committee announced their decisions. **B** *s.* ① poster. ② (*di ideologia*) manifesto. ③ (*di stagione teatrale*) programme. ④ **manifesto di carico**, manifest.

◉**manifestation** *s.* manifestazione.

manifestazione *s.* ① (*di un fenomeno*) manifestation: **manifestazione di una malattia**, manifestation of a disease. ② (*dimostrazione pubblica*) *di solito* demonstration: **questa mattina era difficile attraversare il centro poiché era in atto una manifestazione**, it was difficult to drive through the centre of the city this morning because there was some sort of demonstration going on. ③ (*atto del manifestare*) manifestation; *termine piuttosto letterario usato più spesso in scritti di carattere storico che in cronache di fatti attuali*: **il ritorno di Charles II dall'esilio fu accolto con manifestazioni di pubblico entusiasmo**, manifestations of popular enthusiasm greeted the return of Charles II from exile; *quando però dicendo* **manifestazione** *non si allude ad un evento di carattere pubblico ma a qualcosa di più privato e spontaneo, in inglese più che ad un sostantivo si preferisce ricorrere ad un verbo, di solito* to show; *così se si dovesse tradurre una frase del tipo* **la generosità e la solerzia con cui i lettori hanno risposto all'appello lanciato sul giornale è stata una non comune manifestazione di solidarietà** *sarebbe possibile usare* demonstration of sympathy *ma sarebbe molto più consueto dire* people showed their sympathy by sending money, *etc. In una frase come* **molte persone, fra parenti e amici, presero parte al suo funerale in manifestazione dell'affetto che nutrivano verso di lui** *sarebbe possibile usare l'espressione* demonstration of feeling *ma si alluderebbe non solo ad un sentimento di ammirazione e stima verso il defunto ma anche ad una viva partecipazione al dolore della famiglia; trattandosi di situazioni di diverso genere* (*per esempio* **le manifestazioni di affetto** *del personale di un ospedale per un bambino che deve subire un grave intervento chirurgico*) *il termine italiano non trova nessun corrispettivo in inglese, e questo non tanto per questioni lessicali, quanto per il fatto che gli inglesi di fronte ai drammi degli altri assumono un atteggiamento più distaccato degli italiani.*

mansion *s.* [1] villa (*talvolta palazzo*) molto grande e sontuosa. [2] *Al plurale è spesso usato per indicare* un blocco di appartamenti: **Chelsea Mansions**. • **The Mansion House**, la residenza ufficiale del Lord Mayor (sindaco) of London.

mansione *s.* [1] duty: **svolgere le proprie mansioni**, to perform one's duties. [2] (*incarico*) office. [3] (*compito*) task, function. • **Avere le mansioni di presidente**, to act as chairman; **nella sua mansione di presidente**, in his capacity as chairman.

mantel *s.* cappa di camino; *si trova spesso nella parola composta* **mantelpiece** (*o* **mantlepiece**), *indicante* la mensola *che in Inghilterra si usa porre sopra i camini o le stufe, siano esse a carbone, a gas o elettriche. Il caminetto con la sua mensola ornata di solito da un orologio e molto spesso da altri oggetti a cui si è particolarmente affezionati, oltre che da foto di famiglia, costituisce sempre il cuore di ogni salotto inglese.*

●**mantle** *s.* [1] mantello. [2] manto, *nelle espressioni* **a mantle of ivy**, *o* **fog**, *o* **snow**. • **His father's** (*o* **the leader's**, *etc.*) **mantle has fallen** (*o* **descended**) **on him**: *frase idiomatica usata per indicare il passaggio di responsabilità, ruoli, etc. da una persona che è uscita di scena ad un'altra che è subentrata al suo posto; è usata anche in senso scherzoso per indicare il manifestarsi in una persona di atteggiamenti caratteristici di uno dei genitori.*

mantello *s.* [1] cloak; (*meno usato*) mantle. [2] (*pelo di animale*) hair (*di cane*); fur (*di gatto, coniglio e di altri animali a pelo lungo*); coat (*di cane, di cavallo e di ogni altro animale a pelo corto*). [3] (*rivestimento*) shell.

mantella *s.* (*corta*) cape; (*lunga*) cloak, mantle.

●**mark** *s.* [1] segno: **read from the pencil mark at the top of page ten**; **punctuation marks**, segni di punteggiatura; **question, exclamation mark**, punto interrogativo, esclamativo. [2] impronta: **his sweaty hands left marks on the glass**; **there are dirty fingermarks on the wall**; (*fig.*) **her thirty years of distinguished service left their mark on the firm**. [3] voto: **he got a high mark for that exercise, low marks in the exam**. [4] contrassegno: **pricemark**, contrassegno di prezzo. [5] marca, marchio: **trademark**, marchio di fabbrica. [6] modello: **he flies a Mark III Harrier**. • **To be wide of the mark**, non cogliere nel segno, essere inappropriato; **to be** (*o* **come**) **up to the mark**, essere adeguato, rispondere ai requisiti richiesti; **on your marks! (get set, go!)**, pronti!, *o* ai vostri posti! (attenti, via!); **bookmark** *o* **bookmarker**), segnalibro; **quick off the mark**, velocissimo: **he was quick off the mark! – I only asked him to do it an hour ago**; **to overstep the mark**, esagerare, oltrepassare il limite: **he was quite right to insist on introducing some changes, but any kind of reform can be taken too far and he has certainly overstepped the mark**.

marca *s.* [1] (*comm., contrassegno variamente impresso o applicato*) trademark; (*meno usato*) manufacturer's mark; make, kind: **di che marca è la tua auto?**, what make (*o* kind) of car have you got?; **orologio di marca**, well-known make *o* brand of watch. [2] (*per il ritiro di oggetti depositati, e sim.*) ticket, token. [3] **marca da bollo**, (receipt) stamp.

marchio *s.* [1] (*segno indelebile di riconoscimento*) mark, *anche fig.*: **il marchio di traditore**, *etc.*, the mark of a traitor, *etc.*; (*per contrassegnare il bestiame*) mark, brand. [2] (*marchio di fabbrica*) trademark.

●**mark** *vb. tr.* [1] marcare: **the sheets are marked (with your name)**. [2] segnare: **the opening of the composer's second period was marked by his first venture into the field of chamber music**. [3] assegnare voti, correggere: **the professor is busy marking** (*o* **correcting**) **exam papers**. [4] (*sport*) marcare (*un avversario*). [5] (*arc.*) prestare molta attenzione a; *questa accezione del verbo è sopravvissuta nell'espressione* **mark my words!**, bada bene a quel che dico! *e nella citazione molto ricorrente* **read, mark, learn and inwardly digest** (*da una preghiera per la seconda domenica di Avvento*). • **To mark time**, segnare il passo (*espressione usata spesso in senso figurato per indicare una fase di stasi nell'elaborazione di un'opera*); **to mark out**, delimitare: **he marked out the area to be planted with shrubs**; **to be marked out for**, essere destinato a: **it was clear from very early days that he was marked out for success**; **to mark something up** *o* **down**, aumentare *o* abbassare il prezzo di qualcosa.

marcare *vb. tr.* [1] (*munire di contrassegno*) to

mark: **marcare le lenzuola, il grembiule** *o* **la tuta da ginnastica per la scuola** *etc.*, mark sheets, school clothes, *etc.*; (*marcare il bestiame*) to mark, to brand. [2] (*sport*) (*segnare un punto*) to score, to score a goal *o* a point; (*marcare un avversario*) to mark. [3] (*rendere più accentuato*) to accentuate: **marcare le linee di un disegno**, to accentuate the outlines of a drawing. • (*mil.*) **Marcare visita**, to report sick; *quando è usata in senso scherzoso l'espressione non trova equivalenti in inglese.*

marchiare *vb. tr.* [1] (*bestiame*) to brand, to mark. [2] (*fig.*) to brand, to label: **se avessero votato diversamente sarebbero stati sicuramente marchiati come traditori dal loro partito e dalla gente**, if they had voted the other way, they would certainly have been branded (*o* labelled) traitors by their party and by the public.

marmalade *s.* marmellata di agrumi, *di solito di arance amare, componente essenziale della prima colazione degli inglesi. È impossibile per un inglese iniziare la giornata senza* **marmalade** *e altrettanto impossibile sarebbe mangiare* **marmalade** *per il* **tea,** *un pasto che viene consumato nel tardo pomeriggio o nelle prime ore della serata e durante il quale si mangiano altri tipi di marmellata.*

marmellata *s.* jam.

maroon [mə'ru:n] *A s. e agg.* (color) rosso fegato. *B vb. tr.* abbandonare (*qualcuno*) in un luogo deserto (*di solito un'isola*). *Usato di solito alla forma passiva e in senso figurato*: **the pirates' prisoners were marooned on a desert island; we were marooned** (*o* **cut off** *o* **snowed up**) (rimanemmo isolati) **in a remote farmhouse for several weeks until the snow thawed; he feels terribly marooned** (isolato) **in his new job – none of his colleagues have the same sort of interests and he's made no friends yet.**

marrone *A agg. e s.* (*colore*) brown. *B s.* (*varietà di castagna*) chestnut.

◐**material** *A agg.* [1] materiale: **the material world; material needs**, ciò di cui necessita l'organismo (*per esempio il cibo o il calore*); **he did it from purely altruistic motives, without any thought of material gain**, non mirando ad alcun profitto. [2] importante, essenziale: **there was little material difference between the policies of the Labour and Conservative parties in the 1960s.** *B s.* [1] materia, materiale: **wood is a material used for the making of paper; raw materials**, materie prime; informazioni usate per un libro *o* per un programma radiofonico *o* televisivo, materiale: **he is collecting material for a book** (*o* **radio, TV programme**) **on Samoan tribal customs**; (*fig.*) persona che ha le qualità indispensabili per svolgere una certa attività: **they don't think he's officer material**, non pensano che abbia la stoffa per fare l'ufficiale; **about half the eighteen-year-olds we have in the school at the moment are university material**, sono in grado di affrontare gli studi universitari. [2] (*al plurale*) oggetti usati per una determinata attività, materiale, l'occorrente per: **writing materials** (*carta, penna, etc.*) **sewing materials.** [3] stoffa, tessuto: **the curtains were made of a blue and white striped material.**

materiale *A agg.* [1] (*contrapposto a spirituale*) material: **quali progressi materiali e spirituali si può dire che la nostra civiltà abbia compiuto negli ultimi cento anni?**, what material and spiritual progress can our civilization be said to have made in the past hundred years? [2] (*effettivo*) *Non esiste un aggettivo con cui sia possibile rendere in inglese questa accezione di* **materiale**; *per tradurre frasi del tipo* **non ho avuto il tempo materiale per occuparmi di questo problema**, *si può tuttavia ricorrere all'avverbio* simply *ottenendo* **I simply haven't had the time to sort out that problem.** [3] (*rozzo, grossolano*) rough: **un uomo estremamente materiale nei modi**, a rough chap. *B s.* [1] (*ciò che serve ad un dato scopo o lavoro*) material(s); **la produzione nella fabbrica è stata bloccata per mancanza di materiali**, the factory's production has been held up by lack of materials; **disegna piatti e boccali fatti con vari tipi di materiali, fra cui la plastica e la latta**, he designs plates and mugs made in a variety of materials – plastic and tin among others; **sta ancora raccogliendo materiale per la biografia che deve scrivere**, he's still collecting material for the biography. [2] (*insieme di strumenti necessari per un dato lavoro*) materials: **materiale scolastico**, teaching materials (*o* equipment; *usando questi due sostantivi si fa riferimento a libri, proiettori, lavagne e sim., mentre dicendo* teaching material (*sing.*) *si allude ad informazioni, appunti, idee, libri, carte geografiche*). *Trattandosi di altri settori di attività, tuttavia, non esiste in inglese un nome collettivo che possa equivalere a questa accezione di* **materiale** (*solo per* **materiale rotabile** *si ha* rolling stock); *in certi casi sarebbe possibile, al limite, usare* equipment, *che però risulterebbe un termine troppo vago per la traduzione, per esempio,* *di* **materiale chirurgico** *o* **materiale di artiglieria**.

◉matter *s.* [1] ciò che occupa uno spazio nel mondo visibile, materia. [2] questione, affare: **don't laugh – it's a serious matter; we'll have to discuss the matter again later**. [3] *Spesso* **matter**, *nell'espressione* **a matter of**, *è usato per indicare una quantità di solito approssimata, venendo così a corrispondere agli avverbi* circa, pressappoco: **they lived in Japan for a matter of 30 years; no need to get the car out – it's only a matter of half a mile**. [4] (*lett.*) contenuto: **more matter with less art** (*Amleto*). [5] (*med.*) pus, materia. ● (*scient.*) **Foreign matter**, corpo estraneo; **colouring matter**, coloranti alimentari; **reading matter**, qualcosa da leggere: **the only reading matter in the room was a Bible and a week-old newspaper; as a matter of fact**, in realtà; **matter-of-fact** *agg.* prosaico (*di solito di una persona o del suo modo di fare*); **for that matter**, in quanto a ciò; **it's only a matter of time**, è solo questione di tempo; **what's the matter?**, cos'è successo?, cos'è che non va?; **to do something as a matter of course**, fare qualcosa senza pensare se vada fatta o meno; *si tratta di un'espressione che può trovare in italiano corrispettivi di vario genere, ciascuno adatto ad una particolare situazione*: **the secretary sends a copy of the minutes** (*q.v.*) **of every meeting to each member of the committee as a matter of course**, la segretaria invia di norma una copia del verbale di ogni assemblea a ciascun membro della commissione (*il che equivale a dire che non è necessario che i membri ne facciano richiesta*); **I have to make an effort to find time to look at the paper, and often I don't succeed, whereas my brother reads it every day as a matter of course**, mentre per mio fratello leggere il giornale fa parte della sua routine giornaliera, difficilmente io riesco a trovare il tempo anche solo per sfogliarlo; **when I went out I couldn't remember if I'd locked the front door or not but, on realising that it's something I always do as a matter of course** (istintivamente, automaticamente), **I stopped worrying**.

materia *s.* [1] (*entità provvista di una propria consistenza fisica [...], Devoto*) matter: **il trionfo dello spirito sulla materia**, a triumph of mind over matter; **materia grigia**, grey matter. [2] (*soggetto, argomento di un discorso, di uno scritto, di una ricerca, etc.*) subject matter: **è un libro valido ma la materia di cui tratta è sgradevole**, it's a clever book but the subject matter is disagreeable; matter (*poco usato*): **la materia di questi saggi è troppo erudita per il comune lettore**, the matter of these essays is too erudite for the general reader. [3] (*disciplina*) subject: **quante materie avrà l'ultimo anno?**, how many subjects will he do in his last year at school? [4] (*med.*) matter, pus. [5] material: **materie prime**, raw material(s). ● **È un esperto in materia di astronomia**, he's an expert on astronomy; **questa scuola non è fra le migliori in materia di disciplina**, as far as discipline is concerned (*o* for discipline); *turncoat* (**voltagabbana**) **è un termine che ricorre quasi sempre in materia di politica**, *turncoat* is almost always used in connection with politics (*o* in political matters); **in materia di scuola**, in educational matters; **in materia**, in the matter, on the subject: **... e sono stati presi dei provvedimenti in materia**, ... and steps have been taken in the matter; **... e si pensa che avrà qualcos'altro da dire in materia**, ... and it is thought that he will have more to say on the subject.

◉maximum *A agg.* massimo: **maximum temperature, visibility, load**. *B s.* (*poco usato, plur.* **maxima**, *talvolta* **maximums**) massimo: **this chair won't fetch much at auction – the maximum would be £10**.

massimo *A agg.* [1] (*il più grande*) (the) greatest: **se adottassimo questo metodo otterremmo il massimo effetto**, it could be done with greatest effect if we used this method; **il massimo pittore del nostro tempo**, the greatest painter of our age. [2] (*il più alto*) highest: **il massimo comun divisore**, the highest common factor; **lo studente che otterrà il massimo voto riceverà un premio**, the student with the highest mark will receive a prize; maximum: **il voto massimo è 100 e il migliore studente ha ottenuto 84**, the maximum mark is 100, and the best student got 84. [3] (*estremo*) utmost: **potresti riuscire facendo il massimo sforzo**, by making the utmost effort you might succeed; **curò ogni particolare con la massima attenzione**, he took the utmost care over every detail. ● **Coloro che abitano in città d'estate vanno in massima parte al mare**, the overwhelming majority of those who live in town go to the sea in summer; **raggiungere un accordo di massima**, to reach broad agreement. *B s.* [1] maximum; (*il meglio*) best. [2] (*sport, pugilato, peso massimo*) heavy weight. ● **Col massimo dei voti**, with full marks; **il massimo della pena**, the maximum sentence (*o* penalty); **il massimo che io possa fare**, the most I can do;

al massimo, at most.
massima *s.* ① (*principio*) rule, principle; **in linea di massima**, in principle, in broad outline, for the most part. ② (*motto*) maxim. ③ (*temperatura massima*) maximum temperature.

◉**meagre** [ˈmiːgə] *agg.* ① scarso, insufficiente: **throughout his years of unemployment his meagre resources were barely enough to keep body and soul together; on their provincial tour the company played to meagre audiences and got poor notices** (critiche). ② (*poco usato*) magro, scarno: **meagre face, body**.
magro A *agg.* ① (*scarno, sottile*) thin: **un uomo magro, una donna magra, un bambino, un animale, un volto magro**, a thin man, woman, child, animal, face; **mani magre e ossute**, thin, bony hands; lean, spare: **un uomo magro**, *o* **una donna magra**, a lean (*o* spare) man *o* woman (*non usato riferito a bambini o ad animali*); **magro come un chiodo** *o* **come un'acciuga**, as thin as a rake *o* lath. ② (*povero di grassi*) unfatty: **cibi magri**, unfatty foods; lean: **carne magra**, lean meat. ③ (*fig., povero, scarso*) poor, meagre: **un raccolto, uno stipendio magro**, poor (*o* meagre) crop, pay; **un magro pasto**, scanty (*o* meagre) meal. ④ (*debole, insufficiente, meschino*) poor, meagre: **magri risultati, magre risorse, magra consolazione**, poor (*o* meagre) results, resources, consolation; (*piuttosto letterario*) paltry: **una magra somma, scusa**, paltry sum (of money), paltry (*o* lame) excuse. • **Annata magra** (*per il raccolto*) poor year; (*fig., periodo difficile*) lean years; **mangiare di magro**, to eat no meat; **terra magra**, poor soil (*o* land). B *s.* (*parte magra della carne macellata*) lean (meat).
magra *s.* ① (*fase di minima portata di un corso d'acqua*) low water; **l'Arno è in magra**, the river is low. (*In Inghilterra chi abita in prossimità di un fiume non lo chiama con il nome proprio; un londinese, per esempio, dice* «I live south of the river» *o* «The street you want is the second on the left going towards the river» *o* «The river's low at the moment».) ② (*fig., penuria, scarsezza di denaro*) low water: **essere in magra**, to be in low water; **è un periodo di magra**, these are lean times. ③ (*brutta figura*) **fare una magra**, to make a fool (*o* a spectacle) of oneself.

◉**mechanism/*meccanismo*** *s.* Pur avendo lo stesso significato, questi due termini si differenziano per il tipo di contesti in cui vengono usati in senso figurato: **mechanism** *risulta appropriato solo nel senso di* funzionamento di un'attività organizzata (*Devoto*) *nell'espressione* **the mechanism of government**; *esso potrebbe essere usato ad hoc in casi analoghi come* **the mechanism of this department**, *ma è più consueto dire* **the way this department** *etc.* **works**, *e la stessa espressione verrebbe usata in frasi del tipo* **I don't understand how this grammatical construction works**. *Dovendo tradurre una frase come* i meccanismi che degradano l'uomo e la natura, *si dovrebbe invece ricorrere ad un generico* **things** *e continuare con espressioni di carattere più specifico ottenendo* **things such as industrial processes, labour relations**, *etc.* • Meccanismi di difesa (*psicol.*), **defence mechanism(s)**.

memorial A *s. Questo termine indica* un'istituzione *o* una consuetudine instaurata per commemorare un evento *o* una persona; **a memorial** *può essere inoltre* un monumento *o* una qualsiasi opera di carattere commemorativo: **the window in the Lady Chapel is a memorial to** (è stata costruita in memoria di) **a previous vicar of the parish; every town and village in the country has a war memorial** (un monumento ai caduti), **erected to the memory of the men who died in action in the two world wars; Memorial Day** (*USA, 30 maggio*), giorno in cui ogni anno vengono commemorati i caduti delle guerre. B *agg.* istituito, scritto, *etc.* in memoria di una persona *o* di un evento, commemorativo: **memorial tablet**, lapide commemorativa; **annual memorial lecture; memorial volume of essays; memorial service** (*tenuto in una chiesa o cattedrale per commemorare persone che sono morte in guerra o in altre sciagure, o per celebrare la vita e le opere di una persona ben conosciuta dagli abitanti del luogo o da tutta la nazione*).
memoriale *s.* ① (*narrazione*) memoir(s) (*di solito al singolare quando si tratta di una biografia, al plurale quando si tratta di un'autobiografia*). ② written statement: **l'imputato ribadì in un lungo memoriale la propria innocenza**, the accused re-asserted his innocence in a long written statement.

meretricious *agg.* appariscente e falso: **a meretricious argument** appare brillante e convincente ma non regge ad un esame più approfondito; **a meretricious style** appare brillante e originale ma se esaminato attentamente mostra di essere pieno di difetti e/o di nascondere una mancanza di contenuto. • **Meretriciousness** *s.*
meretricio *s.* prostitution; soliciting.

●**milliard** s. miliardo.
miliardo s. (*G.B.*) thousand million; (*poco usato*) milliard; (*USA*) billion. • *In G.B.* billion *significa* **un milione di milioni,** *ossia* **un trilione.**

●**mine** s. ☐1 miniera. ☐2 mina.
mina s. ☐1 (*carica esplosiva, ordigno*) mine. ☐2 (*di grafite*) lead [led]: **ho bisogno di altre mine,** I need some more leads (for this propelling pencil).

●**minimum** A s. minimo (*plur.* **minima,** *talvolta* **minimums**). B *agg.* minimo: **minimum age, wage** (salario), **dose, temperature.**
minimo A s. ☐1 minimum: **credo di poter risolvere questo problema, ma deve concedermi un minimo di tre giorni,** I think I can solve the problem but you must give me a minimum of three days; least: **sostituì la macchina da scrivere che aveva rotto, era il minimo che potesse fare,** he replaced the typewriter he broke – it was the least he could do; *è questa l'unica espressione in cui* the least *venga usato in funzione di sostantivo; per tradurre* **un minimo di** (*rispetto, educazione, etc.*) *si deve ricorrere agli aggettivi* least, smallest, slightest: **non gli fu espresso neppure un minimo di riconoscenza per l'opera che aveva svolto presso l'azienda,** his service to the company did not receive the least (*o* smallest *o* slightest) recognition; *per* **un minimo di buon senso** *è invece usato il sostantivo* modicum (*q.v.*): a modicum of common sense; **minimo garantito,** guaranteed minimum; (*dir.*) **minimo della pena,** minimum sentence *o* penalty. ☐2 (*il più basso numero di giri in un motore*) **girare, marciare al minimo,** to idle, to tick over. B *agg.* ☐1 (*piccolissimo*) very small, tiny, minute [main·ju:t]. ☐2 slightest: **non prestò la minima attenzione,** he didn't pay the slightest attention; smallest: **non ha prodotto il minimo effetto,** it didn't produce the smallest (*o* slightest) effect; lowest: **prezzo minimo,** lowest price; **minimo comun denominatore,** lowest common denominator; least: **non ho la minima idea,** *o* **il minimo dubbio,** I haven't the least idea, *o* the least (*o* smallest) doubt; (*molto meno usato*) minimum, minimal: **le istruzioni indicano come ottenere i massimi risultati nel tempo minimo e con il minimo sforzo,** the instructions show you how to obtain maximum results with minimum (*o* minimal) expenditure of time and effort; **temperatura minima,** minimum temperature; **ridurre ai minimi termini:** (*mat.*) to reduce to the lowest terms; (*di cosa, ridurla in piccolissime dimensioni*) to reduce something to the smallest scale; (*di una questione, presentarla nella maniera più semplice*) to reduce (a matter) to its simplest terms; *riferita ad una persona questa espressione non ha nessun corrispettivo in inglese.*
minima s. ☐1 (*temperatura minima*) minimum temperature. ☐2 (*mus.*) minim.

●**minor** A *agg.* ☐1 meno importante, meno grave: **a minor poet; a minor operation** (*è implicito in questa espressione il contrasto con* **a major operation,** *un'operazione che potrebbe essere fatale per il paziente*); **minor illness; minor inconveniences, setbacks; a minor detail** (*in un progetto o in un problema*); **minor road.** ☐2 (*mus.*) minore. ☐3 (*filos.*) minore: **minor premiss.** B s. (*dir.*) minorenne, minore.
minore A *agg.* ☐1 (*più piccolo*) (the) smaller, the smallest: **lasciò la parte maggiore del suo patrimonio al figlio e la parte minore alla figlia,** he left the larger part of his fortune to his son and the smaller part to his daughter; **questa è la mia preoccupazione minore,** that's the smallest (*o* least) of my worries. ☐2 (*meno importante*) less: **ha mostrato minore interessamento ai miei problemi che ai tuoi,** he gave less attention to my problems than to yours; **considerava i miei problemi di minore importanza,** he considered mine to be of less importance; lesser: **il minore di due mali,** the lesser of two evils; minor: **scrittore minore,** a minor writer; **strada minore,** a minor road. ☐3 (*di età*) (the) younger, the youngest: **mio fratello minore,** my younger brother; **dei suoi tre figli quello minore era il più coscienzioso,** the youngest of his three sons was the most conscientious. ☐4 *Analogamente* **minore** *può essere reso con il comparativo o il superlativo di aggettivi che risultino appropriati ad ogni singolo contesto*: lower, lowest: **prezzo minore,** the lowest price; shorter, shortest: **distanza minore,** a shorter distance; slower, slowest: **a una velocità minore,** at a slower pace. ☐5 (*mus.*) minor. ☐6 (*filos.*) minor. • **Arti minori,** decorative arts; (*astron.*) **Orsa Minore,** Little Bear. B s. younger, youngest: **lasciò la casa al minore dei suoi figli,** he left his house to the youngest of his children; (*dir.*) minor.

●**minute** A *agg.* [main·ju:t] ☐1 minuscolo, minuto. ☐2 minuzioso, minuto: **a minute examination of the manuscript.** B s. [ˈminit] ☐1 minuto: **it's twelve minutes to one.** ☐2 istante; **the minute you see him** (appena lo vedi), **tell me.** ☐3 (*bur.*) pro-

memoria; (al plurale) verbale di un'assemblea. ④ (geom.) (minuto) primo. • **I'm coming in a minute**, vengo subito.
minuto A agg. ① minute, tiny: **granelli, schegge, frammenti minuti**, minute (o tiny) grains, splinters, fragments; small: **denaro minuto**, small change; fine: **pettine minuto**, fine comb; **pioggia minuta**, fine rain o drizzle; **avere un'ossatura minuta**, to be fine-boned; **lineamenti minuti**, small (o delicate) features. ② (dettagliato) detailed, minute: **una minuta descrizione**, a detailed (o minute) description. ③ (di poca importanza) unimportant, secondary. • **Legna minuta**, sticks, kindling. B s. ① minute; **spaccare il minuto**, to be on the dot; **avere i minuti contati**: nessuno dei due significati di questa espressione (avere molta fretta e stare per morire) trova in inglese un corrispettivo di carattere idiomatico; di conseguenza è necessario ricorrere ad espressioni alternative, adatte a ciascun particolare contesto: **devo andare, ho i minuti contati**, I must dash. ② (comm.) **comprare, vendere al minuto**, to buy, to sell retail, to retail ['ri:teil]; **vendita al minuto**, retail.
minuta s. (di una lettera, etc.) (first) draft.

miser ['maizə] s. avaro.
misero agg. ① (infelice, sventurato) unhappy, wretched ['retʃid]: **i miseri mortali**, unhappy mortals, wretched mankind; per **i miseri resti** non esiste in inglese nessuna espressione equivalente. ② (indigente) desperately poor: **gente misera**, desperately poor people. ③ (inadeguato) wretched, miserable: **una misera paga**, a wretched (o miserable) wage; (fam.) stingy ['stindʒi]: **un regalo misero**, a stingy present; skimpy: **un cappotto misero**, a skimpy coat. ④ (meschino, gretto) mean: **ha un animo misero** (Devoto), he's mean-minded.

●**miserable** ['mizrəbl] agg. ① molto infelice: **being rich and successful is no comfort to a man as miserable as he has been ever since his son's death; it was very good of God to let Carlyle and Mrs Carlyle marry one another and so make only two people miserable instead of four** (Samuel Butler). ② sgradevole, deprimente, ingrato: **our holiday was ruined by miserable weather; we had a miserable time; there was a scandal involving the chairman of the company and the chief accountant – a miserable business**. ③ di infima qualità, di scarsissimo valore: **in the written exam she made a miserable attempt at the first question and then gave up; after all that talk of giving them a very special wedding present she came up with one miserable spoon**. ④ estremamente povero: **a miserable (o wretched) slum**. ⑤ (meno comune) scontroso e scontento, sgradevole: **the verger is supposed to show visitors the hidden fresco on request, but he's a miserable fellow and always refuses to**.
miserabile A agg. ① (degno di commiserazione) wretched, miserable: **la miserabile vita degli abitanti dei quartieri poveri**, the wretched (o miserable) life of slum-dwellers; (meno usato) pitiful; (lett.) pitiable. ② (estremamente povero) (di persone) very poor, (di case, etc.) miserable. ③ (di scarsissima entità) miserable, wretched, pitiful: **uno stipendio miserabile**, a miserable (o wretched o pitiful) salary; **mi hanno dato una somma miserabile per la macchina**, they gave me a pitiful sum for my car. ④ (da disprezzare per la sua bassezza morale) contemptible. B s. a contemptible creature.

●**misery** s. ① estrema infelicità: **she never forgot the misery she suffered on first leaving home**. ② grande sofferenza: **you'll have to shoot that horse – put the poor creature out of its misery**. ③ disgrazia: **I always say that, next to a battle lost, the greatest misery is a battle gained** (Duke of Wellington); estremo disagio; seccatura: **the miseries of moving house**. ④ (fam.) persona scontenta o sgradevole; piagnone: **what a misery that child is!** ⑤ (poco comune) estrema povertà, miseria: **born to riches, he ended his life in misery**.
miseria s. ① extreme poverty, (meno usato) misery: **le popolazioni colpite dal terremoto vivono da mesi in condizioni di miseria**, the victims of the earthquake have been living in extreme poverty (o misery) for months. ② (quantità esigua, inezia) next to nothing: **mi è costato una miseria**, it cost me next to nothing; the little, the ridiculous price, pay, etc.: **come possiamo vivere con la miseria di stipendio che ci danno?**, how can we live on the little (o on the ridiculous salary) they pay us? • **Le miserie del mondo, dell'umanità**, the evil and suffering of mankind (ma non si tratta di una frase idiomatica).

●**mission/missione** s. Mission corrisponde a tutte le accezioni di missione, escluse le seguenti: ① (bur., trasferta); ② (attività che richiede a chi la pone in essere totale adesione morale, spirito di sacrificio, dedizione assoluta, Zingarelli): nel primo caso il termine italiano trova il suo equi-

valente in **secondment** [sə·kɔndmənt], *ma per tradurre una frase come* è stato mandato in missione alla filiale di Milano per sei mesi, *si deve fare uso del verbo* **to second** [sə·kɔnd] *ottenendo* **he has been seconded to the Milan branch for six months.** *Nel secondo caso sarebbe possibile usare* **vocation**, *un termine che significa missione e vocazione allo stesso tempo. L'espressione* **it's my, his,** *etc.* **mission in life to ...** *è di solito usata in senso ironico e allude ad uno zelo sproporzionato nel fare qualcosa*: **it's my mission in life to make people eat margarine instead of butter.**

modicum *s.* piccola quantità, un poco, un minimo (*usato di solito con una punta di ironia o di sarcasmo*): **anyone with a modicum of intelligence would have avoided mentioning the subject in his presence; all Hitchcock requires in an actress is conventional beauty and a modicum of talent.**

modico *agg.* reasonable, moderate: **prezzi modici**, reasonable (*o* moderate) prices; slight: **un modico rialzo dei titoli in Borsa**, a slight rise on the stock market.

● **moment/momento** *s. I due termini differiscono solo in certe espressioni*: **momento culminante**, **climax**; **a momenti** (*da un momento all'altro*) **at any moment**, (*a volte*) **some of the time, sometimes**, (*per poco*) **nearly**: **a momenti inciampavo**, **I nearly tripped**; **dal momento che** (*dato che*) **since, as, because**; (*fis., mecc.*) momento *come quantità di moto*, **momentum**. *A* momento *nel senso di* importanza (*lett.*), *si ricollega l'aggettivo inglese* **momentous**, grave, di grande importanza: **the momentous decision to declare war.** ● Attenda un momento (*spec. al telefono*), **hold on a moment** (*o* **a minute**); **I won't be a moment**, sarò qui in un attimo, farò in un attimo, arrivo!

● **monument** ['mɔnjumənt] *s.* ① struttura eretta in memoria di una o più persone, o di un evento, monumento. ② monumento funebre. ● **Ancient monument** (*espressione tecnica e burocratica, sinonima di* **listed** *o* **scheduled building**), monumento nazionale (*ossia opera protetta dalla legge contro la demolizione o i rifacimenti*); **the Monument**: *è un'enorme colonna commemorativa dell'incendio di Londra del 1666*; **this book** (*o* **he**) **is a monument of learning**, è un monumento di sapere, è un pozzo di scienza (*se riferito a persone*); **the new cinema's a monument of bad taste**, è l'espressione stessa del cattivo gusto. ● **Monumental** *agg.* equivale a monumentale (*unica eccezione l'espressione* **monumental mason**, marmista); *al significato figurato del sostantivo è associato il seguente uso del termine*: **a building of monumental ugliness, a man of monumental learning**, *etc.*

monumento *s.* ① (*commemorativo*) monument; (*ai caduti*) memorial (*q.v.*), (*meno usato*) monument. ② (*opera di importanza notevole per le arti, la storia, la letteratura di un paese o di una civiltà, Zingarelli*) In questa accezione il termine italiano non trova nessun corrispondente in inglese; parlando di un edificio sarebbe possibile dire important building; trattandosi di un altro genere di opera si direbbe invece an important work; **è venuto a Firenze a visitare i monumenti**, he's come to Florence to look at the historic buildings and other works of art (*o* to see the places of interest *o* the sights, *sebbene usando queste espressioni non si indichino solo i monumenti ma anche altre attrattive di un luogo*). ● **Bisognerebbe fargli un monumento!**, he deserves a medal!; (*scherz.*) **è un monumento nazionale!**, he's an institution!

moquette *s.* tessuto usato per ricoprire poltrone e divani, formato sul diritto da un soffice pelo vellutato, sul rovescio da una tela a trama molto fitta.

moquette *s.* fitted carpet (*G.B.*); wall-to-wall carpet(ing) (*USA*).

● **morale** [mə·ra:l] *s.* il morale.

morale *A s. m.* morale: **il sapere che una persona intelligente si interessa al suo lavoro contribuirebbe molto a sollevargli il morale**, if someone intelligent took an interest in his work it would do a lot to boost his morale; **essere giù di morale**, to be down, down-hearted, in low spirits; **la squadra ha il morale alle stelle**, the team's morale is very high; **su col morale!**, cheer up! *B s. f.* ① (*insegnamento morale*) moral ['mɔrəl]: **la morale della storia era che non si può avere tutto nella vita**, the moral of the story was that you can't have everything; everything's got a moral if you can find it (*Alice in Wonderland*). ② morals: **la sua politica senza morale ha inorridito gran parte della gente**, the lack of morals (*o* moral sense) in his policy horrified most people; they teach the morals of a whore and the manners of a dancing master (Dr Johnson, *circa* Lord Chesterfield's Letters to his Son); morality: **la morale del commercio ha**

morbid

poco a che fare con la morale cristiana, commercial morality has little to do with Christian morality; (*meno usato*) ethic: **la prosperità dell'epoca vittoriana fu dovuta molto alla morale protestante**, Victorian prosperity owed much to the Protestant ethic (*o* to Protestant morality).

morbid *agg.* morboso.
morbido *agg.* [1] soft: **soft cushions**. [2] soft, faint, delicate (*di sonorità, colori, etc.*). [3] rather weak (*di genitori, educatori, etc.*). • **Un vestito di linee morbide**, a loose-fitting dress.

◐**moribund** [ˈmɔribənd] *agg.* in stato di decadenza, in via di estinzione, agonizzante (*riferito di solito ad aziende, istituzioni, tradizioni o civiltà*). • NB: Moribund *non è mai usato riferito a persona, tranne che in senso scherzoso.*
moribondo A *agg.* dying, failing (*di persone*); (*fig.*) moribund: **un'istituzione moribonda**, a moribund institution. B *s.* a dying person.

morose [məˈrous] *agg.* imbronciato e scontroso: **he was a morose man who lived alone and appeared to have no friends; when she's in a bad mood she embarrasses her colleagues by sitting through meetings in morose silence**.
moroso A *agg.* in arrears. B *s.* [1] a person whose rent (*o pagamento di qualsiasi altro tipo*) is overdue; (*comm.*) defaulter. [2] (*amoroso*) *In questa accezione il termine italiano trova in inglese un altrettanto antiquato corrispettivo in* sweetheart.

◐**mortar** *s.* [1] calcina. [2] mortaio. • **Mortarboard** *s.* (1) copricapo indossato dai laureati all'università o a scuola in occasioni formali; (2) sparviero (*attrezzo dei muratori*).
mortaio *s.* mortar.

◐**motivation** *s.* [1] motivazione; *è sinonimo di* **motive** A (*q.v.*), *ma è un termine più complesso*: **the sequence of the dead woman's actions is now clear but the motivation behind them is still obscure**. [2] (*psicol.*) impulso ad agire in un certo modo, motivazione: **she is a psychologist, working for an advertising agency, doing research into consumer motivation** (*o* **motivational research**).
motivazione *s.* [1] (*dir.*) statement of reasons for a decision in a judgment. [2] (*a giustificazione di riconoscimenti di qualsiasi genere*) citation (*q.v.*). [3] (*psicol.*) motivation (*vedi sopra*).

◐**motive** A *s.* ciò che induce una persona ad agire in una certa maniera, motivazione, motivo: **his motive in doing that was not self-interest, as you seem to think, but concern for the future of the company; he was actuated by the highest motives; she persisted in imputing** (*q.v.*) **base motives to him; what motive could she possibly have?**, perché lo fa?; movente: **the police say there seems to be no motive for the crime**. B *agg.* motore: **motive power**, forza motrice; (*fig.*) che induce ad agire: **after his wife and children were killed he lacked the motive power** (*o* **any motive**) **to continue his work**, dopo che la moglie e i figli rimasero uccisi, gli venne a mancare l'impulso per continuare a lavorare.
motivo *s.* [1] reason: **questo non è un buon motivo per comportarsi così!**, that's not a good reason for behaving like that!; **ho i miei buoni motivi per parlarle così**, I have my reasons for saying what I said to her; **dopo tanti anni di studi e di ricerche l'istituto ebbe buoni motivi per festeggiare** (had good reason to celebrate) **la riuscita dell'esperimento**; **è assente dal lavoro per motivi di famiglia**, he's absent from work for family reasons; **è dovuto andare in pensione per motivi di salute**, he has had to retire for reasons of health; **senza motivo**, for no reason: **si mise a piangere senza motivo**, she began to cry for no reason; **il motivo per cui ti ho chiamato è molto serio**, my reason for ringing you is very serious. [2] cause: **non c'è motivo di preoccuparsi**, there's no cause for worry (*o* concern); **essere motivo di**, to cause: **tutto ciò è stato per noi motivo di grande ansia**, all that caused us much anxiety; to give rise to: **la stipulazione del vantaggioso contratto fu motivo di grande soddisfazione per tutto il personale dell'azienda**, the news that the firm had landed such an important contract gave rise to great satisfaction throughout the company. [3] (*mus.*) tune, melody, theme; (*più tecnico*) subject, motif (*francese*). [4] (*disegno*) pattern, design.

◐**move** *vb. tr. e intr.* [1] spostare: **move this table, please**; spostarsi: **move away from the window**; muovere: **the wind is moving the trees; what's making the leaves move?** [2] commuovere (*soprattutto alla forma passiva*): **the audience were moved by his patriotic speech**. *Quando è usato alla forma attiva viene spesso fatto seguire da* **to tears**: **their story moved me to tears**, *ma è possibile anche* **their story moved me**. [3] traslocare; trasferirsi: **they've moved to the country; the firm's head office has moved to via Cavour**;

cambiar casa, città: **he's got a better job but it's up north so they've got to move.** ④ proporre (*in una seduta ufficiale*): **I move that the architect's plans be submitted to the scrutiny of a special sub-committee.** *Si noti l'uso del congiuntivo* **be** *richiesto dal verbo* **move** *in quest'ultima accezione.*

muovere *vb. A tr.* ① to move, (*colloq.*) to shift; **muovere i primi passi**, to take one's first steps (*sia in senso letterale che figurato*), to be in one's infancy (*solo in senso figurato*): **quando il cinema muoveva i suoi primi passi,** when the cinema was in its infancy; **non muovere un dito,** not to lift a finger; (*del cane*) **muovere la coda,** to wag its tail; **muovere guerra a qualcuno,** to wage war on someone; **muovere delle critiche a qualcuno,** to criticise someone. ② (*indurre*) **muovere qualcuno a compassione,** to move someone to pity. *B intr.* **muovere alla volta di,** to set out for; **muovere da** (*partire*) to move off from. *C rifl.* ① to move: **resta dove sei, non ti muovere,** stay where you are – don't move!; to shift: **dopo che ebbe scavato per un po' intorno al sasso vide che si muoveva,** after he had dug round the edge of the stone for some time, he saw it shift (*o* move); to stir: **nessuno si mosse mentre lei cantava,** no one stirred while she sang. ② (*darsi da fare*) to take action. • **Vieni tu perché io non posso muovermi di casa** (I can't leave the house); **muoviti!,** hurry up!, buck up!

◦**movement** *s.* ① movimento: **paralysis is the loss of the power of movement.** ② movimento, gesto: **the guards watched every movement the prisoner made; the patient expressed his weariness by small movements of his head and hands.** ③ meccanismo, *specialmente di un orologio*: **the case of this clock is 19th-century but the movement is 17th-century.** ④ movimento: **the Green Peace movement; the Post-Impressionist movement.** ⑤ tendenza: **there's a movement towards maximum adaptability and away from the concepts of permanence and a single purpose in architecture today.** ⑥ movimento: **there is little movement in the property market at the moment.** ⑦ (*mus.*) tempo, movimento: **this piano concerto is unusual in having four movements.** ⑧ (*al plurale*) spostamenti, movimenti: **the police asked the suspect about his movements on the night of the crime and he replied that he had been to the pub on leaving work and then to the cinema and then home; lunch next Wednesday? Well, I'm not sure of my movements next week,** non so che impegni avrò la prossima settimana.

movimento *s.* ① (*atto del muovere o del muoversi*) movement: **fare un movimento con le braccia,** to make a movement with one's arms; **movimento di treni,** the movements of trains; working: **controllare il movimento di un meccanismo o di un orologio,** to check the working of a machine or clock. ② *Nel senso di animazione il termine italiano non trova nessun equivalente in inglese; per rendere una frase come* **per la strada c'era molto movimento,** *bisogna ricorrere all'aggettivo* busy: the street was busy. *Analogamente è possibile dire* busy streets, a busy town, road, harbour, *mentre espressioni tipo* the busyness of streets, *etc. sono molto colloquiali.* ③ (*mus.*) (*velocità prescritta o effettiva di una esecuzione musicale, Garzanti*) tempo; (*una delle parti distinte che costituiscono alcune forme di composizione, Garzanti*) movement. ④ (*corrente culturale e sim.*) movement.

mundane *agg.* ① terreno, concreto, pratico: **their programme of social reform is all very well but they seem to have overlooked the mundane question of finding money to pay for it all.** ② banale, ordinario: **she likes to keep a balance between her painting and mundane occupations like housework and cooking.**

mondano *agg.* ① (*del mondo, materiale*) earthly, worldly: **felicità mondana, piaceri mondani,** earthly (*o* worldly) happiness, pleasures. ② (*di persona frivola e gaudente*) worldly, *ma si tratta di un termine ormai piuttosto arcaico in quanto denota un modo di considerare persone e consuetudini che è andato progressivamente scomparendo ad iniziare dalla prima guerra mondiale;* (*est., tipico delle classi sociali più elevate o più ricche, Zingarelli*) *in espressioni quali* **avvenimento mondano, occasione mondana, party mondano,** *l'aggettivo italiano equivale a* fashionable, *mentre quando viene riferito a persone non trova in inglese nessun corrispettivo.*

◦**muscular** *agg.* ① muscolare. ② muscoloso.
muscolare *agg.* muscular: **forza muscolare,** muscular strength; muscle (*in posizione attributiva*): **tessuto muscolare,** muscle tissue.

◦**musical/*musicale*** *agg.* Musical *si distingue da* musicale *solo quando è usato per indicare una persona che ha talento per la musica o ne è appassionata*: **I'm not at all musical and hated my piano lessons as a child; she's very musical** and spends a lot of time and money on going to concerts.

◖**mustard** *s.* senape.
mostarda *s.* French mustard. • **Far venire la mostarda al naso a qualcuno**, to infuriate someone.

◖**mute** [mju:t] *A agg.* (*lett.*) muto: **Some mute inglorious Milton here may rest** (Gray, *Elegy in a Country Churchyard*); **the dog looked up at his master in mute appeal**. *B s.* ☐1 (*mus.*) sordina. ☐2 (*XIX secolo*) dipendente di impresa funebre; *vestiti completamente di nero i* mute *prendevano parte al corteo funebre e di solito trasportavano la bara.* ☐3 **deaf-mute**, sordomuto.
muto *A agg.* ☐1 (*privo della facoltà di parlare*) dumb [dʌm]. ☐2 (*ammutolito*) speechless, dumb: **stette a guardare muta per l'orrore**, she watched, speechless (*o* dumb) with horror; **esser muto come un pesce**, to be as silent as the grave (*da notare però che questa espressione di solito è usata per indicare un luogo molto silenzioso*). ☐3 (*che è impossibile esprimere*) silent, mute: **muta ammirazione, sorpresa, angoscia**, silent (*o* mute) admiration, surprise, distress. ☐4 (*privo di suoni*) silent: **cinema muto**, silent films; **fare scena muta**, to be tongue-tied. ☐5 (*ling.*) silent, mute: **the *w* and *e* in *write* are silent** (*o* mute). *B s.* dumb person; **sordomuto**, deaf-mute. • **Linguaggio dei muti**, deaf-and-dumb language.
muta *s.* ☐1 (*atto del mutare*) **la muta delle sentinelle**, the changing of the guard; **la muta dei cavalli**, the change of (post) horses; **la muta del vino**, decanting. ☐2 (*zool.*) (*della pelle*) sloughing ['slʌfiŋ]; (*delle penne*) moult [moult], moulting. ☐3 (*di indumenti*) a change of clothes. ☐4 (*da subacqueo*) wetsuit. ☐5 (*gruppo di cani*) pack (of hounds).

◖**mutual** *agg.* ☐1 mutuo, reciproco: **the two critics did not like each other but this did not damage their mutual respect**. ☐2 (*spesso, anche se erroneamente*) comune: **Our Mutual Friend** (*titolo di un romanzo di Dickens*); **we found we had a mutual love of music**.
mutuo *A agg.* mutual, (*meno usato*) reciprocal: **società di mutuo soccorso**, mutual benefit society, friendly society; **ho presentato mio fratello al mio amico e sono rimasto costernato al vedere come all'istante fosse sorta fra i due una mutua antipatia**, I introduced my brother to my friend and was dismayed to see that their mutual (*o* reciprocal) dislike was instantaneous. *B s.* loan; mortgage ['mɔ:gidʒ]: **mutuo ipotecario**, mortgage loan; **fare un mutuo** *per comprare o costruire una casa*, to take out a mortgage; **le rate dei mutui costituiscono una voce passiva che incide molto sul bilancio di gran parte delle famiglie di ceto medio**, monthly mortgage payments are a big item in the budget of most middle-class families.
mutua *s.* sickness benefit fund; health insurance association; **medico della mutua**, National Health GP (general practitioner).

N

●**negotiate**/*negoziare* vb. tr. e intr. To negotiate ha in comune con negoziare *tutte le sue accezioni esclusa una: esso può infatti significare anche superare un ostacolo o una difficoltà*: **the centre of Birmingham is very difficult to negotiate if you have never driven there before**, è molto difficile riuscire ad attraversare il centro di Birmingham ...; **at first the problems of working with such a difficult man seemed overwhelming but she negotiated them successfully.**

●**nerve** s. ① nervo. ② coraggio, sangue freddo, fegato: **when the wounded pilot's convalescence was over, and he had recovered his nerve, he returned to active service; I wouldn't have the nerve to do what you have done.** ③ sfacciataggine: **she had the nerve to tell me it was my job to clear up the mess; what (a) nerve!**, che faccia tosta! ● **Nervy** agg. *In USA corrisponde all'accezione 3 del sostantivo, mentre in G.B. significa* nervoso.

nervo s. ① nerve. ● **Dare sui nervi a qualcuno**, to get on someone's nerves; **essere malato di nervi**, to have a nervous illness; **avere i nervi a fior di pelle**, to be on edge; **avere i nervi a pezzi**, to be a nervous wreck; **guerra dei nervi**, war of nerves. ② (*corda di arco*) bow-string. ③ (*mus.*) string.

●**nervous** agg. ① teso, agitato, inquieto, emozionato: **he failed the driving test simply because he was so nervous; she's a nervous driver; he always feels terribly nervous just before a performance but as soon as he's on stage his nervousness leaves him.** ② preoccupato: **I'm sure he'll do well at school and enjoy it but I'm nervous about his first week or two.** ③ nervoso: **nervous tic, laugh; he had a nervous manner**, si comportava in modo nervoso; (*med.*) **nervous diseases.**

nervoso A agg. ① cross, in a bad temper: **è nervoso stamani, forse sente il tempo**, he's cross (*o* in a bad temper) this morning – it's probably the weather; (*più forte*) nervy, edgy: **è nervoso perché detesta dover trattare con il tipo che viene a trovarlo stamani**, he's nervy (*o* edgy) this morning because he hates having to deal with the man who's coming to see him; nervous, tense: **sono sempre nervoso quando vado dal dentista**, I'm always nervous (*o* tense) when I go to the dentist; (*se si tratta di una condizione permanente*) short-tempered, temperamental: **molte persone trovano difficile andare d'accordo con lei perché è nervosa**, lots of people find her difficult to get on with because she is short-tempered (*o* temperamental). ② (*med.*) nervous: **sistema nervoso**, nervous system; **esaurimento nervoso**, nervous breakdown. B s. ① **avere il nervoso**, to be cross; **far venire il nervoso a qualcuno**, to make someone cross. ② (*persona di carattere nervoso*) a short-tempered person.

●**neutral** A agg. (*nella maggior parte dei sensi*) neutro. B s. (*mecc.*) folle: **the car is in neutral.**
neutro agg. (*nella maggior parte dei significati*) neutral; (*sport*) **campo neutro**, neutral ground; (*mil. e fig.*) **in territorio neutro**, on neutral ground.

●**nominate** vb. tr. ① designare: **half the members of the Management Committee are nominated and half are elected by the members of the club; Tokyo was nominated the centre for the next Olympic Games.** ② proporre *come candidato per una carica di responsabilità*; nominare: **he has been nominated as the Republican candidate for the Presidency; next time there's a vacancy on the committee I shall nominate** (*più spesso*, propose) **you.**

nominare vb. tr. ① (*conferire una carica, etc.*) to appoint, to nominate: **i nuovi sottosegretari sono stati nominati**, the new Under Secretaries have been appointed (*o* nominated); (*eleggere*) to elect: **è stato nominato presidente**, he has been elected President. ② (*attribuire un nome*) to name, to call: **la malattia è stata nominata morbo di Parkinson dal medico che l'ha individuata**, the disease was named (*o* called) Parkinson's after the doctor who first defined it. ③

nose

(*menzionare*) to mention: **non è un castello molto bello ma è nominato in tutte le guide**, it's not a very beautiful castle but it's mentioned in all guidebooks; **non nominare il nome di quell'uomo**, don't mention that man's name!; **mai sentito nominare!**, I've never heard of it, him, *etc.*; (*chiamare*) to call (somebody something).

○nose *s.* ① naso. ② estremità anteriore, muso di animale, di aereo, di automobile. ③ prua, prora di nave, barca. ④ ogiva (*di proiettile*). • **As plain as the nose on your face**, chiaro come il sole; **nose dive**, picchiata (*aeron.*), (*fig.*) brusco calo (*di prezzi, valori, etc.*); **to put someone's nose out of joint**, ferire l'orgoglio di qualcuno dimostrandosi superiore a lui per bravura, intelligenza, *etc.*; **to keep one's (*o* someone's) nose to the grindstone**, lavorare (*o* far lavorare qualcuno) senza tregua.
naso *s.* nose.

○nostalgia *s.* nostalgia del passato: **this novel is dominated by nostalgia; today's fashions reflect nostalgia for the 20s and 30s**.
nostalgia *s.* (*di casa, della patria*) homesickness; (*rimpianto*) longing, (*meno usato*) yearning; (*del passato*) nostalgia. • **Avere nostalgia** (*di casa, della patria*) to be homesick; (*di qualcuno*) to miss someone, to long for someone.

○notation *s.* ① sistema di scrittura (*di numeri, note musicali, etc.*): **the Roman notation of numbers has been replaced everywhere by the Arabic**. ② rappresentazione grafica: **the notation of dance steps was impossible until recently**.
notazione *s.* ① (*atto e effetto del notare*) annotation, mark: **la copia che Blake possedeva dei *Discourses* di Reynolds è piena di segni e notazioni indignate**, Blake's copy of Reynolds' *Discourses* is covered with his indignant annotations and marks; **notazione (*numerazione*) delle pagine**, page numbering. ② observation: **questo critico ha fatto delle notazioni molto acute**, this critic has made some very acute observations. ③ (*mat., mus.*) notation.

○note *s. A esclusione di quando è usato nella espressione* **to compare notes** (confrontare le proprie osservazioni *con quelle di altri*: **Peter and Michael compared notes on a match they had both watched on TV**), note *corrisponde in tutte le sue accezioni a* nota.
nota *s. Ha in comune con* note *quasi tutti i suoi significati: fanno eccezione i seguenti tre casi*: ① (*segno*) mark: **note caratteristiche**, distinguishing marks. ② (*conto*) bill. ③ (*lista*) list: **mettersi in nota**, to add one's name to a list. • **Ora vengono le dolenti note**, now we come to the bad bit; **a chiare note**, frankly.

○note/*notare* *vb. tr. I due verbi si equivalgono ma è da osservare che come corrispettivo di* notare *nel senso di* far caso a, *o* accorgersi di, **to notice** *è usato molto più comunemente di* **to note**. • **Fare notare**, **to point out**; farsi notare, **to draw attention to oneself**.

notice *s.* ① avviso *scritto o stampato concernente azioni o eventi futuri, esposto al pubblico*: **a notice giving details of changes in the conference programme has been posted on the notice board in the entrance hall; there's a no parking notice outside the main entrance**. ② (*molto meno usato*) annuncio pubblico *concernente qualcosa che è già avvenuto*: **a notice on the board gives a list of yesterday's arrivals; notice** (*più spesso* the announcement) **of Mark and Ann's engagement will appear in Monday's *Times***. ③ attenzione: **it has been brought to the Organizing Secretary's notice that all the papers read at the conference so far have overrun the prescribed length; they try to discourage him by criticising everything he does but he takes no notice (*o* pays no attention)**, non se ne cura; osservazione: **he slipped quietly into the crowded lecture hall hoping to escape notice**, sperando di passare inosservato. ④ comunicazione formale, *di solito scritta*, della propria intenzione di porre fine ad un accordo (*in genere nell'ambito di rapporti di lavoro*) entro uno specifico termine di tempo, preavviso: **this contract can be terminated** (*q.v.*) **by either party at (*o* with) three months' notice; he has (*o* has been) given a month's notice; he left without notice; he was given a week's pay in lieu of notice**; *analogamente il termine può essere usato anche in situazioni di diverso genere, di solito in riferimento ad inviti*: **can you come to supper tomorrow night? – I'm sorry to give you such short notice; they said they couldn't come at no notice, like that; in the absence of Prof. Twemloe, who was suffering from an acute attack of hay fever, Dr. Pilkington stepped in at short notice** (all'ultimo momento) **to give his lecture**. ⑤ recensione: **his book (*o* play, film, etc.) has had very good notices**.

notizia *s.* ① news, a piece of news: **notizia inattesa**, unexpected news, an unexpected piece of news; **ultime notizie**, the latest news; **far notizia**, to make news; *la frase* **da quel giorno siamo rimasti senza sue notizie** *può essere interpretata in due maniere: la persona in questione* **(1)** *non ha scritto o telefonato direttamente,* **(2)** *non ha fatto avere sue notizie tramite altre persone; dicendo* we haven't heard from him *si esprime solo la prima di queste due idee mentre la frase* we've been without (*o* had no) news of him *allude all'una come all'altra situazione.* 2 information: **nel catalogo sono fornite notizie su ciascun quadro in mostra**, information on each picture in the exhibition is given in the catalogue; data: **notizie bibliografiche**, bibliographical data.

●**notion** *s.* 1 opinione *o* convinzione vaga *e/o* errata, impressione: **I had some (*o* a) notion that the name of the firm had been changed, but evidently I was wrong.** 2 (*usato in tono di biasimo e di solito in frasi negative*) minima idea: **he has no notion of justice; he has no notion of thinking for himself** (non sa neppure cosa vuol dire pensare con la propria testa); **he has no notion** (non riesce ad immaginare neppure lontanamente) **of what it means to live on a salary as small as the one he pays me; she has the strangest notion** (ha un modo tutto particolare di intendere) **of what** *taking immediate action* **means!** 3 (*filos.*) nozione. • **Notions** (*plur., USA*) merceria, *corrispondente in G.B. a* **haberdashery**.
nozione s. 1 basic (*o* elementary) knowledge, (first) elements, rudiments (*di musica, matematica, etc.*). 2 (*senso*) sense: **nozione del tempo**, a sense of time. 3 (*filos.*) notion, idea. • NB: *Non essendo attinente alla sfera dell'istruzione il termine* notions *riveste in inglese un'importanza inferiore a quella che invece* **nozioni** *assume in italiano; questo risulta evidente nella mancanza in inglese di concisi equivalenti per* **nozionismo** *e* **nozionistico** *tradotti in maniera eccellente dal Ragazzini rispettivamente con* superficial factual knowledge *e* based on factual knowledge.

●**notoriety** [noutə'raiəti] *s.* cattiva fama.
notorietà s. fame; (*in senso negativo*) notoriety.

●**notorious** *agg.* famoso, *in senso negativo* (*usato spesso in modo scherzoso*): **the most notorious highwayman of the XVIII century; Uncle Fred's notorious love of chocolates.**
notorio agg. well-known: **è notorio che ...**, it is well-known that ...; **la sua abilità come direttore di giornale è notoria**, his skill as an editor is well-known; (*in senso negativo*) notorious: **la sua falsità è notoria**, his double-dealing is notorious.

novel *s.* romanzo. • **Novelette**, romanzo rosa; **novella**, romanzo di metà della lunghezza della maggior parte dei romanzi (*sinonimo*: **long short story**).
novella s. tale; (*per bambini*) tale, fairy tale, fairy story, children's story. • **La Buona Novella**, the Gospel (*dall'inglese antico* gōd, **buono** *e* **Dio**, *e* spel, **storia**).

nubile ['nju:bail] *agg.* (*poco usato*) 1 in età da marito. 2 (*di ragazza*) da maritare.
nubile agg. single: **è una donna nubile**, she is a single woman; she is single; **stato civile: nubile**, marital status single.

O

obituary *s.* necrologio.
obitorio *s.* mortuary, morgue [mɔːg].

●**object** [ˈɔbdʒikt] *s.* ① oggetto, cosa. ② obiettivo, intento, scopo, fine: **to succeed** *o* **fail in one's object; he seems to have no object in life; her object in writing his biography was to show that his work had been misunderstood.** ③ oggetto, motivo: **she was an object of pity to many people; her work was the object of much discussion.** ④ (*gramm.*) **direct object**, complemento oggetto; **indirect object**, complemento indiretto. ● **Money, time,** *etc.* **(is) no object**: *espressione di solito usata negli annunci economici sui giornali per informare che sarà accolta qualsiasi richiesta (di compenso, di limiti di tempo, etc.) avanzata da chi si presenterà per il lavoro offerto (per esempio un lavoro molto urgente per il quale l'inserzionista è disposto a pagare cifre anche piuttosto alte)*.

oggetto *s.* ① (*cosa*) object, thing. ② (*scopo*) object, purpose: **oggetto del viaggio, della sua ricerca, della sua visita, dell'esercitazione militare era …**, the object (*o* purpose) of the journey, of his research, of her visit, of the military exercise was …; (*est., persona o cosa che costituisce lo scopo di un sentimento o di una attività, Zingarelli*) an object: **è stata oggetto di curiosità, di riprovazione,** *etc.*, she was an object of curiosity, disapproval, *etc.* (to her neighbours). ③ (*motivo*) the subject, the object: **la sua decisione fu oggetto di un ampio dibattito, di biasimo,** *etc.*, his decision was the subject (*o* object) of widespread debate, indignation, *etc.* ④ (*materia, argomento*) subject, subject matter, theme: **qual è l'oggetto della sua relazione, del suo libro, della sua ricerca,** *etc.*?, what is the subject (*o* subject matter, *o* theme) of her paper, book, research, *etc.*? ⑤ (*gramm.*) object: **complemento oggetto**, direct object.

●**object** [əbˈdʒekt] *vb. A intr.* opporsi, protestare, non ammettere: **I object to being told what to do by someone who knows less about the job than I do; to object on principle**, sollevare un'obiezione di principio. *B tr.* obiettare: **«It's undemocratic», he objected; he objected that their decision was undemocratic.**

obiettare *vb. tr.* to object: **i membri del club obiettarono che non avevano avuto alcuna possibilità di parlare della questione**, the members of the club objected that they had had no opportunity to discuss the matter; **to make an objection**: **se nessuno ha niente da obiettare procederemo con i preparativi**, if nobody has any objection (to make) we'll go ahead with the arrangements; **non ho nulla da obiettare**, I have no objection (to make).

●**objection** *s.* ① motivo (*non necessariamente espresso*) per il quale non si gradisce *o* si rifiuta qualcosa; avversione: **he felt a strong objection to the bad taste of their jokes.** ② contrarietà, *nell'espressione* **if you have no objection**, se non le dispiace. ③ obiezione: **the chairman asked if there were any objections to his plan.** ④ cosa su cui si ha a ridire: **frankly I can see several objections to your plan – its impracticability, its untimeliness, and the enormous cost it would entail.** ● **Objectionable** *agg.* ① riprovevole: **objectionable behaviour.** ② sgradevole: **objectionable smell.** ③ insopportabile: **an objectionable person.**

obiezione *s.* objection. ● **Obiezione di coscienza**, conscientious objection.

●**obligation** *s.* ① debito di gratitudine, specialmente *nell'espressione* **under an obligation**, in debito, in dovere: **he won't accept help because he never likes to be under an obligation to anybody; I feel (I'm) under an obligation to them** (*o* **to help them, to do what they ask,** *etc.*); **their kindness to me placed me under an obligation to them; believe me, I feel a strong sense of obligation to the company, which has treated me generously.** ② dovere, obbligo: **to discharge** (*o* **fulfill) one's obligations to one's family, employer,** *etc.*; **the obligations of conscience.** ③ (*raro, atto dell'obbligare*) obbligazione.

obbligazione *s.* ① (*econ.*) debenture; bond. ②

(*in tutti gli altri sensi*) obligation.

● **oblige** *vb. tr.* [1] esigere, imporre: **the law obliges all citizens to pay taxes.** [2] costringere, obbligare: **the customs officer obliged him to submit to a thorough search of his person and luggage; she was obliged to pawn her jewels.** *In questa accezione il verbo è usato di solito alla forma passiva.* [3] fare un favore *o* cosa grata a qualcuno (*formale*): *nella corrispondenza commerciale*: **an early reply will oblige,** vi saremmo grati per una vostra sollecita risposta; (*per esprimere irritazione*) **you will oblige me by making less noise** (*o* **I should be obliged if you would make less noise**), le sarei grato se facesse meno rumore; prestare, offrire, dare: **could you oblige me with £50, a cigarette, a match?** ● *L'espressione* **to be obliged to someone** *equivale a* **to be under an obligation** (*q.v.*); **much obliged,** grazie; **obliging,** gentile: **the shop assistant was very obliging and helped me to carry all my parcels out to the car; he had obliging manners and a rather ingratiating smile.**

obbligare *vb. A tr.* to oblige. *B rifl.* to undertake (to do something): **si è obbligata a consegnare il manoscritto per il 31 luglio,** she undertook to deliver the completed MS (*manoscritto*) by 31st July.

observant *agg.* che ha spirito d'osservazione: **he's a very observant child and though we only spent a few minutes in the doctor's waiting room he was able to give his father a detailed description of it afterwards.** ● *Il contrario di* **observant** *è* **unobservant**, privo di spirito d'osservazione.

osservante *A agg.* (*relig.*) (*di un cristiano*) church-going: **è una cristiana osservante mentre suo fratello, sebbene sia anch'egli credente, va raramente in chiesa,** she is a church-going Christian whereas her brother, though still a believer, seldom goes to church; (*di fedeli di altre religioni*) practising. *B s.* (*di un cristiano*) a regular church-goer; (*di fedeli di altre religioni*) a practising Jew, Muslim, *etc.* ● **Osservante delle leggi,** law-abiding: **da buon cittadino osservante delle leggi paga il parcheggio anche quando, non pagando, potrebbe farla franca,** as a law-abiding citizen he buys a car park ticket even when he could get away with not buying one.

● **occasion** *s.* [1] occasione, momento: **he has been here three times but I only met him on the first occasion; you can address the whole club on that subject one day, if you like, but tomorrow's meeting wouldn't be the right occasion.** [2] festa, occasione: **Great-grandmother's birthday is always treated as a great occasion in the family.** [3] motivo, bisogno: **they spent a week in Italy and yet had no occasion to use their little bit of Italian; there is no occasion to speak so disrespectfully of the Director.** ● **On occasion,** talvolta: **he's a mild man but on occasion he can be very firm; on one occasion,** una volta: **on one occasion he drank nearly half a bottle of whisky before appearing on TV.**

occasione *s.* [1] (*caso favorevole o opportuno*) opportunity, chance: **è un peccato che si sia lasciato sfuggire un'occasione così,** it's a shame he missed an opportunity (*o* chance) like that; **all'occasione,** when there's a chance, (*formale*) when the occasion presents itself; **colgo l'occasione per porgerle i miei migliori auguri di buona Pasqua,** I take this opportunity of wishing you a happy Easter. [2] (*oggetto a buon prezzo*) bargain: **a quel prezzo è davvero un'occasione,** it's a real bargain at that price; **sono cominciate le svendite e le vetrine sono piene di occasioni,** the sales are on, and the shop windows are full of bargains; **d'occasione: un'auto d'occasione,** a car at a bargain price. [3] (*pretesto*) opportunity: **ma se chiedessimo al Local Council di offrirci un contributo finanziario per la nostra Community Association, gli forniremmo l'occasione di immischiarsi nei nostri affari,** but if we applied to the local Council for financial help for our Community Association it would give them an opportunity to interfere in the Association's affairs. [4] (*circostanza*) occasion: **un vestito adatto a tutte le occasioni,** a dress suitable for all occasions; **l'ho conosciuto in occasione del matrimonio di suo fratello,** I met him on the occasion of his brother's wedding; **indosserò il mio miglior vestito per l'occasione,** I'll wear my best dress for the occasion; circumstances: **si deve essere più o meno intransigenti a seconda delle occasioni,** depending on the circumstances; **poesia d'occasione,** an occasional poem; (*collettivo*) occasional verse.

occur *vb. intr.* [1] accadere, verificarsi: **these events occurred many years ago; the comet's appearance occurs only once in 150 years.** [2] (*termine tecnico*) (*di piante*) allignare: **this species of tulip occurs just below the snow line;** (*più in generale*) apparire, essere presente: **damp patches occur on the walls in wet weather; this type of rock formation occurs all the way along**

the west coast; *nel linguaggio comune* to occur verrebbe sostituito in questi tre esempi rispettivamente da grows, appear, is found. ③ venire in mente: **it occurs to me that you may need sandwiches for your journey; he said he would have shown us round the castle if he'd thought we might be interested but it hadn't occurred to him**.

occorrere *vb. intr.* ① (*seguito da un nome o pronome*) to be needed: **dopo il terremoto occorrevano scorte di medicinali e tende da campo in grande quantità**, after the earthquake medical supplies and tents were needed in great quantity; to be necessary: **per cuocere il pane occorre una temperatura molto elevata**, a very hot oven is necessary for the baking of bread; to need (*costruzione personale*): **per fare questo piatto occorrono sei uova**, to make this dish you will need six eggs; **se ti occorre qualcosa fammelo sapere**, if you need anything, let me know. ② (*seguito da una proposizione*) (*dovere*) to have to: **occorre che tu glielo dica**, you'll have to tell him; (*avere bisogno di*) to need: **occorre che io sappia la risposta entro due giorni**, I need to know the answer within two days. *Usando* occorrere *alla forma negativa si possono intendere due idee differenti:* (1) *non sussistono le condizioni per cui è necessario che un qualcosa venga fatto;* (2) *non è necessario che un qualcosa venga fatto perché un'altra persona ha già provveduto a farlo. Nel primo caso in inglese si userà il verbo* to have to, *nel secondo* to need: **non occorre che tu annaffi queste piante**: (1) (*perché sono piante grasse*) you don't have to water these plants; (2) (*perché le ho già annaffiate io*) you needn't water these plants.

⦿**offence** (offense *USA*) [əˈfens] *s.* ① il trasgredire una legge, trasgressione, infrazione, violazione: **it's a (legal) offence to park on a pedestrian crossing; he was given a suspended sentence (condizionale) as it was a first offence; dictators commit innumerable offences against human dignity and moral principles in addition to their offences against the laws of the countries they take over**. ② risentimento, indignazione, offesa, *nelle espressioni* **to give offence** (offendere, recar offesa a) *e* **to take offence** (offendersi, indignarsi): **in talking about the proverbial slowness of civil servants (statali) he gave offence, perhaps unintentionally, to several people present; never take a writer seriously when he tells you he wants your honest opinion of his book — he's sure to take offence at anything other than praise**.

offesa *s.* ① (*oltraggio*) offence: **fare un'offesa**, to commit an offence; **offesa al pudore**, offence against decency. ② (*mil.*) aggression: **guerra d'offesa**, a war of aggression; offensive: **stare sull'offesa**, to be on the offensive. ③ (*dir.*) offence; insult; injury. • **La miglior difesa è l'offesa**, attack is the best method of defence.

⦿**offend** *vb. tr.* ① urtare la suscettibilità altrui, offendere: **he offended (*o* gave offence to) the electors by appearing to think their problems unimportant**. ② (*meno comune*) provocare sensazioni sgradevoli, offendere: **ugly colours which offend (*o* are offensive to *o* are an offence to) the eye; discordant music which offends (etc.) the ear**. ③ *seguito da* against, offendere, contravvenire a (*le buone maniere, il buon gusto, il buon senso, etc., meno comunemente, la legge*): **behaviour like that offends against good manners; if you offend against (*più spesso* break) the law, you must expect to go to prison**.

offendere *vb.* A *tr.* ① (*oltraggiare*) to offend, (*più forte*) to affront: **le sue parole sprezzanti li hanno offesi**, his contemptuous words offended (*o* affronted) them (*o* their pride *o* their dignity); to insult: **si sono sentiti offesi dalle sue parole**, they felt insulted by his words. ② (*urtare la suscettibilità altrui*) to hurt (someone *o* someone's feelings): **li ha offesi non invitandoli al matrimonio**, she hurt them (*o* their feelings) by not inviting them to the wedding; to offend: **se appena gli dici che vuoi dargli del denaro in cambio dell'aiuto che ti ha offerto, lo offendi**, if you suggest paying him for his help you will offend him. ③ (*violare*) to offend against, to be an offence against (*la legge, la libertà, la giustizia, il buon senso, il buon gusto*). ④ (*danneggiare*) to damage, to hurt: **una luce troppo forte può offendere la vista**, too strong a light can damage (*o* hurt) your sight. ⑤ (*provocare sensazioni sgradevoli*) to offend (*vedi* **offend** *accezione 2*). B *rifl.* to be offended (at something); to take offence (at something); to be hurt (by something *o* someone); to take exception (to something).

offender *s.* delinquente; **young offender** (*o* **juvenile delinquent**), delinquente minorenne; **old offender** (*o* **recidivist**), recidivo; **first offender**, incensurato.

offensore *s.* ① person who gave offence. ② (*in guerra*) aggressor.

official s. funzionario.
ufficiale s. ⓵ (*persona incaricata di un pubblico ufficio, Zingarelli*) official. ⓶ (*mil.*) officer.

officious agg. disposto a fare qualcosa per gli altri senza che gli venga richiesto, *o* a controllare il lavoro di un'altra persona senza che ciò sia necessario, inframmettente, invadente, troppo zelante: **I'd find it easier to admire her efficiency if she didn't have this officious way of checking everyone else's work too – and sometimes redoing it; she is so officious.**
ufficioso agg. semi-official; unofficial.

oil s. ⓵ olio. ⓶ petrolio. ⓷ essenza: **oil of almonds**, essenza di mandorle. • **To paint in oils**, dipingere a olio; **an oil painting**, un dipinto a olio; **he's no oil painting**, non è una gran bellezza; **to burn the midnight oil**, lavorare (*o* studiare) di notte fino a tardi; **to pour oil on troubled waters**, mettere pace.
olio s. oil. • **Olio di gomiti**, elbow-grease; **il mare è calmo come l'olio**, the sea is like a millpond; **olio santo**, holy oil; **tutto è andato liscio come l'olio**, it all went smoothly; **gettare olio sul fuoco**, to fan the flames; *l'espressione* **estendersi a macchia d'olio** *non trova in inglese nessun equivalente di carattere idiomatico ma potrebbe tuttavia essere tradotta con* to spread like a stain.

operator s. operatore; **telephone operator**, centralinista: **could you get me a London number, please, operator?**; **telegraph** (*o* **wireless**) **operator**, telegrafista; **machine operator**, operaio che manovra un macchinario. • **Smooth operator** (*USA slang*), uomo sicuro di sé e di successo sia negli affari che in amore (e probabilmente non del tutto affidabile).
operatore s. (*in generale*) operator; **operatore economico**, entrepreneur (*francese*) ['a:ntrəprə·nə:]; (*cinema, TV*) cameraman; **operatore del suono**, recordist; **operatore di cabina**, projectionist; **operatore turistico**, tour operator.

opportune agg. ⓵ (*del tempo*) adatto *o* favorevole ad un determinato scopo, opportuno: **this seems an opportune moment to ask you for more information**. ⓶ che viene fatto *o* si verifica in un momento favorevole, che capita a proposito, opportuno: **an opportune question from a member of the audience made the lecturer realize that one of his statements had been ambiguous.**
opportuno agg. ⓵ suitable, (*solo riferito al tempo*) opportune: **chiedigli quale pensa sia il momento e il luogo più opportuno per l'incontro**, ask him what he thinks would be the most suitable time and place for the meeting; **chiediglielo al momento opportuno, quando non ha troppo da fare**, ask him at an opportune moment, when he's not too busy. ⓶ a good thing: **ritiene che sia opportuno rimandare l'incontro a dopo Pasqua**, he thinks it would be a good thing to postpone the meeting until after Easter; (*più deciso*) necessary: **ritiene che sia opportuno rimandarlo**, she thinks it's necessary to postpone it. ⓷ (*in frasi negative*) welcome, timely, *e sim.*: **è stata una mattinata molto movimentata e la sua visita non è giunta opportuna**, it was a busy morning and her visit was not very welcome; **il tuo commento non è stato opportuno, lo ha scoraggiato proprio nel momento in cui aveva bisogno di sostegno**, your remark was not timely (*meglio*, was untimely) – it discouraged him just when he needed encouragement.

opportunity [ɔpə·tjuːniti] s. opportunità: **I haven't yet had an opportunity of speaking to her about it**; possibilità: **for anyone who wants it, there will be an opportunity to look at the museum after we have visited the cathedral**; occasione: **her illness gave her assistant an opportunity to show how efficient he was**. • **A golden opportunity**, un'opportunità eccezionale: **it was a golden opportunity to show how good he was at his job**, è stata un'opportunità eccezionale per dimostrare quanto fosse abile nel proprio lavoro.
opportunità s. ⓵ (*l'essere opportuno*) timeliness, (*meno usato*) opportuneness: **dubito dell'opportunità del suo intervento, sarebbe forse stato meglio aspettare qualche settimana**, the timeliness of his action is doubtful – it would probably have been better to wait a few weeks. ⓶ (*occasione favorevole*) opportunity, chance: **cogliere l'opportunità**, to seize the opportunity (*o* chance); **lasciarsi sfuggire l'opportunità**, to let the opportunity (*o* chance) slip. ⓷ rightness: **fu indotto ad astenersi dall'assumere tale comportamento più dal calcolo costi-benefici che da ragioni di opportunità morale e sociale**, he was induced to refrain from such conduct by reckoning the cost benefit rather than by considerations of its moral and social rightness.

ordinary ['ɔ:dnri] agg. ordinario: **it was an ordinary day**, era un giorno come tutti gli altri.
ordinario A agg. ⓵ (*comune, normale*) ordi-

nary: **occupazioni ordinarie**, ordinary jobs; **tariffa ordinaria**, ordinary rate. [2] (*di qualità scadente*) poor: **stoffa ordinaria**, poor material; (*di persona, rozzo, grossolano*) rough: **gente ordinaria, maniere ordinarie**, rough people, manners. [3] **professore ordinario**: (*di liceo*) data la diversità tra l'ordinamento scolastico inglese e quello italiano, non è possibile trovare un esatto equivalente di questa accezione del termine; essa dovrà quindi essere resa semplicemente con teacher; (*di università*) lecturer. • **Di ordinaria amministrazione**, normal, routine, casual. *B s.* [1] (*normalità*) the ordinary (*poco usato*): **che esce dall'ordinario** *o* **fuori dell'ordinario**, out of the ordinary, unusual; exceptional: **è un uomo di un'intelligenza fuori dell'ordinario**, he's a man of exceptional intelligence. [2] (*professore ordinario*) vedi sopra.

○**original** *agg.* [1] originale: **her stories are very original; she is a very original writer.** [2] originario: **the ceiling has been restored to its original splendour.** [3] iniziale: **the original idea was to build a swimming pool there but they've decided to have a garage instead.**
originale A agg. original. • **Un tipo originale**, an odd person. *B s.* [1] (*di opere letterarie o artistiche, o di documenti*) original. [2] (*lingua originale*) original language. [3] (*persona stravagante*) a character, an odd person.

ostensible *agg.* addotto con l'intenzione di nascondere il vero motivo (*fondamentalmente egoistico*) per cui un qualcosa viene fatto, apparente: **she went to see them with the ostensible reason** (con il pretesto) **of consulting them about her new house (but really because she was lonely and wanted someone to talk to);** *spesso questa seconda parte della frase rimane sottintesa, non viene espressa*; finto, simulato, ipocrita: **he made arrangements for his mother's removal to a nursing home with ostensible kindness** (*sottinteso*: **this was a more convenient arrangement for him than for her**).
ostensibile agg. which can be seen on request.
• *Ostensibilmente avv.* visibly.

○**ostentatious** *agg.* [1] fastoso, pretenzioso: **their ostentatious style of living proclaimed them nouveau riche social climbers.** [2] ostentato: **she looked at him with ostentatious (*o* studied) indifference; her ostentatious kindness to Jack's little sister was intended chiefly for Jack's eyes.**
ostentato agg. ostentatious.

ostrich *s.* struzzo.
ostrica *s.* oyster.

○**outrageous** [aut'reidʒəs] *agg.* [1] oltraggioso: **outrageous insult.** [2] gravissimo: **outrageous insult, accusation**; eccessivo: **outrageous price**; molto impudente *o* scandaloso: **outrageous behaviour**; molto eccentrico: **outrageous clothes.** NB: *il termine ha ormai perso quasi del tutto la sua accezione originaria 1 ed è ora usato maggiormente in tutti gli altri significati illustrati.*
oltraggioso agg. insulting, offensive, outrageous: **parole oltraggiose**, insulting, (*o* offensive, *o* outrageous) language.

P

pace [peis] *s.* ☐1 velocità, andatura: **he walks at such a pace (*o* so fast) I can't keep up with him; if we can't increase our working pace we won't get this job done by July 31st.** ☐2 passo: **the traffic was moving at walking pace** (a passo d'uomo); **ten paces away** (*o* off), a dieci passi di distanza. • **To keep pace with someone**, andare di pari passo con qualcuno, *anche in senso figurato*: **my collaborator works much faster than I do and I can't keep pace (*o* up) with him; to set the pace** (*sport*), fare l'andatura (*anche in senso figurato*); **pace-maker**, (*sport*) chi fa l'andatura (*anche in senso figurato*); **to put a horse (*o* a person) through its (*o* his) paces**, mettere alla prova un cavallo *o* una persona.

◉**peace** *s.* ☐1 pace: **peace with honour**, pace onorevole. ☐2 tranquillità, pace: **we go to the country at weekends to get some peace** (from life in the city); **the noise of the traffic gives one no peace in this office; peace of mind**, tranquillità d'animo. ☐3 (*dir.*) ordine pubblico; **charged with disturbing the peace; breach of the peace**, violazione dell'ordine pubblico; **Justice of the Peace**, giudice (*vedi* **giudice** *accezione 2*). • **Peace and quiet**, tranquillità: **once the children are in bed we shall be able to have a bit of peace and quiet** (*è per questo che in Inghilterra i bambini vanno a letto diverse ore prima dei grandi*). • **Peaceful** *agg.* tranquillo.

pace *s.* peace. • **Darsi pace**, to resign oneself, (*più colloq.*) to give up; **metter pace**, to pour oil on troubled waters; **non dar pace**, (*fam.*) to nag, to go on at someone, to plague someone.

◉**pacific** *agg.* ☐1 che ama la pace, pacifico: **he's a pacific creature – he certainly won't make a fuss if you point out that his plan is unworkable.** ☐2 che ristabilisce la pace, conciliatore: **her pacific comments on the situation mollified her angry companions who soon stopped shouting at each other**; distensivo: **a pacific policy in the Middle East.**

pacifico *agg.* ☐1 (*di indole tranquilla*) pacific. ☐2 (*alieno da atteggiamenti ostili o privo di contrasti*) peaceful: **intenzioni pacifiche**, peaceful intentions; **vita pacifica**, a peaceful life; **un aspetto pacifico**, a peaceful appearance. ☐3 (*ovvio, fuori discussione*) obvious, self-evident: **il significato di questo brano è pacifico**, the meaning of this passage is obvious (*o* self-evident). • (*mil.*) **Occupazione pacifica**, peaceful occupation (of a country by foreign troops).

◉**pain** *s.* ☐1 sofferenza fisica, dolore; **labour pains**, doglie del parto. ☐2 (*molto meno comune*) sofferenza morale, dolore, angoscia: **the pain of losing someone you love;** *l'espressione* **pain and grief** *è usata di solito in tono scherzoso* (**it was pain and grief to me to do that boring work all over again**). • NB: (1) **Pain** *equivale a* pena, punizione, *solo nelle espressioni* **pains and penalties**, pene (*non usata spesso*) *e* **on pain of death** (*o altre pene*), sotto pena di morte (*etc.*). (2) **a pain in the neck** (*fam.*), scocciatore, seccatore, *o* scocciatura, seccatura; **pain-killer**, medicina analgesica; **pains** (*plur.*) fatica: **he took great pains over the work; she was at pains to show him that she appreciated his good work.**

pena *s.* ☐1 (*dir.*) penalty; **casa di pena**, penal institution; **pena di morte**, capital punishment; (*punizione in genere*) punishment. ☐2 (*sofferenza fisica*) pain; (*sofferenza morale*) grief, sorrow; (*molto meno usato*) pain. ☐3 (*stento, fatica*) pains: **darsi pena**, to be at pains (to do something), to take pains (over *o* with something); **a mala pena**, hardly, scarcely; **vale *o* non vale la pena**, it's worth (*o* not worth) the trouble, it's worth (*o* not worth) *seguito da un verbo alla forma in* -ING: **ho pensato di andare a trovarlo per cercare di convincerlo a cambiare idea ma alla fine ho deciso che non valeva la pena**, I thought of going to see him to try and persuade him to change his mind, but in the end I decided it wasn't worthwhile (*o* worth my while *o* worth the trouble of going *o* worth going); *analogamente* **una mostra che vale la pena vedere**, an exhibition which is worth seeing; **un problema di cui vale la pena discutere**, a matter which is worth discussing. ☐4 (*pietà, angoscia*) *In frasi del tipo* (1) **è una pena veder tante persone**

anziane abbandonate negli ospizi, (2) ridotto in quello stato mi fece pena, (3) è una pena sentirlo suonare, (4) come pianista fa pena, *il sostantivo italiano deve essere reso in inglese con un aggettivo così da ottenere rispettivamente* (1) it's dreadful (*o* awful, *o* painful) to see so many old people dumped in old people's Homes, (2) it was dreadful (*o* awful, *o* painful) to see him in that condition, (3) he's painful to listen to, he's hopeless at playing the piano, it's agony to listen to him, (4) he's hopeless as a pianist; **stare *o* essere in pena per qualcuno**, to be worried about someone. • **Patire le pene dell'inferno**, to suffer the torments of the damned [dæmd].

◉**palace** *s. Normalmente il termine significa* reggia, *oppure è usato per indicare* la residenza di un vescovo *o* di un arcivescovo (vescovado *o* arcivescovado). **Blenheim Palace**, *vicino ad Oxford, costituisce un'eccezione: è infatti una villa vastissima e sontuosa, costruita per il vittorioso generale Marlborough (antenato di Churchill) come dono da parte della nazione in riconoscimento dei servizi da lui resi alla patria.*
• **The Palace has denied reports that** ..., (la segreteria di) Buckingham Palace ha riferito alla stampa che ...

palazzo s. *Riferendosi ai palazzi storici italiani, l'inglese conserva il termine italiano*: Palazzo Corsini *o* the Corsini Palace. *Quando invece è usato per indicare un edificio di vaste dimensioni per abitazione civile,* **palazzo** *corrisponde in inglese ad espressioni di vario tipo*: a block of flats *o* a large building. • (1) **congiura di palazzo**, palace revolution; (2) **palazzo dello sport**, sports centre.

palette *s*. ④ tavolozza. ② colori della tavolozza: **in this series of paintings the artist has allowed himself a richer palette than usual**.

paletta s. ① (*per dolci*) a cake slice; (*giocattolo usato dai bambini sulla spiaggia*) spade. ② (*per focolare*) (fireside) shovel. ③ (*ferr., etc.*) signal stick; disc signal. ④ (*mecc.*) blade. ⑤ (*anat.*) shoulder-blade (*scapola*); knee-cap (*rotula*). ⑥ (*di carico*) pallet.

◉**panel** *s*. ① pannello. ② giuria: **a panel of judges**, giuria di gara; **panel game**, *qualsiasi* gioco televisivo *in cui un piccolo gruppo di persone (di solito personalità note) devono indovinare le risposte a dei quesiti o dimostrare, rispondendo a delle domande, la propria preparazione su un determinato argomento; in un dibattito trasmesso alla radio* **the panel** *è il gruppo di persone che vi prendono parte.* ③ elenco: **the panel of jurors** *è la lista delle persone che possono essere chiamate a svolgere la funzione di giudice popolare* (**juror** *o* **juryman**). ④ **control panel**, quadro di controllo *di apparecchiature usate negli studi radiofonici o televisivi*; quadro di comando (*in un aereo, etc.*).

pannello s. panel.

◉**paradigm** *s*. ['parədim] (*lett., e poco usato*) paradigma, modello.

paradigma s. ① (*gramm.*) principal parts: **il paradigma del verbo** fero **è** fero, tuli, latum, ferre, the principal parts of *fero* are fero, ferre, tuli, latum. ② (*raro, lett., esemplare*) paradigm.

◉**paraffin** *s*. ① petrolio (*per riscaldamento e illuminazione*): **paraffin heater** (stufa); **paraffin lamp**, lampada a petrolio. ② (*med.*) **liquid paraffin**, paraffina liquida *o* olio di paraffina. ③ **paraffin wax**, paraffina solida.

paraffina s. paraffin wax; **olio di paraffina**, liquid paraffin.

paragon *s*. modello di perfezione: **What a piece of work is man! [...] the beauty of the world! the paragon of animals** (*Amleto*); modello di virtù: **she can't be as good as all that – you make her sound like a paragon (of virtue)**.

paragone s. comparison.

parent *s*. genitore. • (*comm.*) **Parent company**, società madre.

parente s. ① relation, relative; **parenti stretti**, near relations; **parenti alla lontana**, distant relations; **parente acquisito**, relation (*o* relative) by marriage. ② (*cosa affine o molto simile*) **l'aceto è parente del vino**, vinegar is related to wine.

◉**parochial** *agg*. ① parrocchiale. ② (*fig.*) campanilistico, angusto, provinciale: **I hate hearing him talk about politics – his outlook is so parochial**.

parrocchiale agg. parochial.

parole *s*. ① la promessa che un detenuto fa di non cercar di fuggire se gli verrà concesso di uscire dal carcere o di godere di una limitata libertà: **George has been released from prison on parole; a group of prisoners is working at the factory on parole**. ② rilascio di un detenuto prima che la pena sia stata interamente scontata, per buona condotta e a condizione che non commetta altri crimini: **Martin has been granted** (*o* **refused**) **parole.**

parola s. *Le uniche accezioni del termine italiano che non corrispondono a* word *sono le seguenti:* [1] (*facoltà di parlare*) speech: **perdere la parola**, to lose the power of speech; **avere la parola facile**, to have the gift of the gab. [2] (*diritto di esprimersi*) **libertà di parola**, freedom of speech; *l'espressione* **avere la parola** (*in un dibattito*) *spesso non ha equivalenti in inglese ma può talvolta essere resa con* to be allowed to speak; **dare la parola a qualcuno**, to give someone leave to speak, to call upon someone to speak, to give someone the floor (*pol.*); **chiedere la parola**, to ask leave to speak; **prendere la parola**, to begin to speak, to take the floor (*pol.*). • **Parola d'ordine**, password, (*ret.*) watchword; **rilasciare un detenuto sulla parola**, to release a prisoner on parole (*espressione usata solo in contesti militari o giuridici*); **parole incrociate**, crossword; **gioco di parole**, pun; **è una parola!**, it's easier said than done!; **meno parole e più fatti!**, fewer words and more deeds (*o* less talk and more action)!; **tutte parole!**, it's all hot air!; **non far parola**, to hold one's tongue; **masticare le parole**, to mumble; **rivolgere la parola a qualcuno**, to speak to someone, to address someone (*formale*); **far parola di qualcosa a qualcuno**, to mention something to someone; **non ho parole**, I can't thank you enough; **parole di una canzone**, words, lyric (*q.v.*); **credere a qualcuno sulla parola**, to take someone's word for something.

○**parsimonious** *agg.* [1] avaro: **it's no good asking him for a contribution to the fund – he's far too parsimonious** (*più comune*, **mean**, **stingy**). [2] parsimonioso.

parsimonioso *agg.* [1] (*detto in tono di approvazione*) economical (*vedi* **economics**), thrifty, frugal, sparing: **una persona parsimoniosa**, an economical (*o* thrifty) person; **abitudini parsimoniose**, thrifty (*o* frugal, *o* sparing) habits. [2] (*detto in tono critico*) parsimonious.

part *vb. A tr.* [1] separare, dividere: **to part** (*o* **separate**) **fighting men, dogs,** *etc.*; **to part** (*o* **separate**) **lovers** *o* **friends**. [2] *seguito dalla preposizione* with, spendere: **I don't know how he managed to buy it – he must have parted with a huge sum**; lasciare: **she parted with her daughter for ever**. *B intr.* lasciarsi: **they can't bear to part**. • **To part one's hair** (*o* **make a parting**), farsi la scriminatura nei capelli; **to part company (with)**, separarsi, andare in direzioni differenti: **at the end of the road we parted company; I parted company with him at the end of the road**; (*fig.*) **it has never been a satisfactory marriage** (*o* **partnership,** *etc.*) **and now we've decided to part company.**

partire *vb. intr.* to leave, to depart: **il treno parte alle 11.25**, the train leaves (*o* departs) at 11.25; to set out (*o* off): **partimmo la mattina presto**, we set out (*o* set off *o* left) early in the morning. • NB: *Negli orari dei treni, degli autobus, etc., viene sempre usato il verbo* to depart (*abbreviato in* dep.) *ma in conversazione è molto più comune* to leave, *sia che si tratti di persone che di mezzi di trasporto.*

○**partial** *agg.* [1] parziale: **a partial eclipse of the sun; some people thought the judges were partial towards the girl they gave the prize to because she was the youngest competitor.** [2] **to be partial to**, avere un debole per: **give him some of your famous chocolate pudding – he's rather partial to sweet things.** • **Partiality** *s. corrisponde ad entrambe le accezioni dell'aggettivo.*

parziale *agg.* partial.

○**particular** *A agg.* [1] particolare: **he usually writes thrillers but this particular book is something rather more than that; this particular polish is no better than any other; in particular**, in particolare. [2] speciale, eccezionale, particolare: **she took particular** (*o* **special**) **trouble to see that they gave you a quiet room.** [3] selettivo: **she is particular in her choice of friends**; che si attiene meticolosamente a dei determinati standard: **he is very particular about punctuality**, tiene molto alla puntualità. [4] (*poco usato*) minuzioso, *nell'espressione* **a full and particular account (of the event,** *etc.*) *ma è molto più comune dire* **a minute** (*o* **detailed**) **account**. *B s.* (*bur.*) dato, particolare: **give full particulars of the missing suitcase**; generalità: **a policeman took the particulars of the two drivers.**

particolare *A agg.* [1] (*contrapposto a generale*) particular: **il relatore ha trattato un particolare aspetto del tema**, the lecturer concentrated on one particular aspect of the subject; **interessi particolari**, private interests. [2] (*che si distingue dagli altri*) particular: **questo libro particolare fornisce sull'argomento più informazioni di qualsiasi altro**, this particular book gives you more information than any other on the subject; special: **significato particolare**, special (*o* particular) meaning; **è un caso particolare**, it's a special case; **con particolare riguardo a**, with special (*o* particular) reference to; **nulla di particolare**, nothing definite (*di preciso*), nothing special (*o* important) (*di rilevante*). 3 (*insolito, notevole*) unusual, exceptional, outstanding (*in ordine di intensità crescente*): **ha una particolare disposizione per la musica**, he has an unusual (*o* exceptional, *o* outstanding) musical gift; special, particular: **abbiamo dedicato una particolare attenzione a questo problema**, we took special (*o* particular) care over this problem; peculiar (*molto meno usato*): **un tema attualmente di particolare interesse**, a subject of peculiar interest at the present time. • (1) *Quando è usato in senso ironico per indicare stranezza* (**ha un modo di fare tutto particolare**) *l'aggettivo italiano deve essere reso in inglese con espressioni che si adattino ad ogni singolo contesto*: **ha un modo tutto particolare di intendere cosa significhi agire con prontezza**, she has an amazing notion (*q.v.*) of what «taking immediate action» means. (2) *Usato in funzione di predicato* **particolare** *non può essere reso con* particular: **è molto particolare**, (*di una donna*) she's very unusual, (*di uno stile*) it's very distinctive. B *s*. 1 (*dettaglio*) detail: **riproduzione di un particolare della** *Primavera* **del Botticelli**, reproduction of a detail from Botticelli's *Primavera*; **entrare nei particolari**, to go into details. 2 (*mecc., pezzo*) part.

◐**partner**/*partner* *s*. *Pur essendo ormai entrato a far parte del vocabolario italiano*, **partner** *nelle espressioni* **sleeping partner** *e* **partners in crime** *equivale rispettivamente a* socio di capitali (*che dà soltanto un apporto di capitali, Ragazzini*) e complici nel delitto. *L'impiego di* partner *in italiano si è esteso al punto da aver dato origine a due significati che sono invece estranei all'uso che di questo termine si fa in inglese*: *l'espressione* fare da partner a qualcuno (*cinema*) *corrisponde infatti a* **to play opposite someone**, *mentre* partner *nei rally automobilistici equivale a* **navigator** *o* **co-pilot**.

◐**passage** *s*. 1 corridoio; (*molto meno usato*) vicolo. 2 passaggio: **leave a passage** (*o* **way**, *o* **passageway**) **between the packing cases** (colli), **otherwise it will be impossible to enter the warehouse**. 3 (*in un testo*) passo, passaggio; (*mus.*) passaggio: **the soft passage before the soloist's entry**. 4 (*anat.*) condotto, canale: **nasal passages**. 5 traversata *o* viaggio in nave, passaggio: **we had a smooth passage from Genoa to Australia**; **to work one's passage**, pagarsi il viaggio lavorando a bordo. 6 approvazione di una legge: **the passage of the first Reform Bill (through the Commons and the Lords) was slow and stormy**. 7 (*poco usato*) atto del passare, passaggio: **the passage of ships through the Suez canal is very slow**. • **The passage of time**, il passare del tempo: **with the passage of time she became sadder and wiser**; **a bird of passage**, uccello di passo, (*fig.*) persona che si trova in un luogo solo di passaggio; **a passage of arms** (*lett.*), un litigio, un'aspra discussione; **angry, heated**, *etc.* **passages (between people)**, aspro, animato, *etc.* scambio di battute *nel corso di una discussione*: **there were angry passages between the Prime Minister and the Leader of the Opposition on the first day of the debate on the Queen's Speech**.

passaggio *s*. 1 (*atto del passare*) passing (*di una processione o del flusso del traffico*); passage (*poco usato*): **il passaggio di una nave attraverso lo stretto**, the passage of a ship through straits; crossing (*attraversamento di una strada o di un fiume*); *una frase come* **l'anno scorso c'è stato un gran passaggio di turisti per la città**, *corrisponderebbe a* last year the city was overflowing with tourists; traffic: **intenso passaggio di automobili**, heavy traffic. 2 *La locuzione* **di passaggio** *non trova concisi equivalenti in inglese per cui deve essere resa con espressioni alternative*: **ho visto la città solo di passaggio**, I only saw the town as I was passing through; **mi ha detto due parole così, di passaggio**, he spoke a couple of words to me in passing; **è una stanza di passaggio**, it's not really a room, more of a passage; **gente di passaggio**, people who are just here for a short time. 3 (*varco*) way through, passageway: **un passaggio stretto, largo, facile**, a narrow, wide, easy way through (*o* passageway); way out, exit: **chiudere, controllare ogni passaggio**, to close, check every way out (*o* exit); **ostruire il passaggio**, to block (*o* be in) the way; (*bur.*) thoroughfare [ˈθʌrəfeə]: **vietato il passaggio**, no thoroughfare, no through way; crossing: **passaggio pedonale**, pedestrian crossing; **passaggio a livello**, level crossing. 4 (*traversata in nave*) passage: **passaggio in India**, a passage to India. 5 (*ospitalità offerta su di un veicolo*) lift: **vuoi un passaggio?**, can I give you a lift? 6 (*cambiamento da una condizione ad un'altra*) passing, change: passing (*o* change) from one state, phase, period of one's life, *etc.* to another. ⑦ (*passo di un testo o episodio all'interno di un brano musicale*) passage. ⑧ (*sport*) pass. • **Passaggio sotterraneo**, underground passage; (*sottopassaggio*) subway (*G.B.*), underpass (*USA*); **passaggio di proprietà**, change of ownership.

○**passion/*passione*** *s.* *Gli unici casi in cui* **passion** *non trovi in* passione *il suo equivalente più appropriato sono i seguenti*: **they spoke of the unjust sentence with passion** (con fervore); **in a passion of remorse** (assalita dal rimorso) **she begged her mother to forgive her; in a fit of passion** (in un accesso di rabbia) **he smashed her violin to pieces; to fly into a passion** (andare su tutte le furie). *Per quanto riguarda il termine italiano, è da osservare che, pur corrispondendo nella maggior parte dei casi a* **passion**, *in certe espressioni deve essere reso con sostantivi differenti*: morire di passione (*di dolore*), **to die of grief** (*o* **of a broken heart**); prendere passione a qualcosa, **to get to like something**; non avere passione a niente, **not to take an interest in anything**; con passione: *quando significa con entusiasmo, non corrisponde a* **with passion**: *per esempio* insegna con passione *equivarrebbe a* **she teaches with enthusiasm**.

○**passionate** *agg.* ① intenso (*di sentimenti*): **passionate sorrow, delight**. ② ardente, appassionato: **he has a passionate nature; a passionate prayer; she made a passionate speech in defence of civil liberties; he is a passionate child**, è un bambino che passa improvvisamente da uno stato d'animo intenso ad un altro (*per esempio dall'euforia alla tristezza*). ③ passionale: **a passionate lover, embrace**. ④ collerico: **a passionate man, passionate words**. *È ovviamente il contesto a rendere evidente quando il termine vada inteso in questo senso*. ⑤ che ha passione per, che è appassionato di: **she is a passionate cricketer, bird-watcher, music-lover**, è appassionata di cricket, *etc.*; (*fam.*) **she's passionate about bird-watching**.

appassionato *A agg.* ① fond of: **è appassionato di tennis**, he's fond of tennis; (*più forte*) keen on; **è appassionato di calcio**, he's (very) keen on football; (*molto più forte*) passionate: **basta dare un'occhiata al loro giardino per capire che sono appassionati di giardinaggio**, one look at their garden tells you that they're passionate gardeners. ② (*piuttosto retorico*) impassioned, *solo in espressioni del tipo* **an impassioned appeal, defence, speech**. *B s. Usato come sostantivo il termine italiano non ha equivalenti in inglese; l'espressione* è **un appassionato di** *non può essere resa altro che con uno degli aggettivi sopra elencati, ottenendo* **he's fond of,** *o* **keen on** *o* **he's a passionate gardener, cricketer,** *etc.*

○**patent** *A s.* ['pætənt] *è la pronuncia corretta ma quella più corrente è* ['peitənt], brevetto: **patent law**, diritto dei brevetti. *B agg.* ① ['peitənt] palese, patente. ② protetto da brevetto: **a patent burglar alarm**. • **Patent leather**, cuoio verniciato.

patente *A s.* ① licence, permit ['pə:mit]; **patente di guida**, driving licence. • **Hai la patente?**, have you got a driving licence?, (*ad una persona molto giovane*) have you taken your driving test?; **ma chi ti ha dato la patente?**, why don't you learn to drive? ② (*pubblica qualifica*) **dare a qualcuno la patente di bugiardo**, to call someone a downright liar. *B agg.* patent, manifest: **una patente bugia**, a patent (*o* manifest) lie.

○**pathetic** *agg.* ① che ispira pietà e tristezza, commovente, patetico: **the poverty-stricken families living in this area make a pathetic effort to keep their houses clean and cheerful; the child wrote a pathetic letter to his parents begging them to come and take him home**. ② (*colloq.*) penoso, pietoso, *nel senso di* miseramente inadeguato: **he's convinced he's an excellent public speaker, but did you hear his pathetic speech last night?; she made a pathetic attempt to convince us that her son had had nothing to do with the crime – naturally no one believed her**.

patetico *agg.* ① pathetic: **il suo insuccesso nel lavoro è un patetico caso di talento sprecato**, his failure in business is a pathetic case of misdirected talents; **li fissava con uno sguardo patetico**, he gazed at them with pathetic eyes. ② (*che vuole commuovere*) emotional: **a quel punto abbandonò il suo tentativo di convincerci con la ragione e si lanciò in una patetica difesa del cambiamento di politica attuato dal partito**, at that point she abandoned her attempt to convince us rationally and launched into an emotional defence of the party's change of policy.

○**patience/*pazienza*** *s. I due termini si equivalgono se si esclude l'uso di* **patience** *per indicare un gioco, o piuttosto una serie di giochi a carte eseguiti da una persona da sola*: solitario.

patron ['peitrən] *s.* ⓵ mecenate: **the BBC and the dying tobacco industry are the most generous patrons of the arts in Britain today**. ⓶ pubblico di un teatro, di un cinema, *o* cliente di un pub, *etc.*; (*negli avvisi*) **patrons are kindly requested not to smoke in this area**. ⓷ (*eccl.*) patrono.

patrono *s.* ⓵ (*relig.*) patron saint: **St Margaret è la patrona della nostra parrocchia**, St Margaret is the patron saint of our parish church; **St George è il patrono dell'Inghilterra**, St George is the patron saint of England. ⓶ (*promotore o socio benemerito di una istituzione di beneficenza, Zingarelli*) patron. ⓷ (*eccl.*) patron. ⓸ (*dir.*) counsel.

pavement *s.* marciapiede. • **Pavement artist**, chi disegna col gesso sul marciapiede (*per ricevere denaro dai passanti*); (*USA*) artista che espone e vende i suoi lavori sul marciapiede (*Ragazzini*).

pavimento *s.* floor.

❍peculiar [pi·kju:ljə] *agg.* ⓵ strano, eccentrico: **I want to introduce him to you, but you may not like him – he's peculiar** (*o* **a peculiar person**); **he has peculiar habits**. ⓶ peculiare, caratteristico: **this was a style of dress peculiar to Welsh women in the middle ages**. ⓷ particolare, speciale: **conchology** (conchiliologia) **is a study of peculiar fascination**.

peculiare *agg.* peculiar (to) (*posto sempre dopo il nome a cui si riferisce*): **un suo peculiare modo di esprimersi**, a way of speaking peculiar to him; idiosyncratic (*q.v.*).

pentagram *s.* stella a cinque punte.

pentagramma *s.* stave; (*meno usato*) staff [sta:f].

❍period ['piəəriəd] *s.* ⓵ periodo: **there was a short period when he worked abroad**; epoca: **the early Tuder period**. ⓶ ora di lezione: **the fourth period on Monday morning is maths; we have a double period for biology on Friday afternoon**. ⓷ (*gramm.*) periodo: **Milton's prose is characterized by long, complex, Latinate periods**; (*tuttavia, il termine usato più comunemente è* **sentence**). ⓸ mestruazioni. ⓹ (*gramm.*) punto fermo. • (1) *In G.B. l'espressione* **full stop** *per* punto fermo *è usata molto più spesso di* **period**, *mentre negli USA è vero il contrario. Negli USA inoltre* **period** *è usato nella lingua slang nel senso di* punto e basta: «**I don't like it**» – «**Why not?**» – «**I don't like it, period!**». (2) **period** *agg.* appartenente ad un'epoca passata, d'epoca: **the play was performed in period costume; it's a beautiful period house; she collects period furniture**. *Questo uso aggettivale del termine, per la sua estrema vaghezza, non è comunque da consigliare.*

periodo *s.* Equivale nella maggior parte dei casi *a* period (**the post-war, Renaissance, romantic period; an interesting, critical, forgotten period; long periods in an essay**) *ma occorre osservare che* (1) *essendo l'uso di* period *in inglese più limitato di quello del suo corrispettivo in italiano, è di solito preferibile tradurre* periodo *con un altro termine, ad esempio con* time: **fu un periodo interessante**, it was an interesting time; **siamo stati lì per un lungo periodo**, we stayed there for a long time; **in quel periodo sapeva molto poco riguardo a questo argomento**, at that time he knew very little about the subject; (2) *l'espressione* **in questo periodo** *equivale a* at the moment: **di professione è pittrice ma in questo periodo lavora in una fattoria**, she's a painter by profession but at the moment she's working on a farm.

❍permit [pə·mit] *vb. tr.* ⓵ permettere: **the rules of the club do not permit members to entertain guests in the members' dining room; parking is permitted in this area after 6 p.m.; time did not permit the speaker to answer all their questions**. ⓶ *seguito da* of (*formale e raro*), consentire, ammettere: **the problem is a delicate one and does not permit** (*più usato*, **admit**) **of public discussion**. • **Weather permitting**, tempo permettendo; **health permitting**, se Dio ci darà salute; **time permitting**, se ci sarà tempo.

permettere *vb. A tr.* to allow [ə·lau], to let; (*più formale e molto meno usato*) to permit: **permettono ai loro bambini di andare a letto molto tardi**, they allow their children to (*o* let their children) go to bed very late; **ai loro bambini è permesso andare a letto molto tardi**, their children are allowed to go to bed very late. • NB: (1) to let *non ha forma passiva*; (2) to permit *è un termine piuttosto formale e più che in frasi del tipo sopra illustrato, risulterebbe più appropriato in contesti di carattere ufficiale come in* **bathing is not permitted on this beach** *o* **the local council does not permit bathing on this beach**. *B rifl.* ⓵ to allow oneself, to let oneself: **se intendo sbrigare tutte le cose che ho sempre da fare durante il giorno, non posso permettermi di restare a letto neanche un minuto di più**

dopo le sei, if I'm going to do all I need to do during the day I can't allow myself to (*o let myself*) stay in bed a minute after six. ② to take the liberty (*formale*): **signor Presidente, mi perdoni se mi permetto di non essere d'accordo su quanto è stato appena detto**, Mr Chairman, forgive me if I take the liberty of disagreeing with what the last speaker has just said. ③ to afford (*usato più spesso in frasi negative che affermative*): **abbiamo comprato una macchina nuova quest'anno, così non possiamo permetterci di andare in vacanza all'estero**, we bought a new car this year so we can't afford a holiday abroad; **potremo permetterci una vacanza all'estero l'anno prossimo se staremo attenti a spendere**, we'll be able to afford a holiday abroad next year if we are careful. • *Per rendere l'uso di* **permettere** *in espressioni di cortesia bisogna ricorrere ai verbi* **may** *e* **to mind**: **mi permetta di presentarle mio fratello**, may I introduce my brother?; **permette?**, may I?, do you mind?; (**è) permesso (entrare)?**, may I come in?; *una frase del tipo* **mi sono permesso di portarle del vino** *corrisponderà invece semplicemente a* I've brought you some wine.

perquisite [ˈpəːkwizit] *s.* concessione *o* privilegio *etc.* elargito *o* considerato come un qualcosa a cui si ha diritto in aggiunta allo stipendio *o* al salario (*abbreviato di solito, sia nella lingua parlata che in quella scritta, in* **perk**): **the salary is no better in his new job but he gets a number of valuable perks including a company car**.
perquisito *part. pass.* searched.

◐**personal** *agg.* ① proprio di una persona, personale: **the manager will give the matter his personal attention; the firm's car is not for your personal use** (non è di tuo uso personale). ② attinente alla vita privata di una persona, personale, privato: **he never allows personal considerations to influence his professional decisions; journalists ought not to embarrass the Princess by asking such personal questions**. ③ (*di persona*) che fa osservazioni (*soprattutto di carattere ostile o critico*) sull'aspetto di una persona *o* sulla sua vita privata; (*di discorso*) che contiene osservazioni di tale genere: **what began as a political argument soon descended to personal remarks** (*o* **personalities**, *q.v.*); **I won't continue this discussion if you're going to be personal**. ④ fatto, *etc.*, di persona: **many famous film stars will make personal appearances** (interverranno di persona) **in a fund-raising review**. ⑤ del corpo e del vestiario, personale: **children at the mission learnt nothing at home about the importance of washing their clothes or their bodies and had to be taught personal hygiene at school**. ⑥ (*teolog.*) che esiste come persona: **Christians believe in a personal God**. • **Personal assistant**, assistente di fiducia di un funzionario, di un uomo di affari, *etc.*; **personal column**, (*in un giornale*) spazio riservato ad annunci di carattere personale; (*gramm.*) personale: **personal pronoun, personal construction**.

personale A *agg.* personal. B *s.* ① (*di un'azienda, di un ufficio, etc.*) personnel [pəːsəˈnel], staff. • **Personnel officer**, *impiegato di una ditta o di un ufficio statale che si occupa dei problemi, di carattere sia aziendale che privato, del personale*. ② (*figura fisica*) figure. ③ (*esposizione delle opere di un singolo artista vivente, Zingarelli*) one-man show (*o* exhibition).

◐**personality/personalità** *s.* *I due termini si equivalgono ma qualche volta* **personalities** (*plur.*) *può anche significare* allusioni personali: **he's one of the few politicians who never descend to personalities in their pre-election speeches; all right – I'm prepared to argue about it, so long as we keep personalities out of it**.

◐**persons** *s.* *È un termine usato seriamente solo nel gergo burocratico*: **persons in this category are required to complete Form BF 1066**; *nel linguaggio comune è usato invece in tono ironico per esprimere disprezzo, disgusto* (**politicians and other unprincipled persons**) *o scherno* (**the newcomers were the oddest persons imaginable**). • **Unauthorized persons not allowed past this point**, vietato l'accesso ai non addetti ai lavori.
persone *s.* people, persons (*ma vedi sopra*).

◐**perspective/prospettiva** *s. Hanno gran parte delle loro accezioni in comune*; **perspective** *differisce da* prospettiva *solo quando indica un modo di considerare o di presentare dei fatti o degli eventi* (*spesso definito da un aggettivo*): **this book gives the ordinary reader a perspective** (un panorama) **of twentieth-century European drama; an accurate perspective of**, un fedele panorama di; **a distorted perspective of**, una interpretazione distorta di. Prospettiva *invece deve essere reso con* **view** *o* **prospect** (*arc., q.v.*) *quando significa* vista, veduta, *e con* **prospect** *o* **outlook** *quando è usato nel senso di* previsione, possibilità: **there is no prospect of promotion in**

persuade

in this job; in his present job (*o* state of health, *etc.*) his prospects are (*o* the outlook is) poor.

● **persuade** [pə'sweid] *vb. tr.* convincere, persuadere, indurre *qualcuno a fare qualcosa*.

persuadere *vb. tr.* [1] persuadere qualcuno a fare qualcosa, to persuade someone to do something: **mi persuase a restare**, she persuaded me to stay. [2] **persuadere qualcuno di qualcosa**, to convince someone of something: **mi ha persuaso dell'importanza di restare**, she convinced me of the importance of staying; she convinced me that it was important to stay. [3] (*muovere all'assenso*) to convince: **è riuscita a persuadermi**, she succeeded in convincing me; **alla fine sono stato persuaso** (*o* **mi sono persuaso**), in the end I was convinced; **ho accettato la sua spiegazione ma non ero veramente persuasa**, I accepted her explanation but I wasn't really convinced (by it). [4] (*ispirare fiducia*) to inspire trust; (*suscitare consenso*) to be convincing: **è un grande violinista ma come direttore d'orchestra non mi persuade**, but I don't find him very convincing as a conductor.

perverse *agg.* che si ostina a fare qualcosa di irragionevole pur sapendo, spesso, di finire per nuocere più a se stesso che agli altri; *potrebbe, per esempio, essere definito* **perverse** *un impiegato* (*o il comportamento di un impiegato*) *che insiste nel voler dare al proprio direttore consigli che non solo questi non accetterebbe ma che sicuramente susciterebbero la sua ira*: **how perverse of you to insist on giving the boss such advice!** *In certi casi il termine potrebbe avvicinarsi al significato esteso di* masochistico: **he gets a perverse satisfaction out of making himself cross and unhappy by overwork**; **perverse** *può inoltre indicare una persona* che si ostina, senza addurre una ragionevole motivazione, a rifiutare qualsiasi cosa le venga proposta: *se, per esempio, si offre ad una* **perverse child** *di andare al cinema, questa sicuramente dirà che non le va, e la sua risposta non sarà differente se invece del cinema le viene proposto il circo, lo zoo etc.*

perverso *agg.* wicked, depraved.

perversity *s.* (*sinonimo di* **perverseness**) *comportamento caratterizzato dalla determinazione ad essere* **perverse** (*q.v.*): **his perversity** (*o* **the perversity of his behaviour**) **makes him very difficult to work with, but he's quite a pleasant chap**.

perversità *s.* [1] wickedness, depravity. [2] wicked action, outrage: **massacri e perversità contro innocenti** (*La Repubblica, 8.2.86*), slaughter and outrages perpetrated against innocent people.

● **pervert** ['pə:və:t] *A s.* pervertito. *B vb. tr.* [pə:'və:t] [1] pervertire. [2] alterare, travisare: **this interpretation perverts the meaning of the word** *right*; **such an application of this law perverts its intention**.

pervertire *vb. tr.* to pervert.

● **pest** *s.* [1] insetto (*o piccolo animale*) nocivo alle piante dei giardini *o* alle coltivazioni (*afidi, lumache, topi, etc.*). [2] (*fig.*) seccatore: **that man's a perfect pest**; peste: **what a pest that child is!** ● **Pesticide** *s.* insetticida, pesticida *e sim.*; **pest control** *s.* disinfestazione.

peste *s.* [1] plague; (*lett.*) pestilence. [2] (*puzzo*) stink; (*più forte*) stench. [3] (*rovina*) curse. [4] (*di bambino irrequieto*) pest. ● **Dire peste e corna di qualcuno**, to tear someone to shreds.

petrol ['petrəl] *s.* benzina. ● **Petrol bomb**, bottiglia Molotov.

petrolio *s.* petroleum [pə'trouljəm], crude oil [kru:d ɔil]; (*da illuminazione*) paraffin (*USA* kerosene); **lampada a petrolio**, paraffin lamp; **trovare il petrolio**, to strike oil.

● **phrase** *s.* [1] espressione *nel senso di gruppo di parole che non ha un senso compiuto* (**the girl carrying a suitcase**) *contrapposto a frasi di senso compiuto* (**the girl carried a suitcase**). [2] locuzione, perifrasi: **you can't translate** *magari* **by a single word: you have to use a whole phrase**. [3] (*mus.*) frase.

frase *s.* [1] sentence; clause (*nella sintassi*): «**the girl carried a suitcase which appeared to be heavy**» is a sentence composed of (*a*) a main clause (**the girl carried a suitcase**) and (*b*) a dependent adjectival clause (**which appeared to be heavy**) qualifying *suitcase*. [2] (*mus.*) phrase.

physic *s. Significava* medicina (*farmaco*) *fino alla metà del secolo scorso; adesso è un termine obsoleto*. ● **Physician** *s.* medico; *è usato solo quando si vuole evidenziare il contrasto con* **surgeon** (chirurgo).

fisica *s.* physics (*seguito da un verbo alla forma singolare*).

fisico *A s.* [1] (*studioso di fisica*) physicist. [2] (*complessione del corpo umano, sua condizione di salute*) constitution: **un fisico robusto**, a robust (*o* strong) constitution. ③ (*complessione del corpo umano, sua conformazione*) figure: **ha un fisico alto**, he has a tall figure; **ha un bel fisico**, she has a beautiful figure; build: **lo riconobbero subito dai suoi capelli rossi e dal suo fisico robusto**, they recognized him at once by his red hair and big build; physique [fiˈziːk] (*meno usato, di solito riferito a atleti*): the athlete's splendid physique; a man of poor physique. *B agg.* physical.

picture *A s.* ① quadro: **who painted the picture over your dining room mantelpiece?** ② figura: **look at the picture on page ten and answer the following questions.** ③ immagine: **I had a very clear picture of her in my mind, but when we finally met I found she looked quite different**; (*TV*) **there's still something wrong with the set – the sound has come back but the picture keeps breaking up.** ④ descrizione, quadro: **there's an article in today's paper that gives a very worrying picture of the situation in Chile.** ⑤ (*USA*) fotografia. ⑥ (*più spesso negli USA che in G.B.*) film: **the last picture Grace Kelly made was** *High Society*. ⑦ (*plur., G.B.*) cinema, film: **let's go to the pictures**, andiamo al cinema. • **Picture hat**, cappello a tesa larga; **a picture-book house, child, village**, *etc.*, di una bellezza stucchevole e piuttosto stereotipata; **she's the picture of health**, è il ritratto della salute; **her face was a picture**, sembrava molto sorpresa; **her garden was a picture**, il suo giardino era bellissimo; **to be in the picture**, essere al corrente. *B vb. tr.* figurar(si), immaginar(si): **can't you picture** (ti immagini) **his mother's face when he tells her he's been promoted?; from her description I pictured an enormous and very imposing house – is it really like that?**

pittura *s.* ① (*l'arte del pittore*) painting. ② (*dipinto*) picture, painting. ③ (*descrizione*) picture. ④ (*verniciatura*) painting.

piety [ˈpaiəti] *s.* devozione a Dio e dedizione alle opere buone; l'essere pio, pietà. • **Filial piety**, comportamento corretto verso i genitori dettato da senso del dovere: **I can't think what makes her go on living at home, unless it's filial piety.**

pietà *s.* ① (*compassione*) pity: **ho provato pietà per lui e gli ho dato dei soldi**, I felt pity for him and gave him some money; **senza pietà**, mercilessly, pitilessly; **per pietà**, for goodness' sake; for pity's sake (*meno usato*); *quando è usata in situazioni drammatiche questa locuzione non può essere resa altro che con* for God's sake, *espressione che però è usata spesso in tono leggero*; **mi fai pietà** (*spreg.*), you're pathetic; **questa relazione fa pietà**, this essay is hopeless. ② (*riverenza o devozione*) piety. ③ (*immagine della Madonna che tiene in grembo il Cristo morto*) pietà (*ital.*).

pile *A s.* ① pila: **a pile of books on a table.** ② (*fam.*) un mucchio, un sacco: **I've got a great pile of jobs to do today.** ③ (*fam.*) un mucchio, un sacco, un bel gruzzolo di soldi, *soprattutto nell'espressione* to make a pile: **he made a pile out of his second film; that's where I'll live when I've made my pile.** ④ edificio imponente, *di solito una villa antica*: **How reverend is the face of this tall pile, / Whose ancient pillars rear their marble heads / To bear aloft its arch'd and pond'rous roof** (Congreve). ⑤ pelo (*di velluto, di tappeti, etc.*). ⑥ palo di fondazione. ⑦ (*raro*) **funeral pile** (*più spesso* pyre), pira. ⑧ (*plur.*) emorroidi. *B vb. tr.* (*qualche volta seguito da* up) accatastare, ammucchiare: **he piled all the books on the desk; they piled up the mail bags on the station platform**; *quando è seguito da* with, to pile *richiede una costruzione diversa*: **he piled the desk with books; the platform was piled with mail bags.** *C vb. intr.* (*seguito da* up) accumularsi, *di solito in senso figurato*: **work has been piling up while I've been away**; (*seguito da* into) stiparsi: **they all piled into one tiny car.** • (*fam.*) **To pile it on**, esagerare, gonfiare i fatti, caricare le tinte; **to pile on the agony**, parlare di una situazione facendola apparire più grave di quello che è, drammatizzare.

pila *s.* ① (*catasta*) pile. ② (*elettr.*) battery; **pila a secco**, dry battery. ③ (*torcia*) torch. ④ **pila atomica**, atomic pile, nuclear reactor. ⑤ (*di ponte*) pier. ⑥ **pila dell'acqua santa**, holy water stoup [stuːp].

pipe *A s.* ① tubo: **a pipe burst in the frost and flooded the attic; wastepipe**, tubo di scarico; **drainpipe**, grondaia verticale; **drainpipe trousers**, pantaloni a tubo; canna: **the water isn't coming through because there's an airlock** (una bolla d'aria) **in the pipe; gas pipe**, gasdotto; **pipeline**, oleodotto: **they're laying a pipeline across the desert**; (*fig.*) **to be in the pipeline**, essere in corso di realizzazione: **plans for a new concert hall are in the pipeline.** ② (*mus.*) canna d'organo; piffero; **the pipes** (*scozzese*), cornamusa. ③ suono prodotto da un piffero; *usato di solito per indicare una* voce acuta: **from the next**

room came the old man's deep voice alternating with the high childish pipe of his grandchild. **4** pipa: **to smoke a pipe; he enjoys a quiet pipe after dinner, sitting in the evening sun.** • **Put that in your pipe and smoke it!**, mettitelo bene in testa!; **pipedream**, illusione, progetto irrealizzabile, utopia. *B vb. tr. e intr.* **1** fare arrivare il gas *o* l'acqua *in un luogo*: **water and gas had to be piped to the house from a great distance.** **2** suonare un piffero *o* una cornamusa. **3** cantare (*o* dire) con voce acuta e sottile: **a bunch of little boys were piping carols outside our door on Christmas Eve; «Yes, I know him», piped the little boy.** **4** applicare cordoncini di guarnizione *o* filetti sulle cuciture di abiti, cuscini, fodere, filettare: **a dark blue dress piped with scarlet.** • **To pipe up** (*spreg.*), esprimere un'opinione che nessuno vuole sentire: **in the middle of an interesting political discussion at supper Granny piped up with a suggestion that if we all went to church regularly there would be no more wars**; (*fam.*) **pipe down!**, taci!, nessuno vuol sentire quello che hai da dire!

pipa *s.* **1** pipe; (*molto meno usato*) tobacco pipe. **2** (*quantità di tabacco contenuta nel caminetto della pipa*) pipe. **3** (*naso*) bottle nose, big nose.

○**pirate** *s.* pirata. • *È usato come aggettivo in posizione attributiva in espressioni come* **pirate publishing company** (casa editrice che esercita la pirateria letteraria), **pirate video company** (società distributrice di registrazioni di programmi televisivi effettuate senza l'autorizzazione degli autori e senza corrispondere a questi i diritti che loro competono), **a pirate airline** (compagnia aerea che offre tariffe di gran lunga inferiori a quelle comunemente praticate dalle altre compagnie), **a pirate radio** (radio pirata). • **To pirate** *vb. tr.*; **pirated** *agg.*: **pirated versions of Shakespeare's plays** *furono pubblicate, quando Shakespeare era ancora vivo, da attori o spettatori che nel trascriverle compirono sbagli che hanno poi fatto, per secoli, la delizia degli studiosi di Shakespeare.*

pirata *s.* **1** pirate. **2** (*fig., ladro, sfruttatore*) shark. **3** (*dirottatore di aerei di linea*) hijacker. **4** **pirata della strada**, hit-and-run driver, *solo però nel senso di chi, dopo aver investito una persona, non le presta soccorso; usata nel suo significato esteso (autista incurante del codice stradale) l'espressione non trova equivalenti di carattere idiomatico in inglese.*

○**plague** [pleig] *s.* **1** peste. **2** (*fig., di persona*) piaga; (*più spesso, di cose che si è obbligati a fare*) seccatura: **what a plague it is, having to spend all day on a crowded beach with the children.** **3** invasione (*di insetti, topi, etc.*): **the roses are suffering from a plague of greenfly** (afidi) **at the moment; we had a plague of mice in the house last winter.** • **To plague** *vb. tr.* tormentare, assillare, non dar pace: **the noise of my neighbours' cats fighting on the roof plagued me all night; she's plagued by her disagreeable relations incessantly offering her unwanted advice; to be plagued by doubts.**

piaga *s.* **1** sore; ulcer. **2** (*fig., flagello*) plague; (*lett.*) scourge. **3** (*fig., persona insopportabile*) nuisance; (*più forte*) pest, plague. • **Mettere il dito sulla piaga**, to touch on a sore point.

○**platform** *s.* **1** palco: **the leaders of the party took their place on the platform and the party conference began.** **2** marciapiede, banchina (*in una stazione ferroviaria*): **she left one of her suitcases on the platform by mistake when she got into the train**; binario: **the train now standing at platform one is the 7.45 for Bristol.** **3** piattaforma: **the guns were mounted on steel platforms; an oil-drilling platform** (*o* **oil rig**). **4** (*fig.*) programma politico, piattaforma.

piattaforma *s.* platform. • (*sport, per tuffi*) Diving board; **piattaforma di lancio** (*di missili*), launching pad; **piattaforma continentale**, continental shelf.

○**poem** *s.* **1** poesia: *The Oxford Book of English Verse* **contains 967 poems.** **2** poema: *Paradise Lost* **is an epic poem.** • (*mus.*) **Tone poem**, poema sinfonico.

poema *s.* poem; (*scherz.*) **questa non è una tesi di laurea, è un poema!**, this isn't a thesis, it's an epic!

○**point** *s. e vb. e* ***punta***, ***punto***, ***puntare*** *La trattazione di questi termini (i cui significati sono così numerosi da impedire che in questa sede se ne possa condurre un'analisi dettagliata) è qui finalizzata a porre in evidenza gli usi più ricorrenti nelle rispettive lingue.*

point *A s.* **1** punta (*estremità*): **the point of a pencil.** **2** punto *nello spazio e nel tempo*: **point of intersection; point of view; point of departure; she was on the point of speaking; he reached the point in the book where ...** **3** punto *livello*: **boiling point; the cost of living has gone up two points since May; I agree with you up to a point.**

[4] punto (*punteggio*): **to score points in a game**. [5] punto essenziale *di un argomento*: **I don't think he saw the point of what you were saying**. *Questo significato di* **point** *ha molte estensioni*: **he missed the (whole) point**, non ha capito niente; **to keep** (*o* **stick**) **to the point**, non divagare, non uscire dal seminato; **to the point**, pertinente; **off the point**, non pertinente. [6] scopo, motivo: **the point of going now is to arrive in daylight; there's no point in explaining it** (*o* **it would be pointless to explain it**) **to him – he won't listen**. [7] caratteristica: **her shrewdness about people is her best point**; qualità positive: **I don't really like her but she has her points**. [8] scambio ferroviario: **the train rattled as it crossed the points**. [9] (*mat.*) virgola: **ten point two**, dieci virgola due; **the decimal point**. [10] (*tipogr.*) corpo. B *vb. tr.* [1] indicare *col dito*: **he pointed to the church**. [2] (*seguito da* **out**) indicare: **he pointed out the church and told us we must certainly have a look at it**; far notare: **he pointed out my mistakes; he pointed out that I had contradicted myself**. [3] puntare, mirare: **to point a gun at someone**. • (1) **a pointed object**, un oggetto appuntito. (2) **a pointed remark**, un'osservazione diretta decisamente ma non esplicitamente ad una persona, *talvolta* stoccata, frecciata; *l'avverbio* **pointedly** *è usato per estensione per indicare un'azione che viene compiuta non solo intenzionalmente, ma anche in maniera ostentata*: *una frase come* **he pointedly avoided speaking to me at the party**, *equivarrebbe a* ha fatto di tutto per farsi notare da me al ricevimento, ma quando mi è capitato vicino non mi ha neppure rivolto la parola.

punta *s.* [1] (*estremità*) point: **punta di un lapis, di un bastone**, point of a pencil, of a stick; tip: **punta del naso, della lingua, delle dita, di un pennello**, tip of one's nose, tongue, fingers, of a paintbrush; **camminare in punta di piedi**, to tiptoe; top: **la punta di un albero, di una torre, di una montagna**, top of a tree, tower, mountain; peak: **punta di un monte**, a mountain peak. [2] (*massima intensità di un fenomeno*) *nella locuzione* **di punta**, peak: **l'ora di punta dell'ascolto televisivo è dalle 9 alle 10 di sera**, 9 to 10 p.m. is peak viewing time (*TV*); rush: **evita di prendere la metropolitana nell'ora di punta**, try not to use the Tube in the rush hour. [3] (*promontorio*) point, headland, (*più tecnico*) promontory: **la punta visibile da questa parte della spiaggia è Hartland Point**, the promontory you can see from this part of the beach is Hartland Point. [4] (*mecc., da trapano*) drill bit. [5] (*un po'*): **una punta di sale**, a pinch of salt (*e altre cose in polvere*); bit, touch (*di cose solide o astratte*). • **Cane da punta**, gun dog (pointer *è una razza particolare*); **in punta di forchetta**, in a niminy-piminy way.

punto *s.* [1] (*nello spazio e nel tempo*) point: **a un certo punto del nostro viaggio**, at a certain point in our journey; **punto di riferimento**, point of reference (*poco usato in senso figurato*); **punto di vista**, point of view; spot, place: **il punto che ci ha indicato sulla cartina**, the spot (*o* place, *o* point) he showed us on the map; **punto debole** (*fig.*), weak spot, weakness. [2] (*punteggio*) point: **quanti punti hai segnato**, how many points did you score?; (*scol.*) mark: **ha ottenuto dei punti alti all'esame**, he got high marks in the test. [3] (*cucito*) stitch. [4] (*punteggiatura*) mark: **punto esclamativo, interrogativo**, exclamation mark, question mark; **punto fermo**, full stop (*G.B.*), period (*USA*); **due punti**, colon; **punto e virgola**, semi-colon; **punti di sospensione**, dots. [5] (*segno piccolissimo*) dot. [6] (*mus.*) dot: **una minima puntata**, a dotted minim. • **Di punto in bianco**, all of a sudden, out of the blue; **giungere ad un punto morto**, to reach a deadlock; **fare il punto della situazione**, to sum up the situation; **venire al punto**, to come to the point; **un bel punto di verde**, a lovely shade of green; **dare dei punti a qualcuno**, to knock spots off someone.

puntare *vb.* A *tr.* [1] (*appoggiare esercitando pressione*) **puntare i piedi**, (*talvolta*) to dig in one's heels; to brace oneself (*entrambe le espressioni anche in senso figurato*); **puntare i gomiti sul tavolo**, to put one's elbows on the table. [2] (*dirigere*) to point, aim a gun *etc.* at something, to turn, train a gun *etc.* on something: **hanno puntato la mitragliatrice contro il cancello**, they pointed (*o* aimed) the machine gun at (*o* turned, trained the machine gun on) the gateway. [3] (*scommettere*) to bet on, to stake (something) on, to back; **puntare tutto su qualcuno** *o* **qualcosa** (*fig.*), to stake everything on someone *o* something. B *intr.* (*dirigersi*) to advance on: they advanced on the city; **puntare al successo**, to be bent on success.

○**polemic** [pə'lemik] *È necessario innanzitutto osservare che* **polemic** (*s.*) *indica di solito un singolo discorso o scritto, non una controversia tra due o più persone; altri punti importanti da osservare sono che* **polemic** (1) *non è un termine usato spesso*; (2) *reca una sfumatura di disap-*

provazione, quasi ad indicare che il discorso o la persona così definiti sono animati da uno spirito combattivo che è fuori luogo, ingiustificato e paiono quindi affettati e retorici; (3) *non è usato in riferimento a discussioni di carattere privato*. A *s*. [1] invettiva *contro una convinzione o un'opinione concernente una questione di carattere pubblico*: **Colonel Bickersteth, the Tory M.P. for Bosham, launched into a furious polemic against the Campaign for Free School Milk**. [2] (*molto meno spesso*) polemica. [3] (*al plur., raro*) l'arte *o* la pratica del discutere, *soprattutto in teologia*, controversia. B *agg*. polemico.

polemica *s*. [1] controversy: **per molti giorni la polemica sull'insegnamento** (the controversy about the teaching) **della religione nelle scuole ha occupato le prime pagine dei giornali**. [2] (*discussione animosa, priva di obiettività, sovente fine a se stessa, Zingarelli*) argument; (*raro*) polemic; (*fam.*) squabble [skwɔbl], squabbling, bickering: **finitela con le vostre polemiche**, stop all this squabbling (*o* bickering).

polish *vb. tr.* [1] lucidare, lustrare, levigare *pavimenti di legno, scarpe, argenteria, gioielli, pelle, legno, marmi, rame, etc*. [2] (*fig.*) ritoccare, affinare, perfezionare, rifinire: **yes, I think the article's splendid but I suggest you polish the first few sentences a bit; she's going to Paris to polish (up) her French**. [3] **to polish off**, terminare *un lavoro*: **I've been making this shawl for so long that I'm sick of it, but I ought to be able to polish it off this weekend**; fare, scrivere, *etc.*, velocemente: **I polished off five letters this evening**; finire di mangiare, *di solito una grossa quantità di cibo*, fare fuori, spolverare: **boys of his age seem to be permanently hungry – he polished off two chops, a great mound of potatoes, and an enormous piece of apple pie**.

pulire *vb. tr.* [1] to clean: **pulire la casa, le finestre, le scarpe, i vestiti** (*a secco*), **le verdure**, clean the house, windows, shoes, clothes, vegetables. [2] to wash: **pulire la lattuga, la frutta**, wash lettuce, fruit; **pulire l'automobile**, wash (*o* clean) the car. [3] (*togliere rami secchi, frasche, etc. da un viottolo, etc.*) to clear; (*togliere le erbacce*) to weed.

polished *agg*. [1] lucido, lustro, levigato. [2] (*fig.*) elegante, raffinato: **polished manners, a polished style**.

pulito *agg*. [1] clean: **mani pulite, casa pulita**, clean hands, a clean house; (*fig.*) **fare piazza pulita**, to make a clean sweep. [2] clear: **cielo pulito**, a clear sky; (*fig.*) **coscienza pulita**, a clear conscience; **gioco pulito**, fair play. [3] (*privo di soldi*) cleaned out. • **Avere la fedina penale pulita**, to have no police record.

politic *agg*. [1] che mostra raziocinio, oculato: **he offered to go and work for a year in the firm's Timbuctu branch, and in view of his strained relations with all the most important people at head office it was a politic move**. [2] della politica, *solo nell'espressione* **the body politic** (*lett.*), lo stato *o* un sistema organizzato in maniera analoga: **those of our fellow countrymen who seem to have no part in the body politic**.

○political *agg*. [1] relativo alla politica, politico: **he is the chief political correspondent of a leading French newspaper; political theory, parties, speeches**. [2] del modo in cui una società *o* una nazione è governata, politico: **Chile's political system; man is a political animal**.

politico A *agg*. political: **dibattito, programma, prigioniero politico**, a political debate, programme, prisoner. • NB: **Un uomo politico**, a politician; **elezioni politiche**, a general election; **prezzo politico**, controlled price. B *s*. politician: **un bravo, astuto, capace, esperto politico**, a good, astute, able, experienced, *etc*. politician.

○popular *agg*. [1] apprezzato da molte persone, benvoluto: **she's a popular girl; he's very popular with the men under his command, with his patients, at work,** *etc.*; **a popular member of the teaching staff**; popolare: **it's a very popular magazine, especially with teenagers; she's a popular actress, singer,** *etc.*; (*per estensione*) accettato con entusiasmo da molte persone (*di consigli, etc.*): **he suggested that the office staff should go up to London together to see a show, and found it was a popular idea**. [2] di *o* per il grande pubblico, popolare: **holidays at popular prices; popular entertainment; pop music**; volgarizzato: **popular science**. [3] (*di credenze, etc.*) condiviso da molte persone, popolare: **popular beliefs, opinions, prejudices, fallacies, superstitions**.

popolare *agg*. [1] (*relativo al popolo in quanto entità sociale, Devoto*) of the people: **la sovranità popolare**, the sovereignty of the people. [2] (*con riferimento al livello sociale*) working-class: **quartiere popolare, case popolari**, working-class area, housing; of ordinary people: **il buon senso popolare**, the common sense of ordinary people; folk: **storie, tradizioni, musi-**

che, danze, rimedi, costumi popolari, folk tales, lore, music, dancing, medicine, ways; popular, *solo nelle espressioni* popular tradition, popular poetry *e* popular ballads (*che sono un tipo particolare di* popular poetry). 3 (*che gode il favore e le simpatie del popolo, largamente diffuso, Zingarelli*) popular: **un artista popolare**, a popular artist. • **Giudice popolare**, juryman.

portent *s*. 1 portento, prodigio (*di solito usato in tono scherzoso*): **have you heard that child play? – he's a portent!** 2 segno premonitore, presagio, anticipazione: **These are portents, but yet I hope, I hope / They do not point on me** (*Otello*); **if the first night is a portent of things to come, we may look forward to a Festival of outstanding quality**.
portento s. (*fenomeno straordinario*) portent, prodigy; (*ciò che ha effetti eccezionali, quasi miracolosi, Zingarelli*) miracle, marvel, wonder; (*persona prodigiosamente dotata, Zingarelli*) portent, prodigy.

portentous *agg*. 1 portentoso; minaccioso. 2 (*per estensione, del tono della voce o del modo di parlare e di scegliere le parole*) molto solenne, pomposo. • NB: *Questo secondo significato oggi è molto più comune del primo.*
portentoso agg. prodigious; (*raro*) portentous.

porter *s*. 1 facchino (*nelle stazioni ferroviarie, negli aeroporti, nei porti e negli alberghi*). 2 (*G.B.*) portiere. 3 (*USA*) inserviente di vagone letto. 4 (*al seguito di un esploratore o scalatore*) portatore.
portiere s. 1 (*portinaio*) (*G.B.*) porter (*di un condominio o di un* college *a Oxford o Cambridge, o in altri istituti universitari, e sim.*); (*di un albergo*) doorman, (*meno usato*) doorkeeper, janitor; (*di un cinema o di un teatro*) commissionaire; (*USA, in tutti i casi*) janitor. 2 (*sport*) goal-keeper. • **Portineria** *s.* porter's lodge (*se di un* porter), porter's office (*se di un* doorman *o di un* janitor).

portfolio [pɔːtˈfouliou] *s*. (*plur.* **portfolios**) 1 cartella (*di pelle o di cartone*) *in cui tenere disegni*. 2 carica di ministro, portafoglio. 3 portafoglio titoli (*partecipazioni*).
portafoglio s. 1 (*per i soldi*) (*G.B.*) wallet, notecase, (*meno comune*) pocket-book; (*USA*) billfold. 2 (*cartella*) briefcase. 3 (*carica ministeriale*) portfolio. 4 (*comm.*) portfolio (*di azioni*); bills in hand (*l'insieme dei titoli di credito*); foreign bills (*portafoglio estero*).

portion *s*. 1 parte: **I live not in myself, but I become / Portion of that around me** (Wordsworth); **passengers for Chichester should travel in the front portion of the train, passengers for Bognor Regis in the rear portion; this portion of the ticket to be given up** (da consegnare al controllore). 2 porzione (*di cibo*). 3 porzione, parte: **this is your portion** (*dei soldi, del testo da recitare, etc.*) **and this is yours**. 4 (*arc., lett.*) sorte: **labour and intent study […] I take to be my portion in this life** (*Milton*). 5 (*arc.*) (**marriage**) **portion**, dote.
porzione s. 1 (*di cibo*) helping; (*meno usato*) portion. 2 share, part; (*meno usato*) portion: **l'eredità fu divisa tra loro in porzioni uguali**, the inheritance was divided between them in equal portions.

positive *agg*. 1 (*il contrario di* **negative** *in materia di linguistica, elettricità, fotografia, oltre che in testi di medicina, di matematica, o che trattino di esperimenti scientifici*) positivo. 2 che non lascia spazio al dubbio, sicuro, irrefutabile, positivo: **we have positive** (*o* **definite**) **proof** (*o* **proof positive**) **that she did so**. 3 sicuro dei propri convincimenti, assolutamente certo: **he is positive** (*o* **certain**) **that she did it**. 4 utile e costruttivo, positivo: **he gave us very positive** (*o* **constructive**) **advice about what to do next, whereas his partner's comments on our plan were entirely negative; he is a very positive person, always optimistic and encouraging**. 5 (*informale*) vero e proprio: **it's a positive scandal; she's a positive genius**. • NB: **Positively** *avv.*, *è usato spesso in quest'ultimo senso*: **she's done something positively** (davvero) **brilliant; he was positively** (veramente) **odious**.
positivo agg. 1 positive (*vedi sopra accezioni 1 e 2*). 2 favourable: **esprimere un giudizio positivo**, to give a favourable opinion. 3 affirmative: **una risposta positiva**, an affirmative reply. 4 (*di persona*) matter-of-fact: **un uomo positivo**, a matter-of-fact man. 5 (*costruttivo, vantaggioso, buono*) good, favourable, promising, encouraging; *tutti questi aggettivi possono essere usati per tradurre le espressioni* **esito positivo, l'unico lato positivo, gli aspetti positivi**; *l'espressione* a good thing *è molto usata in contesti tipo* **l'unica cosa positiva riguardo a questo è che …**, the one good thing about it is …; **penso che sia una cosa molto positiva che tutto ciò si stia**

possibility

avviando a una conclusione, I think it's a very good thing that it's going to come to an end.

possibility *s.* ☐1 il fatto *o* la condizione dell'essere possibile, possibilità: **the possibility that my brother may come tomorrow makes it necessary for me to stay here; there's a possibility of rain later today.** ☐2 qualcosa che può essere *o* verificarsi, possibilità: **«is your brother coming tomorrow?» – «I don't really think so, but it's a possibility».** ☐3 (*al plur.*) il possedere i requisiti necessari per poter essere usato *o* per produrre buoni risultati: **«what do you think of your new house?» – «it's terrible, but it has possibilities** (ma se ne può ricavare qualcosa di decente) **– I think we can probably make it quite nice in the end»;** (*più entusiastico*) **it has distinct possibilities.** • **Within the bounds of possibility**, non del tutto impossibile: **«will there be regular tourist trips to the moon in my lifetime, do you think?» – «well, I suppose it's within the bounds of possibility».**

possibilità *s.* ☐1 (*condizione dell'essere possibile*) possibility: **le possibilità di vivere fino a 90 anni oggi sono maggiori di quanto lo fossero un secolo fa,** the possibility of living to the age of ninety is much higher now that it was a century ago. ☐2 (*opportunità*) opportunity, chance: **se andrete a Londra in aprile avrete la possibilità di vedere la mostra,** if you go to London in April you'll have an opportunity (*o* a chance) to see the exhibition. ☐3 *Per tradurre* **possibilità** *nel senso di* capacità *o* facoltà *occorre usare una costruzione diversa*: **non aveva la possibilità di aiutarla,** he wasn't able to help her (*o* couldn't help her *o* had no means of helping her). ☐4 (*al plur., mezzi a disposizione*) means: **vivere secondo le** (*o* **al di sopra delle**) **proprie possibilità**, to live within (*o* beyond) one's means.

possible *agg.* ☐1 possibile: **«did he do it?» – «I don't know – it's possible, though unlikely».** ☐2 eventuale: **British Rail have issued a warning of possible delays due to fog** (*vedi* ***eventuale***).

possibile *agg.* possible. • (1) **possibile?**, incredible! (2) **possibile che l'abbia fatto?**, surely he didn't do it? *A questo proposito è importante notare che* **surely** *non significa* sicuramente (*tranne che negli USA, in contesti del tipo* **«are you coming to my wedding?» – «surely!»**): *in G.B. è invece usato come un modo quasi di sfidare l'interlocutore a confermare o a contraddire quello che gli viene detto: alla domanda* **surely he didn't do it?** *viene risposto* **yes, he did,** *o* **no, of course not** (*l'equivalente di questo uso di* **surely** *in USA è* **really: he didn't really do it?**).

possibly *avv.* ☐1 può darsi: **«is he coming tonight?» – «possibly, I'm not sure».** ☐2 **Possibly** *può essere usato come rafforzativo di* **can** *venendo a corrispondere in italiano ad espressioni di vario tipo*: **I can't possibly finish this work in time** (non posso proprio..., non c'è verso che...), **could you possibly help me?** (ti prego di aiutarmi), **do it as well as you possibly can** (mi raccomando...).

possibilmente *avv.* if possible: **chiamami possibilmente prima delle otto,** call me before eight if possible.

posterior/anterior *agg. Come significato corrispondono a* posteriore *e* anteriore, *ma il loro uso è rarissimo e suonano magniloquenti, tranne che nel linguaggio medico.*

posteriore/anteriore *agg.* (*nel tempo*) after, before (*rispettivamente*): **i pittori posteriori a Giotto,** painters after Giotto; **anteriori a Masaccio,** before Masaccio; (*nello spazio*) back, front (*rispettivamente*): **ruota anteriore,** front wheel; **sedile posteriore,** back seat.

practical *agg.* ☐1 pratico (*in vari sensi, vedi sotto*). ☐2 (*poco comune*) effettivo: **he has a practical right to do what he likes with his father's business; there was a practical boycott of the meeting** (*o* **people practically boycotted the meeting** *o* **there was practically no one at the meeting**). *È evidente che questo uso di* **practical** *si è sviluppato dalla accezione 2 di* **practically** (*q.v.*). • **Practical joke,** burla (*l'espressione inglese indica però solo un qualcosa che viene fatto, non detto, per porre in ridicolo una persona*); **practical politics,** misure che possono essere attuate subito, *o* in un prossimo futuro.

pratico *agg.* ☐1 practical: (*contrapposto a teorico*) **non ha ancora esperienza pratica di questo tipo di lavoro,** he has no practical experience of this type of work; (*funzionale*) **questa borsa è piuttosto brutta, lo so, ma è molto pratica,** this is rather an ugly bag, I know, but it's very practical; (*empirico*) **è una persona pratica,** she's a practical person; **ha una mente pratica,** she has a practical (turn of) mind; **all'atto pratico,** (*se riferito a persone*) on the practical side; in practice (*sia che si tratti di persone che di cose*). ☐2 (*empirico, positivo*) experienced (in): **faresti meglio a chiedere a John di aiutarti, è più**

pratico di me in fatto di tasse, you'd better ask John to help you – he's more experienced in dealing with tax problems than I am; skilled (at *o* in): **Betty è pratica del restauro di mobili antichi**, Betty is skilled at (*o* in) restoring old furniture; she is a skilled furniture restorer; familiar with: **quando avrai lavorato per almeno un anno in questo ufficio, diventerai pratica delle complicate procedure che adottiamo**, after a year or so in this office you will be familiar with the complicated procedures we use. • **Essere pratico di una città**, *e sim.*, to be familiar with, to know your way about (in): **sei pratico di questa zona** (*o* **di questa parte della città**)?, do you know your way about (in) this area (*o* in this part of the city)?; **essere pratico di un lavoro**, *e sim.*, to be familiar with, (*colloq.*) to know a job, *etc.* inside out (*o* from A to Z).

○**practically** *avv.* ① praticamente (*in modo corrispondente alle esigenze*), in modo pratico: **she didn't waste time theorizing on what should be done but acted practically in the matter**. ② praticamente (*quasi*): **the situation is practically hopeless but there's one more solution we could try** (NB: *questo è il significato in cui il termine è quasi sempre inteso oggi*). ③ praticamente (*in effetti*): **he is practically in charge of his father's business affairs**. • NB: *Si noti, tuttavia, che in quest'ultimo esempio il termine verrebbe inteso nel senso di* quasi *e che il significato di* in effetti *è quasi sempre espresso con* **virtually, effectually, in effect, in practice** *o con l'espressione colloquiale* **what it comes to** *che richiede però una costruzione diversa*: **he is effectually in charge** *o* **in effect he is in charge** *o* **what it comes to is that he is in charge of his father's business affairs**.

praticamente *avv.* ① (*in realtà, in sostanza*) virtually: **è praticamente sicuro di aver vinto**, he is virtually certain he has won; *se posto all'inizio di frase, l'avverbio italiano deve però essere reso con un'espressione differente*: **praticamente mi ha licenziata**, what it comes to is that she sacked me. ② (*quasi*) practically: **le due proposte sono praticamente uguali**, the two proposals are practically the same. ③ (*in modo pratico*) *come spesso accade anche in italiano, in questo caso, più che ad un avverbio, si preferisce ricorrere in inglese ad espressioni come* by practical means, by a practical method.

○**practice** *s.* ① azione *intesa come contrario di teoria*, pratica: **this summary of our methods makes them seem risky, but we find they work well in practice**; consuetudine, pratica: **the religious practices of the Muslims**. ② prassi, consuetudine: **it is our practice to send two invoices**; **to make a practice of doing something**, essere per principio abituato a fare qualcosa: **he makes a practice of consulting his son about every important decision in the family business**. ③ esercitazione, allenamento: **she has an hour's tennis** (*o* **piano**, *etc.*) **practice every morning before going to school**; esercizio: **he played badly this afternoon because he is out of practice** (fuori esercizio); **this isn't a difficult idiom to use – you just need more practice** (in using it; **practice makes perfect** (*proverbio*). ④ attività professionale: **Tom has been working for a firm of solicitors** (studio di avvocati) **in Bognor for twenty years, but he intends to set up his own practice now in Chichester**; **Dr Simmonds** (medico) **is in private practice**. ⑤ clientela: **Dr Simmonds has a large practice**. • **Sharp practice**: pratica illegale: **I advise you not to have any dealings with that estate agent – he's suspected of sharp practice**.

pratica *s.* ① (*contrapposto a teoria*) practice: **vedremo cosa succederà quando metterà in pratica le sue teorie**, we'll see what happens when he puts his theories into practice; **in pratica**, in practice (*vedi* ***praticamente***). ② (*esercizio concreto di un'attività e l'abilità con esso conseguita, Zingarelli*) practice: **la pratica di un'arte** *o* **di una professione**, the practice of an art *o* profession; **ha fatto molta pratica di insegnamento ai bambini**, she's had long practice (*o* a lot of practice) in teaching small children; **ha detto che la parte più utile del corso di abilitazione per insegnanti che ha frequentato era la pratica dell'insegnamento**, he said the most useful part of the teachers' training course he did was the teaching practice; (*formazione*) training: **è laureato ma ora deve fare un po' di pratica professionale**, he has a degree but now he'll have to get some sort of professional (*o* vocational) training. ③ (*esperienza*) experience: **è ancora troppo giovane, non ha pratica della vita**, she's still too young, she has no experience of life; (*conoscenza*) knowledge: **avere** (*o* **non avere**) **pratica di un luogo**, to have some (*o* no) knowledge of a place (*meglio*, to know *o* not to know a place). ④ (*comm., affare, faccenda*) business, affair matter: **sbrigare una pratica**, to settle the business (*o* affair, *o* matter); (*documento*) paper: **fare le pratiche per ottenere** (to get the necessary papers for) **il**

practise

passaporto; (*incartamento*) file, dossier.

◉**practise** (*USA* **practice**) *vb. tr.* ① esercitarsi, allenarsi: **she practises (the piano) for an hour before going to school; «are they playing cricket this afternoon?» – «yes, but not a match – they're just practising»**. ② mettere in atto (*o* in pratica) una teoria *o* un programma: **practise what you preach** (*proverbio*); **we must practise rigid economy until this debt is paid**. ③ esercitare, praticare una professione: **Dr Simmonds practises in North London**.

praticare vb. tr. ① to do: **praticare il bene**, to do good; to try: **praticare una cura**, to try a cure (*o* treatment). ② (*esercitare*) to practise: **è illegale praticare la professione del medico o dell'avvocato senza possedere i titoli riconosciuti**, it is illegal to practise medicine or law without recognized qualifications; **praticare il cannibalismo, la stregoneria**, to practise cannibalism, witchcraft. ③ (*frequentare*) to associate with (people), to frequent [fri·kwent] (*q.v.*) (places). ④ (*eseguire, fare*) to make: **praticare un'apertura, uno sconto**, to make an opening, a discount. • **Praticare uno sport**: *sfortunatamente tutti i termini inglesi connessi allo sport sono per la maggior parte vaghi e difficili da usare. La cosa principale da ricordare è che gli* **sport** *tipo il calcio, il tennis, il cricket sono chiamati* **games**, *e che* to practise sport *o* games *non significa* **praticare dello sport**: *questa espressione equivale infatti a* to go in for games *o* athletics, *ma più spesso viene specificato il tipo di sport praticato*; he plays tennis, he runs, *etc.*

◉**precedence** *s.* precedenza, priorità, preminenza: **as the second item on the agenda of the meeting was urgent, the chairman suggested that it should be given precedence (over the first); in the eighteenth century the nobility cared passionately about precedence** (teneva moltissimo al rispetto dell'ordine gerarchico) – **a duchess took precedence over** (veniva prima di) **a countess and was furious if a countess walked ahead of her**.

precedenza s. ① (*antecedenza*) **in precedenza**, previously. ② (*priorità*) precedence. ③ (*nella circolazione stradale*) right of way: **i veicoli provenienti da destra hanno la precedenza**, vehicles approaching from the right have (the) right of way; **dare la precedenza**, to give way: **dare la precedenza ai veicoli provenienti da destra**, give way to traffic approaching from the right (*segnale stradale*).

◉**precious** [ˈpreʃəs] *agg.* ① di gran valore, prezioso: **precious stones**; **this porcelain is very precious and must be handled with great care**. ② molto amato: **my precious child** (tesoro mio), **you must not do that ever again!** ③ affettato, prezioso, *di solito di uno stile letterario*: **the plot of the novel is original but it's ruined by a precious style; he's a terribly precious writer**. ④ **Precious** *è usato nel linguaggio familiare per indicare in tono ironico l'eccezionalità di una qualità, di una condizione, etc., venendo pressoché a corrispondere ad una forma di superlativo assoluto*: **I suppose he'll bring that precious** (la sua adorata) **girlfriend of his; it took a precious time** (c'è voluto moltissimo tempo) **to do, I can tell you!**; **he gave me precious little help**, l'aiuto che mi ha offerto è stato minimo; **there are precious few honest politicians**, ci sono pochissimi politici onesti.

prezioso A agg. ① (*di gran valore*) precious: **metallo prezioso**, precious metal; valuable: **un prezioso organo del '600 sarà restaurato**, a valuable 17th century organ is to be restored. ② (*tenuto in gran conto per la sua utilità, rarità, etc.*) highly prized, greatly valued, important, invaluable, *e sim.*: **un prezioso testimone dell'accusa** (*in un processo*), an important witness for the prosecution; **scrittori e redattori molto preziosi** (*di una casa editrice*), highly prized authors and admirable editors. ③ (*ricercato, affettato*) precious: **stile prezioso**, precious style. *B s.* (*al plur.*) (*gioielli*) valuables [ˈvaljuːblz].

◉**precipitate** [prɪˈsɪpɪteɪt] *vb. A tr.* ① condurre rapidamente *ad uno stato o condizione*: **his resignation precipitated the party into a crisis**. ② far sì che qualcosa accada rapidamente *o* presto, affrettare: **his resignation precipitated the crisis that had been brewing for some weeks**. ③ (*raro e lett.*) scagliare verso il basso, far precipitare: **the Cyclops precipitated rocks on their heads from the mountainside**. ④ (*chim.*) precipitare. *B intr.* (*meteor.*) (*del vapore*) condensarsi in gocce d'acqua originanti la pioggia, la rugiada, *etc.*

precipitare vb. A tr. ① (*gettare*) to throw down; (*raro e lett.*) to precipitate. ② (*affrettare eccessivamente*) to do something hastily *o* precipitately: **precipitò la decisione**, he reached a decision hastily (*o* precipitately; *meglio*, a hasty *o* precipitate decision). ③ (*chim.*) to precipitate. *B intr.* ① (*cadere, anche in senso figurato*) to fall. ② (*susseguirsi precipitosamente*) to rush to a climax *o* towards disaster: **gli eventi precipita-**

no, events are rushing to a climax (*o* towards disaster). *C rifl.* (*gettarsi*) to throw oneself; (*lett.*) to precipitate oneself. *D intr. pron.* (*recarsi in gran fretta*) to rush: **si precipitò a casa appena seppe che la madre era grave**, he rushed home as soon as he heard how ill his mother was.

○precipitation *s.* precipitazione.
precipitazione s. ①(*meteor., al plur.*) rain, snow. ②(*chim.*) precipitation. • **Con precipitazione**, recklessly, without thinking, too hastily.

○precise *agg.* ① preciso: **that's not the precise meaning of the word, though it's almost the same**; esatto: **all right – five pounds ten will do, though the precise amount was five-twenty.** ② accurato, scrupoloso: **if you're going to work for her you'll have to start being punctual and orderly in everything you do – she's (a) very precise (person).** ③ pignolo: **a fussy little man – very prim and precise.** • **Precisely!** *avv.* proprio così!
preciso agg. ① (*esatto*) accurate: **un orologio preciso**, an accurate watch; **cercherò di farti un resoconto preciso di quello che è accaduto**, I'll try to give you an accurate idea of what happened; **mira precisa**, accurate aim; precise: *exact* is not the precise equivalent of *esatto* in this context; **illustrò a grandi linee i suoi piani e poi impartì ordini precisi**, he gave a general outline of his plans followed by precise orders. ② (*detto di persona che fa le cose con esattezza, Zingarelli*) thorough [ˈθʌrə]: **se c'è da fare un lavoro lungo e complicato lo affido sempre a Mary, è così precisa**, if there's a long and complicated job to be done I always give it to Mary – she's so thorough. ③ (*identico*) exactly like: **il suo vestito era preciso al mio**, her dress was exactly like mine. ④ (*di ore*) exactly, sharp: **alle cinque precise**, at exactly five o'clock, at five sharp.

○predispose *vb. tr.* ① influenzare in anticipo: **the reputation he had already in the university predisposed the selection committee in his favour.** ② (*med.*) predisporre.
predisporre vb. tr. ① (*preparare*) to arrange: **tutto è predisposto per la cerimonia di domani**, everything has been arranged for tomorrow's ceremony. ② (*med.*) to predispose. ③ (*preparare una persona psicologicamente a qualcosa*) to prepare: **quello che le riferì circa la malattia del figlio la predispose a notizie peggiori**, what he told her about her son's illness prepared her for worse news.

○predisposition *s.* ① (*poco usato*) condizione della mente determinante l'inclinazione verso certi pensieri, sentimenti, azioni: **he has a predisposition** (è sempre disposto a) **to put a good** (*o* **bad**) **interpretation on people's behaviour, to like people, to find fault**, *etc.* ② (*med.*) predisposizione.
predisposizione s. ① arrangement, preparation: **curerà la predisposizione della cerimonia**, she will take care of all the arrangements (*o* preparations) for the ceremony. ② (*attitudine*) aptitude, natural bent: **ha predisposizione per la matematica, per il disegno**, *etc.*, he has an aptitude (*o* natural bent) for maths, drawing, *etc.* ③ (*med.*) predisposition.

prejudiced [ˈpredʒuːdist] *agg.* pieno di pregiudizi, prevenuto: **he is not the right person to assess the relative merits of the competitors, because he is prejudiced (against women, foreigners and everyone under thirty); her prejudiced opinions are not worth listening to.** • **Unprejudiced** *agg.* privo di pregiudizi.
pregiudicato A agg. (*compromesso, destinato all'insuccesso*) bound to fail, doomed to failure: **l'impresa era pregiudicata**, the enterprise was bound to fail (*o* doomed to failure). *B s.* previous offender; (*fam.*) gaol-bird (*o* jail-bird), old lag; **pregiudicati politici**, political suspects. • **Spregiudicato** *agg.* ① (*sconsiderato*) reckless, thoughtless. ② (*privo di scrupoli*) unscrupulous.

○premises [ˈpremisiz] *s. plur.* ① locale, *in un linguaggio formale-burocratico del tipo* **alcohol must not be sold on the premises**; casa, immobile, fabbricato, *in pubblicità di agenzie immobiliari*: **No. 27 High Street: the premises will be sold at auction on June 7th.** ② (*filos.*) premesse.
premesse s. (*filos.*) premises [ˈpremisiz], premisses.

○premium [ˈpriːmjəm] *s.* ① premio di assicurazione. ② quota di apprendistato. ③ (*talvolta*) gratifica, *ma il termine usato comunemente in questa accezione è* **bonus**. • **At a premium**, altamente valutato e non facile da ottenere: **in this kind of work brains and courage are at a premium; to put a premium on something**, fornire un incentivo a qualcosa: **widespread unem-**

ployment puts a premium on steady hard work.
premio *s.* ① prize: **Henry ha vinto la History Essay Competition di quest'anno, il cui premio consiste in venti sterline per l'acquisto di libri,** Henry won this year's History Essay Competition for which the prize is twenty pounds' worth of books. ② (*più in generale*) award: **sono andato alla premiazione di quest'anno alla scuola di Henry e ho visto la Principessa Anne consegnare molti premi: non solo premi per i risultati raggiunti nelle materie scolastiche ma anche medaglie per i vincitori delle gare sportive e attestati per meriti conseguiti in altri campi,** I went to this year's prize-giving at Henry's school and saw Princess Anne present many awards – not only prizes for school subjects but also medals for sports and certificates for other types of achievement. ③ (*ricompensa*) reward. ④ (*di assicurazione*) (insurance) premium. •
Premio d'ingaggio, signing-on fee; transfer fee.

preoccupied [priːˈɔkjuːpaid] *agg. Anche se talvolta può essere reso con* preoccupato (*come nel caso in cui un bambino a scuola non segua la lezione perché* **unconsciously preoccupied with emotional tensions at home**), preoccupied *in generale non significa necessariamente che ha la mente assillata da preoccupazioni; lo stesso termine potrebbe infatti essere usato parlando sempre di un bambino che non prestava attenzione all'insegnante perché* **he was preoccupied with the joyful prospect of seeing his grandfather that evening**. *È evidente che in questo caso* (*come anche, per esempio, in* **when I spoke to her she answered in a preoccupied tone of voice** *e in* **she turned a preoccupied look in my direction**) *per la traduzione occorre orientarsi verso aggettivi come* distratto, svagato. Preoccupied *può essere usato anche senza complementi venendo a corrispondere, in una frase come* **she looked preoccupied**, *a* sovrappensiero.

preoccupato *agg.* worried, (*più forte*) anxious: **è preoccupato per suo figlio**, he is worried (*o* anxious) about his son; concerned: **è preoccupato per i suoi colleghi che rischiano di essere licenziati per eccesso di personale**, he feels concerned about (*o* for) his colleagues who are in danger of being made redundant; nervous: **i miei figli vogliono partecipare ad una di queste vacanze per chi ama l'avventura che vengono pubblicizzate un po' ovunque, ma sono preoccupata al pensiero che pratichino sport pericolosi come l'alpinismo**, my children want to go on one of these adventure holidays that are advertised everywhere but I'm nervous about them taking part in dangerous sports like rock climbing.

◉***preparation*** *s.* ① preparazione: **the preparation of a lecture usually takes me several days; allow about an hour for the preparation of the vegetables before starting to cook**. ② (*al plur.*) preparativi: **(the) preparations for a dinner party usually take several hours**. ③ preparato (*medicina*): **this is a preparation that can be bought without a prescription** (*q.v.*); (*cibi*) **Twee is a preparation used for sweetening cakes and drinks**.

preparazione *s.* ① (*complesso di nozioni*) training: **non se la cava molto bene nel suo lavoro, è evidente che le manca la preparazione**, she's not very good at her job – she obviously hasn't had much training; education: **è un uomo intelligente ma non andrà molto lontano perché la sua mancanza di preparazione gli sbarrerà la strada**, he's an intelligent man but he won't go very far because his lack of education will hold him back. ② (*addestramento*) training: **preparazione atletica**, athletic training; **la preparazione di un ballerino richiede molti anni**, a dancer's training takes many years; **i candidati che otterranno il posto seguiranno un corso di preparazione di sei settimane**, successful applicants for this job will be given six weeks' preliminary training; preparation: **preparazione per un esame**, preparation for an exam. ③ (*atto, effetto del preparare*) preparation. ④ (*fase iniziale delle lavorazioni industriali, Zingarelli*) setting up the machines; machine setting time.

prepared *agg.* ① (*seguito da* to) disposto a: **he was prepared to listen to their explanation** (giustificazione); **I am not prepared to spend any more time on this project**. ② **to be prepared for**, aspettarsi: **if you're determined to enter into negotiations with the terrorists you must be prepared for any eventuality**; «**then you can't count on my co-operation**», I replied, and I could see he was not prepared for that.

preparato A *agg.* well trained: **è un meccanico, un giornalista**, *etc.*, **preparato**, he's a well trained mechanic, journalist, *etc. Più spesso, tuttavia, si direbbe* he knows his job (*o, se si tratta di uno studioso*, his subject) very well. B *s.* preparation.

prepotent *agg.* (*raro*) potentissimo.
prepotente *agg.* ① (*di un adulto*) bossy, domineering (*soprattutto di una donna*): **non so come**

faccia a lavorare con un collega così prepotente, with such a bossy colleague; **sua moglie è una donna bisbetica e prepotente**, a sharp-tongued and domineering woman; (*di un ragazzo o di un uomo*) bullying; **fare il prepotente**, to be a bully; **fare il prepotente con qualcuno**, to bully someone: **fa il prepotente con i ragazzi più piccoli e con quelli più grandi fa il leccapiedi**, he bullies smaller boys and sucks up to bigger ones; (*che prende decisioni senza curarsi di consultare le persone direttamente interessate*) high-handed; (*dispotico*) overbearing. [2] (*irresistibile*) overwhelming.

◉**prescription** *s.* [1] ricetta medica. [2] (*poco usato*) effetto del prescrivere, prescrizione: **the prescription of certain texts for detailed study**.
prescrizione *s.* [1] (*atto, effetto del prescrivere*) prescription. [2] (*norma*) rule, requirement. [3] (*al plur., istruzioni*) instructions: **dobbiamo seguire le prescrizioni del medico**, we must follow the doctor's instructions.

◉**present** [pri'zent] *vb. tr.* [1] consegnare, offrire in dono, fare dono di: **Princess Anne presented prizes at the school's speech day this year; former pupils have presented the school with a new library building**. • Regalare *in modo informale corrisponde a* to give: **we gave him a clock as a wedding present** *ma* **the firm presented him with a clock when he retired**. [2] presentare (*un assegno in banca per l'incasso*): **the cheque has not been presented**. [3] **to be presented with**, trovarsi di fronte a: **we are presented with a difficult choice**. [4] presentare *al pubblico*: **Gamma Productions proudly present *The Epic to End all Epics*, the greatest film you will ever see**. [5] esporre, presentare: **he presented his case** (*o* argument) **to the committee** (*o* **the court**). [6] mostrare, presentare, *soprattutto nell'espressione* **to present a brave** (*o* **bold**) **front to the world**: **he felt despair and humiliation but he presented a brave front to the world**. [7] (*raro e formale*) presentare *qualcuno ad una persona di rango superiore*: **after the ceremony Ministers and their wives were presented to the President, the Queen**, *etc.* [8] (*poco usato*) puntare (*un'arma*): **he suddenly presented a pistol at my head**. • **Present arms!**, presentat'arm!
presentare *vb. A tr.* [1] (*una persona ad un'altra*) to introduce: **posso presentarle mio fratello?**, may I introduce my brother? [2] (*far vedere, sottoporre all'attenzione di qualcuno*) to show (a passport *o* qualsiasi altro documento); to submit (a proposal). [3] (*prospettare*) to present: **la proposta presenta molte difficoltà, vantaggi**, *etc.*, the proposal presents many difficulties, advantages, *etc.* [4] (*offrire*) to present (*un dono, vedi sopra accezione 1*); **il direttore le presenta i suoi ossequi**, the manager presents his compliments; **«saluti sua moglie!» – «presenterò!»**, «Remember me to your wife» – «Yes, certainly!». [5] (*mostrare al pubblico*) to present. • **Presentare la propria candidatura**, to offer oneself as a candidate; **presentare un facile bersaglio**, to offer an easy target. *B rifl.* (*farsi conoscere*) to introduce oneself. *C intr. pron.* (*capitare, di opportunità*) to present itself, to crop up: **gliene parlerò se se ne presenterà l'occasione**, I'll talk to him about it if an opportunity presents itself (*o* crops up).

◉**presentation** *s.* [1] (*corrispondente all'accezione 1 del verbo*) atto del donare, donazione. [2] (*corrispondente alle accezioni 2, 3, 4, 5 e 7 del verbo*) presentazione. [3] (*non molto usato*) dono, regalo: **the new library building was a presentation from a group of former pupils; the clock was a presentation from the firm he worked for**. • **Presentation copy**, copia omaggio di un libro.
presentazione *s.* [1] (*associato all'accezione 1 del verbo*) introduction. [2] (*associato alle accezioni 2, 3 e 4 del verbo*) presentation. [3] (*nota introduttiva in un libro*) introduction, preface; (*introduzione ad un programma radiofonico o televisivo*) *solo* introduction, *non* preface. [4] (*ricevimento per la presentazione di un nuovo libro a giornalisti, etc.*) launching party, launch. [5] (*proposta di nomina, elezione e sim.*) nomination.

presently *avv.* [1] fra poco: **he's still at his office but he'll be here presently**. [2] attualmente, al momento: **the school's gymnasium, presently in use as a conference hall, will resume its normal function next week**. • *Questo avverbio ha una strana storia. Fino al tardo '700 significava quanto prima; verso la fine della prima metà del XIX secolo, il suo nuovo significato*, fra poco, *aveva completamente soppiantato l'accezione originaria. Successivamente, verso il 1970, divenne comune l'uso di* **presently** *nel senso di* attualmente, *accezione tuttora assai ricorrente. Ma c'è chi non si è adeguato a questa nuova moda, trovando estremamente irritante l'impiego di tale avverbio in un'accezione che trova già espressione nelle locuzioni* **at present, at the**

moment, *oltre che in* currently *e* now.

presentemente *avv.* at present, at the moment, currently, now.

preservative *s.* conservativo: **our products contain no (artificial) preservatives.**

preservativo *s.* contraceptive.

○**preserve** *A vb. tr.* [1] preservare: **Thou dost preserve the stars from wrong** (Wordsworth, *Ode to Duty*); **conservationists say that more must be done to preserve the environment (from pollution)**; salvare: **heaven preserve us!**, che Dio ci salvi! [2] conservare: **sugar and salt are used to preserve fruit and meat respectively; the family (photograph) album preserved happy memories of innumerable holidays and picnics; many precious manuscripts are preserved in the British Museum**; conservarsi: **she was a well-preserved woman of sixty; she seemed a well-preserved sixty but she was in fact nearer seventy.** *B s.* [1] privilegio, diritto esclusivo: **the (use of the) smaller library is the preserve of senior members of the university; to poach on someone's preserve**, invadere il campo altrui: **this type of literary criticism poaches on the historian's preserve and some readers will dislike the book on those grounds.** [2] riserva di caccia, di pesca (*più spesso* reserve). [3] conserva: **strawberry preserve**; conserva di frutta (*talvolta* marmellata): **the store cupboard was filled with home-made preserves.**

preservare *vb. tr.* to protect; (*meno comune*) to preserve.

○**presume** *vb. A tr.* [1] presumere, supporre: **if he left the house without locking the door we may presume (*o* assume) that he intended to return within a few minutes; Dr Livingstone, I presume?** (*furono le parole che l'esploratore Stanley rivolse a Livingstone quando lo ritrovò in Africa dopo due anni di ricerche*). [2] *seguito da* **to**, prendersi la libertà di, *di solito usato insieme al verbo* **may** *come forma di cortesia*: **if I may presume to offer advice, I think you should consult a lawyer before taking such a step.** [3] (*seguito da* **to**) avere l'ardire di (*in senso peggiorativo*): **he presumed to speak to the great man without being invited to do so and everyone present was embarrassed and indignant.** *B intr.* (*seguito da* **on**) approfittar(si) di (*in senso peggiorativo*): **they remained in his house for far too many days, presuming on his kindness; she presumed on her father's friendship with the head of the firm to ask for promotion long before she had earned it.** • **Presuming (that)** supponendo che: **presuming (*o* assuming) the others are ready by six, we'll be able to start at 6.15.**

presumere *vb. tr.* [1] (*supporre*) to presume, to assume. [2] (*avere la pretesa di*) to presume to. [3] (*nutrire una ingiustificata ed esagerata stima in se stesso e nelle proprie capacità, Zingarelli*): **presumere troppo di sé**, to be conceited, to think too much of oneself; to presume (*arc.*).

○**presumption** [pri'zʌmpʃən] *s.* [1] il presumere che un qualcosa sia vero; qualcosa che si presume vero; supposizione, congettura: **the presumption of innocence is of fundamental importance in the conduct of a criminal case.** [2] comportamento presuntuoso: **his presumption in speaking to the great man without being invited to do so made everyone indignant.**

presunzione *s.* [1] (*opinione esagerata del proprio valore*) conceit. • NB: Conceit *indica un modo di essere, una condizione permanente*; presumption *è usato per definire il comportamento che scaturisce da tale condizione*. [2] (*congettura*) presumption, assumption. [3] (*dir.*) presumption.

presumptuous [pri'zʌmptjuːəs] *agg.* che denota presunzione: **it is presumptuous to take the best seats at a concert when the invited guests include people who are more important than you; in the absence of his boss the young man gave presumptuous orders to the rest of the staff.**

presuntuoso *agg.* conceited: **è una ragazza presuntuosa, sempre convinta che le sue opinioni siano più giuste e le sue capacità superiori a quelle degli altri**, she's a conceited girl, always certain that her opinions are sounder and her abilities greater than other people's. • *Per la differenza tra* conceited *e* presumptuous *vedi* ***presunzione*** *accezione 1.*

○**pretence** [pri'tens] *s.* [1] *In questa accezione il termine equivale come significato a* finzione, finta, *ma è usato in frasi in cui in italiano, più che ad un sostantivo, si preferirebbe ricorrere ad un verbo*: **children love to play games of pretence**, i bambini amano i giochi in cui fingono di essere altre persone (inventandosi storie e situazioni); **at first we decided to tell her there was nothing wrong with her, but after a while it became impossible to keep up the pretence** (continuare a fingere); **they made a pretence of** interest (finsero di interessarsi) **in my plans but I could see they were bored**. ② (*di solito in frasi negative*) pretesa: **I make no pretence to know about** (*o* **to knowledge of**) **this kind of thing, but in my opinion...** ③ (*poco usato*) pretesto, scusa (*sinonimo di* **pretext**): **under the pretence** (*o* **on the pretext**) **of friendship she told him things he would rather not have heard**. ④ (*poco usato*) pretesa, pretenziosità, *di solito in espressioni negative*: **they lived a simple life without pretence**. • **On** (*o* **under**) **false pretences** (*vedi* **false**); *i bambini usano spesso* **pretence** *come aggettivo* (**a pretence house, train,** *etc.*) *nel senso di* immaginario.

pretesa *s.* ① (*richiesta energica*) demand: **le mie pretese sono più che giustificate**, my demands are more than justified; **ha troppe pretese**, she is too demanding (*o* she's hard to please *o* she expects a lot); **non avere pretese**, to be undemanding. ② (*esigenza eccessiva*) demand: **i lavoratori in sciopero hanno avanzato delle pretese assurde**, the workers who are on strike have put forward absurd demands; **avere la pretesa di**, to expect to: **ha la pretesa di essere considerata un'esperta**, she expects to be regarded as an expert. ③ (*presunzione*) claim, pretensions: **non avere la pretesa di**, to make no claim *o* to have no pretensions: **non ha la pretesa di capire la politica**, he makes no claim to understand politics (*o* has no pretensions to political wisdom); **avere la pretesa di**, to claim to: **ha la pretesa di sapere tutto sul suo conto**, she claims to know all about him; **una persona senza pretese** (*modesta*), an unpretentious person. ④ (*ricerca di effetti estetici eleganti e raffinati [...], Zingarelli*) pretention, pretentiousness, *ma è usato molto più spesso l'aggettivo* pretentious: a pretentious house.

◐**pretend** *vb. tr. e intr.* ① fingere, far finta di (*o* che): **he pretended to be ill to get a week off work; don't pay any attention – she's just pretending; young children love to play games of «let's pretend»**. ② (*quasi sempre in frasi negative*) pretendere: **I don't pretend** (*o* **claim**) **to know anything about music but I know what I like**. ③ (*raro*) aspirare a, accampare diritti su: **he pretended to** (*più usato*, **claimed**) **his uncle's title**. • *Nell'accezione 1 il verbo è usato più spesso del sostantivo* (*vedi* **pretence** *accezione 1*).

pretendere *vb. tr.* ① to claim: **pretende di essere l'autore del libro**, he claims to be the author of the book; (*meno usato*) to pretend: **non pretendo di insegnare agli altri**, I don't pretend to teach other people their business; to profess: **pretende di sapere molto di storia irlandese, ma io non ci credo**, she professes (*o* claims) to know a lot about Irish history, but I don't believe it. ② (*esigere*) to demand (of): **il regista pretende molto dai suoi attori**, the producer demands a lot of his actors; to expect: **pretende che facciano le prove di una commedia tutto il giorno e che la sera ne rappresentino un'altra**, he expects them to rehearse one play all day and perform another in the evening; **con quel poco che paga pretende una camera con bagno**, she pays almost nothing and expects a room with private bath! ③ (*presumere*) to consider oneself capable (of), to expect (to): **pretendono di imparare la nostra lingua semplicemente ascoltando chi la parla**, they consider themselves capable of learning (*o* expect to learn) our language by just «picking it up»!

◐**prevail** *vb. tr. e intr.* ① **to prevail on someone to do something** (*formale*) convincere qualcuno a fare qualcosa: **can we prevail on you to read us some of your poems?** ② (*poco usato*) dominare, essere molto diffuso: **the custom of making more of New Year than of Christmas prevails in Scotland but not in England**; prevalere: **saxifraga rivularis prevails (over saxifraga stellaris) in this area**. ③ (*ret.*) vincere, prevalere: **the forces of evil shall not prevail**.

prevalere *vb. tr.* to predominate (*formale*); to prevail (*lett.*): **tra i giovani d'oggi l'interesse per la musica prevale su quello per l'arte**, among young people today an interest in music predominates over an interest in art; *ma tradotta così la frase in inglese risulta di registro piuttosto letterario* (*e l'uso di* prevails *al posto di* predominates *la renderebbe ancora più letteraria*); *nella lingua di tutti i giorni lo stesso concetto verrebbe espresso con* **more young people are interested in music than in art today**; **non sempre la ragione riesce a prevalere sui sentimenti**, reason does not always succeed in prevailing over feeling (*o* emotion); *in questo caso* prevail *risulta invece appropriato trattandosi di un tipo di frase, quasi una massima, che, resa in un linguaggio più familiare, perderebbe molto della sua sentenziosità*.

prevalently *avv.* (*raro*) comunemente: **the didactic theories prevalently fashionable today will undoubtedly be rejected five or ten years from now**.

prevalentemente *avv.* chiefly, principally, for the most part: **un corso prevalentemente di lingua parlata**, a course for the most part (*o* principally) on the spoken language.

prevaricate *vb. intr.* agire *o* (*più spesso*) parlare in modo evasivo, tergiversare: **we asked the head of the planning department months ago for permission to build, and he has prevaricated for so many months that we must now insist on a definite yes or no**. • (1) *Il termine è usato spesso, erratamente, come eufemismo di* mentire; (2) **prevarication** *s.* risposta evasiva; (*erratamente*) menzogna.

prevaricare *vb. intr.* [1] (*abusare del potere e sim. per trarne vantaggi personali, Zingarelli*) to abuse one's power, position, authority, *etc.* [2] (*trasgredire*) to be dishonest. • **Prevaricazione** *s.* abuse of power; dishonesty.

○**prevent** *vb. tr.* [1] impedire: **something prevented him from coming** (*o* **prevented his coming**, meno usato). [2] evitare: **to prevent accidents, put medicines where children can't reach them.** [3] prevenire: **the principal function of the law is not to punish crime but to prevent it.**

prevenire *vb. tr.* [1] (*precedere qualcuno giungendo prima*) to arrive before, (*molto meno usato*) to anticipate: **ha preso una strada più corta per l'aeroporto e ci ha prevenuto di un'ora**, she took a shorter route and arrived at the airport an hour before us (*o* anticipated us). [2] (*precedere qualcuno facendo o dicendo qualcosa prima*) to forestall, to anticipate: **indovinò quello che lei voleva sapere e prevenne la sua domanda**, he guessed what she wanted to know and forestalled (*o* anticipated) her question; (*fam.*) to get in first: **stavo proprio per telefonarti ma mi hai prevenuto**, I was just going to ring you but you got in first. [3] (*provvedere in anticipo per impedire qualcosa*) to prevent: **abbiamo cercato di prevenire il disastro ma siamo giunti troppo tardi**, we tried to prevent the disaster but we were too late. [4] (*preavvertire*) to warn: **ti prevengo che se lo farai le conseguenze saranno gravi**, I warn you that if you do that the consequences will be serious; **dobbiamo prevenirla contro di loro**, we must warn her against them; to forewarn (*di solito alla forma passiva*): **non erano lì quando la bomba è esplosa perché erano stati prevenuti**, they were not there when the bomb exploded because they were forewarned (*o* someone forewarned them.) • **Prevenuto** *agg.* prejudiced (against); (*meno usato*) ill-disposed towards.

○**preventive** [pri'ventiv] *agg.* preventivo: **preventive custody** (*o* **detention**), carcere preventivo; **if there's a real danger that it will happen the government must take preventive measures.** • *Il termine esiste solo come aggettivo.*

preventivo *A agg.* preventive: **medicina preventiva**, preventive medicine. *B s.* estimate: **il preventivo che il costruttore ha presentato per il bagno è di 5.000 sterline, il che significa che a lavoro finito se ne dovranno spendere 10.000**, the builder's estimate for the bathroom was £5000, which means it will cost ten in the end; (*bilancio preventivo*) budget; (*offerta di pagamento*) tender.

principal *s.* [1] preside (*di scuola*); direttore (*di istituto universitario e sim.*). [2] (*comm.*) committente, mandante: **I am instructed by my principal** (dal dirigente della ditta che rappresento) **to say...** [3] (*comm.*) capitale (*in contrasto con* interest): **the interest will be paid to you, but the principal belongs to your children.** [4] attore *o* ballerino che interpreta un ruolo principale, attore principale, primo ballerino: **the principals were excellent but the supporting cast was weak.**

principale *s.* Questo sostantivo trova in inglese due corrispettivi di carattere altrettanto generico: boss *e* head: boss *è il termine usato più spesso dai dipendenti, ma una persona che non fa parte del personale deve conoscere bene i dipendenti o lo stesso principale per poter dire* **could I have a word with the** (*o* **your**) **boss?**; *un dipendente può invece dire a chiunque* **I'll have to ask my boss, do you know my boss?**, *etc.*

○**prisoner** *s.* [1] detenuto. [2] (*dir.*) **prisoner at the bar** (*spesso abbreviato in* **prisoner**) imputato: **the prisoner stood in the dock** (banco degli imputati). • **The accused**, **the defendant** *e* **the prisoner** *sono sinonimi quando si tratta di processi penali;* **the prisoner** *è usato in frasi del tipo* **the prisoner was brought into court**, *mentre gli altri due termini* (*che sono più comuni*) *sono usati nel riferire quanto viene detto dall'imputato:* **the accused** (*o* **defendant**) **maintained that he had never set eyes on the witness before.** [3] prigioniero (*in qualsiasi senso sia letterale che figurato*): **he was a prisoner in Japanese hands from 1942 to 1945; she was a prisoner in her own home, jealously watched by her husband; in a** consumer society there are inevitably two kinds of slaves: the prisoners of addiction and the prisoners of envy (Ivan Illich, *Tools for Conviviality, 1973*).

prigioniero A s. ① (*di guerra*) prisoner of war. ② (*fig.*) prisoner. B agg. imprisoned: **cento minatori sono prigionieri nella miniera**, a hundred miners are imprisoned in the mine; imprisoned in every fat man a thin one is wildly signalling to be let out (Cyril Connolly, *Te Palinure Petens*).

◉**private** A agg. ① appartenente ad una o più persone determinate, non pubblico, privato: **private garden; private nursing home** (clinica). ② non in veste ufficiale, privato: **on that occasion the Minister was speaking as a private person; the Minister's private opinions are not for publication in the press**. ③ da non far sapere ad altre persone, riservato, confidenziale, privato: **he told us because we are his oldest friends but it's a private matter and we mustn't talk about it to other people**. ④ (*fam.*) riservato, sempre vigile nel difendersi dalle persone che cercano di intromettersi nella sua vita privata: **he's a very private person – don't talk to him about his son unless he raises the subject himself**. ⑤ (*di un luogo*) appartato: **the grave's a fine and private place / But none I think do there embrace** (*Marvell*). ⑥ proprio di o concernente una delle professioni mediche esercitate al di fuori del National Health Service: **private medicine; she's a dentist in private practice; he works in a hospital but he has private patients too; he was looked after at home by private nurses**. • **Private** (*su una lettera*), riservato; **private school**, più spesso nota come **preparatory** (*o* **prep**) **school**, scuola privata *per ragazzi dagli otto ai tredici anni*; **private means**, rendita; **private member**, Member of Parliament che non fa parte del governo; **a private Member's bill**, disegno di legge presentato da un semplice deputato; **private parts**, genitali esterni; **private enterprise**, iniziativa privata; **private eye**, investigatore privato; **private soldier**, soldato semplice; **private hearing**, udienza a porte chiuse. B s. ① soldato semplice. ② (*al plur.*) genitali esterni.

privato A agg. ① (*pertinente alla persona singola*) private; **interessi privati**, private interests; **proprietà privata**, private property. ② (*riservato ad una o poche persone*) private: **il Papa li ha ricevuti in udienza privata**, they had a private audience of the Pope; **abbiamo parlato in privato**, we spoke in private. ③ (*strettamente personale*) private, personal: **segretaria privata**, private (*o* personal) secretary; **faccende private**, private concerns, personal matters. ④ (*privo*) deprived, (*lett.*) bereft. • **Scuola privata**, independent school; *le più famose* independent schools, *fondate nella maggior parte durante il Medioevo o nella prima metà del XIX secolo, sono note come* public schools; *questo perché tale era la loro denominazione quando vennero dapprima istituite e anche perché la* public school education *costituiva, per così dire, un'eccezione alla regola: a quell'epoca infatti un ragazzo o veniva istruito da insegnanti privati, o andava in una delle poche* grammar schools *o addirittura non riceveva nessuna istruzione.* B s. private citizen, member of the public; (*al plur.*) the public. • **Non si vende a privati**, we only sell to wholesalers, we don't sell direct to the public; (*avviso*) no retail sales.

◉**privilege** s. ① vantaggio o esenzione di cui beneficia solo una minoranza, privilegio: **members of the Institute enjoy certain privileges including the use of an excellent library**. ② il possesso di privilegi (*mai preceduto da articolo*): **he was born to a life of privilege; egalitarians want to destroy privilege; in the opinion of many people the continued existence of a large number of independent schools in Britain is responsible for perpetuating a social structure based on privilege instead of merit**. ③ onore, privilegio: **I had the privilege of being his private secretary for many years**. • **Under-privileged** (1) *eufemismo per* povero: **massive cuts in government spending mean that thousands of under-privileged and handicapped people will receive even less help than before**; (2) emarginato: **old people who are sick, alone in the world and dependent on their state pension are among the most under-privileged members of society**.

privilegio s. ① (*vantaggio, esenzione, onore*) privilege. ② (*merito, caratteristica positiva*) distinction: **ha il privilegio di saper conciliare la dignità con la simpatia**, he has the distinction of knowing how to combine dignity with warmth. • (1) **privilegiare** vb. tr. ① to favour: **la nuova legge privilegia i lavoratori pagati meno**, the new law favours lower-paid workers. ② to prefer; to give pre-eminence to (*lett.*): **privilegia la musica sulle altre arti**, he prefers music to (*o* gives music pre-eminence above) the other arts. ③ to grant a privilege to: **l'imperatore privilegiò il suo nuovo favorito**, the Emperor granted privileges to his new favourite. (2) **privilegiato** s. privileged person.

○process/*processo* s. *Le uniche differenze tra questi due termini consistono nel fatto che* (1) **process** *è usato nella lingua parlata per definire un'esperienza di solito non priva di difficoltà:* **it's (*o* was) a difficult, amazing, boring, odd,** *etc.* **process**; *espressioni di questo genere potrebbero riferirsi a quanto è (o è stato) necessario fare per ottenere un passaporto, prenotare una stanza in albergo, comprare una casa, o per raggiungere quasi ogni altro scopo; in certi casi il termine potrebbe trovare un possibile corrispettivo in* impresa; (2) *come termine legale* **process** *è usato solo dagli avvocati, se si esclude l'espressione (formale)* **tried by due process of law**; *un processo in tribunale equivale a* **a trial**.

process *vb. A tr.* ['prouses] [1] sottoporre ad un procedimento, *specialmente su scala industriale.* [2] (*fot.*) sviluppare. [3] (*inform.*) elaborare. [4] (*bur.*) inserire nell'iter burocratico (*una pratica, etc.*). • **Processed cheese**, formaggio fuso, formaggini. *B intr.* [prə'ses] procedere in corteo.
processare *vb. tr.* to try; to bring to trial: **è stato processato per omicidio colposo alla Crown Court**, he was tried for manslaughter in the Crown Court; **è stato processato alla Crown Court sei settimane dopo il suo arresto**, he was brought to trial in the Crown Court six weeks after his arrest.

○produce *A s.* ['prɔdju:s] prodotti agricoli. *B vb. tr.* [prə'dju:s] [1] produrre: **Ghana produces more cocoa than any other country; Britain produces fewer cars than she used to; Italy and France have produced most of the world's greatest painters; his words produced roars of laughter from the crowd.** [2] mostrare, addurre, produrre: **the accused produced evidence that he was abroad at that time; we were asked to produce our passports.** [3] tirar fuori, estrarre: **she produced a hanky, pistol,** *etc.* **from her bag.** [4] mettere in scena: **Gielgud produced *Hamlet* for the second time in 1946**.
produrre *vb. A tr.* to produce. *B rifl.* (*in uno spettacolo*) to appear: **prima di ritirarsi dalle scene si produrrà nella prossima rappresentazione di *Amleto* al National Theatre**, she will appear for the last time, before retiring from the stage, in the forthcoming production of *Hamlet* at the National Theatre.

○profane *agg.* [1] non sacro, profano, *spec. nell'espressione* **sacred and profane: a programme of sacred and profane** (*più spesso,* **secular**) **music**. [2] irriverente: **there's nothing bad about this play but I think it would be profane to perform it in church.** [3] blasfemo: **profane language**, bestemmie. • NB: **profanity** *s.* (*sing.*) irriverenza, profanità; **profanities** (*plur.*) bestemmie.
profano *A agg.* profane: **storia sacra e profana**, sacred and profane history; **questi sono oggetti che non dovrebbero essere toccati da mani profane**, these are things that should not be touched by profane hands. *B s.* [1] (*non del mestiere*) layman: **un medico definirebbe questa infiammazione una tracheite ma un profano la chiamerebbe mal di gola**, a doctor would call it tracheitis but a layman would call it a sore throat; (*non competente*) uninitiated: **non mi intendo molto di musica ma agli orecchi di un profano questo somiglia al suono che provocherebbero dei coperchi di pentole fatti cadere in terra in una cattedrale**, I don't know much about music but to the uninitiated this sounds like people dropping saucepan lids in a cathedral. [2] (*persona non consacrata*) infidel (*ma per l'essere strettamente connesso alle crociate, questo termine viene di solito evitato; al suo posto si preferisce usare espressioni del tipo* non-Muslims, non-Christians, people not of the same faith).

○profess [prə'fes] *vb. A tr.* [1] sostenere falsamente di avere una certa opinione, di provare un certo sentimento, *etc.*, voler far credere di (*o* che), pretendere: **she professed ignorance (*o* to be ignorant) of what had occurred (but she really knew); they professed sorrow at his death, but not very convincingly.** [2] (*lett. e stor.*) professare (*una religione*): **few at that date professed Christianity.** [3] pretendere (*di solito in fatto di conoscenza*): **he professes to be an expert on these things; she doesn't profess to know much about politics.** [4] (*raro*) esercitare una professione, professare: **he professed (*più comune*, practised) medicine for forty years**; (*raro*) insegnare all'università: **he professed theology at Oxford.** *B rifl.* dichiararsi: **they professed themselves satisfied with the result.** • **Professed** *agg.* [1] dichiarato: **a professed opponent.** [2] finto: **professed friendship.** [3] professo: **a professed nun, monk.**
professare *vb. A tr.* [1] (*dichiarare pubblicamente*) to declare (openly): **in epoca di persecuzioni religiose egli professò apertamente il suo**

ateismo, in an age of religious persecution he declared his atheism openly; (*lett. e stor.*) to profess (Christianity, *etc.*); (*arc.*) to declare: **c'erano sempre nuovi pretendenti che le professavano il loro amore**, suitors were for ever declaring their love (for her). **2** (*esercitare una professione*) to practise; (*raro*) to profess. *B rifl.* to profess oneself: **si professava nemico di ogni forma di violenza**, he professed himself to be the enemy of every form of violence.

○**professor** *s.* **1** (*G.B. e USA*) docente universitario *del più alto livello*; (*solo in USA*) docente universitario titolare di cattedra (*equivalente in G.B. a* **senior lecturer**). **2** (*USA, fam.*) insegnante: **I think he's a professor of some sort.** • **Professorial** *agg.*: **his professorial duties include a lot of administrative work; the lecturer's professorial manner was irritating.**

professore *s.* **1** (*docente universitario*) lecturer; professor: *come sopra osservato, un* professor *è di grado superiore ad un* lecturer; *nella maggior parte dei casi il* professor *è direttore del suo* department (*q.v.*), *ossia del gruppo di docenti che insegnano la sua materia*. **2** (*di scuola media inferiore o superiore*) teacher, schoolmaster, schoolmistress: **he's a schoolmaster** (*meno usato*, **teacher**); **she's a teacher** (*meno usato*, **schoolmistress**); **master, mistress: ci piace molto la professoressa di matematica**, we like the maths mistress very much; **sabato ci sarà un incontro di cricket contro i professori**, there's a cricket match against the masters on Saturday. **3** (*di altri tipi di scuola, come per esempio di una scuola di lingue*) teacher. **4** (*d'orchestra*) orchestral player, member of the orchestra. **5** (*libero docente*) Doctor. • **Il Professor Butcher**, Professor Butcher (*se docente universitario*), Mr (*o* Dr) Butcher (*in tutti gli altri casi*); **la Professoressa Baker**, Professor Baker (*se docente universitaria*), Miss, Mrs *o* Dr Baker (*in tutti gli altri casi*). **Non fare il professore!**, what a know-all you are!

○**profile** *A s.* ['proufail] **1** parte di un qualcosa visto di lato, profilo (*soprattutto di un volto umano*). **2** disegno *o* altra rappresentazione di un **profile**, *soprattutto in nero su sfondo bianco*, profilo. **3** breve descrizione della figura di un personaggio e della sua carriera, profilo (*di solito su un giornale*). **4** conoscenza delle caratteristiche di una persona, di una situazione, di un problema, *etc.* ricavata da svariate informazioni (*come da un identikit viene acquisita la conoscenza del volto di un criminale*): «**what this equipment does is enable us to build up a profile of a particular piece of road** (ci permette di farci un'idea del tipo di veicoli che la percorrono, della loro velocità e frequenza di transito) ...» **said Chief Inspector R.W. of the Sussex police, traffic division** (*Observer, 3.2.85*). • **To keep a low profile**, cercare di non farsi notare, *per motivi di diplomazia o per prudenza*: **Britons working in Libya were advised to keep a low profile during the period of intense anti-British feeling; the Managing Director seldom comes into conflict with the labour force because he keeps a low profile and maintains discipline in the factory through the men's representatives.** *B vb. tr.* (*gergo giornalistico*) **1** scrivere un profilo. **2** mettere in rilievo (*un problema, etc.*): **the article profiles the plight of decaying inner cities.**

profilo *s.* **1** (*linea di contorno*) (*in senso verticale*) silhouette, outline, contour (*di un volto, di un corpo umano, di un edificio, di un pendio*); (*in senso orizzontale*) silhouette, outline, skyline (*di colline, alberi, case, etc. che si stagliano contro l'orizzonte*). **2** (*di un volto*) profile; **figura di profilo**, portrait in profile. **3** (*breve biografia*) profile; (*breve studio*) outline. **4** (*tecn., mecc., scient.*) profile, contour: **profilo alare**, wing contour; section: **profilo geologico**, geological section. **5** (*sottile bordatura in colore o tessuto diverso per guarnire un indumento*) piping. • **Di basso profilo**, unimportant, unimpressive; (*formale*) of little consequence; **sotto il profilo (di)**, in relation to, with regard to, as far as ... is concerned.

○**prominent** *agg.* **1** ben in vista: **the castle occupies a prominent position on a spur of rock above the city; she played a prominent part in founding the society.** **2** eminente, in vista: **the funeral was attended by many prominent figures** (*o* **figures prominent in the world of the theatre, politics**, *etc.*). **3** prominente: **prominent nose, chin;** (*raro*) **the castle stands on a prominent spur of rock above the city.**

prominente *agg.* prominent.

○**proof** *A s.* **1** prova, prove: **but have you any proof that it's true?; the fact that he wrote the letter is sufficient proof that his intentions were good at first.** **2** dimostrazione *che un qualcosa è vero o esiste*: **in proof that his intentions were originally innocent she showed them his letter;**

the proof of a geometrical theorem. ③ (*poco usato*) esperimento, prova: **it must be put to the proof** (**più comune**, **to the test** *o* **be tested**). ④ gradazione alcolica: **70% proof**. ⑤ (*di solito al plurale*) bozze: **nowadays the author of a book corrects the proofs himself but before the war they were corrected by professional proof-readers**. ⑥ prova di stampa di una fotografia. *B agg.* a prova di, resistente a: **waterproof; oven-proof; bullet-proof; the well-heated greenhouse was proof against the severest frost; his self-assurance was proof against all criticism; foolproof**, talmente semplice che è impossibile, o quanto meno inammissibile, sbagliarsi, non capire, *etc.*: **this is a foolproof tin-opener; I've got a foolproof method of making strawberry jam that sets; the police believe this will be a foolproof solution to the parking problem**. *C vb. tr.* ① rendere un tessuto resistente *a qualcosa*: **if this mackintosh is dry-cleaned we'll have to re-proof it; the children's nightdresses were made of fireproofed cotton**. ② (*tecn.*) fare delle prove di stampa *di uno scritto o di fotografie*.

prova *s.* ① (*verifica, esperimento*) test: **le sue dichiarazioni furono messe alla prova**, his claim (*o* he) was put to the test; **la fama che ha conquistata da giovane non ha resistito alla prova del tempo**, the fame she won as a girl has not stood the test of time; trial: **prova di forza**, a trial of strength; **prove di velocità**, speed trials; **volo di prova**, a trial flight; **periodo di prova**, a trial period (*di un lavoro nuovo, del funzionamento di un apparecchio, etc.*); experiment, try: **ha comprato un dispositivo costoso per annaffiare automaticamente le piante della serra ma dopo due o tre prove ha deciso che non serviva**, he bought an expensive device for watering the plants in the greenhouse automatically but after two or three experiments (*o* tries) he decided it was useless; (*di abiti*) fitting: **la sarta dice che saranno necessarie ancora almeno due prove per il vestito**, the dressmaker says the dress will need at least two more fittings; (*esame*) exam: **al momento sta dando gli esami di maturità e venerdì avrà la prova di italiano**, she's taking the Maturità at the moment and on Friday she's got the Italian exam. ② (*cimento cui ci si assoggetta per dimostrare di avere determinate qualità, Zingarelli*) ordeal: **prova del fuoco**, ordeal by fire (*medioev.*); (*fig.*) acid test: **sai il francese abbastanza bene da poter prendere parte a una conversazione? Perché è quella la prova del fuoco**, but is your French good enough for general conversation? – that's the acid test. ③ (*tentativo*) try, attempt: **c'è riuscito alla prima prova**, he succeeded at the first attempt; **forza, fai un'altra prova**, go on – have another try! ④ (*testimonianza*) proof, evidence: **la lettera fu accettata come prova decisiva che lui era al corrente**, the letter was accepted as conclusive proof (*o* evidence) that he had known; **quanto viene riferito indirettamente non costituisce una prova legale**, hearsay is not legal evidence; **insufficienza di prove**, lack of evidence, insufficient proof; **fino a prova contraria**, unless the contrary can be proved. ⑤ (*dimostrazione*) proof, *nell'espressione* (*formale*) to give proof: **durante il terremoto dette prova del suo coraggio**, during the earthquake he gave convincing proof of his courage. ⑥ (*teatro*) rehearsal; **prova generale**, dress rehearsal. ⑦ (*verifica matematica*) proof. ⑧ (*sport, gara*) **prova di salto in lungo**, long jump event; *tuttavia* event *è il termine comunemente usato in frasi del tipo* **the best events of the afternoon were the high jump, long jump and pole vaulting** *e* **the long jump was one of the most keenly contested events**; *la frase* **andiamo a vedere la prova di salto in lungo** *non corrisponderebbe però a* **let's go and watch the long jump event** *bensì semplicemente a* **let's go and watch the long jump**. ● NB: (**1**) proof *e* evidence *quando vengono usati per tradurre* prove (*plur.*) *devono essere lasciati alla forma singolare*; (**2**) **a prova di, -proof: a prova di fuoco**, fireproof; **a prova di bomba**, bomb-proof; **banco di prova**, testing ground.

proper *agg.* ① giusto, appropriato: **I don't think I'm the proper** (*o* **best**) **person to tell him; that's not right: I'll show you the proper way to do it**; opportuno: **this isn't the proper moment to ask for an explanation**. ② rispettabile, *ricordando però che il termine inglese copre una gamma di significati che va dal giusto rispetto per le convenzioni sociali* (**proper behaviour**) *ad un eccesso di conformità a tali convenzioni* (**a prim and proper person** *o* **manner**). ③ serio; esauriente; adeguato: **there will be a proper investigation of these accusations of corruption**. ④ (*formale, di solito posto dopo il sostantivo*) propriamente detto, vero: **the part of London people call Chiswick is mostly Turnham Green – I'll show you Chiswick proper on the map and you'll see how small it is; yes, Marco's English because he's taken English citizenship, but an Englishman proper would never have said what he's just said**. ⑤ (*molto formale e poco usato*) relativo: **considerations proper to this matter; the proper psalms**, i salmi che la Chiesa prescrive siano letti in un determinato giorno. • **Properly** *avv*. ☐1 convenientemente, adeguatamente, bene: **you can't come to the theatre with your father and me unless you're properly dressed**. ☐2 bene: **I've tried to mend it myself but I must get an electrician to do it properly**. ☐3 (*fam*.) completamente: **I was properly scared when I realized there was a burglar in the house; that burglar scared me properly** (*più usato* **good and proper**).

proprio *agg*. ☐1 one's; one's own: **non posso prestarvi il libro, dobbiamo avere ognuno il proprio**, we're all supposed to have our own. ☐2 typical (of); characteristic (of): **è proprio delle persone anziane** (it's typical *o* characteristic of elderly people) **fissarsi su un'idea**. • (1) **È un vero e proprio diluvio**, it is a proper downpour; (2) (*gramm*.) **nome proprio**, proper noun.

◐**propriety** [prə'praiəti] *s*. ☐1 l'essere adeguato ad una certa circostanza, opportunità: **I approve of what he said but I'm not so sure about the propriety of saying it when he did**. ☐2 correttezza di modi e di linguaggio, decoro, proprietà: **she has always been a model of propriety**. • **The proprieties** (*plur*.), le convenzioni sociali: **she didn't really care about whether she made people happy and comfortable, she merely observed the proprieties**.

◐**property** ['prɔpəti] *s*. ☐1 proprietà: **is this car his property or did he hire it?; they own a lot of property in London**. ☐2 caratteristica, proprietà: **the properties of sulphuric acid**. ☐3 (*plur*., *teatr*.) qualsiasi oggetto usato sul palcoscenico in uno spettacolo (*sigarette, libri, pugnali, e sim*.) e non compreso nello **scenery** (*termine con cui si indicano i mobili, i tendaggi e sim. che compongono la scena*), materiale scenico; *di solito viene usata la forma abbreviata del termine*, **props**; **property master** *o* **props man**, trovarobe.

proprietà *s*. ☐1 (*ciò che si possiede*) property. ☐2 (*diritto di godere o di disporre di un bene*) ownership: **litigarono per la proprietà della fattoria**, they quarrelled over the ownership of the farm; **diritto di proprietà**, right of ownership. ☐3 (*caratteristica*) property. ☐4 (*di linguaggio*) suitability; (*formale*) propriety; (*decoro*) propriety.

◐**proposal** *s*. ☐1 proposta: **we have considered several solutions to the problem and his proposal(s) seem to us very sensible; a business proposal** (*o* **proposition**). ☐2 proposta di matrimonio.

proposta *s*. ☐1 proposal, proposition (*q.v.*). ☐2 (*di matrimonio*) proposal (of marriage). ☐3 **proposta di legge**, bill.

◐**propose** *vb. tr*. ☐1 proporre: **I wish to propose a toast** (brindisi); **he proposed the Chairman's health** (*o* **a toast to the Chairman**); **I propose Mr Rogers** (**for the office of Chairman**); **she proposed that they should meet** (*o* **proposed meeting**) **the following week; she proposes to go to the conference**, ha intenzione di andare al convegno. (NB: *Quando* **to propose** *è seguito da un infinito equivale a* avere intenzione di.) ☐2 fare una proposta di matrimonio: **he proposed (to her) the following day**.

proporre *vb. tr*. ☐1 (*suggerire*) to propose (*una mozione ad una assemblea, un candidato per un incarico, etc*.); **proporre di fare qualcosa**, to propose that someone should do something *o* to propose doing something: **propose di andare al teatro**, he proposed that we should go to the theatre (*o* going to the theatre) (*vedi anche* **propose** *accezione 1*). ☐2 (*presentare*) to present: **il musicologo che ha presentato il programma di musiche per pianoforte del XIX secolo** (*o* **il pianista che ha dato il concerto**) **ieri sera ha proposto agli ascoltatori** (*o* **al pubblico**) **due improvvisi di Schubert**, the musicologist who introduced a programme of 19th-century piano music (*o* the pianist who gave a recital) last night presented two Schubert impromptus; *tuttavia sarebbe molto più consueto dire* included two *etc*. in his programme. *In altre parole non esiste in inglese un vero equivalente di questo uso di* **proporre**. ☐3 **proporre una questione** (*in un dibattito*), to raise (*meno usato*, pose) a question. ☐4 **proporre un affare**, to make a business proposition. ☐5 **proporre qualcosa ad esempio**, to hold something up as an example. ☐6 **proporre un disegno di legge**, to bring in a bill. ☐7 (*intendere*) to intend: **cosa ti proponi di fare riguardo a questo problema?**, what do you intend to do about this problem? ☐8 (*impegnarsi*) to commit oneself, to make up one's mind: **si è proposta di dare gli ultimi esami prima della fine dell'anno**, she's committed herself to taking (*o* made up her mind to take) her final exams before the end of the year.

◐**proposition** A *s*. ☐1 (*mat*.) proposizione. ☐2 proposta: **he suggested we should spend the first part of our holiday by the sea before doing some serious sightseeing, and the proposition** (*più*

prorogue

usato, **proposal**) **seemed to us very sensible; he was not asking a favour but making a business proposition**. [3] (*slang*) *unito all'aggettivo* **tough** [tʌf], *un qualcosa di difficile da fare o da affrontare*: **doing all this work in one week's going to be a tough proposition** (*sarà dura*). [4] (*poco usato*) *affermazione*: **this is such an illogical proposition that it's not worth discussing** (*tuttavia in questo senso è molto più comune* **statement**). • **A paying proposition**, *un'attività commerciale che si mostra* (*o si mostrerà*) *redditizia*: **she has started selling her excellent homemade bread in the local market but she finds it's not a paying proposition**. *B vb. tr.* (*slang*) *fare delle proposte indecenti, oscene* (*a qualcuno*): **did he proposition you?**

proposizione *s.* [1] (*gramm.*) sentence; clause. [2] (*mat.*) proposition. [3] (*filos.*) premise (*o* premiss).

prorogue [prou·roug] *vb. tr.* sciogliere temporaneamente; *usato solo riferito allo scioglimento del Parlamento inglese da parte del sovrano prima delle elezioni politiche.*

prorogare *vb. tr.* to postpone, to extend (*la scadenza di un pagamento o i termini di un contratto*): **la scadenza del pagamento è stata prorogata**, the date of payment (*o* delivery) has been postponed (*o* extended).

⚬**prose** *s.* modo di esprimersi (*sia in forma scritta che orale*) non legato a schemi metrici, prosa: **Shakespeare's comic passages are mostly in prose**.

prosa *s.* [1] prose: **non mi interessa la teologia di Newman ma leggo le sue opere per la bellezza della prosa**, I'm not interested in Newman's theology: I read him for the beauty of his prose. [2] (*genere teatrale drammatico*) theatre: **non mi piace la lirica ma amo la prosa**, I don't like opera but I love the theatre; plays: **stagione di prosa** (*in un teatro di repertorio*), a season of plays; **la nuova stagione di prosa si aprirà con l'***Amleto*, the new season (*sottinteso*, of plays) will open with *Hamlet*.

⚬**prospect** *s.* [1] prospettiva, possibilità: **they worked enthusiastically, encouraged by the almost certain prospect of success; he is looking for a job with better prospects; there is little prospect of the sick woman's recovery** (*guarigione*). [2] (*comm.*) cliente potenziale: **we must make every effort to encourage the interest Mr Smith has shown in our products, as he seems a likely prospect**. [3] (*arc.*) ampia veduta di un paesaggio, *etc.*; *si trova spesso come titolo di incisioni o dipinti antichi*: **a Prospect of Windsor Castle**.

prospetto *s.* [1] (*rappresentazione grafica in proiezione ortogonale verticale delle parti in vista di una costruzione, Zingarelli*) elevation. [2] (*veduta di ciò che sta davanti a chi guarda, Zingarelli*) view; (*arc.*) prospect. • **Ritratto di prospetto**, full-face portrait. [3] (*facciata, fronte*) principal front, façade: **il prospetto di Chatsworth House**, the principal front (*o* façade) of Chatsworth House. [4] (*specchietto riassuntivo*) table, chart; (*comm.*) **prospetto delle entrate e delle uscite**, statement of income and expenditure. [5] (*dei corsi di una scuola privata etc.*) prospectus. [6] (*pubblicitario*) brochure.

⚬**prove** [pru:v] *vb. A tr.* [1] fornire una prova di qualcosa, provare: **can you prove your identity?** [2] costituire la prova di qualcosa, provare: **what these witnesses say proves his guilt** (*o that he was present*, *etc.*). [3] (*dir.*) attestare la validità *o* dimostrare l'autenticità (*di un testamento*): **the old lady's will was not proved until six months after her death**. *B intr.* [1] risultare: **the decision proved a wise one** (*più comune*, **proved to be a wise one** *o* **proved to be wise**). [2] (*del pane*) lievitare per la seconda volta: **after the dough has risen, knead again and leave to prove for twenty minutes before baking**. *C rifl.* dimostrarsi: **in his first battle he proved himself brave and a fine leader of men**. • NB: *Il participio passato è* **proved**; **proven** *è un aggettivo*: **a man of proven ability**; (*nel diritto scozzese, non inglese*) **not proven**, assolto per insufficienza di prove.

provare *vb. A tr.* [1] (*sperimentare*) to test (*una macchina, una ricetta, la resistenza di un metallo, il grado di preparazione di uno studente, etc.*); to try out (*un impiegato, una macchina, per un certo periodo di tempo*); (*un vestito*) to try on. [2] (*tentare*) to try: **dice di non avere da fare niente durante il tempo libero ora che è troppo vecchio per giocare a tennis, così gli ho suggerito di provare a fare del giardinaggio**, he says he's got nothing to do in his spare time now that he's too old for tennis, and I tell him to try gardening; (*fam.*) to have a try (*o* a go): **è facile farlo, prova!**, it's easy to do this – have a try (*o* a go)! [3] (*sentire*) to feel; to know (*lett.*): **provò gioia e orgoglio mentre ascoltava il resoconto dei successi conseguiti dal figlio**, she felt joy and pride as she listened to the account of her son's achievements; to experience: **i soldati provarono la sete, la fame e lo sfinimento durante i dieci giorni della campagna**, the troops experienced thirst, hunger and exhaustion throughout the ten days of the campaign. [4] (*cimentare*) to be an ordeal (for); (*lett.*) to put to the test, to be a sore trial to: **la lunga malattia lo ha provato duramente** (*o* **ha provato duramente sua moglie**), his long illness was a terrible ordeal (for him *o* for his wife); (*indebolire*) to weaken: **la lunga malattia lo ha provato**, his long illness weakened him. [5] (*dimostrare*) to prove: **la sua estraneità al fatto è stata ampiamente provata**, his non-involvement has been abundantly proved. [6] (*teatr.*) to rehearse. **B** *intr. pron.* [1] (*sforzarsi*) to try, to attempt: **trascorsero sei settimane prima che il paziente si provasse di nuovo a camminare**, it was six weeks before the patient tried (*o* attempted) to walk again. [2] (*misurarsi*) to measure one's strength, skill, etc.: **la cavalleria inglese era impaziente di provarsi con i Russi**, the British cavalry were eager to measure their strength against the Russians. • NB: (1) *si osservi, raffrontando i due seguenti esempi, la differenza fra* to try to do something *e* to try doing something: I know she's a very boring and disagreeable person but do please try to be nice to her; I know she's refused permission every time so far, but try being nice to her and she might agree; (2) **provato** *agg.* [1] reliable, trustworthy: **un prodotto provato**, a reliable (*o* trustworthy) product; **un prodotto di provata resistenza**, a product of reliable toughness; tried: **un impiegato di provata affidabilità**, an employee of tried reliability. [2] (*affaticato*) weary; (*provato dalla sofferenza*) exhausted by suffering.

◉**provide** *vb. tr.* [1] fornire: **the village shop provides (us with) things like bread and sugar, and we go to a nearby town for meat and fish**; offrire: **a holiday in France will provide opportunities for the children to use their French**. [2] provvedere: **he has to provide for his parents as well as his children**. [3] (*seguito dalla preposizione* against) premunirsi contro: **by taking out this type of insurance policy a farmer can provide against a bad harvest**. [4] stabilire: **the contract provides that the first half of the fee is paid in advance**. • **Provided, providing (that)** *cong.* purché, a patto che.

provvedere *vb.* **A** *intr.* [1] (*procurare ciò che è necessario*) to provide for: **un padre provvede alla sua famiglia**, a father provides for his family; to make provision: **il governo dovrà provvedere alla costruzione di nuovi ospedali**, the government will have to make provision for new hospitals to be built. [2] (*stabilire le misure più opportune*) to take measures (*o* steps): **il governo ha provveduto ad affrontare lo stato di emergenza**, the government has taken measures (*o* steps) to deal with the emergency; (*assoluto*) to take steps: **il governo ha già provveduto**, the government has already taken steps (*più comune*, steps have been taken); (*nella lingua colloquiale e nel gergo commerciale*) to take the necessary steps, to see about: **dobbiamo provvedere al rifornimento del gasolio per il riscaldamento**, we must see about getting some more oil (for the heating); **vi preghiamo di provvedere con cortese sollecitudine al pagamento della fattura**, we would be much obliged if you would kindly take the necessary steps to settle your account as soon as possible; *in genere però queste espressioni vengono omesse; ciò che un inglese direbbe in questi casi sarebbe semplicemente* we must get some more oil *e* we would be much obliged if you would kindly settle your account. **B** *tr.* (*fornire*) to provide, to supply. **C** *rifl.* to provide oneself with; to get.

◉**province** *s.* [1] provincia. • NB: *in questa accezione il termine è usato riferito solo ad altri paesi in quanto la Gran Bretagna non è suddivisa in province*. [2] competenza: **matters of that kind don't come within the province of this office – you'll have to talk to the export department**. [3] campo: **that's outside my province – I know a bit about porcelain but nothing about silver**. [4] (*al plur.*) una nazione nel suo complesso esclusa la capitale, *usato soprattutto in riferimento alla Gran Bretagna*: **the company is to tour the provinces before coming into the West End** (*cioè ad un teatro di Londra*).

provincia *s.* province.

◉**provoke** *vb. tr.* [1] fare arrabbiare: **what an irritating child you are! – you really must stop saying things that provoke your father**; provocare: **the hostile crowd deliberately tried to provoke the police**. [2] suscitare, provocare: **what she says on such occasions always provokes animosity** (*o* anger, suspicion, a sharp reply, etc., *sempre reazioni di carattere negativo o altrimenti* pity *e sim. o* laughter). [3] provocare (*una rivolta, etc.*): **ill-judged police action provoked a riot** (tumulto). • **Provocative** *agg.* [1] provocatorio: **he makes provocative speeches**.

[2] provocante: **she was wearing a provocative dress**.

provocare *vb. tr.* [1] (*causare*) to give: **la ferita gli provocava molta sofferenza**, the injury gave him a lot of pain; **l'incidente provocò molte noie alle autorità**, the incident gave the authorities a lot of trouble; to produce: **una troppo prolungata esposizione ai raggi del sole può provocare eritemi e forti mal di testa**, too much sunbathing can produce a rash and severe headache; to cause: **il terremoto provocò estesi danni e centinaia di morti**, the earthquake caused widespread damage and hundreds of deaths. [2] (*eccitare, spingere*) to provoke: **le sue parole li provocarono all'azione**, his words provoked them into (*o* drove *o* spurred them to) action; (*suscitare*) to provoke: **i suoi disperati tentativi di eseguire il numero che alla prima non le era riuscito provocarono la pietà** (*o* **le risa**) **del pubblico**, her desperate attempts to perform the number which hadn't come off at the first go provoked pity (*o* laughter) in the audience; to rouse, to arouse: **il suo nuovo libro ha provocato molti commenti**, his new book has roused (*o* aroused *o* provoked) a lot of comment; (*sfidare*) to provoke. [3] (*di donne*) to arouse, *ma espressioni del tipo* **una donna** *o* **uno sguardo provocante** *equivalgono a*: a provocative woman *o* look.

⬤**proximity** *s.* prossimità, vicinanza: **the proximity of the station (to the house) is an advantage for a commuter like me; the proximity of the exam began to fill his thoughts**. • NB: *il termine non è molto usato; al suo posto, sia in riferimento al tempo che allo spazio, si preferisce usare* **nearness**.

prossimità *s.* nearness, (*meno usato*) proximity. • *Per tradurre l'espressione* **in prossimità di** *è spesso necessario ricorrere a costruzioni diverse*: **in prossimità delle elezioni**, with the elections approaching *o* as the elections approach; **in prossimità del ponte**, not far from the bridge.

⬤**public** *s.* [1] la gente: **well-known actors often find that the public want to intrude too much on their privacy** (*da notare come il termine inglese sia seguito da un verbo alla forma plurale*). [2] il pubblico: **a beautiful 17th-century house, open to the public three times a week**. [3] *unito ad un aggettivo il termine è usato per indicare il* complesso delle persone che condividono uno stesso interesse, frequentano lo stesso luogo, *etc.*, *talvolta* pubblico: **the reading public**, i lettori; **the theatre-, concert-, film-going public**, gli appassionati del teatro, della musica classica, del cinema: **to the theatre-going public the death of Micky House will be a severe blow, though to most people his name is quite unknown; the public** (i visitatori) **are requested to use the litter bins**.

pubblico *s.* [1] public. [2] (*di un teatro, di un cinema, etc.*) audience: **il pubblico applaudì con grande entusiasmo alla fine del primo atto**, the audience applauded wildly at the end of the first act; **il pubblico di tutta la nazione si è mostrato indifferente a questo tipo di programma**, audiences all over the country have shown their indifference to this sort of programme; (*di una manifestazione sportiva*) spectators, crowd. • **Il grande pubblico**, the (general) public: **non è il genere di commedia che incontra il favore del grande pubblico**, it's not the type of play that appeals to the (general) public.

puncture *A s.* foratura, bucatura (*di pneumatico, pallone, palloncino*). *B vb. tr.* [1] forare (*un pneumatico, etc.*). [2] sgonfiare *la presunzione di qualcuno*, *o* demolire *in qualcuno la fiducia in se stesso*.

puntura *s.* [1] sting (*di vespa*), bite (*di zanzara*), prick (*di ago*). [2] (*iniezione*) injection. [3] (*dolore acuto*) stabbing pain.

⬤**pupil** *s.* [1] pupilla. [2] scolaro, allievo, alunno: **the age-range of our pupils is twelve to eighteen, and we have a Junior School which takes pupils from eight to twelve**. [3] allievo: **the pianist we heard this evening was a pupil of Serkin's**; (*all'università e sim.*): *nella maggior parte dei* **departments** (*q.v.*) *di quasi tutte le università inglesi ogni studente è seguito da uno dei docenti*; *in questo tipo di rapporto lo studente viene chiamato* **pupil** *e il docente* **tutor**: **Philip is a lecturer in modern history; he lectures three times a week to about two hundred students; he is also a tutor, and sees his fifty pupils in pairs for an hour every two or three weeks**. [4] persona a cui si impartiscono lezioni private, allievo: **one of my (private) pupils is a lady of 85 who thinks it's time she learnt Latin**.

pupilla *s.* pupil. • **È la pupilla dei suoi occhi**, she's the apple of his eye.

pupillo *s.* [1] (*dir.*) ward. [2] (*figlio prediletto*) favourite child; (*allievo prediletto di un insegnante*) teacher's pet (*spreg.*).

Q

qualification *s.* ⒈ titolo, qualifica: **he's got a degree and several other professional qualifications**; requisito: «**what are the qualifications for the job?**» – «**long experience and a great deal of patience**». ⒉ modificazione, riserva, precisazione, ridimensionamento: **I think her enthusiastic approval needs some qualification – the results are not as good as she claims** (*o* **what she says is too vague, general**).

qualificazione *s.* ⒈ (*atto del qualificarsi*) becoming eligible (*q.v.*); **corso di qualificazione professionale**, training course. ⒉ (*sport*) qualifying event; (*slang*) qualifier.

●**qualified** *agg.* ⒈ qualificato: **he's a qualified doctor; she's better qualified to comment on the matter than the rest of us because she's lived in India and we haven't.** ⒉ moderato, mite, tiepido (*fig.*): **he gave the suggestion his qualified approval** (approvazione con riserva); **the exhibition received qualified praise from the critics.**
● **Unqualified** *agg.* ⒈ non qualificato: **unqualified teachers used to work for a lower salary than qualified teachers but they are no longer allowed, in any type of school.** ⒉ completo, senza riserve: **he gave the project his unqualified support.**

qualificato *agg.* skilled: **gli operai qualificati sono pagati meglio dei manovali**, skilled workers are paid more than labourers; qualified: **è un tecnico qualificato**, he's a qualified technician.
● **Squalificato** *agg.* disqualified.

●**qualify** *vb. A tr.* ⒈ rendere idoneo a *qualcosa*, abilitare: **this course will qualify you to programme computers of only one type; the date of this painting qualifies it for inclusion in the exhibition; merely enjoying music does not qualify anyone to criticise a great musician; this race qualifies the winner to take part in the final.** ⒉ precisare: **could you qualify that statement? – it's too vague to mean very much as it stands.** ⒊ (*lett.*) qualificare, definire: **he qualified her actions as disloyal**; (*gramm.*) **adjectives qualify nouns**. *B intr.* seguire un corso di formazione professionale.

qualificare *vb. A tr.* (*definire*) to describe as, (*lett.*) to qualify as: **non si può qualificarla una buona azione**, you can't describe (*o* qualify) that as a good action. *B rifl.* ⒈ (*attribuirsi un titolo*) to call oneself, to be known as: **si qualifica come consulente 'free-lance', chissà cosa mai vorrà dire**, he calls himself a free-lance consultant, whatever that may mean; **si qualifica come 'aiuto madre' ma non l'ho mai vista aiutare nessuno né ci sono madri in questa casa**, she's known as a mother's help but I've never seen her help anyone and there are no mothers in the household. ⒉ (*ottenere una qualifica*) to qualify as *o* for: **intende qualificarsi come meccanico di autofficina**, he intends to qualify as a garage mechanic; **si è qualificata per il posto di capo reparto svolgendo una dopo l'altra mansioni di minore importanza**, she qualified for the post of supervisor by doing each of the lower-grade jobs in turn. ⒊ (*sport*) to qualify (for): **si è qualificato (per le finali)**, he has qualified (for the final). ● **Squalificare** *vb. tr.* to disqualify.

●**quality** *s.* ⒈ qualità: **they produce goods of high quality.** ⒉ **to have quality**, essere di qualità: **this journalist often expresses an eccentric view of events but his work always has quality, whereas this other one is often superficial.** ⒊ caratteristica *spesso propria di una persona o cosa e difficile da definire*; **he hasn't got the right qualities of mind** (*o* **character**) **for this work; his poetry has a quality of** (è caratterizzata da una sorta di) **sharp, benevolent irony; she has a quality of** (è dotata di una sorta di) **loyal scepticism that makes her the ideal assistant.** ⒋ (*al plur.*) caratteristiche, *di solito positive*, qualità: **he's always complaining about his secretary and it's true that she has faults but she has (good) qualities too.**

qualità *s.* ⒈ quality: **sono merci di alta qualità**, these are goods of high (*o* low *o* middling) quality. ⒉ (*al plur., requisiti, doti*) characteristics, qualities: **questo vino ha delle qualità insolite**, this wine has unusual characteristics (*o* qual-

quarrel

ities); **è pieno di buone qualità**, he's full of good qualities. ③ (*virtù*): virtue, good quality: **l'intelligenza è la sua unica qualità**, intelligence is her only virtue (*o* good quality). ④ (*specie*) kind, sort: **ho comprato quattro qualità di mele differenti**, I've bought four (different) kinds (*o* sorts) of apples. ⑤ (*mansione*) capacity: **non parlava in qualità di consulente legale ma come amico**, he was not speaking in his capacity as her legal adviser but as a friend. • **Salto di qualità**, radical change: **l'avvento dei computer ha prodotto un salto di qualità nella nostra vita**, the advent of the computer has produced a radical change in our lives.

quarrel *s.* ① litigio, disputa, discussione accesa. ② disaccordo, motivo di contrasto *o* di lite: **I have no quarrel with** (non ho nulla da opporre contro) **what you say but I think you should have acted differently**. • **To pick a quarrel with someone**, attaccar lite con qualcuno; **to make up a quarrel**, riconciliarsi.

querela *s.* charge, complaint; (*dir.*) **sporgere querela contro qualcuno**, to bring a charge (*o* lodge a complaint) against someone.

●**quarter** [ˈkwɔːtə] *A s.* ① quarto: **a quarter of an hour; the fore-quarters** (quarti anteriori) **and hind-quarters** (posteriori) **of an animal.** ② trimestre: **we pay rent every quarter; next Saturday is quarter day and we must pay the rent.** ③ quartiere, zona: **throughout his years in Paris he lived in the Latin quarter.** • NB: *in questa accezione* **quarter** *non è usato riferito alle città inglesi; il termine appropriato per indicare un quartiere di queste ultime è* **area**: **I lived in the same area of Manchester as he did.** ④ direzione, parte: **the wind is blowing from a different quarter today; we hear reports of his success from every quarter** (*o* **from all quarters**). ⑤ (*al plur.*) ambienti, sfere: **the new policy is viewed with distrust in some quarters; it has received approval from the highest quarter(s)**. ⑥ (*al plur., mil.*) alloggiamenti, quartieri: **married quarters, officers' quarters**; (*non molto usato oggi*) alloggio: **he had comfortable quarters in an old-fashioned boarding house.** ⑦ (*mar.*) **on the port quarter**, a babordo; **on the starboard quarter**, a tribordo. ⑧ (*lett.*) grazia, pietà: **both sides fought without asking or giving quarter.** • **Headquarters**, quartier generale (*mil.*), sede (*comm.*); (*USA*) **a quarter**, 25 centesimi di dollaro. *B vb. tr.* ① dividere in quattro parti: **peel and quarter the apples.** ② (*mil.*) acquartierare: **troops were quartered on every house in the village.**

quartiere *s.* ① (*zona*) area, district, neighbourhood; quarter (*ma vedi sopra accezione 3*). ② (*mil.*) quarters (*alloggio in case private, etc. ed anche in caserma*); barracks (*caserma*); **quartier generale**, headquarters. ③ (*grazia, tregua*) quarter. ④ (*di stemma*) quarter; quartering. ⑤ (*di imbarcazione*) aft (*poppa*); fore (*prora*); midship (*mezzania*).

quarto *s.* ① fourth: **tre persone me lo hanno già chiesto, tu sei la quarta**, three people have asked me that already – you're the fourth; **vuoi fare il quarto a bridge stasera?**, will you make a fourth at bridge this evening? ② quarter: **le due e un quarto**, a quarter past two; **un quarto di vino**, a quarter of a litre of wine; **la mela era divisa in quarti**, the apple was divided in quarters; **la luna è nel primo quarto**, the moon is in the first quarter; (*sport*) quarter-finals. ③ (*turno di guardia su una nave*) watch. • *L'espressione* **passare un brutto quarto d'ora** *non ha in inglese equivalenti di carattere idiomatico ma può essere resa con frasi del tipo* **I went through a bad quarter of an hour** *o* **it was very frightening while it lasted**.

●**question** *s.* ① domanda, quesito. ② questione, problema: **the question of disarmament dominated the conference; we must settle the question of who is to do it; to be or not to be – that is the question** (*Hamlet*); **it's only a question of time; there is no question of building spacecraft in Britain** (*il che equivale a dire che nessuno darebbe alla cosa la minima considerazione*). ③ dubbio: **he is beyond question the best person for the job; there is some question about permission being given** (*o* **whether permission will be given**); **to call in question**, mettere in dubbio: **the prudence of his action has been called in question.** ④ interrogativo: **this re-opens the question of how the seven astronauts died**, si riaprono così gli interrogativi su come sono morti i sette astronauti. • **To beg the question**, ragionare in modo tale da utilizzare come argomentazione a sostegno delle proprie affermazioni ciò che costituisce il nodo stesso della questione da risolvere, dando così origine ad un circolo vizioso: «**I don't agree that pacifism is necessarily a good thing**» – «**Of course it is! John's a pacifist and I'm sure you'll agree that it's the only good thing about him**» – «**But that begs the question**».

questione *s.* ① (*problema*) question, matter:

questa non è una questione morale ma semplicemente economica, this is not a moral but simply an economic question (*o* matter); **parleremo della questione nella prossima riunione**, we will discuss the question (*o* matter) at our next meeting. **2** (*controversia, disputa*) question: **è sorta una difficile questione riguardo chi dovrà pagare il lavoro**, a difficult question has arisen with regard to who will pay for the work; issue: **è una questione che sta a cuore a molte persone**, this is an issue on which many people feel strongly; **essere ancora in questione**, to be still in question (*o* at issue); **il caso in questione**, the case (*o* matter) in question (*o* at issue); **il nodo della questione**, the nub of the question (*o* the heart of the matter). **3** (*litigio*) quarrel, dispute, (*fam.*) fight: **vuole evitare di avere una questione con la sorella per questo**, she wants to avoid having a quarrel (*o* dispute *o* fight) with her sister over it. **4** (*problema politico o sociale da affrontare*) question. • **È questione di vita o di morte**, it's a matter of life and death.

question *vb. tr.* **1** interrogare: **the police questioned him about what he had seen.** **2** mettere in dubbio: **I'm not questioning his honesty, I'm simply saying he might have made a mistake**; contestare: **I question the Council's right to close the hospital.**

questionare *vb. intr.* **1** (*discutere*) to argue: **questionano sempre di politica**, they're always arguing about politics. **2** (*litigare*) to quarrel, (*fam.*) to have a fight: **le due sorelle hanno questionato non trovandosi d'accordo su chi di loro dovrà occuparsi del padre**, those two sisters have quarrelled (*o* had a fight) over (*o* about) which of them should look after their father.

○**quiet** [ˈkwaiət] *A agg.* **1** silenzioso: **a quiet street, room; the listening crowd was quiet while he spoke; please be quiet!**, silenzio, per favore! **2** tranquillo: **the baby was screaming earlier this evening, but he's quiet now; I'd rather spend a quiet evening at home than go out; we live a quiet life here.** **3** modesto e bonario: **my boss is a quiet man but he has more authority than his bossy and rather aggressive predecessor**; calmo, tranquillo: **quiet efficiency; Bobby's a quiet child, obedient and polite and good at keeping himself occupied.** **4** dimesso, riservato, discreto: **she acted with quiet courage; we didn't oppose him publicly but we had a quiet laugh together later** (ma più tardi abbiamo riso segretamente) **over his mad proposals.** **5** (*di colori e di gusti*) tenue, delicato: **she always wears quiet colours, so she'd think that scarf too bright; her house is furnished in a quiet style, quite unlike that of her sister who has rather flashy taste.** *B s.* tranquillità, quiete: **I work in the city, but enjoy the quiet of the country at weekends; oh for a bit of peace and quiet!** • NB: *gli italiani spesso pronunciano questo termine come il monosillabo* **quite**: *al fine di farsi intendere correttamente, è necessario pronunciare le due sillabe in modo ben distinto*: [ˈkwai-ət].

quieto *agg.* **1** (*calmo, immobile*) still: **aria quieta**, still air; **se non stai quieto ti aumenterà la febbre**, if you don't keep still your temperature will go up; **quel ragazzo è una peste, non sta mai quieto**, he never stays still; calm: **mare quieto**, calm sea. **2** (*pieno di tranquillità*) quiet, peaceful: **a quiet street** (*in una città o in un paese*); **a peaceful place, house, etc.** (*in campagna*); **il malato ha trascorso una notte quieta**, the patient had (*o* passed) a peaceful night; (*di paesi*) sleepy: **una quieta cittadina di provincia**, a sleepy little town. **3** (*fig. placido e pacifico*) quiet: **amare la vita quieta**, to love a quiet life; **per amore del quieto vivere**, for the sake of peace and quiet; gentle: **avere un carattere quieto**, to be a gentle person.

quiete *s.* **1** (*riferito all'aspetto del paesaggio e dell'atmosfera*) quiet, peace: **La quiete dopo la tempesta** (*Leopardi*), the quiet (*o* peace) that follows the storm. **2** (*riposo, requie*) rest, peace: **non trovar quiete**, to find no rest (*o* peace). **3** (*calma, tranquillità*) peace: **turbare la quiete pubblica**, to create a breach of the peace (*dir.*); **ama la quiete della famiglia, della propria casa**, he enjoys the peace and quiet of his family, his own home. **4** (*lett., riposo della morte*) eternal rest. **5** (*fis., assenza o cessazione del moto*) state of rest.

○**quota** *s.* quota: **every branch of the Society contributes to the administrative costs of the head office, the quota of each being fixed annually; immigration quota**, quota di immigrazione; (*per estensione*) limite massimo: **the number of Africans, Indians and Japanese in the school never exceeds 10% because we find that if we don't keep to these quotas the school quickly loses its international character.**

quota *s.* **1** (*parte di una somma globale dovuta o che spetta secondo una ripartizione, Zingarelli*) quota: **la sede centrale stabilisce la quota che deve essere pagata annualmente da ogni filiale**, the head office settles the quota to be paid annually by each branch; **quota di abbonamento**, subscription: *la quota di abbonamento deve essere versata tramite assegno*, subscriptions (to the season of concerts, *etc. o* to the club) should be made by cheque; share: *se formiamo un gruppo di dodici persone per andare in Egitto la quota pro capite sarà di £X*, if we make up a party of twelve to go to Egypt each person's share will be about £X. [2] (*altitudine*) height, altitude: the mountaineers reached a height (*o* altitude) of 1800 feet (above sea level) on the second day; the plane was flying at a height (*o* altitude) of 7000 feet; **prendere, perdere quota**, to gain, to lose height. [3] (*mar.*) depth: **i sommozzatori hanno trovato il relitto della nave a quota 180**, divers found the hull of the ship lying at a depth of 90 fathoms (180 metri). [4] (*ippica*) odds (*plur.*).

○ **quotation** *s.* [1] citazione: **almost all the quotations in this book come from** *Hamlet*. [2] quotazione (di Borsa).

quotazione *s.* [1] (*prezzo assegnato ad un titolo in un listino*) price, quotation: **la quotazione del dollaro**, the price of the dollar; **quotazioni di Borsa**, quotations on the Stock Exchange. [2] (*fig., valutazione di una persona*) standing: **un attore la cui quotazione non è molto elevata**, an actor whose standing is not very high.

○ **quote** *vb. tr.* [1] citare: **English people frequently quote (from) the Bible and (from) Shakespeare without realizing they are doing so; in making his report on the decline of the wool industry he quoted examples of factory closures from the past ten years**. [2] fissare il prezzo di una merce *o* il costo di un lavoro: **how much would you quote me** (quanto mi prenderebbe) **for completely rebuilding the garage?**; quotare: **shares quoted (on the Stock Exchange) at 95p**. ● (*nel dettare, nel parlare, etc.*) quote ... unquote, aperte ... chiuse virgolette: **he is quote more an antique Roman than a Dane unquote**; **quotes** *s. plur.* (*fam.*) abbreviazione di quotation marks, virgolette: **he was very kind in quotes**.

quotare *vb. A tr.* [1] (*obbligare per una quota*) to set someone's quota at (a certain figure): **la sede centrale quest'anno ha quotato la nostra filiale per £90**, headquarters set our branch quota at £90 this year. [2] (*nel linguaggio di Borsa, determinare il prezzo, il corso o il cambio di valori, Devoto*) to quote (*vedi sopra accezione 2*). [3] (*fig. valutare*) to think well of, to regard highly: **è molto quotato nell'ambiente in cui lavora**, he is very well thought of (*o* very highly regarded) by the people he works with. [4] (*nei disegni tecnici e sim., attribuire una quota*) to dimension. *B intr. pron.* to subscribe: **le filiali della società in media si quotano annualmente per £100**, on average the branches of the society subscribe £100 each annually.

R

●**racket** A *s.* ① (*spesso scritto* **racquet**) racchetta (*da tennis, etc.*). ② (*plur.*) gioco simile al tennis ma praticato al coperto. ③ chiasso. ④ attività illegale, racket; *spesso il termine è usato parlando di cose che non hanno niente a che vedere con il gangsterismo o con il commercio*: **they have set up a charitable trust but it's really just a tax racket** (*cioè* un modo per evadere le tasse); (*per estensione*) qualsiasi azione disonesta, imbroglio: **he's got leave from the firm to spend a week in Wales «making new business contacts» but of course it's a racket.** ● **To stand the racket,** sopportare le conseguenze spiacevoli di azioni *non necessariamente compiute di persona, talvolta* pagare il fio. B *vb. intr.* (*fam.*) **to racket about,** andare a molte feste, *etc. spesso in compagnia di persone poco raccomandabili.*
racchetta *s.* (*da tennis*) racket; (*da ping-pong*) ping-pong bat; (*da neve*) snow shoe.

rape *s.* ① stupro, violenza carnale. ② (*fig.*) violazione: **the rape of South Africa by the diamond miners; the rape of the equatorial forests; the rape of justice in a totalitarian country.** ● **The rape of the Sabine women,** il ratto delle Sabine; **the rape** (saccheggio) **of a city; The Rape of the Lock,** *poemetto di Pope che narra di un giovane che taglia una ciocca di capelli ad una ragazza.*
rapa *s.* ① (*bot.*) turnip; *le foglie della pianta sono chiamate* turnip tops *o* turnip greens (*in Inghilterra si mangia più spesso la radice delle foglie*). ② (*fam., persona sciocca*) idiot, silly ass. ● **Cavare sangue da una rapa,** to draw blood from a stone.

rape *vb. tr.* ① stuprare, violentare. ② (*fig.*) violare (*vedi* **rape** *s. accezione 2*).
rapire *vb. tr.* ① (*portare via a forza*) to snatch: **rapire la preda,** to snatch the prey. ② (*una persona*) to kidnap; (*lett.*) to abduct. ③ (*fig.*) to enchant, to enrapture: **furono rapiti da quella musica,** they were enchanted (*o* enraptured) by the music; to ravish: **una musica che rapisce,** ravishing (*o* enchanting) music. ● *Nel linguaggio corrente* to ravish *è usato solo al participio presente.*

●**rare** *agg.* ① raro: **a rare coin; a party was a rare event in our house; «I didn't mean that,» he said, with one of his rare smiles.** ② rarefatto: **rare mountain air.** ● *Si noti però che usata in senso astratto l'espressione* atmosfera rarefatta *equivale in inglese a* **rarefied atmosphere** *o* **air.** ③ (*fam.*) eccezionale: **he was in a rare state,** era molto arrabbiato; **we had a rare old time,** ci siamo divertiti molto. ④ (*di carne di manzo*) al sangue: **we'll both have steaks – hers rare and mine well done.** *È questo un uso americano del termine, ampiamente diffuso anche in Gran Bretagna benché solo per le bistecche: per il roast-beef gli inglesi usano infatti l'aggettivo* **underdone,** *che però, riferito ad altri tipi di carne, assume il significato di* poco cotto (*che richiede cioè un più lungo tempo di cottura*).
raro *agg.* Equivale a **rare** *in tutti i casi tranne quando significa* prezioso (*perché non comune*): *in questa accezione* **raro** *corrisponde più spesso a* exceptional, *o* (*meno usato*) singular: **a man of exceptional** (*o* **singular** *o* **rare**) **charm, gifts, distinction.**

rate *s.* ① velocità, ritmo: **growth rate,** ritmo di crescita *di un'industria e sim.*; **rate of development** (*di un organismo*); **he talks at such a rate I miss half of what he says.** ② ammontare: **rate of pay;** indice: **the birth rate.** ③ tariffa: **postal rates** (*o* **charges**) **will be going up again soon;** prezzo, costo: **our firm will do the job for you at a lower rate than any other firm in the city; subscription rate,** prezzo di abbonamento. ④ (*fin.*) tasso; **bank rate, interest rate; discount rate; rate of exchange,** corso del cambio. ⑤ (*di solito al plurale*) imposta locale: **anyone who pays rates and taxes,** chi paga le imposte locali e nazionali; **as a rate-payer** (contribuente) **I demand to know why the streets in this town are so badly lit.** ⑥ livello, ordine, classe: **a first-rate novelist; a second-rate school; a third-rate play.** ● **Pulse rate,** frequenza del polso; **at that rate,**

se questo è vero: **he says he ought to have been made head of the department, but at that rate I ought to be a bishop; at this rate**, se le cose non procedono più speditamente: **at this rate we'll never get the work done by the end of the morning**; di questo passo: **at this rate we'll finish sooner than I hoped; at any rate**, comunque: **he may agree to do it, I'm not sure – I'll ask him, at any rate**.

rata s. instalment: **pagare (qualcosa) a rate**, to pay (for something) in (*o* by) instalments.

rationale [raʃəˈnaːl] s. fondamento logico *di qualcosa*: **can anyone explain to me the rationale underlying these contradictory decisions?**

razionale A s. (*ciò che è razionale*) reason; rationality. B agg. rational.

○**reaction/*reazione*** s. *I due termini si differenziano solo per il fatto che* reaction *può anche indicare un brusco venir meno dell'euforia, dell'eccitazione, dell'entusiasmo, e sim. manifestati in un primo momento*: **the programme of drastic reforms was accepted with enthusiasm at first, but within a short time reaction had set in** (si è verificata la reazione contraria) **and many people said that the essence of the party's ideology was threatened; she loves parties but always suffers from reaction** (*in questo caso* depressione) **next day**.

○**real** agg. [1] non immaginario, reale: **he suddenly realized he was not speaking to a real person but to a figment of his imagination**. [2] autentico, vero, non finto: **real pearls; the so-called flamenco dancers we saw last night were not-very-well-trained Brits but tonight's will be the real thing; they're real flamenco dancers**. [3] vero, completo, degno di essere chiamato tale: **now we're in real trouble** (*cioè*: le cose andavano già male, ma ciò era niente in confronto alla situazione attuale); **it's a real shame**, è un vero peccato. [4] (*fin.*) **the real value of a salary**, *etc.*, il potere d'acquisto di un salario, etc. • **Real estate**, immobili; **real property**, beni immobili; **in real earnest**, con impegno, sul serio: **he won't start revising in real earnest until a week before the exam**.

reale agg. real: **non riesco a capire quali siano le sue reali intenzioni**, what his real intentions are; actual: **non possiamo assumere una persona senza prima renderci conto delle sue reali capacità**, without first seeing what his actual abilities are (*o* what he is actually capable of).

○**realization** (*o* realisation) s. [1] il rendersi conto, il divenire consapevole, presa di coscienza, comprensione: **the realization that she would soon be able to walk and lead a normal life again was almost more than she could take in**. [2] realizzazione: **he'll have to wait years for the realization of his ambitions**. [3] (*comm.*) realizzo.

realizzazione s. [1] fulfilment, realization: **la realizzazione delle nostre speranze**, the fulfilment (*o* realization) of our hopes; achievement: **la realizzazione dei nostri progetti**, the achievement (*o* realization) of our plans; (*bur.*) implementation (*di un progetto, etc.*). [2] (*mus.*) realization. [3] (*teatr.*) **realizzazione scenica**, staging.

○**realize** (*o* realise) vb. tr. [1] (*è questa l'accezione più comune*) accorgersi, rendersi conto: **when he realized what he had done he was terrified**. [2] realizzare: **if she wants to realize** (*o* fulfil) **her ambitions she'll have to work hard; in order to buy the house they realized most of their securities**. [3] (*di merci messe in vendita*) fruttare: **they were forced to sell their house and it didn't realize** (*o* fetch) (non ne hanno ricavato) **as much as they had expected**.

realizzare vb. tr. [1] (*rendere reale*) to carry out (a plan, an undertaking); to fulfil, to achieve, (*meno usato*) to realize (hopes, ambitions, *etc.*) [2] (*sport*) to score. [3] (*comprendere*) to realize; *pur non incontrando il favore di tutti i linguisti* («è il significato inglese che non riesco ad accettare», Aldo Gabrielli, *Il museo degli errori*) *questa accezione del termine ricorre ormai anche nel linguaggio letterario* «[...] *tanto che ci domandiamo se sia ancora opportuno chiamarla neologismo*» (Luciano Satta, *Parole*). [4] (*convertire in moneta*) to realize.

recipient s. destinatario (*di lettere, pacchi, etc.*); ricevente.

recipiente s. bowl (*in cucina*), *qualche volta anche* basin, pot; *altrimenti* container; (*formale o letterario*) receptacle; (*assai raro*) vessel.

○**recommend/*raccomandare*** vb. tr. *Questa coppia di falsi amici presenta una perfetta corrispondenza quando si tratta di* raccomandare *un ristorante, un albergo, oppure una persona per un lavoro. I problemi sorgono quando invece si deve rendere in inglese la molteplicità delle sfumature e dei significati del verbo italiano, che spesso riflette mentalità e usi tipicamente italiani.*

[1] **Ti raccomando i miei libri e i miei dischi mentre sono in vacanza**; *qui* look after, take care of *sono abbastanza adeguati, mentre* entrust *suonerebbe troppo formale.* [2] *Il premuroso e italianissimo* **maestra, le raccomando il mio bambino** *potrebbe rendersi con un* keep an eye on *che però implicherebbe quasi sempre problemi di disciplina. La brava madre britannica direbbe più probabilmente* please remember that he needs special attention *aggiungendo e specificando il perché:* he's very lazy *o* he's exceptionally sensitive. *Anche qui* entrust *sarebbe fuori luogo sia perché si usa di solito al passivo sia perché è sempre riferito a cose, e non a persone. Quindi, semmai, si potrebbe parlare di* entrusting the care of a child to someone *(comunque molto formale) ma non di* entrusting the child to someone. [3] **Le raccomando la mia pratica, avvocato!** *Si potrebbe tentare un* I rely on you to do your best for me, *ma si deve ricordare che un inglese ben raramente userebbe una frase del genere, temendo che essa possa suonare come un affronto alla professionalità del legale in questione.* [4] **Quello lì, te lo raccomando! – è un filibustiere di prima categoria!** *Non c'è per tale uso ironico un equivalente diretto; è possibile solo un semplice avvertimento del tipo* watch your step with him! *o* don't trust him an inch! [5] **Il professore ci raccomanda la lettura di questi testi**. *Se il verbo italiano ha un senso abbastanza forte di consiglio, quasi di comando, la frase viene resa con* the teacher insists on our reading these books *o* says these books are required reading (required *qui è un participio passato usato in funzione di aggettivo).* [6] **La mamma ci raccomanda sempre di non fare tardi**, mother always begs us not to be late. [7] **Vi raccomando, spegnete la luce prima di uscire**, mind you switch off all lights before you go out; **ti raccomando di non aprir bocca**, for goodness' sake don't tell anyone what I've just told you. [8] **Vi raccomando di fare come vi viene detto!** *a bambini che stanno per andare in collegio o simili, troverebbe in* do try to do as you're told *un equivalente accettabile.* [9] **Mi raccomando che non si ripeta più!** *e la sua velata minaccia si esprimerebbero con* mind you don't do that again! *o* you'd better not do that again! [10] **Non perderlo, mi raccomando!, non fare tardi, mi raccomando!,** *etc.* you won't lose it, will you?, you won't be late, will you?, *etc.* [11] **lettera raccomandata**, registered letter.

⊙record [ˈrekɔːd] *A s.* [1] disco. [2] appunto, nota: **I can find no record of your order in our files**; *(al plur.)* documenti, testimonianze scritte: **records of the building of the church show that by 1290 only five masons were still working on it**. [3] ciò che è noto della carriera *(e sim.)* di una persona: **she has a good record in this firm and should be considered for promotion; he has a police record**, ha la fedina penale sporca, *o* è schedato dalla polizia. [4] primato, record: **he broke the long jump record in 1971; I think he must hold the record for speechifying from the chair**. [5] ricordo: **we want you to plant a tree in the garden as a record of your visit**. • *B agg.* da primato, record: **a record turn-out at the polls** (affluenza alle urne). • **For the record**, affinché quanto è accaduto sia annotato *o* ricordato, *talvolta*, per la storia: **if that's what the majority want to do I'll do it, but for the record I'm warning you all that's it's a risky thing to do; off the record**, detto, dichiarato ufficiosamente e da non farsi sapere: **the chairman of the committee gave me his off the record views on the new project; on record**, registrato per iscritto: **this must be the hottest May on record**, che sia stato registrato; **she is on record as saying** (è documentato che lei ha detto) **that she thinks the BBC ought to be split up into five or six private companies; track record**, bilancio delle vittorie e delle sconfitte *di un atleta che pratica la corsa (in atletica leggera) o di un cavallo da corsa; (per estensione, fam.)* bilancio dei successi e degli insuccessi *di una persona in qualsiasi campo*: **it's a pity he's been put in charge of our office – judging by his track record he'll quarrel with all of us within six weeks.**

ricordo s. [1] memory: **ha dei bei ricordi delle vacanze trascorse in questa casa**, he has happy memories of holidays spent in this house; *(meno usato, piuttosto letterario)* recollection: **non conserva alcun ricordo della sua infanzia**, he has no recollection of his early years; *(ancora meno usato)* remembrance: **I summon up remembrance of things past** (*da un sonetto di Shakespeare*); Remembrance Day (*G.B.*, Veteran's Day *USA*), *commemorazione annuale dei caduti delle due guerre mondiali.* [2] *(ciò che serve a far ricordare)* souvenir, memento: **si sono portati a casa molti ricordi della loro prima visita a Venezia**, they brought a lot of souvenirs (*o* mementos) back from their first visit to Venice; *(arc.)* keepsake: **la sorella della mia bisnonna le lasciò in ricordo questa miniatura**, my great-grandmother's sister gave her this miniature as a keepsake; *(vestigia)* record: **queste mura di-**

record

roccate sono ricordi dell'occupazione dei Romani, these ruined walls are a record of the Roman occupation; (*segno lasciato da malattie, ferite, etc.*) **una frase del tipo questa cicatrice è il ricordo di quando sono caduto dalla bicicletta cinque anni fa**, *verrebbe resa semplicemente con* **I got this scar when ...**; *si potrebbe anche dire* **this scar is a reminder of the time when ...** *ma sarebbe piuttosto insolito*.

●**record** [ri·kɔːd] *vb. tr.* [1] registrare per iscritto *o* fissare in altra forma permanente *una data, etc. perché se ne conservi il ricordo*, ricordare, commemorare: **the births of all members of the family used to be recorded in the back of the family bible; this stone records the meeting of the two generals after the battle.** [2] registrare su disco *o* nastro magnetico: **Julius Katchen recorded all Brahms's piano music in 1967.** [3] (*di uno strumento di misura*) registrare: **the thermometer recorded a maximum temperature of 31 °C yesterday.**

ricordare *vb. tr.* [1] (anche **ricordarsi**) to remember: **ricordava molto distintamente la sua prima visita in quella casa**, he remembered his first visit to the house vividly; (*meno usato*) to recollect: **non ricorda di aver detto niente al riguardo**, he doesn't recollect having said anything about it. [2] (*a qualcuno*) to remind: **il rumore del torrente le ricordò la sua casa dall'altra parte del globo**, the sound of the stream reminded her of her home on the other side of the world; **devi ricordargli di telefonare alle 6**, you must remind him to telephone at six. [3] (*rassomigliare*) to look like: **con i capelli acconciati così ricorda un ritratto giovanile della regina Vittoria**, with her hair done like that she looks like an early portrait of Queen Victoria; to take after: **ricorda la madre**, she takes after her mother. [4] (*nominare*) to mention: **e nel parlare dei primi anni dell'Istituto dobbiamo ricordare i suoi primi importanti benefattori**, and while we're talking about the early years of the Institute we must mention its first important benefactors. [5] (*commemorare*) to commemorate, to record: **la lapide ricorda l'incontro dei due generali**, the stone commemorates (*o* records) the meeting between the two generals.

●**recourse** [ri·kɔːs] *s.* [1] ricorso: **only if things became yet more desperate would they ever have recourse to his brother** (*più comune*, **turn to his brother**); **we must do everything possible to settle this dispute without (having) recourse to violence or to legal action.** [2] risorsa: **by now we must admit that our only recourse is legal action.** • NB: Recourse *è un termine molto generico; non assume mai significati particolari come il 3 e il 4 del sostantivo italiano* (*vedi sotto*).

ricorso *s.* [1] recourse; **fare ricorso** (*ad una persona*) to have recourse to, to turn to; (*ad una cosa*) to have recourse to, to resort to. [2] (*dir.*) appeal, complaint, application; **fare ricorso in appello**, to appeal. [3] (*bur.*) petition: **presentare un ricorso**, to file a petition. [4] (*il ripresentarsi periodicamente di fatti, etc.*) recurrence.

recover *vb. A intr.* riprendersi: **she had flu six weeks ago and she still hasn't recovered entirely**; riaversi: **it took him a long time to recover from losing his job.** *B tr.* riacquistare, ricuperare (*la vista, l'udito; le perdite*). • *Nel linguaggio legale-assicurativo* **to recover damages** *significa ottenere il risarcimento dei danni.*

ricoverare *vb. tr. A seconda del tipo di costruzione questo verbo trova in inglese corrispettivi di diverso genere*: to be admitted (*sempre alla forma passiva*): **è stato ricoverato in ospedale due settimane fa**, he was admitted to hospital a fortnight ago; to take to: **abbiamo dovuto ricoverarlo all'ospedale d'urgenza**, we had to take him to hospital at once (*o* he was rushed to hospital); to send to: **il dottore l'ha fatto ricoverare**, the doctor has sent him to hospital; to go to: «**Bisogna ricoverarlo**» disse il dottore, «I'm afraid he'll have to go to hospital» said the doctor. *Nel senso più generico di* **dare ricovero** *il verbo italiano trova il suo corrispettivo in* to shelter.

●**recuperate** [ri·kuːpəreit] *vb. A intr.* rimettersi in salute: **it will take him a long time to recuperate after such a severe illness.** *B tr.* (*molto meno usato*) ricuperare, *di solito la salute e le forze*: **it will take him a long time to recuperate** (*più usato*, **to recover**) **his health and strength.**

ricuperare *vb. tr.* [1] (*riprendere possesso di, riacquistare*) to get back, to recover: **ha ricuperato la borsa (che le avevano rubato) nel giro di pochi giorni**, she got her (stolen) bag back within a few days; **i quadri rubati sono stati ricuperati**, the stolen pictures have been recovered; **ricuperare la vista, l'udito *o* la parola**, to recover one's sight, hearing *o* speech; (*poco usato*) to recuperate: **ha ricuperato le forze**, he has recuperated (*meglio*, recovered) his strength; (*di perdite o costi*) to recoup: **contiamo di ricuperare le nostre perdite** (*o* spese) entro un anno, we expect to recoup our losses (*o* costs) within a year. ⟨2⟩ (*portare al sicuro*) to save (*cose in pericolo*); to salvage (*cose da un luogo devastato*): **sono riusciti a ricuperare i suoi gioielli prima che l'incendio diventasse incontrollabile, e il giorno dopo tra le rovine hanno ricuperato due mobili ridotti molto male, ma tutto il resto è andato perduto**, they managed to save her jewels before the fire got out of control, and from the ruins of the house next day they salvaged two badly damaged pieces of furniture but everything else had been destroyed. ⟨3⟩ (*riprendere persone o cose cadute in mare*) to save, to rescue; (*dopo un naufragio*) to salvage. ⟨4⟩ (*rimontare uno svantaggio*) to make up for: **devi ricuperare il tempo che hai perduto quando sei stato malato**, you must make up for the time you missed when you were ill; (*trattandosi di lavoro*) to make up: **ieri sono andato a casa prima ma ricupererò stasera le ore che ho preso di permesso**, I went home two hours early yesterday but I'll make up the time this evening; (*assoluto*) to catch up: **dopo aver perso tre settimane di scuola le ci vorrà molto per ricuperare**, after missing three weeks of school it will take her a long time to catch up (with the others *o* with what she missed); **l'atleta irlandese è rimasto molto indietro rispetto agli altri e ormai è improbabile che recuperi**, the Irish runner is lying far behind the rest of the field and is unlikely to catch up by now. ⟨5⟩ (*rendere utilizzabile*) (*di terreni*) to reclaim, to bring under the plough; (*rottami di automobili*) to salvage; (*il centro storico di una città, e sim.*) **in questo senso il termine non trova in inglese alcun corrispettivo di carattere generico.** ⟨6⟩ (*chim., ind.*) to re-use, to re-cycle. ⟨7⟩ (*riportare qualcuno al suo normale equilibrio psichico e morale, Garzanti*) to rehabilitate, (*piuttosto superato*) to reclaim. • **Ricuperare una nave**, to refloat a ship; (*sport*) **ricuperare una partita**, to play a postponed match; **ricuperare una salma**, to recover a body.

○**refer** [ri·fə:] *vb. tr. e intr.* ⟨1⟩ riferirsi: **when George said «Even the stupidest reader will understand that» he wasn't referring to you.** • NB: The word *he* refers to George, *e non* is referred to George. ⟨2⟩ indirizzare *qualcuno da un esperto, a un ufficio competente, etc.*: **the social worker referred the old lady to the rheumatism clinic; refer him** (*o* tell him to go) **to the Citizens' Advice Bureau**; sottoporre *un problema* all'attenzione di *un esperto, etc.*, deferire: **the matter was referred to the finance committee.** ⟨3⟩ consultare *qualcosa per trarne informazioni*: **he was unable to answer her question until he had referred to the manual; she spoke on the subject for an hour without once referring to her notes.**

riferire *vb. A tr.* ⟨1⟩ (*ridire, riportare*) to report (*di solito ad una persona che esercita un'autorità*): **riferì al direttore quello che aveva visto**, she reported what she had seen to her boss; to tell: **riferì agli amici quello che aveva visto**, she told her friends what she had seen. ⟨2⟩ (*ascrivere*) to attribute: **i giornali riferiscono** (*o* **attribuiscono**) **la mancanza di interesse da parte dei lettori verso questo tema al fatto che le informazioni che è possibile ottenere sono molto vaghe**, the newspapers attribute the lack of public interest in the matter to the vagueness of the information available. *B intr. pron.* ⟨1⟩ (*rapportarsi*) to refer to, to allude to: **non si riferiva a te quando lo ha detto**, he wasn't referring (*o* alluding) to you when he said that. ⟨2⟩ (*accennare*) to make (a) reference: **nella sua spiegazione del fenomeno si è riferito spesso a quanto già era stato detto dallo scienziato che per primo aveva avanzato delle ipotesi**, in his explanation of the phenomenon he made frequent reference to what had been said by the scientist who had first advanced this type of hypothesis. ⟨3⟩ (*riguardare*) to apply to: **le nuove norme sui passaporti probabilmente non si riferiscono a** (*o* **riguardano**) **quelli rilasciati fino ad oggi**, the new passport regulations probably don't apply to people who've got passports already. *C intr.* (*presentare una relazione*) to report, to make a report: **quando avranno concluso le loro indagini riferiranno**, when they have finished their investigations they will report (*o* make a report).

○**reflection** *s.* ⟨1⟩ immagine riflessa: **Narcissus gazed at his reflection in the pool.** ⟨2⟩ riflesso; (*fis.*) riflessione: **the reflection of light, of heat.** ⟨3⟩ meditazione: **she has published too many novels in a short time – she needs a year or two between books for rest and reflection.** ⟨4⟩ riflessione: **after long reflection he finally reached a decision; the narrative is interspersed with philosophical reflections on the meaning of war.** ⟨5⟩ (*al plur.*) discredito, insinuazioni: **when he read the report he was very angry and said that reflections had been cast on his character.** • **To reflect** (*o* **to reflect badly**) **on someone**, mettere qualcuno in cattiva luce; **on reflection**, ripensandoci: **he promised he would go, but on reflection**

regard

saw that it would be an unwise thing to do; on reflection I don't think I will, after all.
riflessione *s.* ⓵ (*fis. e filos.*) reflection. ⓶ (*il considerare attentamente*) reflection; (*la considerazione stessa*) reflection, observation. • **Agire senza riflessione**, to act without thinking.

●**regard** *s.* ⓵ riguardo, considerazione: **he expresses his opinions fearlessly and somewhat egocentrically, without regard for other people's; the building has been designed without regard to the cost of maintaining it**. ⓶ (*formale*) stima: **he enjoys the affectionate regard of many people; she was held in high regard by her employer**. ⓷ (*al plur.*) saluti: **give my (best) regards to your wife; he sent you his regards; with kind regards**, con i migliori saluti. • **Out of regard for**, per riguardo a, per rispetto di; **with** (*meno comune*, **in**) **regard to**, riguardo a.
riguardo *s.* ⓵ (*cura, attenzione*) care: **questi libri appartenevano al tuo bisnonno, trattali con il massimo riguardo**, with the greatest care. ⓶ (*deferenza, rispetto*) respect: **si rivolse a lui con i debiti riguardi**, he spoke to him with due respect (*o* respectfully); consideration, regard: **fa quello che vuole senza alcun riguardo per gli altri**, she does what she likes, without any consideration for other people (*o* without any regard for other people). ⓷ (*stima*) regard: **ho molto riguardo per i suoi genitori, per questo sono disposta a tollerarlo**, I have a great regard for his parents so I'm prepared to tolerate him; *l'espressione* **persone di riguardo** *non trova in inglese un esatto equivalente, talvolta* important people *potrebbe tuttavia risultare appropriato*. ⓸ (*cura, precauzione per la propria salute*) care: **devi stare in riguardo se non vuoi ammalarti di nuovo**, you must take care of yourself if you don't want to fall ill again. • **A questo riguardo**, in this respect, with regard to this; **sotto ogni riguardo**, in every respect; **riguardo a me**, as far as I am concerned; **nei riguardi di**, towards; **essere pieno di riguardi verso qualcuno**, to be attentive to, to behave attentively towards, *ma queste due espressioni non sono molto usate oggi*.

regard *vb. tr.* ⓵ considerare: **she regards that decision as very risky; he is regarded as an expert in such matters**; *spesso con l'inutile aggiunta di* **being: they regard him as being hostile to their plans**. ⓶ (*di solito alla forma passiva*) stimare: **the old man is still very highly regarded by everyone in the firm**. ⓷ (*lett.*) fissare con lo sguardo: **she regarded him sadly in silence**. • **Regarding, as regards**, riguardo a; **to regard someone** *o* **something kindly**, considerare favorevolmente, avere un'opinione favorevole di: **he proposed polishing off all their most boring acquaintances at one enormous party but his wife didn't regard the suggestion kindly; I'm not the right person to ask the boss that sort of thing – he doesn't regard me kindly**.
riguardare *vb.* **A** *tr.* ⓵ to look again: **non credeva ai suoi occhi, guardò e riguardò nella scatola vuota**, she couldn't believe her eyes – she looked, and looked again, at the empty box; to have a look at: **riguarda il secondo capitolo e vedi se riesci a saperlo meglio**, have a look at your second chapter and see if you can't make some improvements. ⓶ (*concernere*) to be about, to be related to, to relate to, (*poco usato*) to regard: **la prossima settimana il nostro dibattito riguarderà l'inflazione**, our discussion next week will be about (*o* related to, *etc.*) inflation. **B** *rifl.* (*aver cura di sé*) to take care (of oneself): **riguardati!**, take care of yourself!

●**rehabilitate** *vb. tr.* ⓵ ricondurre *un individuo* alla vita normale *facendogli seguire una determinata terapia dopo un periodo di malattia* (*e si noti che il verbo inglese si riferisce all'intera persona, mai ad un singolo arto*), *o* aiutandolo a reinserirsi nella società dopo un periodo di detenzione: **the work of this department of the hospital is to rehabilitate patients whose muscles have become weakened by a long period in bed or who have to learn to walk again after, for example, the amputation of one or both legs; the work of this voluntary society is to rehabilitate ex-prisoners, helping them to find work and somewhere to live**. ⓶ rendere nuovamente la stima, riabilitare: **where has the monetarist policy gone wrong? – it is time to rehabilitate Keynes** (*The Spectator, maggio 1986*). ⓷ restaurare (*un edificio e sim.*) *anche al fine di destinarlo ad un uso diverso*: **the derelict old warehouse can't be pulled down because there's a preservation order on it: instead it's going to be rehabilitated as an arts centre**.
riabilitare *vb.* **A** *tr.* ⓵ (*reintegrare in un diritto o in una funzione chi ne sia stato privato ingiustamente o per condanna, Devoto*) to reinstate: **dopo la rivoluzione fu liberato dal carcere e riabilitato**, after the revolution he was released from prison and reinstated. ⓶ (*riportare membra o funzioni menomate ad una normale attività, Zingarelli*) Per questa accezione del verbo

non esiste alcun equivalente; per esprimere la stessa idea un inglese direbbe the patient is having physiotherapy, massage, *etc.* for his leg, *etc.* ③ (*rendere nuovamente la stima*) to reinstate, to rehabilitate, to restore (someone's) standing *o* good name: **recenti scoperte hanno riabilitato X che per molti anni era stato considerato solo un eccentrico**, recent discoveries have reinstated (*o* rehabilitated) X who was for many years considered merely eccentric. **B** *intr. pron.* to reinstate oneself, to recover one's reputation.

●**relation** *s.* ① relazione, rapporto, connessione: **the importance of an undertaking bears no relation to the amount they're prepared to spend on it**. ② **relations** (*al plur.*), rapporti: **public, business, foreign, trade relations; relations between them are good at the moment**. • Relationship *è di solito usato per indicare una relazione profonda e duratura, mentre con* relations *si indicano rapporti mutevoli e relativamente superficiali.* ③ parente: **distant** (lontano), **near** (stretto) **relation**; «**What relation is he to you?**» – «**He's my brother**». ④ (*poco usato*) relazione, racconto: **they listened attentively to his slow relation of what had happened**. • **In relation to**, con riferimento a: **he talked about economic growth in relation to foreign policy**; quanto a: **in relation (*o* with regard) to what you were saying before, I think ...**

relazione *s.* ① (*modo, qualità del rapporto fra due cose*) relation: **relazione di causa ed effetto**, relation of cause and effect (*o* causal relation); **la relazione tra stile e contenuto di uno scritto**, relation between the style and content of a piece of writing. ② (*rapporto fra persone*) relations (*plur.*): **sono in cattive relazioni con i vicini**, they have bad relations (*più comune*, are on bad terms) with their neighbours; **le sue relazioni con i colleghi sembrano essere tornate normali dopo quell'infelice episodio**, his relations with his colleagues seem to have returned to normal after that unfortunate episode; **avere una relazione (amorosa) con**, to have relations with. ③ (*rapporto scritto o orale*) report: **deve scrivere una relazione sul giro che ha fatto nelle città industriali del Nord**, he's got to write a report on his tour of northern industrial cities; paper: **ha letto una relazione a una conferenza internazionale su Dante**, she read a paper at an international conference on Dante.

relevant *agg.* ① che fa al caso, del caso: **we must examine all the relevant documents**; attinente: **is that relevant to the question under discussion?**, c'entra, ha a che fare con la questione che stiamo trattando? ② attuale; d'attualità: **what Shakespeare said about nationalism is still relevant today**.

rilevante *agg.* ① considerable (*per esempio, di perdite*); substantial (*per esempio, di aumento di stipendio*); notable, remarkable, striking (*di conquiste, miglioramenti, etc.*). ② important: **non mi pare un argomento molto rilevante**, it doesn't seem to me a very important point.

●**remedy** ['remədi] *vb. tr.* (*formale*) rimediare (*ad una situazione, ad un problema, etc.*): **he realizes that the situation is bad but he can see no way to remedy it**.

rimediare *vb.* **A** *intr.* ① (*portare rimedio*) to put right, to make good: **bisogna rimediare ai danni che sono stati causati**, the damage that has been done must be put right (*o* made good); remedy: **come si può fare per rimediare a questo stato di cose?**, what can be done to remedy this state of affairs? ② (*provvedere*) to do something: **come si rimedia?**, what's to be done (about it)? **B** *tr.* (*fam., mettere insieme*) to put (*o* scrape) together: **sono capitate sei persone a cena, puoi rimediare qualcosa da mangiare per loro?**, six people have turned up to supper – can you put (*o* scrape) some sort of meal together for them?; to scrape up: **dovrò rimediare una scusa per il mio ritardo**, I'll have to scrape up an excuse for being late; to cobble: **ti rimedio provvisoriamente questo strappo nei pantaloni e più tardi te lo rammendo per bene**, I'll cobble that tear in your trousers for now and mend it properly later.

●**remote** *agg.* ① (*nello spazio*) lontano, distante, sperduto: **he was shipwrecked on a remote Pacific island**; isolato: **I think he's lonely living in the country – his house is rather remote**. ② (*nel tempo*) lontano: **this tradition originated in the remote past; many medieval customs are too remote from us to be fully understood today**. ③ (*fig.*) vago, lontano, pallido: **I haven't the remotest idea what you mean; there's a remote possibility that we'll be able (*o* of our being able) to go, but I don't suppose we shall**. ④ (*fig.*) indifferente, distaccato, freddo: **he's a difficult man to talk to – that remote, frigid manner puts people off**. ⑤ (*fig.*) estraneo: **his idea of the subject is so remote from hers that they couldn't possibly collaborate on a book**. • Remote con-

remoto *agg.* ⟦1⟧ (*molto lontano nel tempo*) remote: **i fossili sono la principale testimonianza che ci sia pervenuta dei tempi remoti**, fossils are our chief records of the remote past; (*di cause, motivi, e sim.*) ultimate: **cercare le cause remote di un avvenimento**, to look for the ultimate causes of an event; (*gramm.*) **passato remoto** (*ital.*) past, remote past, historic past, preterite; *tuttavia i tempi passati inglesi sono noti come* past (simple *e* continuous) *e* past perfect (simple *e* continuous). ⟦2⟧ (*molto lontano nello spazio*) remote.

● **replica** [ˈreplikə] *s.* copia esatta *di qualcosa*: **the bronze bust she made of him a few months before he died was so beautiful and such a good likeness that she was commissioned to make a replica to be placed in his garden and another for the National Portrait Gallery.** • *Questo termine, pur dovendo essere usato solo per indicare una copia fatta dallo stesso artista che ha eseguito l'originale, spesso viene impiegato per indicare una copia fatta da un'altra persona e può quindi essere considerato sinonimo di* **copy**.

replica *s.* ⟦1⟧ (*atto del replicare*) repetition: **una replica dello stesso dibattito sarebbe noiosa e inutile**, a repetition of the same discussion would be boring and pointless. ⟦2⟧ (*risposta, obiezione*) reply: **non esiste replica contro una prova così convincente**, there can be no reply to such convincing evidence (*o* such convincing evidence cannot be challenged *o, formale*, there is no gainsaying such convincing evidence). ⟦3⟧ (*teatr.*) performance: **the 2nd, 10th,** *etc.* **performance of the current production of** *Hamlet* **at the Aldwych Theatre**; (*se è trascorso molto tempo dal primo ciclo di rappresentazioni di un'opera*) revival: **la replica nel 1985 dell'allestimento di Glyndebourne di** *Figaro* **del 1980 ha riscosso un grande successo**, the 1985 revival of the 1980 Glyndebourne production of *Figaro* was a great success; (*radio, TV*) repeat: **la replica dello spettacolo verrà trasmessa domani alle 14.00**, a recorded repeat of the programme will be broadcast at 2 o'clock tomorrow. ⟦4⟧ (*facsimile di un'opera artistica eseguita dallo stesso autore, Zingarelli*) replica.

● **report** *vb.* A *tr.* ⟦1⟧ riferire, raccontare: **the boy reported all that his teacher had said when he got home.** ⟦2⟧ denunciare: **every road accident, no matter how small, should be reported immediately to the police.** ⟦3⟧ fare una relazione su: **the committee will report their findings to Parliament next week.** B *intr.* presentarsi, andare a rapporto: **you must report to the colonel first thing tomorrow.**

riportare *vb. tr.* Equivale *a* to report *solo nel senso di* riferire *e di* apparire sul giornale; *in tutti gli altri casi corrisponde a verbi differenti*: ⟦1⟧ to bring back; to take back: **riportami il libro quando l'hai letto**, bring the book back when you've read it. ⟦2⟧ to carry off: **riportò il primo premio**, she carried off the first prize. ⟦3⟧ to receive: **nella battaglia di Mons riportò una grave ferita**, he received (*o* got) a serious wound (*più spesso*, was seriously wounded) at the Battle of Mons; **nell'incidente ha riportato una grave ferita**, he received (*o* got) a serious injury (*o* was seriously injured) in the crash; **ho riportato un'impressione assai negativa della mostra**, I received (*o* got) a pretty poor impression of the exhibition; to sustain (*formale*): **le nostre forze hanno riportato gravi perdite**, our forces sustained heavy losses. ⟦4⟧ to transfer: **riportare un disegno su scala diversa**, to transfer a design to a different scale.

● **representation** *s.* ⟦1⟧ raffigurazione, rappresentazione: **the representation of scenes from the Bible on the walls of churches was for centuries an important means of instructing illiterate people.** ⟦2⟧ descrizione *di se stesso*; **his representation of himself as a man who had sacrificed his own interests to the public good outraged all those who knew the truth.** ⟦3⟧ (*al plur.*) rimostranza, protesta: **representations were made in her defence by her colleagues but they were ignored.** ⟦4⟧ raffigurazione, rappresentazione simbolica: **in this carving notice the representation of fertility in the sheaves of corn and bunches of grapes.** ⟦5⟧ rappresentanza: **the representation of Great Britain at the United Nations was the crowning achievement of his career; no taxation without representation** (*slogan dei ribelli delle colonie americane della Gran Bretagna*). • *In tutte queste accezioni, ad esclusione della 3, il verbo* (**to represent**) *è usato molto più comunemente del sostantivo.*

rappresentazione *s.* ⟦1⟧ (*atto del rappresentare*) representation: **la rappresentazione della Sacra Famiglia in innumerevoli dipinti indusse una giovane turista in visita a Firenze a chiedere «Perché ci sono così tante immagini di una giovane donna con un bambino?»**, the representation of the holy family in innumerable paintings prompted a young visitor to Florence to ask «Why are there so many pictures of a girl with a baby?». **2** (*spettacolo*) play: **in molte città e paesi europei, esclusa l'Inghilterra, ogni anno si tengono rappresentazioni della Passione di Cristo**, a traditional play based on Christ's passion is performed every year in quite a number of European towns and villages but nowhere in Britain; production: *All's Well that Ends Well* **viene messa in scena raramente ma la scorsa estate ne hanno dato un'ottima rappresentazione al National Theatre**, *All's Well that Ends Well* is seldom performed but there was a very good production of it at the National Theatre last summer; performance: *All's Well* **non ha tenuto cartellone a lungo, ci sono state poche rappresentazioni**, *All's Well* didn't run for very long – there were very few performances.

◦**reprove** [ri·pru:v] *vb. tr.* Quel che è strano e curioso di questo termine è che come equivalente di rimproverare *non sempre risulta appropriato; questo vale anche per gli altri possibili corrispettivi del verbo italiano:* to rebuke, to reprimand, to scold *e* to reproach. To reprove *ha un che di solenne e di piuttosto ufficiale: se usato nell'ambito della famiglia evoca un'epoca in cui l'atteggiamento dei ragazzi verso i genitori e gli altri adulti era caratterizzato da rispetto e sottomissione*: **her father reproved her for behaving in an unladylike manner and sent her to her room**. *Usato in ambienti di lavoro esso indica un'espressione formale di severo biasimo*: **he was reproved by his superior for having neglected his duties and warned that if his negligence continued ...** *etc. I verbi* to rebuke *e* to reprimand *non sono esenti da queste implicazioni, sono anzi ancora più forti di* to reprove *e vengono usati (sempre meno frequentemente) nel riferire ciò che i giudici dicono ad imputati o testimoni che in corte si comportano in maniera sconveniente. Tutti e tre questi termini sono troppo seri, troppo ufficiali, e soprattutto troppo autoritari per risultare, nella maggior parte dei casi, equivalenti appropriati di* rimproverare. To scold *indica un tipo di rimprovero stizzoso e indignato e lascia intendere che la persona che lo pronuncia è un insegnante, un genitore, etc. che non sa fare valere la propria autorità. Usando* to scold, *in altre parole, si dà un'immagine non molto dignitosa del soggetto.* To reproach, *infine, è un termine che riflette un atteggiamento patetico: usandolo si implica che chi pronuncia il rimprovero intende dire cose del tipo «mi hai fatto del male» o «mi hai deluso amaramente»*: **she reproached her husband for being unfaithful to her, for neglecting her, for not spending enough time with the children**, *etc.*; **she reproached her son with disappointing his parents' hopes; she reproached herself with neglect** (*o* **for having neglected her children**); **the head of the firm reproached him for having abused the trust that had been placed in him**. *Tutto questo non lascia adito che ad un'ultima possibilità*: **to tick** (*o* **tell**) **off**: *è un verbo usato molto di frequente ma il guaio è che presenta caratteristiche (e quindi limitazioni) esattamente opposte a quelle osservate nei verbi finora presi in considerazione. Sebbene non possa essere classificato come uno* **schoolsick word** (*vedi* **beast**) *in quanto non reca alcuna sfumatura di snobismo (anzi, tutt'altro), è un termine che è stato inventato a scuola ed è quindi rimasto legato a questo tipo di ambiente*: **the teacher ticked** (*o* **told**) **her off for being late** *è un uso tipico e del tutto appropriato di questo verbo. Inutile quindi soffermarsi sul fatto che una frase come* **the Prime Minister ticked the Foreign Secretary off for not having acted earlier over the Falkland Islands** *potrebbe essere scritta solo da una persona che intenda dare una descrizione satirica dei personaggi in questione. Bisogna in conclusione ammettere che la lingua inglese è del tutto priva di un termine di registro per così dire neutro, che possa adattarsi a tutte le situazioni in cui in italiano viene usato* rimproverare.

rimproverare vb. tr. to reprove, to reprimand, to rebuke, to scold, to reproach, (*fam.*) to tick (*o* tell) off (*vedi sopra*).

riprovare vb. tr. **1** (*provare di nuovo*) to try again: **perché non riprovi?**, why don't you try again? – this time you might succeed; to try on again: **riprovò il vestito e questa volta le stava bene**, she tried on the dress again and this time it fitted; to test again: **quando ebbe finito, il meccanico riprovò la macchina per garantirmi che ora andava tutto bene**, after the mechanic had finished he tested the car again to reassure me that all was well; to feel again, to experience again: **riprovò lo stesso dolore**, he felt (*o* experienced) the same pain (*o* sorrow) again. **2** (*dimostrare ulteriormente*) to prove. **3** (*biasimare*) to disapprove of: **tutti hanno riprovato la sua condotta**, everyone disapproved of his conduct.

riprovarsi vb. intr. pron. to try again: **riprovatici e te ne pentirai!**, you try that again and you'll regret it!

resent *vb. tr.* Si potrebbe pensare a tutta prima che risentirsi sia lo specchio fedele di **to resent**, ma da quanto verrà osservato apparirà evidente come sia invece vero il contrario. È innanzitutto necessario sottolineare che nel verbo inglese l'idea di esprimere a parole il sentimento provato è del tutto assente; lo stesso stato d'animo che esso indica appare anzi spesso diverso da quello a cui si allude usando il verbo risentirsi: *è lo stato d'animo di una persona che si sente vittima di una ingiustizia o che si sente ferita nel suo orgoglio; si tratta quindi di un sentimento sordo, covato nell'intimo, spesso molto vicino a quello che in italiano viene definito* astio. *Un altro punto importante da tener presente è che la reazione indicata da* **to resent** *è spesso causata da fattori che possono non essere offese, ingiurie e sim.; spesso il motivo di tale reazione non viene neppure espresso chiaramente. Si può quindi concludere che per tradurre* **to resent** *è necessario considerare l'intero contesto in cui esso si trova inserito e cercare in italiano un equivalente appropriato ad ogni particolare situazione*: **he resents** (si sente offeso e amareggiato per) **your accusation of disloyalty**; **George resents the fact that** (si sente umiliato e oltraggiato dal fatto che) **Charles, who is much younger, has been promoted over his head; «Why don't you get Lucy to give you some cookery lessons?» – «I resent that!** (Mai e poi mai! *o* Questa poi!) **I'd cook as well as she does if I had more time»; he resents Charles** (nutre dell'astio *o* del rancore verso Charles); **he listened in silence and it was clear that he resented** (aveva in odio) **most of what she said** (*o* **her tone** *o* **her attitude**); **I could see that she resented** (non tollerava) **the other child's presence – I suppose she was afraid of not getting enough attention herself; she says she resents** (detesta) **having to stay on after the office closes and work late night after night.** • **Resentful** *agg.* che esprime un sentimento di amarezza *o* rancore, spesso di gelosia oltre che un atteggiamento di autodifesa; indignato, pieno di amarezza, *o* di rancore *o* di astio: **a resentful silence, tone, look, manner.**

risentire *vb.* **A** *tr.* [1] (*sentire di nuovo*) to hear again: **mi piacerebbe risentire quel programma alla radio**, I'd like to hear that radio programme again; to feel again: **risento quel vecchio dolore al piede**, I can feel that old pain in my foot again. [2] (*provare l'influenza o l'efficacia di un fatto*) to feel, to appreciate: **risentire giovamento da una cura**, to feel the benefit of a treatment. [3] (*anche intr.; patire gli effetti di danni morali*) to feel strongly, very much *e sim.*: **risente molto della perdita del padre**, he feels the death of his father very much. **B** *intr.* (*mostrare gli effetti di cause più o meno lontane, Zingarelli*) to show *o* to feel the effect(s) of, to reflect: **risente ancora della caduta dello scorso inverno**, she still feels the effects of that fall she had last winter; **erano trascorsi molti anni e ancora risentiva degli shock subiti combattendo in Vietnam**, years after the war in Vietnam was over he still showed (*o* felt) the effects of what he had been through. **C** *intr. pron.* (*reagire ad un'offesa e sim.*) to express a resentful reaction, to react angrily: **si risentirono per il suo ingiurioso comportamento**, they reacted angrily to his insulting behaviour; (*parlando di una comunità di persone*) to be outraged and to protest: **quando il governo decise di trasformare la riserva naturale in deposito di scorie radioattive la popolazione del luogo si risentì**, when the nature reserve was taken over by the government as a dump for radioactive waste the local population were outraged and protested. **D** *rifl.* (*al telefono*) to talk to each other again. • **A risentirci!**, Goodbye for now!

resentment *s.* sentimento intenso provato per l'essere stato offeso, molte volte per l'essere stato trattato ingiustamente, assai spesso non espresso a parole; risentimento, amarezza, astio, rancore: **one day, weeks after Charles's promotion, George could contain his resentment no longer and burst out with a denunciation of «that young upstart».**

risentimento *s.* [1] (*atteggiamento di avversione più o meno giustificato dalla suscettibilità offesa, Devoto*) resentment. [2] (*ripercussione dolorosa degli effetti di un male fisico, Devoto*) after-effect(s): **il dolore che ha alla gamba non è un reumatismo ma il risentimento di una ferita che si è fatta cadendo con gli sci**, the pain in his leg is not rheumatism but the after-effects of the injury he got in his ski-ing accident.

resist/resistere *vb.* (*A differenza del verbo italiano*, **to resist** *è seguito da un complemento oggetto*). *I due verbi sono sinonimi quando indicano una resistenza attiva, dinamica per così dire, come quella opposta ad una forza ostile; forza che può essere sia concreta (attacchi, invasioni, per esempio) sia figurata (tentazione, corruzione, etc.). Quando invece il* resistere *italiano comporti una resistenza puramente passiva* (*un albero, una nave di fronte alla furia degli elementi*) *o quando la forza da combattere non sia di natura straordinaria* (*il caldo, il freddo, etc.*) *allora l'inglese preferirà far uso di* **to stand up to** *o* (*piuttosto letterario*) **to withstand**: **a person stands up to** (*o* **withstands**) **the cold, the heat**, *etc.* oppure **a ship, a tree stands up to** (*o* **withstands**) **the storm, the bad weather**, *etc. In questo contesto presenta notevole interesse il verbo* **to weather** *benché di applicazione alquanto limitata: di solito si riferisce a navi, case che resistono bene agli agenti atmosferici* (*come in* **the house weathered five-hundred bitter winters**) *e, per estensione, a persone che resistono a momenti duri* (**he weathered ten years of unemployment**). *Un'importante eccezione a quanto detto è rappresentata dal fatto che quando l'azione* (*di un acido, dell'umidità, etc.*) *sia specificamente diretta contro un materiale* (*gomma, plastica, etc.*) *e/o contro un componente particolare dei complessi sopra visti* (*pareti, muri, etc.*), *se non al vero e proprio verbo* **to resist** (*sempre piuttosto raro in questo uso*), *si ricorrerà a* **is resistant to** *o anche* **is x-resistant** (*per esempio* **damp-resistant, fire-resistant**). *Anche nel caso in cui il verbo italiano significhi* controllarsi, non perdere la pazienza, *come in* non ho potuto resistere e gliene ho dette quattro!, *in inglese non verrebbe impiegato* **to resist** *ma si ricorrerebbe ad espressioni del tipo* **to keep one's temper** (*o, fam.,* **to keep one's cool**), *per cui l'esempio di cui sopra si renderà con* **I couldn't keep my temper** (*o* **my cool**, *o* **I lost my temper**) **and gave him a piece of my mind**. *È infine il caso di insistere sul fatto che frasi del tipo* non posso resistere!, *o* non resisto! *corrispondono a* **I can't resist** *solo quando sia sottinteso alla tentazione di e non quando si stia soccombendo al caldo, al lavoro, alla noia, etc.; in queste tragiche circostanze in inglese si direbbe* **I can't bear it any longer, I've had enough of this, I can't take any more of this** *o ancora* **I can't put up with this any longer**.

◦**resistance** *s.* resistenza.
resistenza *s.* ① (*vedi* **resistente**) durability, toughness, strength, resistance to (frost, fire, weather, *etc.*), colour-fastness. ② (*azione tendente ad impedire l'efficacia di un'azione contraria, Devoto*) resistance (to attack, pressure, temptation, *etc.*). ③ (*capacità di resistere allo sforzo fisico, intellettuale, etc.*) stamina: **scrivere un libro di questo tipo richiede soprattutto capacità di resistenza**, writing a book like this requires, above all else, stamina; **he's a brilliant sprinter but lacks stamina**; (*meno usato, e specialmente parlando di un'impresa già compiuta*) endurance: **aver raggiunto la cima dell'Everest in quelle condizioni è stata una dimostrazione di notevole capacità di resistenza**, to have reached the summit of Everest in those conditions was a remarkable feat of endurance; (*resistenza al dolore*) endurance (of), bearing (of), *ma sono usati più comunemente i verbi* to endure, to bear pain.

◦**resistant** *agg.* resistente. *Poco usato, tranne che in aggettivi composti del tipo* **heat-resistant** (*vedi* **resist**).
resistente *agg.* (*di tessuti o tappeti*) hard-wearing, durable, tough; (*di strutture, per esempio dell'intelaiatura di una cosa qualsiasi, di un mobile e sim.*) strong, tough, well-made; (*resistente in particolare al fuoco, al gelo, a condizioni di tempo cattivo*) proof, resistant: **resistente al gelo**, frostproof, frost-resistant, proof against frost, resistant to frost (*poco usato*); **resistente agli urti**, shock-proof, shock-resistant; (*di colori*) fast: **è resistente questo colore?**, is this colour fast?; **questo articolo è fatto con cotone forte di quattro colori resistenti**, this article is made of hard-wearing cotton in four fast colours.

◦**respond** *vb. intr.* ① essere (*o* mostrarsi) sensibile (a), disposto a recepire (*nozioni, messaggi etc.*), provare vivo interesse (per): *indica un coinvolgimento totale della persona, a livello sia intellettuale che affettivo o emotivo* (*vedi* **response**): **one of the pleasures of teaching pre-adolescents is that they respond** (*o* **are so responsive**) **to whatever the teacher shows real interest in**. ② corrispondere, contraccambiare: **and how do you suppose he responded to their generous treatment? – with rudeness and neglect**; reagire bene *ad una cura, ad un trattamento* (*sia in campo medico che in altri contesti*): **the patient has begun to respond to the new treatment; dogs and young children respond (well) to a mixture of kindness and firm discipline**. ③ (*lett.*) replicare, rispondere: **«Quite well thank you,» she responded glumly**. ④ (*di veicoli, etc.*) rispondere: **the aircraft was no longer responding to the controls**. • **Responsive** *agg.* pronto a corrispondere (*all'affetto, etc.*); (*di un pubblico*) attento, vivo, partecipe.
rispondere *vb. intr.* ① to answer, to reply, (*lett.*) to respond: **«Come vuoi, Cynthia»**, rispose, **«Just as you like, Cynthia,»** he answered (*o*

replied, *o* responded); **le rispose subito**, he answered (*o* replied to) her at once. ② (*ribattere, rispondere male*) to answer (someone) back. ③ (*rendersi responsabile di qualcosa*) to answer for something. ④ (*soddisfare*) to come up to, to correspond to: **la nuova segretaria non risponde alle nostre esigenze**, the new secretary doesn't really come up to our requirements; **le sue qualità non rispondono alle nostre esigenze**, her skills don't correspond to our requirements; to answer: **penso che questa sistemazione risponda alle sue necessità**, I think these arrangements will answer (his needs). ⑤ (*obbedire ad uno stimolo, ad un comando, etc.*) to respond: **il paziente rispondeva bene alla cura che gli era stata prescritta**, the patient responded (well) to the treatment prescribed; **l'auto non risponde al volante abbastanza prontamente**, the car doesn't respond quickly enough to the steering wheel.

response *s.* ① reazione (*che coinvolge attivamente l'intera personalità*): **the lecturer was enthusiastic, eloquent and clear, but he could feel that he was getting no response from his audience**. ② risposta (*ma in questo senso è assai meno usato di* **answer** *o* **reply**).

responso *s.* ① answer (*di oracolo*). ② report (*di medici, di commissione di inchiesta, etc.*). ③ verdict (*di giuria legale; di elettorato*). ④ decision (*di giuria per premi, concorsi, etc.*).

○**responsible** *agg.* ① (*di persona o di comportamento*) fidato: **we want to find a responsible woman to take charge of the house and the children while we're away**; responsabile: **he's a nice enough boy but he's not very responsible; if we let you go on holiday by yourself you'll have to behave in a more responsible way than that**. ② (*di un incarico*) di responsabilità, difficile, impegnativo: **he's very young to be given such a responsible job**. ③ (*seguito dalla preposizione* **for**) responsabile: **he's responsible for a large department, for a staff of thirty, for completing the work**, *etc.*, è responsabile di un vasto settore, di uno staff di otto persone, del completamento dell'opera, *etc.*; causa di, colpevole di: **they think that ice on the road was probably responsible for the accident**, pensano che la causa dell'incidente sia stato il ghiaccio (*o* pensano che sia stato il ghiaccio a causare l'incidente); **alcohol is responsible for thousands of deaths every year; he is responsible for (circulating) the rumour that she took bribes**, è colpevole di aver diffuso la voce che lei accettava 'bustarelle'.

responsabile A *agg.* responsible: **non sono responsabile di quello che ha fatto, io sono responsabile solo delle mie azioni**, I'm not responsible for what he did, I'm only responsible for my own actions; **per avere solo dodici anni quella bambina è molto responsabile**, for a girl of twelve she's remarkably responsible; liable: **è responsabile dei debiti del marito, dei danni**, *etc.*, she is liable for her husband's debts, for (the cost of repairing) the damage, *etc.* B *s.* the person responsible: **i responsabili dell'incendio dell'autobus saranno obbligati a risarcire i danni**, the person responsible for setting the bus on fire will be held liable for damages; the person in charge: **chi è il responsabile (qui)?**, who is (the person) in charge (here)?

result *vb. intr.* ① essere dovuto (a); essere causato (da): **his illness resulted from overwork**. ② portare (a); provocare: **overwork resulted in illness**. ③ concludersi (con *o* in): **the tournament resulted in victory for the Hungarian team**.

risultare *vb. intr. Corrisponde a* to result *solo nel senso di* derivare come conseguenza, *ma si noti la diversa costruzione*: **da questa tua iniziativa non può risultare che una perdita di credibilità**, your action can only result in a loss of credibility. *In tutti gli altri casi deve essere reso con*: ① to come out; to bring to light: **che cosa è risultato dalle ultime indagini?**, what have the latest enquiries brought to light? ② *l'impersonale* to turn out: **risultò che non era vero**, it turned out to be untrue. ③ to prove to be: **risultò il migliore della squadra**, he proved to be the best in the team. ④ as far as one knows: **per quanto mi risulta abitano ancora qui**, as far as I know they still live here. ⑤ as far as one can see: **non mi risulta che fossero così amici come si dice**, as far as I can see, they ...

retain *vb. tr.* ① (*un po' formale*) conservare: **he gave away most of his inheritance but retained the house**; *nell'esempio dato però* kept *sarebbe molto più comune di* retained. ② non lasciare passare (*un liquido*): **peat** (torba) **is good for rose trees because it retains water**. ③ ricordare: **I haven't retained much of the French I learnt at school**.

ritenere *vb.* A *tr.* to think, to consider: **lo ritengo piuttosto presuntuoso**, I think he is rather bumptious; I consider him rather bumptious; to believe, to feel: **ritengo che non ci fosse altro da fare**, personally I believe (*o* feel) there was nothing else to be done. • **L'impersonale si ritiene che egli abbia ideato il furto**, *si traduce con la forma passiva e personale* he is believed to have planned the theft. *B rifl.* to consider oneself.

◦**reticence** *s.* riluttanza abituale *o* momentanea a manifestare i propri pensieri *o* sentimenti, reticenza: **her reticence and habit of saying very little make her difficult to make friends with; he normally talks nineteen to the dozen and very indiscreetly at that, so his reticence on this particular subject aroused everyone's suspicions.** • *Il termine non è mai usato al plurale.*
reticenza s. ▢1 (*atteggiamento di studiata cautela nel parlare, Devoto*) reticence; *quando non indica una caratteristica costante nel comportamento di una persona, bensì un atteggiamento momentaneo, legato ad una situazione specifica, reticenza può corrispondere in inglese anche ad altre espressioni: una frase del tipo* **la reticenza del Ministro sulla questione** *verrebbe resa con* the Ministry's silence on the subject *o* the Minister's refusal to be drawn (**ad essere trascinato in una discussione**); **un discorso pieno di reticenze**, a speech in which a lot is left unsaid; **parlare senza reticenze**, to speak freely. ▢2 (*figura retorica, sospensione del discorso, Devoto*) *In questa accezione il termine non trova in inglese alcun corrispettivo di carattere tecnico, ma potrebbe essere tradotto con* interrupted speech.

◦**retrograde** *agg.* ▢1 (*biol., psicol. e astron.*) retrogrado. ▢2 che fa retrocedere ad uno stadio inferiore, *soprattutto nell'espressione* **a retrograde step**, un passo all'indietro: **Britain made great strides towards achieving a juster society when the welfare state was established after the war, and to dismantle it now would be a retrograde step.**
retrogrado A agg. ▢1 (*biol., psicol. e astron.*) retrograde, backward: **moto retrogrado**, retrograde (*o* backward) motion; **amnesia retrograda**, retrograde amnesia. ▢2 (*che ama le usanze del passato ed è ostile al progresso, Zingarelli*) backward-looking, reactionary, die-hard, ultra-conservative: **atteggiamento retrogrado riguardo al rapporto fra tradizione e mutamenti sociali**, a backward-looking (*o* reactionary, *o* die-hard, *o* ultra-conservative) attitude to the relation between tradition and social change; behind the times, outdated: **le sue idee sono retrograde**, his ideas are behind the times (*o* outdated). *B s.* reactionary.

◦**return** *vb. A intr.* tornare: **he returned from work at seven.** (*Rispetto a* **to come back** *e* **to go back, to return** *ha un tono leggermente più formale*). *B tr.* ▢1 restituire: **I must return this book to the person who lent it to me.** ▢2 eleggere: **to return a Member to Parliament.** ▢3 emettere (*un verdetto, di giuria legale*).
ritornare vb. intr. ▢1 (*tornare in un luogo, in senso sia concreto che astratto*) to come back, to go back, (*un po' più formale*) to return: **dopo il picnic corse via a giocare e ritornò dai genitori alcune ore più tardi**, after the picnic he ran off to play and came back (*o* went back, *o* returned) to the grown-ups hours later; **dopo aver fatto una divagazione per confutare le argomentazioni del suo avversario, ritornò al suo tema fondamentale**, after breaking off to examine his opponent's arguments he came back (*o* went back, *o* returned) to his main theme; **ritornare col pensiero**, to go back (in thought). ▢2 (*ricomparire*) to come back, to reappear: **mi è ritornata l'eruzione al viso**, the rash has come back (*o* reappeared); to get ... back: **gli è ritornata la memoria**, he got his memory back, *ma sarebbe accettabile anche* his memory returned. ▢3 (*tornare ad essere*) to be as good (*etc.*) as ...: **dopo la riparazione queste scarpe sono ritornate come nuove**, are as good as new; **il tempo è ritornato bello**, is as good as before. • **Ritornare in sé**, to come round, to regain consciousness.

◦**reverence** *s.* profondo rispetto, riverenza: **when I laughed at something absurd my father had done she looked at me with shocked amazement, such is the reverence she feels towards her own parents;** (*usato più spesso in contesti religiosi*) **you must show reverence (for the sacredness of the building) when you go into a church by speaking quietly or not at all.**
riverenza s. ▢1 (*deferenza*) respect, deference: **ai nostri nonni veniva insegnato a comportarsi con riverenza verso i genitori e gli insegnanti**, our grandparents were brought up to treat their parents and teachers with respect (*o* deference); **nutre molta riverenza per la tradizione e non crede ai cambiamenti apportati solo per il gusto di cambiare**, he has a great respect for tradition and doesn't believe in changing things merely for the sake of change; (*più solenne e con una sfumatura di sentimento religioso*) reverence: **la sua riverenza per l'autorità e la tradi-**

reverse

zione gli impedisce di rendersi conto della necessità di un cambiamento, his reverence for authority and tradition blinds him to the need for change. [2] (*genuflessione*) genuflection; (*inchino*) bow [bau], curtsey: nel XVIII secolo sia gli uomini che le donne quando si incontravano facevano una riverenza in segno di saluto, in the XVIII century men made a bow and women a curtsey when they met and greeted each other. • Fare le riverenze, to treat (someone) with deference, (*se detto in tono critico*) to bow and scrape.

reverse *vb. A tr.* [1] mandare nella direzione opposta, invertire, (*di veicoli*) far andare a marcia indietro: reversing (*o* backing) the car into that small parking space will be very difficult; (*fig.*) heavy government subsidies for agriculture were expected to reverse the tendency for people to leave the country and look for work in large towns. [2] annullare, revocare (*una decisione*): today the committee reversed a decision made at its last meeting; the Appeal Court has reversed the High Court decision. [3] invertire: reverse the electric current between the two terminals; as her superior he condemned her work but if their positions were reversed I'm sure he would praise it. *B intr.* (*di un veicolo o del suo conducente*) far retromarcia: the car (*o* the driver) reversed (*o* backed) into a gateway to let the lorry pass. • To reverse the charges, far addebitare una telefonata al ricevente.

riversare *vb. A tr.* [1] (*versare di nuovo*) to pour out (some more); to pour again. [2] (*versare addosso*) to spill: si è riversata del caffè sulla gonna, she has spilt some coffee on her skirt; (*fig.*) to pour: riversò tutte le sue energie e il suo entusiasmo nel nuovo progetto, she poured all her energy and enthusiasm into the new project; (*fig.*) to lavish: riversano tutto il loro affetto sul loro cane, they lavish endless care on their dog; riversare la colpa addosso a qualcuno, to throw the blame on someone. [3] (*nella tecnica della registrazione sonora*) to dub, to copy. *B intr. pron.* [1] (*traboccare*) to spill (over): un po' dell'acqua del vaso si è riversata sul tavolo, some of the water in the vase spilt (over) on to the table; to flow: il fiume si riversa in un lago, the river flows into a lake; (*fig.*) to rub off (on): parte della sua fama (*o* del suo disonore, *etc.*) si riversò sulla sua famiglia e sui suoi amici, some of her fame (*o* disgrace, *etc.*) rubbed off on her family and friends; (*fig.*) to devolve (on): quando il padre morì tutte le responsabilità si riversarono su di lei, all her father's responsibilities devolved on her after his death. [2] (*fig., uscire in folla*) to come crowding out, to swarm out, to pour out.

rhythm ['riðəm] *s.* ritmo: the second of these variations has the strongly marked rhythm of a march; the rhythm of the lines changes in the last part of the poem; (*fig.*) the rhythm of repeated forms in a painting or in the architecture of a building.

ritmo *s.* [1] rhythm: il ritmo di un valzer, the rhythm of a waltz; il ritmo delle stagioni, the rhythm of the seasons. [2] (*fig., il succedersi più o meno ordinato di varie fasi all'interno di fenomeni di diversa natura, Zingarelli*) stages, phases (*plur.*): il ritmo della crescita, dello sviluppo industriale, the stages (*o* phases) of growth, of industrial development. [3] (*nelle attività pratiche, grado di frequenza, di rapidità o di intensità, Devoto*) rate: il ritmo delle vendite, della produzione, the rate of sales, of production; pace: è facile per noi lavorare insieme perché procediamo allo stesso ritmo, it's easy for us to work together because we work at the same pace (*o* rate).

rose *s.* [1] rosa (*fiore*). [2] color rosa. [3] cipolla di annaffiatoio. [4] oggetto di vetro, piuttosto pesante, recante dei fori in cui vengono infilati gli steli dei fiori per mantenerli diritti nel vaso.

rosa *s.* [1] (*fiore*) rose; rosa canina, dog rose, wild rose, briar rose; bocciolo di rosa, rosebud. [2] (*di concorrenti, candidati, etc.*) list (of competitors, candidates, *etc.*). • Rosa dei venti, compass-card, compass rose; rosa di pallini, burst pattern; all'acqua di rose, milk-and-water; fresco come una rosa, as fresh as a daisy.

rout [raut] *A s.* [1] (*mil.*) rotta. [2] (*XVIII secolo*) specie di ricevimento. [3] (*dir.*) adunata sediziosa. [4] (*arc. e poet.*) scompaginato corteo di persone, come per esempio il seguito dello stregone nel Comus di Milton. *B vb. tr.* [1] (*mil. e fig.*) mettere in rotta. [2] (*seguito dalla preposizione* out) buttare fuori: people were camping in his woods without permission and when he found that they were doing damage to the trees he routed them out; go and rout that boy out of bed, vai a buttar giù dal letto quel ragazzo.

route [ru:t] *A s.* rotta: [1] the pilot told me it was his first time on this route. [2] via, percorso, itinerario: the quickest route from here to Cambridge is through Bletchley. [3] (*mil.*) route

march, marcia di addestramento. ④ (*solo negli USA*, [raut]) giro di consegna (*per esempio di giornali; in Inghilterra equivale a* **delivery round, newspaper round**). • **En route** (*francese*) per strada. *B vb. tr.* (*usato più che altro da impiegati di agenzie di viaggio, burocrati, e nel gergo commerciale*) instradare, inoltrare: **the group of tourists I joined had been routed through Venice and Florence to Rome; the memo was routed through the assistant deputy chief and the deputy chief to the chief**.

rotta *s.* ① (*percorso di nave o di aereo*) route [ru:t]; **cambiare rotta**, to change course; **in rotta per**, bound for, heading for. • **Dirottare** *vb. tr.* to divert; (*abusivamente*) to hijack; **dirottatore** *s.* hijacker. ② (*mil.*) rout [raut]. ③ (*rottura degli argini di un fiume*) breach. • **Essere in rotta con qualcuno**, to be on bad terms with someone; **a rotta di collo**, at breakneck speed.

○**rubric** *s.* rubrica (*liturgica*), *ossia le note indicanti le norme da osservare durante la celebrazione di un rito religioso; il termine ha preso origine dal fatto che nei messali e nei libri di preghiera tali indicazioni erano scritte (e spesso lo sono ancora adesso) in rosso; oggi* **rubric** *è usato per indicare le istruzioni che vengono date ad un candidato circa il modo in cui deve eseguire la prova d'esame scritta, istruzioni come* **Answer at least two questions from Section A and at least one from Section B**.

rubrica *s.* ① (*in un giornale*) (regular) column, (regular) feature. ② (*programma radiofonico o televisivo*) weekly (*o* daily) programme (*o* feature); spot (*specialmente se è breve o è inserita in un programma che si compone di diverse parti, include cioè interviste, brani di musica, etc.*). ③ (*quaderno dai margini scalettati contrassegnati dalle lettere dell'alfabeto*) index book, indexed notebook; (*per gli indirizzi*) address book; (*per i numeri di telefono*) telephone index (*o* book). ④ (*relig.*) rubric.

rude *agg.* ① intenzionalmente scortese, maleducato, sgarbato, villano: **rude answer, rude child**. ② osceno, offensivo: **rude words**, parolacce. *È questo un altro esempio di* **schoolsick word** (*vedi* **beast**): *un certo tipo di persone direbbero* **this is a frightfully rude book, you know!** *intendendo* **this is full of explicit sexual references and I'm taking a childish delight in being shocked by it**. ③ (*arc. e lett.*) semplice e umile: **the rude forefathers of the village** (*da* Elegy in a Country Churchyard *di* Gray); **a rude dwelling**; *in que-*st'*ultimo esempio il termine assume anche il significato di* fatto in modo rozzo.

rude *agg.* ① (*rozzo, grossolano*) rough: **il pub era pieno di individui rudi che avevano appena finito di lavorare in un cantiere edile e ridevano e spadroneggiavano facendo chiaramente capire a tutti che quello era il loro pub**, the pub was full of rough types who had just finished work on a building site and were laughing and boasting and making it clear to everyone else that it was their pub. *Tuttavia* rough *non significa sempre necessariamente* grossolano (*vedi sotto*). ② (*che ha, rivela una durezza franca e risoluta, ma non grossolana, Zingarelli*) rough, simple: **il pub era pieno di rudi operai** (*o* **contadini**) **che concludevano la loro giornata lavorativa bevendo il tradizionale bicchiere di birra prima di rincasare**, the pub was full of rough, simple workmen (*o* farm labourers) who were finishing the day's work with the traditional pint on their way home (*ma l'uso di* rough *e* simple *per indicare questo genere di persone rivela un atteggiamento di condiscendenza e ha oggi un sapore molto ottocentesco*); unsophisticated, unpolished: **le sue risposte franche erano perfettamente in carattere con le sue maniere rudi**, his straightforward answers were all of a piece with his unsophisticated (*o* unpolished, *o* simple) manners; blunt, (*più provocativo*) abrasive: **una risposta rude**, a blunt (*o* abrasive) answer, a blunt (*o* abrasive) manner. • **A rough diamond**, *persona poco istruita e di modi bruschi ma piena di buone qualità*.

ruffian *s.* ribaldo.
ruffiano *s.* ① (*persona che ostenta una servile adulazione palesemente dettata da opportunismo, Devoto*) toady, *ma è usato più spesso il verbo* to toady: **non sopporto quel ruffiano**, I can't stand that toady (*o* I can't stand the way he toadies to the boss). ② (*mezzano*) pimp.

rumour *s.* voce, diceria: **there's a rumour that ...**, corre voce che ...
rumore *s.* ① noise (*di traffico, di gente, etc.*). ② sound (*di pioggia, di passi, etc.*). • Noise *indica spesso un rumore continuo e/o assordante e viene quindi usato per esprimere insofferenza e fastidio*; sound, *al contrario, non implica alcuna reazione di questo tipo da parte di chi sente. Tuttavia, quando si tratti di un rumore singolo e improvviso anche* noise *può essere usato in senso neutro*: **I heard a noise behind me and looked round to see a mouse watching me**. ③

stir, sensation: **una teoria che ha fatto gran rumore tra gli esperti**, a theory which has caused a great stir (*o* sensation) among the experts. **4** tumult, commotion: **l'annuncio del sindaco mise a rumore l'intera giunta**, the mayor's announcement produced a commotion (*o* tumult) among all the town councillors.

S

●**sack** *A s.* [1] sacco (*di solito grande e fatto di tela di iuta o carta robusta, usato per contenere cose come granaglie, fertilizzanti, patate*). [2] il contenuto di un sacco, sacco: **there must be about three sacks of corn in that bin.** [3] saccheggio, sacco: **the sack of Rome.** *B vb. tr.* (*colloq.*) [1] licenziare: **she was sacked** (*o* **given the sack**) **for no good reason but simply because her boss was jealous of her.** [2] saccheggiare.

sacco *s.* [1] (*grande, di tela di iuta o sim.*) sack; (*di pelle e sim., usato per portare libri, vestiti, etc.*) bag. [2] (*biol.*) sac (*francese*) [3] (*fam., grande quantità*) heaps, a heap, a whole lot: **mi ha fatto un sacco di domande**, he asked me heaps (*o* a whole lot) of questions; **ha detto un sacco di bugie**, she told them a heap of lies; **un sacco di soldi**, heaps (and heaps) of money; **un sacco di tempo**, a long time; (*fam.*) for ever: **gli ci è voluto un sacco per spiegare quello che voleva dire**, it took him for ever to explain what he meant; raft (*negli USA, talvolta anche in G.B.*): **un sacco di problemi, di lettere**, *etc.*, a (whole) raft of problems, letters, *etc.*; a lot: **quel film mi è piaciuto un sacco**, I liked that film a lot. [4] (*saccheggio*) sack. ● **Sacco a pelo**, sleeping bag; **vuotare il sacco**, to tell all (*piuttosto letterario*): **questa mattina, in corte, l'imputato, che si è dichiarato colpevole, ha vuotato il sacco**, in court this morning the accused, who pleaded guilty to the charge, told all; to say everything that is on one's mind: **mi sembri preoccupato, avanti, vuota il sacco!**, you look worried – tell me what's on your mind; (*fam.*) to spill the beans; **cogliere qualcuno con le mani nel sacco**, to catch someone red-handed; **farina del proprio sacco**, one's own work *o* ideas; **colazione al sacco**, packed lunch, sandwich lunch, picnic; **fare qualcosa con la testa nel sacco**, to do something recklessly: **non devi agire con la testa nel sacco**, you mustn't act recklessly, *o*, *più spesso*, look before you leap (*imperativo*).

●**sacrifice** *vb. tr.* [1] sacrificare, immolare: **Abraham was ready to sacrifice Isaac;** (*fig.*) **that sort of writer often sacrifices clarity to originality; she decided to sacrifice her own career in order to back her husband in pursuing his.** [2] (*comm.*) vendere sottocosto (*negli annunci economici per la vendita di case o altre cose*): **will sacrifice exquisite house in Little Venice at £250,000 for quick sale.**

sacrificare *vb. A tr.* [1] (*immolare*) to sacrifice. [2] (*rinunciare*) to give up, (*meno usato*) to sacrifice: **sono disposto a sacrificare i due prossimi giorni di festa se posso avere in agosto due giorni di ferie in più**, I'm willing to give up (*o* sacrifice) the next two public holidays if I can have two extra days tacked on to my August holiday. [3] (*fig. eliminare, togliere*) to cut (out), (*fam.*) to scrap: **per mancanza di spazio abbiamo dovuto sacrificare parte del suo articolo**, we've had to cut (out) (*o* scrap) part of your article for lack of space. [4] (*limitare le possibilità di qualcuno*) to keep someone back, to spoil someone's chances. [5] (*impiegare cose in modo non adeguato al loro valore, Devoto*) to waste: **quel bel tavolo è sacrificato in quel corridoio buio**, that beautiful table's wasted in that dark passage. *B rifl.* to sacrifice oneself: **da anni si sacrifica per il bene dell'azienda**, for years he has sacrificed himself for the good of the firm; (*ret.*) to make the supreme sacrifice: **migliaia dei nostri più bei giovani si sono sacrificati nelle due guerre mondiali**, thousands of our finest young men made the supreme sacrifice in the two world wars; to make great sacrifices: **si è sacrificato molto per conseguire la laurea, non prendendosi mai una vacanza e non uscendo mai la sera**, he made great sacrifices to achieve his degree, never taking a holiday or going out in the evening.

●**salary** *s.* stipendio (*mensile*). Non è mai usato per indicare la paga di un operaio.

salario *s.* [1] (*di un operaio*) wage, wages; ma nell'usare questo termine si tenga presente che in Gran Bretagna gli operai ricevono la loro paga solo settimanalmente. [2] (*in generale, retribuzione del lavoro dipendente*) pay; (*se pagato* *settimanalmente*) wage; (*se pagato mensilmente*) salary.

○**saloon** *s*. A parte la prima accezione il termine in Inghilterra è usato in funzione attributiva. **1** (*arc.*) vasto salone *in una casa molto grande, adibito solamente a balli e ricevimenti*: **the famous octagonal saloon, designed by William Kent, is open to visitors**. **2** *In ogni* **pub** *inglese ci sono due* **bar** (*q.v.*): *con l'espressione* **saloon bar** *si indica quello più confortevole, in cui i prezzi delle consumazioni sono più alti e che, di conseguenza, è meno affollato e più tranquillo; l'altro* **bar** *è invece chiamato* **public bar**. **3** (*USA*) bar *dove vengono vendute solo bevande alcoliche.* • **Saloon car** (*G.B.*; *USA* **sedan**), berlina.

salone *s*. **1** (*in una casa molto grande*) drawing room; saloon (*ma vedi sopra*). **2** (*ad uso pubblico, per esempio per conferenze*) hall; lecture room, music room. **3** (*negozio del parrucchiere*) salon (*francese*); (*di barbiere*) barber's shop. **4** (*esposizione periodica*) show: **l'annuale salone automobilistico**, the (annual) Motor Show. **5** (*ferr.*) **vettura salone**, pullman (car), (*USA*) parlor-car.

○**salute** *vb. tr. e intr.* **1** fare il saluto militare, salutare: **as the officer approached, the soldiers came to attention and saluted him**. **2** (*ret.*) esprimere ammirazione per, rendere omaggio a: **gathered here on the fiftieth anniversary of their great victory, we salute the gallantry of those who died for their country**. **3** (*arc. e lett.*) salutare: **salute one another with an holy kiss** (*dalla Lettera di San Paolo ai Romani*). • **Salute** *s.* saluto militare.

salutare *vb.* A *tr.* **1** *Equivale a* to salute *solo nei casi sopra illustrati; per il resto vengono usati verbi diversi, a seconda delle circostanze; tra essi i principali sono*: (*nell'incontrare qualcuno che si conosce già*) to say good morning, good afternoon, good evening *o* (*fam.*) hullo; (*nell'incontrare qualcuno per la prima volta*) to say how do you do; (*nel congedarsi*) to say goodbye (*o, se è il caso*, good night); (*togliendosi il cappello*) to raise one's hat to someone; (*con un cenno della mano*) to wave (to someone); (*passare a salutare*) to call on, to look (*o* drop) in on, to look someone up; (*alla stazione, all'aeroporto, etc.*) to meet (*all'arrivo*), to see off (*alla partenza*); **Vi salutiamo** (*in una lettera commerciale*) Yours faithfully (*se la lettera comincia con* Dear Sir *ed è indirizzata a qualcuno che non si conosce personalmente*), Yours sincerely (*se la lettera inizia con* Dear Mr, Mrs, Dr *etc. seguiti da un cognome*); **ti saluto!**, goodbye!; **mi saluti sua moglie**, give my regards (*o* remember me) to your wife; **salutami la mamma**, give my love to your mother. *Il verbo* to greet *è un altro equivalente di* **salutare** (*usato però nell'incontrare qualcuno, non nel congedarsi*) *ma è un po' arcaico ed è usato o in tono retorico* (we are gathered here to greet our fellow students from abroad) *o come termine letterario* (*in questo caso quando sia richiesto dal contesto un termine non specifico*): **la salutò cordialmente, affettuosamente, freddamente, mentre entrava in casa, prima che fosse scesa da cavallo**, *etc.*, he greeted her warmly, affectionately, coldly, as she entered the house, before she had dismounted, *etc.* **2** (*accogliere*) to greet: **la sua entrata in scena fu salutata da un applauso prolungato**, her entrance was greeted with prolonged applause. • **Saluto** *s.* a «good morning» *etc.*; a wave; a greeting; a (military) salute; (*al plur.*) regards, love, best wishes, (*molto meno usato*) greetings (*vedi sopra*). B *rifl.* to say good morning (*o* goodbye, *etc.*) to each other.

○**salve** *vb. tr.* **1** (*arc. e lett.*) curare (*una ferita, etc.*) *con un unguento o altro medicamento*. **2** (*fig.*) placare, acquietare (*la propria coscienza, il proprio o l'altrui orgoglio*): **he seldom went to see his old mother, but salved his conscience by sending her flowers from time to time; after removing all effective power of decision from her they attempted to salve her pride by asking her advice on innumerable questions**. • **Salve** *s.* (*poco usato*) pomata; **lip-salve**, burro di cacao.

salvare *vb.* A *tr.* to save, to rescue: **la più grande conquista della sua vita è stata riuscire a salvare l'antica e bella chiesa dalla demolizione** (*o il nome del poeta dall'oblio*, *etc.*), the greatest achievement of his life was to save (*o* rescue) the fine old church from destruction (*o* the poet's name from oblivion, *etc.*). B *rifl.* **1** to save oneself (from danger, *etc.*). **2** (*trovare rifugio*) to hide. **3** (*sfuggire*) to escape: **nessuno si salva dalle sue critiche, dal suo sarcasmo**, *etc.*, no one escapes his criticism, sarcasm, *etc.* **4** (*relig.*) to be saved. • **Salvare le apparenze** *o* **la faccia**, to save appearances *o* one's face.

○**salvo** *s.* (*mil. e fig.*) salva.

salvo A *s.* safety: **portare qualcosa in salvo**, to carry something to safety; **mettersi in salvo**, to escape to safety, (*lett.*) to seek safety. B *agg.*

safe: **la fase più acuta della malattia è passata ed è salvo**, the most acute phase of the illness is past and he is safe; **l'onore è salvo**, honour is saved. *C prep.* except, but, (*lett.*) save: **tutti salvo quattro sono andati perduti**, all except (*o* but *o* save) four have been lost; **sono tutti gallesi salvo Donald**, except (*o* save) for Donald they're all Welsh.

sane *agg.* ① (*di persone*) sano di mente, equilibrato: **no sane person would do such a thing.** ② (*di cose*) ragionevole, sensato: **a sane approach to the problem.** • **Sanity** *s.* ① sanità di mente, equilibrio mentale. ② ragionevolezza.

sano *agg.* ① (*di persone, clima, ambiente*) healthy; (*di alimentazione*) wholesome ['houlsəm]. ② sound: **questo frutto è marcio ma quello è sano**, this fruit is rotten but that's sound; **la cornice è rotta ma lo specchio è sano**, the frame's broken but the mirror itself is sound. ③ **sano di mente**, sane. ④ (*moralmente retto*) sound: **principi sani**, sound principles; good: **un'educazione sana**, a good upbringing. • **Sano come un pesce**, in the best of health, as sound as a bell, (*fam.*) as fit as a flea; **sano e salvo**, safe and sound; **di sana pianta**, from scratch: **si dovrà rifare il lavoro di sana pianta**, it will be necessary to do the work again from scratch; **sanità** *s.* public health.

●**sanguine** *agg.* (*piuttosto letterario*) ① ottimista, (*talvolta*) ottimistico: **she has a sanguine temperament; he has sanguine hopes.** *I seguenti usi del termine sono meno comuni:* **he is sanguine that we shall succeed; he is sanguine of success** (*alla forma negativa*, **not very sanguine about success**). ② rubicondo: **a sanguine complexion**, un volto rubicondo.

sanguigno *agg.* (*di, del sangue*) blood: **vasi sanguigni, pressione sanguigna**, blood vessels, blood pressure. • (1) **Un uomo di temperamento sanguigno**, a hot-tempered man. (2) **Arancio sanguigno**, blood orange.

●**satisfy** *vb.* *A tr.* ① dare a qualcuno ciò che vuole, che pretende o di cui ha bisogno, soddisfare: **every member of the family wants to do something different this weekend – how can I satisfy everybody?; it will be impossible to satisfy the demand for new housing in this rapidly developing industrial area in less than three years; her application for the job was turned down because her qualifications did not satisfy our requirements; if the candidate satisfies the examiners in three papers, failure in the fourth will not entail failure in the whole examination.** ② (*alla forma passiva*) **to be satisfied with something**, considerare un qualcosa sufficiente: **we are looking for a four-bedroomed house with a garden but we would be satisfied with** (ci basterebbe anche, *o* ci contenteremmo anche di) **much less if it was near a good school.** ③ saziare: **he seldom earned enough to satisfy his** (*o* **his children's**) **hunger**, per sfamarsi (*o* per sfamare i suoi figli). ④ convincere: **this evidence is not enough to satisfy the police that he was at home that evening**; più spesso alla forma passiva: **the police are not satisfied that** etc. ⑤ (*poco usato*) pagare (*un creditore*). *B rifl.* accertarsi: **when he had satisfied himself that there was no one left in the building he locked up and went home.** • *NB: Dal verbo derivano due aggettivi che divergono per il loro significato in modo assai eloquente:* **satisfactory** *va dal* sufficiente *al* più che soddisfacente: **this student's work could not be described as good but it's perfectly satisfactory; she was very ill last week but accounts of her this morning are much more satisfactory; they have at last reached a satisfactory decision** (*ossia una decisione che considero buona*); **what a very satisfactory decision!**; **satisfying**, *che è usato meno spesso, esprime un soddisfacimento più intenso e complesso:* **it's a very satisfying job**, è un lavoro in cui riesco a sentirmi realizzato; **it was a (deeply) satisfying experience** significa che sia l'intelletto che lo spirito ne sono stati appagati.

soddisfare *vb. tr.* ① (*adempiere, appagare, contentare*) to satisfy. ② (*eseguire ciò che è dovuto*) to discharge (a duty, a debt, an obligation, an undertaking). ③ (*essere in accordo*) to satisfy, to meet: **la teoria soddisfa certe premesse**, the theory satisfies (*o* meets) certain premises.

scald [skɔ:ld] *vb. tr.* ① ustionare (*con liquidi o vapori*). ② (*del latte*) portare quasi al bollore; nell'Inghilterra occidentale il termine è usato anche per indicare un particolare metodo di scrematura del latte; la crema che si forma in superficie è chiamata **clotted** (*o* **Devonshire**) **cream.** • **Scalding** *agg.* caldissimo: **scalding tea; a scalding tongue**, una lingua che taglia e cuce; **scalding tears**, lacrime cocenti.

scaldare *vb. A tr.* ① to heat (*far diventare molto caldo*): **scalda dell'acqua per fare il bagno**, heat some water for a bath. ② to warm: **il sole primaverile scaldava la panchina nel parco**, the spring sunshine warmed the park bench; **scalda del latte per il bambino**, warm some milk for the baby. *B rifl.* **scaldarsi al sole**, to get warm in the (Italian!) sun. *C intr. pron.* to warm up: **con questo impianto le stanze si scaldano molto velocemente**, warm up very quickly; **la folla** (*o* **il pubblico**, *etc.*) **cominciò a scaldarsi**: *a questo uso del termine possono corrispondere in inglese espressioni di vario tipo, a seconda delle circostanze*: to get restive, hostile, excited, out of control; to get heated: **durante la discussione si scaldò molto**, he got very heated.

◉**scale** *s.* ⓵ scala: **the scale of this map is 5 miles to the inch; built on a larger scale, his design for a garden hut became a pavilion**. ⓶ piatto di bilancia; **a pair of scales**, bilancia. ⓷ scaglia: **the scales of a snake, of metal**. ⓸ squama: **the scales of a fish**. ⓹ incrostazione (*di tubi, caldaie, etc.*). ⓺ (*mus.*) scala. ⓻ sistema di gradazione: **is the scale in inches or centimetres (centigrade or fahrenheit**, *etc.*)?

scala *s.* ⓵ (*fissa, all'interno di un edificio*) staircase (*considerata nel suo complesso*): **c'è una bella scala in quella casa**, there is a beautiful staircase in that house; **c'erano tre scale nella casa in cui sono cresciuto**, there were three staircases in the house where I grew up; stairs: **sali quella scala e gira a sinistra**, go up those stairs and turn left; **un bambino stava seduto sulle scale ad aspettare qualcuno**, a child was sitting on the stairs waiting for someone; **salire, scendere le scale**, to go up, down the stairs, to go upstairs, downstairs; **scala a chiocciola**, spiral staircase; **scala di servizio**, back stairs; **scala di sicurezza**, fire escape; (*fissa, all'esterno di un edificio*) steps. ⓶ (*a pioli*) ladder; (*a forbice, scaleo*) step-ladder; (*di corda*) rope ladder. ⓷ (*successione*) order, sequence; (*gamma*) range. ⓸ (*cartog., etc.*) scale. ⓹ (*mus.*) scale. ⓺ (*nel gioco delle carte*) straight. • **Scala mobile**, escalator; (*di salari e altre tariffe*) sliding scale.

◉**scale** *vb.* *A tr.* ⓵ squamare (*un pesce*). ⓶ disincrostare (*una caldaia, dei tubi*). ⓷ togliere il tartaro *dai denti*. ⓸ scalare, scavalcare (*un muro, molto meno comune, una montagna*). ⓹ tarare (*uno strumento*). ⓺ **to scale up** *o* **down**, aumentare *o* ridurre *in rapporto a qualcos'altro*: **as demand for our product has risen** (*o* **fallen off**) **sharply we must scale up** (*o* **down**) **our production to meet the new situation**. *B intr.* incrostarsi: **this pipe, the boiler is scaling** (*più spesso* **scaling up**); scrostarsi: **the wall is scaling** (*più spesso*, **the plaster on the wall is scaling**).

scalare *vb. tr.* ⓵ to climb (a mountain); to scale (a wall). ⓶ (*detrarre*) **scalare un debito**, to pay off a debt gradually (*o* in instalments). ⓷ (*disporre in ordine decrescente*) to arrange in descending order.

◉**scandal** *s.* ⓵ scandalo: **the Watergate Scandal filled the newspapers for two years; the service in this hotel is a scandal**. ⓶ maldicenza, pettegolezzo: **there's nothing she likes better than to talk scandal with and about her friends** • **Scandalous** *agg.* scandaloso; diffamatorio.

scandalo *s.* scandal; **fare scandalo**, to create a scandal.

◉**scarce** *agg.* ⓵ scarso, inadeguato: **for three or four years after the war food was still scarce**. ⓶ raro: **copies of his first book are scarce**. • **To make oneself scarce** (*fam.*), andarsene in punta di piedi, (*talvolta*) svignarsela, tagliare la corda, *o* stare silenziosamente in disparte *sperando che la propria assenza non venga notata*.

scarso *agg. Questo aggettivo trova in inglese diversi equivalenti, ciascuno dei quali è usato abitualmente unito a determinati sostantivi; per questo, invece di analizzare in dettaglio i vari significati del termine italiano e attribuire loro il relativo corrispettivo inglese, si è ritenuto opportuno fornire qui un elenco di espressioni tra le più usate*: scarce (*di solito in funzione di predicato*): **le arance sono scarse in questo periodo dell'anno**, oranges are scarce at this time of the year; **quando un bene si fa scarso il suo prezzo aumenta**, scarce commodities command a high price; scanty: **abbiamo avuto uno scarso raccolto di mele quest'anno**, we've had a scanty crop of apples this year; scant (*sempre in espressioni piuttosto letterarie*): **dedicare scarsa attenzione a**, to pay scant attention to; lean: **raccolto scarso, annata scarsa**, a lean harvest, lean years; meagre: **scarse risorse**, meagre resources; **scarso peso**, (*fig.*) little weight: **le sue opinioni avranno scarso peso sulla decisione finale**, his opinions carry little weight with the people who will have to make the final decision; **farsi scarso**, to run short; faint: **luce scarsa**, faint light; feeble: **scarso coraggio, acume, scarsa intelligenza**, feeble courage, wit, intelligence; **scarso di**, lacking in: **è scarso di fantasia, intelligenza, comprendonio**, he is lacking in imagination, intelligence, understanding; bare(ly): **un chilogrammo scarso**, a bare kilo (*o* barely a kilo); **dieci centimetri scarsi**, a bare ten centimetres (*o* barely ten centimetres).

scarcely *avv.* [1] appena, a mala pena: **the dog had scarcely been let out** (*o* **scarcely had the dog been let out**) **when it wanted to come in again;** «**what do you think of these photographs?**» – «**I've scarcely looked at them**»; **they expected the theatre to be packed but there were scarcely a dozen people there.** [2] quasi: **scarcely** (*o* **hardly**) **ever**, quasi mai: **she scarcely** (*o* **hardly**) **ever finishes work before 8; scarcely anything,** quasi niente; **scarcely anyone,** quasi nessuno. [3] *Usato in modo pleonastico per esprimere incredulità*: **you can scarcely expect her to welcome** (non ci si può certo aspettare che accolga) **her rival with open arms; he would scarcely trust** (non si fiderà davvero di) **a stranger to that extent, surely?;** «**would he have trusted that man, do you think?**» – «**scarcely** (neanche per sogno *o* impossibile)!».

scarsamente *avv. A seconda dell'aggettivo o del participio passato a cui si riferisce, questo avverbio trova in inglese corrispettivi di vario genere: se talvolta avverbi come* poorly, badly *o* slightly *possono risultare appropriati* (**una strada scarsamente illuminata,** a poorly *o* badly lit street; **un corso scarsamente frequentato,** a poorly *o* badly attended course; **un cielo scarsamente nuvoloso,** a slightly overcast sky), *spesso, invece che con un avverbio,* **scarsamente** *deve essere tradotto con espressioni negative* (**un investimento scarsamente vantaggioso,** a not very profitable investment; **è un prodotto scarsamente richiesto,** it's a product not much in demand *o* there's not much demand for this product) *o con aggettivi costruiti con prefissi di valore negativo, ossia con* un- *o* under- (**un pubblico scarsamente interessato,** an unresponsive audience; **un giovane scarsamente dotato,** an untalented youth; **una zona scarsamente popolata,** an under-populated area); *in certi casi il significato dell'avverbio italiano verrebbe invece reso con l'uso di un aggettivo di senso contrario a quello espresso dal termine a cui* **scarsamente,** *appunto, si riferisce* (**uno studente scarsamente preparato,** a weak student).

○**scholar** *s.* [1] studioso: **one of the most distinguished scholars of his generation; her books about the eighteenth century are delightful but it cannot be said that she is a very good scholar** (*o* **that they are scholarly**). [2] borsista: **he was a scholar** (*o* **held a scholarship**) **at Oxford.** • **Scholarship** *s.* [1] borsa di studio. [2] erudizione: **her books are not noted for their sound scholarship.**

scolaro *s.* [1] schoolboy (*femm.* schoolgirl; *plur.* schoolboys, schoolgirls, schoolchildren); (*arc., ad iniziare dal tardo '800*) scholar. [2] (*allievo o discepolo*) pupil: **Giotto fu scolaro di Cimabue,** Giotto was Cimabue's pupil (*o* a pupil of Cimabue's).

scope *s.* [1] opportunità, *ma solo nel senso di possibilità di offrire uno sbocco alle proprie capacità*: **he has no scope for his talents in his present job.** [2] capacità, possibilità: **I'm no musician: the twelve-tone scale is beyond my scope.** [3] competenza; sfera; campo d'azione: **the committee will not consider the cost of the project: that's outside their scope.**

scopo s. [1] purpose; aim; object: **una vita senza scopi,** a life without purpose; an aimless life. [2] point: **a che scopo farlo?,** what's the point of doing that?; **non c'è scopo a continuare,** it would be pointless to go on. • **Allo scopo di,** in order to, for the sake of: **hanno demolito migliaia di vecchie case allo scopo di creare nuove e più confortevoli abitazioni,** they have pulled down thousands of old houses in order to improve housing standards (*o* for the sake of improving housing standards).

○**secondary** *agg.* [1] *successivo a ciò che è primario*, secondario: **secondary era** (*geol.*). [2] di minore importanza, secondario: **a matter of secondary importance; secondary** (*o* **minor**) **road.** [3] ricavato da ciò che è primario *o* originale: **the new biography of the poet is based entirely on secondary sources.** • **Secondary strike,** sciopero di solidarietà.

secondario agg. [1] (*contrapposto a primario*) secondary: **scuola secondaria,** secondary school. [2] (*contrapposto a principale*) secondary: **effetti secondari, considerazioni secondarie,** secondary effects, considerations; branch: **ufficio secondario,** branch office; **linea secondaria** (*ferr.*), branch line; minor: **strada secondaria,** minor road; by-: **prodotto secondario,** by-product. [3] (*gramm.*) **proposizione secondaria,** subordinate (*o* dependent) clause. • **Intreccio secondario** (*in una commedia*), sub-plot.

○**secular** ['sekjuːlə] *agg.* [1] non connesso alla religione, secolare, laico: **secular schools are far more numerous than Church schools today;** profano: **secular art, music.** [2] (*rarissimo*) apprezzabile solo nel corso dei secoli (*Chambers*):

secular change, development.

secolare *A agg.* [1] (*che dura o vive da secoli*) age-old, centuries-old: **albero secolare,** an age-old tree; **consuetudine, tradizione secolare,** an age-old (*o* centuries-old) custom, tradition; age-long: **faida, consuetudine secolare,** age-long feud, custom. [2] (*che ricorre ogni cento anni*) centennial. [3] (*appartenente allo stato laico o alla vita civile*) secular: **potere secolare,** secular power. *B s.* layman (*plur.* laymen); **i secolari,** the laity.

◐**semaphore** ['seməfɔː] *s.* [1] (*mil., etc.*) sistema di segnalazione a mano con due bandierine. [2] (*ferr.*) semaforo.

semaforo *s.* [1] (*stradale*) traffic lights (*sempre plurale*). [2] (*ferr.*) signal; (*nel linguaggio tecnico*) semaphore. [3] (*mar.*) signal station. • **È passato col rosso,** he drove over (*o* through) a red light; **continuava a trovare semafori rossi,** she had to keep stopping at red lights.

◐**seminar** ['seminaː] *s.* seminario (*riunione di studio*).

◐**seminary** ['seminəri] *s.* [1] istituto per gli aspiranti al sacerdozio, seminario. [2] (*arc., XVIII e XIX secolo*) scuola, collegio: **a select seminary for young ladies.**

seminario *s.* [1] (*riunione di studio*) seminar. [2] (*istituto per gli aspiranti al sacerdozio*) seminary.

senile *agg.* È un termine molto forte ed è usato solo per indicare persone o manifestazioni che rivelano i segni della perdita delle facoltà mentali concomitante con la vecchiaia; di conseguenza può essere impiegato solo (**a**) *in contesti di medicina,* (**b**) *parlando a qualcuno che non sia in rapporti di amicizia o parentela con la persona definita appunto* **senile** (*c'è infatti il rischio che il termine suoni molto offensivo*), (**c**) *in senso scherzoso; accettabili equivalenti possono essere* arteriosclerotico *e, solo nei casi* (**b**) *e* (**c**), rimbambito: **poor Mr Forest is completely senile; he's senile but his wife, who is five years older, is still in possession of her faculties.** • **Senility** *s.* demenza senile.

senile *agg.* [1] old: **ha un aspetto senile,** he looks old. [2] old, advanced: **età senile,** old (*o* advanced) age. • **Senilità** *s.* old age, aging.

◐**sense** *A s.* [1] senso (*la vista, l'udito, etc.*); **the five senses; sixth sense.** [2] capacità di percepire, senso: **people who do terrible things like that have no sense of shame; a sense of honour, of humour.** [3] sensazione, impressione: **when I looked at her face I had a sense** (*o* feeling, *o* impression) **that she was not telling the whole truth.** [4] buon senso, giudizio: **if you had any sense you would change your job.** [5] significato, senso: **the word** *quite* **can be used in two opposite senses.** [6] opinione condivisa da un gruppo di persone: **the sense of the meeting** (l'opinione prevalente emersa dall'assemblea) **seems to be that we should go ahead with these plans; to take the sense of the meeting,** scoprire qual è l'opinione prevalente ponendo delle domande. • **To take leave of one's senses,** impazzire (*fig.*); **to make sense,** aver senso. *B vb. tr.* capire (*più istintivamente che tramite un ragionamento*): **he sensed that she didn't really want to talk about it though she was too shy to say so.**

senso *s.* [1] (*direzione*) direction: **questa parte del meccanismo gira prima in senso orario e poi in senso antiorario,** this part of the machine moves first in a clockwise direction (*o* clockwise) and then in an anticlockwise direction (*o* anticlockwise); way: **strada a senso unico,** one-way street. [2] (*in tutti gli altri significati*) sense.

◐**sensibility** *s.* [1] capacità (*o più spesso, eccezionale capacità*) *di provare impressioni di carattere sia estetico che affettivo,* sensibilità: **in some of his letters Keats examines the nature and operation of his own poetic sensibility with extraordinary detachment and insight; in** *Sense and Sensibility* **Jane Austen contrasts the common sense of one sister with the deliberately cultivated sensibility of the other, who would rather feel deeply than see reality clearly.** [2] (*al plur., poco usato*) disposizione dell'animo all'essere fortemente impressionato *da cose che si ritengono moralmente ingiuste o socialmente inaccettabili, o all'essere ferito nei propri affetti,* sensibilità: **behaviour of that kind would offend their sensibilities and probably ruin their party too; in** *Sense and Sensibility* **Marianne's sensibilities are almost irreparably hurt by Willoughby's heartless flirtation.** • NB: Sensibility *è un sinonimo piuttosto prezioso dei più ricorrenti* sensitiveness *e* sensitivity *che, però, possono essere usati anche in senso concreto* (**the sensitiveness** *o* **sensitivity of the skin**). *I sostantivi* sensibility, sensitivity *e* sensitiveness *e l'aggettivo* sensitive *sono tutti molto affini come significato; i sostantivi connessi a* sensible (*q.v.,* sensato) *sono* sense *e* (*poco usato*) sensibleness.

sensibilità *s.* [1] (*facoltà di ricevere impressioni*

mediante i sensi, Zingarelli) sensitiveness, sensitivity: **sensibilità al dolore**, sensitiveness (*o* sensitivity) to pain. [2] (*disposizione a sentire vivamente emozioni, sentimenti, affetti, Zingarelli*) sensitiveness, (*meno usato, piuttosto letterario*) sensibility, responsiveness. [3] (*tecn.*) sensitiveness (to light, to sound waves, to vibration, etc.).

○**sensible** *agg.* [1] sensato, ragionevole, di buon senso: **a sensible action, remark, person**. [2] pratico: **she's the sort of woman who wears sensible shoes; when you come and spend a weekend with us on the farm bring sensible clothes**. [3] (*raro*) consapevole: **they were sensible of his great kindness to them**. [4] (*filos.*) percettibile, sensibile: **sensible phenomena**. • **Sensibly** *avv.* È usato in tutti i significati dell'aggettivo.

sensibile *agg.* [1] perceptible: **il mondo sensibile**, the perceptible world. [2] perceptible; appreciable; (*lett.*) sensible: **un sensibile aumento della temperatura**, a perceptible (*o* appreciable, *o* sensible) rise in temperature. [3] sensitive, *sia dal punto di vista fisico* (a tooth with a hole in it is very sensitive to cold and heat; this is a very sensitive thermometer; he has a very sensitive ear) *che psicologico*: **un bambino sensibile**, a sensitive child; **ha un carattere sensibile e questo lo rende facile bersaglio della prepotenza dei suoi compagni di scuola**, he has a sensitive nature which makes him an easy target for teasing at school; **è molto sensibile alle critiche**, she's very sensitive to criticism. [4] responsive, sympathetic: **è sensibile alla gentilezza**, she is responsive to kindness; **è una persona a cui la gente spesso confida i propri guai perché è così sensibile ai problemi degli altri** (*o* **alle ingiustizie**), he's a person people often tell their troubles to because he's so responsive (*o* sympathetic) to people's difficulties (*o* to injustice). • **Sensibilmente** *avv.* [1] perceptibly. [2] perceptibly; appreciably. [3] sensitively; **insensibile** *agg.* (*in senso fisico*) numb: **ho così freddo che le mie dita sono diventate insensibili**, I'm so cold that my fingers are numb; (*in senso astratto*) insensitive, unsympathetic: **è insensibile ai problemi degli altri**, he's insensitive (*o* unsympathetic) to other people's problems *o* to other people; **troppo sensibile**, oversensitive.

sensitive *agg.* [1] sensibile: **plants are sensitive to light; she has (a) sensitive skin; a violinist must have a sensitive ear; he doesn't mean to offend people but he does so, and very frequently, because he's not sensitive to their feelings; a sensitive thermometer**. [2] (*seguito dalla preposizione* about) *che soffre per una determinata condizione e si mostra riguardo ad essa particolarmente suscettibile, talvolta* sensibile: **she's very sensitive about her big feet, her children's drug addiction, her husband's love affairs**, *etc.* [3] (*di un tema di conversazione o di discussione*) che richiede tatto, delicato: **be careful what you say about feminism and downtrodden husbands – it's a sensitive subject in this house!** • **Sensitiveness** *s.* sensibilità.

sensitivo *agg.* [1] sense: **percezione sensitiva**, sense perception; of the senses: **vita sensitiva**, the life of the senses; (*med. e scient.*) sensory: **facoltà sensitiva**, the sensory faculty. [2] (*di persona, sensibile*) sensitive.

○**sentiment** *s.* [1] sentimento (*in contrapposizione a ragione*): **there is little sentiment in Waugh's early novels – they are the embodiment of a glittering satirical intelligence; I can feel no sentiment of approbation inferior to love** (Jane Austen, *Sense and Sensibility*). [2] (*uso scorretto*) sentimentalismo: **the sticky sentiment of these verses makes them fit only for birthday cards** (*il termine appropriato è* **sentimentality**). [3] (*al plur., formale o scherzoso*) opinioni, sentimenti: **that is the happiest conversation where there is no competition, no vanity, but a calm quiet interchange of sentiments** (Dr Johnson); **he loathed every moment of their holiday, and those were her sentiments too**. • NB: *Questo termine non è molto comune e il più delle volte viene usato in modo scorretto (vedi accezione 2). Fino alla fine del XIX secolo era in genere impiegato nelle accezioni 1 e 3 ma da allora è stato così fortemente influenzato dall'aggettivo* **sentimental** (*q.v.*) *da finire per assumere, per molte persone, il significato di* **sentimentality** *e per perdere le sue accezioni originarie*.

sentimento *s.* [1] (*consapevolezza di sé*) consciousness: **perdere i sentimenti**, to lose consciousness; **uscire di sentimento** (*infuriarsi*), to fly off the handle; **essere fuori di sentimento** (*infuriato*) to be beside oneself (with rage); **levare di sentimento**, to daze; **fare qualcosa con tutti i sentimenti**, to do something with loving care. [2] (*consapevolezza dell'esistenza di qualcosa diverso da sé e modo di sentirlo dentro di sé, Zingarelli*) sense: **sentimento dell'onore**, a sense of honour; **sentimento del bene e del male**, a sense of good and evil; **sentimento morale**, religioso, estetico, moral, religious, aesthetic sense. ③ (*moto dell'animo*) feeling, emotion: **sentimento di gioia**, a feeling (*o* emotion) of joy; **è capace di provare sentimenti molto intensi**, he is capable of strong feeling (*o* feelings, *o* emotion, *o* emotions); **ferire i sentimenti di qualcuno**, to hurt someone's feelings; **non avere un briciolo di sentimento**, not to have a grain of feeling. ④ (*spec. al plur., modo di pensare*) (*lett.*) sentiments: **sentimenti nobili**, noble sentiments; opinions, views: **questi sono i miei sentimenti**, those are my opinions, views; **mutare sentimenti**, to change one's mind. ⑤ (*sfera affettiva, emozionale, spec. in contrapposizione a ragione, Zingarelli*) feeling, (*lett.*) sentiment: **le sue azioni sono dettate più spesso dal sentimento che dalla ragione**, his actions are more often prompted by feeling (*o* sentiment) than by reason.

◐**sentimental** *agg.* ① (*spreg.*) sdolcinato, patetico, sentimentale: **her sentimental recollections of our childhood make me feel that I don't recognize any of the people or events she's talking about; she's a sentimental woman; it's a silly, sentimental novel without a grain of true feeling in it; he's one of those hard-hearted people who exploit their employees and are sentimental about animals.** • **Sentimentally** *avv.*: **he talks sentimentally about how much nicer animals are than people; she's sentimentally in love with the past.** ② (*meno usato*) che concerne solo i sentimenti, affettivo: **this was my mother's engagement ring, so though it's worth very little it has great sentimental value.** ③ (*poco usato*) concernente i rapporti amorosi, sentimentale: **a sentimental attachment.**

sentimentale *agg.* ① (*romantico*) Per esprimere quanto è implicito in una frase come **è una ragazza sentimentale**, *un inglese farebbe uso dell'aggettivo* emotional *ma continuerebbe il discorso fornendo una descrizione più dettagliata del carattere della ragazza*: **she's an emotional girl – she loves exchanging long letters with her boyfriend, she's heartbroken if he forgets to send her flowers and enraptured when he does send them, she adores romantic music**; (*spreg. languido, affettato*) sentimental. ② (*che concerne i sentimenti*) emotional: **vita sentimentale**, emotional life; of feeling(s); **l'educazione sentimentale**, the education of one's feelings.

◐**septic** *agg.* ① settico. ② infetto: **the sore place on his foot is septic**, la piaga che ha al piede è infetta; **to go septic**, infettarsi: **she didn't go to the doctor and the cut has gone septic**, e la sua ferita si è infettata. • **Septic tank**, fossa settica.

settico *agg.* septic.

◐**serious/serio** *agg. I due termini non differiscono quando il significato sia quello di* importante, *che dà preoccupazioni per le sue eventuali conseguenze. Sarà perciò possibile usare* **serious** *riferendosi a faccende che sono* serie, **alle condizioni di un malato che si presentano** serie *o al* **matrimonio come una cosa** seria. *È tuttavia da notare che in alcune espressioni di uso assai frequente in cui in italiano si preferirebbe usare* grave *più che* serio, *in inglese è possibile impiegare solo* **serious**: *fra queste le più comuni sono* **a serious mistake, a serious disagreement, a serious problem, a serious crime.** *Parlando di sentimenti, legami seri (nel senso di profondi)* **serious** *offrirà una traduzione adeguata. Lo stesso si dica di quando si descrive un tipo di musica contrapposta a quella leggera (*musica seria *equivale a* **serious music**). *Passando ad un'accezione in cui alla mancanza di leggerezza e superficialità (appena viste) si aggiunga una certa ponderazione e attenta considerazione dei fatti e delle loro conseguenze, quale si ha in* un giovanotto serio e ambizioso *o in* un modo di concepire la vita che non è serio, **serious** *costituirà ancora una traduzione appropriata. Ma descrivendo come* seria una ditta, una scuola, *o* un'impiegata, *per esempio, non è possibile rendere l'aggettivo italiano con* **serious** *ma si dovrà dire* **a firm, a school with high standards** *oppure* **a reliable firm, school** *e* **a responsible** *o* **steady employee.** *Questo potrà sorprendere, considerando come il senso dei due gruppi di esempi sia assai vicino, ma si potrebbe forse spiegare osservando come nel secondo caso si voglia porre più l'accento sul fatto di essere degni di fiducia, di affidamento. Nelle situazioni in cui* serio *si contrappone a* gaio, allegro, lieto *come quando si voglia definire un viso, uno sguardo, un'espressione,* **serious** *sarà accettabile solamente quando si voglia indicare qualcuno che non ride o che comunque è spesso concentrato, assorto in pensieri piuttosto gravi. Se invece si vuole descrivere una persona che è visibilmente di malumore o afflitto da ovvie preoccupazioni (*se ne stava in un angolo tutto serio) *sarebbe consigliabile far uso di traduzioni più esplicite che, in un crescendo di intensità, potrebbero partire da* **preoccupied** (*q.v.*), *passare da* **withdrawn** *e arrivare a* **morose** (*q.v.*). *Quanto all'accezione «morale»* *dell'aggettivo italiano, quale si ritrova in frasi del tipo* non è un lavoro per ragazze serie quello *o in* ti pare una famiglia seria da potersi frequentare?, *il discorso si fa più complesso: a tutta prima si potrebbe essere portati a pensare che* respectable *faccia al caso; ma si deve tener conto del fatto che nel corso di questo secolo la venerazione per la rispettabilità è stata messa in ridicolo a tal punto che* respectable *e* respectability *sono parole quasi impossibili da usare senza ironia. Questo marchio di ridicolo, che è stato impresso su molte parole «moralistiche» inglesi, ha fatto sì che uno si senta costretto a ricorrere a lunghi, vaghi giri di frase che sono espressione di punti di vista strettamente individuali, per sfuggire a quelle definizioni ben precise che un tempo facevano riferimento ad un comune senso di certi valori. Tornando ai due esempi di cui sopra, si potrebbero perciò sentire frasi quali* **no girl who thought much of herself would do a job like that** *e* **are they the sort of family you would like to see much of, do you think?** *Ma anche frasi di questo tipo, accostamenti tortuosi ad un significato espresso in italiano in modo assai più semplice, verrebbero pronunciate in tono scherzoso.* • Sul serio, **for good: he has often left his job** (*o* **his wife**) **but until now he has always come back sooner or later. This time, though, he's gone for good** (*oppure, valendosi di un espressivo americanismo*, **this time it's for real**); fare, dire sul serio, **to mean it: we used to tease him when he said «No, no! Listen! This is important. You must let me explain» and so forth; but that day we saw that he meant it, and no one laughed; seriously: did you do it? – seriously, did you?**; dici sul serio?, **are you serious?**

serrated *agg. recante una serie di piccole sporgenze simili ai denti di una sega*, dentellato, seghettato: **the blade of this knife is serrated** (*o* **has a serrated edge**).
serrato *part. pass. e agg.* ☐1 (*chiuso*) locked: **una porta, una finestra serrata**, a locked door, window; clenched: **pugno serrato, denti serrati**, clenched fist, teeth; (*folto*) serried: **schiere serrate**, serried ranks (*di soldati*); furled: **vele serrate**, furled sails. ☐2 (*rapido*) quick, fast. ☐3 (*fitto*) (*di tessuti*) close-textured, tightly woven; (*di altri materiali*) compact. ☐4 (*fig., stringato*) concise: **stile, oratore, ragionamento serrato**, a concise style, speaker, argument; closely argued: **ragionamento serrato**, a closely argued case.

●**sober** ['soubə] *agg.* ☐1 (*uso più comune*) non ubriaco: **one day the ship's captain wrote in the log** (giornale di bordo), **«mate** (secondo) **drunk all day»; shortly afterwards the mate wrote «captain sober all day»**. ☐2 (*di colori*) sobrio; (*di mentalità, maniere, discorsi, etc.*) equilibrato, composto, misurato: **his sober manner** (*o* **words**) **made them realize they must take the matter seriously; be sober, be vigilant** (*dalla Prima Epistola di San Pietro*); (*non molto usato*) **sober-minded**, serio: **a sober-minded person, decision; a sober estimate of a situation, of one's resources**, *etc.*, una valutazione realistica. • **In sober fact**, stando ai fatti; **soberly** *avv.*
sobrio *agg.* ☐1 (*temperante nel mangiare e nel bere*) abstemious: **un uomo di sobrie abitudini**, a man of abstemious habits; *nel senso di che non ha bevuto alcolici nel tempo immediatamente precedente* (Zingarelli) **sobrio** *non corrisponde a* sober *e deve essere reso con espressioni del tipo* **he has not had a drink within the past two** *o* **three hours** *o, nel caso si tratti di una persona coinvolta in un incidente stradale, si direbbe che* **the breathalizer test showed that there was no alcohol in his bloodstream**. ☐2 (*alieno da eccessi o superfluità*) sober, simple: **sobrio modo di vivere, di vestire**, a sober (*o* simple) way of life, style of dress.

●**solicitous/sollecito** *agg. Questi due aggettivi differiscono per due motivi: innanzitutto* **solicitous** *è un termine formale e di uso più limitato dell'aggettivo italiano; in secondo luogo esso è di solito (sebbene non sempre) usato in tono di scherno: in* **the young man paid solicitous attention to** (*o* **was solicitous towards**) **the old lady's wishes and to everything she said** *è implicito che l'attenzione del giovane sia ostentata e tesa a lusingare l'anziana signora. Sarebbe possibile dire* **the young man's evident affection for his grandmother and the solicitous care he took of her were charming**, *ma l'espressione* **solicitous to please** *non potrebbe esprimere altro che disprezzo verso il giovane. Il sentimento di sincera cortesia e doverosa premura impliciti nel termine italiano vengono meglio resi dagli aggettivi* **thoughtful** *e* **considerate** (cortese); **careful** (attento); **painstaking, diligent** (diligente); **prompt** (rapido): **a prompt reply; prompt payment**. *È anche possibile usare* **solicitous** *ma dal contesto deve risultare chiaro che non si tratta di una sollecitudine interessata.* • **Solicitude** *s. Ha lo stesso carattere ambiguo di* **solicitous**.

●**solid** *agg.* ① *il contrario di liquido e di vuoto*, solido. ② massiccio: **solid silver**; (*fig.*) **a man of solid worth**: *espressione usata in tono di sufficienza per indicare una persona che ha buone qualità ma non ha talento.* ③ robusto, solido: **a house of solid construction**; (*fig.*) **a solid business enterprise**. ④ (*geom.*) solido. ⑤ (*fig.*) fermo, valido: **there are solid arguments for adopting his policy; she gave us solid support throughout a difficult time**. ⑥ solidale: **the strikers are solid on that issue**. ⑦ (*fam.*) ininterrotto: **ten days of solid rain; the train was so full we had to stand – for five solid hours!**

solido agg. ① (*nei significati più letterali*) solid. ② (*di tinte*) fast. ③ (*fig., robusto*) solid, sturdy: **le molle di questo divano sono rotte ma l'intelaiatura è solida**, the springs of this sofa are broken but the frame is solid (*o* sturdy); **un uomo di solida corporatura**, a man of sturdy build (*o* a sturdily *o* solidly built man); **un paio di solide spalle**, a pair of sturdy shoulders; firm: **carattere solido**, a firm (*o* sturdy) character; **basi solide** (*in senso concreto*), firm foundation(s): **questo edificio non è stato costruito su basi sufficientemente solide**, the building was not constructed on sufficiently firm foundations; (*in senso astratto*) a solid (*o* firm) basis; sound: **la posizione economica della società è solida**, the finances of the company are sound (*o* solid).

●**sonorous** [ˈsɔnərəs] *agg.* ① sonoro, risonante: **a sonorous voice; the sonorous tolling of the great bell**. ② altisonante: **the declamation of sonorous periods**.

sonoro agg. ① sound: **onde sonore**: sound waves; **effetti sonori**, sound effects; **colonna sonora**, sound track. ● NB: *Nel senso di musica composta per un film, la* **colonna sonora** *è* the music (of the film) *o* (*meno usato*) the background music. ② (*risonante*) resonant, (*lett.*) sonorous: **voce, risata sonora**, a resonant (*o* sonorous) voice, laugh; (*molto meno dignitoso, anzi piuttosto sgradevole*) loud: **risata sonora**, a loud laugh. ③ (*fig.*) resounding [rɪˈzaʊndɪŋ]: **sonora sconfitta, sberla**, a resounding defeat, slap. ④ (*fig. retorico*) high-sounding, sonorous: **frasi sonore**, high-sounding (*o* sonorous) language.

●**sophisticated**/*sofisticato agg. Nella sua accezione principale* (*esperto della vita di mondo e privo di naturalezza*) **sophisticated** *si avvicina molto a* sofisticato *ma, a differenza di questo, non è usato in senso critico. In espressioni come* **sophisticated manners** *o* **sophisticated style** (*di arredamento, abbigliamento, modo di scrivere, musica, e sim.*) *l'aggettivo inglese trova un equivalente appropriato in* raffinato (*ma si faccia attenzione che in questa accezione esso non è usato riferito a persone, pensieri, o sentimenti*). Sofisticato *nel senso di che mostra raffinatezza eccessiva corrisponde invece agli aggettivi* **oversophisticated, excessively sophisticated, mannered, affected**; *per argomentazioni sofisticate si avrà* **subtle arguments**. *Quando è usato per indicare un congegno e sim. ad altissimo grado di perfezione tecnica, l'aggettivo italiano coincide con* **sophisticated** *mentre nel senso di adulterato* (*di alimenti*) *equivale a* **adulterated**.

spade *s.* ① vanga. ② (*sulle carte da gioco, di solito al plur.*) picche. ● **To do the spade work** (**on a job**), compiere le fasi preliminari (*spesso anche le più difficoltose*) di un lavoro, gettare le basi di un lavoro: **to call a spade a spade**, dire pane al pane (e vino al vino).

spada s. sword [sɔːd]. ● **To cross swords with someone, avere una disputa con qualcuno.**

sparse *agg.* rado: **sparse hair, beard**; poco denso: **a sparse population**. ● **Sparsely** *avv.*: **sparsely populated**.

sparso part. pass. scattered: **foglie sparse sul prato**, leaves scattered on the ground; **case sparse**, scattered houses; **case sparse sul pendio della collina**, houses scattered over the hillside. ● (*mil.*) **ordine sparso**, open order.

●**specially** *avv.* ① apposta, appositamente: **the play was written specially for Eleonora Duse**. ② specialmente, soprattutto, particolarmente: **I enjoyed the film, specially the last part**. ③ particolarmente (*nelle risposte*): «**do you want to see the next programme?**» – «**not specially**».

specialmente avv. specially; especially; particularly; in particular.

●**spectacle** *s.* ① vista che colpisce *o* emoziona, spettacolo: **the sun setting behind the turreted castle was a magnificent spectacle**. ② spettacolo fastoso *o* parata sfarzosa: **English people seem to like a drab way of life for every day, enlivened every now and then by a colourful spectacle such as a royal wedding, which they produce better than anyone else**. ③ scena ridicola: **to make a spectacle of oneself**, rendersi ridicolo. ④ (*al plur.*) occhiali (*talvolta abbreviato in* **specs**; è *sinonimo di* **glasses**); **to see things through rose-coloured spectacles**, veder tutto rosa.

spettacolo *s*. ⓵ (*manifestazione artistica o ricreativa*) entertainment (*formale*); show (*colloq.*): **al termine delle celebrazioni per il centenario ci sarà qualche sorta di spettacolo, credo**, at the end of the centenary celebrations there's to be some kind of entertainment (*o* show), I believe; **la gente va a Londra per le compere e gli spettacoli**, people go to London for shopping and entertainment; **hai voglia di andare a vedere uno spettacolo stasera?**, would you like to go to a show tonight?; (*rappresentazione teatrale: commedie, tragedie, drammi, etc.*) play: «**hai voglia di andare a vedere uno spettacolo?**» – «**no, preferirei andare semplicemente a cena fuori**», «would you like to go to a play?» – «no, I'd rather just go out to dinner»; (*balletti*) ballet [ˈbaleɪ] (*francese*). ⓶ (*una specifica rappresentazione*) performance: **lo spettacolo di questa sera inizia alle 8**, this evening's performance begins at 8; **il mercoledì ci sono due spettacoli**, there are two performances on Wednesdays. ⓷ (*vista*) spectacle: **uno spettacolo orrendo, impressionante**, *etc.*, a horrifying, astonishing, *etc.* spectacle; (*meno drammatico*) sight: **uno spettacolo triste, sorprendente, commovente**, *etc.*, a sad, surprising, moving, *etc.* sight. • **Dare spettacolo**, to attract attention (*solo nel caso in cui dal contesto risulti chiaro che l'attenzione dei presenti non è benevola*); to make people look (*o* stare) at one: **smettila! Stiamo dando spettacolo!**, stop it! – people are looking at us (*o* you're making people stare)!; **non era certo uno spettacolo edificante**, it was not an edifying spectacle (*o* it was an unedifiying spectacle).

●**speculate** *vb. intr.* ⓵ *formarsi un'opinione su un qualcosa senza averne una precisa conoscenza o le prove*, fare delle congetture, delle ipotesi: «**what will Donald do next?**» – «**I don't know, I can only speculate – something silly, I imagine**»; **we were speculating on** (*o* **about**) **Tim's choice of a co-pilot for next week's rally when he came in and told us he'd asked Mark**. ⓶ *acquistare o vendere dei beni, delle azioni, etc. sperando di ricavarne notevoli profitti, ma rischiando anche gravi perdite*, speculare: **he speculated in land and lost a fortune**. ⓷ meditare, speculare: **in this essay he speculates on the meaning of suffering**. • *Il sostantivo* **speculation** *e l'aggettivo* **speculative** *sono usati in tutti i significati del verbo*.

speculare *vb. intr.* ⓵ (*ricercare un forte utile da operazioni finanziarie o commerciali, Devoto*) **speculare in borsa**, to speculate, to gamble on (*o* play) the stock market. ⓶ (*sfruttare*) to exploit: **ha speculato sulla drammatica carenza di alloggi** (*o* **di viveri**) **conseguente al terremoto**, he exploited the desperate housing (*o* food) shortage after the earthquake. ⓷ (*meditare*) to speculate (on).

●**spine** [spaɪn] *s*. ⓵ spina dorsale. ⓶ spina, aculeo: **the spines of a cactus, of a hedgehog**. ⓷ dorso di un libro. • **Spineless** *agg.* senza spina dorsale; (*più spesso, fig.*) smidollato: **it's no good expecting Sam to back you up, he's such a spineless creature; Sam's absolutely spineless**.

spina *s*. ⓵ (*di pianta*) thorn: **le spine di una rosa**, the thorns of a rose; **spina dura e lunga come quelle di un cactus**, spine. ⓶ (*di animale*) spine; quill (*di un istrice*). ⓷ (*al plur., insieme di piante o rami spinosi*) thorns, thorn trees; **biancospino**, hawthorn. ⓸ (*di pesce*) bone, fishbone. ⓹ (*di botte*) bung; **birra alla spina**, draught [drɑːft] beer. ⓺ (*elettr.*) plug. ⓻ **spina dorsale**, spine, (*più usato*) backbone. ⓼ (*mecc.*) pin; peg; dowel. • **Stare sulle spine**, to be terribly nervous (*o* apprehensive *o* worried); to be on tenterhooks; **avere una spina nel cuore**, to be very unhappy; **una spina nel fianco**, a thorn in the flesh (*o* side), *ma si noti che questa espressione è meno comune di quella italiana ed è di solito usata per indicare una persona molesta*; **tessuto a spina di pesce**, herringbone tweed.

●**spirit**/*spirito* *s*. *Nella maggior parte delle accezioni i due termini si equivalgono*: **the spirit indeed is willing but the flesh is weak** (*Vangelo di San Matteo*); **we shall be with you in spirit; Dust as we are, the immortal spirit grows / Like harmony in music** (Wordsworth, *The Prelude I*); **God is a spirit** (*Vangelo di San Giovanni*); **the Holy Spirit** (*o* **Holy Ghost**); **I am thy father's spirit / Doomed for a certain term to walk the night** (*Amleto*); **spirit of the forest, stream**, *etc.*; **blessed are the poor in spirit** (*Bibbia*); **a willing, Christian, humanitarian**, *etc.* **spirit; he was a generous spirit; the spirit of the Renaissance, of the age**, *etc.*; **obeying the letter not the spirit of the law**. *Le accezioni di* **spirit** *che corrispondono in italiano a termini diversi da* **spirito** *sono tre*: (**1**) brio: **they played the duet with great spirit**; *a questo uso del termine è associato anche il significato di* risolutezza nel farsi valere, nell'imporsi, *che può trovare un adeguato corrispettivo in* carattere: **she has too much spirit to** accept his negative comments meekly. **(2)** (*al plur.*) stato d'animo: **it's the sort of weather that raises** (*o* **lowers**) **your spirits; to be in low spirits**, essere giù di morale (*o* di corda); *l'espressione* **to be in high spirits** *significa non solo avere il morale alto ma anche essere animato da una ilarità, da un'allegria effervescenti, spesso anche immotivate.* **(3)** (*al plur.*) superalcolici, liquori: **he drinks wine but not spirits**. Spirito *non corrisponde invece a* **spirit** *nei seguenti tre casi*: **(1)** (*complesso delle facoltà dell'animo umano*) **mind**: grandezza, piccolezza di spirito, **greatness, littleness of mind**; la sua telefonata gli sollevò lo spirito, **his call relieved her mind**; **state** (*o* **frame**) **of mind**: spirito tranquillo, inquieto, benevolo, astioso, **a calm, restless, benevolent, resentful**, *etc.* **state** (*o* **frame**) **of mind**. **(2)** (*vivacità d'ingegno*) presenza di spirito, **wit, presence of mind**: non ha avuto la presenza di spirito di chiudere la porta prima di dirigersi verso l'uscita di sicurezza, **he didn't have the wit** (*o* **presence of mind**) **to close the door before taking to the fire escape**; essere pieno di spirito (*dire delle cose argute*), **to be full of wit** (*più spesso*, **to be witty**); fare dello spirito, **to be witty**; battuta, motto di spirito, **witticism, witty remark**, (*USA*) **wisecrack**; persona di spirito (*che accetta le battute, gli scherzi, Zingarelli*) **a good sport**; *quando però è usata per indicare una qualità positiva del carattere che implica una comprensione intelligente delle situazioni* (*Devoto*) *l'espressione italiana non trova alcun corrispettivo in inglese.* • **Wit** *è più usato nel senso di arguzia che come sinonimo di* **presence of mind** *o* **common sense**. *Anche nelle seguenti espressioni* spirito *corrisponde in inglese a sostantivi diversi da* **spirit**: avere spirito di sacrificio, **to be self-sacrificing**; spirito di corpo, **esprit de corps** (*francese*); spirito pratico, ironico, **a practical, ironical turn of mind**; spirito di parte, **partisanship** [pɑːtɪˈzænʃɪp]; spirito di contraddizione, **contrariness, argumentativeness, cussedness** [ˈkʌsɪdnɪs] (*fam.*). **(3)** (*chim.*) **spirit**: fornello a spirito, **spirit stove**; alcohol: **specimen preserved in alcohol** (*in un laboratorio di biologia*); ciliege sotto spirito, **cherries in brandy** *o* **brandied cherries**.

spirited *agg.* ① brioso e allegro, *specialmente nell'espressione* **a spirited performance: they gave a spirited performance of the duet**. ② vigoroso e ardente, *specialmente nell'espressione* **a spirited defence: the child's spirited defence of her younger brother's behaviour took the man by surprise**. ③ *È usato anche in composti per definire due tipi di stato d'animo*: **high-spirited** (vivace) *e* **low-spirited** (depresso); *e tre tipi di carattere*: **proud-spirited** (altero), **poor-spirited** (abietto, vile), **mean-spirited** (gretto).

spiritato A *agg.* ① possessed (by an evil spirit). ② (*in preda a grande eccitazione*) wild: **si volse verso di me con occhi spiritati**, she turned to me with a wild look; **aveva lo sguardo spiritato per il terrore**, she looked wild with terror. *B s.* one possessed: **cominciò a gridare come una spiritata**, she began to scream like one possessed.

●**spiritualism** *s.* ① spiritismo. • NB: *Questa è l'unica accezione nota alla maggior parte delle persone e, di conseguenza, quella in cui il termine è quasi sempre usato.* ② (*filos.*) il contrario di materialismo, spiritualismo.

spiritualismo s. spiritualism.

●**squalid** *agg.* ① sudicio e sgradevole oltre i limiti della decenza, sordido, squallido: **a squalid slum, room, way of living**. ② (*fig.*) disgustoso, ripugnante, dal punto di vista morale: **a squalid scandal ended his promising political career**. • **(1)** *In entrambe le accezioni il termine è molto forte.* **(2) Squalor** *s.* sordidezza, squallore; bassezza morale.

squallido agg. Se squallido *è definito un alloggio, un appartamento, una strada, il quartiere di una città, e in genere qualsiasi altra cosa che sia stata creata dall'uomo, gli aggettivi da usare in inglese sono* drab *e* dingy: **trovammo alloggio in una zona squallida, vicino alla stazione**, we found lodgings in a drab (*o* dingy) area near the station; *in tutti gli altri casi, quando cioè* **squallido** *sia riferito ad una campagna, all'esistenza di una persona, e sim., si dovrà ricorrere a* dreary, *aggettivo in cui domina l'idea di tristezza*: **una campagna, una vita squallida**, a dreary stretch of country, a dreary life. Squalid *è un termine molto forte e va usato solo quando all'idea di desolazione si vuole anche associare quella di sporcizia*: **viveva in uno squallido sottosuolo senza bagno e acqua corrente; tutto era sporco e parlava della sua estrema miseria**, she was living in a squalid basement flat with no bathroom or running water – everything was dirty and poverty-stricken. • **Squallore** *s.* drabness, dreariness; dinginess; squalor; (*in senso iperbolico*) **che squallore!** how awful!

stile *s.* scaletta per scavalcare una siepe *o* un muretto. • **(1) turnstile** *s. cancello girevole che*

consente il passaggio di una persona alla volta, tornella. (**2**) **to help a lame dog over a stile**, soccorrere qualcuno in difficoltà: **he's the sort of man who wouldn't help a lame dog over a stile**.
stile *s.* style.

stipulate *vb. intr.* **1** porre come condizione necessaria: **they agreed to buy the house at our price but stipulated that we should vacate it before Christmas**. **2** (*seguito dalla preposizione* **for**), insistere su *un qualcosa* come parte di un accordo: **they stipulated for vacant possession by Christmas**. • **Stipulation** *s.* condizione: **we accepted** (*o* **agreed to**) **this stipulation; they paid our price on the stipulation that** (a condizione che) **we gave them vacant possession by Christmas**.
stipulare *vb. tr.* to draw up (a contract, *etc.*). • **Stipulazione** *s.* drawing up: **la stipulazione del contratto sarà probabilmente una questione complessa**, the drawing up of the contract will probably be a complicated business.

stolid *agg.* che non prova *o* mostra alcuna emozione, impassibile, imperturbabile: **she was a short, square child whose eyes never wandered from the blackboard or, at playtime, from the other children's games, but gave the same stolid, unsmiling attention to everything; a stolid child, man, woman, face**. • **Stolidity** *s.*
stolido *agg.* stupid; (*formale*) foolish.

stranger *s.* **1** sconosciuto, estraneo: **she told her children they mustn't speak to strangers**. **2** persona che non si è ancora ambientata in un luogo, che non ne è pratica: **I can't tell you the way to the station because I'm a stranger here myself** (io stesso non sono pratico di qui); **I've been living in this village for a year but I still feel like a stranger** (estraneo); (*fig., lett.*) **in the days when he was still a stranger to misfortune** (all'epoca in cui non conosceva ancora le avversità della sorte) **he had great hopes for the future**.
straniero A *s.* **1** foreign; (*spreg. o bur.*) alien: **during the war Germans, Italians and Japanese living in Britain were designated «enemy aliens»**. **2** (*nemico*) enemy. B *agg.* (*anche nel senso di nemico*) foreign: **accento straniero**, a foreign accent; **occupazione straniera**, foreign occupation; **dominazione straniera**, foreign domination; **durante il XVI secolo eserciti stranieri invadevano continuamente i Paesi Bassi**, foreign armies continually invaded the Low Countries in the XVI century.

◐**stress** A *s.* **1** accento: **the stress falls on the first syllable of** *necessary*. **2** (*fig.*) accento, enfasi, *soprattutto nell'espressione* **to lay stress on**, porre l'accento su, mettere in rilievo, *e sim.*: **the article lays great stress** (*o* **emphasis**) **on the importance of finding new markets; this is not a purely theoretical course, but lays stress** (si basa essenzialmente) **on laboratory work**. **3** stress. B *vb. tr.* (*fig.*) sottolineare, mettere in rilievo, porre l'accento su, *e sim.*: **the article stresses** (*o* **emphasises**) **the importance of finding new markets**.
stress *s.* (*tensione nervosa*) stress: **lo stress della vita di città**, the stress of urban life; strain (*in casi più specifici*): **sul volto della giovane cominciavano ad apparire i segni dello stress causato dalla continua assistenza al vecchio padre infermo**, the strain of looking after the sick old man began to show in his daughter's face.

◐**student/*studente*** *s.* **Student** *è principalmente usato per indicare uno* **studente** *universitario (o una persona che segua corsi dello stesso livello); non è mai riferito a ragazzi che frequentano la scuola media inferiore mentre negli ultimi tempi è impiegato sempre più spesso per indicare gli* **studenti** *della scuola media superiore. Questo uso ha iniziato a diffondersi attorno al 1970 ma, pur dovendo convenire che si vive in un'epoca di continui cambiamenti, in cui le persone sono fatte sembrare più vecchie o più giovani di quanto si era abituati a considerarle (a trent'anni si è ancora* **a girl** *e a tre già* **a consumer**), *non si può ancora dire che* **student** *abbia soppiantato i vecchi termini: prima del 1970 gli studenti della scuola media sia inferiore che superiore erano chiamati* **schoolboys** *e* **schoolgirls** (*e, collettivamente,* **schoolchildren**), *e gli insegnanti si rivolgevano loro dicendo* «**boys**» *e* «**girls**». *Negli anni Trenta e Quaranta si avvertivano già i segni della nuova tendenza: tra gli insegnanti si diffuse la convinzione che per gli studenti più grandi* «**this wouldn't quite do any more**» *e si ricorse così ad espressioni del tipo* «**you people**» *e* «**everyone**». *Chi non è dotato di inventiva, o chi ha una preferenza per il gergo burocratico, che ad ogni persona elargisce l'etichetta giusta, ricorre sempre più spesso a* **student** *per indicare chiunque sia giunto alla scuola secondaria. È indubbio che entro la fine del secolo* **student** *e* **studente** *non saranno più in alcuna misura falsi amici e c'è da aspettarsi che all'inizio del 2000 i due*

studied

termini verranno usati per indicare ragazzi anche di età inferiore, magari anche bambini di cinque o sei anni. • **(1)** *Il termine inglese, spesso unito agli aggettivi* **attentive** *e* **keen**, *è usato anche nel significato di* chi studia (per sé): **he is an attentive student of international politics; she is a keen student of minor XVIII century novels** (*o* **of fashion**, *o* **crime reports**, *etc.*). **(2)** studentesco *agg.* **student** *in funzione aggettivale*: manifestazione studentesca, **student demonstration** (*o* **protest march**). **(3)** *Gli* studenti *di Oxford e Cambridge sono chiamati* **undergraduates**. **(4)** *Nelle scuole superiori e nelle università americane, gli* studenti (*sia maschi che femmine*) *del primo anno sono chiamati* **freshmen**, *quelli del secondo* **sophomores**, *quelli del terzo* **juniors** *e quelli del quarto* **seniors**; *in Inghilterra questi termini corrispondono rispettivamente a* **freshmen** (*o* **freshers**, *o* **first-year students**), **second-**, **third-** *e* **fourth-year students** (*tutti appellativi usati però solo nelle università, non nelle scuole superiori*).

◐**studied** *agg.* ① non spontaneo, affettato, artificioso, studiato: **she moved with studied grace; he's an irritating speaker to listen to – when he's «overcome» by studied emotion one wants to laugh and jeer.** ② ostentato, falso: *chi vuol far credere ad una persona di interessarsi veramente ai suoi problemi, o che quanto gli viene riferito gli giunge del tutto nuovo, o che non è affatto turbato dalle cose tremende che gli vengono dette, ascolta il suo interlocutore rispettivamente con* **studied concern, surprise** *o* **indifference**. • *Nell'accezione 3 di* **studious** (*q.v.*) *la mancanza di spontaneità è un elemento essenziale ma l'atteggiamento non è affettato* (*come invece risulta nell'accezione 1 di* **studied**). *Riuscire a mostrarsi gentili e a mantenere la calma è molto difficile per Mark e Ann, ma il loro comportamento non è ispirato né da vanità né dal proposito di ingannare.*

studiato *agg.* studied.

◐**studious** *agg.* ① (*lett.*) *che concerne lo studio o è fatto a scopo di studio*: **studious hours** (ore di studio) **in the library**. ② *che trascorre abitualmente molto tempo a studiare, studioso*: **a studious young man**. ③ accorto: **Mark replied to his adversaries with studious politeness**; compassato: **Ann faced their complaints with studious calm**. • *Si noti che nell'accezione 3* **studious** *è molto vicino, ma non identico a* **studied** (*q.v.*).

studioso A *agg.* studious: **a scuola era sempre tranquilla e studiosa**, at school she was always quiet and studious. B *s.* scholar.

◐**study** *vb. tr.* (*raramente intr.*) studiare.

studiare *vb. tr. e intr.* ① to study: **ha studiato archeologia per molti anni**, he studied archaeology for many years. ② (*seguire regolarmente i corsi di una scuola o di un'università e sim.*) to go to ...; (*poco usato*) to study: **ha studiato a Oxford**, he went to (*o* studied at) Oxford. NB: *negli USA l'uso di* to study *in questo senso è comune quanto quello del termine italiano mentre in G.B. è molto più consueto dire* he went to Oxford, he did (*o* read) chemistry at Oxford, he took his degree at Oxford, he went to Manchester Grammar School, he stayed at school until he was 18, he's at school, *etc.*, *e l'equivalente di* **dopo cena devo studiare** *sarebbe* after supper I must work. To study *è usato* (**a**) *in riferimento ad una materia particolare* (*vedi sopra accezione 1*), *e di solito unito ad una indicazione di tempo* (for many years, when he was young, *etc.*) *o* (**b**), *parlando di uno studioso, in riferimento ad un campo di specializzazione*: he is studying the rise of trades unions between 1870 and 1880. ③ (*uno strumento musicale o il canto*) to practise: **il violinista suonò male perché negli ultimi tempi non aveva studiato abbastanza**, the violinist played badly because he hadn't practised enough recently; **ogni giorno il coro, quando arriva alla Opera House, inizia il suo lavoro studiando per un'ora**, every day when the chorus arrives at the Opera House for work they start by practising for an hour (*o* with an hour's practice). ④ (*fare oggetto di esame, meditazione, indagine*) to examine, to look at carefully (a plan, architects' drawings, *etc.*); to look into, to investigate (the causes of an accident, a complaint, *etc.*); to think out carefully (how to do something successfully, solve a problem, *etc.*): **aveva studiato un metodo molto accurato per risolvere il problema**, her approach to the problem had been carefully thought out. ⑤ (*ponderare, misurare, controllare il proprio modo di agire*) to act in a studied manner *o* with studious care, *etc.* (*vedi* **studied** *e* **studious**).

◐**subscribe** *vb. tr. e intr.* ① dare (*una somma di denaro*) come contributo: **thousands of people subscribed (large and small sums) to the famine relief fund**; essere abbonato: **they subscribe to several weekly and monthly papers**. ② (*seguito dalla preposizione* **to**) aderire, approvare (*un'opinione*): **he subscribed to a bizarre variety of political opinions**. ③ (*raro*) firmare, sottoscrivere: **will you subscribe your name to (*o* sign) this petition?** *A parte quando è usato riferito a petizioni* (come nel caso dell'esempio) *in questa accezione il termine è usato solo dagli avvocati*.

sottoscrivere *vb*. *A tr*. ① (*firmare*) to sign; to subscribe one's name to (*ma vedi sopra accezione 3*); (*talvolta*) to subscribe (*dir.*). *B tr. e intr.* (*aderire*) to subscribe to, to support.

◐**subscriber** *s*. ① chi contribuisce ad una sottoscrizione, sottoscrittore: **the list of subscribers to the Lord Mayor's Fund was headed by Lord X.** ② **(telephone) subscriber**, abbonato al telefono. • **Subscriber trunk dialling** (*G.B., sempre abbreviato in* **STD**), teleselezione.

sottoscrittore *s*. ① signatory (to a document, petition, *etc.*). ② subscriber (to a fund). ③ (*fin.*) underwriter, backer.

◐**subscription** *s*. ① contributo (*in denaro*): **Lord X opened the Lord Mayor's Fund for Famine Relief with a subscription of £5000**; sottoscrizione: **the village hall is to be built by public subscription**. ② quota di abbonamento (*ad una serie di concerti, etc., o ad una rivista, etc.*) *o* di iscrizione (*ad un club*). • **Subscription concert**, *concerto, organizzato da una istituzione privata, ai cui costi di realizzazione si provvede tramite la vendita anticipata dei biglietti*; **subscription rates**, quote di abbonamento.

sottoscrizione *s*. ① (*leg., apposizione della firma*) signing: **sottoscrizione di un atto**, the signing of a deed. ② (*raccolta delle adesioni ad una iniziativa o dei fondi necessari per attuarla, Devoto*) fund: **il sindaco di Londra ha aperto una sottoscrizione a favore delle popolazioni colpite dalla carestia**, the Lord Mayor of London has opened a fund for famine relief; subscription: **abbiamo deciso di promuovere una sottoscrizione per la costruzione di una nuova sala per le riunioni**, we have decided to try and raise a subscription to build a new village hall.

successive *agg*. (*non molto usato*) consecutivo: **the mysterious cat appeared at my window at 6 o'clock on ten successive (*o* consecutive) days and I've never seen it since; this is the fourth successive (*o* consecutive) win for our team**. • **Successively** *avv*. (*poco usato*) consecutivamente: **the cat appeared on ten days successively**; *usato spesso superfluamente nel senso di* uno dopo l'altro: **he saw six daughters married successively** (*che non significa niente di più che* **he saw six daughters married**, *dal momento che nessuno immaginerebbe che in una singola cerimonia possano essere celebrati sei matrimoni simultaneamente*).

successivo *agg*. following, next: **mi telefonò una sera e arrivò il giorno successivo**, he rang me one evening and arrived the following (*o* next) day (*o* the day after); (*poco usato*) subsequent: **i giorni successivi furono densi di impegni**, the subsequent (*o* following, *o* next few) days were busy; **leggete il brano e poi rispondete alle successive domande**, read the passage and then answer the following questions (*o* the questions that follow). • (1) **in un momento successivo**, afterwards, (*meno usato*) subsequently. (2) **successivamente** *avv*. (*dopo*) soon afterwards; soon after; before long; then.

sufficiency *s*. (*poco usato, generalmente preceduto dall'articolo indeterminativo*) quantità sufficiente: **we aim to provide the refugees with a sufficiency of food and clothing, but nothing more at this stage**. • **Self-sufficiency** *s*. autosufficienza.

sufficienza *s*. ① **a sufficienza**, enough: **non c'è pane a sufficienza**, there's not enough bread; **ne ho a sufficienza di lui!**, I'm fed up with him (*o* I've had enough of him). ② (*boria, presunzione*) conceit, self-importance, (*talvolta*) self-sufficiency; **con aria di sufficienza**, with a conceited (*o* patronizing) air, conceitedly. ③ (*scol.*) pass (mark): **in matematica è andato bene ma in storia ha avuto solo la sufficienza**, he did well in maths but only got a pass (*o* pass mark) in history.

◐**sufficient** *agg*. sufficiente, bastante, abbastanza: **we haven't sufficient supplies for all these people; these supplies are not sufficient; shall we have sufficient (*più usato*, enough) time to do all that?** • **Self-sufficient** *agg*., *di solito* autosufficiente, *ma qualche volta* troppo sicuro di sé.

sufficiente *agg*. ① enough, (*meno usato*) sufficient: **qui ci sono viveri sufficienti per un intero esercito**, there's enough (*o* sufficient) food here for an army. ② (*scol., come voto*) pass; (*come giudizio in una scheda*) fair.

suggestive *agg*. ① (*pesantemente e volgarmente*) allusivo; indecente, osceno: **embarrassed by suggestive jokes**. ② (*posto sempre dopo il sostantivo e seguito dalla preposizione*

of) che fa pensare (a): **written in a style suggestive of romantic chivalry.**

suggestivo *agg.* evocative *può essere talvolta adeguato* (evocative music *o* sets), *ma di solito sono necessarie perifrasi che rendano esplicito il senso del termine ed esprimano quanto in esso c'è di vago*: **una vallata suggestiva**, a valley full of the atmosphere of pastoral poetry *o* full of a sense of history; **ipotesi suggestive**, hypothesis suggesting interesting possibilities.

support *vb. tr.* [1] (*di ponti, colonne, etc.*) sorreggere, reggere. [2] appoggiare, sostenere (*un'iniziativa, un candidato alle elezioni, un partito, etc.*). [3] tifare, fare il tifo per: **to support the local football team.** [4] mantenere: **she was supported by her father until she had taken her degree.**

sopportare *vb. tr.* [1] to stand; to bear (*il caldo, il dolore fisico*), to put up with: **non sopporto i bambini arroganti, la mancanza di puntualità**, *etc.*, I can't put up with (*o* stand, *o* bear) bumptious children, unpunctuality, *etc.*; *tutti e tre questi verbi sono sempre usati uniti a* can; to endure (*per cose più gravi: persecuzioni, maltrattamenti, etc.*). [2] (*reggere*) bear: **quella sedia si sfonderà se ti ci siedi sopra, non sopporterà il tuo peso**, that chair will collapse (*q.v.*) if you sit on it – it won't bear your weight.

sympathetic *agg.* [1] *Da quanto detto a proposito di* **sympathy** (*q.v.*) *si può facilmente intuire che in frasi del tipo* **why don't you tell her honestly why you didn't keep your promise? You'll find her very sympathetic** *il più appropriato corrispettivo dell'aggettivo inglese è* comprensivo; *ma anche gli altri usi osservati per il sostantivo sono puntualmente riflessi nell'aggettivo, per cui altri possibili equivalenti di* **sympathetic** *sono da considerare* compassionevole, partecipe, solidale, *e sim.* [2] (*med.*) simpatico.
• **Sympathetically** *avv. Per la traduzione di questo avverbio è necessario ricorrere ad espressioni più complesse e, conseguentemente, a costruzioni diverse*: **it was obvious that the boy had really tried to understand the exercise, and the schoolmaster listened sympathetically to his confused answers**, si mostrò comprensivo ed ascoltò le sue confuse risposte, *o qualcosa di analogo.*

simpatico *agg.* [1] (*di persone*) nice; (*più formale*) likeable; *quando è usato essenzialmente per indicare una persona con cui è piacevole stare in compagnia, incline sia a provocare la risata, sia a parteciparvi con entusiasmo, l'aggettivo italiano può trovare un appropriato equivalente nel sostantivo* fun (*fam.*): he's fun!; (*di locali, ambienti e sim.*) pleasant, nice; (*di compagnie*) amusing; **trovare qualcuno simpatico**, to like someone. [2] (*med.*) sympathetic.

sympathise *vb. intr.* (*seguito dalla preposizione* with) compatire, essere partecipe di, condividere i sentimenti di *qualcuno*: **they knew he felt very distressed and sympathised with him; she has always sympathised with me over my troubles**; mostrarsi comprensivo: **a true friend is readier to sympathise with the results of one's folly than to criticise one for being foolish.** *Si considerino inoltre i seguenti due esempi*: **I sympathise with your anger** (capisco la tua rabbia), **but don't you think she was probably just forgetful and didn't ruin your plans deliberately?**; «**I am an ass! I've lost my car keys again!**» – «**poor you! I do sympathise!** (come mi dispiace *o* come ti capisco!)».

simpatizzare *vb. intr.* [1] (*entrare in simpatia*) to take to: **le due reclute simpatizzarono subito**, the two recruits took to each other at once. [2] (*avere affinità di idee, etc. con persone, movimenti, etc.*) *Non esiste in inglese un verbo con cui sia possibile rendere questa accezione di* **simpatizzare**; *per tradurre una frase del tipo* **simpatizza per il movimento anti-nucleare**, *si può però dire* he's not against the anti-nuclear movement, in fact he is a sympathiser; *l'uso della prima proposizione* (he's not against the anti-nuclear movement) *è reso necessario dal fatto che il sostantivo* sympathiser (**simpatizzante**) *non può essere seguito da un complemento, in altre parole è impossibile dire* he's a sympathiser of ...

sympathy *s. La differenza tra questo termine e il suo falso amico*, simpatia, *consiste nel fatto che mentre la parola italiana e i suoi derivati esprimono un'affinità di sentimenti o gusti, o una capacità innata di rendersi gradito*, **sympathy** *e i suoi derivati indicano una partecipata comprensione delle difficoltà, dei problemi, dei disagi e delle sofferenze altrui (conservando così il senso etimologico della originaria parola greca, quello cioè di soffrire con). La ricerca dei più appropriati corrispettivi di* **sympathy** *dovrà dunque essere orientata verso altri termini, il cui impiego può spesso comportare cambiamenti di costruzione nella frase*: [1] comprensione: **sympathy with a child's difficulties at school**;

partecipazione: **he showed sympathy towards their sufferings** (*o* **with them in their sufferings**). ② compassione: **she showed no sympathy for her friends' misfortune**. ③ cordoglio, condoglianze: **letters of sympathy**. ④ solidarietà: **the transport workers went on strike in sympathy with the dockers**. ⑤ (*med.*) simpatia. • *Vale la pena rilevare che in frasi negative si è fatta alquanto comune l'espressione* **to have no sympathy** (**I have no sympathy with people who quarrel with their relations**), *locuzione dalla forza quasi idiomatica che si potrebbe rendere con un* mi irritano, mi indispongono, mi infastidiscono le persone che litigano con i propri parenti. *In quest'ultimo caso non si può non osservare come il significato della parola inglese si sia notevolmente discostato dalle accezioni più comuni sopra descritte e se è vero che non ha ancora assunto il senso di quella italiana, è innegabile che essa si trovi a metà del guado, sia pure in contesti negativi e con carattere semi-idiomatico.*

simpatia *s.* Non esiste in inglese un vero equivalente di questo sostantivo: *l'unica possibilità sarebbe costituita da* liking *ma, benché simile come significato al termine italiano, differisce da esso per il modo in cui è usato; di conseguenza espressioni comuni quali* **avere, nutrire, provare simpatia per qualcuno** *potrebbero teoricamente rendersi con* to have, feel liking for someone *ma nella pratica si ricorrerebbe al semplice* to like. *Né sarebbe possibile esprimere la frase* **entrare nelle simpatie di**, *o* **in simpatia a qualcuno** *se non rovesciando l'ordine soggetto-complemento e usando* to take to: **il nuovo arrivato è entrato subito nelle simpatie del professore**, the teacher took to the newcomer at once. *Perifrasi si renderebbero pure necessarie per tradurre in inglese il significato di* **giudicare, andare a simpatie**: *non sarebbe possibile dire meglio di*: to give prejudiced judgement *oppure* to judge someone *o* something on the basis of personal liking *o simili. Il non certo raro uso di* **simpatia** *nel senso di capacità di rendersi gradito* (**è di una simpatia unica!**) *non può esprimersi col desueto e forzato* likeability: *l'unica possibilità è offerta invece dall'onnipresente e adatto a tutti gli usi* nice (he is so nice!). *Può essere infine interessante aggiungere che* **simpatia** *corrisponde a* sympathy *solo nella sua accezione medica o scientifica.*

●**syndicate** ['sindikit] *s.* ① associazione di persone o di aziende che si uniscono per realizzare *un'impresa nel campo del lavoro*, sindacato, consorzio. ② agenzia di stampa (*alcune sono* **syndicates**, *vedi sopra, altre no*). ③ catena di giornali. ④ (*USA*) organizzazione criminale.

sindacato *s.* ① (*consorzio industriale o commerciale*) syndicate. ② (*di lavoratori*) trade union (*plur.* trade unions *o* trades unions), *spesso abbreviato in* union; (*USA* labor union).

syndicate ['sindikeit] *vb. tr.* ① unire (*due o più aziende*) in un **syndicate**. ② *pubblicare tramite una società che acquista articoli, racconti, etc. per la pubblicazione simultanea in vari quotidiani e periodici*: **his article was syndicated and he made a lot of money out of it**.

sindacare *vb. tr.* ① (*rivedere, controllare*) to inspect, to check, (*i conti*) to audit. ② (*fam.*) *Questo uso del termine non trova in inglese un esatto corrispettivo; una frase come* **viene tutti i giorni in casa nostra a sindacare**, *potrebbe tuttavia essere resa con* she pops in every day to check up on us *o* to have a good look round.

●**synthetic** *agg.* ① (*chim.*) sintetico, artificiale: **synthetic fibres**. ② (*spreg.*, *di uno scrittore, di uno stile, e sim.*) privo di originalità; *questa accezione deriva dall'uso che originariamente veniva fatto dell'aggettivo in riferimento a cibi* (**synthetic coffee**).

sintetico *agg.* ① (*chim.*) synthetic. ② succinct, concise, *entrambi riferiti sia a persone che a discorsi, scritti, etc.*

systematize *vb. tr.* rendere sistematico (*particolarmente in filosofia e in religione*).

sistemare *vb. A tr.* ① to arrange (*libri su uno scaffale*); to sort out and put in (*incartamenti in uno schedario*); to fit into: **sei riuscita a sistemare tutti i mobili nel nuovo salotto?**, have you managed to fit all the furniture into the new sitting room? ② to find accomodation (for): **siamo riusciti a sistemare tutti i delegati in alberghi centrali**, we've succeded in finding accomodation for all the delegates in central hotels. ③ (*far sposare*) to get a child off one's hands: **ormai hanno sistemato tutte le loro figlie**, they've got all their daughters off their hands by now. ④ (*procurare un lavoro*) to get someone a satisfactory job: **ha sistemato sua nipote nella sua azienda**, he's got (*o* found) his niece a satisfactory job in his own business. ⑤ (*risolvere*) to sort out (a problem); to settle (a matter): **non possiamo sistemare questa faccenda amichevolmente?**, can't we sort out this problem (*o* settle this matter) amicably? ● **Se torni a casa tardi ti sistemo io!**, if you come in late I'll have something to say to you! (*o, se per sistemare si intende picchiare*, I'll give you a good hiding); **sistemare per le feste**, (*vedi* **festa**). B *rifl.* 1 (*trovare alloggio o lavoro*) to settle down. 2 (*sposarsi*) to get married; *ma quando questa accezione è associata a quella precedente, è possibile usare anche soltanto* to settle down. 3 (*mettersi in posizione comoda*) to make oneself comfortable.

T

talon s. artiglio (*di uccello da preda*).

tallone s. heel. • **È il suo tallone d'Achille**, it's his Achilles' heel; **battere i talloni**, to click one's heels.

taste s. [1] sapore: **this ice cream's got a funny taste** (*o* **flavour**) – **what's wrong with it?**; **the child hated the bitter taste of the medicine**; (*fig.*) **his enigmatic comments left a disagreeable taste behind** (*o* **in one's mouth**). [2] gusto, predilezione: **he has a taste for sweet things; she has a taste for highbrow thrillers; Ghastly Good Taste, or A Depressing Story of the Rise and Fall of English Architecture** (*titolo di un libro di John Betjeman, 1933*); **a remark in bad taste**, un'osservazione di cattivo gusto; **eighteenth-century English porcelain in the Chinese taste**. • **Sense of taste**, gusto (*funzione sensoriale*): **he lost his sense of taste when he was very ill; to acquire a taste for**, prendere gusto a *qualcosa*; **an acquired taste**, *persona che si può apprezzare solo dopo averla incontrata più volte o, se si tratta di uno scrittore, dopo aver letto diverse sue opere, e sim.*: **not everyone likes T.S. Eliot – he's an acquired taste**; *più spesso si riferisce a cose che è possibile apprezzare solo dopo averle sperimentate o assaggiate più volte*: **not everyone likes curry – it's an acquired taste**. [3] assaggio: **could I have a taste of your ice cream?; «would you like some cake?» – «just a taste»**; (*fig.*) **what he needs is a taste of his own medicine**, dovrebbe essere trattato nello stesso modo in cui lui tratta gli altri; (*fig.*) **it was his first taste of success, loneliness**, *etc.* • **Tasteless** *agg*. [1] insipido. [2] (*di un'osservazione o di uno spettacolo*) di cattivo gusto. [3] (*poco usato; di persone*) privo di gusto.

tasto s. [1] touch: **il cieco riconobbe il suo cappotto al tasto**, the blind man recognized his coat by touch. [2] (*di macchina da scrivere o di strumento musicale*) key; (*pulsante*) button. [3] (*fig., argomento*) subject: **essere un tasto doloroso**, to be a painful subject; **toccare un tasto delicato**, to touch on a delicate subject; note: **toccare il tasto giusto**, to strike the right note; **battere sullo stesso tasto**, to harp on something.

taste *vb*. **A** *tr*. [1] sentire (il sapore di): **what is it I can taste in this soup** (cos'è questo sapore che sento nella minestra)? **– is it lemon?** [2] assaggiare: **taste this and tell me what it needs**. [3] (*lett.*) provare: **leaving home he tasted freedom for the first time**. **B** *intr*. avere un sapore, sapere di: **this tastes of lemon; it tastes sour, sharp, sweet, good, delicious**, *etc*.

tastare *vb*. *tr*. [1] (*toccare leggermente e sentire qualcosa al tatto*) to feel: **tastò il legno per rendersi conto se era necessario levigarlo ancora con la carta vetrata**, he felt the wood to see if it needed more sandpapering; **si tastò la tasca per sentire se aveva degli spiccioli**, he felt in his pocket for change; **tastare il polso**, to feel someone's pulse (*usato anche in senso figurato*). [2] to explore: **tastare il terreno** (*sia in senso letterale che figurato*), to explore the ground; (*fig.*) to sound someone out.

● **tax** s. tassa, imposta: **direct tax, income tax; tax laws**, leggi fiscali; **value added tax (VAT)**, imposta sul valore aggiunto (IVA). • **To be a (heavy) tax on someone's energy, strength, imagination**, mettere a dura prova, impegnare *e sim.*: **it will be a heavy tax on his time and energy**, assorbirà molto del suo tempo e delle sue energie.

tassa s. [1] (*di Stato*) tax; **tassa di consumo**, excise duty; **tassa di pedaggio**, toll [toul]. [2] (*scol., etc.*) fee: **tasse scolastiche**, school fees; **tassa d'iscrizione, d'esame**, enrolment, exam fee.

tasso s. [1] rate: **tasso di crescita, di inflazione**, *etc.*, rate of growth, inflation, *etc*. [2] (*zool.*) badger. [3] (*bot.*) yew.

● **tax** *vb*. *tr*. [1] tassare, mettere imposte. [2] mettere a dura prova, *usato in espressioni del tipo* **taxing someone's strength, patience, ingenuity**. [3] (*seguito dalla preposizione* **with**; *formale*) accusare: **the General taxed him with using language unbecoming to an officer and a gentleman; her grandmother taxed her with extrava-**

tassare *vb. tr.* ⓵ to tax, to levy a tax on. ⓶ *una lettera*) to surcharge. ⓷ *(valutare per la tassazione)* to assess, to assess the tax payable on.

tenant *s.* inquilino; **tenant farmer**, fittavolo.
tenente *s.* lieutenant (*G.B.* [lef·tenənt], *USA e nella marina inglese* [luːˈtenənt]).

● **tenor** *s.* ⓵ *(lett.)* corso, svolgimento consueto, di solito nell'espressione **the even tenor of his, her** *etc.* **life**: no excitement ever disturbed the even tenor of her life. ⓶ *(formale)* senso generale o tono di un qualcosa scritto o detto, tenore: **the tenor of her lecture** (*o* **article**) **was critical**. ⓷ *(mus.)* tenore.
tenore *s.* ⓵ (*modo di esprimersi a voce o negli scritti*) tenor (*formale*); (*più usato*) tone, style. ⓶ **tenore di vita**, standard of living: **non riesco a immaginare come possa mantenere quel tenore di vita ora che ha perso il lavoro**, I can't imagine how he manages to keep up that standard of living now that he's lost his job. ⓷ *(proporzione di una sostanza in una soluzione)* content [ˈkɔntent]. ⓸ *(mus.)* tenor. • **A tenor di legge**, by law, according to law.

tentative(ly) *agg.* (*e avv.*) L'originario significato letterale (*derivato dal latino temptare, tastare*) è rimasto in frasi quali **the kitten stretched a tentative paw out of the basket**. È tuttavia molto più comune l'uso figurato per descrivere la maniera o lo spirito con cui si propone un suggerimento o si esegue un esperimento: maniera e spirito dovuti o ad una caratteristica innata della persona, o alle particolari esigenze della situazione. Una persona timida, o poco sicura di sé, proporrebbe anche qualcosa di assolutamente banale come **shall we ring for a taxi? tentatively** *o come* **tentative suggestion** (*cioè* in modo esitante, con cautela, *come un suggerimento a titolo di prova, non definitivo*), mentre una persona più decisa direbbe più risolutamente **let's ring for a taxi**. Questa stessa persona tuttavia, consiglierebbe **tentatively**, *o darebbe* **tentative advice** *in una situazione delicata*: «**Your family affairs are none of my concern and I have no wish to meddle**» **he began tentatively** «**but wouldn't it be advisable …**». Qui **tentative** equivale a provvisorio; indica cioè un consiglio dato in attesa che qualcun altro proponga qualcosa di meglio, oppure anche un suggerimento che l'altro è perfettamente libero di non prendere in considerazione. È abbastanza facile rilevare le analogie di uso e significato quando si parli di esperimenti, ricerche, indagini etc.: **we can only draw tentative conclusions from these investigations until such time as more evidence has appeared**.
tentativo *s.* attempt, try.

● **term** *s.* ⓵ termine (*in vari sensi*): **she spoke of his plans in the most disparaging terms; terms of reference; the terms** (*o* **conditions**) **of an agreement; a technical term**. ⓶ condizione: **we must discuss terms** (le condizioni di pagamento). ⓷ rapporto: **he is on good terms with his neighbours**. • **They are not on speaking terms**, non si parlano nemmeno; **on equal terms**, in condizioni di parità: **an au pair girl is supposed to be on equal terms with the host family**. ⓸ uno dei periodi in cui è suddiviso l'anno scolastico o accademico, *approssimativamente* trimestre: **the school and university year is divided into three terms – the autumn or Christmas term, the spring or Easter term, and the summer term** (*denominati ad Oxford* **Michaelmas, Hilary** *e* **Trinity terms**); (*tribunale*) sessione; **in term time**, durante il trimestre (*o* la sessione del tribunale). ⓹ durata, periodo: **her term of office as branch representative on the central committee was short and undistinguished; he has been sentenced to a long term of imprisonment**.
termo *s.* central heating.
terme *s.* ⓵ (*stabilimento per cure termali*) thermal baths; (*la località*) spa [spaː] (*talvolta usato come parte del nome della località stessa*: Bath Spa, Cheltenham Spa). ⓶ (*archeol.*) baths: **le terme romane di Bath**, the Roman baths in Bath.
termine *s.* ⓵ (*parola*) word, (*meno usato*) term: **char** *e* **ajar** **sono due termini che a prima vista non sembrano somigliarsi come significato, ma hanno una comune origine anglosassone**, **char** and **ajar** are words (*o* terms) that do not at first sight appear connected in meaning but have a common Anglo-Saxon origin. ⓶ (*condizione*) **i termini del contratto sono vantaggiosi**, the terms of the contract are favourable. ⓷ (*limite spaziale e temporale*) end: **al termine della strada**, at the end of the street; **al termine di questo lavoro sarò pronta per iniziarne un altro**, at the end of this piece of work I'll be ready for another; limit: **la staccionata bianca indica il termine della proprietà**, the white fence marks the limits (*o* boundary) of the property; **il lavoro sarà finito entro i termini concordati**, the work will

be finished within the agreed time limit; **termine massimo**, deadline (*per la consegna di testi per programmi televisivi, di manoscritti ad un editore e sim.*); last day: **il termine per la presentazione delle domande di iscrizione al corso è il 30 giugno**, the last day for applications to enrol for the course is 30 June. [4] (*designazione convenzionale di un concetto nell'ambito di una particolare scienza, Devoto*) term: **un termine filosofico, scientifico, medico**, a philosophical, scientific, medical term. • **La stagione concertistica volge al termine**, is coming to an end; **in termini di**, in terms of; **a rigor di termini**, strictly speaking; **ridurre ai minimi termini** (*vedi* **minimo**); **a termini di legge**, according to the law; **parlare senza mezzi termini**, not to mince one's words; **le ho scritto la mia risposta in questi termini...**, as follows; **contratto a termine**, time-contract; **entro il termine di un mese**, within one month; **a breve, a lungo termine**, short-, long-term; (*gramm.*) **complemento di termine**, indirect object.

◐**terminate** *vb. tr. e intr.* [1] porre fine a: **to terminate a contract**, porre fine a un contratto; **to terminate a pregnancy**, interrompere una gravidanza. [2] (*formale*) terminare.

terminare *vb. A tr.* to finish; (*meno spesso*) to end; (*formale*) to terminate: **terminò la sua ricerca lo scorso maggio**, he finished (*o* ended, *o* terminated) his research last May. *B intr.* to end; (*meno spesso*) to finish; **essere terminato**, to be over.

◐**terrace** *s.* ['terəs] [1] area lastricata fra casa e giardino, terrazza *a livello del suolo*. [2] (*G.B.*) fila di case tutte uguali l'una all'altra; *per questo si trova spesso* **Terrace** *negli indirizzi, inteso come* via: **9 Beecham Terrace, London NW6**. [3] ripiano coltivabile a gradoni, terrazza. [4] (*G.B., al plur.*) spalto. [5] (*geol.*) terrazzo. • **A terrace house**, una delle case di un **terrace** (*vedi sopra accezione 2*); **terraced houses**, le case di un **terrace** (*vedi sopra accezione 2*); **terraced roof**, tetto a terrazza.

terrazza *s.* [1] (*al piano terreno*) terrace. [2] (*ai piani superiori, balcone*) balcony. [3] (*all'ultimo piano*) roof garden; (*senza piante*) flat roof; (*USA*) roof terrace. [4] (*ripiano coltivabile a gradoni*) terrace.

◐**terrain** *s.* (*mil.*) terreno: **enemy terrain**.

terreno *A s.* [1] land: **terreno fabbricabile, coltivato, incolto, fertile, improduttivo**, building, cultivated, uncultivated, fertile, infertile land; **la casa verrà venduta con molto terreno**, the house will be sold with a lot of land; **i terreni sono aumentati di prezzo negli ultimi tempi**, land has gone up in price recently; country: **terreno collinoso, boscoso**, hilly, wooded country; (*al plur.*) estate: **la famiglia possedeva vastissimi terreni in Ungheria**, the family possessed huge estates in Hungary. [2] (*mil.*) terrain, territory: **terreno nemico**, enemy terrain (*o* territory); ground: **guadagnare, perdere terreno**, to gain, to lose ground (*anche fig.*); (*campo di battaglia*) field, battlefield: **il terreno era cosparso di morti e di feriti**, the field (*o* battlefield) was strewn with the dead and dying; **scendere sul terreno**, to go into battle. [3] (*suolo*) ground: **ci sentimmo mancare il terreno sotto i piedi**, the ground trembled under our feet (*anche fig.*); (*fig., argomento*) ground: **stai portando il discorso su un terreno pericoloso**, you're on dangerous ground there. [4] (*suolo, considerato come sostanza più o meno ricca di nutrimento per le piante*) soil, land: **poco o nulla crescerà su questo terreno magro**, nothing much will grow in such poor soil (*o* on such poor land). [5] (*di gioco*) ground: **giocare sul proprio terreno**, to play on home ground; **scendere sul terreno**, to take the field. • **Tastare il terreno** (*vedi* **tastare**); **preparare il terreno**, to prepare the ground (*anche fig.*). *B agg.* [1] (*contrapposto a spirituale*) earthly, worldly, of this world: **beni terreni**, earthly (*o* worldly) goods (*o* this world's goods); **gioia, gloria, vita terrena**, earthly (*o* worldly) joys, glory, life; life on this earth. [2] (*a livello del suolo*) ground: **piano terreno**, ground floor (*G.B.*), first floor (*USA*); **stanza terrena**, groundfloor (*USA* first floor) room.

◐**test** *s.* [1] breve esame scritto: **the first half of the lesson was taken up by a test; oral test**, interrogazione (*scol.*); **driving test**, esame di guida. [2] (*med., psicol. e scient.*) test; analisi, esame: **blood, urine, eye test**; esperimento: **atom bomb** (*o* **nuclear**) **test**. [3] (*mecc.*) collaudo; **test drive**, giro di prova (*di un autoveicolo*); **test flight**, volo di prova. [4] (*cinema*) **screen test**, provino. [5] prova (*in generale*): **a test of endurance, patience, skill; crucial** (decisiva) **test; objective test; to put to the test** (*o* **to test**), mettere alla prova. [6] modo di giudicare: «**I thought you said he was famous – no one in Marks and Spencer's recognized him**» – «**that's not a very reliable test of fame** (non puoi giudicare da

testimonial

questo la fama di una persona).» • **Test match**, *incontro internazionale di cricket fra Gran Bretagna e India, Indie Occidentali, Australia o Nuova Zelanda*; **test case** (*dir. e fig.*) *causa che serve a fissare un principio giuridico* (*Ragazzini*).

test *s.* test: **test attitudinale**, aptitude test; (*psicol.*) **test di associazione**, association test; **test mentale**, intelligence test.

◐**testimonial** *A s.* ① *lettera di presentazione per una persona in cerca di lavoro*; **a testimonial (*a*) è richiesto per un lavoro di qualsiasi livello, (*b*) differisce da reference per il fatto che può essere letto dall'aspirante all'impiego**; (*talvolta*) *attestato di buona condotta.* ② (*poco usato*) *omaggio* (*in forma scritta*): **though he does not appear to know it, his essay is a testimonial to the values of the Victorian age which he set out to debunk**. *B agg.* (*dir.*) testimoniale.

testimoniale *agg.* serving as evidence; of a witness (*o* of witnesses); witness (*in funzione di attributo*); testimonial; **prova testimoniale**, parole evidence, oral evidence of witnesses; **scrittura testimoniale**, written evidence.

◐**testimony** *s.* ① (*ret.*) prova: **the glories of its architecture bear testimony to the greatness of that long-forgotten civilization**. ② (*dir.*) testimonianza, deposizione. • NB: *Nel senso di testimonianza in G.B. si usa molto più spesso* **evidence**, *mentre negli USA* **testimony** *è il termine più comune.*

testimone *s.* ① witness (*in corte o ad un matrimonio civile*); **testimone dello sposo**, best man; (*dir.*) **testimone giurato**, sworn witness; **testimone a carico**, witness for the prosecution; **testimone a discarico**, witness for the defence; **testimone oculare**, eye witness. ② (*sport, bastoncino usato nella corsa a staffetta*) baton.

◐**theory/*teoria*** *s. L'unica differenza tra questi due sostantivi consiste nel fatto che quello inglese viene spesso usato nell'espressione* **to have a theory that**: **I have a theory that** (*a parer mio, secondo me*) **Professor Twemloe sleeps in his suit – how else could it get so crumpled?**

timid *agg. Questo termine è molto vicino come significato ad altri due aggettivi,* **shy** *e* **diffident** (*q.v.*) *e a prima vista potrebbe anche sembrare loro sinonimo. Ma, messo di fronte ad un gruppo di persone riunite a parlare, discutere, una persona* **timid** *non rifuggirebbe dal prender parte alla riunione, lieta di parteciparvi come osservatore e sperando quindi di cavarsela senza dover intervenire direttamente; una persona* **shy**, *invece, sarebbe tanto restia a farsi notare, che cercherebbe in partenza di non unirsi al gruppo; e una persona* **diffident** *non eviterebbe di partecipare né avrebbe timore di parlare, bensì esprimerebbe i suoi giudizi o le sue opinioni con una certa esitazione o cautela. Tutto questo porta a concludere che, più che in aggettivi quali* pauroso (*troppo forte*) *o* impaurito (*non appropriato in quanto troppo legato ad una causa particolare*), **timid** *trova un adeguato corrispettivo in* timoroso.

timido *A agg.* shy. *B s.* a shy person.

toast [toust] *A s.* ① pane tostato. • **Sardines**, *etc.* **on toast**, crostini di sardine *etc.*; **now we've got him on toast**, ora l'abbiamo in pugno; **to be as warm as (a) toast**, avere un bel caldo. ② brindisi; **to propose a toast to someone** *o* **something**, fare un brindisi (*o* brindare) a qualcuno *o* a qualcosa; **to drink a toast to someone**, bere alla salute di qualcuno. • **To be the toast of the town** (*di una donna*), essere molto ammirata (*soprattutto per la propria bellezza*) e benvoluta. *B vb. tr.* ① tostare. ② fare un brindisi a, brindare a, bere alla salute di.

toast *s.* toasted sandwich.

◐**tolerable** *agg.* ① tollerabile: **the pain was barely tolerable**. ② discreto, passabile: «**what's your hotel like?**» – «**tolerable; I hope we'll find a better one next year**». • **Tolerably** *avv.* abbastanza: «**you're sure about that?**» – «**well yes, I'm tolerably sure**»; **they gave a tolerably successful performance of the new opera**.

tollerabile *agg.* bearable; (*meno usato*) tolerable, endurable.

topic *s.* argomento: **what a gloomy topic! – let's change the subject; she usually writes on domestic topics but her article this week is about politics**. • **Topic sentence**, *la frase, di solito quella iniziale, che annuncia l'argomento del paragrafo.*

topica *s.* gaffe (*francese*), faux pas (*francese*), brick, (*poco usato*) blunder; **fare una topica**, to drop a brick, to make a faux pas (*meno usato*, a blunder).

◐**topical** *agg.* ① attuale, d'attualità: **this book is badly written but is selling very well because it's so topical; the leading article in a newspaper is**

always on a topical theme. ⃞2 (*med.*) topico, locale: **topical remedy**, medicamento topico.
topico *agg.* (*med.*) topical, local.

●**torment** *s.* [ˈtɔːment] (*fig.*) tormento: **suffering torments of jealousy**; (*lett.*) tortura: **the torments of the damned**.
tormento *s.* ⃞1 (*dolore intenso*) agony (*q.v.*): **nessun farmaco le alleviava il tormento del mal di denti**, no drug alleviated the agony of her toothache. ⃞2 (*lett. o fig.*) torment: **il tormento del rimorso**, the torment of remorse. • **I tormenti della fame**, pangs of hunger. ⃞3 (*persona fastidiosa e molesta*) (perfect) pest (*q.v.*).
tormenta *s.* snowstorm.

●**torment** *vb. tr.* [tɔːˈment] (*usato di solito in senso figurato*) tormentare: **the mosquitoes are tormenting us and ruining our holiday; I was tormented by toothache for a week; jealousy (fear, doubt, suspicion,** *etc.*) **tormented him**.
tormentare *vb.* A *tr.* ⃞1 (*fig., dare fastidio*) to plague, to pester, (*poco usato*) to torment: **è tutto il pomeriggio che quel bambino mi tormenta**, that child's been plaguing (*o* pestering) me all afternoon; to badger (*meno forte*): **il direttore di** *Home Notes* **continua a tormentarmi perché scriva un nuovo articolo sui pesticidi**, the editor of *Home Notes* keeps badgering me for another article on pesticides. ⃞2 (*di ragazzi*) to tease: **i fratelli più grandi la tormentano in continuazione e di solito lei reagisce ridendo, ma qualche volta esagerano e allora piange**, her older brothers tease her, which usually makes her laugh, but sometimes they go too far and she cries. ⃞3 (*di dubbi, etc.*) to torment. B *rifl.* to worry; (*molto più forte*) to torment oneself.

●**tormented** *part. pass e agg.* torturato (*di solito in senso figurato*), tormentato: **a mind tormented by doubt; he was haunted by his tormented past**.
tormentato *agg.* dogged [dɔgd]: **la pressione ad andare avanti con il programma dello Shuttle già tormentato da una sequela continua di ritardi...** (*La Repubblica, 15.2.1986*), the pressure to go ahead with the shuttle programme which, even before the disaster, had been dogged by an endless stream of delays...; burning, (*formale*) much discussed: **una questione tormentata**, a burning (*o* much discussed) question (*o* issue); (*angosciato*) anguished (*lett.*): **un animo tormentato**, an anguished spirit. • *Per l'uso del termine come participio passato vedi* **tormen-tare**.

traduce *vb. tr.* [trəˈdjuːs] (*lett.*) calunniare, diffamare: **he never misses an opportunity to traduce his former party and its leaders**.
tradurre *vb. tr.* ⃞1 to translate: **questo libro è stato tradotto dal greco in francese**, this book was translated from Greek into French; **tradurre a prima vista**, at sight; **tradurre alla lettera**, literally; **tradurre a senso**, freely; **tradurre simultaneamente**, simultaneously. ⃞2 (*dir.*) **tradurre qualcuno davanti al giudice**, to take someone to court; **tradurre un detenuto**, to transfer a prisoner. ⃞3 (*di pensieri*) to put: **tradurre in atto un'idea**, to put an idea into practice; **tradurre i propri pensieri in parole** (*o* **per iscritto**), to put one's thoughts into words (*o* on a paper); **tradurre qualcosa in parole povere**, to put something into simple words (*o* to put something simply).

traducer *s.* ⃞1 (*lett.*) calunniatore, diffamatore. ⃞2 (*obsoleto ma usato talvolta per sbaglio per indicare un amante infedele*) traditore.
traduttore *s.* ⃞1 translator. ⃞2 (*libretto contenente la traduzione di opere di classici greci e latini*) crib. • **Traduzione** *s.* translation.

●**train** *s.* ⃞1 treno: **up train**, treno diretto a Londra; **down train**, treno proveniente da Londra; convoglio: **the train was composed of five passenger coaches, two goods waggons and a guard's van**. ⃞2 seguito: (*stor.*) **the prince was accompanied by a train of courtiers**; *oggi di un capo di stato o di un rappresentante del governo per esempio in visita all'estero si dice, in tono rispettoso, che è accompagnato* **by a team** *o, in tono ironico,* **by a train of experts, aides and advisers; the girl was followed down the street by a train of small children** − **I suppose she was their teacher; in spite of his fame he loves flattery and is always followed by a train of admirers** (*o* **hangers-on**); (*mil.*) **baggage train**, fila di muli e carri, salmeria. ⃞3 coda: **a peacock's train**. ⃞4 strascico: **the wedding dress was made of white silk, with a short train; six pages carried the Queen's train at the coronation**; (*fig.*) **famine followed in the train of war**, la carestia fu uno strascico della guerra. ⃞5 sequela: **a train of delays, muddles, accidents,** *etc.* ⃞6 filo: **to follow** (*o* **lose**) **a train of thought, the train of an argument**. • **In train** (*formale*), in corso di realizzazione: **preparations for the festival are already in train** (*più comune,* **under way**).

transmission

treno *s.* [1] train: **il treno delle 8.15 per Londra**, the 8.15 train to London; (*di metropolitana*) underground (*o* tube, *q.v.*) train; **treno merci**, goods train. [2] (*mil.*) convoy. [3] (*serie*) set: **un treno di gomme**, a set of tyres; (*mecc. e ind.*) train.

●**transmission** *s.* [1] atto del trasmettere, trasmissione. [2] *una singola* trasmissione radiofonica *o* televisiva (*termine tecnico*). [3] (*mecc.*) trasmissione.

trasmissione *s.* [1] (*atto del trasmettere*) transmission; (*dir. e bur.*) conveyance. [2] (*comunicazione via radio indirizzata ad una ristretta cerchia di persone, per esempio a dei militari*) transmission, signal; (*trasmissione radiofonica o televisiva per il pubblico*) transmission (*termine tecnico*), (*più usato*) broadcast, programme: **hai ascoltato la sua trasmissione?**, did you hear (*o* listen to) his broadcast?; programme: **i titoli dei libri recensiti verranno dati al termine della trasmissione**, the titles of the books reviewed will be given at the end of the programme. [3] (*mecc.*) transmission, drive.

●**transmit** *vb. tr.* trasmettere, *in vari sensi*: **this radio is used for transmitting messages to individuals and to various police squads and military bases; it is possible to transmit a disease without suffering from it; people transmit some of their physical and other characteristics to their descendants; the electric hotplate transmits heat to the saucepan.**

trasmettere *vb. tr.* [1] (*tramandare da una persona all'altra*) to pass on, (*meno usato*) to transmit (*un'usanza, un diritto, una malattia, delle caratteristiche*). [2] (*far arrivare*) to send (*una lettera, un messaggio, una notizia*). [3] (*comunicare un'informazione tramite un veicolo qualunque*) to communicate: **trasmettere per via radio**, *etc.*, to communicate (information) by radio, pigeon, *etc.*; (*trasmettere al pubblico*) to broadcast. ● NB: *Il significato di* broadcast *era* **seminare**, *ossia spargere i semi gettandoli* (cast, **gettare**, abroad **in un arco largo**). *In seguito ha assunto un significato figurato*: **diffondere delle notizie**. *Con l'invenzione della radio* broadcast *si mostrò, tra i termini già esistenti, quello più appropriato ad esprimere l'idea della trasmissione al pubblico.* [4] (*dir.*) to assign, to convey, to transfer. [5] (*mecc.*) to transmit.

●**transmitter** *s.* [1] apparecchio trasmittente, trasmettitore. [2] **broadcasting transmitter**, emittente.

trasmettitore *s.* [1] (*apparecchio trasmittente*) transmitter. [2] (*persona che trasmette*) signaller; (*di malattie*) carrier.

●**transparent** *agg.* [1] trasparente: **a blade of grass is visible through the transparent wing of a butterfly**. [2] (*fig.*) chiaro ed inequivocabile: **a man of transparent honesty; the sincerity of her offer was transparent**. [3] (*fig.*) tale da lasciar facilmente intuire la verità tenuta celata (*l'idea di inganno è sempre implicita in questa accezione del termine*): **he gave a transparent excuse for his lateness; she told us a string of transparent lies.**

trasparente **A** *agg.* [1] (*di corpo che lascia passare la luce*) clear, transparent: **un cielo trasparente**, a clear (*o* transparent) blue sky. [2] (*che lascia vedere ciò che ricopre*) transparent; pellucid (*raro e lett.*). [3] (*molto sottile*) wafer-thin: **hanno dato a ciascuno di noi mezzo pomodoro e una fettina di carne trasparente**, they gave us each half a tomato and one wafer-thin slice of meat. [4] (*interpretabile con immediatezza*) clear: **un'allusione trasparente**, a clear allusion; limpid: **una prosa limpida**, a limpid prose style, limpid prose. **B** *s.* [1] (*intelaiatura di tela o carta [...] nelle luminarie o per pubblicità, Zingarelli*) transparency. [2] (*teatr.*) gauze [gɔːz]. [3] (*cinema, TV*) back projection. [4] (*tessuto rigido e colorato posto sotto un merletto*) backing.

●**tremendous** *agg.* Questo termine è un fratellastro degli **schoolsick words** (*vedi* **beast**) *quando è usato nel suo significato colloquiale, per esprimere cioè un'approvazione entusiastica*: «**Do you like your new gym mistress (agent**, *etc.*)?» – «**Oh, she's tremendous** (è bravissima)!» *si confronti con* «**Do you like your headmistress (boss**, *etc.*)?» – «**Oh God, she's ghastly** (è tremenda, terribile)!». *Altrimenti* **tremendous** *è usato* (**1**) *come equivalente di superlativi del tipo* grandissimo, fortissimo *e sim.* (**the missile travels at tremendous speed; a matter of tremendous international importance; a tremendous storm**), (**2**) *come sinonimo iperbolico di* **great** (**a tremendous success, tremendous disappointment, tremendous fun, a tremendous amount of ...**). *In questo secondo uso, che è il più frequente*, **tremendous** *è spesso unito ad un termine formato con il suffisso* **-er** *per descrivere una persona*: **he's a tremendous walker, talker, gossip**, cammina, parla, spettegola molto, (**3**) *raramente come termine lett. nel senso di* tremendo (*vedi sotto accezione 1*).

tremendo *agg.* ☐1 (*che fa tremare dalla paura*) tremendous: **in quel giorno tremendo** (*parlando del giorno del giudizio*), on that tremendous day. ☐2 (*disastroso, spaventoso*) terrible, frightful: **un disastro, un incidente, un massacro tremendo**, a terrible (*o* frightful) disaster, accident, massacre. ☐3 (*est., che è estremamente grave, difficile, doloroso e sim.*) terrible: **una situazione tremenda**, a terrible situation; **era un momento, un problema tremendo**, it was a terrible moment, problem; **ha subìto un dolore tremendo**, she suffered terrible pain. *Anche* awful *è impiegato in questa accezione ma per l'abuso che ne è stato fatto, ha perso molta della sua forza.* ☐4 *Per rendere l'uso iperbolico e colloquiale di questo aggettivo si può ricorrere ad espressioni quali* fearful, infuriating, ghastly, wildly irritating, a pain in the neck, *etc. a seconda della persona o del contesto a cui* tremendo *è riferito; in molti casi però è impossibile usare in inglese un termine di registro familiare: per tradurre* **un critico tremendo**, *per esempio, si dovrebbe dire, troppo seriamente*, a very severe critic.

trivial *agg.* ☐1 insignificante, di poco conto: **a trivial improvement, remark, accident**; *una delle battute attribuite a Churchill è questa frase che egli pronunciò quando apprese che il leader del partito laburista, Attlee, era malato:* «**Nothing trivial, I trust**». ☐2 banale; di tutti i giorni: **when the President relaxes among friends he only wants to talk about trivial matters, naturally; the trivial round**, la solita routine *o* il solito tran tran. ☐3 (*di persone*) superficiale: **he's not really a trivial person, though he often sounds it.** • **Triviality** *s.* È *usato in tutti i significati dell'aggettivo.*

triviale *agg.* coarse.

●**troop** *s.* ☐1 (*al plur.*) truppa, truppe: **a large number of troops**; soldati: **2000 troops were dispatched to the frontier.** ☐2 gruppo, banda: **a troop of little boys got out of the bus with their teacher.** ☐3 squadrone (di cavalleria): **the procession was accompanied by a troop of horse** (*o* **horse guards** *o* **cavalry**). • **Trooper** *s.* ☐1 soldato di un'unità della cavalleria *o* dell'artiglieria. ☐2 **state trooper** (*USA*), agente *delle forze di polizia di un singolo stato.* **To swear like a trooper**, bestemmiare come un turco.

truppa *s.* ☐1 (*mil.*) force: **truppe da sbarco**, landing force; **uomini di truppa**, private soldiers, (*più spesso*) privates; **graduati di truppa**, non-commissioned officers (*quasi sempre abbreviato in* **NCOs**). ☐2 (*scherz.*) troop: **hanno una truppa di figli**, they've got a whole troop (*o* troops) of children. • **Intrupparsi** *vb. rifl.* to get mixed up: **si è intruppato con una compagnia di elementi poco raccomandabili**, he's got mixed up with a very odd collection of people.

●**tube** *s.* ☐1 tubo: **glass tube**, tubo di vetro, **steel tube**, tubo di acciaio; **torpedo tube**, tubo lanciasiluri; **the photographs were posted in a cardboard tube** (*o* **cylinder**); (*anat.*) **bronchial tubes**, i bronchi. ☐2 qualsiasi cosa a forma di tubo; **her knitted dress was simply a tube** (era tutto diritto) **with holes for head and arms.** ☐3 tubetto: **a tube of toothpaste, mustard, tomato purée.** ☐4 (*G.B.*) la metropolitana londinese. ☐5 (*USA*) televisione (*fam.*) • **Test tube**, provetta; **inner tube**, camera d'aria (*di pneumatico*); **tubeless tyre**, pneumatico senza camera d'aria.

tubo *s. La difficoltà maggiore presentata dalla traduzione di questo termine sta nel sapere quando usare la parola* pipe; *ma il problema è in realtà abbastanza semplice:* (**1**) *in anatomia* pipe *è usato solo nell'espressione* windpipe (**trachea**) *mentre in tutti gli altri casi il termine italiano corrisponde a* tube (bronchial tubes) *o a* canal (alimentary canal, **tubo digerente**); (**2**) pipe *indica un* **tubo** *quasi sempre più grande di quello che viene definito* a tube; *il gas e l'acqua vengono erogati tramite* pipes, *mentre una penna stilografica contiene un* tube; **tubo di scarico**, waste pipe; **tubo di scappamento** (*di automobile*) exhaust pipe.

U

ulterior *agg.* al di là di ciò che è ovvio o ammesso, soprattutto nell'espressione **ulterior motives** (*o* **an ulterior motive**), secondo fine: **his generosity to them appeared to be astonishing, but I suspected that he had an ulterior motive – he probably wanted them to support him in some illegal activity.**

ulteriore *agg.* further: **ulteriori indagini**, further enquiries, information, developments. ● **Ulteriormente** *avv.* (still) further: **sappiamo molto sulla situazione ma dovremmo indagare ulteriormente**, we already know a good deal about the situation, but we ought to enquire into it further (*o* still further).

ultimately *avv.* L'aspetto interessante di questa parola è che si può riferire sia ad un estremo temporale passato — **the immediate cause of the French revolution was the collapse of the country's finances, but it was ultimately due to** (la causa prima fu) **Louis XIV's policy of self-aggrandizement** — *sia futuro*: **it is in the context of posterity that Louis XIV's propaganda must ultimately** (alla fine, in ultima analisi, in definitiva) **be judged.** *Va ricordato che* (**a**) *l'uso al futuro è più comune di quello al passato*; (**b**) *il termine è usato piuttosto spesso nel senso di* fondamentalmente (**this is ultimately a question of semantics**) *e questa accezione risulta talvolta intrecciata in modo così stretto a quella temporale* (*vedi anche l'esempio dato all'inizio*) *che perfino chi fa uso di questo avverbio non potrebbe dire quale delle due prevalga*; (**c**) **ultimately** *è talvolta anche usato al posto di* **eventually** (*q.v.*) *nel senso di* prima o poi, alla fine: **he's doing badly in business at present, but will undoubtedly succeed ultimately.**

ultimamente *avv.* lately, (*un po' meno comune*) recently.

unable *agg.* incapace, non in grado: **I am unable to do what you ask; he is unable to answer your question.** ● (**1**) **Unable** *significa incapace di fare qualcosa in una situazione specifica o in un momento particolare, mentre definire una persona* **incapable** *equivale a dire che non riuscirà a fare qualcosa a meno che non modifichi il proprio carattere, la propria preparazione professionale, etc.* (**2**) **inability** *s.* incapacità.

inabile *agg.* ⚀ (*fisicamente*) unfit (*al lavoro, o al servizio militare*); disabled (*in seguito a infortunio*).

unalterable *agg.* immutabile: **the unalterable** (*o* **immutable**) **laws of the physical world.** ● **Unalterable** *e* **immutable**: *entrambi i termini sono formali, ma fra i due* **unalterable** *è il più comune e il meno retorico*: *non è troppo pomposo dire* **my decision is unalterable**, *mentre* **immutable** *è riservato a cose che esulano dalla sfera del controllo umano.*

inalterabile *agg.* lasting: **un affetto, un ricordo inalterabile**, a lasting affection, memory; **un'impressione, una reputazione inalterabile**, a lasting impression, reputation; **qualità inalterabile**, lasting quality; (*di tinta*) fast; (*di metallo*) non-tarnish: **le parti in ottone di questa lampada sono state trattate con un prodotto che rende il metallo inalterabile**, the brass parts of this lamp have a non-tarnish finish (*o* will not tarnish).

●**unconscious** *agg.* ⚀ incosciente, in stato di incoscienza: **he was not dead but unconscious.** *Si noti che il sostantivo collegato a questa accezione è* **unconsciousness**, incoscienza. ⚁ ignaro, inconscio, inconsapevole: **he was unconscious** (*o* **unaware**) **of having offended them.** *Anche qui il sostantivo corrispondente è* **unconsciousness**, *equivalente a* incoscienza *e* inconsapevolezza. ● NB: *Si noti anche* (**1**) *il sostantivo* **the unconscious** (*psicol.*), l'inconscio, *e* (**2**) *l'aggettivo* **unselfconscious**, disinvolto.

incosciente A *agg.* ⚀ (*irresponsabile*) reckless, foolhardy. ● **Incoscienza** *s.* recklessness, foolhardiness. ⚁ (*privo di sensi*) unconscious. ● **Incoscienza** *s.* unconsciousness. B *s.* irresponsible (*o* thoughtless *o* reckless) person. **Sei un incosciente!** You must be mad!; (*più formale e autoritario*) You're utterly thoughtless!

unedited *agg.* [1] inalterato; *di scritti o registrazioni stampati o diffusi (via radio, etc.) senza essere stati sottoposti ad alcuna revisione e quindi con sbagli, ripetizioni, etc.*; (*fig.*) autentico: **I want to hear your unedited views on my book**, la tua opinione sincera, non condizionata da preoccupazioni di tatto, sul mio libro; *il contrario di* **unedited** *è, naturalmente,* **edited**: **I gave him an edited account of** (gli ho riferito solo in parte) **what his mother told me**. [2] (*raro*) inedito.

inedito *agg.* [1] (*di libri*) previously (*o* hitherto) unpublished; (*raro*) unedited. [2] new: **una visione più ampia e fino ad ora inedita nella tradizione sovietica** (*La Repubblica, 12.6.86*), a wider view which is new in Soviet tradition; unknown, unsuspected: **un Marvyn Gaye inedito** (*pubblicità di un disco*), a hitherto unknown (*o* unsuspected) Marvyn Gaye; unprecedented: **nasce un'inedita alleanza per potenziare la ricerca** (*Corriere della Sera, 8.4.86*), an unprecedented alliance has come into being to further this research.

◉**uneducated** *agg.* incolto; privo di istruzione. (*vedi* **educated**).
ineducato *agg.* [1] (*formale*) impolite; (*fam.*) uncouth [ʌnˈkuːθ]. [2] uneducated.

◉**unequal** *agg.* [1] diseguale, impari; **to be unequal in**, differire per: **the two armies were unequal in size and preparedness**. [2] non all'altezza: **he felt unequal to the task he had been given to do**.
ineguale *agg.* unequal: **lati ineguali**, unequal sides; (*di superficie*) uneven; (*irregolare*) irregular: **polso ineguale**, irregular pulse; uneven: **passi ineguali**, uneven steps. • **Temperamento ineguale**, volatile temperament.

unfortunate *agg.* sfortunato; sventurato. • **Unfortunately** *avv.* sfortunatamente; purtroppo.
infortunato A *agg.* injured in an accident. B *s.* (*sing.*) an (*o* the) injured person; (*plur.*) the injured.

◉**unique** *agg.* [1] unico, *nel senso più stretto*: **every human being is a unique individual**. [2] (*colloquiale, uso improprio*) eccezionale: **he has a unique talent for telephoning at the wrong moment**.
unico A *agg.* [1] (*che è il solo esistente del suo tipo o specie*) unique, sole: **esemplare unico**, unique (*o* sole) example; only: **questo è l'unico cappotto che ho**, this is the only coat I've got; **è figlia unica**, she's an only child. [2] (*che non ha uguali*) unique (*vedi sopra accezione 2*); unrivalled: **è di un acume unico**, his wit is unrivalled; outstanding: **un pittore di insetti unico**, an outstanding (*o* unrivalled) painter of insects.
• **Atto unico**, one-act play; **l'unica**, the only thing to do: **l'unica è dimenticare tutto**, the only thing to do is to forget all about it. B *s.* the only one: «**hai un altro vestito da sera?**» – «**no, questo è l'unico che ho** (this is the only one I've got)».

universal *agg.* [1] generale, molto diffuso. *Espressioni come* **universal admiration** *e* **universal contempt** *di solito significano* l'ammirazione *o* il disprezzo provato dalla maggior parte degli inglesi *o* dalla maggior parte delle persone di cui si sta parlando: **the news that the Junior School's second eleven had won the match was greeted with universal delight**. [2] universale.
universale *agg.* [1] (*che concerne tutte le cose inanimate e tutti gli esseri viventi*) universal: **le leggi universali della natura**, the universal laws of Nature; (*che concerne tutta l'umanità*) world, *in funzione di attributo*: **storia universale**, world history; **pace universale**, world peace. [2] (*che si riferisce a una totalità di individui*) general, universal: **la sua nuova linea politica ha ottenuto un consenso universale**, his new political line has met with general (*o* universal) approval; **suffragio universale**, universal suffrage. [3] (*che è versato in ogni campo dello scibile*) all-round, many-faceted: **il genio universale di Leonardo**, the all-round (*o* many-faceted) genius of Leonardo; our myriad-minded Shakespeare (Coleridge, *Biographia Literaria*); **Biblioteca universale** (*collana*), World Library. • (1) **Diluvio universale**, Noah's flood; **gravitazione universale**, gravitation; **giudizio universale**, the Last Judgement; **erede universale**, universal heir, sole residuary legatee. (2) **universalmente** *avv.* universally (*ma vedi* **universal**); of, by, *etc.* everybody: **un codice di comportamento universalmente accettato**, a code of behaviour accepted by everybody.

◉**unjust** *agg.* ingiusto: **unjust trial, decision, criticism, punishment**.
ingiusto *agg.* [1] *Nel senso di contrario o non conforme a giustizia*, **ingiusto** *può di solito essere reso con* unjust *o* unfair: unjust *è un termine piuttosto forte, evocante la solennità della legge* (unjust judge, sentence, verdict), *ed è quindi*

usato meno spesso di unfair *in cui, al contrario, è il riferimento agli standard di comportamento comunemente accettati a prevalere sull'idea di un'esteriore conformità alla legge* (*vedi anche* **giusto**): unfair criticism, critic, decision, examiner. [2] (*ingiustificato, infondato, immeritato*) unjustified: **rabbia ingiusta**, unjustified anger; **sospetto ingiusto**, unjustified suspicion; undeserved, unmerited: **biasimo, rimprovero ingiusto**, undeserved (*o* unmerited) blame, rebuke; **punizione, critica, censura ingiusta**, undeserved (*o* unmerited) punishment, criticism, censure.

●**urn** *s.* [1] vaso da giardino, *dalla forma di un'urna funeraria classica*. [2] urna cineraria. [3] **(tea) urn, (coffee) urn**, grosso recipiente simile ad un samovar.

urna *s.* [1] (funeral) urn. [2] (*per elezioni*) ballot-box. ● **Andare alle urne**, to go to the polls, to vote.

V

vacillate *vb. intr.* mutare continuamente parere ed essere incapace di prendere una decisione, essere titubante, irresoluto, indeciso. • **Vacillating** *agg.*: **a vacillating foreign policy**.

vacillare *vb. intr.* [1] (*accennare di cadere*) to stagger (*riferito solo a persone*): **l'ubriaco vacillava**, the drunken man staggered; to totter (*usato in particolare quando della persona in questione si vuole dare una descrizione un po' umoristica*): **«Mi sento molto male» si lamentò e si diresse vacillando verso una sedia**, «I feel very ill», she complained, and tottered to a chair; *può anche essere riferito a cose*: **la stanza tremò e la fila di brocche sullo scaffale vacillò e alla fine cadde**, the room shook and the row of jugs on the shelf tottered and finally fell; to wobble (*generalmente riferito a cose; spesso usato con intento umoristico*): **quando il treno passò sugli scambi tutto ciò che c'era sui tavoli del vagone ristorante vacillò**, as the train crossed the points everything on the tables in the dining car wobbled. [2] (*oscillare*) to waver: **nella corrente la fiamma della candela vacillò**, the candle flame wavered (*o* flickered) in the draught. [3] (*fig., minacciare di cadere, essere in crisi*) to totter: **il trono, l'impero, il governo vacilla**, the throne, empire, government is tottering. [4] (*fig., essere malsicuro, essere in procinto di esaurirsi, di spegnersi, etc.*) to flicker; to waver: **la luce vacillò, si affievolì e si spense**, the light flickered, faded and went out; **la memoria, il coraggio, la fede vacilla**, memory, courage, faith wavers.

⬤**vapour** (*USA* vapor) [ˈveipə] *s.* [1] vapore. [2] (*al plur.*) **the vapours** (*arc.*), malinconia.

vapore *s.* [1] vapour. [2] **vapore acqueo**, steam, (*talvolta*) water vapour; **macchina, ferro**, *etc.* **a vapore**, steam engine, iron, *etc.*; **cuocere al vapore**, to steam. • **A tutto vapore**, full steam ahead, at full speed.

⬤**vase** [vaːz] (*G.B.*), [veiz] (*USA*) *s.* vaso da fiori.

vaso *s.* [1] (*di porcellana o vetro*) vase. [2] (*di terracotta, da piante*) flower pot (*piccolo o medio*), terracotta pot *o* urn (*grande*). [3] (*barattolo*) jar, pot. [4] (*in senso generico*) vessel (*lett.*). [5] (*anat.*) vessel: **vasi sanguigni**, blood vessels. [6] **vaso da notte**, chamber pot.

vendetta *s.* faida.

vendetta *s.* revenge; vengeance [ˈvendʒəns]: **fare vendetta di qualcosa**, to take revenge for (*o* to avenge) something; **prendersi la propria vendetta su qualcuno**, to take revenge (on someone for something); **gridare vendetta**, to cry vengeance (*lett.*); to cry out for revenge. (*Una persona* cries vengeance, *esprimendo così la sua determinazione a vendicarsi di qualcosa, ma un delitto o il sangue di qualcuno* cries out for revenge).

verdure [ˈvəːdjə] *s.* (*lett.*) verzura.

verdura *s.* [1] (*in genere*) vegetables. [2] (*spinaci e sim.*) greens, (*meno usato*) green vegetables, a green vegetable.

⬤**verse** *s.* [1] componimento in versi: **the actor's recital consisted of passages of Victorian verse and prose**. • NB: *Viene fatta spesso una distinzione tra* **verse** (*che ubbidisce semplicemente alle regole della metrica*) *e* **poetry**: **the peculiar function of poetry is not to transmit thought but to set up in the reader's sense a vibration corresponding to what was felt by the writer. [...] Poetry indeed seems to me to be more physical than intellectual**. (A.E. Housman, *The Name and Nature of Poetry*); **poetry is what gets lost in translation** (*Robert Frost*). [2] strofa, stanza: **the poem is composed in three verses, each of six lines**; versetto: **they learned four or five verses of the Bible by heart every Sunday**. [3] verso (*poco usato*); **he was given fifty verses** (*più spesso*, **lines**) **of Virgil to translate**: **verses** *in questa accezione è usato più spesso per i poeti greci o latini*. • **Blank verse**, versi sciolti; **to give chapter and verse for something**, dare un riferimento preciso di qualcosa: **the President said the same thing – I can't give you chapter and verse** (non posso dire di preciso né quando né dove) **but it was in a recent speech reported in**

verso s. ⟦1⟧ line of verse, line, (*raro*) verse: **un verso squisito**, an exquisite line (of verse) (*o* exquisite verse); Waller was smooth, but Dryden taught to join / The varying verse, the full-resounding line (*Pope*); Lines composed a few miles above Tintern Abbey (*titolo di una poesia di Wordsworth*); (*al plur.*, *componimento in versi*) verse, poetry: **i versi di Milton**, Milton's poetry; the Oxford Book of Italian Verse. ⟦2⟧ (*di uccelli*) (*di solito*) song: **il verso del tordo**, the song of the thrush; (*di alcuni uccelli come per esempio il cuculo*) call; cry (*per esempio, del pavone*); (*poet.*) note. ⟦3⟧ (*smorfia*) face, (*meno usato*) grimace [griˈmeis]; **fare un verso**, to make (*o* to pull) a face; **fare il verso a qualcuno**, to imitate someone, (*fam.*) to take someone off. ⟦4⟧ (*orientamento di peli o fibre*) grain (*di una pelliccia*); pile (*del velluto*), nap (*di stoffa in generale*). • **Prendere qualcuno per il verso del pelo**, to handle someone the right way. ⟦5⟧ (*senso, volta, direzione*) direction, way: **per un verso ..., per l'altro ...**, in some ways ..., in others ...; on the one hand ..., on the other ... ⟦6⟧ (*fig., modo, maniera*) way: **non c'è verso di convincerlo**, there's no way of persuading him. ⟦7⟧ (*di moneta, etc.*) reverse side; (*di pagina*) verso. • **Chi per un verso, chi per un altro**, some for one reason, some for another; **il verso dell'asino**, bray, braying; **il verso della mucca**, moo, mooing; **il verso del gatto**, miaow, miaowing; mew, mewing.

vest s. (*G.B.*) maglietta (*da portarsi sulla pelle*); (*USA*) gilè.
veste s. ⟦1⟧ dress. ⟦2⟧ (*al plur.*) clothes, clothing. ⟦3⟧ (*rivestimento*) casing. ⟦4⟧ (*qualità*) capacity: **parlò nella sua veste di fondatore del club**, he spoke in his capacity as founder of the club (*o* in the capacity of founder).

vested *part. pass. e agg.* conferito, *per diritto sancito dalla legge, ad un organismo o ad una persona*: **the power of making laws is vested in Parliament; Parliament is vested with this right** (*Oxford Paperback Dictionary*). • **Vested interest**, interesse *nel senso di vantaggio derivato da un diritto o da un'opportunità di cui usufruisce una sola persona o un limitato gruppo di persone*: **it is no use asking Mr Jones to join the committee which is to investigate the usefulness or otherwise of a new car park, since he has a vested interest in** (ha interesse a) **perpetuating the monopoly enjoyed by the only car park we have at present**.

vestito *part. pass. e agg.* ⟦1⟧ dressed: **è sempre vestito bene** (*o* **male**), he is always well (*o* badly) dressed; **era vestita di nero**, she was dressed in black; (*lett.*) clad: **vestito bene** (*o* **male**), well- (*o* ill-) clad; **vestito di seta e di velluto**, clad in silk and velvet. ⟦2⟧ (*provvisto di abiti*) clothed. ⟦3⟧ (*di una toga*) robed. • **Sei vestito troppo leggero**, you ought to be wearing something warmer.

vicarious [vaiˈkeəriəs] *agg.* (*riferito ad emozioni solamente*) indiretto; per interposta persona, *nel senso di* provato, sentito attraverso l'esperienza altrui: **we comfort our consciences by vicarious suffering when we watch TV documentaries about refugees; the sick old woman found a vicarious happiness in watching her grandchildren play**.
vicario *A agg.* suffragan (*solo di vescovi*). *B s.* vicar: **il Papa è il vicario di Cristo**, the Pope is the vicar of Christ.

◐**vicious** [ˈviʃəs] *agg.* ⟦1⟧ fatto *o* detto con cattiveria, maligno, cattivo: **she made vicious remarks about him which were obviously inspired by jealousy; the leading article was a vicious attack on feminism; he gave the boy a vicious kick**. ⟦2⟧ (*di animali*) pericolosamente violento: **a vicious horse, dog**. • **A vicious wind**, un vento che taglia; **a vicious circle**, circolo vizioso.
vizioso *agg.* ⟦1⟧ bad: **frequenta una compagnia viziosa**, he keeps bad company. ⟦2⟧ (*più forte*) dissolute, depraved (*di donna, uomo, giovane*); debased (*di carattere, personalità*); corrupt (*di società*); vicious (*di vita*). Quest'ultimo traducente può essere usato anche negli altri casi, ma suonerebbe un po' forte e comunque risulterebbe meno comune.

◐**vignette** [viːnˈjet] *s.* ⟦1⟧ fotografia *o* ritratto il cui sfondo schiarisce progressivamente verso i bordi. ⟦2⟧ (*fig., molto più usato*) breve descrizione *o* studio di un personaggio, ritratto.
vignetta *s.* ⟦1⟧ vignette (*vedi sopra accezione 2*). ⟦2⟧ (*umoristica*) cartoon.

vile [vail] *agg.* ⟦1⟧ orribile, che suscita disgusto e un senso di vergogna in chi guarda: **vile slums**. ⟦2⟧ brutto, sgradevole: **vile manners, vile weather, a vile meal**.
vile *A agg.* cowardly. • **Il vile denaro**, filthy lucre [ˈluːkə] (*ma solo in senso scherzoso*). *B s.* coward.

●**villa** s. ⟦1⟧ piccola casa (*spesso attaccata alle altre da una sola parete*) *in un sobborgo, di solito costruita nel XX secolo*. ⟦2⟧ casa da affittare nei periodi di vacanza, *di solito al mare, in un paese del Mediterraneo*. ⟦3⟧ (*in Italia o nella Francia meridionale*) villa.
villa s. ⟦1⟧ large house. ⟦2⟧ (*se si trova in campagna ed è molto grande e imponente*) country house. • NB: country house *significa solo questo*; **una casa in campagna** *equivale a* a house in the country; **villetta** s. little house (in the country, at the seaside, *etc.*).

villain s. [ˈvilən] ⟦1⟧ (*cinema, etc.*) il «cattivo». ⟦2⟧ persona ingiusta e perversa: **one may smile and smile and be a villain** (*Amleto*); *in questa accezione il termine oggi è usato più spesso scherzosamente o iperbolicamente che seriamente*. • **You little villain!**, bricconcello, birbante, birichino!
villano A s. ⟦1⟧ (*persona rozza e maleducata*) lout [laut]. ⟦2⟧ (*stor. e lett.*) peasant [ˈpezənt]; villein [ˈvilein] (*solo medioev.*). B *agg.* **modi villani**, very bad manners; **un gesto villano**, a very rude gesture.

villainy s. (*formale*) malvagità.
villania s. ⟦1⟧ loutishness, boorishness. ⟦2⟧ (*atto offensivo o ingiuria grossolana*) insult, insulting language.

vine s. ⟦1⟧ vite. ⟦2⟧ tralcio *di pianta rampicante*. • NB: **(1) vineyard**, vigna, *è pronunciato* [ˈvinjəd]; **(2) viticulture** *o* **wine-growing**, viticoltura; **wine-grower**, (*meno usato*) **viticulturist**, viticoltore. (*Non* **vine-grower** *o* **vine-growing**).
vino s. wine.

●**visit** s. ⟦1⟧ visita. ⟦2⟧ gita, escursione, viaggio: **a day's visit to London; a month's visit to India**. ⟦3⟧ (*USA, colloquiale*) chiacchierata: **we had a nice little visit**. • **A flying visit**, una visita di sfuggita, un salto; **to visit** (*G.B.*) *è associato ai primi due significati del sostantivo*; (*USA*) (*colloquiale*) **to visit (with someone)**, chiacchierare (con qualcuno): **we visited on the telephone, in the park**, *etc.* **for half an hour; I visited with him for a while**.
visita s. ⟦1⟧ (*ad amici, ad un museo, etc.*) visit; (*di pochi minuti*) call. ⟦2⟧ (*medica*) examination. • NB: *In inglese* visit *è usato solo nel senso di* **visita a domicilio**: the doctor has visits to make. ⟦3⟧ (*ispezione*) inspection: **visita alla scuola**, school inspection; **visita doganale**, customs inspection; **visita alle carceri**, prison visit (*da parte di assistenti sociali volontari*), prison inspection (*ispezione ufficiale*). ⟦4⟧ (*eccl.*) visitation: **visita pastorale**, diocesan visitation; **visita di S. Elisabetta alla Madonna**, the Visitation. • **Visitare** *vb. tr.* to visit, to examine, to inspect, to make a visitation (*vedi sopra*); (*come turista*) to sightsee, to go sightseeing; **far visita a qualcuno**, to pay someone a visit; **fare una breve visita a qualcuno**, to call on someone.

●**vocabulary/vocabolario** s. *Il termine italiano si differenzia da quello inglese solo quando è usato nel senso di dizionario monolingue: in questo caso corrisponde infatti a* **dictionary**.

●**volatile** *agg.* ⟦1⟧ incostante, volubile: **a volatile young man; a volatile nature, temperament**. ⟦2⟧ (*di liquidi*) volatile.
volatile A *agg.* volatile (*di liquidi*). B s. bird.

voluble *agg.* piuttosto ciarliero; logorroico; verboso.
volubile *agg.* ⟦1⟧ (*del tempo*) changeable. ⟦2⟧ (*di persona*) fickle, changeable. ⟦3⟧ (*di pianta*) twining [ˈtwainiŋ].

●**vote** s. (*pol. e sim.*) voto; votazione; suffragio; numero dei voti; diritto di voto: **when did women get the vote?** • **To propose a vote of thanks** (*al termine di una conferenza, etc.*) pronunciare un breve discorso di ringraziamento all'oratore.
voto s. ⟦1⟧ (*pol. e sim.*) vote. ⟦2⟧ (*promessa*) vow [vau]: **far voto di fare qualcosa**, to make a vow to do something; **fare voti religiosi**, to take religious vows. ⟦3⟧ (*offerta religiosa*) votive offering. ⟦4⟧ (*scol.*) mark (*G.B.*); grade (*USA*); **a pieni voti**, with full marks.

vulgarize *vb. tr.* rendere volgare, degradare: **several beautiful folk tunes and melodies from Mozart have been vulgarized by pop musicians and composers of light music**.
volgarizzare *vb. tr.* ⟦1⟧ (*tradurre dal latino o dal greco in un volgare neolatino*) to translate into a vernacular language. ⟦2⟧ (*rendere accessibile a tutti una scienza, una disciplina, etc.*) to popularize. • Matthew Arnold, *in un eloquente passaggio a conclusione del primo capitolo di* Culture and Anarchy (*1869*), *usò il verbo* to humanise *con questo significato, ma, sebbene egli abbia scritto meglio di qualsiasi altro inglese sul valore della* **volgarizzazione**, *il suo uso del termine non si è perpetuato*.

W

●**wagon** (*o* **waggon**) *s.* ⒈ (*G.B.*) carro agricolo *trainato da cavalli o buoi*; (*USA*) carro dei pionieri (*spesso chiamato* **covered wagon**). ⒉ **goods wagon**, vagone ferroviario, *per il trasporto di merci*. ⒊ **tea wagon** (*più comune*, **tea trolley**) carrello. ● **Station wagon** (*generalmente USA*) giardinetta; **on the wagon** (*fam.*), che si astiene per un certo periodo dal bere alcolici.

vagone *s.* ⒈ (*merci*) goods wagon, (*scoperto*) (goods) truck; (*USA*) freight [freit] car; (*per passeggeri*) (railway) carriage, (railway) coach (*meno usato*); (*USA*) passenger car; **vagone letto**, sleeping car; sleeper (*fam.*); vagon lit (*francese*); **vagone ristorante**, dining car, (*fam.*) diner.

Z

●**zone** *s. Quando questo sostantivo fece il suo ingresso nella lingua inglese, era strettamente associato al termine greco da cui aveva tratto origine* (**zone, girdle,** cintura). *Tale influenza è però evidente anche in alcune delle sue moderne accezioni*: 1 *fascia o striscia circolare distinguentesi dallo sfondo per il suo colore, aspetto, etc. diverso.* 2 *(geogr.) zona. Tuttavia, come il suo corrispettivo in italiano,* **zone** *ha assunto anche il significato di:* 3 *zona destinata ad un particolare uso o scopo*: **the war zone, the danger zone, a parking zone.** 4 *zona in cui vengono imposte particolari tariffe postali, telefoniche, etc.* ● *Nella poesia dal XVI al XVIII secolo,* **zone** *è talvolta usato nel senso di* cintura.

zona *s.* 1 *(geogr. e astron.)* zone *(q.v. accezioni 2 e 3).* 2 *(porzione di superficie delimitata e fornita di particolari caratteristiche o destinata a determinate funzioni) (sia di città che di campagna)* area, *(meno usato)* district; **zona d'ombra** *(in un giardino)* a patch of shade, *(in una stanza)* a dark *(o* shadowy) part (of the room); **una zona di sereno nel cielo,** a clear patch of sky; **in zona:** ero in zona (I was in this part of the town, *etc. o* hereabouts) **e ho pensato di passare a salutarti; zona depressa,** depressed area; **zona franca,** duty-free area; **zona di confine,** frontier territory; **zona verde,** park *o* garden in a city (a green belt *è una zona di terreno attorno ad una città in cui è proibito costruire nuovi edifici*); **zona pedonale,** pedestrian *(o* shopping) precinct.

Indice delle parole italiane

abusivo → abusive
abuso → abuse
accessorio → accessory
accidente → accident
accomodare → accommodate
accurato → accurate
affluente → affluent
affluenza → affluence
agenda → agenda
aggiornare → adjourn
agonia → agony
agonizzante → agonizing
alieno → alien
alunno → alumnus
amatore → amateur
ambiente → ambience
ambiente → ambient
analogo → analogous
angolare → angular
angoscia → anguish
angosciato → anguished
annoiare → annoy
annullare → annul
ansioso → anxious
anticipare → anticipate
antico → antique
anziano → ancient
apologia → apology
apparente → apparent
apparentemente → apparently
appassionato → passionate
applicazione → application
apprezzare → appreciate
arbitro → arbiter
argomento → argument
arrangiare → arrange
articolato → articulate
aspersione → aspersion
aspettare → expect
assalto → assault
assassino → assassin
assegnare → assign
assistere → assist
assumere → assume
attentato → attempt

attico → attic
attitudine → attitude
attuale → actual
attualità → actuality
attualmente → actually
autore → author
avarizia → avarice
avaro → avaricious
avido → avid
avvertimento → advertisement

balcone → balcony
ballerina → ballerina
banale → banal
bar → bar
baracca → barrack(s)
barbarismo → barbarism
barista → barrister
basico → basic
bastardo → bastard
batteria → battery
benedizione → benediction
bestia → beast
bestiale → bestial
bigotto → bigot
biondo → blond
bizzarro → bizarre
blando → bland
blitz → blitz
boa → boa
bordo → border
borghese → bourgeois
bravata → bravado
bravo → brave
bravura → bravura
brigadiere → brigadier
brillante → brilliant
brina → brine
brusco → brusque
bruto → brute
bulbo → bulb
bungalow → bungalow

cabina → cabin

Indice delle parole italiane

calloso → callous
camera → camera
campione → champion
candido → candid
cantina → canteen
capacità → capacity
carattere → character
caratteristico → characteristic
casuale → casual
cattedrale → cathedral
cattolico → catholic
cauzione → caution
cava → cave
cavaliere → cavalier
cavare → cave
celebrare → celebrate
certificare → certify
citare → cite
citazione → citation
civilizzato → civilized
clamoroso → clamorous
cliente → client
clima → climate
coccodrillo → crocodile
coda → code
coerente → coherent
coerenza → coherence
cognato → cognate
collaboratore → collaborator
collasso → collapse
collegio → college
collocare → collocate
collocazione → collocation
coltivato → cultivated
colto → cultured
coltura → culture
comando → command
combinare → combine
combinazione → combination
commedia → comedy
commentare → comment on
commentario → commentary
commettere → commit
commissariato → commissariat
commissario → commissar
commissionario → commissionaire
commissione → commission
commozione → commotion
comodità → commodity
comparativo → comparative
compartimento → compartment
compasso → compass
competente → competent
compiacente → complacent

compiacente → complaisant
complessione → complexion
complimento → compliment
comprensivo → comprehensive
compunzione → compunction
comune → common
concernere → concern
conciliare → conciliate
concorrenza → concurrence
concreto → concrete
concussione → concussion
conduttore → conductor
conferenza → conference
confetti → confetti
confidente → confident
confidenza → confidence
confortare → comfort
confortevole → comfortable
conforto → comfort
confrontare → confront
confusione → confusion
congiurare → conjure
conquista → conquest
conscio → conscious
consegnare → consign
consentire → consent
considerato → considerate
consistente → consistent
consistenza → consistency
contento → content(ed)
controllare → control
controllo → control
conveniente → convenient
convenienza → convenience
convenzione → convention
convincere → convince
convinto → convinced
convogliare → convoy
convoglio → convoy
coscienza → conscience
cospicuo → conspicuous
costituirsi → constitute
costume → costume
costume → custom
creatura → creature
critico → critical
cultura → culture
cura → care
cura → cure
curare → care
curiosità → curiosity

dama → dame

data → data
decadenza → decadence
decantare → decant
decente → decent
decorare → decorate
decoro → décor
decoro → decorum
dedicare → dedicate
dedicazione → dedication
definitivamente → definite
definito → definite
delibera → deliberation
deliberare → deliberate
deliberato → deliberate(ly)
deliberazione → deliberation
delinquente → delinquent
delizioso → delicious
deludere → delude
delusione → delusion
denominazione → denomination
denso → dense
depositare → deposit
deposito → deposit
derelitto → derelict
derelizione → dereliction
desiderare → desire
desiderio → desire
destinare → destine
destinazione → destination
destino → destiny
destituzione → destitution
detenere → detain
determinato → determinate
determinazione → determination
devastante → devastating
deviare → deviate
devolvere → devolve
devoto → devoted
difender(si) → defend
difensivo → defensive
difensore → defendant
difettare → defect
difficile → difficult
diffidente → diffident
diffidenza → diffidence
diffuso → diffuse
digitale → digital
dipartimento → department
dipendente → dependant
dipendente → dependent
dipendenza → dependence
dipendere → depend on
diploma → diploma
direttamente → directly

diretto → direct
direttore → director
direzione → direction
dirigere → direct
dirigersi → direct
discorso → discourse
discreto → discreet
discreto → discrete
discussione → discussion
discutere → discuss
disegnare → design
disegno → design
disertare → desert
disgrazia → disgrace
disgraziato → disgraced
dislocamento → dislocation
dislocazione → dislocation
disordine → disorder
disperato → desperate
disperazione → desperation
disperso → dispersed
dispetto → despite
dispiacere → displease
dispiacere → displeasure
disporre di → dispose of
disposizione → disposition
disposto a → disposed to
disputa → dispute
disputare → dispute
distintivo → distinctive
distinto → distinct
distinto → distinguished
distrarre → distract
distratto → distracted
distratto → distraught
distrazione → distraction
distretto → district
disturbare → disturb
divertire → divert
divertirsi → divert
domanda → demand
domandare → demand
don → don
dottore → doctor
dramma → drama
drammatico → dramatic
droga → drug
duomo → dome

eccedere → exceed
eccezione → exception
eccitante → exciting
eccitare → excite

Indice delle parole italiane

eccitato → excited
eccitazione → excitement
eclissare → eclipse
eclissi → eclipse
economia → economics
economia → economy
economico → economic
economo → economical
edificio → edifice
editore → editor
educare → educate
educato → educated
educazione → education
effettivo → effective
effetto → effect
effettuare → effect
egoismo → egoism
egregio → egregious
eleggibile → eligible
emendare → emend
emettere → emit
emotivo → emotive
emozione → emotion
energetico → energetic
enfasi → emphasis
enormità → enormity
entità → entity
entrare → enter
entrata → entrance
epoca → epoch
equanimità → equanimity
equità → equity
equivocare → equivocate
equivoco → equivocation
erratico → erratic
esagerare → exaggerate
esagerato → exaggerated
esasperazione → exasperation
esatto → exact
esclusivo → exclusive
esercitare → exercise
esercizio → exercise
esibizione → exhibition
esigenza → exigency
esilarare → exhilarate
espediente → expedient
esplodere → explode
esponente → exponent
esporre → expose
esporsi → expose oneself
estendere → extend
estensione → extension
estensione → extent
estenuar(si) → extenuate

esteso → extensive
estirpare → extirpate
estrarre → extract
estrazione → extraction
estremo → extreme
etichetta → etiquette
evadere → evade
evasione → evasion
evento → event
eventual(mente) → eventually

fabbrica → fabric
fabbricare → fabricate
faccia → face
facile → facile
facilità → facility
facoltà → faculty
fagotto → faggot
fallire → fail
falso → false
familiare → familiar
fantasia → fantasy
fastidioso → fastidious
fatale → fatal
fatalità → fatality
fatica → fatigue
fatti → facts
fattoria → factory
favore → favour
favorire → favour
favorito → favourite
febbre → fever
festa → feast
festival → festival
festivo → festive
feudo → feud
fiasco → flask
figura → figure
filibustiere → filibuster
finalmente → finally
fine → fine
finzione → fiction
firma → firm
fisica → physic
fisico → physic
fittizio → fictitious
folle → fool
follia → folly
fonte → fount
forgiare → forge
forma → form
formazione → formation
formidabile → formidable

Indice delle parole italiane

fortuna → fortune
fortunato → fortunate
forza → force
frase → phrase
fresco → fresh
frode → fraud
furia → fury
furore → furore

gaio → gay
galante → gallant
galanteria → gallantry
galleria → gallery
garbo → garb
geniale → genial
genialità → geniality
genio → genius
gentile → genteel
gentile → gentle
ginnasio → gymnasium
gioco → joke
giovanile → juvenile
giudice → judge
giunta → junta
giustificare → justify
giustificazione → justification
giusto → just
glorioso → glorious
graduato → graduate
graffiti → graffiti
grande → grand
gratuito → gratuitous
grazia → grace
gregario → gregarious
grosso → gross
guardare → guard
guardia → guard
guardiano → guardian

idealmente → ideally
idiosincrasia → idiosyncrasy
igiene → hygiene
igienico → hygienic
ignorare → ignore
illuminare → illuminate
illuminazione → illumination(s)
imbarcazione → embarkation
immaginazione → imagination
immateriale → immaterial
immaturo → immature
impartire → impart
impassibile → impassable

impedimento → impediment
imperfetto → imperfect
imperioso → imperious
impermeabile → impermeable
impersonare → impersonate
impervio → impervious
impeto → impetus
imporre → impose
importunare → importune
impraticabile → impracticable
impressionante → impressive
impressionare → impress
impressionato → impressed
impronta → imprint
imputare → impute
imputazione → imputation
inabile → unable
inabitato → inhabited
inaccessibile → inaccessible
inalterabile → unalterable
inammissibile → inadmissible
inane → inane
inanimato → inanimate
inarticolato → inarticulate
incapace → incapable
incapacità → incapacity
incensare → incense
inchiesta → inquest
incidentale → incidental
incidentalmente → incidentally
incidente → incident
incisore → incisor
inclemente → inclement
incoerente → incoherent
incombente → incumbent
incongruo → incongruous
inconsiderato → inconsiderate
inconsistente → inconsistent
incontrare → encounter
incontro → encounter
inconveniente → inconvenient
incosciente → unconscious
incostante → inconstant
incredulo → incredulous
incremento → increment
incriminare → incriminate
incubo → incubus
indecente → indecent
indelicato → indelicate
indicazione → indication
indifferente → indifferent
indiscrezione → indiscretion
individuale → individual
industria → industry

Indice delle parole italiane

industriale → industrial
inedito → unedited
ineducato → uneducated
ineguale → unequal
ineleggibile → ineligible
inerente → inherent
inesatto → inexact
inetto → inept
infame → infamous
infanzia → infancy
infatti → in fact
inferiore, superiore → inferior, superior
inferno → inferno
infliggere → inflict
influenza → influence
influenzato → influenced
influsso → influx
infortunato → unfortunate
infrangere → infringe
ingaggiare → engage
ingegnere → engineer
ingenuità → ingenuity
ingenuo → ingenious
ingiuria → injury
ingiuriare → injure
ingiusto → unjust
ingrossato → engrossed
iniquità → inequity
iniquità → iniquity
iniziare → initiate
iniziativa → initiative
innocente → innocent
inquisitivo → inquisitive
insensato → insensate
insidioso → insidious
insinuare → insinuate
insistere → insist
inspirare → inspire
intangibile → intangible
integrale → integral
intemperanza → intemperance
intendere → intend
interessare → interest
interiore → interior
interoggare → interrogate
interrogazione → interrogation
interrompere → interrupt
intervenire → intervene
intervista → interview
intimare → intimate
intitolare → entitle
intonare → intone
intossicare → intoxicate
intrattenere → entertain

intrigare → intrigue
intrigo → intrigue
introdur(si) → introduce
intronamento → enthronement
intronare → enthrone
intuire → intuit
intuizione → intuition
invalido → invalid
investimento → investment
investire → invest
invidioso → invidious
invitare → invite
involontariamente → involuntarily
irrilevante → irrelevant
iscrizione → inscription
isolato → isolated
istanza → instance
istigare → instigate
istigatore → instigator
istruzione → instruction

jolly → jolly

killer → killer

lacerato → lacerated
lancia → launch
lanciare → launch
lancio → launch
largo → large
lasso → lasso
latitudine → latitude
laureato → laureate
leale → loyal
lettura → lecture
leva → levy
levare → levy
libello → libel
libreria → library
licenza → licence
licenziare → license
linguista → linguist
liquidazione → liquidation
lirica → lyric
locale → local
locazione → location
lucido → lucid
lugubre → lugubrious
luminoso → luminous
lunatico → lunatic
lurido → lurid

Indice delle parole italiane

lussurioso → luxurious

magazzino → magazine
maggiore → major
magra → meagre
magro → meagre
maligno → malign
malizia → malice
malizioso → malicious
mandato → mandate
manifestazione → manifestation
manifesto → manifest
manifesto → manifesto
mansione → mansion
mantella → mantle
mantello → mantel
marca → mark
marcare → mark
marchiare → mark
marchio → mark
marmellata → marmalade
marrone → maroon
massima → maximum
massimo → maximum
materia → matter
materiale → material
meccanismo → mechanism
memoriale → memorial
meretricio → meretricious
miliardo → milliard
mina → mine
minima → minimum
minimo → minimum
minore → minor
minuta → minute
minuto → minute
miserabile → miserable
miseria → misery
misero → miser
missione → mission
modico → modicum
momento → moment
mondano → mundane
monumento → monument
moquette → moquette
morale → morale
morbido → morbid
moribondo → moribund
moroso → morose
mortaio → mortar
mostarda → mustard
motivazione → motivation
motivo → motive

movimento → movement
muovere → move
muscolare → muscular
musicale → musical
muta → mute
muto → mute
mutua → mutual
mutuo → mutual

naso → nose
negoziare → negotiate
nervo → nerve
nervoso → nervous
neutro → neutral
nominare → nominate
nostalgia → nostalgia
nota → note
notare → note
notazione → notation
notizia → notice
notorietà → notoriety
notorio → notorious
novella → novel
nozione → notion
nubile → nubile

obbligare → oblige
obbligazione → obligation
obiettare → object
obiezione → objection
obitorio → obituary
occasione → occasion
occorrere → occur
offendere → offend
offensore → offender
offesa → offence
oggetto → object
olio → oil
oltraggioso → outrageous
omaggio → homage
onesto → honest
onorare → honour
onore → honour
operatore → operator
opportunità → opportunity
opportuno → opportune
ordinario → ordinary
originale → original
osservante → observant
ostensibile → ostensible
ostentato → ostentatious
ostrica → ostrich

Indice delle parole italiane

pace → pace
pace → peace
pacifico → pacific
palazzo → palace
paletta → palette
pannello → panel
paradigma → paradigm
paraffina → paraffin
paragone → paragon
parente → parent
parola → parole
parrocchiale → parochial
parsimonioso → parsimonious
particolare → particular
partire → part
partner → partner
parziale → partial
passaggio → passage
passione → passion
patente → patent
patetico → pathetic
patrono → patron
pavimento → pavement
pazienza → patience
peculiare → peculiar
pena → pain
pentagramma → pentagram
periodo → period
permettere → permit
perquisito → perquisite
personale → personal
personalità → personality
persone → persons
persuadere → persuade
perversità → perversity
perverso → perverse
pervertire → pervert
peste → pest
petrolio → petrol
piaga → plague
piattaforma → platform
pietà → piety
pila → pile
pipa → pipe
pirata → pirate
pittura → picture
poema → poem
polemica → polemic
politico → politic
politico → political
popolare → popular
portafoglio → portfolio
portento → portent
portentoso → portentous

portiere → porter
porzione → portion
positivo → positive
possibile → possible
possibilità → possibility
possibilmente → possibly
posteriore/anteriore → posterior/anterior
pratica → practice
praticamente → practically
praticare → practise
pratico → practical
precedenza → precedence
precipitare → precipitate
precipitazione → precipitation
preciso → precise
predisporre → predispose
predisposizione → predisposition
pregiudicato → prejudiced
premesse → premises
premio → premium
preoccupato → preoccupied
preparato → prepared
preparazione → preparation
prepotente → prepotent
prescrizione → prescription
presentare → present
presentazione → presentation
presentemente → presently
preservare → preserve
preservativo → preservative
presumere → presume
presuntuoso → presumptuous
presunzione → presumption
pretendere → pretend
pretesa → pretence
prevalentemente → prevalently
prevalere → prevail
prevaricare → prevaricate
prevenire → prevent
preventivo → preventive
prezioso → precious
prigioniero → prisoner
principale → principal
privato → private
privilegio → privilege
processare → process
processo → process
produrre → produce
profano → profane
professare → profess
professore → professor
profilo → profile
prominente → prominent
proporre → propose

proposizione → proposition
proposta → proposal
proprietà → property
proprietà → propriety
proprio → proper
prorogare → prorogue
prosa → prose
prospettiva → perspective
prospetto → prospect
prossimità → proximity
prova → proof
provare → prove
provincia → province
provocare → provoke
provvedere → provide
pubblico → public
pulire → polish
pulito → polished
punta → point
puntare → point
punto → point
puntura → puncture
pupilla → pupil
pupillo → pupil

qualificare → qualify
qualificato → qualified
qualificazione → qualification
qualità → quality
quartiere → quarter
quarto → quarter
querela → quarrel
questionare → question
questione → question
quiete → quiet
quieto → quiet
quota → quota
quotare → quote
quotazione → quotation

racchetta → racket
raccomandare → recommend
rapa → rape
rapire → rape
rappresentazione → representation
raro → rare
rata → rate
razionale → rationale
reale → real
realizzare → realize
realizzazione → realization
reazione → reaction

recipiente → recipient
relazione → relation
remoto → remote
replica → replica
resistente → resistant
resistenza → resistance
resistere → resist
responsabile → responsible
responso → response
reticenza → reticence
retrogrado → retrograde
riabilitare → rehabilitate
ricordare → record
ricordo → record
ricorso → recourse
ricoverare → recover
ricuperare → recuperate
riferire → refer
riflessione → reflection
riguardare → regard
riguardo → regard
rilevante → relevant
rimediare → remedy
rimproverare → reprove
riportare → report
riprovare → reprove
riprovarsi → reprove
risentimento → resentment
risentire → resent
rispondere → respond
risultare → result
ritenere → retain
ritmo → rhythm
ritornare → return
riverenza → reverence
riversare → reverse
rosa → rose
rotta → rout
rotta → route
rubrica → rubric
rude → rude
ruffiano → ruffian
rumore → rumour

sacco → sack
sacrificare → sacrifice
salario → salary
salone → saloon
salutare → salute
salvare → salve
salvo → salvo
sanguigno → sanguine
sano → sane

Indice delle parole italiane

scala → scale
scalare → scale
scaldare → scald
scandalo → scandal
scarsamente → scarcely
scarso → scarce
scolaro → scholar
sconforto → discomfort
scontento → discontent
scopo → scope
secolare → secular
secondario → secondary
semaforo → semaphore
seminario → seminar
seminario → seminary
senile → senile
sensibile → sensible
sensibilità → sensibility
sensitivo → sensitive
senso → sense
sentimentale → sentimental
sentimento → sentiment
serio → serious
serrato → serrated
settico → septic
simpatia → sympathy
simpatico → sympathetic
simpatizzare → sympathise
sindacare → syndicate
sindacato → syndicate
sintetico → synthetic
sistemare → systematize
sobrio → sober
soddisfare → satisfy
sofisticato → sophisticated
solido → solid
sollecito → solicitous
sonoro → sonorous
sopportare → support
sottoscrittore → subscriber
sottoscrivere → subscribe
sottoscrizione → subscription
spada → spade
sparso → sparse
specialmente → specially
speculare → speculate
spedizione → expedition
spettacolo → spectacle
spina → spine
spiritato → spirited
spirito → spirit
spiritualismo → spiritualism
squallido → squalid
squisito → exquisite

stabilire → establish
stabilirsi → establish
stendere → extend
stile → stile
stima → esteem
stima → estimate
stima → estimation
stimare → esteem
stimare → estimate
stipulare → stipulate
stolido → stolid
straniero → stranger
stravagante → extravagant
stress → stress
studente → student
studiare → study
studiato → studied
studioso → studious
successivo → successive
sufficiente → sufficient
sufficienza → sufficiency
suggestivo → suggestive

tallone → talon
tassa → tax
tassare → tax
tasso → tax
tastare → taste
tasto → taste
tenente → tenant
tenore → tenor
tentativo → tentative(ly)
teoria → theory
terme → term
terminare → terminate
termine → term
termo → term
terrazza → terrace
terreno → terrain
test → test
testimone → testimony
testimoniale → testimonial
timido → timid
toast → toast
tollerabile → tolerable
topica → topic
topico → topical
tormenta → torment
tormentare → torment
tormentato → tormented
tormento → torment
tradurre → traduce
traduttore → traducer

Indice delle parole italiane

trasmettere → transmit
trasmettitore → transmitter
trasmissione → transmission
trasparente → transparent
tremendo → tremendous
treno → train
triviale → trivial
truppa → troop
tubo → tube

udienza → audience
ufficiale → official
ufficioso → officious
uguale → equal
ulteriore → ulterior
ultimamente → ultimately
umano → human
umano → humane
unico → unique
universale → universal
urna → urn
urtare → hurt

vacillare → vacillate

vagone → wagon
vapore → vapour
vaso → vase
vendetta → vendetta
verdura → verdure
verso → verse
veste → vest
vestito → vested
vicario → vicarious
vignetta → vignette
vile → vile
villa → villa
villania → villainy
villano → villain
vino → vine
visita → visit
vizioso → vicious
vocabolario → vocabulary
volatile → volatile
volgarizzare → vulgarize
volubile → voluble
voto → vote

zona → zone

In edizione Zanichelli

IL NUOVO ZINGARELLI
VOCABOLARIO DELLA LINGUA ITALIANA
di NICOLA ZINGARELLI

Undicesima edizione, 2 272 pagine, 4 300 illustrazioni, 65 000 etimologie.

Nuova edizione a cura di Miro Dogliotti e Luigi Rosiello. 127 000 voci, 65 000 note etimologiche, trascrizione fonematica per la pronuncia con i segni dell'Associazione Fonetica Internazionale; indicazioni ortografiche e morfologiche; apparato fraseologico articolato in più di 6 000 citazioni d'autore (da Dante a Montale) e in espressioni colloquiali; neologismi, tecnicismi, forestierismi; 31 tavole di nomenclatura e 6 repertori di abbreviazioni e sigle, proverbi, locuzioni, nomi propri, nomi di luogo e dei relativi abitanti; visualizzazione con 4 300 illustrazioni dei lemmi scientifici e tecnici; suggerimento di sinonimi. **Anche in edizione *gigante* con, in appendice, l'ATLANTE GENERALE ILLUSTRATO.**

IL NUOVO ZINGARELLI *minore*
VOCABOLARIO DELLA LINGUA ITALIANA
di NICOLA ZINGARELLI

Undicesima edizione minore, 1 186 pagine, 246 tavole di illustrazioni, 31 tavole di nomenclatura, 7 note d'uso linguistico.

58 000 voci, 78 000 accezioni. Nei repertori finali: sigle, abbreviazioni e simboli, locuzioni e proverbi, nomi di persona e di luogo, abitanti d'Italia, tavole di nomenclatura, unità di misura, gradi militari, prefissi e suffissi. Con un atlante dei colori in quadricromia. Edizione tratta dal Nuovo Zingarelli maggiore.

SINONIMI E CONTRARI
DIZIONARIO FRASEOLOGICO DELLE PAROLE EQUIVALENTI,
ANALOGHE E CONTRARIE
di GIUSEPPE PITTÀNO

864 pagine, 38 000 voci, 64 000 accezioni, 216 000 sinonimi, 85 000 analoghi e contrari, 4 000 locuzioni, trascrizione fonematica dei lemmi stranieri secondo i simboli dell'Associazione Fonetica Internazionale e indicazioni ortofoniche di tutti i lemmi italiani, note etimologiche.

MANLIO CORTELAZZO, PAOLO ZOLLI
DIZIONARIO ETIMOLOGICO DELLA LINGUA ITALIANA

Vol. 1°: A/C, 336 pagine. Vol. 2°: D/H, 248 pagine. Vol. 3°: I/N, 304 pagine. Vol. 4°: O/R, 320 pagine.

Destinato a chiunque voglia disporre di informazioni aggiornate e precise sull'origine e la storia delle parole italiane. L'opera, divisa in cinque volumi, comprenderà circa 60 000 parole, per un totale di almeno 100 000 accezioni. Di ogni voce, oltre alla definizione e alle indicazioni grammaticali, vengono fornite la data della prima attestazione, l'etimologia prossima e remota e una serie di informazioni relative alla storia della parola, agli ambiti semantici in cui ogni voce è nata e si è sviluppata, alla sua fortuna nella storia linguistica italiana.

MAURIZIO DARDANO, PIETRO TRIFONE
LA LINGUA ITALIANA

480 pagine; una grammatica completa e rigorosa che tiene conto della continua evoluzione e dell'arricchimento della lingua italiana; per questo, oltre a dare una descrizione chiara e analitica della struttura della nostra lingua, dedica ampio spazio a neologismi, forestierismi, linguaggi settoriali, stabilendo così il necessario collegamento tra il dominio del lessico e quello della grammatica. Un indice analitico di circa 2 000 voci consente un rapido reperimento delle informazioni desiderate.

IL MANUALE DI STILE
GUIDA ALLA REDAZIONE DI DOCUMENTI, RELAZIONI, ARTICOLI, MANUALI, TESI DI LAUREA
di ROBERTO LESINA

272 pagine. Utile a chiunque debba scrivere documenti, relazioni, articoli, monografie, saggi, tesi di laurea. Contiene: criteri di stesura e struttura di un testo; impaginazione; uso del maiuscolo, del corsivo, delle virgolette; le parole straniere; divisione delle parole in fin di riga; uso dell'articolo, dell'apostrofo, della punteggiatura; abbreviazioni; unità di misura; citazioni; riferimenti bibliografici; indici analitici; simboli di correzione delle bozze di stampa; disposizioni di legge in materia di stampa e diritto d'autore. Indice analitico di circa 1 300 voci.

IL NUOVO BOCH
DIZIONARIO FRANCESE-ITALIANO ITALIANO-FRANCESE
di RAOUL BOCH

Seconda edizione, 2 178 pagine.

Oltre 137 000 voci, 75 000 trascrizioni fonematiche, 7 300 nomi propri di persona, luogo, popolazione; 1 000 sigle francesi, 600 proverbi, 700 illustrazioni di tecnologia; terminologie tecnologiche normalizzate. Tra le caratteristiche dell'opera: l'integrale trascrizione fonematica di tutti i lemmi registrati nella sezione francese-italiano; l'abbondanza della fraseologia, comprendente anche espressioni idiomatiche della lingua parlata; l'evidenziazione delle voci che costituiscono il «français fondamental»; l'abbondante, razionale scelta dei tecnicismi e dei neologismi.

IL BOCH MINORE
DIZIONARIO FRANCESE-ITALIANO ITALIANO-FRANCESE
di RAOUL BOCH

Edizione minore, 992 pagine, 62 000 voci, 7 300 nomi propri, 600 proverbi, 900 sigle, 26 tavole illustrative.

DAS *PONS* WÖRTERBUCH
DIZIONARIO TEDESCO-ITALIANO ITALIANO-TEDESCO

1 696 pagine, oltre 90 000 lemmi e locuzioni, neologismi, tecnicismi, termini di uso colloquiale e gergale, espressioni idiomatiche e frasi esemplificative, trascrizione fonematica secondo i simboli dell'Associazione Fonetica Internazionale, proverbi, nomi propri geografici e di persona.
In coedizione Zanichelli-Klett.

IL NUOVO *VOX*
DIZIONARIO SPAGNOLO-ITALIANO ITALIANO-SPAGNOLO
di SECUNDÍ SAÑÉ e GIOVANNA SCHEPISI

592 pagine, oltre 33 000 lemmi e locuzioni, neologismi, tecnicismi, termini di uso colloquiale e gergale, espressioni idiomatiche e frasi esemplificative, trascrizione fonematica secondo i simboli dell'Associazione Fonetica Internazionale, indicazioni generali di fonetica, riassunto di grammatica.
In coedizione Zanichelli-Biblograf.

IL NUOVO RAGAZZINI ROSSI
DIZIONARIO INGLESE-ITALIANO ITALIANO-INGLESE
di GIUSEPPE RAGAZZINI
con GLOSSARIO BILINGUE DI ECONOMIA E ORGANIZZAZIONE AZIENDALE
di GUALTIERO ROSSI

Seconda edizione, 2 320 pagine.

Nel dizionario: oltre 128 000 voci; americanismi, neologismi e tecnicismi dell'uso corrente; trascrizione fonematica dei lemmi inglesi; 2 800 sigle, simboli e abbreviazioni; 3 200 nomi propri e toponimi.
Nel glossario: oltre 7 400 voci; americanismi, neologismi e tecnicismi di economia, finanza, statistica, elettronica, psicologia, sociologia, ecc.; 1 300 sigle; tabella delle unità monetarie.